KVS PGT

नवीनतम संस्करण

अभ्यास किट

11 टेस्ट्स

03 गतवर्षीय प्रश्न पत्र

08 मॉक टेस्ट्स

वास्तविक परीक्षा प्रारूप पर आधारित टेस्ट

✓ पूर्णतः संशोधित और अद्यतन

✓ सभी बहुविकल्पीय प्रश्नो का विस्तृत विश्लेषण

शीर्षक	: **KVS PGT पोस्ट ग्रेजुएट टीचर**
लेखक का नाम	: **Mr. Rohit Manglik**
प्रकाशक	: **EduGorilla Community Pvt. Ltd.**
प्रकाशक का पता	: 12/651 प्रथम तल, अरविन्दो पार्क के सामने, निकट जामा मस्जिद, इंदिरा नगर लखनऊ, उत्तर प्रदेश, 226016, भारत।

कॉपीराइट EduGorilla

अस्वीकरण EduGorilla

Compiled and created by EduGorilla Community Pvt. Ltd

EduGorilla Community Pvt. Ltd. द्वारा मुद्रित

रोहित मांगलिक
सीईओ, EduGorilla

प्रिय छात्रों,

एक बहुत ही प्रचलित कहावत है कि "सफलता उन्हीं को मिलती है जो उसके लिए कड़ी मेहनत करते हैं।" लेकिन मैंने लोगों को उनकी परीक्षाओं के लिए दिन-रात एक करके मेहनत करते हुए देखा है, पर फिर भी वे सफल नहीं हो पाते। तो वहीं दूसरी ओर, कुछ लोग बस आधी मेहनत करके परीक्षा में सफलता प्राप्त करते हैं। तो, क्या वे किस्मत वाले हैं? नहीं मेरा मानना है, कि ऐसा इसलिए है क्योंकि वे सिर्फ कड़ी नहीं बल्कि कुशल तरीके से अपनी तैयारी करते हैं। इसी तरह आपको भी अपनी परीक्षाओं की तैयारी के लिए अपनी योजना बनानी चाहिए, ताकि आपकी भी सफलता की संभावना बढ़ सके। तो तैयार हो जाइये EduGorilla के साथ अपनी परीक्षा में चयन होने की संभावना को 16 गुना बढ़ाने के लिए।

EduGorilla आपको न केवल कड़ी मेहनत करने में मदद करता है, बल्कि एक स्मार्ट और योजनाबद्ध तरीके से तैयारी करने में भी सहायता प्रदान करता है। EduGorilla की तैयारी पैकेज के साथ आप अपने परीक्षा में चयन होने के रास्ते को सहज और मनोरंजक बना सकते हैं। अपनी तैयारी के लिए सही रास्ता खोजना मुश्किल हो सकता है, यदि आप ये नहीं जानते कि आपको किस दिशा में जाना है। चिंता न करें हम आपके साथ खड़े हैं! EduGorilla आपकी सफलता में आपका मार्गदर्शक बनेगा। हमारे तैयारी पैकेज के साथ आप रणनीतिक रूप से तैयारी कर, अपनी परीक्षा में सिर्फ एक ही प्रयास में सफल हो सकते हैं।

EduGorilla के तैयारी पैकेज में शामिल हैं-

• टेस्ट सीरीज़   • किताबें

हमारे तैयारी पैकेज को सभी तरह के नये बदलवों, विशेषज्ञों की राय एवं छात्रों के प्रतिक्रिया के अनुसार तैयार किया गया है। जो आपको परीक्षा के प्रत्येक चरण की चयन प्रक्रिया को पार करने के योग्य बनाता है।

हमारी किताबें शिक्षकों और विशेषज्ञों द्वारा आपकी परीक्षा के लिए तैयार की गई हैं, 150+ वर्षों के अनुभव के साथ; ताकि आपको आसान, कुशल और प्रभावी शिक्षण प्रदान किया जा सके। हमारी स्मार्ट किताबें न सिर्फ आपको प्रश्नों के उत्तर देने की समझ देती हैं, अपितु आपके अभ्यास के लिए समान रूप के प्रश्न भी प्रदान करती हैं।

EduGorilla की सक्षम टेस्ट सीरीज आपको वास्तविक अनुभव और आत्मविश्वास प्रदान करती हैं, जिसके माध्यम से आप केवल एक प्रयास में अपनी ऑफलाइन अथवा ऑनलाइन परीक्षा पास कर सकते हैं। वर्तमान में हम 83,000+ मॉक टेस्ट्स और 1,440+ प्रतियोगी एवं शैक्षणिक परीक्षाओं की तैयारी कराते हैं।

अर्थात, EduGorilla आपकी तैयारी में आपकी सहायता करने का कोई भी मौका नहीं छोड़ता है और परीक्षा के सभी चरणों को कवर करता है, ताकि परीक्षा की तैयारी के लिए आपको कहीं और भटकना ना पड़े।

हम आपको डिफेन्स, बैंकिंग, टीचिंग और अन्य राष्ट्रीय एवं राज्य स्तरीय परीक्षाओं के लिए सम्पूर्ण तैयारी पैकेज प्रदान करते हैं। अतः इससे कोई फर्क नहीं पड़ता कि आप किस परीक्षा के लिए तैयारी कर रहे हैं, क्योंकि आप सफलता हासिल करेंगे।

आपको परीक्षा की शुभकामनाएं!

रोहित मांगलिक,
संस्थापक और मुख्य कार्यकारी अधिकारी, EduGorilla

प्रस्तावना

EduGorilla छात्रों को उनकी परीक्षा में सफल होने के लिए मार्गदर्शन प्रदान करता है। जिसको ध्यान में रखते हुए हमारे कुल 150+ वर्षों का अनुभव रखने वाले प्रतिष्ठित विशेषज्ञों ने कड़े प्रयासों के द्वारा "KVS PGT : पोस्ट ग्रेजुएट टीचर" को तैयार किया है। इस किताब के प्रश्नों को हाल ही में परीक्षा के पाठ्यक्रम और पैटर्न में हुए सभी बदलावों को ध्यान में रखकर बनाया गया है। वो प्रश्न जिनकी KVS PGT परीक्षा में आने कि संभवना काफी प्रबल है, उनको इस किताब मे रखा गया है। आप EduGorilla की "KVS PGT : पोस्ट ग्रेजुएट टीचर" के माध्यम से अपनी सफलता की संभावना को 16 गुना बढ़ा सकते हैं।

EduGorilla ये अपनी संपूर्ण तैयारी पैकेज के माध्यम से साकार करता है। इस किट में आपको प्रश्न अच्छी तरह अवधारित एवं संरचित रूप मे मिलेंगे जिन्हे आपकी जरूरतों के अनुसार बनाया गया है। इसके माध्यम से आपको स्मार्ट तरीके से परीक्षा के लिए अभ्यास करने में मदद मिलेगी। साथ ही आपको सहायक, समाधान और स्मार्ट उत्तर पत्रिका भी प्रदान की जायेंगी। जिससे आप अपना मूल्यांकन स्वयं कर सकते हैं। आप स्वयं की समीक्षा कर, उन सभी बिन्दुओं पर खुद को बेहतर तरीके से तैयार कर सकते हैं।

EduGorilla आपको अपनी परीक्षा में सफ़लता दिलाने और आपके लक्ष्य को हासिल करने में आपकी सहायता करने का वादा करता हैं। हम अपने प्रतिभागियों पर पूरा भरोसा करते हैं और उन्हें मेरिट सूची के शीर्ष पर देखते हैं। शीर्ष स्थान की ओर आपका पहला कदम है हमारे साथ तैयारी शुरू करना। EduGorilla की "KVS PGT : पोस्ट ग्रेजुएट टीचर" की विशेषताएं कुछ इस प्रकार हैं।

➤ अच्छी तरह से शोध किया हुआ पाठ्यक्रम

➤ उच्च गुणवत्ता

➤ विस्तृत उत्तर और विश्लेषण

➤ स्मार्ट उत्तर पत्रिका

➤ परीक्षा सुसंगत प्रश्न

इस प्रकार EduGorilla आपकी तैयारी को मजबूत और आपको परीक्षा में सफल होने के योग्य बनाता है।

KVS PGT
परीक्षा की योग्यता, परीक्षा पैटर्न, विषय को जानने
के लिए QR कोड को स्कैन करें।

Book ID: 1221

विषय-सूची

General English

Ques (1-2):Direction: Read the passage and answer the question that follows.

June came and the hay was almost ready for cutting. On Midsummer's Eve, which was a Saturday, Mr. Jones went into Willington and got so drunk at the Red Lion that he did not come back till midday on Sunday. The men had milked the cows early in the morning and then had gone out rabbiting, without bothering to feed the animals. When Mr. Jones got back he immediately went to sleep on the drawing-room sofa with the News of the World over his face, so that when evening came the animals were still unfed. At last, they could stand it no longer. One of the cows broke in the door of the store shed with her horn and all the animals began to help themselves from the bins.

It was just then that Mr. Jones woke up. The next moment he and his four men were in the store shed with whips in their hands, lashing out in all directions. This was more than the hungry animals could bear. With one accord, though nothing of the kind had been planned before, they flung themselves upon their tormentors. Jones and his men suddenly found themselves being butted and kicked from all sides. The situation was quite out of their control. They had never seen animals behave like this before, and this sudden uprising of creatures frightened them out of their wits. They gave up trying to defend themselves and took to their heels. Soon all five of them were in full flight down the cart track that led to the main road with the animals pursuing them in triumph.

Mrs. Jones looked out of the bedroom window, saw what was happening, hurriedly flung a few possessions into a carpet bag, and slipped out of the farm by another way. Meanwhile, the animals had chased Jones and his men out. the road and slammed the five-barred gate behind them. So, almost before they knew what was happening, Jones was expelled and the Manor farm was theirs.

Q.1 In which one of the following sentences has the 'question tag' been correctly used?

[CTET Paper - I, 2016]

A. They gave up trying to defend themselves, couldn't they?
B. They gave up trying to defend themselves, didn't they?
C. They gave up trying to defend themselves, haven't they?
D. They gave up trying to defend themselves, aren't they?

Q.2 After one of the cows had broken in the door of the store shed, the hungry animals:

[CTET Paper - I, 2016]

A. Began kicking Jones' men.
B. Started damaging things.
C. Ran out of the shed
D. Started eating the fodder from the bins

Q.3 Direction: Select the most appropriate ANTONYM of the given word.

TENACIOUS

A. Persistent   **B.** Relentless
C. Steadfast   **D.** Yielding

Q.4 Direction: The following sentence has been split into four segments. Identify the segment that contains a grammatical error.

Had you / not reached in time, / we will have / lost our lives.

[SSC CGL, 2021]

A. Had you   **B.** lost our lives
C. not reached in time   **D.** we will have

Q.5 Direction: Select the alternative that will improve the underlined part of the sentence in case there is no improvement select "No improvement".

The ocean and the land are <u>less reflective for</u> ice.

A. lesser reflective for   **B.** less reflective and
C. less reflective than   **D.** No improvement

Q.6 Direction: Choose the appropriate SENTENCE that can substitute the word given below.

Accretion

A. bringing back something to a former position or condition.
B. to give respect and esteem due a superior or an elder.
C. intense dislike.
D. added by gradual growth or increase.

Q.7 Direction: Fill in the blank with the most appropriate option given below.

He was advised ______ the seminar without preparation.

A. to not to attend   **B.** not to attend
C. to not attend   **D.** not to attended

Q.8 Direction: Choose the most appropriate synonym of the underlined word in the given sentence:

I had a <u>fleeting</u> moment of panic but I recovered quickly.

A. Flaring   **B.** Brief   **C.** Durable   **D.** Definite

Q.9 Direction: Select the meaning of the given phrase/idiom.

A wild goose chase

A. Futile search   **B.** Honest and frank
C. Physically awkward   **D.** In good health

Q.10 Direction: Replace the phrase with the correct alternative from the given option.

A blessing in disguise.

A. The worst thing
B. An expensive event
C. A result of the recession
D. A fortunate event

General Hindi

Q.11 'गाड़ी-गाढ़ी' शब्द-युग्म के लिए सही अर्थ-युग्म चुनें।

A. यान-गहरी
B. गहरी-यान
C. गिरी-निकाली
D. निकाली-गिरी

Q.12 'विद्यासागर अपनी मूर्खता से धनहीन हो गया।' इसमें रेखांकित शब्द में कौन-सा समास है?

A. अव्ययीभाव समास
B. तत्पुरुष समास
C. कर्मधारय समास
D. द्विगु समास

Q.13 'आदमी बनना' मुहावरे का उपयुक्त अर्थ है:

[UPSSSC Junior Assistant, 2020]

A. किसी अन्य जीव का आदमी में परिवर्तित होना
B. आदमी जैसा दिखना
C. अच्छा व्यवहार सीखना
D. कृत्रिम ढंग से आदमी का प्रतिरूप बनाना

Q.14 'कितनी नावों में कितनी बार' रचना को किस पुरस्कार से सम्मानित किया गया है?

[UP Police Sub Inspector, 2017]

A. देव पुरस्कार
B. सरस्वती सम्मान
C. व्यास सम्मान
D. ज्ञानपीठ पुरस्कार

Q.15 शृंगार रस का स्थायी भाव है:

[Allahabad High Court Clerk (Group C & D), 2017]

A. हास
B. उत्साह
C. रति
D. शोक

Q.16 'यथोचित' का सही संधि-विच्छेद है-

[UPSSSC Junior Assistant, 2020]

A. यथो + उचित
B. यथा + उ + चित
C. यथा + उचित
D. यथा + ओचित

Ques (17-18):निर्देश: नीचे दिए गए अनुच्छेद को पढ़कर पूछे गए प्रश्नों के सही/सबसे उपयुक्त उत्तर वाले विकल्प को चुनिए।

हेंवल घाटी के गाँववासियों ने चीड़ के पेड़ों के हो रहे विनाश के विरुद्ध जुलूस निकाले। घास-चारा लेने जा रही महिलाओं ने इन पेड़ों से लीसा टपकाने के लिए लगाए गए लोहे निकाल दिए व उनके स्थान पर मिट्टी की मरहम-पट्टी कर दी। महिलाओं ने पेड़ों का रक्षा-बंधन भी किया। आरंभ से ही लगा कि वृक्ष बचाने में महिलाएँ आगे आएँगी। वन कटने का सबसे अधिक कष्ट उन्हीं को उठाना पड़ता है, क्योंकि घास-चारा लाने के लिए उन्हें और दूर जाना पड़ता है। कठिन स्थानों से घास-चारा एकत्र करने में कई बार उन्हें बहुत चोट लग जाती है। वैसे भी पहाड़ी रास्तों पर घास-चारे का बोझ लेकर पाँच-दस कि० मी० या उससे भी ज़्यादा चलना बहुत कठिन हो जाता है। इस आंदोलन की बात ऊँचे अधिकारियों तक पहुँची तो उन्हें लीसा प्राप्त करने के तौर-तरीकों की जाँच करवानी पड़ी। जाँच से स्पष्ट हो गया कि बहुत अधिक लीसा निकालने के लालच में चीड़ के पेड़ों को बहुत नुकसान हुआ। इन अनुचित तरीकों पर रोक लगी। चीड़ के घायल पेड़ों को आराम मिला, एक नया जीवन मिला। पर तभी खबर मिली कि इस इलाके के बहुत से पेड़ों को कटाई के लिए नीलाम किया जा रहा है। लोगों ने पहले तो अधिकारियों को ज्ञापन दिया कि जहाँ पहले से ही घास-चारे का संकट है, वहाँ और व्यापारिक कटान न किया जाए। जब अधिकारियों ने गाँववासियों की माँग पर ध्यान न देते हुए नरेंद्रनगर में नीलामी की घोषणा कर दी, तो गाँववासी जुलूस बनाकर वहाँ नीलामी का विरोध करते हुए पहुँच गए। वहाँ एकत्र ठेकेदारों से हेंवल घाटी की महिलाओं ने कहा, आप इन पेड़ों को काटकर हमारी रोज़ी-रोटी मत छीनो। पेड़ कटने से यहाँ बाढ़ व भू-स्खलन का खतरा भी बढ़ जाएगा। कुछ ठेकेदारों ने तो वास्तव में वह बात मानी पर कुछ अन्य ठेकेदारों ने अद्वानी और सलेत के जंगल खरीद लिए।

Q.17 वन काटने का सबसे अधिक कष्ट महिलाओं को क्यों उठाना पड़ता है?

[CTET Paper - I, 2018]

A. केवल उन्हें ही बन से प्रेम था
B. उन्हें चारा लाने के लिए दूर जाना पड़ता है
C. उन्हें वनों की घनी छाया नहीं मिलती
D. उन्हें वनों से लीसा नहीं मिलता

Q.18 महिलाओं ने पेड़ों का रक्षा-बंधन क्यों किया?

A. केवल उन्हें ही बन से प्रेम था
B. उन्हें चारा लाने के लिए दूर जाना पड़ता है
C. उन्हें वनों की घनी छाया नहीं मिलती
D. उन्हें वनों से लीसा नहीं मिलता

Q.19 खड़ी बोली हिन्दी की किस उपभाषा के अन्तर्गत आती है?

A. बिहारी हिन्दी
B. पश्चिमी हिन्दी
C. पहाड़ी हिन्दी
D. पूर्वी हिन्दी

Q.20 निम्नलिखित में से कौन-सा शब्द संज्ञा हैं?

A. क्रोधित
B. क्रोध
C. क्रुध्द
D. क्रोधी

General Awareness & Current Affairs

Q.21 वर्ष 2022 में, कौन से भारतीय शहर ने 'ग्लोबल फिनटेक सम्मेलन' की मेजबानी की?

A. मुंबई
B. नई दिल्ली
C. अहमदाबाद
D. बेंगलुरु

Q.22 किस केंद्रीय मंत्रालय ने सरदार वल्लभ भाई पटेल की जयंती पर 'एकता दौड़' का आयोजन किया?

A. युवा कार्यक्रम एवं खेल मंत्रालय
B. शिक्षा मंत्रालय
C. आवासन और शहरी कार्य मंत्रालय
D. गृह मंत्रालय

Q.23 2022 कॉमन वेल्थ गेम्स की मेजबानी किस शहर ने की?

A. लंदन
B. नई दिल्ली
C. बर्मिंघम
D. गोल्ड कोस्ट

Q.24 दिसंबर 2022 में लास वेगास में होने वाले सौंदर्य प्रतियोगिता में भारत का प्रतिनिधित्व करते हुए 21 साल बाद मिसेज वर्ल्ड 2022 का खिताब जीतकर किसने इतिहास रचा?

A. सरगम कौशल
B. हरनाज संधू
C. वर्तिका सिंह
D. सृष्टि राणा

Q.25 अधोलिखित (नीचे लिखी) कौन-सी चट्टान में जीवाश्म नहीं पाये जाते है?

[Jharkhand PSC (JPSC), 2014]

A. कॉन्लोमरेट
B. ग्रेनाइट
C. शैल
D. बलुआ पत्थर

Q.26 भारत के सर्वोच्च न्यायालय का क्षेत्राधिकार किसके द्वारा बढ़ाया जा सकता है?

[Uttarakhand Public Service Commission (UKPSC), 2014]

A. भारत के राष्ट्रपति द्वारा
B. संसद द्वारा प्रस्ताव पारित करके
C. संसद द्वारा विधि बनाकर
D. भारत के मुख्य न्यायाधीश से परामर्श करके राष्ट्रपति द्वारा

Q.27 मुहम्मद बिन तुगलक ने अपनी राजधानी को स्थानांतरित किया था:

[DSSSB TGT Social Science, 2014]

A. दिल्ली से उज्जैन
B. दिल्ली से दौलताबाद

C. दिल्ली से मथुरा   **D.** दिल्ली से इलाहाबाद

Q.28 मनसब प्रणाली के लिए एक अतिरिक्त पद जिसे मशरुत कहा जाता है, मुगल साम्राज्य के निम्नलिखित में से किस शासक द्वारा बनाया गया था?

A. अकबर   **B.** शाहजहाँ   **C.** औरंगजेब   **D.** जहाँगीर

Q.29 केंद्र ने FY22 के दौरान कितने रुपये की संपत्ति मुद्रीकरण पूरा किया है?

A. 78,000   **B.** 85,000   **C.** 96,000   **D.** 1,00,000

Q.30 महाविद्यालयों और विश्वविद्यालयों के उत्तम शासन हेतु निम्नलिखित में से कौन-से आवश्यक है?

(A) शैक्षणिक स्वायत्तता

(B) वैधानिक स्वायत्तता

(C) वित्तीय स्वायत्तता

(D) प्रशासनिक स्वायत्तता

नीचे दिए गए विकल्पों में से सही उत्तर का चयन कीजिए:

A. केवल (A), (C), (D)   **B.** केवल (A), (B), (C)

C. केवल (B), (C), (D)   **D.** केवल (B), (C)

Reasoning Ability

Q.31 अगर एक विशेष कूट भाषा में, LAFANGEY को 31615757 के रूप में लिखा जाता है, तो उसी कूट भाषा में SAILBOAT के लिए क्या कूट होगा?

[UP Police Sub Inspector, 2017]

A. 11586221   **B.** 11852612

C. 12589321   **D.** 11932612

Q.32 सुरेश, कमलेश, मुकेश, अमित और राकेश दोस्त हैं। सुरेश, कमलेश से कद में छोटा है परंतु राकेश से लंबा है। मुकेश सबसे लंबा है। अमित, कमलेश से कद में थोड़ा छोटा है और सुरेश से थोड़ा लंबा है। किस से दो व्यक्ति कद में लंबे हैं और दो व्यक्ति कद में छोटे हैं?

A. अमित   **B.** कमलेश   **C.** राकेश   **D.** सुरेश

Q.33 एक लड़की अपने घर से 3 किमी पूर्व की ओर चलती है। फिर वह दक्षिण की ओर मुड़ती है और 2 किमी चलती है, वह फिर पश्चिम की ओर मुड़ती है और 7 किमी चलती है, फिर वह अपने दाएं मुड़ती है और 2 किमी चलती है। वह अब अपनी प्रारंभिक स्थिति से कहाँ है?

A. अपने घर से पश्चिम में 10 किमी

B. अपने घर से पूर्व में 4 किमी

C. अपने घर से पूर्व में 10 किमी

D. अपने घर से पश्चिम में 4 किमी

Q.34 निर्देश: उस अक्षर-समूह का चयन करें, जो निम्न श्रेणी में प्रश्नवाचक चिंह (?) के स्थान पर आएगा।

SAG, KSY, CKQ, ?

[SSC Sub Inspector (CPO), 2020]

A. SAU   **B.** UCI   **C.** UZF   **D.** RZF

Q.35 निर्देश: दिए गए अक्षर संख्या सामूह की सही दर्पण छवि का चयन करें जब दर्पण को 'AB' रेखा पर रखा जाए जैसा कि नीचे दिखाया गया है।

TY6L452

A⎯⎯⎯⎯⎯⎯⎯⎯B

[SSC Selection Post Phase IX, 2019]

A.  (दर्पण छवि)

B. 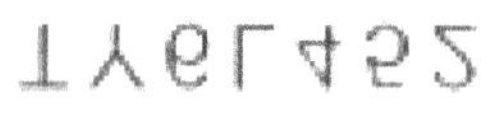 (दर्पण छवि)

C.  (दर्पण छवि)

D.  (दर्पण छवि)

Computer Literacy

Q.36 दुनिया भर में लाखों लोगों को जोड़ने वाले कंप्यूटरों के विशाल नेटवर्क को __________ कहा जाता है।

A. हाइपरटेक्स्ट   **B.** लैन (LAN)

C. वेब   **D.** इंटरनेट

Q.37 एम.एस. एक्सेल में पंक्तियों की संख्या बराबर है:

[RSMSSB Computor, 2021]

A. 75536   **B.** 65536   **C.** 56536   **D.** 56563

Q.38 माइक्रोसॉफ्ट ऑफिस 365 वर्ड में निम्न में से कौन-सा टैब, डॉक्यूमेंट कन्टेंट एरिया का रंग बदलने हेतु काम आता है?

[RSMSSB Computor, 2021]

A. फाईल   **B.** होम   **C.** इंसर्ट   **D.** डिज़ाइन

Q.39 MS वर्ड में जब किसी भी Arrow कुंजी के साथ Ctrl + Shift का उपयोग किसके लिए किया जाता है?

A. टेक्स्ट का एक ब्लॉक चुनने के लिए

B. कुछ हटाने के लिए

C. कुछ पेस्ट करने के लिए

D. (A) और (B) दोनों

Q.40 एक्सप्रेशन बिल्डर एक एक्सेस टूल है जो एक्सप्रेशन ऐड करने के लिए एक्सप्रेशन ______ को कंट्रोल करता है।

A. टेबल   **B.** बॉक्स   **C.** सेल   **D.** पैलेट

Perspective on Education & Leadership

Q.41 निम्नलिखित में से कौन सा मानवीय संबंध तृतीयक संबंध के अंतर्गत आता है?

A. भांजा   **B.** चाचा   **C.** माता   **D.** मित्र

Q.42 निम्नलिखित में से कौन सा चरण बच्चों के अपने समकक्ष समूहों में शामिल होने को दर्शाता है?

A. वयस्कता   **B.** बचपन

C. किशोरावस्था   **D.** इनमें से कोई नहीं

Q.43 कहा जाता है कि 'विकास एक कभी न खत्म होने वाली प्रक्रिया है' निम्नलिखित में से कौन इसे परिभाषित करता है?

A. बातचीत का सिद्धांत   **B.** निरंतरता का सिद्धांत

C. अंतर्संबंध का सिद्धांत   **D.** एकीकरण का सिद्धांत

Q.44 "प्रारंभिक बाल्यावस्था" किस अवधि की ओर संकेत करती है?

A. 2 से 6 वर्ष तक   **B.** 6 से 12 वर्ष तक

C. जन्म से 5 वर्ष तक   **D.** जन्म से 8 वर्ष तक

Q.45 मानसिक वृद्धि एवं विकास निम्न में से किस कारक द्वारा नियंत्रित है?

A. आनुवांशिकता

B. आनुवांशिकता एवं पर्यावरण कारक

C. केवल पर्यावरण कारक

D. इनमें से कोई नहीं

Q.46 निम्नलिखित में कौन सा वृद्धि और विकास का सिद्धान्त नहीं है?

A. व्यक्तिगत विभिन्नताओं का सिद्धान्त
B. स्वतः गतिक्रम का सिद्धान्त
C. निरंतरता का सिद्धांत
D. स्वरूप का सिद्धान्त

Q.47 लॉरेंस कोहलबर्ग के सिद्धांत की एक मुख्य आलोचना है कि:
A. उनके सिद्धांत में नारी-परिपेक्ष गौण है।
B. उन्होंने पियाजे के नैतिकता विकास सिद्धांत को संदर्भ में नहीं लिया है।
C. उन्होंने बच्चों की प्रत्येक स्तर पर विशिष्ट प्रतिक्रियाएँ नहीं सुझाई हैं।
D. उन्होंने बच्चों पर कोई अनुसंधान कार्य नहीं किया है।

Q.48 विकास के संदर्भ में, निम्नलिखित में से कौन सा कथन सही है?
I. विकास उतना ही महत्वपूर्ण है जितना कि बच्चे का संस्कृति ग्रहण करना क्योंकि यह एक जैविक विकास की प्रक्रिया है।
II. परिवर्तन, निरंतरता और स्थिरता विकास की प्रक्रिया में शामिल नहीं हैं।
A. केवल I
B. केवल II
C. I तथा II दोनों
D. ना ही I ना ही II

Q.49 मानव शरीर में विकास कैसे होता है?
A. विशिष्ट से विशिष्ट तक
B. सामान्य से विशिष्ट तक
C. विशिष्ट से सामान्य तक
D. सामान्य से सामान्य तक

Q.50 विकास का शीर्षगामी (शीर्षाभिमुख) सिद्धांत प्रतिपादित करता है कि:
A. विकास सिर से पाँव की ओर होता है।
B. विकास केंद्र से छोरों की ओर होता है।
C. विकास पैर से सिर की ओर होता है।
D. विकास छोरों से केंद्र की ओर होता है।

Q.51 शिक्षा में सूचना और संचार प्रौद्योगिकी का उपयोग करते हुए आविष्कारशील सोच के लिए भविष्य के कार्यस्थल में निम्नलिखित में से कौन सा कौशल आवश्यक नहीं है?
A. अनुकूलन क्षमता
B. ज़िम्मेदारी
C. जिज्ञासा और रचनात्मकता
D. जोखिम लेना

Q.52 विद्यालयों में कला एकीकृत शिक्षण के उद्देश्यों के संबंध में निम्नलिखित में से कौन सा कथन सही है?
A. पूर्व-प्राथमिक स्तर पर यह सीखने को हर्षित और आकर्षक बनाता है।
B. प्राथमिक स्तर पर यह अपने आसपास की दुनिया में गणित और विज्ञान की अवधारणाओं की खोज करता है।
C. उच्च प्राथमिक स्तर पर यह एक बहुलवादी दृष्टिकोण विकसित करता है और विभिन्न संभावनाओं को महत्व देता है।
D. उपरोक्त सभी

Q.53 इससे पहले कि शिक्षक अपनी कक्षाओं में अनुशासन लागू करें, उन्हें चाहिए:
A. सुनिश्चित करें कि छात्र परिणाम और अधिकार से डरते हैं।
B. छात्रों के साथ अपेक्षाएं और मानदंड स्थापित करें।
C. अनुशासन का उपयोग करने की अनुमति के लिए छात्रों के माता-पिता या अभिभावकों को बुलाएं।
D. एक ऐसे विद्यार्थी का उदाहरण बनाइए जो सामान्यतया कार्य करता है।

Q.54 निम्नलिखित में से कौन सा कॉग्निटिव रिसर्च ट्रस्ट (सीआरटी) उपकरण व्यक्तियों को कई विभिन्न संभावनाओं और विकल्पों में से चुनने की अनुमति देता है?
A. प्लस, माइनस, इंटरेस्टिंग (पीएमआई)
B. अल्टरनेटिव पॉसिनिलिटीज़ चॉइस (एपीसी)
C. कंसीडर ऑल फैक्टर (सीएएफ)
D. फर्स्ट इम्पोर्टेन्ट प्रिऑरीटीज़ (एफआईपी)

Q.55 निजी विद्युत यंत्रों का प्रयोग करते हुए सामाजिक और सामग्री अन्योन्यक्रियाओं के माध्यम से बहु सामग्री का अधिगम ______ कहलाता है।
A. सहकारी अधिगम
B. टीम अधिगम
C. एम-अधिगम
D. ई-अधिगम

Q.56 सार्थक शिक्षा तब होती है जब:
A. शिक्षक विभिन्न टीएलएम का उपयोग करता है।
B. शिक्षार्थी अनुशासन का पालन करता है।
C. शिक्षार्थी सक्रिय रूप से शामिल होता है।
D. शिक्षक शिक्षार्थी की आवश्यकता का ध्यान रखता है।

Q.57 कक्षा में संचार निर्भर करता है:
A. शिक्षक की स्पष्ट करने की क्षमता पर
B. विषय के कठिनाई स्तर पर
C. विद्यार्थियों की योग्यता पर
D. कक्षा अंतः क्रिया पर

Q.58 प्रतिभाशाली बच्चों की पहचान करने के लिए हमें ________ का इस्तेमाल नहीं करना चाहिए।
A. SQ को मापने के लिए परीक्षण
B. बुद्धिलब्धि (IQ) को मापने के लिए परीक्षण
C. व्यक्तित्व को मापने के लिए परीक्षण
D. इनमें से कोई नहीं

Q.59 विद्यालय में शिक्षा की गुणवत्ता का सबसे महत्त्वपूर्ण सूचक ______ है।
A. विद्यालय की आधारभूत सुविधाएँ
B. कक्षा-कक्ष प्रणाली
C. पाठ्य-पुस्तक एवं शिक्षण-अधिगम सामग्री
D. विद्यार्थियों का उपलब्धि स्तर

Q.60 माध्यमिक विद्यालय में विद्यार्थियों को पढ़ाने के लिए वांछनीय तरीका कौन-सा है?
A. विद्यार्थियों को समस्या समाधान के लिए बहुविध तरीकों को खोजने के लिए प्रोत्साहित करना।
B. किसी भी समस्या के समाधान के लिए किसी एक ही विधि को प्रोत्साहित करना।
C. किसी भी समस्या के समाधान के लिए चरण दर चरण निर्देश देना।
D. सामूहिक कार्य और सहपाठियों के सहयोग को हतोत्साहित करना।

Q.61 एक शिक्षक अपने विद्यार्थियों के लिए भ्रमण की व्यवस्था करता है, वह इस प्रकार की गतिविधियों से क्या चाहता है?
A. विद्यार्थी अपने परिवेश का अन्वेषण करें।
B. विद्यार्थी किताबी ज्ञान को वास्तविक जीवन से जोड़ सके।
C. विद्यार्थियों की जिज्ञासा और वैचारिक समझ को बढ़ाना।
D. उपरोक्त सभी

Q.62 निम्नलिखित में से कौन-सा पाठ योजना के विकास में पहला कदम नहीं है?
A. परिचय
B. पूर्व ज्ञान का परीक्षण
C. प्रेरणा
D. आरंभ

Q.63 ______ एक बहुत विस्तृत और विशिष्ट योजना है जिसमें इच्छित सीखने के परिणाम, शिक्षण का विवरण - सीखने की रणनीति और गतिविधियों और सीखने के परिणामों के मूल्यांकन के लिए वास्तविक उपकरण शामिल हैं।
A. इकाई योजना
B. वार्षिक योजना
C. पाठ योजना
D. (A) और (C) दोनों

Q.64 अधिगम में, आकलन ______ के लिए आवश्यक है।
A. स्क्रीनिंग परीक्षण
B. अभिप्रेरण
C. अलगाव और श्रेणीकरण की प्रक्रिया को प्रोत्साहित करने

D. ग्रेड और अंक

Q.65 कौन-सी स्थिति संरचनावादी शिक्षाशास्त्र विधि को दर्शाती है?

[CTET Paper-II (Science & Mathematics), 2022]

A. विद्यार्थी अध्यापक के व्याख्यान को सुन रहे हैं और पढ़ाई गई विषय वस्तु पर नोट्स बना रहे हैं।

B. विद्यार्थी उच्च स्वर में दिए गए अंश को याद कर रहे हैं।

C. विद्यार्थी पाठ्य पुस्तक से सामग्री को याद कर वर्ष के अंत में परीक्षा देते हैं।

D. अध्यापक अपने विद्यार्थियों को समकालीन मुद्दों पर चर्चा और वाद-विवाद करने के लिए कहते/कहती हैं।

Q.66 निम्नलिखित में से कौन रचनावादी कक्षा में अधिगम के लिए उपयुक्त रणनीतियों का चित्रण नहीं करता है?

[CTET Paper - I, 2021]

A. अनेक दृष्टिकोणों को प्रोत्साहित करना

B. समूह सहयोग

C. अभ्यास और स्मरण

D. प्रयोग

Q.67 अधिगम-निर्योग्यता वाले बच्चों की प्रगति का निरीक्षण करने के लिए निम्नलिखित में से कौन-सी पद्धति सबसे उपयुक्त है?

A. व्यष्टि अध्ययन

B. घटनावृत्त अभिलेख

C. व्यवहार-रेटिंग स्केल

D. संचरित व्यवहारपरक अवलोकन

Q.68 अभ्यास द्वारा अधिगम ____ का एक संशोधन है।

A. प्रेरणा   **B.** व्यवहार   **C.** मूल वृत्ति   **D.** ड्राइव

Q.69 एक चिंतनशील शिक्षक कक्षा स्थितियों का निर्माण क्यों करता है?

A. व्याख्यान सुन सकें

B. कक्षा-कक्ष में शिक्षक के व्याख्यान के नोट्स ले सकें

C. कक्षा-कक्ष में अनुशासन बनाये रखें

D. छात्रों और शिक्षक में पारस्परिक अन्तःक्रिया को प्रोत्साहन मिलें

Q.70 जब सीखी जाने वाली सामग्री _____ हो तो विद्यार्थी बेहतर सीखते हैं।

A. जटिल और व्यापक

B. मौजूदा ज्ञान से जुड़ी

C. अव्यवस्थित और असंगठित

D. उनके सामाजिक-सांस्कृतिक संदर्भ से भिन्न

Q.71 निम्नलिखित में से कौन समावेश के समूहों के विद्यार्थियों को शामिल करने में बाधा उत्पन्न करता है?

A. शैक्षिक स्थानों तक पहुँच

B. अधिकारों में समता

C. भाग लेने का अवसर

D. सामाजिक वर्तिकान

Q.72 नेतृत्व का _____ सिद्धांत सहयोग, नैतिक और उच्च मानवीय मूल्यों पर जोर देता है।

A. परिवर्तनकारी   **B.** लेन-देन संबंधी

C. महान पुरुष   **D.** विशेषता

Q.73 विद्यालय की संगठनात्मक संरचना छात्रों के अधिगम को प्रभावित करती है। यह कारक किस श्रेणी का है?

[Rajasthan Teachers Eligibility Test - Level 1 Primary Level (RTET), 2017]

A. क्रियात्मक कारक   **B.** मनोवैज्ञानिक कारक

C. सामाजिक कारक   **D.** अन्य कारक

Q.74 निम्नलिखित में से कौन सा स्कूल असेंबली का उद्देश्य नहीं है?

A. उपलब्धियों की सराहना करें और प्रेरित करना।

B. स्कूल प्रबंधन की समझ विकसित करना।

C. दर्शकों को संबोधित करने का अवसर देना।

D. सभी को एक साथ महसूस करने के लिए एक मंच प्रदान करना।

Q.75 बाल-केंद्रित शिक्षा में, मूल्यांकन _________।

A. कुछ आवधिक परीक्षाओं के माध्यम से किया जाता है

B. लिखित वस्तुनिष्ठ प्रकार की परीक्षाओं के माध्यम से होता है

C. बिल्कुल नहीं होता है

D. सीखने की प्रक्रिया का अभिन्न अंग माना जाता है

Q.76 छात्रों को _________ लक्ष्य निर्धारित करने के लिए प्रोत्साहित किया जाना चाहिए।

[CTET Paper - I, 2021]

A. महारत उन्मुख   **B.** असफलता उन्मुख

C. स्वीकार करने में विफल   **D.** स्वयं को हराने

Q.77 विविध आवश्यकताओं वाले शिक्षार्थियों वाली कक्षा में, शिक्षक को _________ के लिए विकल्प प्रदान नहीं करना चाहिए।

A. विषयवस्तु की प्रस्तुति

B. संचार और अभिव्यक्ति

C. सूचना पर दृष्टिकोण

D. शिक्षार्थियों की रूढ़िबद्धता

Q.78 राष्ट्रीय शिक्षा नीति 2020 के अनुसार अधिगम _____ होना चाहिए।

[CTET Paper - I, 2021]

A. विषयवस्तु अभिमुखी   **B.** प्रयोगात्मक

C. पाठ्यपुस्तक केन्द्रित   **D.** व्यवहारात्मक

Q.79 पाठ्यचर्या के क्षेत्र में शामिल है:

[RTET - Level 2 (Social Studies), 2017]

A. किसी विद्यालय की आंतरिक गतिविधियाँ

B. स्कूल की बाहरी गतिविधियाँ

C. (A) और (B) दोनों

D. इनमें से कोई नहीं

Q.80 व्यक्तित्व को मापने के लिये सोलह पी.एफ. प्रश्नावली किसने दी?

[RTET - Level 2 (Mathematics & Science), 2021]

A. गोर्डन आलपोर्ट   **B.** शैल्डन

C. आर.पी. कैटल   **D.** स्प्रैन्जर

// स्मार्ट उत्तर पुस्तिका //

सही उत्तर	उन छात्रों का प्रतिशत जिन्होंने प्रश्नों का सही उत्तर दिया था।		छोड़ दिया	उन छात्रों का प्रतिशत जिन्होंने प्रश्नों को छोड़ दिया था।

प्रश्न संख्या	उत्तर	सही उत्तर / छोड़ दिया	प्रश्न संख्या	उत्तर	सही उत्तर / छोड़ दिया	प्रश्न संख्या	उत्तर	सही उत्तर / छोड़ दिया	प्रश्न संख्या	उत्तर	सही उत्तर / छोड़ दिया	प्रश्न संख्या	उत्तर	सही उत्तर / छोड़ दिया	प्रश्न संख्या	उत्तर	सही उत्तर / छोड़ दिया
1	B	84.63 % / 0.0 %	15	C	65.17 % / 1.33 %	29	C	81.6 % / 0.0 %	43	B	21.15 % / 3.54 %	57	D	52.85 % / 1.52 %	71	D	48.58 % / 1.26 %
2	D	76.37 % / 0.0 %	16	C	43.86 % / 1.87 %	30	A	52.37 % / 1.03 %	44	A	44.32 % / 1.24 %	58	C	65.39 % / 1.37 %	72	A	44.34 % / 1.99 %
3	D	82.39 % / 0.0 %	17	B	55.58 % / 1.58 %	31	D	62.12 % / 1.34 %	45	B	63.2 % / 1.1 %	59	D	60.24 % / 1.93 %	73	C	64.69 % / 1.0 %
4	D	56.93 % / 1.34 %	18	B	49.32 % / 1.33 %	32	A	24.2 % / 4.74 %	46	B	40.48 % / 1.28 %	60	A	48.25 % / 1.67 %	74	B	40.08 % / 1.12 %
5	C	85.58 % / 0.0 %	19	B	85.71 % / 0.0 %	33	D	67.6 % / 1.23 %	47	A	41.42 % / 1.62 %	61	D	67.67 % / 1.77 %	75	D	41.81 % / 1.15 %
6	D	51.63 % / 1.44 %	20	B	57.71 % / 1.39 %	34	B	46.8 % / 1.71 %	48	A	51.72 % / 1.55 %	62	D	54.15 % / 1.71 %	76	A	68.83 % / 1.71 %
7	B	50.21 % / 1.75 %	21	A	51.07 % / 1.91 %	35	B	88.69 % / 0.0 %	49	B	51.54 % / 1.35 %	63	D	66.94 % / 1.58 %	77	D	62.87 % / 1.82 %
8	B	60.56 % / 1.94 %	22	A	51.28 % / 1.97 %	36	D	49.74 % / 1.85 %	50	A	52.35 % / 1.42 %	64	B	45.59 % / 1.82 %	78	B	69.1 % / 1.21 %
9	A	68.76 % / 1.19 %	23	C	46.32 % / 1.04 %	37	B	52.37 % / 1.79 %	51	B	60.89 % / 1.7 %	65	D	57.32 % / 1.17 %	79	C	44.23 % / 1.28 %
10	D	83.71 % / 0.0 %	24	A	49.67 % / 1.81 %	38	D	48.82 % / 2.0 %	52	D	48.14 % / 1.95 %	66	C	67.95 % / 1.99 %	80	C	48.13 % / 1.77 %
11	A	56.48 % / 1.2 %	25	B	45.8 % / 1.25 %	39	A	62.07 % / 1.73 %	53	B	41.17 % / 1.43 %	67	D	56.98 % / 1.41 %			
12	B	43.93 % / 1.91 %	26	C	67.3 % / 1.55 %	40	B	47.23 % / 1.3 %	54	D	64.11 % / 1.94 %	68	B	68.36 % / 1.59 %			
13	C	85.61 % / 0.0 %	27	B	65.18 % / 1.07 %	41	D	46.82 % / 1.47 %	55	C	62.34 % / 1.75 %	69	D	11.3 % / 3.8 %			
14	D	41.93 % / 1.8 %	28	C	61.2 % / 1.66 %	42	C	67.54 % / 1.4 %	56	C	60.94 % / 1.6 %	70	B	61.17 % / 1.87 %			

//संकेत और समाधान//

1. If the statement is positive, the question tag must be negative and vice versa.

The sentence and the question tag must be in the same tense.

Option (A) is incorrect as modal verb is not used anywhere in the statement. Option (C) is incorrect as has/have has nowhere been used in the statement. Option (D) is incorrect as the statement and the question tag have different tense. (must be in the same tense.)

Correct Sentence: They gave up trying to defend themselves, didn't they?

Hence, the correct option is (B).

2. According to passage, when evening came the animals were still unfed. At last they could stand it no longer. One of the cows broke in the door of the store-shed with her horn and all the animals began to help themselves from the bins.

Thus, it can be concluded that the unfed animals started eating the fodder from the bins.

Hence, the correct option is (D).

3. The most appropriate antonym of the given word 'Tenacious' is 'Yielding'.

Tenacious: not likely to give up or let something go; determined.

Example: She is very tenacious and will work hard and long to achieve objectives.

Yielding: inclined to give in; submissive; compliant.

Example: The government refused to yield to the hostage takers' demands.

Hence, the correct option is (D).

4. In the given sentence, the use of the simple future tense "will have" is incorrect.

- The given sentence is the third conditional sentence explaining that present circumstances would be different if something different had happened in the past.
- The third conditional sentence format: past perfect, modal auxiliary (would, could, should, etc.) + have + past participle.
- When using the third conditional, we use the past perfect (i.e., had + past participle) in the if-clause and the modal auxiliary (would, could, should, etc.) + have + past participle in the main clause.
- Therefore, the past form of the verb 'would' should be used in place of the simple future form of the verb 'will'.

Correct sentence: Had you not reached in time, we would have lost our lives.

Hence, the correct option is (D).

5. In the given sentence, the preposition 'for' is used and it is incorrect.

The word 'less' shows that a comparison has been made here. 'Than' should be used in a comparative degree. Example: Sita is taller than her mother.

So, the preposition 'for' should be replaced with 'than' as a comparison between some objects are being made.

The correct sentence would be: The ocean and the land are less reflective than ice.

Hence, the correct option is (C).

6. Accretion means a thing formed or added by gradual growth or increase.

Other words:

Restoration means bringing back something to a former position or condition.

Deference means to give respect and esteem due a superior or an elder.

Detestation means intense dislike.

Hence, the correct option is (D).

7. As per the options, the given sentence is negative. Also, we need to use negative infinitives in this case.

- The infinitive is the base form of a verb.
- Structure: To + Base form of the verb.
  - Example: I decided not to go to London.
- The negative infinitive is formed by putting not in front of any form of the infinitive.
  - Example: I decided not to go to London.

Correct sentence: He was advised not to attend the seminar without preparation.

Hence, the correct option is (B).

8. 'Brief' is the most appropriate synonym for the word Fleeting.

Fleeting means lasting only a short time.

Example: The girls caught only a fleeting glimpse of the driver.

Brief means lasting only a short time.

Example: His acceptance speech was mercifully brief.

Hence, the correct option is (B).

9. The meaning of the given idiom is 'Futile search'.

Let's look at the meaning of the given idiom:

A wild goose chase- "a search that is completely unsuccessful and a waste of time because the person or thing being searched for does not exist or is somewhere else".

Example: John was angry because he was sent out on a wild-goose chase.

Hence, the correct option is (A).

10. The phrase "blessing in disguise" means a fortunate event or an event that causes problems at first but later brings an advantage.

Example: The lockdown in 2020 proved to be a blessing in disguise. It gave us a lot of time to spend with our family.

Hence, the correct option is (D).

11. दिए गए विकल्पों में से 'गाड़ी-गाढ़ी' शब्द-युग्म के लिए सही अर्थ-युग्म 'यान-गहरी' है।

गाड़ी: पहिये के सहारे चलने वाली सवारी

गाढ़ी: गहरी, मोटी, घनी, मजबूत

अन्य विकल्प इसके अनुचित उत्तर हैं।

अत: विकल्प (A) सही है।

12. 'विद्यासागर अपनी मूर्खता से <u>धनहीन</u> हो गया।' इसमें रेखांकित शब्द में तत्पुरुष समास है।

- 'धनहीन' अर्थात् 'धन (से) हीन'। यह तत्पुरुष समास का उदाहरण है।
- इस समास में प्रथम पद गौण और उत्तर पद की प्रधानता होती है।
- समास करते वक्त बीच की विभक्ति का लोप हो जाता है।
- वह समास, जिसका उत्तरपद या अंतिम पद प्रधान हो। अर्थात् प्रथम पद गौण हो और उत्तरपद की प्रधानता हो, तत्पुरुष समास कहलाता है।

अत: विकल्प (B) सही है।

13. 'आदमी बनना' मुहावरे का उपयुक्त अर्थ 'अच्छा व्यवहार सीखना' है।

वाक्य प्रयोग - जब से उसने बुरे दोस्तों की संगत छोड़ दी है तब से वह आदमी बनता जा रहा है।

अत: विकल्प (C) सही है।

14. 'कितनी नावों में कितनी बार' रचना को ज्ञानपीठ पुरस्कार से सम्मानित किया गया है। इसलिए, विकल्प 'कितनी नावों में कितनी बार' सही उत्तर होगा। अन्य विकल्प असंगत है।

कितनी नावो मे कितनी बार अज्ञेय जी द्वारा 1962 से 1966 तक रचित कविताओं का काव्य संग्रह है जिसे 1978 में ज्ञानपीठ पुरस्कार से सम्मानित किया गया था।

अतः विकल्प (D) सही है।

15. जहाँ नायक और नायिका के सौंदर्य तथा प्रेम संबंधी परिपक्व अवस्था का वर्णन होता है वहां श्रृंगार रस होता है। इसका स्थायी भाव 'रति' है। जैसे-

बतरस लालच लाल की, मुरली धरी लुकाय।

सांह करे, भौहनि हँसै, छैन कहै, नटि जाय।

अत: विकल्प (C) सही है।

16. 'यथोचित' का सही संधि विच्छेद यथा + उचित (अ/आ + उ = ओ) है।

इसमें गुण संधि है इसमें अ, आ के बाद इ, ई हो तो ए, उ, ऊ हो तो ओ, तथा ऋ हो तो अर् हो जाता है। उदाहरण : महा + इंद्र = महेंद्र।

गुण संधि का सूत्र आद्गुण: होता है। यह संधि स्वर संधि के भागो में से एक है।

अत: विकल्प (C) सही है।

17. वन काटने का सबसे अधिक कष्ट महिलाओं को उठाना पड़ता है क्योंकि उन्हें चारा लाने के लिए दूर जाना पड़ता है।

गद्यांश के अनुसार, "आरंभ से ही लगा कि वृक्ष बचाने में महिलाएँ आगे आएँगी। वन कटने का सबसे अधिक कष्ट उन्हीं को उठाना पड़ता है, क्योंकि घास-चारा लाने के लिए उन्हें और दूर जाना पड़ता है।"

अत: विकल्प (B) सही है।

18. वन काटने का सबसे अधिक कष्ट महिलाओं को उठाना पड़ता है क्योंकि उन्हें चारा लाने के लिए दूर जाना पड़ता है।

गद्यांश के अनुसार, "आरंभ से ही लगा कि वृक्ष बचाने में महिलाएँ आगे आएँगी। वन कटने का सबसे अधिक कष्ट उन्हीं को उठाना पड़ता है, क्योंकि घास-चारा लाने के लिए उन्हें और दूर जाना पड़ता है।"

अत: विकल्प (B) सही है।

19. खड़ी बोली हिन्दी की 'पश्चिमी हिन्दी' उपभाषा के अन्तर्गत आती है। अन्य विकल्प असंगत हैं।

- 'बिहारी हिन्दी' की उपभाषा है – मैथिली, मगही, भोजपुरी।
- 'पश्चिमी हिन्दी' की उपभाषा है – ब्रज भाषा, खड़ी बोली, इत्यादि।
- 'पहाड़ी हिन्दी' की उपभाषा – कोंकणी इत्यादि।
- 'पूर्वी हिन्दी' की उपभाषा है – अवधी, बघेली, छत्तीसगढ़ी। इसलिए सही विकल्प पश्चिमी हिन्दी है।

अत: विकल्प (B) सही है।

20. क्रोध शब्द भाववाचक संज्ञा का है।

जो शब्द किसी चीज़ या पदार्थ की अवस्था, दशा या भाव का बोध कराते हैं, उन शब्दों को भाववाचक संज्ञा कहते हैं। जैसे- बचपन, बुढ़ापा, मोटापा, मिठास, उमंग, चढाई, थकावट, मानवता, चतुराई, जवानी, लम्बाई, मित्रता, मुस्कुराहट, अपनापन, परायापन, भूख, प्यास, चोरी, क्रोध, सुन्दरता आदि।

अत: विकल्प (B) सही है।

21. वर्ष 2022 में, भारतीय शहर मुंबई ने 'ग्लोबल फिनटेक सम्मेलन' की मेजबानी की।

ग्लोबल फिनटेक फेस्ट का आयोजन नेशनल पेमेंट्स कॉर्पोरेशन ऑफ इंडिया (एनपीसीआई), पेमेंट्स काउंसिल ऑफ इंडिया (पीसीआई) और फिनटेक कन्वर्जेंस काउंसिल (एफसीसी) द्वारा किया गया था।

इसमें केंद्रीय वित्त मंत्री निर्मला सीतारमण और आरबीआई गवर्नर शक्तिकांत दास ने भाग लिया। वित्त मंत्री ने फिनटेक उद्योग से एक स्थायी वित्तीय वातावरण के निर्माण के लिए हरित वित्त में अवसरों का लाभ उठाने का आह्वान किया।

अतः विकल्प (A) सही है।

22. युवा कार्यक्रम एवं खेल मंत्रालय और इसके सहयोगी संगठनों अर्थात् नेहरू युवा केंद्र संगठन (एनवाईकेएस) और राष्ट्रीय सेवा योजना (एनएसएस) ने सभी जिलों में सरदार वल्लभ भाई पटेल की जयंती पर एकता दौड़ का आयोजन किया।

युवा कार्यक्रम एवं खेल मंत्रालय के मंत्री अनुराग ठाकुर ने पंजाब के मोहाली से रन फॉर यूनिटी को झंडी दिखाकर रवाना किया। देश भर में राष्ट्रीय एकता के सार के बारे में नागरिकों में जागरूकता पैदा करने के लिए 55.32 लाख की भागीदारी के साथ 90,122 रन फॉर यूनिटी का आयोजन किया गया।

अत: विकल्प (A) सही है।

23. कॉमन वेल्थ के सदस्यों के लिए अंतर्राष्ट्रीय खेल आयोजन, 2022 के राष्ट्रमंडल खेलों का आयोजन इंग्लैंड के बर्मिंघम शहर में की गई। इंग्लैंड ने तीसरी बार इस आयोजन की मेजबानी की है। प्रतिष्ठित कार्यक्रम 27 जुलाई से 7 अगस्त 2020 के बीच आयोजित हुआ।

भारत ने पदक तालिका में चौथे स्थान पर रहते हुए 22 गोल्ड के साथ कुल 61 मेडल जीते।

अत: विकल्प (C) सही है।

24. दिसंबर 2022 में लास वेगास में होने वाले सौंदर्य प्रतियोगिता में भारत का प्रतिनिधित्व करते हुए सरगम कौशल ने 21 साल बाद मिसेज वर्ल्ड 2022 का खिताब जीतकर इतिहास रच दिया।

63 देशों के प्रतियोगियों को पछाड़ते हुए, 32 वर्षीय ने दिसंबर 2022 में लास वेगास में होने वाले कार्यक्रम में ताज हासिल किया।

मिसेज पोलिनेशिया को फर्स्ट रनर-अप, उसके बाद मिसेज कनाडा को सेकेंड रनरअप चुना गया।

अत: विकल्प (A) सही है।

25. ग्रेनाइट चट्टानों में जीवाश्म नहीं होते हैं। जीवाश्म, जानवरों और पौधों के जीवन के संरक्षित अवशेष, ज्यादातर तलछटी चट्टानों में पाए जाते हैं। तलछटी

चट्टानों में, अधिकांश जीवाश्म शैल, चूना पत्थर, समूह और बलुआ पत्थर में पाए जाते हैं।

ग्रेनाइट एक हल्के रंग की आग्नेय चट्टान है जिसमें अनाजों के साथ काफी बड़ी आंखें दिखाई देती हैं। यह पृथ्वी की सतह के नीचे मैग्मा के धीमे क्रिस्टलीकरण से बनता है। ग्रेनाइट मुख्य रूप से कार्ट्ज और फेल्डस्पार से बना होता है जिसमें अभ्रक, उभयचर और अन्य खनिजों की थोड़ी मात्रा होती है।

अतः विकल्प (B) सही है।

26. भारत के सर्वोच्च न्यायालय के क्षेत्राधिकार को संसद द्वारा विधि बनाकर बढ़ाया जा सकता है।

संसद अनुच्छेद 138(1) के तहत सर्वोच्च न्यायालय को अधिकार क्षेत्र प्रदान कर सकती है और सर्वोच्च न्यायालय के पास संघ सूची के किसी भी मामले के संबंध में ऐसी और अधिकारिता और शक्तियां होंगी जो संसद कानून द्वारा प्रदान कर सकती है।

अत: विकल्प (C) सही है।

27. मुहम्मद बिन तुगलक ने राजधानी को दिल्ली से दौलताबाद स्थानांतरित कर दिया।

मुहम्मद बिन तुगलक ने मुख्य रूप से दो कारणों से अपनी राजधानी दिल्ली से दौलताबाद स्थानांतरित की:

- दौलताबाद केंद्र में स्थित था और दिल्ली और अन्य महत्वपूर्ण स्थानों से समान दूरी पर था।
- क्योंकि दिल्ली मंगोलों की पहुंच के भीतर था, दौलताबाद भविष्य में संभावित मंगोल हमलों से सुरक्षित दूरी पर प्रतीत होता था।

अत: विकल्प (B) सही है।

28. औरंगजेब ने अपने पूर्ववर्तियों द्वारा मनसब प्रणाली में सभी परिवर्तनों को जारी रखा और मशरुत (सशर्त) नामक एक अतिरिक्त रैंक बनाया।

- यह अस्थायी रूप से मनसबदार के सवार रैंक को बढ़ाने का एक प्रयास था।
- औरंगजेब ने शाही अस्तबल में जानवरों के चारे की लागत को पूरा करने के लिए खुराक-इदावब नामक एक और कटौती जोड़ी।
- मनसबदारी भारत में मुगलों द्वारा तैयार की गई एक अनूठी प्रणाली थी।
- अकबर द्वारा कुछ परिवर्तनों और संशोधनों के साथ विकसित मनसबदारी प्रणाली, मुगलों के अधीन नागरिक और सैन्य प्रशासन का आधार थी।
- मनसब शब्द का अर्थ स्थान या स्थिति है। एक व्यक्ति को दिया जाने वाला मनसब अधिकारिक पदानुक्रम में उसकी स्थिति और उसके वेतन दोनों को निर्धारित करता है।

अत: विकल्प (C) सही है।

29. केंद्र ने FY22 के दौरान 88,000 करोड़ रुपये के लक्ष्य को पार करते हुए 96,000 करोड़ रुपये की संपत्ति का मुद्रीकरण पूरा कर लिया है। FY23 के लिए, इसने 1.62 ट्रिलियन रुपये का लक्ष्य निर्धारित किया है और कार्यान्वयन के उन्नत चरणों के तहत पहले से ही 1.6 ट्रिलियन रुपये के संपत्ति संसाधन हैं। केंद्र FY24 और FY25 में क्रमशः 1.79 ट्रिलियन रुपये और 1.67 ट्रिलियन रुपये की संपत्ति का मुद्रीकरण करना चाहता है।

अत: विकल्प (C) सही है।

30. भारत में केंद्रीय और राज्य विश्वविद्यालय, एकात्मक, संघीय और संबद्ध विश्वविद्यालय, राष्ट्रीय महत्व के संस्थान, मानित विश्वविद्यालय और मुक्त विश्वविद्यालय हैं।

- कार्यात्मक आधार पर, उच्च शिक्षा के संस्थानों में बहु-संकाय सामान्य विश्वविद्यालय शामिल हैं जो लगभग सभी पारंपरिक विषयों में शिक्षण और अनुसंधान में लगे हुए हैं।

- एक विश्वविद्यालय की स्वायत्तता एक कॉर्पोरेट निकाय के रूप में अपने मामलों को व्यवस्थित और प्रशासित करने की स्वतंत्रता है, जिसके द्वारा इसे स्थापित किया गया है।

- विश्वविद्यालय का स्वायत्त चरित्र उसके आंतरिक प्रबंधन में परिलक्षित होता है, स्वतंत्रता जिसके साथ वह अपनी नीतियों और कार्यक्रमों को तय कर सकता है, अपने कर्मियों को नियुक्त कर सकता है, एक दूसरे के साथ उनके संबंध निर्धारित कर सकता है और अपने उद्देश्यों को साकार करने की दृष्टि से उनके सुचारू संचालन को सुविधाजनक बना सकता है।

- इनमें से अधिकांश विश्वविद्यालयों के शासन का व्यापक पैटर्न और संरचना समान है; प्रबंधन की जिम्मेदारी एक कार्यकारी परिषद (जिसे सिंडिकेट या प्रबंधन बोर्ड के रूप में भी जाना जाता है) और अकादमिक जिम्मेदारी अकादमिक परिषद (सीनेट) के पास निहित होती है।

- कार्यकारी परिषद वह प्राधिकरण है जो सभी कार्यकारी निर्णय लेती है और उन्हें लागू करती है। इस निकाय द्वारा सभी प्रशासनिक और वित्तीय शक्तियों का प्रयोग किया जाता है।

- अकादमिक परिषद, विश्वविद्यालय का प्रमुख शैक्षणिक प्राधिकरण है। कार्यक्रम, पाठ्यक्रम, शिक्षण विधियों, छात्र मूल्यांकन प्रणाली, शैक्षणिक मानकों, नए विभागों के निर्माण आदि पर सभी निर्णय अकादमिक परिषद के दायरे में हैं।

इसलिए सुशासन के लिए निम्नलिखित स्वायत्तताएं अनिवार्य शैक्षणिक स्वायत्तता, वित्तीय स्वायत्तता और प्रशासनिक स्वायत्तता हैं।

इसलिए केवल (A), (C), और (D) सही हैं।

अत: विकल्प (A) सही है।

31. कूट शब्द का उपयोग इस प्रकार है,

उदाहरण- N = 14;

कूट = 1 + 4 = 5, जब तक यह इकाई अंक में नहीं बदल जाता है

इकाई अंक का स्थानीय मान उसी के रूप में लिया जाता है

इसलिए, दी गयी कूट भाषा होगी,

L = 12; कूट = 1 + 2 = 3

A = 1

F = 6

A = 1

N = 14; कूट = 1 + 4 = 5

G = 7

E = 5

Y = 25; कूट = 2 + 5 = 7

इसी प्रकार,

S = 19; कूट = 1 + 9 = 10; 1 + 0 = 1

A = 1

I = 9

L = 12; कूट = 1 + 2 = 3

B = 2

O = 15; कूट = 1 + 5 = 6

A = 1

T = 20; कूट = 2 + 0 = 2

इसलिए, SAILBOAT का कूटबद्ध रूप 11932612 है।

अतः विकल्प (D) सही है।

32. ऐसे पांच दोस्त हैं जिन्हें हमें एक ऐसे व्यक्ति को खोजने की जरूरत है, जिससे दो व्यक्ति उससे लंबे और छोटे हों।

सुरेश, कमलेश से छोटा और राकेश से लंबा है। जबकि अमित, कमलेश से छोटा और सुरेश से लंबा है।

i) कमलेश > अमित > सुरेश > राकेश।

साथ ही, मुकेश सबसे लंबा है।

ii) मुकेश > कमलेश > अमित > सुरेश > राकेश।

जैसा कि देखा जा सकता है कि अमित वह व्यक्ति है जिससे दो व्यक्ति उससे छोटे और लंबे हैं।

अतः विकल्प (A) सही है।

33. दी गई जानकारी के अनुसार आरेख का निर्माण करने पर,

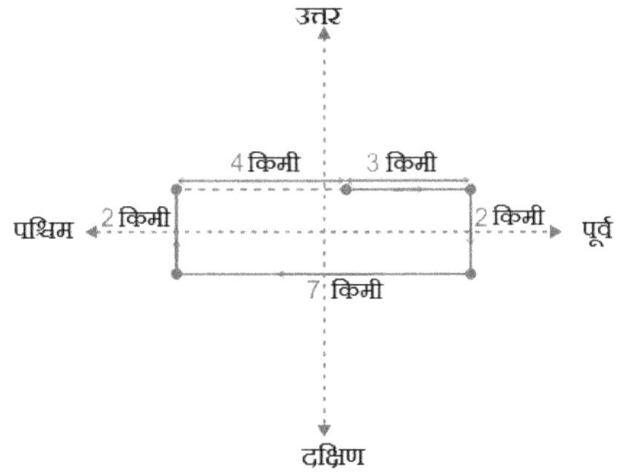

वह अपने घर से पश्चिम दिशा में 4 किमी दूरी पर है।

अतः विकल्प (D) सही है।

34. यहाँ अनुसरित स्वरूप निम्न प्रकार है:

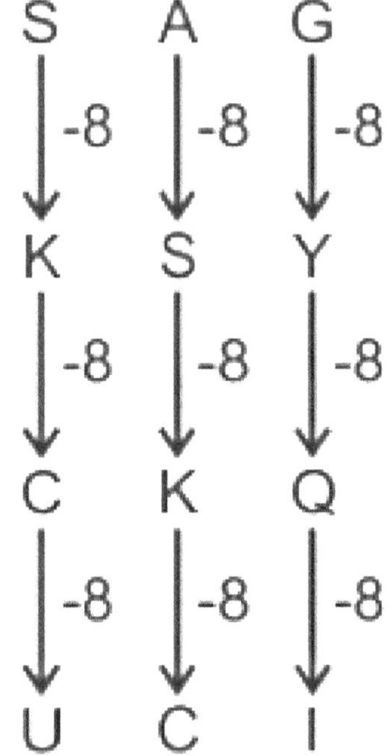

अतः विकल्प (B) सही है।

35. जब दर्पण को रेखा 'AB' पर रखा जाता है, तो सही दर्पण प्रतिबिम्ब इस प्रकार है:

अतः विकल्प (B) सही है।

36. दुनिया भर में लाखों लोगों को जोड़ने वाले कंप्यूटरों के विशाल नेटवर्क को इंटरनेट कहा जाता है।

इंटरनेट एक विशाल नेटवर्क है जो कई स्वतंत्र नेटवर्कों को जोड़ता है और विभिन्न स्थानों पर कंप्यूटरों को जोड़ता है। यह दुनिया भर के कंप्यूटर उपयोगकर्ताओं को विभिन्न तरीकों से संचार करने और जानकारी साझा करने में सक्षम बनाता है।

अतः विकल्प (D) सही है।

37. एम.एस. एक्सेल में पंक्तियों की संख्या 65536 के बराबर है।

65536 एक्सेल 97, एक्सेल 2000, एक्सेल 2002 और एक्सेल 2003 द्वारा समर्थित स्प्रेडशीट पंक्तियों की अधिकतम संख्या है। 65536 पंक्तियों से बड़ी टेक्स्ट फ़ाइलों को एक्सेल के इन संस्करणों में आयात नहीं किया जा सकता है। (एक्सेल 2007,2010 और 2013 1,048,576 पंक्तियों का समर्थन करते हैं 2^{20} ।

अतः विकल्प (B) सही है।

38. माइक्रोसॉफ्ट ऑफिस 365 वर्ड में डिज़ाइन टैब, डोक्युमेंट कन्टेंट एरिया का रंग बदलने हेतु काम आता है।

एक्सेल में पेज लेआउट टैब पर या वर्ड में डिज़ाइन टैब पर, कलर्स पर क्लिक करें और फिर कस्टमाइज कलर्स पर क्लिक करें। आप जिस थीम रंग को बदलना चाहते हैं उसके बगल में स्थित बटन पर क्लिक करें (उदाहरण के लिए, एक्सेंट 1 या हाइपरलिंक), और फिर थीम कलर्स के तहत एक रंग चुनें।

अतः विकल्प (D) सही है।

39. Ctrl + Shift + Arrow कुंजी एक ही कॉलम या पंक्ति में अंतिम अरिक्त सेल में सेलों के चयन को सक्रिय सेल के रूप में विस्तारित करता है, या यदि अगला सेल रिक्त है, तो चयन को अगले गैर-रिक्त सेल में विस्तारित करता है।

अतः विकल्प (A) सही है।

40. एक्सप्रेशन सिंबल का एक लीगल कॉम्बिनेशन है जिसके रिजल्ट की वैल्यू होती है। एक एक्सप्रेशन बिल्डर एक एक्सेस टूल है जो एक एक्सप्रेशन को प्रवेश करने के लिए एक्सप्रेशन बॉक्स को कंट्रोल करता है।

एक्सप्रेशन बिल्डर एक जनरल-पर्पस वाला टूल है जो फंक्शन और WEAP ब्रांचेज को एडिटिंग बॉक्स में खींचकर और छोड़ कर WEAP के एक्सप्रेशन बनाने में आपकी मदद करता है।

अत: विकल्प (B) सही है।

41. समाज एक 'संबंधों का जाल' है और ये संबंध मानव व्यवहार और समाज की विभिन्न संस्थाओं को समझने के लिए मौलिक हैं।

परिवार, समुदाय और समाज में संबंधों के विभिन्न रूप हैं:

- परिवार में माता, पिता, पुत्र, पुत्री, पति, पत्नी, भाई, बहन जैसे संबंध होते हैं जिन्हें हम प्राथमिक संबंधों में रखते हैं।
- चाचा, चाची, भतीजे, भतीजी को द्वितीयक रिश्तेदार कहा जाता है।
- तृतीयक रिश्तेदार भी होते हैं जैसे मित्र, पड़ोस के रिश्ते और इसी तरह के कई अन्य संबंध।

इसलिए, हम यह निष्कर्ष निकालते हैं कि मित्र तृतीयक संबंध के अंतर्गत आता है।

अतः विकल्प (D) सही है।

42. मानव जीवन में, किशोरावस्था का चरण बच्चों के अपने समकक्ष समूहों में शामिल होने का प्रतीक है। किशोरावस्था बचपन और वयस्कता के बीच 10 से 19 वर्ष की आयु के बीच जीवन का चरण है। किशोरावस्था के दौरान, सहकर्मी समूहों को विभिन्न परिवर्तनों का सामना करना पड़ता है। किशोर अपने साथियों के साथ अधिक समय बिताते हैं और कम वयस्क पर्यवेक्षण चाहते हैं। इस समय के दौरान किशोरों का संचार भी बदल जाता है। वे अपने माता-पिता के साथ स्कूल और अपने करियर के बारे में बात करना पसंद करते हैं।

अतः विकल्प (C) सही है।

43. जॉन डेवी ने अपने अनुभव के सिद्धांत में निरंतरता के सिद्धांत का प्रस्ताव रखा। उन्होंने कहा कि विकास सीखने में कभी न खत्म होने वाली प्रक्रिया है।

शिक्षक के लिए विभिन्न चरणों में वृद्धि और विकास का ज्ञान बहुत आवश्यक है। शिक्षक को बच्चे की वृद्धि और विकास को प्रोत्साहित करना होता है। वह ऐसा तभी कर सकता है जब उसे विभिन्न चरणों में वृद्धि और विकास का उचित ज्ञान हो।

अतः विकल्प (B) सही है।

44. बचपन मानव जीवन की जन्म रो लेकर परिपक्वता की अवधि को दर्शाता टै। इसमें कई विकासात्मक अवस्थाएँ होती हैं और प्रारंभिक बचपन उनमें से एक है।

- 'आरम्भिक बाल्यकाल' '2 से 6 वर्ष' की आयु के बीच होता है
- यह बच्चे के संपूर्ण विकास के लिए बहुत ही महत्वपूर्ण अवधि है।
- इसे टॉय ऐज, प्रीगैंग ऐज और एक्सप्लोरेटरी ऐज आदि के रूप में भी जाना जाता है।

अतः विकल्प (A) सही है।

45. मानसिक वृद्धि और विकास का तात्पर्य जन्म से मृत्यु तक होने वाली मानसिक प्रक्रिया में परिवर्तन से है। बच्चों में स्मृति, तर्कशक्ति, भाषा, सोच, बुद्धि आदि क्षमताओं का समग्र विकास मानसिक विकास कहलाता है।

- आनुवंशिकता: यह उन लक्षणों को संदर्भित करता है जो माता-पिता से उनकी संतानों में जाते हैं। यह सबसे महत्वपूर्ण व्यक्तित्व और बुद्धि निर्धारक है।

- पर्यावरण: यह उन परिस्थितियों को संदर्भित करता है जिनमें एक व्यक्ति रहता है। बच्चे के तात्कालिक वातावरण ने उनके व्यक्तित्व और बुद्धि को बहुत प्रभावित किया।

इस प्रकार, यह निष्कर्ष निकाला जा सकता है कि मानसिक वृद्धि और विकास आनुवंशिकता और पर्यावरण कारक द्वारा नियंत्रित होता है।

अतः विकल्प (B) सही है।

46. विकास: विकास को आकार, माप, स्वास्थ्य या मनोविज्ञान में परिवर्तन के रूप में परिभाषित किया जा सकता है।

मानव विकास के सिद्धांत निम्नलिखित हैं:

- निरंतरता का सिद्धांत: विकास निरंतरता के सिद्धांत का पालन करता है जो गर्भधान से शुरू होता है और मृत्यु के साथ समाप्त होता है। यह जीवन में कभी न खत्म होने वाली प्रक्रिया है।

- व्यक्तिगत भिन्नता का सिद्धांत: यह कहता है कि प्रत्येक व्यक्ति अपने आप में/स्वयं में अद्वितीय है क्योंकि आनुवंशिकता और पर्यावरणीय कारक उसे दूसरों से भिन्न बनाते हैं।

- सामान्यता से विशिष्टता का सिद्धांत: विकास प्रक्रिया बच्चे द्वारा दर्शाई गई सामान्य प्रतिक्रियाओं से शुरू होती है क्योंकि वह बाद के चरणों से गुजरते हैं, वह विशिष्ट व्यवहारों का प्रदर्शन करना शुरू कर देते है।

- पारस्परिक संबंध का सिद्धांत: किसी व्यक्ति का विकास जीवन के सभी पहलुओं के संतुलित संबंध के माध्यम से परिलक्षित होता है। किसी भी स्थिति में विकास दूसरे पहलू को भी प्रभावित करता है।

- परस्पर क्रिया का सिद्धांत: परस्पर क्रिया का सिद्धांत बताता है कि एक व्यक्ति आनुवंशिकता और पर्यावरण का उत्पाद है। दूसरे शब्दों में, परस्पर क्रिया बच्चे के भीतर और बाहर की शक्तियों से होती है।

अतः विकल्प (B) सही है।

47. लॉरेंस कोहलबर्ग का नैतिक विकास का सिद्धांत: कोहलबर्ग ने नैतिक विकास के सिद्धांत को विकसित किया। उनका सिद्धांत पियाजे के नैतिक निर्णय के द्वि-अवस्था सिद्धांत की तुलना में बहुत अधिक उन्नत था, जो कि नैतिक दुविधाओं के लिए छोटे बच्चों की प्रतिक्रियाओं को अलग करता था, और नैतिक दुविधाओं के बड़े बच्चों के विचारों की तुलना में सापेक्षवादी था।

अतः विकल्प (A) सही है।

48. बाल विकास से तात्पर्य जैविक, संज्ञानात्मक और सामाजिक-भावनात्मक परिवर्तनों के एक क्रम से है जो मनुष्य में जन्म से लेकर वयस्कता की प्राप्ति तक होते हैं।

- विकास एक सतत प्रक्रिया है जो क्रमिक रूप से धीरे-धीरे होती है।
- विकास की दर एक व्यक्ति से दूसरे व्यक्ति में भिन्न होती है।
- विकास सामान्य से विशिष्ट की ओर अग्रसर होता है।
- विकास में सामाजिक अंत: क्रिया और जैविक विकास के माध्यम से संस्कृति ग्रहण करना शामिल है।

अतः विकल्प (A) सही है।

49. विकास को एक व्यापक शब्द के रूप में परिभाषित किया जा सकता है जिसमें गुणात्मक और प्रगतिशील परिवर्तनों की एक श्रृंखला शामिल है।

मानव के विकास को विभिन्न चरणों जैसे कि शैशवावस्था, बाल्यावस्था (प्रारम्भिक और उत्तर बाल्यावस्था), किशोरावस्था, और प्रोढ़ावस्था में विभाजित किया गया है।

- मानव शरीर में विकास सामान्य से विशिष्ट की ओर होता है।
- विशिष्ट बनने से पहले बच्चे की प्रतिक्रियाएं सामान्य प्रकार की होती हैं।
- सामान्य गतिविधि विशिष्ट गतिविधि से पहले होती है अर्थात, बच्चा अपने हाथों को पहले बेतरतीब ढंग से हिलाता है और फिर अपनी

उंगलियों का विशेष रूप से उपयोग करना शुरू कर देता है और अपने हाथ की गतिविधियों को पूरी तरह से नियंत्रित कर लेता है। इसलिए, यह निष्कर्ष निकाला जा सकता है कि मानव शरीर में विकास सामान्य से विशिष्ट तक होता है।

अतः विकल्प (B) सही है।

50. विकास: शब्द 'विकास' परिवर्तन की एक प्रगतिशील श्रृंखला को संदर्भित करता है जो परिपक्वता और अनुभव के परिणामस्वरूप एक व्यवस्थित, पूर्वानुमेय स्वरूप में होता है।

विकास हमेशा एक क्रम में होता है:

- प्रत्येक जीव ने विकास के स्वरूप का अनुसरण किया है। एक बच्चा भी एक क्रमबद्ध क्रम में विकसित होता है जो लगभग सभी बच्चों में समान होता है। विकास का प्रत्येक चरण अगले की ओर ले जाता है; उदाहरण के लिए, सभी बच्चे खड़े होने से पहले बिना सहारे के बैठना सीखते हैं।

अतः विकल्प (A) सही है।

51. शिक्षा में आईसीटी का उपयोग करते हुए आविष्कारशील सोच के भविष्य के कार्यस्थल में आवश्यक कौशल शामिल हैं:

- अनुकूलनशीलता और प्रबंध जटिलता (छात्रों को पहचानने और समझने में सक्षम है कि परिवर्तन निरंतर है, एक ही समय में नए वातावरण को समायोजित करने और संभालने के लिए उनकी सोच, दृष्टिकोण, या व्यवहार को संशोधित करके सकारात्मक रूप से परिवर्तन से समझौता।)
- स्व-दिशा (छात्रों की सीखने से संबंधित लक्ष्यों को निर्धारित करने की क्षमता, उन लक्ष्यों की प्राप्ति के लिए योजना बनाना, स्वतंत्र रूप से समय और प्रयास का प्रबंधन करना और स्वतंत्र रूप से सीखने की गुणवत्ता और सीखने के अनुभव से उत्पन्न किसी भी उत्पाद का मूल्यांकन करना।)
- जिज्ञासा और रचनात्मकता (जिज्ञासा छात्रों का किसी चीज के बारे में अधिक जानने की इच्छा है और आजीवन सीखने का एक अनिवार्य घटक है। रचनात्मकता किसी चीज को अस्तित्व में लाने का कार्य है जो वास्तव में नया और मौलिक है, चाहे वह व्यक्तिगत रूप से हो या सांस्कृतिक रूप से।
- जोखिम लेना (व्यक्तिगत उपलब्धि और विकास को बढ़ाने के अंतिम लक्ष्य के साथ चुनौतियों या समस्याओं को रचनात्मक रूप से निपटने के लिए सुरक्षा क्षेत्र से परे जाने की इच्छा।)
- उच्च-क्रम सोच और सही तर्क (विश्लेषण, तुलना, अनुमान और व्याख्या, मूल्यांकन, और संश्लेषण की संज्ञानात्मक प्रक्रिया शैक्षणिक डोमेन और समस्या-समाधान संदर्भों की एक सीमा पर लागू होती है)।

अतः विकल्प (B) सही है।

52. आर्ट इंटीग्रेटेड लर्निंग (AIL) एक शिक्षण-सीखना का मॉडल है जो 'कला के माध्यम से' और 'कला के साथ' सीखने पर आधारित है: यह एक ऐसी प्रक्रिया है जहां कला शिक्षण-सीखने का माध्यम बन जाती है, किसी भी अवधारणा को समझने की कुंजी पाठ्यक्रम का विषय। स्कूलों में कला एकीकृत शिक्षा के उद्देश्य हैं:

- पूर्व-प्राथमिक स्तर पर यह सीखने को हर्षित और आकर्षक बनाता है।
- प्राथमिक स्तर पर यह अपने आसपास की दुनिया में गणित और विज्ञान की अवधारणाओं की खोज करता है।
- उच्च प्राथमिक स्तर पर यह एक बहुलवादी दृष्टिकोण विकसित करता है और विभिन्न संभावनाओं को महत्व देता है।

अतः विकल्प (D) सही है।

53. इससे पहले कि शिक्षक अपनी कक्षाओं में अनुशासन लागू करें, उन्हें छात्रों के साथ अपेक्षाएं और मानदंड स्थापित करने की आवश्यकता है।

एक अच्छी तरह से अनुशासित कक्षा का अर्थ है एक अधिक सकारात्मक सीखने का माहौल। शिक्षार्थियों और शिक्षकों के सफल होने के लिए एक अनुशासित कक्षा आवश्यक है। कोई भी शिक्षक आपको बताएगा कि अनुशासन की कमी के साथ कोलाहलपूर्ण, अनियंत्रित कक्षा होना सफल सीखने के लिए अनुकूल नहीं है। छात्रों के साथ अपेक्षाओं और मानदंडों को स्थापित करना एक सम्मानजनक और सीखने-सकारात्मक वातावरण को बनाए रखने की कुंजी है।

अतः विकल्प (B) सही है।

54. कॉग्निटिव रिसर्च ट्रस्ट (सीआरटी) शिक्षण-अधिगम प्रक्रिया में उच्च-क्रम सोच कौशल के कार्यान्वयन का आकलन करने के लिए एक उपकरण है। यह महत्वपूर्ण कॉग्निटिव डेवलपमेंट के लिए छात्रों में सोच के विभिन्न पहलुओं को बढ़ाने के लिए डिज़ाइन किया गया है।

फर्स्ट इम्पोर्टेन्ट प्रिऑरिटीज़ (एफआईपी) सीआरटी उपकरण है जो व्यक्ति को कई अलग-अलग संभावनाओं और विकल्पों में से चुनने की अनुमति देता है। यह सकारात्मक परिणामों की स्थिति से निपटने के लिए एक विचार को प्राथमिकता देने के बारे में होता है।

अतः विकल्प (D) सही है।

55. एम अधिगम: पद 'एम अधिगम' हाल ही में शिक्षा (व्यक्तिगत इलेक्ट्रॉनिक उपकरण) में मोबाइल प्रौद्योगिकी के उपयोग से जुड़ा हुआ है। हालांकि, ऐसा प्रतीत होता है कि इसका इस्तेमाल एक शैक्षिक अवधारणा के बजाय व्यावसायिक उद्देश्यों के लिए किया जाता है। इस प्रकार, मोबाइल अधिगम में शिक्षण और अधिगम समर्थन के विशिष्ट उद्देश्य के लिए मोबाइल उपकरणों द्वारा व्यवहित इलेक्ट्रॉनिक सामग्री और संसाधनों तक पहुंच शामिल है। इस दृष्टिकोण को लेने पर एम-अधिगम ई-अधिगम का उप-समूह है, जो अधिगम की सुविधा को जारी रखने के लिए मोबाइल तकनीक के माध्यम से उपलब्ध होता है।

यह साक्षरता, संख्या और भाषा अधिगम को वितरित और समर्थन करने में मदद कर सकता है। यह शिक्षार्थियों और शिक्षकों को मौजूदा बुनियादी साक्षरता कौशल को पहचानने और बनाने में मदद कर सकता है जो पाठ संदेश के माध्यम से युवाओं को एक सूचनात्मक रूप में संवाद करने की अनुमति देता है।

अतः विकल्प (C) सही है।

56. अधिगम एक व्यापक प्रक्रिया है जो अभ्यास और अनुभव के परिणामस्वरूप व्यवहार, ज्ञान और कौशल में परिवर्तन को संदर्भित करता है।

- सार्थक शिक्षण तब होती है जब शिक्षार्थी सीखने की प्रक्रिया में सक्रिय रूप से शामिल होते हैं।
- सक्रिय भागीदारी शिक्षार्थियों की चिंतन शक्ति को सक्रिय करती है और अवधारणा की उनकी समझ को बढ़ाती है।
- प्रायोगिक गतिविधियों में शामिल होने से एक बच्चे को उत्तम अनुभव प्राप्त होता है जो सीखने को सार्थक बनाता है।

अतः विकल्प (C) सही है।

57. अपने विचारों, भावनाओं और रायों को दूसरों के साथ साझा करना संचार है। यह विचारोत्तेजक, निजी, मौखिक या लिखित प्रकार का हो सकता है।

- संबंधों को सार्थक बनाने और समझने के लिए, संचार प्रेरित करता है, शिक्षित करता है, प्रस्ताव देता है, चेतावनी देता है, आदेश देता है, व्यवहार बदलता है और बेहतर संबंध बनाता है।
- संचार तब प्रभावी होता है जब संचारक अपनी भाषण शैली में ज्ञानपूर्ण, स्पष्ट, प्रामाणिक और ऊर्जावान होता है।
- जब श्रोता या पाठक समझता है, प्रतिक्रिया करता है, या संचार पर प्रतिक्रिया करता है और यह उसके अधिगम के व्यवहार को प्रभावित करता है, तब कोई कह सकता है कि उनका संचार प्रभावी था।
- कक्षा में ऐसी गतिविधियाँ जो संचार उपागम का उपयोग करती हैं, शिक्षक और छात्रों के साथ-साथ स्वयं छात्रों में अंतः क्रिया की आवश्यकता होती है।
- यह कक्षा में वार्तालाप को जारी रखेगा। यह प्रभावी शिक्षण और अधिगम की सुविधा प्रदान करेगा।

- पाठ तब प्रभावी होगा जब शिक्षक और छात्रों के बीच और साथ ही स्वयं छात्रों में अंतः क्रिया होगी।
- कक्षा में शिक्षक और बच्चों के बीच कोई पृथक्करण नहीं होगा।

इसलिए, यह निष्कर्ष निकाला गया है कि कक्षा में संचार कक्षा अंतःक्रिया पर निर्भर करता है।

अतः विकल्प (D) सही है।

58. प्रतिभाशाली बच्चे: कोई भी बच्चा जो सामान्य मानसिक क्षमता या गतिविधि के विशिष्ट क्षेत्र या ज्ञान में असाधारण क्षमता के साथ स्वाभाविक रूप से प्रतिभाशाली है। प्रतिभाशीलता केवल एक सरल लक्षण नहीं है, बल्कि एक बच्चे और उनके परिवेश के बीच अन्तः क्रिया का संयोजन है।

अतः विकल्प (C) सही है।

59. शिक्षा में गुणवत्ता का संबंध शिक्षा के उद्देश्य से है। विभिन्न मान्यताएं और मूल्य लोकतंत्र में शिक्षा की धारणा को आधार बनाते हैं। इसलिए, गुणवत्तापूर्ण शिक्षा की आवश्यकता यह सुनिश्चित करना है कि अभ्यर्थी की क्षमता को अधिकतम करने के लिए खोला जाए।

अतः विकल्प (D) सही है।

60. माध्यमिक विद्यालय के छात्र उत्तर बाल्यावस्था में या किशोरावस्था के विकास के चरण में होते हैं।

माध्यमिक विद्यालय के शिक्षक:

- एक माध्यमिक कक्षा में शिक्षक छात्रों का पढ़ने का मन बनाने की कोशिश करता है क्योंकि अवधारणाओं को अर्जित करने के लिए यह सबसे अच्छी आयु है।
- एक शिक्षक को छात्रों को पढ़ाने के लिए विभिन्न तकनीकों का उपयोग करना चाहिए जिससे वे समस्याओं के पीछे की अवधारणा को आसानी से प्राप्त कर सकें।
- छात्रों का शिक्षण छात्रों की उनकी बुनियादी आवश्यकताओं जैसे उनकी रुचि, उनकी क्षमताओं, भावनाओं आदि पर आधारित होना चाहिए।

अतः विकल्प (A) सही है।

61. क्षेत्र भ्रमण के लाभों को संक्षेप में निम्नानुसार बताया जा सकता है:

- यह विषय वस्तु को स्पष्ट करने में सहायक होता है।
- यह विषय के प्रति रुचि उत्पन्न करता है और विद्यार्थियों की जिज्ञासा और बौद्धिक समझ को बढ़ाता है।
- इसका मनोरंजन में महत्व है और अधिगम को सुखद बनाता है।
- यह शिक्षार्थियों को बाहरी दुनिया के साथ संपर्क स्थापित करने और उसकी खोज करने में सहायता करता है।
- यह शिक्षार्थियों के बीच एक वैज्ञानिक दृष्टिकोण और वैज्ञानिक स्वभाव विकसित करता है।
- शिक्षार्थी अपनी कक्षा की जानकारी को वास्तविक जीवन में लागू कर सकते हैं।
- उपयोगी सामग्री एकत्र करने में क्षेत्र यात्राएं या भ्रमण बहुत उपयोगी होते हैं।
- भ्रमण शिक्षार्थियों के बीच सहयोग की भावना को विकसित करने में सहायता करते हैं।
- यह परियोजनाओं के चयन का अवसर प्रदान करता है।

इस प्रकार, यह अनुमान लगाया जा सकता है कि एक शिक्षक अपने विद्यार्थियों के लिए भ्रमण की व्यवस्था करता है, तो वह चाहता है कि विद्यार्थी अपने परिवेश का अन्वेषण कर सकें, किताबी ज्ञान को वास्तविक जीवन से जोड़ सकें, जिज्ञासा और वैचारिक समझ बढ़ा सकें।

अतः विकल्प (D) सही है।

62. पाठ योजना को कक्षा में शिक्षक द्वारा कार्यान्वित 'कार्य योजना' के रूप में परिभाषित किया जा सकता है। इससे शिक्षक को यह पता चलता है कि मुख्य अवधारणाओं को कैसे विकसित किया जाए और उन्हें वास्तविक जीवन की स्थिति से कैसे जोड़ा जाए और पाठ को कैसे समाप्त किया जाए। एक पाठ योजना में शिक्षक द्वारा अपनी कक्षा में किए जाने वाले विभिन्न कदमों की विस्तार से रूपरेखा तैयार की जाती है। पाठ योजना आवश्यक है क्योंकि प्रभावी अधिगम तभी होता है जब विषय वस्तु को एकीकृत और सहसंबद्ध तरीके से प्रस्तुत किया जाता है और वह छात्र के पर्यावरण से संबंधित होता है।

पाठ योजना के चरण नीचे दिए गए हैं:

- तैयारी
- प्रस्तुति
- संक्षिप्तीकरण/पुनर्पूजीकरण
- मूल्यांकन और प्रतिक्रिया

अतः विकल्प (D) सही है।

63. योजना कुछ विशिष्ट लक्ष्य को प्राप्त करने के लिए कार्रवाई चरणों का एक क्रम तैयार कर रहा है। यदि आप इसे प्रभावी ढंग से करते हैं, तो आप लक्ष्य प्राप्त करने के लिए आवश्यक समय और प्रयास को कम कर सकते हैं।

वार्षिक योजना: यह पूरे पाठ्यक्रम की कई इकाइयों की रूपरेखा है और पाठ्यक्रम को साकार करने के लिए आवश्यक समय भी है। वर्ष की शुरुआत में, आपका पहला कार्य पूरे वर्ष के लिए योजना बनाना है, ताकि किसी विषय में पूर्ण की जाने वाली इकाइयों और पूरे वर्ष में प्रत्येक इकाई के लिए उपलब्ध अवधियों की संख्या पर विचार किया जा सके। आपको शिक्षण-अधिगम, संशोधन और परीक्षण के लिए सामग्री और योजना का विश्लेषण करने की आवश्यकता है। आपको प्रत्येक इकाई के लिए समय आवंटित करने पर छुट्टियों और अवकाशों पर भी विचार करना होगा।

इकाई योजना: इकाई उपईकाई का निर्धारण करने के बाद कार्रवाई के कार्यक्रम की रूपरेखा है। यह एक विस्तृत योजना है जिसमें सीखने के परिणामों के लिए इरादा सीखने के परिणाम, शिक्षण-अधिगम की रणनीति और गतिविधियाँ और मूल्यांकन उपकरण शामिल हैं। इकाई योजना तैयार करते समय इकाई और इसकी उप-इकाइयों का विस्तृत विश्लेषण आवश्यक है।

पाठ योजना: एक पाठ योजना एक विशेष अवधि के लिए है और आपके विद्यालय के कार्यक्रम के अनुसार 30/40 मिनट की हो सकती है। यह एक बहुत ही विस्तृत और विशिष्ट योजना है जिसमें इच्छित सीखने के परिणाम, शिक्षण-अधिगम की रणनीतियों और गतिविधियों का विवरण और सीखने के परिणामों के मूल्यांकन के लिए वास्तविक उपकरण शामिल हैं।

इसलिए, हम यह निष्कर्ष निकालते हैं कि उपरोक्त कथन इकाई और पाठ योजना दोनों के बारे में है।

अतः विकल्प (D) सही है।

64. अधिगम में, आकलन अभिप्रेरण के लिए आवश्यक है।

आकलन, मानदंड के कुछ मानकों के अनुसार किसी विशेषता का गुणात्मक विवरण है।

- शिक्षण-अधिगम प्रक्रिया में मापन, आकलन और मूल्यांकन एक साथ चलते हैं।
- अधिक/कम जैसे तुलनात्मक शब्दों; अधिक/कम; बढ़ा / घटा आदि का उपयोग करके मूल्यांकन को दर्शाया जाता है।

अतः विकल्प (B) सही है।

65. संरचनावादी दृष्टिकोण इस विचार पर आधारित है कि सार्थक अधिगम तब होता है जब शिक्षार्थी सक्रिय रूप से अपने ज्ञान का निर्माण करते हैं। संरचनावादी स्वरूप का केंद्रीय विचार यह है कि शिक्षार्थी चीजों को अनुभव करने और उन अनुभवों को प्रतिबिंबित करने के माध्यम से सीखते हैं।

संरचनावादी स्वरूप के केंद्रीय विचार निम्न हैं:

- बच्चे पर्यावरण के सक्रिय खोजकर्ता या समस्या समाधानकर्ता होते हैं।

- बच्चे नन्हे वैज्ञानिक और अर्थ के निर्माता होते हैं।

- बच्चे कक्षा में या अपने दैनिक जीवन में समकालीन मुद्दों पर वाद-विवाद और चर्चा के माध्यम से सीखते हैं।

- बच्चे नए ज्ञान के निर्माता और सृजनकर्ता होते हैं।

- बच्चे 'वैज्ञानिक शोधकर्ता' और 'समस्या समाधानकर्ता' के रूप में पैदा होते हैं।

- बच्चे सामाजिक अन्तः क्रिया द्वारा अपने परिवेश से अर्थ सृजित करने के लिए पैदा होते हैं।

- बच्चों की सोच वयस्कों की सोच से मात्रात्मक रूप से नहीं बल्कि गुणात्मक रूप से भिन्न होती है।

- बच्चे चीजों का अनुभव करके और उन अनुभवों पर चिंतन करके सीखते हैं।

इस प्रकार इन सभी संदर्भों से, हम कह सकते हैं कि अध्यापक अपने विद्यार्थियों को समकालीन मुद्दों पर चर्चा और वाद-विवाद करने के लिए कहते हैं, संरचनावादी शिक्षाशास्त्र विधि को दर्शाता है।

अतः विकल्प (D) सही है।

66. अभ्यास और स्मरण रचनावादी कक्षा में अधिगम के लिए उपयुक्त रणनीतियों का चित्रण नहीं करता है।

एक रचनावादी शिक्षक और एक रचनावादी कक्षा में कई विशिष्ट विशेषताएं होती हैं जो उन्हें पारंपरिक या प्रत्यक्ष निर्देश कक्षाओं से अलग करती हैं। एक रचनावादी शिक्षक कक्षा में जाने वाले अनुभवों को बातचीत और पाठों के निर्माण में छोटे समूहों और व्यक्तियों के साथ नम्य और रचनात्मक तरीके से जोड़ने में सक्षम होता है। वातावरण लोकतांत्रिक है, गतिविधियाँ सहयोगी और छात्र-केंद्रित हैं, तथा छात्रों को एक सुविधाकर्ता/परामर्शदाता शिक्षक द्वारा सशक्त किया जाता है। शिक्षार्थी ऐसी स्थितियों में लगे रहते हैं जो उन्हें रचनावादी कक्षाओं में अर्थ-निर्माण पूछताछ, क्रिया, कल्पना, आविष्कार, बातचीत, परिकल्पना और व्यक्तिगत प्रतिबिंब में संलग्न करने की अनुमति देती हैं। शिक्षकों को समझना चाहिए कि लोग अपने स्वयं के अनुभवों, पूर्व ज्ञान और धारणाओं के साथ-साथ उनके भौतिक और पारस्परिक संदर्भों के आधार पर जानकारी कैसे उत्पन्न करते हैं। इसका उद्देश्य एक लोकतांत्रिक कक्षा का वातावरण बनाना है जो स्वायत्त शिक्षार्थियों को सार्थक अधिगम के अनुभव प्राप्त करने की अनुमति देता है।

अतः विकल्प (C) सही है।

67. अधिगम-निर्योग्यता वाले बच्चों की प्रगति का निरीक्षण करने के लिए संचरित व्यवहारपरक अवलोकन सबसे उपयुक्त है।

अधिगम की अक्षमता सुनने, सोचने, बोलने, पढ़ने, लिखने, वर्तनी या गणितीय गणना करने की अक्षमता है। विकलांग अधिगम की प्रगति की निगरानी के लिए शिक्षक के पास विकलांग बच्चे का रिकॉर्ड होना चाहिए, उन्हें अपनी समझ के स्तर के अनुसार डेटा का चयन करना चाहिए, जिसे उन्हें छात्रों की आवश्यकता के अनुसार योजना तैयार करने की आवश्यकता होती है। इसके अलावा उसे अवलोकन की श्रेणियां विकसित करने की आवश्यकता है जो उच्च स्तर के नियंत्रण और भेदभाव के अधीन हैं।

अतः विकल्प (D) सही है।

68. अभ्यास द्वारा अधिगम व्यवहार का एक संशोधन है। व्यवहार संशोधन एक विशेष प्रकार के व्यवहार या प्रतिक्रिया को कम करने या बढ़ाने के लिए इस्तेमाल की जाने वाली तकनीकों को संदर्भित करता है। व्यवहार संशोधन कंडीशनिंग की अवधारणा पर निर्भर करता है। अनुकूलन सीखने का एक रूप है।

अतः विकल्प (B) सही है।

69. एक चिंतनशील शिक्षक, छात्रों और शिक्षक के बीच पारस्परिक अंतःक्रिया को बढ़ावा देने के लिए छात्रों हेतु कक्षा की स्थिति का निर्माण करता है। यहां, शिक्षक का उद्देश्य समूह सेटिंग में सार्थक अंतःक्रिया के माध्यम से अधिगम द्वारा सार्थक अधिगम की सुविधा प्रदान करना है। शिक्षक अपने साथियों और शिक्षकों के साथ अनुभवों और विचारों को साझा करने और अधिगम प्रक्रिया में छात्रों की अधिकतम भागीदारी बढ़ाने पर जोर देता है।

अतः विकल्प (D) सही है।

70. छात्र तब बेहतर सीखते हैं जब सीखी जाने वाली सामग्री मौजूदा ज्ञान से संबंधित हो। शिक्षार्थी उन्हें प्रस्तुत सामग्री/गतिविधियों के आधार पर नए विचारों को मौजूदा विचारों से जोड़कर सक्रिय रूप से अपने स्वयं के ज्ञान का निर्माण करता है। वे अपने स्वयं के अभ्यावेदन का निर्माण करते हैं और नई जानकारी को अपने पूर्व-मौजूदा ज्ञान, यानी स्कीमा में शामिल करते हैं।

अतः विकल्प (B) सही है।

71. एक समावेशी कक्षा में, सामाजिक लांछन एक बाधा के रूप में कार्य करता है। यह बच्चों को एक-दूसरे के साथ घुलने-मिलने से रोकता है और उपेक्षित समूहों के बच्चों के बारे में नकारात्मक दृष्टिकोण विकसित करता है।

सामाजिक लांछन संस्कृति, जाति, लिंग, सामाजिक-आर्थिक दर्जे, आयु, यौन उन्मुखता, बुद्धि या देह छवि से संबंधित है। यह कथित विशेषताओं के आधार पर किसी व्यक्ति या समूह के खिलाफ भेदभाव या असहमति को संदर्भित करता है, जो उन्हें समाज के अन्य सदस्य से भिन्न बनाता है।

अतः विकल्प (D) सही है।

72. नेतृत्व का परिवर्तनकारी सिद्धांत सहयोग, नैतिकता और उच्च मानवीय मूल्यों पर जोर देता है।

परिवर्तनकारी:

- परिवर्तनकारी नेतृत्व एक नेतृत्व शैली है जिसमें नेता कर्मचारियों को नवाचार करने और परिवर्तन करने के लिए प्रोत्साहित करते हैं, प्रेरित करते हैं और प्रेरित करते हैं जो कंपनी की भविष्य की सफलता को विकसित करने और आकार देने में मदद करेगा।

परिवर्तनकारी नेतृत्व के चार कारक हैं, ("चार मैं" के रूप में भी जाना जाता है):

1. आदर्श प्रभाव

2. प्रेरक प्रेरणा

3. बौद्धिक उत्तेजन

4. व्यक्तिगत विचार

- प्रबंधकों को कार्यस्थल में इस दृष्टिकोण का उपयोग करने में मदद करने के लिए प्रत्येक कारक पर चर्चा की जाएगी।

- परिवर्तनकारी नेता एक-दूसरे और पूरे संगठन का समर्थन करने के लिए दूसरों को "बदलने" पर ध्यान केंद्रित करते हैं।

- एक परिवर्तनकारी नेता के अनुयायी नेता के लिए विश्वास, प्रशंसा, वफादारी और सम्मान महसूस करके प्रतिक्रिया करते हैं और मूल रूप से अपेक्षा से अधिक कठिन काम करने के इच्छुक होते हैं।

- परिवर्तनकारी सिद्धांत उच्च मानवीय मूल्यों के अलावा सहयोग, नैतिकता और समुदाय पर जोर देते हैं।

अतः विकल्प (A) सही है।

73. विद्यालय का संगठनात्मक संरचना विद्यार्थियों के अधिगम को प्रभावित करता है। यह कारक सामाजिक कारकों की श्रेणी से संबंधित है।

स्कूल के वातावरण, समाज, पड़ोस, परिवार जैसे सामाजिक कारकों का छात्रों के सीखने पर बड़ा प्रभाव पड़ता है। बेहतर सीखने के लिए एक सकारात्मक वातावरण होना चाहिए जो छात्रों की संज्ञानात्मक क्षमताओं को बढ़ा सके।

अतः विकल्प (C) सही है।

74. नागरिक गतिविधियाँ आवश्यक हैं क्योंकि वे विशेष रूप से छात्रों में नागरिक भावना और नागरिकता उन्मुखीकरण के विकास पर ध्यान केंद्रित करती हैं। स्कूल असेंबली (विद्यालय सभा) एक सह-पाठयक्रम गतिविधि है जो नागरिक कौशल विकसित करने वाली सह-पाठ्यचर्या संबंधी गतिविधियों के सभी रूपों पर ध्यान केंद्रित करती है।

स्कूल असेंबली के आयोजन के उद्देश्य निम्न हैं:

- स्कूली छात्रों और शिक्षकों को एक मंच पर इकट्ठा करना।

- उपलब्धियों की सराहना करना और व्यक्तियों को प्रेरित करना।
- बड़े पैमाने पर स्कूल और दुनिया से संबंधित मुद्दों की समझ विकसित करना।
- दर्शकों/शिक्षार्थियों को संबोधित करने का अवसर देना।
- समुदाय के साथ एक लिंक प्रदान करना।
- छात्रों में अनुशासन विकसित करना।
- सभी को एक साथ महसूस करने के लिए एक मंच प्रदान करना।

इसलिए यह स्पष्ट है कि स्कूल प्रबंधन की समझ विकसित करना स्कूल असेंबली (विद्यालय सभा) का उद्देश्य नहीं है।

अतः विकल्प (B) सही है।

75. बाल-केन्द्रित शिक्षा में मूल्यांकन को सीखने की प्रक्रिया का अभिन्न अंग माना जाता है।

कक्षा में पाठ्यक्रम को इस तरह से बनाना और चलाना जो सीखने की गति और शैली में लचीलापन प्रदान करता है, यह ध्यान में रखते हुए कि कक्षा में बच्चे बहुत अलग हैं, "बाल-केंद्रित दृष्टिकोण" के रूप में जाना जाता है। शिक्षक एक सूत्रधार के रूप में कार्य करता है, शिक्षार्थी को कक्षा सीखने में सक्रिय रूप से भाग लेने के लिए प्रोत्साहित करता है। स्कूलों में पाठ्यक्रम लचीला होना चाहिए और कक्षा का दृष्टिकोण छात्र की जरूरतों पर निर्भर होना चाहिए। बाल-केंद्रित शिक्षा में, मूल्यांकन को सीखने की प्रक्रिया के एक महत्वपूर्ण घटक के रूप में देखा जाता है क्योंकि यह छात्रों और शिक्षकों दोनों को किसी दिए गए विषय को बेहतर ढंग से समझने में मदद करता है।

अतः विकल्प (D) सही है।

76. छात्रों को महारत उन्मुख लक्ष्य निर्धारित करने के लिए प्रोत्साहित किया जाना चाहिए।

जब छात्र महारत-उन्मुख लक्ष्यों को अपनाते हैं, तो वे सीखने की अधिक प्रभावी रणनीतियों में संलग्न होते हैं, जैसे कि अपनी गलतियों से सीखना, काम न करने वाली रणनीतियों को बदलना और आवश्यकता पड़ने पर मदद माँगना। वे अधिक आंतरिक रूप से प्रेरित भी हैं, प्रेरणा का स्वर्ण मानक। महारत हासिल करने के लक्ष्य सीखने के इंट्रपर्सनल मानकों के आधार पर उपलब्धि पर छात्रों का ध्यान केंद्रित करते हैं।

अतः विकल्प (A) सही है।

77. विविध आवश्यकताओं वाले शिक्षार्थियों वाली कक्षा में, एक शिक्षक को शिक्षार्थियों को रूढ़िबद्ध बनाने के विकल्प नहीं देने चाहिए। विविध शिक्षार्थियों में नस्लीय, सांस्कृतिक, जातीय, आर्थिक और भाषाई रूप से विविध पृष्ठभूमि से सभी क्षमताओं के छात्र शामिल हैं। शिक्षक का यह कर्तव्य है कि वह विविध परिवेशों से उदाहरण बनाकर विद्यार्थियों को कक्षा में सम्मिलित करे।

अतः विकल्प (D) सही है।

78. राष्ट्रीय शिक्षा नीति 2020 के अनुसार अधिगम प्रयोगात्मक होना चाहिए।

- राष्ट्रीय शिक्षा नीति 2020 इस सिद्धांत पर आधारित है कि शिक्षा को न केवल संज्ञानात्मक क्षमता बल्कि सामाजिक, नैतिक और भावनात्मक क्षमताओं और स्वभाव को भी विकसित करना चाहिए।
- राष्ट्रीय शिक्षा नीति-2020 ने वैचारिक समझ, रचनात्मकता और आलोचनात्मक सोच, मानवीय नैतिक मूल्यों और संवैधानिक मूल्यों पर जोर दिया है।
- यह प्रस्तावित करती है कि प्रयोगात्मक अधिगम को वैचारिक समझ को बढ़ावा देने के लिए प्रोत्साहित किया जाना चाहिए क्योंकि प्रयोगात्मक अधिगम सक्रिय भागीदारी के माध्यम से अनुभव प्राप्त करके सीखने को संदर्भित करता है।
- राष्ट्रीय शिक्षा नीति 2020 के अनुसार, शिक्षा को प्रयोगात्मक शिक्षा को अपनाना चाहिए जिसमें हस्त गतिविधि आधारित अधिगम, कला-एकीकृत और खेल-एकीकृत शिक्षा, कहानी-आधारित शिक्षाशास्त्र, आदि शामिल हैं।

अतः विकल्प (B) सही है।

79. एक स्कूल पाठ्यचर्या स्कूल में आयोजित अनुभवों का एक पूरा सेट है। इसमें उद्देश्य, लक्ष्य, शिक्षण विषय-वस्तु, शिक्षण योजनाएं और शिक्षण प्रक्रिया में सभी शिक्षण-अधिगम साधन हैं जो छात्र के अनुभवों की संपूर्णता की आवश्यकता को पूरा करते हैं।

पाठ्यचर्या के क्षेत्र में स्कूल की आंतरिक और बाहरी दोनों गतिविधियाँ शामिल होती हैं जैसाकि स्कूल पाठ्यचर्या में निम्न पर बल दिया जाता है:

- एक एकीकृत प्रक्रिया अधिगम का निर्माण।
- शिक्षार्थी के समग्र विकास का पोषण।
- छात्र के अनुभव की समग्रता में सुधार।
- सभी शिक्षार्थियों को समावेशी शिक्षा को बढ़ावा देना।
- बहुमुखी विकास के लिए पर्याप्त अवसर प्रदान करना।

इसलिए, यह निष्कर्ष निकाला जा सकता है कि पाठ्यचर्या के क्षेत्र में एक स्कूल की आंतरिक और बाहरी दोनों गतिविधियां शामिल हैं।

अतः विकल्प (C) सही है।

80. व्यक्तित्व को मापने के लिये सोलह पी.एफ. प्रश्नावली आर.पी. कैटल ने दी।

- सोलह पी.एफ. 16 व्यक्तित्व कारक है। यह एक आत्म-विवरण व्यक्तित्व परीक्षण है। कैटेल के व्यक्तित्व कारकों को सोलह व्यक्तित्व कारक प्रश्नावली (16 पी.एफ.) में सम्मिलित किया गया है जो आज शिक्षा में व्यवसायी परामर्श के लिए व्यापक रूप से उपयोग किया जाता है।
- व्यवसाय में, इसका उपयोग कर्मियों के चयन में किया जाता है, विशेष रूप से प्रबंधकों को चुनने के लिए किया जाता है। इसका उपयोग नैदानिक निदान में और चिंता, समायोजन और व्यवहार संबंधी समस्याओं का आकलन करके चिकित्सा की योजना बनाने के लिए भी किया जाता है।

अतः विकल्प (C) सही है।

General English

Q.1 Direction: Fill in the blank with an appropriate verb.

The teacher, as well as the students, _______ responsible for the agitation in the school campus.

A. are   **B.** is   **C.** shall   **D.** were

Q.2 Select the alternative that will improve the underlined part of the sentence in case there is no improvement select "No improvement".

Riya went into the shop because it has sale.

[SSC Sub Inspector (CPO), 2019]

A. No improvement   **B.** it is having sale

C. it having a sale   **D.** it had a sale

Q.3 Direction: Find out the exact meaning of the underlined idiom in the given sentence.

"Most of her friends avoid talking to her as she is constantly blowing her own trumpet".

A. To forget past enmity

B. To put in all possible efforts

C. To be very busy

D. To boast about self

Q.4 Direction: Choose the word/phrase nearest in meaning to the underlined part.

My friend got the sack from his first job.

A. got tired of   **B.** was demoted from

C. resigned   **D.** was dismissed from

Q.5 Direction: The question consist of four underlined parts labelled (a), (b), (c) and (d) Read each sentence to determine whether there is any error in any underlined part and indicate your response in the Answer Sheet against the corresponding letter, i.e., (a) or (b) or (c) or (d). If you find no error, your response should be indicated as (d).

Every person who believes in principles (a) / must stand up to fight (b) / for their convictions. (c) / No error (d)

[UPSC NDA, 2022]

A. (a)   **B.** (b)   **C.** (c)   **D.** (d)

Q.6 Direction: Select the most appropriate word for the given group of words.

A particular form of a language which is peculiar to a specific region.

A. Dialect   **B.** Slang   **C.** Jargon   **D.** Lingo

Ques (7-8):Direction: Read the passage given below and answer the questions that follow by selecting the correct/most appropriate options.

(1) The monthly report card in school would make some children gloat and others weep. I did neither. I just took it because I saw it as a transaction between my teacher and my father! Reading it always made my father blow up. The teacher must have said something not so nice. But I was unconcerned. I had too much else going on that interested me.

(2) The alarming increase in student suicides today is because we have created a society founded on the premise that life is a race. So you rush to the finishing line! Is it any wonder that so many choose to end their lives? This is the self-destructive model we have created for ourselves.

(3) If our joy is about being better than someone else, it is not success; it is sickness. To reap the benefits of someone else's failure is a tragic way to live.

(4) Each individual is born with a particular kind of genius. Education should create the right atmosphere to allow that genius to flower to its optimal potential.

(5) A student asked, how to live in an increasingly competitive and ambitious world. I told him, whether, knowledge, power, love or fame, you are essentially trying to experience a little more of life than you have now. The man going to the bar and the man going to the temple are seeking the same thing! They are looking for fulfilment, but through different means. Both want an experience of life that is a little more intense and pleasurable than it is currently.

(6) At present, the stimuli are outside. But once you know that the source of both pleasure and pain, agony and ecstasy are within you, why would you outsource it? Why would you export it to alcohol or heaven or to some authority figure?

Q.7 Which of the following is false?

The author was unconcerned about his report card because:

A. His teacher seemed to be satisfied

B. He believed it was something between his father and his teacher.

C. He was occupied with other things which interested him.

D. The report would make his father flare up.

Q.8 According to the author competition based learning:

A. Is not appreciated by parents.

B. Is needed by students.

C. Leads to overall development.

D. Is self-destructive.

Q.9 Direction: Select the most appropriate ANTONYM of the given word.

BENEVOLENT

A. Generous   **B.** Friendly

C. Stingy   **D.** Liberal

Q.10 Direction: Select the most appropriate synonym of the underlined word.

I didn't come here today to jeer.

A. Compliment   **B.** Hoot

C. Flatter   **D.** Praise

General Hindi

Q.11 'कोयले की दलाली में मूह काला' लोकोक्ति का अर्थ है:
A. कोयले का व्यापार करना
B. बुरे काम से बुराई मिलना'
C. झूठ बोलना
D. व्यापार में घाटा होना

Q.12 'निर्धन-निधन' शब्द-युग्म का अर्थ _________ है।
A. गरीब, मृत्यु
B. आराधना, उपासना
C. उपहार, भेट
D. ईर्ष्या, स्पर्धा

Q.13 निम्नलिखित में से व्यास सम्मान हिंदी साहित्य की किस विधा में दिया जाता है?
A. आत्मकथा
B. ललित निबंध
C. समीक्षा
D. उपरोक्त सभी

Q.14 'तुलसीदास' के रचनाकार हैं:

[UPTET Paper - I, 2019]

A. डॉ. रामविलास शर्मा
B. केशवदास
C. महादेवी वर्मा
D. सूर्यकान्त त्रिपाठी 'निराला'

Ques (15-16): निर्देश: निम्नलिखित गद्यांश को पढ़कर इस पर आधारित प्रश्न के उत्तर दीजिये।

थकान के कारण राजा को नींद आने लगी। इतने में किसी की कर्कश ध्वनि से उसकी नींद टूट गई। राजा को वहाँ कोई दिखाई न दिया। तभी उसे उसी कर्कश वाणी में सुनाई दिया, ''पकड़ो, पकड़ो यह व्यक्ति जो सोया है, राजा है इसके गले में मोतियों की माला है। इसके पास अनेक आभूषण-अलंकार हैं लूट लो, सब लूट लो। इसे मारकर झाड़ी में डाल दो''। राजा यह सुनकर हड़बड़ा गया। उसने उठकर देखा कि सामने पेड़ की डाल पर एक तोता बैठा था। वही कड़वी वाणी में यह सब बोल रहा था। राजा आश्चर्य और भय से भर गया। जैसे ही वह घोड़े पर सवार होकर वहाँ से चलने लगा तो तोता फिर बोल पड़ा, ''राजा जाग गया। देखो, देखो वह भागा जा रहा है। पकड़ो इसे पकड़ लो राजा गया।

राजा उस स्थान से दूर निकल कर एक पर्वत की तलहटी में जा पहुंचा। उसे एक मधुर वाणी सुनाई दी, ''आइए राजन, आइए! ऋषियों के इस पावन आश्रम में आपका स्वागत है''। राजा ने आश्चर्य से भरकर सामने वृक्ष की डाल पर बैठे एक तोते को देखा। उसे सरोवर के किनारे मिले तोते और इस तोते के रूप, रंग और आकार-प्रकार में काफी समानता लगी।

राजा के मन में उठी शंका का निवारण करते हुए तोते ने कहा कि वह उसका जुड़वा भाई सुपंखी हैं और वह स्वयं सुकंठी है। समय के फेर ने दोनों को अलग कर दिया। वह चोरों की बस्ती में पला-बढ़ा हुआ, तभी उसका आचरण उस परिवेश के समान ही कटु है। वह ऋषियों के आश्रम में पलने-बढ़ने के कारण इतना विनम्र है। वह चाहता है कि सुपंखी भी यहाँ आकर रहे, परन्तु अब उसके संस्कार इतने गहरे हो गए हैं कि आश्रम का वातावरण उसे बाँध नहीं पाता। राजा ने तोते की बात को सुना और वह समझ गया कि दोनों के व्यवहार में इतना अंतर क्यों है।

Q.15 सत्संगति का अर्थ है:
A. ऋषियों की संगति
B. सज्जनों की संगति
C. साधुओं की संगति
D. चोरों की संगति

Q.16 प्रस्तुत कथा तोतों के बच्चों को आधार बनाकर लिखी गई एक:
A. दुखात्मक कथा है
B. निबन्धात्मक कथा है
C. हास्य-व्यंगात्मक कथा है
D. प्रभावोत्पादक कथा है

Q.17 'पराधीन' में निम्नलिखित में से कौन-सा समास है?
A. अधिकरण तत्पुरुष समास
B. संप्रदान तत्पुरुष समास
C. अपादान तत्पुरुष समास

D. सम्बन्ध तत्पुरुष समास

Q.18 निम्न में से तत्सम रूप _________ है।
A. भैंस
B. बारह
C. सच
D. पाद

Q.19 अयोगवाह कहा जाता है :
A. महाप्राण को
B. अनुस्वार एवं विसर्ग को
C. संयुक्त व्यंजन को
D. अल्पप्राण को

Q.20 'जटिल' शब्द का विलोम है:
A. कठिन
B. कृतज्ञ
C. सरल
D. मुश्किल

General Awareness & Current Affairs

Q.21 संयुक्त राष्ट्र महासभा की 56वीं पूर्ण बैठक में किस देश को दो वर्ष के लिए शांति निर्माण आयोग (PBC) का सदस्य चुना गया है?
A. भूटान
B. श्रीलंका
C. म्यांमार
D. नेपाल

Q.22 दिसंबर 2022 में, रक्षा अधिग्रहण परिषद (DAC) ने सशस्त्र बलों और भारतीय तट रक्षक के लिए 84,328 करोड़ रुपये के कितनें पूंजीगत खरीद प्रस्तावों के लिए आवश्यकता की स्वीकृति दे दी है?
A. 12
B. 24
C. 36
D. 48

Q.23 1905 में स्वदेशी आंदोलन के संदर्भ में निम्नलिखित में से कौन सा सत्य है?
A. बंगाल में बड़े पैमाने पर प्रदर्शन हुए।
B. हरताल को कलकत्ता में देखा गया था।
C. इस आंदोलन की शुरुआत नरमपंथियों ने की थी लेकिन बाद में क्रांतिकारी राष्ट्रवादियों ने इसे अपने कब्जे में ले लिया।
D. (A) और (B) दोनों

Q.24 निम्न में से कौन-सा वाक्यांश 'हुंडी' की प्रकृति को परिभाषित करता है, जिसे आमतौर पर हर्ष-काल के बाद के स्रोतों में कहा गया है?

[UPSC Prelims, 2020]

A. राजा द्वारा अपने अधीनस्थों को जारी की गई एक सलाह
B. दैनिक खातों के लिए रखी जाने वाली एक डायरी
C. विनिमय का एक बिल
D. सामंती स्वामी से उनके अधीनस्थों के लिए एक आदेश

Q.25 दिसंबर 2022 में, फीफा विश्व कप के इतिहास में अर्जेंटीना के लिए सबसे ज्यादा गोल करने वाले गेब्रियल बतिस्तुता के रिकॉर्ड को किसने तोड़ा?
A. क्रिस्टियानो रोनाल्डो
B. नेमार
C. लियोनेल मेसी
D. पाउलो डायबाला

Q.26 दिसंबर 2022 में, किसे अपने समुदाय और देश में योगदान के लिए प्रेसिडेंशियल लाइफटाइम अचीवमेंट (PLA) पुरस्कार से सम्मानित किया गया?
A. कृष्णा वविलाला
B. श्लोक मुखर्जी
C. वेंकी रामकृष्णन
D. एल्स बियालियात्स्की

Q.27 साइलेंट वैली नेशनल पार्क _________ में स्थित है।
A. तमिलनाडु
B. केरल
C. ओडिशा
D. छत्तीसगढ़

Q.28 'मटकी' निम्नलिखित में से कहाँ का लोकप्रिय लोक नृत्य है?
A. असम
B. मध्य प्रदेश
C. बिहार
D. राजस्थान

Q.29 तत्व का प्रतीक _________ द्वारा प्रस्तावित किया गया था।

[Indian Military Academy (IMA), 2020], [Officers Training Academy (OTA), 2020]

A. जॉन डाल्टन
B. एंटोनी लेवोज़ियर

C. जोंस जैकब बर्जिलियस   **D.** रॉबर्ट बॉयल

Q.30 पीएम मोदी 30 मई 2022 को बाल योजना के लिए _______ के तहत लाभ जारी किये।

A. पीएम केयर्स
B. प्रधानमंत्री जन धन योजना (PMJDY)
C. अटल पेंशन योजना (APY)
D. प्रधानमंत्री मुद्रा योजना

Reasoning Ability

Q.31 निर्देश: दी गई श्रृंखला की आकृतियों में से विषम आकृति को चुनिए।

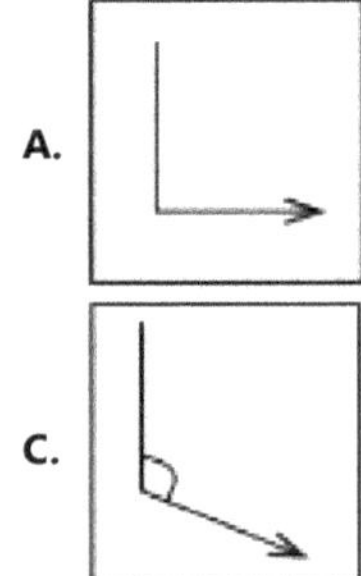

A.   B.

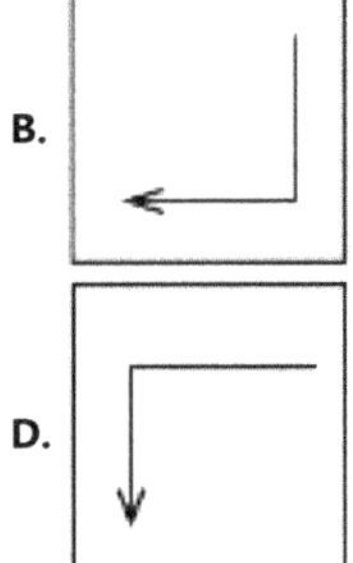

C.   D.

Q.32 निम्नलिखित शब्दों को शब्दकोश के क्रम में व्यवस्थित कीजिए-

1. Live
2. Litter
3. Little
4. Literacy
5. Living

A. 34215   **B.** 32451   **C.** 43521   **D.** 42315

Q.33 निर्देश: उस विकल्प का चयन कीजिए जो तीसरे अक्षर-समूह से उसी प्रकार संबंधित है जिस प्रकार दूसरा अक्षर-समूह पहले अक्षर-समूह से संबंधित है।

ABCD : ZYXW :: GHIJ : ?

[RRB (NTPC), 2020]

A. PQRS   **B.** TSRQ   **C.** LMNO   **D.** MLKJ

Q.34 निर्देश: दिए गए विकल्पों में से संबंधित आकृति का चयन कीजिए।

 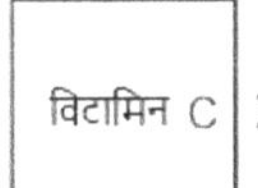  

A. विटामिन A   **B.** विटामिन K
C. विटामिन B   **D.** विटामिन B12

Q.35 यदि एक दर्पण को MN रेखा पर रखा जाता है, तो दी गई आकृति का सही दर्पण प्रतिबिम्ब कौन सा होगा?

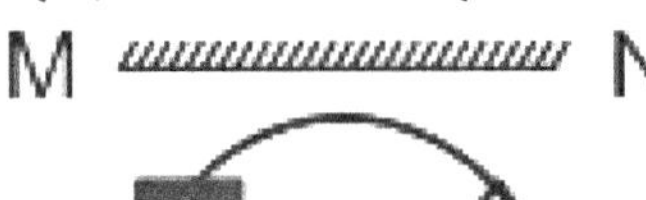

A.

B.

C.
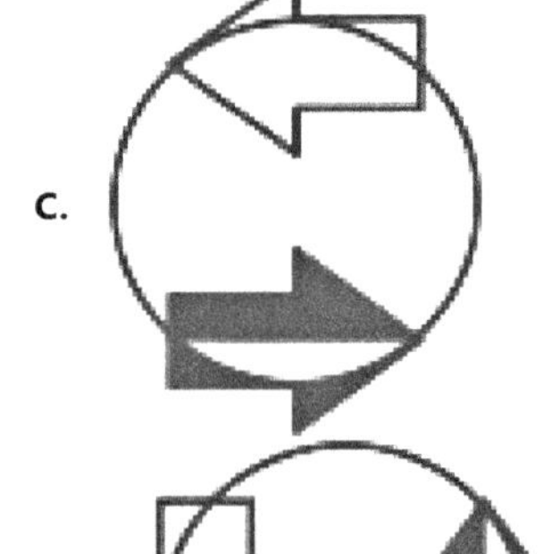

D.

Computer Literacy

Q.36 मल्टी-माइक्रोप्रोसेसर के निर्माण का मुख्य उद्देश्य है:

A. ग्रेटर थ्रूपुट   **B.** इन्हैंस्ड फाल्ट टॉलरेंस
C. (A) और (B) दोनों   **D.** इनमें से कोई नहीं

Q.37 फ्लैश ड्राइव को लोकप्रिय रूप से जाना जाता है:

[Allahabad High Court Review Officer (RO), 2019]

A. माइक्रोप्रोसेसर   **B.** RAM
C. ROM   **D.** पेन ड्राइव

Q.38 एक कंपनी ट्विटर पर पोस्ट को बिक्री में कैसे परिवर्तित कर सकती है?

A. ऐसी पोस्ट बनाना जो फॉलोअर को उनकी साइट पर ले जाए
B. CEO की व्यक्तिगत जानकारी के बारे में पोस्ट लिखें
C. प्रतियोगिता के बारे में मांग बिंदु लिखें
D. मार्केटिंग विज्ञापन जो गंभीर नहीं होते हैं

Q.39 इनमें से कौन सा शब्द/व्यंजक कंप्यूटर के कीबोर्ड से संबंधित नहीं है?

[Rajasthan Police Constable, 2020]

A. QWERTY   **B.** फंक्शन कुंजियां
C. न्यूमेरिक कीपैड   **D.** मास्टर कुंजी

Q.40 निम्नलिखित में से कौन तीसरी पीढ़ी का कंप्यूटर नहीं है?

A. आईबीएम 360   **B.** आईबीएम 1401
C. पीडीपी-8   **D.** एचपी2115

[Rajasthan Police Constable, 2020]

Perspective on Education & Leadership

Q.41 अभिवृद्धि के सन्दर्भ में क्या सही नहीं है?
A. अभिवृद्धि शारीरिक होती है
B. अभिवृद्धि मात्रात्मक होती है
C. अभिवृद्धि मापनीय होती है
D. अभिवृद्धि जीवनपर्यन्त चलने वाली प्रक्रिया है

Q.42 'जीव में विकास तथा वर्धन का पूरा होना परिपक्वता कहलाता है' परिभाषित किया:
A. थार्नडाईके ने
B. सारटेन ने
C. हल ने
D. शेरमेन ने

Q.43 निम्नलिखित में से कौन सा वृद्धि और विकास का सिद्धांत नहीं है?
A. समीप-दूराभिमुख का सिद्धान्त
B. अंतर्संबंध का सिद्धांत
C. व्यक्तिगत भिन्नता का सिद्धांत
D. वृद्धि और विकास की दर एक समान होती है

Q.44 'सर्पिल बनाम रैखिक वृद्धि' का सिद्धांत निम्नलिखित में से किससे संबंधित है?
A. व्यक्तित्व और दृष्टिकोण
B. पढ़ने और लिखने
C. वृद्धि और विकास
D. उपरोक्त में से कोई नहीं

Q.45 विकास के विषय में निम्नलिखित में से कौन सा कथन सही है?
[CTET Paper-II (Social Science), 2021], [CTET Paper-II (Science & Mathematics), 2021]
A. विकास सुरुचिपूर्ण, सुव्यवस्थित समूह की अवस्थाओं में पूर्वनिश्चित आनुवंशिक घटकों के कारण होता है।
B. विकास एक सरल और एक-दिशीय प्रक्रिया है।
C. बच्चों के विकास में बहुत-सी सांस्कृतिक विविधताएँ होती हैं।
D. संसार में सभी बच्चों का विकास एक ही क्रम में और सुनिश्चित समय से होता है।

Q.46 'रॉस' के अनुसार विकास की कौन-सी अवस्था को 'मिथ्या परिपक्वता' अवस्था कहा जाता है?
A. शैशवावस्था
B. बाल्यावस्था
C. किशोरावस्था
D. प्रौढ़ावस्था

Q.47 वयःसंधि अवस्था का आयु विस्तार क्या होता है?
A. 10 से 12 वर्ष
B. 6 से 12 वर्ष
C. 11 से 16 वर्ष
D. 8 से 10 वर्ष

Q.48 2-8 वर्ष की आयु समूह के बच्चों के लिए विकास के स्वरूप में प्रेरक, सामाजिक, भावनात्मक, संज्ञानात्मक और _________ शामिल होते हैं।
A. अनुकूलन कौशल
B. संप्रेषण कौशल
C. भाषाई कौशल
D. लेखन कौशल

Q.49 निम्नलिखित में से कौन सा कथन बच्चे में भावनात्मक/सामाजिक विकास के संबंध में सही है/हैं?
A. 2 और 6 महीने की उम्र के बीच, शिशु क्रोध, उदासी, आश्चर्य और भय जैसी भावनाओं को व्यक्त करते हैं।
B. 1 वर्ष की आयु तक शिशु किसी भी तरह से खुद को व्यक्त नहीं कर सकते हैं।
C. शिशु आमतौर पर 15 से 18 महीने की उम्र के बीच एक और भावनात्मक रूप से चीखने/रोने वाले समय में प्रवेश करते हैं
D. (A) और (C) दोनों

Q.50 किशोरावस्था में किस के माध्यम से समाजीकरण की प्रक्रिया को तेज किया जाता है?

A. परिवार उन्मुखीकरण
B. स्कूल प्रणाली
C. सहभागी समूह परस्पर क्रिया
D. उपरोक्त सभी

Q.51 अधिगमकर्ता में बढ़ते हुए क्रोध को रोकने के लिए अध्यापक को चाहिए:
A. कि उसके सभी हितों की सुरक्षा करें भले ही वे अनुचित हों।
B. कि बालक के दिन-प्रतिदिन के मामलों में कोई हस्तक्षेप न करे।
C. कि उसको अधिक काम दें ताकि उसको क्रोध करने का समय ही नहीं मिले।
D. यह सुनिश्चित करें कि कक्षा-कक्ष में उसको अति पक्षपातपूर्ण व्यवहार मिले।

Q.52 ई-लर्निंग के साथ आमने-सामने और पारंपरिक कक्षा विधियों के संयोजन का उपयोग शिक्षण के लिए एक संकर दृष्टिकोण बनाने के लिए किया जाता है जिसे _________ कहा जाता है।
A. दूरस्थ - शिक्षण
B. मिश्रित शिक्षा
C. तुल्यकालिक शिक्षा
D. अतुल्यकालिक शिक्षा

Q.53 डिजिटल कक्षा में एक शिक्षक की सबसे महत्वपूर्ण भूमिका क्या होती है?
A. डिस्टेंस लर्निंग मोड में ऑपरेटिंग टेक्नोलॉजी
B. सुविधाप्रदाता होना
C. कक्षा की निगरानी करना
D. आलोचनात्मक सोच को बढ़ावा देना

Q.54 निम्नलिखित में से कौन-सी शिक्षण की उपयुक्त विधि है?
A. संगोष्ठी और श्रुतलेख
B. श्रुतलेख और दत्त कार्य
C. संगोष्ठी और परियोजना
D. व्याख्यान और श्रुतलेख

Q.55 शिक्षिक कक्षा में सकारात्मक रूप से सीखने का वातावरण किस प्रकार सुनिश्चित कर सकते हैं?
[CTET Paper - I, 2021]
A. एक तय एवं निर्धारित समय-सारणी का अनुपालन करके
B. पुरस्कार एवं सजा का प्रयोग कर बच्चों को अनुशासित रखकर
C. बच्चों के संवेगों को सीखने की प्रक्रिया का हिस्सा बनाकर
D. बच्चों की क्षमता के आधार पर उनका विभेदीकरण करके एवं अलग-अलग समूह बनाकर

Q.56 एक चिन्तनशील शिक्षक कक्षा में ऐसी परिस्थिति उत्पन्न करता है कि छात्र:
A. व्याख्यान को सुन सकें।
B. कक्षा में शिक्षक के व्याख्यान के नोट्स ले सकें।
C. कक्षा में अनुशासन को बनाये रखें।
D. छात्रों और शिक्षक में पारस्परिक अन्तः क्रिया को प्रोत्साहन मिलें।

Q.57 हरबर्ट के द्वारा दिये गये पाठ योजना उपागम के चरणों का उपयुक्त तार्किक क्रम दिये गये विकल्पों में से है:
A. प्रस्तुतीकरण - तुलना - सामान्यीकरण - अनुप्रयोग - प्रस्तावना
B. प्रस्तावना - तुलना - प्रस्तुतीकरण - सामान्यीकरण - अनुप्रयोग
C. प्रस्तावना - प्रस्तुतीकरण - तुलना - सामान्यीकरण - अनुप्रयोग
D. सामान्यीकरण - तुलना - प्रस्तुतीकरण - अनुप्रयोग - प्रस्तावना

Q.58 आप आगामी प्रदर्शनी के लिए प्रोजेक्ट बनाने हेतु अपनी कक्षा में गोंद की 1 बड़ी बोतल लाए हैं ताकि छात्र प्रोजेक्ट बनाने के लिए उसका प्रयोग कर सकें। आपने छात्रों को बताया है कि अगर गोंद की बोतल खाली हो गई तो नई बोतल नहीं दी जाएगी, इसलिए उन्हें उस गोंद का प्रयोग किफायती तरीके से करना चाहिए।

निम्नलिखित में से कौन-सी क्रिया छात्रों को उन संसाधनों के विकल्पों पर विचार करने में मदद करेगी जो सीमित मात्रा में उपलब्ध होते हैं?

[CTET Paper - I, 2022]

A. एक पोस्टर लगाएँ जो दर्शाए कि किन प्रोजेक्टों में गोंद का प्रयोग किया जा सकता है और किनमें नहीं।

B. अपनी परियोजनाओं पर काम करने के साथ ही, छात्रों से उन विभिन्न सामग्रियों को सूचीबद्ध करने के लिए कहें जो चिपचिपी हैं।

C. छात्रों को एक साझा रजिस्टर में लिखने को कहें कि उन्होंने कब, क्यों और कितने चम्मच गोंद लिया।

D. छात्रों को गोंद में पानी मिलाकर उपयोग करने के लिए कहें।

Q.59 स्मृति एवं बोध स्तर के शिक्षण प्रतिमानों की संरचना में कौन-सा वाक्य-विन्यास महत्त्वपूर्ण है?

[UPTET Paper - I, 2019]

A. योजना
B. अन्वेषण
C. सामान्यीकरण
D. प्रस्तुतीकरण

Q.60 दूसरों से कुछ भी उम्मीद किए बिना अपने मानकों को प्राप्त करने से संबंधित सुदृढीकरण का प्रकार है:

A. प्रत्यक्ष सुदृढीकरण
B. अप्रत्यक्ष सुदृढीकरण
C. आत्म-सुदृढीकरण
D. नकारात्मक सुदृढीकरण

Q.61 RTE 2009 के अनुसार, क्या प्रत्येक स्तर पर प्रशिक्षण, योजना, विकास और वस्तुओं के निष्पादन के लिए शिक्षक की भूमिका और जिम्मेदारी के लिए सही नहीं है?

A. बाल-सुलभ और बाल-केंद्रित कक्षा प्रक्रियाओं से परिचित होना

B. अपने बच्चों को स्कूल भेजने के लिए माता-पिता को प्रेरित करने के लिए वार्षिक सर्वेक्षण/नामांकन अभियान के दौरान परिवारों का दौरा करना

C. शिक्षक केंद्रित कक्षा प्रक्रियाओं से परिचित होना

D. नियमित आधार पर बच्चों की मुख्यधारा बनाने के लिए वांछित कदम उठाना

Q.62 ज्ञान प्रबंध के लिए आवश्यक लेखाचित्र संगठक और बुद्धि उपकरण का प्रकार क्या है जो दूसरों के साथ सहयोग से बनाए गये लेखाचित्र द्वारा अधिगमकर्ता की व्याख्या प्रस्तुत करने और सूचना को व्यवस्थित करने में मदद कर सकता है?

A. अवधारणा मानचित्रण
B. हाइपर मीडिया
C. भावभंगिमा प्रदर्शन
D. अपसारी प्रश्न

Q.63 निम्नलिखित में से कौन ICT के सूचनात्मक उपकरणों के उदाहरण हैं?

A. व्यक्तिगत साक्षात्कार

B. कलम और कागज परीक्षण

C. वर्ल्ड वाइड वेब

D. चैट

Q.64 शिक्षण-अधिगम प्रक्रिया में शैक्षिक मूल्यांकन के कौन-कौन से पहलू है/हैं?

I. सामग्री

II. सीखने के उद्देश्य

III. शिक्षण गतिविधियां

IV. मूल्यांकन की प्रक्रिया

A. I, II और III
B. II, III और IV
C. I, II, III और IV
D. ग्रेड (कक्षा) और अंक

Q.65 निम्नलिखित में से कौन-सा अधिगम का एक लक्षण नही हैं?

A. अधिगम एक आजीवन प्रक्रिया है

B. अधिगम प्रत्यक्ष रूप से देखने योग्य है

C. अधिगम को अभ्यास द्वारा सुरक्षित किया जा सकता है

D. उपर्युक्त में से कोई नहीं

Q.66 बच्चे में मानसिक मंदता का कारण हो सकता है:

A. गर्भधान के समय प्रभावशील कारण

B. माँ के गर्भ के अंदर प्रभावशील कारण

C. जन्म के बाद किसी दुर्घटना के कारण

D. उपरोक्त सभी

Q.67 यदि बच्चे की सीखने की अक्षमता संवेदी-गत्यात्मक प्रणाली से संबंधित है तो उपयोग किया जाने वाला कार्यक्रम है:

A. विट्मर्स का मनो शैक्षणिक कार्यक्रम

B. व्यावहारिक सामान्य नैदानिक उपचारात्मक दृष्टिकोण

C. स्ट्रॉस लेहटिनन-क्रूकशैंक का अवधारणात्मक गत्यात्मक कार्यक्रम

D. कोई नहीं

Q.68 "मानसिक मंदता का तात्पर्य महत्वपूर्ण रूप से उप-औसत सामान्य बौद्धिक कार्यप्रणाली से है जिसके परिणामस्वरूप विकास अवधि के दौरान प्रकट अनुकूली व्यवहार में समवर्ती हानि होती है।" यह परिभाषा _______ द्वारा दी गई है।

A. APA
B. MCI
C. DRDO
D. AAMR

Q.69 आपकी कक्षा के छात्रों में चिंता को बढ़ावा देने के लिए निम्नलिखित में से कौन सा कारण जिम्मेदार है?

A. प्रतिकूल व्यक्तित्व अभिविन्यास

B. निराशाजनक वातावरण

C. शिक्षक द्वारा सामान्य संहिता का उल्लंघन

D. बच्चों के आत्म-अवधारणा के विकास में नाकाबंदी

Q.70 निम्नलिखित में से कौन सा शिक्षक कार्य माता-पिता को अपने बच्चे की शिक्षा में भागीदार के रूप में सबसे अच्छा बढ़ावा देगा?

A. माता-पिता अपने बच्चे की प्रगति रिपोर्ट पर हस्ताक्षर करते हैं ताकि वे बच्चे के अधिगम की निगरानी कर सकें।

B. आवश्यकतानुसार उनके बच्चे के बारे में अच्छी जानकारी के साथ माता-पिता से संपर्क करना।

C. प्रत्येक बच्चे के साथ परिवार की भागीदारी पर स्कूल की नीति की एक प्रति घर भेजना।

D. माता-पिता को अपने बच्चे की शिक्षा के लिए उच्च आकांक्षा रखने के लिए प्रोत्साहित करना।

Q.71 बच्चों में पश्च-आघात तनाव विकार (पोस्ट ट्रॉमेटिक स्ट्रेस डिसऑर्डर) के लक्षण क्या हैं?

A. घटना से जुड़े स्थानों या लोगों से बचना

B. बार-बार कुछ कहने या उसके बारे में सोचना

C. दूसरों में बिल्कुल रूचि न होना

D. दूसरों से नाराज होना

Q.72 शिक्षक नेता के रूप में अपने छात्र को सीखने के लिए आंतरिक रूप से प्रेरित बने रहने के लिए कैसे प्रोत्साहित कर सकता है?

A. दुश्चिन्ता और भय पैदा करके

B. प्रतिस्पर्धी परीक्षण द्वारा

C. व्यक्तिगत नैपुण्य लक्ष्यों को निर्धारित करने में उनको सहयोग देकर

D. वास्तविक इनाम; जैसे टॉफी देकर

Q.73 _______ के रूप में नेता जल्दी से अपनी टीम के सदस्यों की क्षमता, कमजोरियों और प्रत्येक व्यक्ति को सुधारने में मदद करने के लिए प्रेरणा को पहचानता है।

A. प्रशिक्षक (कोच)
B. शिक्षक
C. दास
D. निरंकुश

Q.74 निम्नलिखित में से कौन नेतृत्व का परिवर्तनकारी कार्य है?

I. डिमोटिवेट करने की क्षमता

II. अपने स्वार्थपरता को मजबूत करने की क्षमता

A. केवल II
B. I तथा II दोनों
C. केवल I
D. ना ही I ना ही II

Q.75 निम्न में से किस तरह का लक्ष्य-निर्धारण विद्यार्थियों को अधिगम के लिए आंतरिक अभिप्रेरणा देगा?

[CTET Paper-II (Social Science), 2021], [CTET Paper-II (Science & Mathematics), 2021]

A. स्व: निर्देशित
B. अध्यापक-निर्देशित
C. अभिभावक-निर्देशित
D. सहपाठी-निर्देशित

Q.76 पूर्व मूल्यांकन परिणामों की समीक्षा और लक्ष्य निर्धारण विद्यालय प्रबंधन के _______ के अंतर्गत आता है।

A. योजना
B. आयोजन
C. कार्यन्वयन
D. आवेदन पत्र

Q.77 निम्नलिखित में से कौन-सी अच्छे विद्यालय प्रबंधन की विशेषता नहीं है?

A. इसका संबंध विद्यालयों में दी जा रही शिक्षा की गुणवत्ता से है।
B. यह शिक्षक और पर्यवेक्षकों में सर्वश्रेष्ठ लाता है।
C. यह विद्यालय में आंशिक सुधार और दक्षता लाने का प्रयास करता है।
D. यह एक सतत प्रक्रिया है।

Q.78 NEP-2020 के तहत प्रायोगिक शिक्षा में प्रस्तावित शैक्षणिक दृष्टिकोण चुनें?

A. कला एकीकृत शिक्षा
B. खेल एकीकृत शिक्षा
C. कथाकारिता-आधारित शिक्षाशास्त्र
D. ऊपर के सभी

Q.79 एनईपी के तहत, छात्रों को विद्यालय में बनाए रखने के लिए निम्नलिखित में से कौन सा प्रमुख कदम उठाया गया है?

A. उच्च विद्यालय छोड़ने की दर वाले क्षेत्रों में स्थानीय भाषा के ज्ञान वाले शिक्षकों को नियुक्त करना।
B. पाठ्यचर्या को अधिक आकर्षक और उपयोगी बनाने के लिए उसमें बदलाव करना।
C. (A) और (B) दोनों
D. उपरोक्त में से कोई नहीं

Q.80 समावेशी शिक्षा के अंतर्गत एक शिक्षक को किस के रूप में जाना जाता है?

A. विशेष शिक्षक
B. संसाधन शिक्षक
C. नियमित शिक्षक
D. घुमन्तु शिक्षक

// स्मार्ट उत्तर पुस्तिका //

सही उत्तर — उन छात्रों का प्रतिशत जिन्होंने प्रश्नों का सही उत्तर दिया था।   **छोड़ दिया** — उन छात्रों का प्रतिशत जिन्होंने प्रश्नों को छोड़ दिया था।

प्रश्न संख्या	उत्तर	सही उत्तर / छोड़ दिया	प्रश्न संख्या	उत्तर	सही उत्तर / छोड़ दिया	प्रश्न संख्या	उत्तर	सही उत्तर / छोड़ दिया	प्रश्न संख्या	उत्तर	सही उत्तर / छोड़ दिया	प्रश्न संख्या	उत्तर	सही उत्तर / छोड़ दिया	प्रश्न संख्या	उत्तर	सही उत्तर / छोड़ दिया
1	B	48.78 % 1.42 %	15	B	77.94 % 0.0 %	29	C	78.98 % 0.0 %	43	D	48.77 % 1.03 %	57	C	86.33 % 0.0 %	71	A	66.7 % 1.06 %
2	D	84.22 % 0.0 %	16	D	48.62 % 1.94 %	30	A	63.33 % 1.88 %	44	C	68.19 % 1.01 %	58	B	82.18 % 0.0 %	72	C	62.99 % 1.11 %
3	D	77.12 % 0.0 %	17	D	58.69 % 1.5 %	31	C	85.21 % 0.0 %	45	C	50.47 % 1.68 %	59	D	77.11 % 0.0 %	73	A	87.02 % 0.0 %
4	D	46.84 % 1.75 %	18	D	61.21 % 1.15 %	32	D	60.86 % 1.79 %	46	B	61.15 % 2.0 %	60	C	84.32 % 0.0 %	74	D	58.24 % 1.44 %
5	C	42.04 % 1.84 %	19	B	43.89 % 1.03 %	33	B	53.66 % 1.8 %	47	C	55.63 % 1.87 %	61	C	40.81 % 1.09 %	75	A	76.78 % 0.0 %
6	A	58.21 % 1.95 %	20	C	79.84 % 0.0 %	34	A	58.86 % 1.8 %	48	C	82.01 % 0.0 %	62	A	85.77 % 0.0 %	76	A	63.05 % 1.61 %
7	A	80.82 % 0.0 %	21	D	42.83 % 1.78 %	35	A	84.37 % 0.0 %	49	D	62.97 % 1.64 %	63	C	79.88 % 0.0 %	77	C	69.64 % 1.34 %
8	D	48.79 % 1.76 %	22	B	13.2 % 3.15 %	36	C	67.49 % 1.5 %	50	D	49.14 % 1.17 %	64	C	63.13 % 1.78 %	78	D	65.06 % 1.15 %
9	C	48.65 % 1.42 %	23	D	24.84 % 4.38 %	37	D	44.89 % 1.88 %	51	B	47.49 % 1.15 %	65	B	53.92 % 1.77 %	79	C	51.44 % 1.29 %
10	B	49.59 % 1.17 %	24	C	58.14 % 1.89 %	38	A	56.63 % 1.6 %	52	B	53.27 % 1.09 %	66	D	44.29 % 1.27 %	80	C	10.11 % 3.78 %
11	B	87.54 % 0.0 %	25	C	60.93 % 1.72 %	39	D	58.39 % 1.49 %	53	B	61.3 % 1.06 %	67	C	54.57 % 1.79 %			
12	A	30.19 % 4.06 %	26	A	14.38 % 4.34 %	40	B	40.5 % 1.82 %	54	C	40.46 % 1.54 %	68	D	48.19 % 1.37 %			
13	D	60.13 % 1.58 %	27	B	88.98 % 0.0 %	41	D	86.97 % 0.0 %	55	C	79.79 % 0.0 %	69	C	67.54 % 1.96 %			
14	D	55.26 % 1.94 %	28	B	85.22 % 0.0 %	42	C	78.38 % 0.0 %	56	D	56.31 % 1.13 %	70	A	82.02 % 0.0 %			

//संकेत और समाधान//

1. The teacher, as well as the students, is responsible for the agitation in the school campus.

Subject-verb agreement refers to the rules for using verbs according to the subject.

- Example: They play every day. (plural)
- He eats every day. (Singular)

According to the subject-verb agreement, when we use words like as well as, along with, the verb works according to the first subject.

Hence, the correct option is (B).

2. The correct sentence is: "Riya went into the shop because it had a sale."

The error lies in 'it has sale'.

- The sentence is in the past tense. The action has already happened.
- The word 'went' indicates that the sentence is in past tense and past tense form of 'has' is 'had'.
- Article 'a' is used before indefinite things.

Hence, the correct option is (D).

3. Blowing one's own trumpet is an idiom meaning 'to talk about oneself or one's achievements, especially in a way that shows that one is proud or too proud.'

Ex: He had a very successful year and has every right to blow his own trumpet.

Hence, the above sentence means:

Most of her friends avoid talking to her as she is constantly boasting about herself.

Hence, the correct option is (D).

4. The meaning of underlined phrase <u>got the sack from</u> is was dismissed from.

Got the sack from: being told by your employer that you can no longer continue working for a company etc. usually because of something that you have done wrong. Here, was dismissed from is the right usage.

Hence, the correct option is (D).

5. The error lies in Part (c) of the sentence.

Whenever we use every in front of a subject, then it should be followed by a singular verb and singular pronoun.

Example: Every person knows his truth.

Therefore, the use of 'their' in Part (c) of the sentence should be replaced by 'his' to make it grammatically correct.

Correct sentence: Every person who believes in principles must stand up to fight for his convictions.

Hence, the correct option is (C).

6. The correct answer is 'dialect'.

'Dialect' is a particular form of a language which is peculiar to a specific region or social group.

Example: The play was hard to understand when the characters spoke in dialect.

Hence, the correct option is (A).

7. According to the first paragraph of the passage, 'because I saw it as a transaction between my teacher and my father!' We can deduce that author believed that it was something between his father and his teacher. Option (B) is true.

According to the paragraph 'But I was unconcerned. I had too much else going on that interested me.' We can easily say that he was occupied with other things which interested him. So, option (C) is true.

'Reading it always made my father blow up' here blow up means explode or make something explode, to suddenly get very angry. Conveys the report that would make his father flare-up which means a situation in which something, such as violence, pain, or anger suddenly starts or gets much worse. Flare-up and Blow up are synonyms of each other, So option (D) is also true.

We are left with only one option i.e., Option (A) which is the correct answer as 'his teacher seems to be satisfied' is a false statement.

Hence, the correct option is (A).

8. According to the passage, "The alarming increase in student suicides today is because we have created a society founded on the premise that life is a race. So you rush to the finishing line! Is it any wonder that so many choose to end their lives? This is the self-destructive model we have created for ourselves".

So, we can say that according to the author competition based learning is self-destructive.

Hence, the correct option is (D).

9. Benevolent- serving a charitable rather than a profit-making purpose.

Stingy- unwilling to give or spend.

Other words:

Generous- showing kindness toward others.

Friendly- kind and pleasant.

Liberal- willing to respect or accept behavior or opinions different from one's own.

Hence, the correct option is (C).

10. Jeer: a rude and mocking remark.

Hoot: a shout expressing scorn or disapproval.

Compliment: a polite expression of praise or admiration.

Flatter: lavish praise and compliments on (someone), often insincerely and with the aim of furthering one's own interests.

Praise: express warm approval or admiration.

So, the word 'Hoot' has a synonym meaning as 'Jeer'.

Hence, the correct option is (B).

11. जब कोई पूरा कथन किसी प्रसंग विशेष में उद्धृत किया जाता है तो लोकोक्ति कहलाता है।

'कोयले की दलाली में मूह काला' लोकोक्ति का अर्थ बुरे काम से बुराई मिलना है।

वाक्य प्रयोग: तुम्हें कितना मना किया कि महेश की संगति छोड़ दो अब उसके चक्कर। में तुम्हें भी जेल जाना पड़ेगा। कोयले की दलाली में तो हाथ काला ही होगा।

अतः विकल्प (B) सही है।

12. 'निर्धन' शब्द का अर्थ गरीब है एवं 'निधन' शब्द का अर्थ मृत्यु है। दोनों के अर्थ भिन्न हैं। इन दोनों शब्दों के उच्चारण एक जैसे हैं परन्तु दोनों के गुण अलग हैं।

उदाहरण:

निर्धन: निर्धनता में भी हंस सकने वाला व्यक्ति निर्धन नहीं होता है।

निधन: स्वामी विवेकानंद केवल 23 वर्ष के थे जब उनके गुरू का निधन हो गया।

अतः विकल्प (A) सही है।

13. व्यास सम्मान भारतीय साहित्य में किये गये योगदान के लिए दिया जाने वाला ज्ञानपीठ पुरस्कार के बाद दूसरा सबसे बड़ा साहित्य सम्मान है। इस पुरस्कार को वर्ष 1991 में के. के. बिड़ला फाउंडेशन ने प्रारंभ किया था।1991 में शुरू किया गया व्यास सम्मान पिछले 10 वर्षों के दौरान प्रकाशित किसी भारतीय नागरिक द्वारा लिखित हिंदी में उत्कृष्ट साहित्यिक कार्य के लिए दिया जाता है। इसमें एक प्रशस्ति पत्र और पट्टिका के साथ चार लाख रुपये का पुरस्कार प्रदान किया जाता है। व्यास सम्मान के नियमों के अनुसार कृति साहित्य की किसी विधा में हो सकती है। सृजनात्मक साहित्य के अतिरिक्त अन्य विधाओं जैसे- आत्मकथा, ललित निबंध, समीक्षा व आलोचना, साहित्य और भाषा का इतिहास आदि पुस्तकों पर भी विचार किया जाता है।

अतः विकल्प (D) सही है।

14. 'तुलसीदास' के रचनाकार सूर्यकान्त त्रिपाठी 'निराला' है।

सूर्यकान्त त्रिपाठी 'निराला' हिन्दी कविता के छायावादी युग के चार प्रमुख स्तंभों में से एक माने जाते हैं। वे जयशंकर प्रसाद, सुमित्रानंदन पंत और महादेवी वर्मा के साथ हिन्दी साहित्य में छायावाद के प्रमुख स्तंभ माने जाते हैं। उन्होंने कई कहानियाँ, उपन्यास और निबंध भी लिखे हैं किन्तु उनकी ख्याति विशेषरुप से कविता के कारण ही है।

अतः विकल्प (D) सही है।

15. सत्संगति का अर्थ सज्जनों की संगति से है| सत्संगति से ही मनुष्य में गुण-दोष आते हैं। संगति का प्रभाव - मनुष्य जिस वातावरण एवं संगति में अपना अधिक समय व्यतीत करता है उसका प्रभाव उस पर अनिवार्य रूप से पड़ता है।

अतः विकल्प (B) सही है।

16. प्रस्तुत गद्यांश के अनुसार प्रस्तुत कथा तोतों के बच्चों को आधार बनाकर लिखी गई एक प्रभावोत्पादक कथा है।

अतः विकल्प (D) सही है।

17. 'पराधीन' शब्द में सम्बन्ध तत्पुरुष समास है।

- 'पराधीन' शब्द का समास-विग्रह है- पर (दूसरे) के अधीन।
- यहाँ 'के' विभक्ति का लोप है। इसलिए, यहाँ सम्बन्ध तत्पुरुष समास है।
- जिस समास का उत्तरपद प्रधान हो और पूर्वपद गौण एवं 'का', 'के', 'की' चिह्न का लोप हो, उसे संबंध तत्पुरुष समास कहते हैं।

अतः विकल्प (D) सही है।

18. 'पाद' तत्सम शब्द है, इसका तद्भव 'पांव' अर्थात् 'पैर' है। 'भैंस' तद्भव शब्द है, इसका तत्सम महिषी है, तथा 'बारह' तद्भव शब्द है, इसका तत्सम द्वादश होता है। 'सच' तद्भव शब्द है इसका तत्सम 'सत्य' होता है।

अतः विकल्प (D) सही है।

19. अनुस्वार एवं विसर्ग को अयोगवाह कहा जाता है।

महत्त्वपूर्ण बिंदु:

हिन्दी वर्णमाला में अनुस्वार (ं) को अं तथा विसर्ग (ः) को अः के रूप में लिखा जाता है।

इन्हें स्वर तथा व्यंजन की श्रेणी में न रखकर अयोगवाह कहा जाता है क्योंकि इनका उच्चारण किसी स्वर के बाद ही होता है अर्थात् इनके उच्चारण के पहले स्वर आता है, इसलिए इन्हें 'अ' आदि स्वरों के साथ संयुक्त करके ही लिखा जाता है।

अन्य विकल्प:

महाप्राण-

इन व्यंजनों के उच्चारण में 'हकार' जैसी ध्वनि विशेष रूप में निकलती है तथा श्वास भी निकलती है।

प्रत्येक वर्ग का 2 तथा 4 वर्ण महाप्राण व्यंजन होता है।

जैसे -

क वर्ग में – ख तथा घ

च वर्ग में – छ तथा झ।

ट वर्ग में – ठ तथा ढ।

त वर्ग में – थ तथा ध।

प वर्ग में – फ तथा ल।

श वर्ग में – ष, स, तथा ह।

संयुक्त व्यंजन:

जो व्यंजन 2 या 2 से अधिक व्यंजनों के मिलने से बनते हैं, उन्हें संयुक्त व्यंजन कहा जाता है।

संयुक्त व्यंजन एक तरह से व्यंजन का ही एक प्रकार है।

संयुक्त व्यंजन में जो पहला व्यंजन होता है वो हमेशा स्वर रहित होता है और इसके विपरीत दूसरा व्यंजन हमेशा स्वर सहित होता है।

संयुक्त व्यंजन की कुल संख्या चार है : क्ष, त्र, ज्ञ, श्र।

अल्पप्राण-

जिन वर्णों के उच्चारण में श्वास मुख से सीमित रूप में निकली है तथा जिसमें 'हकार' जैसी ध्वनि नहीं होती, उन्हें 'अल्प-प्राण' व्यंजन कहते हैं।

प्रत्येक वर्ग का पहला, तीसरा और पाँचवाँ वर्ण अल्प-प्राण होता है।

जैसे –

क वर्ग में -क, ग, ङ।

च वर्ग में – च, ज, ञ।

ट वर्ग में – ट, ड, ण।

त वर्ग में – त, द,न।

प वर्ग में – प, ब, म।

अतः विकल्प (B) सही है।

20. दिए गए शब्दों में जटिल शब्द का विलोम शब्द सरल है जटिल शब्द के पर्यायवाची शब्द निम्न है, कठिन, मुश्किल तथा कृपण शब्द का अर्थ कंजूस होता है।

अतः विकल्प (C) सही है।

21. संयुक्त राष्ट्र महासभा की 56वीं पूर्ण बैठक में नेपाल को दो वर्ष के लिए शांति निर्माण आयोग (PBC) का सदस्य चुना गया है।

सदस्यता का यह कार्यकाल पहली जनवरी 2023 से शुरू होगा। नेपाल के साथ बांग्लादेश, इथियोपिया, भारत, और रवांडा को भी संयुक्त राष्ट्र मिशनों में सैन्य और पुलिस कार्रवाई में योगदान कर्ता की श्रेणी में शामिल किया गया है।

अतः विकल्प (D) सही है।

22. रक्षा अधिग्रहण परिषद (DAC) ने सशस्त्र बलों और भारतीय तट रक्षक के लिए 84,328 करोड़ रुपये के 24 पूंजीगत खरीद प्रस्तावों के लिए आवश्यकता की स्वीकृति दे दी है।

इस आशय का निर्णय 22 दिसंबर 2022 को रक्षा मंत्री राजनाथ सिंह की अध्यक्षता में DAC की बैठक में लिया गया। यह भारतीय सेना को फ्यूचरिस्टिक इन्फैंट्री कॉम्बैट व्हीकल, लाइट टैंक और माउन्टेड गन सिस्टम से लैस करेगा।

अतः विकल्प (B) सही है।

23. 1905 में जब भारत के वायसराय लॉर्ड कर्जन ने बंगाल के विभाजन की घोषणा की, तब भारत में स्वदेशी आंदोलन शुरू हुआ। यह सबसे सफल पूर्व-गांधीवादी आंदोलन में से एक था। आंदोलन के प्रमुख व्यक्तित्व अरबिंदो घोष, बाल गंगाधर तिलक, बिपिन चंद्र पाल और लाला लाजपत राय थे।

आंदोलन की मुख्य विशेषताएं थीं:

- सरकारी स्कूलों, कॉलेजों, सेवाओं और अदालतों का बहिष्कार।
- विदेशी वस्तुओं का बहिष्कार करना और स्वदेशी वस्तुओं को बढ़ावा देना।
- राष्ट्रीय शिक्षा को बढ़ावा देना और राष्ट्रीय स्कूलों की स्थापना।
- विभाजन के दिन कोलकाता में बड़े पैमाने पर प्रदर्शन किया गया
- कोलकाता में हड़ताल और बड़ी सभाओं का आयोजन किया गया।

अतः विकल्प (D) सही है।

24. हुंडी एक वित्तीय साधन है जो व्यापार और ऋण लेनदेन में उपयोग के लिए मध्यकालीन भारत में विकसित हुआ है।

उनका उपयोग किया गया:

- प्रेषण उपकरणों के रूप में (धन को एक स्थान से दूसरे स्थान पर स्थानांतरित करने के लिए)
- क्रेडिट उपकरणों के रूप में (पैसे उधार लेने के लिए)
- व्यापार लेनदेन (विनिमय के बिल के रूप में)

अतः विकल्प (C) सही है।

25. लियोनेल मेसी ने फीफा विश्व कप के इतिहास में अर्जेंटीना के लिए सबसे ज्यादा गोल करने वाले खिलाड़ी बनने के लिए गेब्रियल बतिस्तुता का रिकॉर्ड तोड़ दिया।

उन्होंने अर्जेंटीना बनाम क्रोएशिया मैच के दौरान यह उपलब्धि हासिल की, जिसमें उन्होंने 11 गोल करके हंगरी के सांडोर कॉक्सिस और जर्मनी के जुर्गन क्लिंसमैन की बराबरी की। यह मैच उनका 25वां विश्व कप मैच भी था, जो लोथर मैथॉस के साथ किसी भी अर्जेंटीना खिलाड़ी के लिए सबसे अधिक था।

अतः विकल्प (C) सही है।

26. भारतीय-अमेरिकी कृष्णा वविलाला को उनके समुदाय और देश में उनके योगदान के लिए प्रेसिडेंशियल लाइफटाइम अचीवमेंट (PLA) पुरस्कार से सम्मानित किया गया।

वह आंध्र प्रदेश से हैं और फाउंडेशन फॉर इंडिया स्टडीज (FIS) के संस्थापक और अध्यक्ष हैं। द प्रेसिडेंशियल लाइफटाइम अचीवमेंट (PLA) अवार्ड्स, अमेरिकोर्प्स के नेतृत्व में दिया जाता है।

अतः विकल्प (A) सही है।

27. साइलेंट वैली नेशनल पार्क केरल में स्थित है।

साइलेंट वैली नेशनल पार्क:

- केरल के नीलगिरि पर्वत में पलक्कड़ जिले में स्थित है।
- यह नीलगिरि बायोस्फीयर रिजर्व के केंद्र में है और इसमें दक्षिण पश्चिमी घाट वर्षा वन और उष्णकटिबंधीय आर्द्र सदाबहार जंगल शामिल हैं।
- कुंती नदी इससे होकर गुजरती है।
- साइलेंट वैली पार्क कई अत्यधिक लुप्तप्राय प्रजातियों जैसे शेर-पूंछ वाले मकाक, बाघ, गौर, तेंदुआ, जंगली सूअर, तेंदुआ, भारतीय सिवेट और सांभर के लिए जाना जाता है।

अतः विकल्प (B) सही है।

28. मटकी मध्य प्रदेश का एक लोकप्रिय लोक नृत्य है।

- मटकी नृत्य रूप मध्य प्रदेश में खानाबदोश जनजातियों द्वारा विकसित किया गया है।
- एक छोटे से घड़े का उपयोग करके किया जाने वाला एक लोक नृत्य है जो मध्य भारत से उत्पन्न हुआ जिसे "मटकी नृत्य" के रूप में जाना जाता है।
- यह "घड़ा नृत्य" मध्य प्रदेश राज्य से संबंधित है, और मुख्य रूप से मालवा क्षेत्र में किया जाता है।

अत: विकल्प (B) सही है।

29. तत्व का प्रतीक जोंस जैकब बर्जिलियस द्वारा प्रस्तावित किया गया था।

1813 में, जे.जे. बर्जिलियस ने प्रस्तावित किया कि रासायनिक प्रतीकों को तत्वों के लैटिन नामों पर आधारित होना चाहिए।

- यह प्रस्ताव 19 वीं शताब्दी के मध्य तक अपनाया गया था।
- वह आधुनिक रसायन विज्ञान के संस्थापकों में से हैं और परमाणु भार पर अपने काम के लिए जाने जाते हैं जिसके कारण रसायन विज्ञान में कई विकास हुए।
- रासायनिक प्रतीक रासायनिक तत्वों के लिए उपयोग किए जाने वाले संक्षिप्ताक्षर हैं।
- इसमें आमतौर पर लैटिन वर्णमाला के एक या दो अक्षर होते हैं।
- उदाहरण के लिए, सीसा का रासायनिक प्रतीक Pb है जो लैटिन में प्लंबम से निकला है।

अतः विकल्प (C) सही है।

30. पीएम मोदी 30 मई 2022 को बाल योजना के लिए पीएम केयर्स के तहत लाभ जारी किये।

कार्यक्रम के दौरान बच्चों को आयुष्मान भारत - प्रधानमंत्री जन आरोग्य योजना के तहत बच्चों के लिए पीएम केयर्स की पासबुक और स्वास्थ्य कार्ड सौंपा गया। बच्चों के लिए पीएम केयर्स योजना 2021 में उन बच्चों की सहायता के लिए शुरू की गई थी, जिन्होंने अपने माता-पिता दोनों को कोविद- 19 महामारी से खो दिया है।

अतः विकल्प (A) सही है।

31.

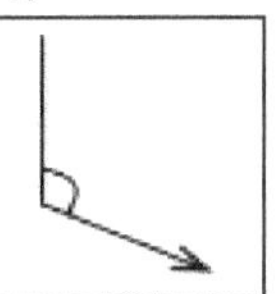

विकल्प C को छोड़कर, बाकी सभी 90° पर हैं।

अतः विकल्प (C) सही है।

32. शब्दों का सही शब्दकोश क्रम है-

4. Literacy

2. Litter

3. Little

1. Live

5. Living

अतः विकल्प (D) सही है।

33. दिया गया,

शब्द के अक्षरों को शब्द के किसी विशेष अक्षर के समान विपरीत अक्षर के अनुसार कूटबद्ध किया जाता है।

A	B	C	D
Z	Y	X	W

इसी प्रकार,

G	H	I	J
T	S	R	Q

इसलिए, 'TSRQ' सही उत्तर है।

अतः विकल्प (B) सही है।

34.

 : विटामिन C ::  : विटामिन A

यहाँ अनुसरित पैटर्न है:

नींबू विटामिन C का अच्छा स्रोत है।

इसी प्रकार, गाजर विटामिन A का अच्छा स्रोत है।

इसलिए, 'विटामिन A' सही उत्तर है।

अतः विकल्प (A) सही है।

35. दर्पण प्रतिबिम्ब इस प्रकार होगा:

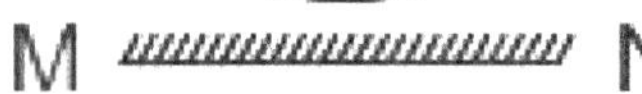

अतः विकल्प (A) सही है।

36. ग्रेटर थ्रूपुट और इन्हैंस्ड फाल्ट टॉलरेंस मल्टी-माइक्रोप्रोसेसर सिस्टम के मुख्य उद्देश्य है। इस उद्देश्य के लिए इन सिस्टम्स में हार्डवेयर और सॉफ्टवेयर की बहुलता शामिल है। थ्रूपुट एक प्रोडक्ट या सर्विस की मात्रा है जो एक कंपनी एक स्पेसिफिक पीरियड के भीतर एक ग्राहक को प्रोड्यूज और डिलीवर कर सकती है। फाल्ट टॉलरेंस एक ऐसी प्रक्रिया है जो एक ऑपरेटिंग सिस्टम को हार्डवेयर या सॉफ्टवेयर में फेलियर का जवाब देने में सक्षम बनाती है। यह फॉल्ट टॉलरेंस

परिभाषा फेलियर या मालफंक्शंस के बावजूद संचालन जारी रखने की सिस्टम की क्षमता को संदर्भित करती है।

अतः विकल्प (C) सही है।

37. फ्लैश ड्राइव को पेन ड्राइव के नाम से जाना जाता है।

पेन ड्राइव को USB फ्लैश ड्राइव भी कहा जाता है। यह एक डाटा स्टोरेज डिवाइस है जिसमें एक इंटीग्रेटेड यूएसबी इंटरफेस के साथ फ्लैश मेमोरी शामिल है।

* RAM एक रीड/राइट मेमोरी है।
    - CPU किसी भी समय RAM की सामग्री को बदल सकता है।
    - RAM वोलेटाइल होती है।
* रीड-ओनली मेमोरी (ROM) नॉन - वोलेटाइल होती है और बिजली बंद होने के बाद भी इसकी जानकारी को वापस प्राप्त सकता है।

अत: विकल्प (D) सही है।

38. एक कंपनी ट्विटर पर पोस्ट को बिक्री बनाने वाली पोस्ट में बदल सकती है जो अनुयायियों को उनकी साइट पर ले जाती है।

एक कंपनी निम्नलिखित तरीकों से ट्विटर पर पोस्ट को बिक्री में परिवर्तित करती है:

* एक मजबूत ब्रांड पहचान बनाकर,
* अपनी रणनीति तैयार करने के लिए विश्लेषणात्मक डेटा का उपयोग करके,
* ऐसे पोस्ट बनाकर जो फॉलोअर्स को उनकी साइट पर लाते हैं,
* आपके अन्य सोशल और मार्केटिंग प्लेटफॉर्म आदि पर क्रॉस-मार्केट द्वारा।

अतः विकल्प (A) सही है।

39. मास्टर कुंजी कंप्यूटर के कीबोर्ड से संबंधित नहीं है।

* कीबोर्ड एक इनपुट डिवाइस है जिसका उपयोग कंप्यूटर में किया जाता है।
* इसमें फंक्शन की, न्यूमेरिक कीपैड और QWERTY कीपैड जैसी विभिन्न कुंजियाँ होती हैं।
* कंप्यूटर कीबोर्ड में मास्टर कुंजी जैसी कोई कुंजी नहीं होती है।

अतः विकल्प (D) सही है।

40. आईबीएम 1401 तीसरी पीढ़ी का कंप्यूटर नहीं है।

आईबीएम 1400 श्रृंखला दूसरी पीढ़ी (ट्रांजिस्टर) मध्य-श्रेणी के व्यावसायिक दशमलव कंप्यूटर थे जिन्हें आईबीएम ने 1960 के दशक की शुरुआत में विपणन किया था।

अत: विकल्प (B) सही है।

41. अभिवृद्धि/वृद्धि और विकास मानव जीवन के आधार होते हैं। वृद्धि, विकासात्मक प्रक्रिया का एक भाग है क्योंकि इसके मात्रात्मक पहलू में विकास को वृद्धि के रूप में संदर्भित किया जाता है। सभी वृद्धि विकास है लेकिन इसके विपरीत नहीं।

1. पद अभिवृद्धि विकास का एक उप-समुच्चय है और एक व्यक्ति में होने वाले मात्रात्मक परिवर्तनों तक सीमित है।

2. अभिवृद्धि जीवनपर्यन्त चलने वाली प्रक्रिया नहीं है क्योंकि परिपक्वता प्राप्त होने पर वृद्धि की प्रक्रिया रुक जाती है।

3. अभिवृद्धि के परिणामों को देखना और मापना आसान है जैसे ऊंचाई, वजन, शरीर द्रव्यमान सूचकांक, आदि में वृद्धि।

अतः विकल्प (D) सही है।

42. 'जीव में विकास तथा वर्धन का पूरा होना परिपक्वता कहलाता है' हल ने परिभाषित किया। इन विविधताओं को परिपक्वता के समय और गति में अंतर के लिए निर्दिष्ट किया जा सकता है। समय से तात्पर्य है कि जब कोई विशिष्ट

परिपक्व घटना होती है, उदाहरण के लिए लड़कों और लड़कियों में किशोरावस्था की उम्र में वृद्धि के दौरान जनेंद्रियों के आस-पास बालों की उपस्थिति या अधिकतम वृद्धि का होना, जबकि गति उस दर को संदर्भित करता है जिस पर परिपक्वता बढ़ती है। विकास एक निश्चित समय पर प्राप्त आकार पर केंद्रित है, जबकि परिपक्वता वयस्क के आकार और परिपक्वता प्राप्त करने में प्रगति की दर पर केंद्रित है। उत्तर बाल्यावस्था और किशोरावस्था के दौरान यौन, कंकाल और दैहिक परिपक्वता में तंत्रिका और अंतः स्रावी तंत्र की परिपक्वता एक प्रमुख कारक है।

अतः विकल्प (C) सही है।

43. 'वृद्धि और विकास की दर एक समान होती है' वृद्धि और विकास का सिद्धांत नहीं है।

वृद्धि और विकास अविभाज्य हैं लेकिन वे एक दूसरे से भिन्न हैं। वृद्धि व्यक्ति के भौतिक परिवर्तनों का प्रतिनिधित्व करती है और विकास व्यक्ति के समग्र परिवर्तन, संरचना और आकार का प्रतिनिधित्व करता है। वृद्धि और विकास के सिद्धांत निम्न हैं:

- निरंतरता का सिद्धांत
- एकीकरण का सिद्धांत
- विकास दर में एकरूपता के अभाव का सिद्धांत
- व्यक्तिगत भिन्नता का सिद्धांत
- एकरूपता का सिद्धांत
- सामान्य से विशिष्ट की ओर बढ़ने का सिद्धांत
- आनुवंशिकता और पर्यावरण के बीच अंतःक्रिया का सिद्धांत
- अंतर्संबंध का सिद्धांत
- मस्तकोधमुखी का सिद्धांत
- समीप-दूराभिमुख का सिद्धांत
- पूर्वानुमान का सिद्धांत
- सर्पिल बनाम रैखिक उन्नति का सिद्धांत
- परिपक्वता और अधिगम संघ का सिद्धांत

अतः विकल्प (D) सही है।

44. 'सर्पिल बनाम रैखिक वृद्धि' का सिद्धांत वृद्धि और विकास से संबंधित है।

सर्पिल बनाम रैखिक वृद्धि का सिद्धांत: - बच्चे द्वारा विकास में अपनाए गए मार्ग सीधे और रैखिक नहीं होते हैं और किसी भी स्तर पर विकास निरंतर या स्थिर गति से कभी नहीं होता है। बच्चे के एक निश्चित स्तर तक विकसित होने के बाद, उनके विकास के एक विशेष चरण में तब तक प्राप्त विकासात्मक प्रगति के समेकन के लिए आराम की अवधि होने की संभावना होती है। अग्रसर होने पर, विकास एक बार पीछे मुड़ जाता है और फिर एक सर्पिल स्वरूप में फिर से आगे बढ़ता है।

अतः विकल्प (C) सही है।

45. कथन, 'बच्चों के विकास में बहुत-सी सांस्कृतिक विविधताएँ होती हैं' विकास के विषय में सही है।

विकास के लक्षण:

- विकास आजीवन है: इस विश्वास के दो अलग-अलग पहलू हैं। सबसे पहले, विकास की क्षमता पूरे जीवन काल में फैली हुई है: कोई धारणा नहीं है कि जीवन पाठ्यक्रम वयस्कता और बुढ़ापे के दौरान एक पठार या गिरावट तक पहुंचना चाहिए। दूसरा, विकास में ऐसी प्रक्रियाएं शामिल हो सकती हैं जो जन्म के समय मौजूद न हों लेकिन जीवन भर चलती हैं।

- विकास बहुआयामी है: बहुआयामीता इस तथ्य को संदर्भित करती है कि विकास को किसी एक मानदंड द्वारा वर्णित नहीं किया जा सकता है जैसे कि व्यवहार में वृद्धि या घट जाती है। यह जैविक, संज्ञानात्मक और सामाजिक- भावनात्मक डोमेन में होता है। विकास सांस्कृतिक परिवर्तनों से प्रभावित होता है: एक व्यक्ति के विकास को सांस्कृतिक

मानकों और मानदंडों के अनुरूप ढाला जाता है, जबकि इन मानकों में परिवर्तन विकास के पैटर्न को प्रभावित करते हैं।

- विकास प्रासंगिक है: विकास विभिन्न संदर्भों में भिन्न होता है जिसमें हम अपना जीवन जीते हैं। उदाहरण के लिए, सामाजिक और ग्रामीण वातावरण विकास के प्रभाव की क्षमता वाले कारकों के विभिन्न सेटों से जुड़े होते हैं; इन दो सेटिंग्स के भीतर व्यक्तियों के लिए विकास कैसे भिन्न होता है, यह समझना अलग संदर्भों की समझ की आवश्यकता है। यह किसी व्यक्ति के जैविक स्वभाव, भौतिक वातावरण और सामाजिक, ऐतिहासिक और सांस्कृतिक संदर्भों के संदर्भ में होता है।

- विकास बहुआयामी है: बहुआयामी का सिद्धांत रखता है कि कोई एकल, सामान्य मार्ग नहीं है जिसे विकास करना चाहिए या लेना चाहिए। दूसरे शब्दों में, विभिन्न प्रकार के स्वस्थ विकास परिणाम प्राप्त होते हैं। विकास में अक्सर कई क्षमताओं का समावेश होता है, जो विभिन्न दिशाओं को लेती हैं, विभिन्न प्रकार के परिवर्तन या निरंतरता दिखाते हैं।

अतः विकल्प (C) सही है।

46. 'रॉस' के अनुसार विकास की बाल्यावस्था को 'मिथ्या परिपक्वता' अवस्था कहा जाता है

बाल्यावस्था खेल, कल्पना और मासूमियत से जुड़ा एक दौर है। यह जीवन की महत्वपूर्ण अवस्था है और इसमें वृद्धि और विकास के आवश्यक पहलू शामिल होते हैं जो पूरे जीवन काल के लिए महत्वपूर्ण होते हैं। रॉस बाल्यावस्था के अनुसार उत्तर बाल्यावस्था को 'मिथ्या परिपक्वता' अवस्था के रूप में जाना जाता है क्योंकि इस अवस्था में वयःसंधि के लक्षण आमतौर पर दिखाई देने लगते हैं।

- परिपक्वता वृद्धि की एक प्राकृतिक और आनुवंशिक रूप से निर्धारित प्रक्रिया है।

- युवावस्था के तीव्र जटिल, शारीरिक (और मनोवैज्ञानिक भी) परिवर्तन किशोरों को कुछ समस्याओं के प्रति संवेदनशील बनाते हैं।

- इस अवस्था पर, बच्चा सोचता है कि वह धीरे-धीरे परिपक्व हो रहा है और बड़े लोगों की तरह कार्य करता है या व्यवहार करता है।

- इस अवस्था में काल्पनिक भयों का अंत और स्वतंत्रता का विकास होता है।

- तार्किक शक्ति में वृद्धि और स्पष्टीकरण में उपमाओं का उपयोग

- समस्या-समाधान कौशल का विकास

- मित्रों के एक समूह द्वारा समाजीकरण

- धारणा और अवलोकन की तीव्र शक्ति

- शारीरिक वृद्धि की दर धीमी होती है।

- अधिगम की अच्छी क्षमता और खेलने में रुचि

अतः विकल्प (B) सही है।

47. वयःसंधि अवस्था का आयु विस्तार 11 से 16 वर्ष होता है।

वयःसंधि शारीरिक परिवर्तनों की प्रक्रिया है जिसके माध्यम से एक बच्चे का शरीर यौन प्रजनन के लिए सक्षम वयस्क शरीर में परिपक्व होता है। एक बच्चे से वयस्क होने की अवधि को किशोरावस्था के रूप में जाना जाता है। किशोरावस्था मनुष्य के जीवन काल की एक महत्वपूर्ण अवस्था है। यह वह अवस्था है जिसमे शारीरिक और मानसिक दोनों रूप से बहुत तीव्रता के साथ परिवर्तन होते हैं।

अतः विकल्प (C) सही है।

48. 2-8 वर्ष की आयु समूह के बच्चों के लिए विकास के स्वरुप में प्रेरक, सामाजिक, भावनात्मक, संज्ञानात्मक और भाषाई कौशल शामिल होते हैं।

प्रारंभिक बाल्यावस्था (2-8 वर्ष):

- प्री-स्कूल चरण के रूप में भी जाना जाता है, इस स्तर पर कल्पना असीम है।

- इस अवधि के दौरान विकास दर शैशवावस्था से धीमी और स्थिर अवस्था में होती है।

- जब तक बच्चा 5 वर्ष की आयु तक पहुंच जाता है, तब तक मस्तिष्क का 90 प्रतिशत अपने पूर्ण वजन के साथ तेजी से बढ़ता रहता है।
- हस्त वरीयता (चाहे बाएं हाथ से या दाएं हाथ से) 4 वर्ष की आयु तक स्थापित हो।
- इस उम्र के बच्चों को कुशलतापूर्वक कार्य करने के लिए दिन में लगभग 12 घंटे की नींद की आवश्यकता होती है।
- इस स्तर पर भाषा का विकास तेज है।
- शब्दावली का विकास तीव्र गति से होता है और बच्चा इन शब्दों का उपयोग चीजों और लोगों के बारे में सवाल पूछने के लिए करता है।
- वह संख्या, रंग, आकार और रोजमर्रा की घटनाओं के कारणों के बारे में सीखता है।

अतः विकल्प (C) सही है।

49. 2 और 6 महीने की उम्र के बीच, शिशु गुस्से, उदासी, आश्चर्य और भय जैसी भावनाओं को व्यक्त करते हैं और शिशु आमतौर पर 15 से 18 महीने के बीच एक भावनात्मक रूप से चीखने/रोने वाले समय में प्रवेश करते हैं, एक बच्चे में भावनात्मक/सामाजिक विकास के संबंध में सही है।

सामाजिक-भावनात्मक विकास में बच्चे के अनुभव, अभिव्यक्ति और भावनाओं का प्रबंधन और दूसरों के साथ सकारात्मक और लाभप्रद संबंध स्थापित करने की क्षमता शामिल है। इसमें अंतर और अंतरा पारस्परिक दोनों प्रक्रिया शामिल हैं।

1. शिशुओं को जन्म से रुचि, संकट, घृणा और खुशी महसूस हो सकती है, और वे चेहरे के भाव और शरीर के मुद्राओं के माध्यम से संवाद कर सकते हैं।
2. शिशु 2 से 3 महीने की उम्र में एक सहज "सामाजिक मुस्कान" दिखाना शुरू कर देते हैं, और 4 महीने की उम्र में अनायास हंसने लगते हैं।
3. इसके अलावा, 2 और 6 महीने की उम्र के बीच, शिशु क्रोध, उदासी, आश्चर्य और भय जैसी अन्य भावनाओं को व्यक्त करते हैं।
4. 5 से 6 महीने की उम्र के बीच, बच्चे अजनबी चिंता दिखाना शुरू कर देते हैं। बाद में, लगभग 6 महीने, बच्चे दूसरों में दिखाई देने वाली भावनाओं और भावों की नकल करना शुरू कर देते हैं।
5. 8 से 10 महीनों में, बच्चे अपने प्राथमिक देखभाल करने वालों से अलग होने पर अलगाव की चिंता का अनुभव करना शुरू कर देते हैं। लगभग 9 महीने के बच्चे सबसे पहले नाराजगी या उदासी दिखाते हैं
6. 9 से 10 महीने की उम्र के बीच बच्चे अत्यधिक भावुक हो जाते हैं। वे तीव्र सुख से तीव्र दुख/निराशा/क्रोध की ओर शीघ्रता से जाते हैं। यह भावनात्मक अस्थिरता तब सामने आती है जब बच्चे 11 महीने की उम्र के आसपास अपनी भावनाओं को नियंत्रित करने के लिए प्राथमिक रणनीति विकसित करते हैं।
7. दूसरों की भावनाओं के बारे में बच्चों की समझ भी बढ़ती है। 12 महीने की उम्र के आसपास, बच्चे न केवल अन्य लोगों के भावों के बारे में जागरूक हो जाते हैं, बल्कि उनकी वास्तविक भावनात्मक स्थिति, विशेष रूप से संकट के बारे में भी जागरूक हो जाते हैं।
8. नन्हें बच्चे आमतौर पर 15 से 18 महीने की उम्र के बीच एक और भावनात्मक रूप से चीखने/रोने वाले समय में प्रवेश करते हैं। इस समय के दौरान, वे झल्लाहट और आसानी से निराश हो सकते हैं, और इस भावुकता को प्रदर्शित करने के लिए गुस्से के नखरे दिखा सकते हैं।

अतः विकल्प (D) सही है।

50. किशोरावस्था में परिवार उन्मुखीकरण, स्कूल प्रणाली तथा सहभागी समूह परस्पर क्रिया के माध्यम से समाजीकरण की प्रक्रिया को तेज किया जाता है।

समाजीकरण और किशोरावस्था:

- सामान्यतः, समाजीकरण उस प्रक्रिया को संदर्भित करता है जिसके द्वारा युवाओं को सक्षम रूप से और सफलतापूर्वक अपने सामाजिक समूह या संस्कृति के सदस्यों के रूप में कार्य करने के लिए आवश्यक कौशल प्राप्त करने में मदद मिलती है।
- प्रारंभिक सैद्धांतिक मॉडलों ने समाजीकरण को एक बड़े पैमाने पर एकदिशीय प्रक्रिया के रूप में देखा जिससे मातापिता अपने बच्चों के लिए सांस्कृतिक मानदंडों और मानकों को, उन्हें लगातार पीढ़ियों में पुन: पेश करने के लक्ष्य के साथ स्थानांतरित करते हैं।
- सामाजिक परिवर्तन विशेष रूप से उल्लेखनीय हैं क्योंकि किशोर अपने माता-पिता से अधिक स्वायत्त हो जाते हैं, साथियों के साथ अधिक समय बिताते हैं और विलक्षण संबंधों और कामुकता की खोज शुरू करते हैं।
- किशोरावस्था के समाजीकरण के लिए दोस्ती, गिरोह और भीड तेजी से केंद्रीय संदर्भ बन जाते हुं।
- जैसा कि किशोर अपनी पहचान बनाने के लिए काम करते हैं, वे अपने माता-पिता से दूर हो जाते हैं, और सहभागी
- समह बहुत महत्वपूर्ण हो जाता है। अपने माता-पिता के साथ कम समय बिताने के बावजूद, अधिकांश किशोर उनके प्रति सकारात्मक संवेगों को रिपोर्ट करते हैं।
- यद्यपि किशोरावस्था के दौरान सहभागी अधिक महत्व रखते है, पारिवारिक संबंध भी महत्वपूर्ण होते हैं।
- किशोरावस्था के दौरान प्रमुख परिवर्तनों में से एक में माता-पिता-बच्चे के संबंधों की पुनः मध्यस्थता शामिल है।
- बच्चों के छोटे वर्षों के दौरान, उनके सामाजिक क्षेत्र में उनके परिवार, कुछ दोस्त, कुछ शिक्षक और शायद एक प्रशिक्षक या अन्य वयस्क संरक्षक शामिल थे। लेकिन किशोरावस्था के दौरान, किशोर लोगों के सामाजिक नेटवर्क में बहुत अधिक लोगों और कई अलग-अलग प्रकार के संबंधों को शामिल करने के लिए बहुत विस्तार होता है।

अतः विकल्प (D) सही है।

51. छात्रों की व्यवहार संबंधी समस्याएं बच्चों के धीमी गति से सीखने की क्षमता उनके विकास और अधिगम के लिए गंभीर रूप से बाधा बन सकती हैं।व्यवहार संबंधी समस्याएं बाहरी प्रभावों से उत्पन्न होती हैं जिनके प्रभाव अक्सर दूसरों द्वारा देखे या समझे नहीं जाते हैं।

शिक्षकों और माता-पिता को अपने बच्चों की व्यवहार समस्याओं से निपटने में कठिनाई का सामना करना पड़ता है। बच्चों की व्यवहार संबंधी समस्याएं अक्सर अधिगम की प्रक्रिया में बाधा डालती हैं और उनके शैक्षिक कार्यक्रम के साथ असंगत होती हैं।

इसलिए, हम यह निष्कर्ष निकाल सकते हैं कि शिक्षार्थी में बढ़ते गुस्से की जांच करने के लिए, शिक्षक को बच्चे के दिन प्रतिदिन के मामलों में कोई हस्तक्षेप नहीं करना चाहिए।

अत: विकल्प (B) सही है।

52. दूरस्थ शिक्षा: यह शिक्षण और सीखने की एक विधि या तकनीकों का एक समूह है। यह शिक्षा का एक तरीका है जो विभिन्न तरीकों की लेन-देन की रणनीति को संदर्भित करता है। शिक्षण और सीखना मल्टीमीडिया निर्देशात्मक पैकेज, ई-लर्निंग, मिश्रित शिक्षा आदि के माध्यम से होता है।

ई-लर्निंग के साथ आमने-सामने और पारंपरिक कक्षा विधियों के संयोजन का उपयोग शिक्षण के लिए एक संकर दृष्टिकोण बनाने के लिए किया जाता है जिसे मिश्रित शिक्षा कहा जाता है।

मिश्रित शिक्षा: मिश्रित शिक्षण ऑनलाइन शिक्षण और एक पारंपरिक कक्षा का एक संयोजन है जिसमें आमने-सामने संचार की उपस्थिति के साथ ऑनलाइन पाठ्यक्रमों की कुछ सुविधाएं शामिल हैं।

तुल्यकालिक शिक्षा: यह रीयल-टाइम टीचिंग और लर्निंग है जो सहयोगात्मक रूप से और साथ ही ऑनलाइन शिक्षार्थियों के समूह या यहां तक कि व्यक्तिगत रूप से, और आमतौर पर एक शिक्षक, या तत्काल प्रतिक्रिया की किसी विधि के साथ हो सकता है; वीडियो कॉन्फ्रेंस (टू-वे वीडियो, वन-वे वीडियो, टू-वे ऑडियो), ऑडियो कॉन्फ्रेंस (टू-वे ऑडियो) के माध्यम से उपग्रह या दूरसंचार सुविधाओं का उपयोग करके ऑनलाइन शिक्षण सिंक्रोनस लर्निंग के उदाहरण हैं।

अतुल्यकालिक शिक्षा: यह कभी भी, कहीं भी सीखना है, लेकिन वास्तविक समय में जुड़ा नहीं है, उदाहरण के लिए, ईमेल, एसएमएस, एमएमएस, विभिन्न डिजिटल प्लेटफार्म (स्वयं, दीक्षा) पर ई-कंटेंट सर्फ करना, रेडियो सुनना, फेसबुक पोस्ट, फ़ोरम, पॉडकास्ट, टीवी चैनल देखना, विकी, और ब्लॉग आदि।

अतः विकल्प (B) सही है।

53. एक डिजिटल कक्षा में शिक्षक की सबसे महत्वपूर्ण भूमिका एक सुविधाप्रदाता की होती है।

शिक्षक एक सुविधाप्रदाता होता है, क्योंकि उसकी भूमिका सीखने का ऐसा माहौल बनाने की होती है जहाँ बच्चे अपनी वास्तविक क्षमता का एहसास कर सकें और ज्ञान का अर्थ निकाल सकें। एक शिक्षक वह होता है जो एक नवप्रवर्तक, एक्शन रिसर्चर, प्लानर, मैनेजर, कंटेंट प्रोवाइडर, सुविधाप्रदाता, लीडर, को-क्रिएटर आदि जैसी विविध भूमिकाएँ निभाता है। बच्चों को खुद को अभिव्यक्त करने के लिए एक सुरक्षित स्थान प्रदान करने के लिए, और साथ ही साथ बातचीत के कुछ रूपों में निर्माण करने के लिए।

अतः विकल्प (B) सही है।

54. संगोष्ठी और परियोजना पद्धति दोनों ही उपयुक्त शिक्षण विधियाँ हैं क्योंकि वे छात्र-केंद्रित विधियाँ हैं। वे ज्ञान स्कोर, कौशल स्कोर, सक्रिय सीखने की क्षमता, छात्र सहयोग, कक्षा के माहौल में सुधार करने में मदद करते हैं। ये विधियां शिक्षकों और छात्रों के बीच अंत:क्रिया का निर्माण करती हैं।

अतः विकल्प (C) सही है।

55. सकारात्मक अधिगम का माहौल बनाने के लिए, एक शिक्षक को सबसे महत्वपूर्ण रूप से अधिगम की प्रक्रिया में बच्चों के संवेगों को शामिल करने में सक्षम होना चाहिए। यह छात्रों को अधिगम की गतिविधि में पूरी तरह से शामिल करने में मदद करेगा। यदि छात्र भावनात्मक रूप से अधिगम की प्रक्रिया से अलग हो जाते हैं, तो वे शिक्षक के प्रयास और शिक्षा के महत्व को महत्व नहीं दे सकते हैं। ऐसे हो सकता है कि वे आधे-अधूरे मन से पढ़ाई कर रहे हों।

अतः विकल्प (C) सही है।

56. एक चिन्तनशील शिक्षक कक्षा में ऐसी परिस्थिति उत्पन्न करता है कि छात्रों और शिक्षक में पारस्परिक अन्तः क्रिया को प्रोत्साहन मिलें।

एक चिंतनशील शिक्षक छात्रों के लिए कक्षा की स्थितियाँ इस प्रकार बनाता है:

- कक्षा का वातावरण लचीला होना चाहिए।
- सभी छात्रों और शिक्षकों को दूसरों के सामने अपनी बात रखने का समान अधिकार है।
- अभ्यर्थियों के साथ चर्चा करके नियम बनाए जाने चाहिए ताकि नियम और मानदंड सभी के लिए लचीले हों।
- जब पाठ्यक्रम प्रतिबिंबित हो और छात्र कक्षा का केंद्र हो तो शिक्षक और छात्र के बीच अन्तः क्रिया बढ़ाई जानी चाहिए।
- कक्षा का वातावरण मुक्त होना चाहिए, किसी भी संदर्भ में कोई भी कठोरता कक्षा में नहीं दिखायी दी जानी चाहिए।
- शिक्षक को छात्रों को कक्षा में चर्चा में भाग लेने के लिए प्रोत्साहित करना चाहिए ताकि वे अवधारणात्मक रूप से अधिगम कर सकें।
- चर्चा के विषय को प्रत्येक बार बदला जाना चाहिए ताकि अभ्यर्थी और शिक्षक अपने सोचने के कौशल को अलग तरीके से विकसित कर सकें।
- कक्षा में चर्चा और अन्य सहयोगी गतिविधियाँ छात्रों के अधिगम की सुविधा प्रदान करती हैं, छात्र अपने साथियों और अन्य लोगों के साथ अन्तः क्रिया करके बहुत कुछ सीखते हैं।

अतः विकल्प (D) सही है।

57. हरबर्ट ने शिक्षण अधिगम के अपने सिद्धांतों में विषयवस्तु के 'चयन' और 'संगठन' के महत्व पर बल दिया। हरबर्ट के अनुसार 'यदि नया ज्ञान अभ्यर्थी के पूर्व ज्ञान (उसके पिछले ज्ञान या अनुभव) पर आधारित है, तो इसे आसानी से प्राप्त किया जा सकता है और लंबी अवधि के लिए बनाए रखा जा सकता है। हरबर्ट ने

पाठ योजना के पाँच चरण दिए हैं: प्रस्तावना - प्रस्तुतीकरण - तुलना - सामान्यीकरण - अनुप्रयोग।

अतः विकल्प (C) सही है।

58. वैकल्पिक संसाधन का अर्थ है 'प्राथमिक संसाधन के अलावा कोई भी संसाधन'।

सबसे अच्छी गतिविधि है: छात्रों से उन विभिन्न सामग्रियों को सूचीबद्ध करने के लिए कहें जो चिपचिपी हैं, भले ही वे अपनी परियोजनाओं पर काम कर रहे हों।

अतः विकल्प (B) सही है।

59. स्मृति एवं बोध स्तर के शिक्षण प्रतिमानों की संरचना में प्रस्तुतीकरण वाक्य-विन्यास महत्त्वपूर्ण है।

स्मृति एवं बोध स्तर के शिक्षण प्रतिमान के वाक्य-विन्यास में प्रस्तुतीकरण महत्त्वपूर्ण चरण होता है। यह सबसे महत्वपूर्ण चरण है क्योंकि यह विषय-वस्तु को प्राथमिकता देता है।

प्रस्तुतीकरण के चरण में:

- शिक्षक शिक्षार्थियों के समक्ष संवादात्मक तरीके से नए ज्ञान का परिचय कराते है।
- शिक्षक शिक्षार्थियों के पूर्व ज्ञान को एक नए समूह के ज्ञान से जोड़ने का प्रयास करते है।
- शिक्षक का मानना है कि जब कोई भी विषय छात्रों के सामने ठींक से प्रस्तुत किया जाता है तो छात्र, उन्हें सुसंगत तरीके से सीखते हैं।

अतः विकल्प (D) सही है।

60. आत्म-सुदृढ़ीकरण दूसरों से कुछ भी अपेक्षा किए बिना अपने मानकों को प्राप्त करने से संबंधित है क्योंकि यह एक प्रकार का सुदृढ़ीकरण है जिसमें:

- व्यक्ति वांछित लक्ष्य प्राप्त करने के बाद स्वयं को पुरस्कृत करते हैं।
- व्यक्ति व्यक्तिगत अपेक्षाओं को पूरा नहीं करने के लिए स्वयं को दंडित करते हैं।
- व्यक्ति दूसरों की प्रतिक्रियाओं की परवाह किए बिना व्यक्तिगत मानकों को पूरा करने की कोशिश करते हैं।

अतः विकल्प (C) सही है।

61. RTE 2009 के अनुसार, शिक्षक केंद्रित कक्षा प्रक्रियाओं से परिचित होना, प्रत्येक स्तर पर प्रशिक्षण, योजना, विकास और वस्तुओं के निष्पादन के लिए शिक्षक की भूमिका और जिम्मेदारी के लिए सही नहीं है।

शिक्षक की भूमिकाएं और जिम्मेदारियां: प्रशिक्षण आयोजित करने के साथ-साथ प्रत्येक स्तर के लिए परीक्षण वस्तुओं के नियोजन, विकास और निष्पादन के संबंध में विशेष प्रशिक्षण के आयोजन की पूरी कवायद में शिक्षक की भूमिका महत्वपूर्ण है। बच्चों को ज्ञान/दक्षता प्राप्त करने और कक्षा में अन्य बच्चों के साथ समायोजन क्षमता विकसित करने के लिए शिक्षकों की विशेष सहायता की आवश्यकता होती है।

- अपने बच्चों को स्कूल भेजने के लिए माता-पिता को प्रेरित करने के लिए वार्षिक सर्वेक्षण/नामांकन अभियान के दौरान परिवारों का दौरा करना
- विभिन्न प्रशिक्षण कार्यक्रमों में भाग लेना
- बाल-सुलभ और बाल-केंद्रित कक्षा प्रक्रियाओं से परिचित होना
- विशेष जरूरतों वाले बच्चों की मनोवैज्ञानिक, भावनात्मक, शैक्षिक और सामाजिक आवश्यकताओं के साथ खुद को परिचित करना
- बच्चों के उपलब्धि स्तर को निर्धारित करने के लिए विभिन्न मूल्यांकन उपकरण (त्रैमासिक) का प्रबंध करना
- विशेष आवश्यकताओं वाले बच्चों की मनोवैज्ञानिक, भावनात्मक, शैक्षिक और सामाजिक आवश्यकताओं के साथ खुद को परिचित करना

अतः विकल्प (C) सही है।

62. ज्ञान प्रबंध के लिए आवश्यक लेखाचित्र संगठक और बुद्धि उपकरण का प्रकार अवधारणा मानचित्रण है जो दूसरों के साथ सहयोग से बनाए गये लेखाचित्र द्वारा अधिगमकर्ता की व्याख्या प्रस्तुत करने और सूचना को व्यवस्थित करने में मदद कर सकता है।

अवधारणा मानचित्र ह्रश्य प्रतिनिधित्व हैं जो छात्र विचारों, अवधारणाओं और शर्तों को जोड़ने के लिए बनाते हैं। छात्र उनका उपयोग उस जानकारी को व्यवस्थित करने के लिए कर सकते हैं जो वे पहले से जानते हैं और इस पूर्व ज्ञान के साथ नई शिक्षा को शामिल कर सकते हैं। अवधारणा मानचित्र शिक्षक को यह देखने में मदद करते हैं कि छात्र सामग्री को कैसे समझते हैं। यह छात्रों को मुख्य विचार और अन्य जानकारी के बीच सार्थक संबंध बनाने में सहायता करता है। इनका निर्माण करना आसान है और किसी भी सामग्री क्षेत्र में उपयोग किया जा सकता है।

अतः विकल्प (A) सही है।

63. वर्ल्ड वाइड वेब, ICT के सूचनात्मक उपकरणों के उदाहरण हैं।

सूचनात्मक उपकरण:

- ICT के ये उपकरण पाठ, ध्वनि, ग्राफिक्स या वीडियो जैसे विभिन्न स्वरूपों में विशाल जानकारी प्रदान करते हैं। सूचनात्मक उपकरणों के उदाहरणों में मल्टीमीडिया विश्वकोश या वर्ल्डवाइड वेब (www या वेब) पर उपलब्ध संसाधन सम्मिलित हैं।

- आप विशेष रूप से जानकारी एकत्र करने के लिए सूचनात्मक उपकरणों का उपयोग कर सकते हैं। हालांकि ये उपकरण वास्तविक जीवन के अनुभव प्राप्त करने में सहायता नहीं कर सकते हैं, यह अमूर्त जानकारी प्रस्तुत करते हैं। मान लीजिए आप सामाजिक विज्ञान में लोकतंत्र की अवधारणा सिखाने जा रहे हैं।

- आप छात्रों को विभिन्न देशों की शासन प्रणाली के बारे में जानकारी एकत्र करने के लिए नियुक्त कर सकते हैं। छात्र इंटरनेट जैसे ICT के सूचनात्मक उपकरणों की सहायता से शासन पर विभिन्न जानकारी एकत्र कर सकते हैं।

अतः विकल्प (C) सही है।

64. मूल्यांकन किसी भी शिक्षण और अधिगम के कार्यक्रम का एक अभिन्न अंग है। जब भी कोई प्रश्न पूछा जाता है तब उसका मूल्यांकन किया जाता है। इस प्रकार, शिक्षण और मूल्यांकन दोनों का अधिव्यापन होता और एक दूसरे में विलय होते हैं। वास्तव में, मूल्यांकन के बिना शिक्षण और अधिगम संभव नहीं है।

शैक्षिक मूल्यांकन के पहलू:

- सीखने के उद्देश्य: शिक्षा की प्रक्रिया में, शिक्षा के उद्देश्य 'क्यों' शिक्षा के पहल से स्पष्ट हैं। ये व्यापक और दीर्घकालिक हैं। उद्देश्य' छोटे चरण हैं, जो कक्षा में शिक्षण-अधिगम प्रक्रिया के माध्यम से प्राप्त होते हैं और उद्देश्यों की उपलब्धि हमें लक्ष्य के करीब जाने में मदद करती है।

- सामग्री: विषय वस्तु को सामग्री कहा जाता है। छात्रों को सामग्री सीखने में मदद करने के लिए, शिक्षक विभिन्न पद्धतियों को अपनाते है।

- शिक्षण गतिविधियां: कुछ अवधारणाओं की व्याख्या के लिए, शिक्षक आरेख या एक मॉडल की मदद से समझा सकता है। वह एक प्रयोग प्रदर्शित कर सकती है। छात्र, जब इनके साथ अन्तः क्रिया करते हैं तो उन्हें आंतरिक रूप देते हैं, जिसके परिणामस्वरूप सीखने के अनुभव होते हैं। सीखने के अनुभव प्रदान करने के बाद, उन सीखने के अनुभवों की प्रभावशीलता के बारे में जानना आवश्यक है।

- मूल्यांकन प्रक्रिया: मूल्यांकन प्रक्रिया छात्रों को यह स्पष्ट करने में आपकी सहायता करती है कि आप उन्हें क्या सीखना चाहते हैं और आपको उनकी प्रगति के बारे में मूर्त जानकारी प्रदान करें। ये प्रक्रियाएं, सीखने की कठिनाइयों के क्षेत्रों की पहचान करने में भी मदद करती हैं, जो छात्र को उपचारात्मक सहायता प्रदान करने में उपयोगी हैं।

अतः विकल्प (C) सही है।

65. अधिगम प्रत्यक्ष रूप से देखने योग्य नहीं हो सकता है। अधिगम व्यवहार में परिवर्तन के अवलोकन पर आधारित है जो किसी व्यक्ति के अपने पर्यावरण के साथ बातचीत के परिणामस्वरूप होता है। यह नए ज्ञान को प्राप्त करने या मौजूदा ज्ञान, व्यवहार, कौशल, मूल्यों या वरीयताओं को संशोधित करने की प्रक्रिया है।

अतः विकल्प (B) सही है।

66. मानसिक मंदता एक विकासात्मक अक्षमता है जो सामाजिक मांगों के लिए अपर्याप्त अनुकूलन की विशेषता है। मानसिक मंदता के परिणामस्वरूप सीमित मानसिक क्षमताएं होती हैं और विकास के सभी क्षेत्रों में आधार प्राप्त करने में हासिल करने में देरी होती है।

मानसिक मंदता का कारण: यह मनो-सामाजिक, सांस्कृतिक, जैविक और पर्यावरणीय कारकों के संयोजन की एक बहुआयामी समस्या है।

- चोट या बीमारी एक ऐसी प्रक्रिया को निर्देशित कर सकती है जो मानसिक अक्षमता की ओर ले जाती है। वे व्यक्तियों को ऐसी परिस्थितियों में रखते हैं जो बधिरता और कार्यात्मक सीमाओं की ओर ले जाती हैं।

- गर्भाधान के समय कोशिका विभाजन या गुणन की प्रक्रिया दोषपूर्ण हो जाती है और इस प्रकार गर्भ धारण करने वाले बच्चे में एक दोष होता है, भले ही माता-पिता के पास यह नहीं था।

- किसी दुर्घटना के कारण सिर में चोट लगना या बच्चे के सिर पर चोट लगने से मस्तिष्क क्षति हो सकती है। सिर की चोट के संकेत और लक्षण समय के साथ तुरंत या धीरे-धीरे विकसित हो सकते हैं।

- इन मामलों में मानसिक दुर्बलता आमतौर पर मस्तिष्क क्षति से संबंधित होती है और तंत्रिका तंत्र में सकल संरचनात्मक दोष अक्सर स्पष्ट होते हैं। यह गर्भावस्था के दौरान या गर्भ के अंदर मां द्वारा संक्रमण और नशे के कारण भी हो सकता है।

अतः विकल्प (D) सही है।

67. यदि बच्चे की सीखने की अक्षमता संवेदी-गत्यात्मक प्रणाली से संबंधित है तो उपयोग किया जाने वाला कार्यक्रम स्ट्रॉस लेहटिनन-क्रूकशैंक का अवधारणात्मक गत्यात्मक कार्यक्रम है।

संवेदी गत्यात्मक प्रणाली अक्षमता गत्यात्मक कौशल या बच्चे के कार्य से संबंधित है। गत्यात्मक कौशल विकार में गतिविधि और मुद्रा के विकास में देरी शामिल है। उपलब्ध उपचारात्मक कार्यक्रम, सामग्री और मार्गदर्शन निश्चित रूप से विकलांगों को सीखने में मदद कर सकते हैं।

- उदाहरण के लिए, यदि पीड़ित बच्चों की कमी और अक्षमता संवेदी-गत्यात्मक प्रणाली में तंत्रिका संबंधी विकारों से संबंधित है, तो हम उपचारात्मक कार्यक्रमों का पालन कर सकते हैं जैसे द स्ट्रॉस लेहटिनन क्रुइकशैंक का अवधारणात्मक गत्यात्मक कार्यक्रम, गेटमैन का विसु-गत्यात्मक कार्यक्रम आदि।

- इसी तरह, यदि उनकी कमियाँ और अक्षमता उनकी मनो-भाषाई क्षमता से संबंधित हैं, तो इन्हें मानकीकृत उपचारात्मक कार्यक्रमों जैसे कि विटमर के मनो-शैक्षणिक प्रोग्राम, बाय ब्लैंको या मॉर्गन के व्यावहारिक सामान्य नैदानिक उपचारात्मक दृष्टिकोण आदि के माध्यम से ठीक किया जा सकता है।

अतः विकल्प (C) सही है।

68. "मानसिक मंदता का तात्पर्य महत्वपूर्ण रूप से उप-औसत सामान्य बौद्धिक कार्यप्रणाली से है जिसके परिणामस्वरूप विकास अवधि के दौरान प्रकट अनुकूली व्यवहार में समवर्ती हानि होती है।" यह परिभाषा AAMR द्वारा दी गई है।

- AAMR (2002) मानसिक मंदता को "बाल्यावस्था में शुरू होने वाली कार्यप्रणाली की स्थिति के रूप में परिभाषित करता है जो बौद्धिक और अनुकूली कौशल में सीमाओं की विशेषता है"

- मानसिक मंदता (MR) को अमेरिकन एसोसिएशन ऑन मेंटल रिटार्डेशन (AAMR) द्वारा परिभाषित किया गया है, जो सामान्य रूप से सामान्य बौद्धिक कामकाज में काफी कमी है, जो अनुकूली व्यवहार में कमी के साथ-साथ मौजूद है और विकासात्मक अवधि के

दौरान प्रकट होता है, जो बच्चे के शैक्षिक प्रदर्शन पर प्रतिकूल प्रभाव डालता है।

- बौद्धिक कार्य स्तर को मानकीकृत परीक्षणों (वेशलर-बुद्धि पैमाना) द्वारा परिभाषित किया जाता है जो मानसिक आयु के संदर्भ में तर्क करने की क्षमता को मापते हैं।

अतः विकल्प (D) सही है।

69. आपकी कक्षा के छात्रों में चिंता को बढ़ावा देने के लिए जिम्मेदार प्रमुख कारण शिक्षक द्वारा सामान्य संहिता का उल्लंघन है।

यूनिसेफ के अनुसार, अनुच्छेद 12:

- बच्चों को विशेष रूप से उन मामलों के बारे में सुनने का अधिकार या अभिव्यक्ति या विचारों का अधिकार है जो बच्चे को प्रभावित करते हैं और उनके जीवन पर प्रभाव डालने वाले कार्यों और निर्णयों में शामिल होने का अधिकार है। बच्चे के परामर्श से स्थापित बच्चे के सर्वोत्तम हितों को संस्थानों, अधिकारियों और प्रशासन के कार्यों में माना जाता है।
- शिक्षक द्वारा सामान्य कोड जो उनकी आपसी सहमति से तय किया गया था, शिक्षक द्वारा उन्हें लागू करने पर छात्र चिंतित महसूस करता है।
- उदाहरण : नियम संहिता शिक्षकों और छात्रों द्वारा पारस्परिक रूप से तय की जाती है, जैसे कि उन्होंने कक्षा के बीच में खाना नहीं खाने या कक्षाओं में देर न करने का फैसला किया हो। इसलिए शिक्षक को ऐसी प्रथा नहीं करनी चाहिए।

अतः विकल्प (C) सही है।

70. माता-पिता अपने बच्चे की प्रगति रिपोर्ट पर हस्ताक्षर करते हैं ताकि वे बच्चे के अधिगम की निगरानी कर सकें, शिक्षक कार्य माता-पिता को अपने बच्चे की शिक्षा में भागीदार के रूप में सबसे अच्छा बढ़ावा देगा।

- माता-पिता अपने बच्चों के लिए पहले और निरंतर शिक्षक हैं।
- माता-पिता, भागीदार के रूप में, शिक्षा में स्कूलों में सुधार करते हैं, परिवारों को मजबूत करते हैं, और छात्र की उपलब्धि और सफलता को बढ़ाते हैं।
- बच्चे के सीखने में माता-पिता की सक्रिय भूमिका होती है।
- बच्चे के जीवन में माता-पिता की भूमिका का दूरगामी प्रभाव पड़ता है।
- एक बच्चे के स्कूल में अच्छा प्रदर्शन करने के लिए माता-पिता की भागीदारी अत्यंत महत्वपूर्ण है।
- कुछ माता-पिता सोच सकते हैं कि पढ़ाने की भूमिका शिक्षकों की है, उनकी नहीं। लेकिन ऐसा विश्वास माता-पिता और बच्चों दोनों को नुकसान पहुंचाता है।
- माता-पिता भी भावनात्मक समर्थन देकर छात्र को स्थिरता प्रदान करने में मदद कर सकते हैं।
- माता-पिता अपने बच्चे की शिक्षा और जीवन की सफलता में महत्वपूर्ण भागीदार होते हैं।
- माता-पिता द्वारा प्रगति रिपोर्ट पर हस्ताक्षर करने से यह सुनिश्चित होता है कि वे अपने बच्चे की शिक्षा के बारे में जागरूक हैं और यह माता-पिता को अपने बच्चे की शिक्षा में भागीदार के रूप में बढ़ावा देगा क्योंकि माता-पिता अपने बच्चों के बारे में जागरूक होंगे।

अतः विकल्प (A) सही है।

71. मानसिक विकार को मनोवैज्ञानिक कार्यप्रणाली में गड़बड़ी के रूप में माना जा सकता है जो मनोवैज्ञानिक या व्यवहारिक गड़बड़ी के रूप में खुद को अभिव्यक्त करता है, जो स्वयं या दूसरों के लिए महत्वपूर्ण संकट या कार्य पद्धति के विभिन्न क्षेत्रों में शिथिलता से जुड़ा होता है।

पश्च-आघात तनाव विकार:

- पश्च-आघात तनाव विकार (PTSD) एक मानसिक स्थिति है जो गंभीर आघात के परिणामस्वरूप विकसित होती है जिसमें अक्सर हिंसा और विध्वंस शामिल होता है।
- घटना से जुड़े स्थानों या लोगों से बचना बच्चों में पश्च-आघात तनाव विकार के लक्षण हैं।
- PTSD में, पीड़ित दर्दनाक अनुभव की स्मृति से छुटकारा नहीं पा सकता है।
- उदाहरण के लिए, एक आतंकवादी हमले के बाद, कार के टायर के फटने की आवाज़ पीड़ित को गोली चलने की आवाज़ की याद दिला सकती है और विपत्ति को वापस ला सकती है।

इसलिए, हम यह निष्कर्ष निकाल सकते हैं कि घटना से जुड़े स्थानों या लोगों से बचना बच्चों में पश्च-आघात तनाव विकार के लक्षण हैं।

अतः विकल्प (A) सही है।

72. शिक्षक नेता के रूप में अपने छात्रों को स्वयं के लिए और उनकी रुचियों के अनुसार व्यक्तिगत नैपुण्य लक्ष्यों को निर्धारित करने में उनको सहयोग देकर सीखने के लिए आंतरिक रूप से प्रेरित रहने के लिए प्रोत्साहित कर सकता है।

- व्यक्तिगत लक्ष्य निर्धारित करना बच्चों की समझ, अनुभव और जरूरतों को प्राथमिकता देता है और बच्चों को सीखने की अपनी रणनीति को बढ़ावा देने के लिए पर्याप्त अवसर प्रदान करेगा।
- आंतरिक प्रेरणा जीवन में कुछ हासिल करने की प्रेरणा है जो किसी की जरूरतों को पूरा करती है और जब बच्चे अपने व्यक्तिगत लक्ष्यों को प्राप्त करने के लिए अपनी गति से काम करते हैं तो वे अपनी पूरी क्षमता विकसित करते हैं।

अतः विकल्प (C) सही है।

73. प्रशिक्षक (कोच) के रूप में नेता जल्दी से अपनी टीम के सदस्यों की क्षमता, कमजोरियों और प्रत्येक व्यक्ति को सुधारने में मदद करने के लिए प्रेरणा को पहचानता है।

अनुशिक्षण नेतृत्व शैली:

- एक अनुशिक्षण नेता वह होता है जो प्रत्येक व्यक्ति को बेहतर बनाने में सहायता करने के लिए टीम के सदस्यों की क्षमता, कमजोरियों और प्रेरणाओं को शीघ्र पहचान सकता है।
- इस प्रकार का नेता अक्सर टीम के सदस्यों को स्मार्ट लक्ष्य निर्धारित करने में सहायता करता है और फिर विकास को बढ़ावा देने के लिए चुनौतीपूर्ण परियोजनाओं के साथ नियमित प्रतिक्रिया प्रदान करता है। वे स्पष्ट अपेक्षाएं स्थापित करने और सकारात्मक, प्रेरक वातावरण बनाने में कुशल होता हैं।

अतः विकल्प (A) सही है।

74. नेतृत्व के परिवर्तनकारी कार्यों में शामिल हैं:

- दूसरों के व्यवहार को प्रेरित करना, प्रभावित करना, मार्गदर्शन करना और निर्देशित करना।
- केवल एक व्यक्ति के नहीं बल्कि पूरे समूह के हितों को मजबूत करने की क्षमता।
- एक बड़ी परियोजना में लोगों को पूरी तरह से शामिल करना।
- उद्देश्यों, लक्ष्यों और परिणामों को परिभाषित करना।
- अन्य लोगों का मार्गदर्शन और निर्देशन करना और उनके प्रयासों को उद्देश्य और दिशा प्रदान करना।

इसलिए, हम यह निष्कर्ष निकालते हैं कि ना ही । ना ही ॥ नेतृत्व का परिवर्तनकारी कार्य है।

अतः विकल्प (D) सही है।

75. स्व: निर्देशित लक्ष्य-निर्धारण विद्यार्थियों को अधिगम के लिए आंतरिक अभिप्रेरणा देगा।

अधिगमकर्ताओं को प्रेरित करने के कई तरीके हैं जिन्हें या तो बाहरी या आंतरिक प्रकार की अभिप्रेरणा में वर्गीकृत किया जा सकता है।

बाहरी अभिप्रेरणा: बाहरी अभिप्रेरणा एक परिणाम प्राप्त करने के लिए एक गतिविधि के प्रदर्शन को संदर्भित करती है और व्यक्ति में बाहर से आती है।

उदाहरण: माता-पिता, शिक्षकों, समाज, सहकर्मी समूहों आदि द्वारा अभिप्रेरणा।

आंतरिक अभिप्रेरणा: आंतरिक अभिप्रेरणा उस अभिप्रेरणा को संदर्भित करती है जो स्वयं कार्य में रुचि से प्रेरित होती है और व्यक्ति के भीतर मौजूद होती है।

उदाहरण: स्वयं से प्रेरणा, जिज्ञासा से प्रेरणा आदि।

अतः विकल्प (A) सही है।

76. पूर्व मूल्यांकन परिणामों की समीक्षा और लक्ष्य निर्धारण विद्यालय प्रबंधन के योजना के अंतर्गत आता है।

- योजना प्रक्रिया में शिक्षा को प्रभावी बनाने के लिए योजनाओं और लक्ष्यों को तैयार करना शामिल है।
- योजना में अनुशासन, पाठ्यचर्या, शिक्षाविदों आदि के संबंध में नियम और अधिनियम तैयार करना भी शामिल है।
- प्रभावी शिक्षा प्राप्त करने और उनके कार्यान्वयन के लिए उनकी समीक्षा करने के लिए लक्ष्य निर्धारित किए जाते हैं, जो योजना/नियोजन चरण का एक हिस्सा भी हैं।
- योजना चरण विद्यालय प्रबंधन का आधार है।

अतः विकल्प (A) सही है।

77. "यह विद्यालय में आंशिक सुधार और दक्षता लाने का प्रयास करता है", अच्छे विद्यालय प्रबंधन की विशेषता नहीं है।

विद्यालय में आंशिक सुधार और दक्षता लाना अच्छे विद्यालय प्रबंधन की विशेषता नहीं है, बल्कि विद्यालय में पूर्ण सुधार और दक्षता लाना अच्छे विद्यालय प्रबंधन की विशेषता है। अच्छे विद्यालय प्रबंधन का उद्देश्य बच्चों में सर्वश्रेष्ठ लाना और उन्हें उनके सर्वश्रेष्ठ संस्करण की ओर धकेलना है।

- अच्छे विद्यालय प्रबंधन का संबंध शिक्षा की गुणवत्ता से है।
- अच्छा विद्यालय प्रबंधन छात्रों के साथ-साथ शिक्षकों और पर्यवेक्षकों में श्रेष्ठता लाता है
- अच्छा विद्यालय प्रबंधन एक सतत प्रक्रिया है, अर्थात यह विद्यालय को शिक्षा और अन्य गतिविधियों में सर्वश्रेष्ठ बनाने के लिए लगातार प्रबंधन करता है।

अतः विकल्प (C) सही है।

78. NEP-2020 के तहत प्रायोगिक शिक्षा में प्रस्तावित शैक्षणिक दृष्टिकोण में शामिल हैं:

कला-एकीकृत शिक्षा:

- यह एक क्रॉस-करिकुलर (पाठ्यक्रमेतर) शैक्षणिक दृष्टिकोण है जो विभिन्न विषयों में अवधारणाओं के सीखने के आधार के रूप में कला और संस्कृति के विभिन्न पहलुओं और रूपों का उपयोग करता है।
- यह न केवल खुशहाल कक्षा बनाने के लिए, बल्कि हर स्तर पर शिक्षण और अधिगम प्रक्रिया में भारतीय कला और संस्कृति के एकीकरण के माध्यम से भारतीय लोकनीति या लोकाचारों को आत्मसात करने के लिए कक्षा में अन्तः ग्रहण करना होगा।

खेल-एकीकृत शिक्षा:

- यह एक अन्य क्रॉस-करिकुलर (पाठ्यक्रमेतर) शैक्षणिक दृष्टिकोण है, जो कि स्वदेशी खेल सहित शारीरिक गतिविधियों का उपयोग करता है, शैक्षणिक कौशल में सहयोग, स्व-पहल, आत्म-दिशा, स्व-अनुशासन, सामूहिक संघ कार्य, जिम्मेदारी, नागरिकता आदि जैसे कौशल विकसित करने में मदद करता है।

- खेल-एकीकृत शिक्षा को कक्षा में अन्तः ग्रहण करने में मदद मिलेगी ताकि छात्रों को आजीवन दृष्टिकोण के रूप में स्वास्थ्य को अपनाने और संबंधित जीवन कौशल प्राप्त करने में मदद मिल सके।

कथाकारिता-आधारित शिक्षाशास्त्र:

- यह उन लोगों को अधिक संवादात्मक रूप से कहानी सुनाने की कला को संदर्भित करता है जो लोग सुनने के इच्छुक हैं। इसका उपयोग शिक्षण में एक रणनीति के रूप में किया जाता है जो शिक्षार्थी के पठन विकल्पों को व्यापक बनाता है।
- एक कहानी पर आधारित शिक्षाशास्त्र में, शिक्षक द्वारा सुनाई जाने वाली कहानी को शैक्षिक या नैतिक रूप से अपनी पूरी क्षमता विकसित करने के लिए पाठ से प्रत्यक्ष या अप्रत्यक्ष रूप से संबंधित है।

इसलिए, यह निष्कर्ष निकाला जा सकता है कि उपरोक्त सभी NEP-2020 के तहत प्रायोगिक शिक्षा में प्रस्तावित शैक्षणिक दृष्टिकोण हैं।

अतः विकल्प (D) सही है।

79. राष्ट्रीय शिक्षा नीति: एनईपी 2020 स्वतंत्र भारत के इतिहास में 1968 की नीति और 1986 की दूसरी नीति के बाद तीसरी शिक्षा प्रणाली है।

छात्रों के प्रतिधारण के लिए उठाए गए प्रमुख कदम निम्नलिखित है:

- प्रभावी और पर्याप्त बुनियादी ढांचा प्रदान करना ताकि सभी छात्र प्री-प्राइमरी स्कूल से कक्षा 12 तक सभी स्तरों पर सुरक्षित और आकर्षक स्कूली शिक्षा प्राप्त कर सकें।
- छात्रों के साथ-साथ उनके सीखने के स्तर पर नज़र रखना, ताकि यह सुनिश्चित किया जा सके कि वे स्कूल में नामांकित हैं और स्कूल जा रहे हैं, और अगर वे पीछे रह गए हैं या स्कूल से बाहर हो गए हैं, तो उन्हें स्कूल में नामांकित होने और फिर से प्रवेश करने के उपयुक्त अवसर प्रदान करें।
- छात्रों के प्रतिधारण के लिए गुणवत्ता सुनिश्चित करना महत्वपूर्ण होगा, ताकि वे (विशेष रूप से लड़कियाँ और अन्य सामाजिक-आर्थिक रूप से वंचित समूहों के छात्र) स्कूल जाने में रुचि न खोएं।
- इसके लिए उच्च ड्रॉपआउट दर वाले क्षेत्रों में स्थानीय भाषा के ज्ञान वाले शिक्षकों को तैनात करने के साथ-साथ इसे और अधिक आकर्षक और उपयोगी बनाने के लिए पाठ्यचर्या का पुनर्निर्माण करने के लिए प्रोत्साहन की एक प्रणाली की आवश्यकता होगी।

इसलिए, यह निष्कर्ष निकाला जा सकता है कि स्कूल में छात्रों को बनाए रखने के लिए दोनों महत्वपूर्ण कदम उठाए जाये।

अतः विकल्प (C) सही है।

80. समावेशी शिक्षा में शिक्षकों को नियमित शिक्षक के रूप में जाना जाता है।

एक समावेशी कक्षा में, शिक्षक विशेष रूप से सक्षम बच्चों या विविध संस्कृतियों और जातियों के छात्रों को उनकी वास्तविक और मूल्यवान भागीदारी को प्रोत्साहित करने के लिए उचित समर्थन प्रदान करने के लिए मिलकर काम करते हैं। समावेशी शिक्षा की अवधारणा किसी देश की शिक्षा प्रणाली के जमीनी स्तर पर मानवीय विविधता को अपनाती है। समावेशन शिक्षक हर छात्र के शैक्षणिक, शारीरिक, भावनात्मक, व्यवहारिक और सामाजिक विकास को सर्वोत्तम तरीके से समर्थन देने के लिए पाठ्यक्रम अनुकूलन बनाते हैं। वे पहले अपने छात्रों की ताकत और विशेष जरूरतों की पहचान करके इसे हासिल करते हैं।

अतः विकल्प (C) सही है।

General English

Q.1 Direction: Given below is a sentence with the underlined word followed by four words. Select the option that is similar in meaning to the underlined word and mark your response accordingly.

The group held weekly **clandestine** meetings in a church.

A. Secret   **B.** Inconsistent
C. Ugly   **D.** Awkward

Q.2 Select the alternative that will improve the underlined part of the sentence in case there is no improvement select "No improvement".
In the major cities cost of life is very high.

[SSC Sub Inspector (CPO), 2019]

A. cost of life are
B. the cost of living are
C. No improvement
D. the cost of living is

Ques (3-4):Directions: Given below are some idioms/phrases followed by four alterative meanings to each. Choose the most appropriate answer from among the options (A), (B), (C) and (D).

Q.3 Counting your chickens

[UPSC NDA, 2022]

A. confident of success
B. greedily accumulating wealth
C. being careful about spending money
D. getting scared because of danger

Q.4 The icing on the cake

[UPSC NDA, 2022]

A. baked food that is delicate and delicious with a topping
B. extra benefit over and above an already good deal
C. getting what you asked for
D. more than what is needed

Q.5 Direction: Select the segment of the sentence that contains a grammatical error. If there is no error mark 'No error' as your answer.

Ancient jewellery or decoration (P) / has a new meaning (Q) / with the discovery bone ornaments. (R) / No error (S).

A. (P)   **B.** (Q)   **C.** (Q)   **D.** (S)

Q.6 Direction: Select the option that can be used as a one-word substitute for the given group ofwords.
Hoot

A. The sound of owls
B. The harsh cry of a rook, crow, or similar bird
C. The noise made by a chicken
D. The sound that a cow makes

Ques (7-8):Direction: Read the passage and answer the question that follows.

"If I had what he [or she] has, then I'd be happy." We've all had such thoughts. When I lived in an apartment and had little money, I envied families who had a house and more money than I. When I bought my first house, I envied people who had bigger and nicer houses. When I drove a 1961 Studebaker, I envied those who drove newer and nicer cars. When I was unhappy in my marriage, I envied friends who had happy marriages. It seemed that no matter what I gained or acquired, there were always others I envied. I became a multimillionaire with a job that I loved and a family that I adored, yet there were times I found myself envying a high-school classmate who became a famous Director and billionaire. Then one day I reread Solomon's words on envy. He said envy was more destructive than anger. It's impossible to be happy and envious at the same time. I either had to find a way to deal with my envy, or I would never by consistently happy. Why ? Envy takes your eyes off what you have and focuses your attention on what you don't have. It reflects an attitude of arrogance and entitlement. When you are envious, misery and ultimately depression reign supreme.

The seeds of envy reside in everyone's heart and mind. They need to be dealt with daily. Martin Luther once said, "You can't stop a bird from landing on your head, but you can stop him from building a nest on it." We cannot prevent envious thoughts from entering our hearts, but we can keep then from taking root. And the antidote is gratefulness. Gratefulness literally means to be full of gratitude. When your heart is full of gratitude, there is no room for envy to grow.

Q.7 The word which is opposite in meaning to 'arrogance' is:

[CTET Paper - I, 2016]

A. Generosity   **B.** Kindness
C. Humility   **D.** Courtesy

Q.8 The secret of being consistently happy lies in:

[CTET Paper - I, 2016]

A. Cultivating good habits
B. Curbing one's desires.
C. Leading a simple life.
D. Overcoming envy.

Q.9 Direction: Select the most appropriate synonym of the given word.
Despondency

A. Tough   **B.** Humility
C. Cheerfulness   **D.** Excitement

Q.10 Direction: Complete the sentence given below with the help of options that follow the sentence.
College football teams across the country are _______ for the new season.

A. Powering up   **B.** Plump down
C. Pour forth   **D.** Powering

General Hindi

Q.11 पंडित की भाववाचक संज्ञा है:

A. पंडिताई
B. पंडिताइन
C. पांडित्य
D. इनमें से कोई नहीं

Q.12 निर्देश: निम्न प्रश्न में शब्द-युग्म के सही अर्थ-भेद का चयन कीजिए।
कंकाल - कंगाल

A. अस्थिपंजर-दरिद्र
B. कर्कश-भिखारी
C. अकिंचन-बेइमान
D. दरिद्रता-तुच्छत

Q.13 'यज्ञशाला' में कौन-सा समास है?

A. तत्पुरुष समास
B. द्वंद्व समास
C. द्विगु समास
D. कर्मधारय समास

Q.14 'अनिश्चितता' के भाव को प्रकट करने के लिए नीचे दिए गए विकल्पों में से सही मुहावरे का चयन कीजिए।

A. न जाने भाग्य में क्या है।
B. न जाने ऊँट किस करवट बैठेगा।
C. बंद मुट्ठी में क्या है।
D. पर्दे के पीछे कौन है।

Q.15 'रति' किस रस का स्थायी भाव है?

A. शांत रस
B. वीर रस
C. श्रृंगार रस
D. वीभत्स रस

Q.16 'ब्रह्मास्त्र' का संधि-विच्छेद है:

A. ब्रह्म + अस्त्र
B. ब्रह्मा + अस्त्र
C. ब्रह्या + अस्त्र
D. ब्रह्मः + अस्त्र

Ques (17-18):निर्देश: नीचे दिए गए गद्यांश को पढ़कर पूछे गए प्रश्नों के सबसे उपयुक्त उत्तर वाले विकल्प को चुनिए:

प्रकृति ने स्वच्छ हवा मुक्त हस्त से हमें लुटाई है। जल और पवन को हम दिव्य शक्ति के रूप में पूजते हैं। धरिणी को हम 'माँ' कहते हैं। लेकिन विज्ञान के युग में पैर रखते ही मानव की जिज्ञासा बढ़ने लगी और भौतिकवाद ने पाँव पसारे। उसने धरिणी तो क्या, अगम आकाश को लाँघ और सागर की विशाल लहरों को चीर डाला। दूसरी ओर दुनिया की बढ़ती जनसंख्या के कारण औद्योगिकीकरण, नगरीकरण और उत्पादन में वृद्धि की होड़ में प्रकृति का छेदन-भेदन करता चला गया। परिणाम-स्वरूप प्रकृति का संतुलन इतनी तेजी से बिगड़ा कि आने वाली पीढ़ियों के लिए यह एक संकट बन गया। आज हमारे पास न तो पीने को स्वच्छ जल है और न सांस लेने को शुद्ध हवा। जबकि सम्पूर्ण जीव जगत के लिए जल जीवन है। वायु उसका प्राण तत्व है। धरिणी इस सृष्टि का आधार है। सृष्टि के अस्तित्व की रक्षा के लिए इन सबमें संतुलन बनाए रखना आवश्यक है। उक्त विषम स्थिति में हमारी रक्षा का एक उपाय है - वन-संरक्षण। वृक्ष हमारे मित्र हैं और रक्षक भी। वे हमें प्राणवायु देते हैं और जल भी। अत: वृक्ष जीवनदाता है। इसलिए हमारे यहाँ तुलसी, आँवला, आम, पीपल, वट, आदि वृक्षों को पूजनीय माना गया है। एक वृक्ष दस पुत्रों के समान मानने की बात सर्वथा सत्य है। वन धरिणी के जीते-जागते स्वर्ग हैं। वनों से वर्षा और वर्षा से अन्न होता है। इसलिए वनों का विनाश रोकें और धरिणी का नृशंस दोहन से बचाव करके उसका श्रृंगार करें। धरिणी को प्रलय के महामेघ से बचाने में आम मनुष्य कारगर भूमिका निभा सकते हैं।

Q.17 अनुच्छेद से ज्ञात होता है कि प्रकृति ने स्वच्छ:

A. हवा मुक्त हस्त से लुटाई है।
B. जल मुक्त हस्त से लुटाया है।
C. अग्नि मुक्त हस्त से लुटाई है।
D. दिव्य शक्ति मुक्त हस्त से लुटाई है।

Q.18 "वन धरिणी के जीते-जागते स्वर्ग है।" प्रदर्शन के आधार पर अनुच्छेद की प्रभावशाली वाक्य संरचना पुष्टि करती है:

A. वनों से ही रोजगार मिलता है।
B. वनों से ही आकर्षक घर का निर्माण होता है।
C. वनों से ही लकड़ी और इंधन मिलता है।
D. वनों से वर्षा और वर्षा से अन्न मिलता है।

Q.19 निम्नलिखित में से अनेकार्थी शब्द कौन सा है?

A. अपराध
B. पत्नी
C. पुरुष
D. महावीर

Q.20 हिंदी शब्दकोश में क्ष का क्रम किस वर्ण के बाद आता है?

A. क
B. श
C. स
D. ह

General Awareness & Current Affairs

Q.21 नवंबर 2022 में, भारत ने किस देश के साथ "युवा शोधकर्ताओं का इंडो-जर्मन सप्ताह 2022 कार्यक्रम" आयोजित किया?

A. यूएसए
B. जर्मनी
C. फ्रांस
D. यूके

Q.22 गांधीवाद और मार्क्सवाद के बीच एक सामान्य समझौता है:

[UPSC Prelims, 2020]

A. एक सांविधिक समाज का अंतिम लक्ष्य
B. वर्ग - संघर्ष
C. निजी संपत्ति का उन्मूलन
D. आर्थिक नियतत्ववाद

Q.23 _______ ने अगस्त 2022 में अखिल भारतीय फुटबॉल महासंघ (AIFF) पर लगाए गए प्रतिबंध को हटा लिया है।

A. इंटरनेशनल फेडरेशन ऑफ एसोसिएशन फुटबॉल (FIFA)
B. एशियाई फुटबॉल परिसंघ (AFC)
C. अफ्रीकी फुटबॉल परिसंघ (CAF)
D. यूरोपीय फुटबॉल संघों का संघ (UEFA)

Q.24 जनवरी 2022 में विज्ञान और इंजीनियरिंग में पद्म श्री से किसे सम्मानित किया गया है?

A. शिवराम बाबूराव भोज
B. पुष्पा मित्र भार्गव
C. डॉ सुब्बाना अय्यप्पन
D. भीमसेन सिंघली

Q.25 नौसेना द्वारा समुद्र की सतह को मापने के लिए इस्तेमाल किया जाने वाला उपग्रह किसके लिए जाना जाता है:

A. GEOSAT
B. SEASAT
C. GOSAT -12
D. GALAXY-14

Q.26 भारत के संविधान के किस अनुच्छेद के अनुसार राज्य के राज्यपाल के द्वारा मुख्यमंत्री को नियुक्त किया जाता है?

[Uttarakhand Public Service Commission (UKPSC), 2016]

A. अनुच्छेद 163
B. अनुच्छेद 164
C. अनुच्छेद 165
D. अनुच्छेद 166

Q.27 निम्नलिखित में से किसे भारत के राष्ट्रपति द्वारा नियुक्त नहीं किया जाता है?

[Uttar Pradesh PSC, 1997]

A. उपराष्ट्रपति
B. प्रधान मंत्री
C. राज्यपाल
D. मुख्य चुनाव आयुक्त

Q.28 16 जनवरी से 26 जनवरी, 2023 तक भारत किस देश के साथ द्विपक्षीय हवाई अभ्यास, "वीर गार्जियन 23" आयोजित करेगा?

A. फ्रांस
B. जापान
C. यूएसए
D. इंडोनेशिया

Q.29 अलाउद्दीन खिलजी ने भू-राजस्व प्रणाली को संशोधित किया था?

A. राज्य द्वारा अनाज के आहार संग्रह की व्यवस्था करके

B. उपज के एक-आठवें हिस्से तक भू-राजस्व को कम करके

C. भू-राजस्व एकत्र करने के लिए जागीरदारों को नियुक्त करके

D. जिससे कृषि बिगड़ने लगी

Q.30 दिसंबर 2022 में, निम्नलिखित में से किसे सोशल स्टॉक एक्सचेंज (SSE) स्थापित करने के लिए भारतीय प्रतिभूति विनिमय बोर्ड (SEBI) से सैद्धांतिक मंजूरी मिली है?

A. बॉम्बे स्टॉक एक्सचेंज

B. नेशनल स्टॉक एक्सचेंज

C. कलकत्ता स्टॉक एक्सचेंज

D. बैंगलोर स्टॉक एक्सचेंज

Reasoning Ability

Q.31 निर्देश: दिए गए विकल्पों में से वह वर्ण-समूह चुनें जो निम्नलिखित श्रृंखला में प्रश्नचिह्न (?) के स्थान पर आएगा?

MCN, NCO, OCP, PCQ, ?

[SSC CGL, 2021]

A. QCR **B.** PCS **C.** OCQ **D.** PQR

Q.32 निम्नलिखित आरेख में, त्रिभुज एमबीबीएस छात्रों को दर्शाता है, वृत्त क्रिकेटरों को दर्शाता है, आयत नर्तकियों को दर्शाता है।

कौन सा क्षेत्र एमबीबीएस छात्रों को दर्शाता है जो नर्तक हैं लेकिन क्रिकेटर नहीं हैं?

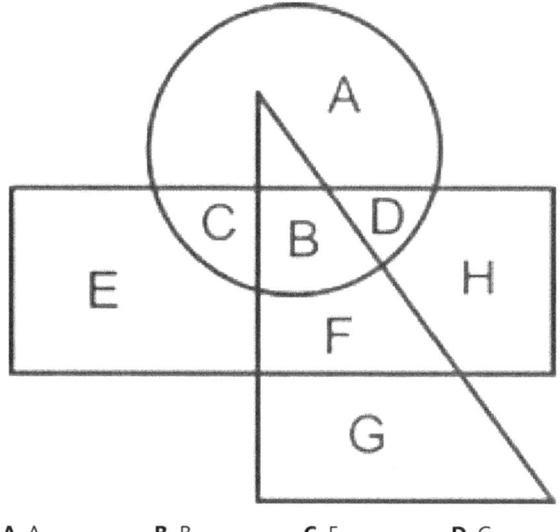

A. A **B.** B **C.** F **D.** G

Q.33 निम्नलिखित शब्दों को तार्किक और सार्थक क्रम में व्यवस्थित कीजिए।

1. पैकिंग
2. यात्रा
3. आगमन
4. बुकिंग
5. गंतव्य

A. 3 - 2 - 4 - 1 - 5 **B.** 4 - 3 - 5 - 1 - 2
C. 4 - 1 - 3 - 2 - 5 **D.** 5 - 3 - 2 - 4 - 1

Q.34 यदि TEACHER को VGCEJGT लिखा जाता है तो CHILDREN को क्या लिखा जायेगा?

A. EJAMBTFP **B.** AEGJBPCT
C. EJKNFTGP **D.** EJKNETGP

Q.35 जय, ओम से कहता है कि, "तुम मेरे पिता की इकलौती संतान के पोते हो"। ओम का भाई, जय की पत्नी से किस प्रकार संबंधित है?

A. जय की पत्नी, ओम के सहोदर की दादी/नानी है

B. ओम का सहोदर, जय की पत्नी की माता है

C. ओम, जय के पिता हैं

D. निर्धारित नहीं किया जा सकता है

Computer Literacy

Q.36 माउस या एरो कुंजी के इस्तेमाल के बिना, स्प्रैडशीट में सेल A1 तक पहुंचने का सबसे तेज़ तरीका क्या है?

A. Ctrl + Home को दबाएँ

B. Home को दबाएँ

C. Shift + Home को दबाएँ

D. Alt + Home को दबाएँ

Q.37 एमएस एक्सेस में एक डेटाबेस ऑब्जेक्ट, जो डेटाबेस में डाटा के बारे में एक प्रश्न को स्टोर करता है:

A. टेबल **B.** फॉर्म **C.** केरी **D.** रिपोर्ट

Q.38 माइक्रोसॉफ्ट वर्ड में फ़ाइल के लिए एक्सटेंशन क्या है?

A. .txt **B.** .rtf **C.** .docx **D.** .odt

Q.39 निम्नलिखित में से कौन एक स्प्रेडशीट का उदाहरण है?

A. माइक्रोसॉफ्ट पावरप्वाइंट

B. माइक्रोसॉफ्ट एक्सेल

C. माइक्रोसॉफ्ट आउटलुक

D. माइक्रोसॉफ्ट वर्ड

Q.40 _____ उपकरण मानव के समझने योग्य डेटा और प्रोग्राम को उस रूप में परिवर्तित करता है जिसका कंप्यूटर प्रसंस्करण कर सकता है।

A. प्रिंटिंग **B.** आउटपुट **C.** इनपुट **D.** मॉनिटर

Perspective on Education & Leadership

Q.41 किसी व्यक्ति की वृद्धि और विकास के संबंध में सही कथन का चयन कीजिए।

A. वृद्धि विकास का एक हिस्सा है।

B. वृद्धि और विकास व्यक्ति के जीवन भर चलता रहता है।

C. वृद्धि और विकास में कोई व्यक्तिगत अंतर नहीं है।

D. विकास मात्रात्मक है, वृद्धि गुणात्मक है।

Q.42 निम्नलिखित में से कौन सा विकास का सिद्धांत नहीं है?

A. अवस्थाएँ **B.** भिन्नता **C.** क्रमिकता **D.** निरंतरता

Q.43 निम्नलिखित में से कौन सा कथन मानव विकास की विशेषता को बताता है?

A. मानव विकास एक क्रमबद्ध क्रम में आगे बढ़ता है।

B. मानव विकास में शारीरिक, संज्ञानात्मक, भाषात्मक, व्यक्तिगत और सामाजिक विकास शामिल हैं।

C. मानव विकास सभी व्यक्तियों में समान दर से होता है।

D. मानव विकास धीरे-धीरे, आमतौर पर एक लंबी अवधि में होता है।

A. A, B, C **B.** B, C, D **C.** D, A, B **D.** C, D, A

Q.44 वृद्धि एवं विकास के सिद्धान्त निम्नलिखित में से कौन-सा है?

A. एकीकरण एवं निरन्तरता का सिद्धान्त

B. सामान्य से विशिष्ट प्रतिक्रियाओं का सिद्धान्त

C. वैयक्तिक भिन्नता एवं परस्पर संबंध सिद्धान्त

D. उपरोक्त सभी

Q.45 निम्नलिखित में से कौन सा एक बच्चे के शारीरिक विकास को प्रभावित करने वाला कारक है?

A. अनुवांशिकता
B. शिक्षक
C. धार्मिक स्थल
D. साथी

Q.46 अवधारणाओं का विकास मुख्य रूप से _____ का एक हिस्सा है।

A. शारीरिक विकास
B. सामाजिक विकास
C. भावनात्मक विकास
D. भावनात्मक विकास

Q.47 निम्नलिखित में से कौन सा संज्ञानात्मक विकास का हिस्सा नहीं है?

A. भाषा
B. तर्क
C. विचार
D. दृष्टि

Q.48 एक बच्चे के सामाजिक विकास की प्रक्रिया धीमी हो जाएगी यदि:

A. बच्चे को अपने पड़ोस में जाने की अनुमति नहीं है क्योंकि वह वहाँ से बुराइयां सीखेगा।
B. भाषा की बाधाओं के कारण, बच्चा दूसरों के साथ संवाद करने में असमर्थ होता है।
C. बच्चा विकलांग है और अन्य लोग उससे नफरत करते हैं।
D. उपरोक्त सभी

Q.49 बाल्यावस्था के दौरान भावनात्मक विकास परिवार की तुलना में _____ के प्रभाव के प्रति अधिक संवेदनशील होता है।

A. रिश्तेदारों
B. शिक्षकों के
C. मित्र मंडली (मित्र समूह)
D. समाज

Q.50 किशोरावस्था में किस प्रकार के मार्गनिर्देशन की आवश्यकता है?

A. व्यक्तिगत मार्गनिर्देशन
B. विद्यार्थियों के विभिन्न पक्षों से संबंधित पहलुओं का एकत्रीकरण
C. समस्या का हल
D. उपरोक्त सभी

Q.51 शिक्षार्थी केंद्रित दृष्टिकोण में, शिक्षक_______ है।

A. एक सक्रिय भूमिका
B. एक निष्क्रिय भूमिका
C. एक स्वतंत्र भूमिका
D. एक प्रमुख भूमिका

Q.52 कक्षा II का एक शिक्षक कक्षा में कहानी सत्र में शामिल होता है। कहानी समाप्त होने के बाद शिक्षक छात्रों से कहानी में प्रयुक्त कुछ शब्दों को दोहराने के लिए कहते हैं। शिक्षक शिक्षार्थियों में कौन-सा अधिगम कौशल विकसित करने का प्रयास कर रहा है?

A. बोलना
B. सुनना
C. उपरोक्त सभी
D. इनमे से कोई नहीं

Q.53 कला एकीकृत शिक्षा के माध्यम से आकलन _____ में मदद करता है।

A. पारंपरिक पेपर-पेंसिल या मौखिक और रिकॉल पद्धति से हटकर एक सतत और व्यापक मूल्यांकन पद्धति की ओर बढ़ने
B. मूल्यांकन की प्रक्रिया का लोकतंत्रीकरण करें, जिसमें छात्रों को अपने सीखने को व्यक्त करने के लिए कई तरीके पेश करने
C. (A) और (B) दोनों
D. सभी प्रकार की विविधता का सम्मान करते हुए समावेशन की प्रक्रिया को हतोत्साहित करने

Q.54 शिक्षा के शिक्षक-केंद्रित दृष्टिकोण में अनुशासन _____ होता है।

A. साझा
B. अधिरोपित
C. आत्मनियंत्रित
D. सहभागी

Q.55 एक परीक्षण तैयार करने के बाद, यदि एक शिक्षक परीक्षा के अंकों की स्थिरता का पता लगाने के लिए एक ही आयु वर्ग के बच्चों पर बार-बार इसे प्रशासित करता है, तो वह परीक्षण _____ की तलाश में है।

A. वैधता
B. विश्वसनीयता
C. वस्तुनिष्ठता
D. उपयोगिता

Q.56 कक्षा शिक्षण को अधिक कुशल बनाने के लिए वर्तमान शिक्षकों द्वारा आवश्यक कौशल की पहचान करें।

(i) प्रौद्योगिकी का ज्ञान
(ii) कक्षा के लेनदेन में प्रौद्योगिकी का उपयोग
(iii) छात्रों के ज्ञान की आवश्यकता है
(iv) विषय में निपुणता

A. (i) और (iii)
B. (ii) और (iii)
C. (ii), (iii), और (iv)
D. (ii) और (iv)

Q.57 निम्नलिखित में से कौन एक अधिगम-केंद्रित सामाजिक विज्ञान वर्ग की विशेषता है?

I. सामाजिक मुद्दों में अन्वेषण के लिए जगह बनाना।
II. एकाधिक विचारों का सम्मान।
III. बहुभाषावाद का उपयोग।

A. केवल I
B. I और II दोनों
C. I, II और III
D. केवल II

Q.58 एक शिक्षक अपनी पाठ योजना तैयार करता है और प्रभावी शिक्षण के लिए उपयुक्त गतिविधियों की योजना बनाता है, लेकिन छात्रों के ध्यान भंग होने के कारण, वह पाठ को प्रभावी ढंग से वितरित करने में विफल रहता है। शिक्षक __________ के कारण विफल रहता है।

A. कक्षा प्रबंधकीय कौशल के अभाव
B. विषयवस्तु ज्ञान की कमी
C. शिक्षण में रुचि की कमी
D. कम आत्म सम्मान

Q.59 शिक्षण की गुणवत्ता को प्रभावित करने वाले कारक निम्नलिखित हैं:

A. अधिगम की क्षमता, शिक्षक के संचार कौशल, शिक्षण विधि
B. शिक्षण विधि, शिक्षक के संचार कौशल, शिक्षक का प्रशिक्षण
C. शिक्षक का वेतन, शिक्षक का व्यक्तित्व, शिक्षक का प्रशिक्षण
D. कक्षा का परिवेश, श्रव्य-दृश्य सहायक सामग्री, शिक्षार्थियों की बुद्धि का प्रयोग

Q.60 आधारभूत साक्षरता और संख्या ज्ञान पर अधिक ध्यान पर होगा:

a) पढ़ना
b) लिखना
c) बोलना
d) गिनती
e) अंकगणित
f) गणितीय सोच

A. केवल a, b और c
B. केवल b, c और d
C. केवल a, b, c, d, और e
D. केवल a, b, c, d, e, और f

Q.61 _______ 'टाइट-शिप' क्लासरूम हैं जहां शिक्षक उच्च स्तर की संरचना रखता है, नियमित रूप से दिनचर्या का प्रबंधन करता है और बहुत कम निर्देशात्मक रणनीतियों का उपयोग करता है।

A. दुष्क्रिया कक्षा वातावरण
B. व्यवस्थित नियंत्रित अधिगम वातावरण
C. व्यवस्थित मित्रवत अधिगम वातावरण
D. पर्याप्त कक्षा वातावरण

Q.62 एक भाषा शिक्षक के रूप में आपको उन छात्रों की पहचान करनी चाहिए, जिन्हें सीखने में कठिनाइयां हैं, और उनकी कठिनाइयों के कारणों का पता लगाना चाहिए और:

A. उनके माता-पिता को बताएं कि उन्हें स्कूल न भेजें
B. उनके लिए कई कार्य निर्धारित करें
C. इन कठिनाइयों को दूर करने के लिए उपचारात्मक उपायों का सुझाव

दें

D.   (i) तथा (ii) दोनों

Q.63 अपने छात्रों की घरेलू भाषाओं में उपयोगी शब्द और भाव पोस्ट करके (उदाहरण के लिए, 'हैलो', 'अलविदा', 'क्षमा करें', 'धन्यवाद')। यह कार्यनीति कक्षा में _______ को बढ़ावा देगी।

A.   द्विभाषिकता
B.   बहुभाषिकता
C.   जातिवाद
D.   शिक्षार्थी केंद्रित

Q.64 शिक्षण सहायक सामग्री का उपयोग किसके आधार पर उचित है?

A.   कक्षा में छात्रों का ध्यान आकर्षित करना
B.   कक्षा में अनुशासनहीनता की समस्याओं को कम करना
C.   छात्रों के सीखने के परिणामों का अनुकूलन
D.   सीखने के कार्यों में छात्रों की प्रभावी सहभागिता

Q.65 नीचे दिए गए कथनों में उन कथनों की पहचान कीजिये जो योग्यता-आधारित पाठ्यक्रम प्रारूप से संबंधित हैं?

a) व्यक्तियों की क्षमताओं और अधिगम शैली को एक समर्थन मिलता है

b) व्यक्तियों के स्मृति आधारित ज्ञान पर बल दिया जाता है

c) व्यक्तियों की उनकी क्षमता को प्राप्त करने में उनकी सहायता की जाती है

d) व्यक्तियों की क्षेत्र विशिष्ट दक्षता केंद्रित होती है

e) पाठ्यक्रम एक आदर्शवादी दृष्टिकोण के साथ बनाया जाता है

नीचे दिए गए विकल्पों में से सबसे उपयुक्त उत्तर चुनिए:

A.   केवल a, b और c
B.   केवल b, d और e
C.   केवल a, c और d
D.   केवल d, e और a

Q.66 _______ भाषा द्वारा संचार में अवरोध प्रदर्शित करते हैं।

A.   श्रवण बाधित बच्चे
B.   अंधे बच्चे
C.   गूंगे बच्चे
D.   उपरोक्त में से कोई नहीं

Q.67 शैक्षिक रूप से, विकलांग,_____________ के समान दिखते हैं।

A.   मंद बच्चे
B.   पिछड़े बच्चे
C.   छोटे बच्चे
D.   (A) और (B) दोनों

Q.68 निम्नांकित में से कौन-सी ऑटिस्टिक बच्चों के शिक्षण की एक विधि है?

[Haryana Primary Teacher (PRT), 2020]

A. PECS
B.   ब्रेल
C.   टेलर फ्रेम
D.   इनमें से कोई नहीं

Q.69 कक्षा में अनुकूल अधिगम माहौल निर्मित करने के लिए __________ मददगार रहेगा।

A.   सभी शिक्षार्थियों को सहभागिता के समान अवसर देना
B.   योग्यता - आधारित अटल समूह बनाना
C.   कक्षा गें केवल उच्च उपलब्धि हासिल करने वाले बच्चों पर ध्यान देना
D.   शिक्षार्थियों को किसी भी तरीके से उच्च अंक प्राप्त करने के लिए प्रेरित करना

Q.70 छात्र-केंद्रित _______ कक्षा के लिए होती है।

A.   व्यक्तिगत अंतर को संबोधित करना
B.   शिक्षक-उन्मुख व्याख्यान को कम करना
C.   पूर्व ज्ञान का विस्मरण करना
D.   पूरी कक्षा को सम्मिलित करना

Q.71 शिक्षण का एक मॉडल निम्न में से किसकी व्याख्या करता है?

A.   शिक्षक और छात्र की बातचीत सहित शिक्षक का व्यवहार
B.   शिक्षण व्यवहार सहित सीखने का माहौल
C.   शिक्षार्थी-व्यक्तित्व विशेषताओं सहित व्यवहार
D.   तार्किक संरचना सहित उसकी विषय वस्तु

Q.72 "संगठन, प्रक्रिया के बाद गुणवत्ता नियंत्रण की आवश्यकता को समाप्त करेगा" यह किसने प्रस्तावित किया है?

A.   एडवर्ड डेमिंग
B.   वाल्टर शेहार्ट
C.   सी. के. प्रहलाद
D.   पोका योक

Q.73 नेतृत्व __________ है।

A.   एक सहज स्वभाव
B.   एक परिस्थितिजन्य गुणवत्ता
C.   पर्यावरण से समृद्ध
D.   उपरोक्त सभी द्वारा निरूपित

Q.74 छात्रों के सर्वांगीण विकास में मदद करने के लिए शिक्षक नेतृत्व का निम्नलिखित में से कौन सा गुण सबसे उपयुक्त है?

A.   एक लोकतांत्रिक अनुशासक
B.   एक पितृसत्तात्मक अनुशासक
C.   एक गैर-सांप्रदायिक अनुशासक
D.   एकेश्वरवादी अनुशासक

Q.75 मान लीजिए कि एक शिक्षक के रूप में आप अपने छात्रों को सार्वजनिक भाषण और वाद-विवाद का प्रशिक्षण दे रहे हैं। निम्नलिखित में से किसे छात्रों में विकसित करना सबसे कठिन है?

A.   उचित भाषा का चयन/प्रयोग करना
B.   भावनाओं पर नियंत्रण करना
C.   आवाज का उतार-चढ़ाव
D.   अवधारणा निर्माण

Q.76 भावनात्मक रूप से संतुलित शिक्षक में, निम्नलिखित में से कौन सा तौर-तरीका देखा जाता है?

A.   वे अन्य लोगों को प्रेरित करते हैं।
B.   वह अपनी भावनाओं को जानता है और दूसरों की भावनाओं को समझता है।
C.   वह दूसरों की प्रतिक्रियाओं का आकलन कर सकता है, जो आने वाली हैं।
D.   वह दूसरों के साथ सहानुभूतिपूर्वक व्यवहार करता है।

Q.77 एक शिक्षक को अपने शिक्षण उद्देश्य को स्पष्ट करना चाहिए, क्योंकि:

A.   दूरगामी दृष्टि प्रदान करने में सहायक है।
B.   यह समय और संसाधनों को व्यवस्थित करने में सहायक है।
C.   यह किसी की अपनी कमजोरियों को स्वीकार करने में मदद करता है।
D.   यह तदनुसार योजना बनाने और पढ़ाने में सहायक है।

Q.78 प्रारम्भिक बाल्यावस्था सेवा एवं शिक्षा एक कार्यक्रम है जो ____ पर ध्यान केंद्रित करता है।

A.   औपचारिक कक्षा कक्ष दृष्टिकोण
B.   शिक्षण के 3 'R' (पढ़ना, लिखना और संख्यात्मकता)
C.   विद्यालय की उपलब्धि
D.   बच्चे का समग्र विकास

Q.79 अक्षम बच्चों को शिक्षा प्राप्त करनी चाहिए क्योंकि-

A.   वे कमजोर होते हैं
B.   उन्हें शिक्षा की विशेष आवश्यकता होती है
C.   वे गरीब होते हैं
D.   यह एक संवैधानिक अधिकार है

Q.80 यूएनसीआरसी कब बनाया गया था?

A. 1989
B. 1990
C. 1988
D. 1991

// स्मार्ट उत्तर पुस्तिका //

सही उत्तर	उन छात्रों का प्रतिशत जिन्होंने प्रश्नों का सही उत्तर दिया था।	छोड़ दिया	उन छात्रों का प्रतिशत जिन्होंने प्रश्नों को छोड़ दिया था।

प्रश्न संख्या	उत्तर	सही उत्तर / छोड़ दिया	प्रश्न संख्या	उत्तर	सही उत्तर / छोड़ दिया	प्रश्न संख्या	उत्तर	सही उत्तर / छोड़ दिया	प्रश्न संख्या	उत्तर	सही उत्तर / छोड़ दिया	प्रश्न संख्या	उत्तर	सही उत्तर / छोड़ दिया	प्रश्न संख्या	उत्तर	सही उत्तर / छोड़ दिया
1	A	62.43 % / 1.15 %	15	C	82.67 % / 0.0 %	29	A	56.43 % / 1.32 %	43	C	59.56 % / 1.84 %	57	C	52.97 % / 1.36 %	71	B	69.41 % / 1.07 %
2	D	66.44 % / 1.96 %	16	A	27.57 % / 3.69 %	30	B	66.8 % / 1.24 %	44	D	55.0 % / 1.9 %	58	A	42.63 % / 1.71 %	72	D	54.31 % / 1.11 %
3	A	79.09 % / 0.0 %	17	A	50.05 % / 1.94 %	31	A	86.07 % / 0.0 %	45	A	42.13 % / 1.79 %	59	B	78.1 % / 0.0 %	73	D	51.5 % / 1.27 %
4	B	56.64 % / 1.2 %	18	D	57.73 % / 1.79 %	32	C	42.68 % / 1.1 %	46	D	66.21 % / 1.32 %	60	D	55.35 % / 1.96 %	74	A	48.1 % / 1.48 %
5	C	42.68 % / 1.11 %	19	D	66.86 % / 1.66 %	33	C	57.2 % / 1.08 %	47	D	48.59 % / 1.6 %	61	B	56.57 % / 1.41 %	75	B	63.84 % / 1.81 %
6	A	78.96 % / 0.0 %	20	A	60.14 % / 1.09 %	34	C	43.52 % / 1.75 %	48	D	60.01 % / 1.84 %	62	C	49.23 % / 1.82 %	76	B	62.66 % / 1.91 %
7	C	87.96 % / 0.0 %	21	B	68.74 % / 1.55 %	35	A	64.95 % / 1.03 %	49	C	87.41 % / 0.0 %	63	B	50.24 % / 1.03 %	77	D	44.63 % / 1.82 %
8	D	83.55 % / 0.0 %	22	A	19.34 % / 4.23 %	36	D	56.83 % / 1.34 %	50	D	49.69 % / 1.46 %	64	C	61.95 % / 1.6 %	78	D	56.13 % / 1.66 %
9	C	66.34 % / 1.7 %	23	A	45.47 % / 1.94 %	37	C	80.32 % / 0.0 %	51	B	89.45 % / 0.0 %	65	C	40.95 % / 1.95 %	79	D	81.67 % / 0.0 %
10	A	57.13 % / 1.44 %	24	C	44.58 % / 1.96 %	38	C	69.78 % / 1.91 %	52	C	85.47 % / 0.0 %	66	A	79.55 % / 0.0 %	80	A	89.36 % / 0.0 %
11	C	45.71 % / 1.37 %	25	A	57.32 % / 1.61 %	39	B	68.5 % / 1.03 %	53	C	78.26 % / 0.0 %	67	D	46.66 % / 1.46 %			
12	A	47.99 % / 1.04 %	26	B	83.43 % / 0.0 %	40	C	77.11 % / 0.0 %	54	B	52.38 % / 1.05 %	68	A	44.91 % / 1.56 %			
13	A	43.48 % / 1.17 %	27	A	42.67 % / 1.85 %	41	A	46.61 % / 1.58 %	55	B	47.49 % / 1.21 %	69	A	54.15 % / 1.61 %			
14	B	86.7 % / 0.0 %	28	B	48.24 % / 1.06 %	42	A	79.19 % / 0.0 %	56	C	64.24 % / 1.28 %	70	A	43.4 % / 1.11 %			

//संकेत और समाधान//

1. Clandestine: planned or done in secret, especially describing something that is not officially allowed.

Secret: not known or seen or not meant to be known or seen by others.

From the meanings of the given words, we can say that the word 'Secret' is similar in meaning to the underlined word 'Clandestine'.

Hence, the correct option is (A).

2. 'Cost of life' is wrong usage. The right usage would be 'cost of living'.

Since, the subject of the be verb here' is 'cost', we have to use the singular form of the verb. Thus, neither options (A), nor (B) can be the answer to the question.

Hence, the correct option is (D).

3. let's look at the meaning of the given idiom

Counting your chickens: usually used in negative statements to mean that someone should not depend on something hoped for until he or she knows for certain that it will happen.

Example: Don't count your chickens (before they hatch): you don't know yet if she will accept your offer. She wanted to buy a dress in case someone asked her to the dance, but I told her not to count her chickens before they hatched.

From the above lines, we can say that 'confident of success' is the correct meaning of the given idiom.

Hence, the correct option is (A).

4. let's look at the meaning of the given idiom

The icing on the cake: something that makes a good situation even better.

Example: I love my job and getting public recognition is merely the icing on the cake.

I was just content to see my daughter in such a stable relationship but a grandchild, that really was the icing on the cake.

From the above lines, we can say that 'extra benefit over and above an already good deal' is the correct meaning of the given idiom.

Hence, the correct option is (B).

5. The correct answer is- ' with the discovery bone ornaments' i.e. this part of the sentence has an error.

- 'Of' must be used between discovery and bone.
- We need a preposition to tell us about the relationship between one noun to another.
- Here, the preposition 'of' establishing the relationship between discovery and bone.

The correct sentence is: Ancient jewellery or decoration has a new meaning with the discovery of bone ornaments.

Hence, the correct option is (C).

6. Hoot: a low, wavering musical sound that is the typical call of many kinds of owls.

As per the meaning of the given words, "hoot" is the one-word substitute for the given group of words.

Hence, the correct option is (A).

7. Arrogance means the quality of being unpleasantly proud and behaving as if you are more important than, or know more than, other people.

Humility means the quality of not being proud because you are aware of your bad qualities.

Meaning of other words:

- Generosity: the quality of being kind and generous
- Kindness: the quality of being friendly, generous, and considerate
- Courtesy: the showing of politeness in one's attitude and behaviour towards others

Thus, humility is opposite in meaning to arrogance.

Hence, the correct option is (C).

8. According to the passage, "It's impossible to be happy and envious at the same time. I either had to find a way to deal with my envy, or I would never by consistently happy."

Thus, we can conclude that we can be happy only when the feeling of being envious ends.

So, the secret of being consistently happy lies in overcoming envy.

Hence, the correct option is (D).

9. The most appropriate antonym of the given word 'Despondency' is 'Cheerfulness'.

Despondency: the quality of being unhappy, with no hope or enthusiasm.

Example: A mood of despondency had set in.

Cheerfulness: the state of being happy and positive

Example: His cheerfulness and modesty were rooted in a happy childhood.

Hence, the correct option is (C).

10. College football teams across the country are powering up for the new season.

The given word is a phrasal verb.

A phrasal verb is a phrase(Act upon, pile up) that combines a verb with a preposition or adverb or both and that functions as a verb whose meaning is different from the combined meanings of the individual words.

Powering up(phrasal verb): If something that needs power or energy powers up.

Hence, the correct option is (A).

11. भाववाचक संज्ञा से तात्पर्य उन शब्दों से है जो किसी वस्तु या पदार्थ की अवस्था, दशा या भाव का बोध कराते हैं।

ऊपर दिए गए 'पंडित' शब्द की भाववाचक संज्ञा 'पांडित्य' होगी जिससे पंडिताई के भाव का बोध हो रहा है।

अत: विकल्प (C) सही है।

12. कंकाल का अर्थ है - अस्थिपंजर, हड्डियों का ढाँचा

जबकि कंगाल का अर्थ है - दरिद्र, निर्धन

अतः विकल्प (A) सही है।

13. 'यज्ञशाला' में तत्पुरुष समास है।

- इसका समास विग्रह है- "यज्ञ के लिए शाला"।
- तत्पुरुष समास वह होता है, जिसमें उत्तर पद प्रधान होता है, अर्थात् प्रथम पद गौण होता है एवं उत्तर पद की प्रधानता होती है, व समास करते वक्त बीच की विभक्ति का लोप हो जाता है।

अत: विकल्प (A) सही है।

14. 'अनिश्चितता' के भाव को प्रकट करने के लिए "न जाने ऊँट किस करवट बैठेगा।" सही मुहावरा है।

वाक्य प्रयोग: रूस एवं अमरीका में परस्पर द्वेष की आग भड़क रही है, देखें ऊंट किस करवट बैठता है।

अतः विकल्प (B) सही है।

15. 'रति' श्रृंगार रस का स्थायी भाव है।

श्रृंगार रस की विशेषताएँ निम्नलिखित है:

- नायक और नायिका के मन में संस्कार रूप में स्थित रति या प्रेम जब रस की अवस्था को पहुँचकर आस्वादन के योग्य हो जाता है, तब वह 'श्रृंगार रस' कहलाता है।
- श्रृंगार रस को रसराज कहा जाता है।
- श्रृंगार रस का विषय नायक या नायिका है।
- उद्दीपन विभाव – नायिका के कुच, नितम्बादि अंग, एकान्त, वन-उपवन, चन्द्र-ज्यौत्सा, वसन्त, पुष्प, नायिका अथवा अनुभाव की चेष्टाएँ – हावभाव, तिरछी चितवन, मुस्कान।
- संचारी भाव – तैंतीस संचारियों में उग्रता, मरण, आलस्य, जुगुप्सा को छोड़कर शेष सभी संचारी भाव, मुख्यतः लज्जा, शर्म, चपलता।

अत: विकल्प (C) सही है।

16. 'ब्रह्मास्त्र' का संधि-विच्छेद है - ब्रह्म + अस्त्र।

'ब्रह्मास्त्र' में दीर्घ संधि है।

जब दो शब्दों की संधि करते समय (अ, आ) के साथ (अ, आ) हो तो 'आ' बनता है, जब (इ, ई) के साथ (इ, ई) हो तो 'ई' बनता है, जब (उ, ऊ) के साथ (उ, ऊ) हो तो 'ऊ' बनता है। उसे दीर्घ संधि कहते है। जैसे- विद्या + अभ्यास = विद्याभ्यास (आ + अ = आ) आदि।

अतः विकल्प (A) सही है।

17. अनुच्छेद से ज्ञात होता है कि प्रकृति ने स्वच्छ हवा मुक्त हस्त से लुटाई है। अतः वृक्ष जीवनदाता हैं। इसलिए हमारे यहाँ तुलसी, आंवला, आम, पीपल, वट आदि वृक्षों को पूजनीय माना जाता है।

अतः विकल्प (A) सही है।

18. 'वन धारिणी के जीते-जागते स्वर्ग है।' प्रदर्शन के आधार पर अनुच्छेद की प्रभावशाली वाक्य संरचना वनों से वर्षा और वर्षा से अन्न मिलता है की पुष्टि करती है।

अतः विकल्प (D) सही है।

19. दिए गए विकल्पों में महावीर शब्द अनेकार्थी शब्द हैं।

महावीर – हनुमान, बहुत बलवान, जैन तीर्थंकर।

अनेकार्थी शब्द: ऐसे शब्द, जिनके अनेक अर्थ होते है, अनेकार्थी शब्द कहलाते है।

अतः विकल्प (D) सही है।

20. हिंदी शब्दकोश के क्रम में 'क' के बाद 'क्ष' आता है।

शब्द कोष में : क के बाद क्ष - क् + ष

परन्तु हिन्दी वर्णमाला में : श, ष,स, ह के बाद क्ष आता है। हिन्दी शब्दकोश और हिन्दी वर्णमाला दोनों के क्रम में अंतर होता है।

'क्ष' एक संयुक्त व्यंजन है, जो 'क+ष' व्यंजनों के मेल से बना है। अतः शब्दकोश में यह क के बाद आता है।

अतः विकल्प (A) सही है।

21. नवंबर 2022 में, भारत ने जर्मनी के साथ "युवा शोधकर्ताओं का इंडो-जर्मन सप्ताह 2022 कार्यक्रम" आयोजित किया।

युवा शोधकर्ताओं का इंडो-जर्मन सप्ताह 2022 विज्ञान और इंजीनियरिंग अनुसंधान बोर्ड (एसईआरबी) भारत और जर्मन रिसर्च फाउंडेशन (डीएफजी) द्वारा संयुक्त रूप से आयोजित किया गया था।

भारत और जर्मनी के 30 होनहार युवा शोधकर्ताओं ने रसायन विज्ञान के समसामयिक मामलों पर गहन चर्चा की और बातचीत की। कॉन्क्लेव का मुख्य लक्ष्य शुरुआती और मध्य-कैरियर शोधकर्ताओं और वैज्ञानिकों के बीच सहयोग को बढ़ावा देना है।

अतः विकल्प (B) सही है।

22. एक सांविधिक समाज एक ऐसे समाज को संदर्भित करता है जिसमें सरकार के औपचारिक संस्थानों का अभाव होता है। गांधी की रामराज्य की अवधारणा के अनुसार, राज्य एक सामाजिक व्यवस्था है जो राजनीतिक बंधनों से मुक्त है और जिसमें स्व-शासित व्यक्ति शामिल हैं। मार्क्स ने सांप्रदायिक कम्युनिस्ट समाज की भी बात की थी। कार्ल मार्क्स ने भविष्यवाणी की थी कि सर्वहारा राज्य और उत्पादन का नियंत्रण करेंगे, सभी वर्ग मतभेदों और वर्ग विरोधी को नष्ट कर देंगे, और अंत में 'राज्य से दूर हो जाएगा'। इस प्रकार, अंतिम परिणाम एक सांविधिक समाज होगा।

अत: विकल्प (A) सही है।

23. सर्वोच्च न्यायालय द्वारा प्रशासकों की समिति के अधिदेश को समाप्त करने के बाद FIFA ने अखिल भारतीय फुटबॉल महासंघ (AIFF) पर लगा प्रतिबंध हटा लिया है।

फीफा ने अखिल भारतीय फुटबॉल महासंघ से प्रतिबंध हटाया, अंडर-17 महिला विश्व कप 2022 योजना के अनुसार आगे बढ़ेगा। फीफा के फैसले का मतलब यह भी है कि भारत अब अंडर-17 महिला विश्व कप की मेजबानी कर सकता है, जो अक्टूबर से होना था।

अतः विकल्प (A) सही है।

24. डॉ सुब्बाना अय्यप्पन को जनवरी 2022 में विज्ञान और इंजीनियरिंग में पद्म श्री से सम्मानित किया गया है।

- वह एक जलीय कृषि वैज्ञानिक हैं जो भारत की नीली क्रांति को शक्ति प्रदान करने में महत्वपूर्ण भूमिका निभा रहे हैं।
- वह भारतीय कृषि अनुसंधान परिषद के पूर्व निदेशक और इम्फाल में केंद्रीय कृषि विश्वविद्यालय के चांसलर हैं।
- उन्होंने मत्स्य पालन, लिम्नोलॉजी और जलीय सूक्ष्म जीव विज्ञान पर शोध पत्र प्रकाशित किए हैं।

अतः विकल्प (C) सही है।

25. नौसेना द्वारा समुद्र की सतह को मापने के लिए उपयोग किए जाने वाले उपग्रह को GEOSAT के रूप में जाना जाता है।

GEOSAT एक अमेरिकी नौसेना उपग्रह था जिसे समुद्र की सतह की ऊंचाई को 5 सेमी के भीतर मापने के लिए डिज़ाइन किया गया था। नौसेना के लिए डेढ़ साल के लंबे वर्गीकृत मिशन के बाद, GEOSAT का वैज्ञानिक सटीक दोहराव मिशन (ERM) 8 नवंबर, 1986 को शुरू हुआ।

अतः विकल्प (A) सही है।

26. भारत के संविधान के अनुच्छेद 164 के अनुसार, मुख्यमंत्री की नियुक्ति किसी राज्य के राज्यपाल द्वारा की जाती है।

अनुच्छेद 164:

मुख्यमंत्री की नियुक्ति राज्यपाल द्वारा की जाएगी और अन्य मंत्रियों की नियुक्ति राज्यपाल द्वारा मुख्यमंत्री की सलाह पर की जाएगी और मंत्री राज्यपाल के प्रसाद पर्यंत अपने पद पर बने रहेंगे।

अतः विकल्प (B) सही है।

27. उपराष्ट्रपति की नियुक्ति भारत के राष्ट्रपति द्वारा नहीं की जाती है। उपराष्ट्रपति का चुनाव एक निर्वाचक मंडल द्वारा किया जाता है, जिसमें संसद के दोनों सदनों के सदस्य शामिल होते हैं, आनुपातिक प्रतिनिधित्व प्रणाली के अनुसार एकल संक्रमणीय मत के माध्यम से और ऐसे चुनाव में मतदान गुप्त मतदान द्वारा होता है। उपराष्ट्रपति के पद के लिए किसी व्यक्ति का चुनाव करने वाले निर्वाचक मंडल में संसद के दोनों सदनों के सभी सदस्य शामिल होते हैं। उपराष्ट्रपति संसद के किसी भी सदन का या किसी भी राज्य के विधानमंडल के सदन का सदस्य नहीं होता है। यदि संसद के किसी भी सदन या किसी राज्य के विधानमंडल के किसी सदन का सदस्य उपराष्ट्रपति के रूप में चुना जाता है, तो यह माना जाता है कि उसने उस सदन में अपनी सीट उपराष्ट्रपति के रूप में अपने कार्यालय में प्रवेश करने की तारीख से खाली कर दी है। बाकी की नियुक्ति भारत के राष्ट्रपति द्वारा की जाती है।

अतः विकल्प (A) सही है।

28. भारतीय वायु सेना (IAF) और जापानी वायु आत्मरक्षा बल (JASDF) 16 से 26 जनवरी, 2023 तक जापान में हयाकुरी हवाई अड्डे और इरुमा हवाई अड्डे पर अपना पहला द्विपक्षीय हवाई अभ्यास, "वीर गार्जियन 23" आयोजित करने के लिए तैयार हैं।

फरवरी 2022 में भारतीय नौसेना द्वारा आयोजित बहुपक्षीय अभ्यास मिलन में पहली बार जापान ने भी भाग लिया था।

अतः विकल्प (B) सही है।

29. अलाउद्दीन खिलजी ने राज्य द्वारा अनाज के आहार संग्रह की व्यवस्था करके भू-राजस्व प्रणाली को संशोधित किया था।

अलाउद्दीन खिलजी के शासनकाल में दिल्ली सल्तनत का आंचल चिह्नित है। 1296 ई में अलाउद्दीन खिलजी ने जलाल-उद-दीन फिरोज खिलजी को उत्तराधिकारी बनाया और सिंहासन पर चढ़ा था। वह भारत के चरम दक्षिण तक अपने साम्राज्य का विस्तार करने वाला पहला मुस्लिम शासक था। उसने गुजरात, रणथंभोर, मेवाड़, मालवा, जालौर, वारंगल और मदुरै पर विजय प्राप्त किया था। वह मंगोलों को 12 से अधिक बार हराने के लिए भी प्रसिद्ध है।

अतः विकल्प (A) सही है।

30. नेशनल स्टॉक एक्सचेंज ऑफ इंडिया (NSE) को सोशल स्टॉक एक्सचेंज (SSE) स्थापित करने के लिए भारतीय प्रतिभूति विनिमय बोर्ड (SEBI) से सैद्धांतिक मंजूरी मिल गई है।

एक SSE गैर-लाभकारी या गैर-सरकारी संगठनों को स्टॉक एक्सचेंजों पर सूचीबद्ध करने की अनुमति देता है, उन्हें एक वैकल्पिक फंड-रेज़िंग संरचना प्रदान करता है।

अतः विकल्प (B) सही है।

31. तालिका वर्णमाला क्रम संख्या दिखाती है:

अक्षर	A	B	C	D	E	F	G	H	I	J	K	L	M
स्थितीय मान	1	2	3	4	5	6	7	8	9	10	11	12	13
स्थितीय मान	26	25	24	23	22	21	20	19	18	17	16	15	14
अक्षर	Z	Y	X	W	V	U	T	S	R	Q	P	O	N

तर्क नीचे दिया गया है:

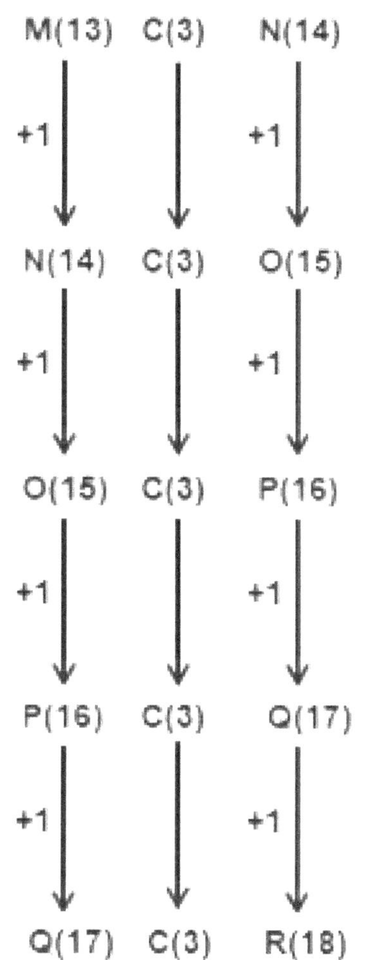

अतः विकल्प (A) सही है।

32. एमबीबीएस छात्र जो नर्तक हैं लेकिन क्रिकेटर नहीं हैं वो "F" द्वारा दर्शाये जाते हैं।

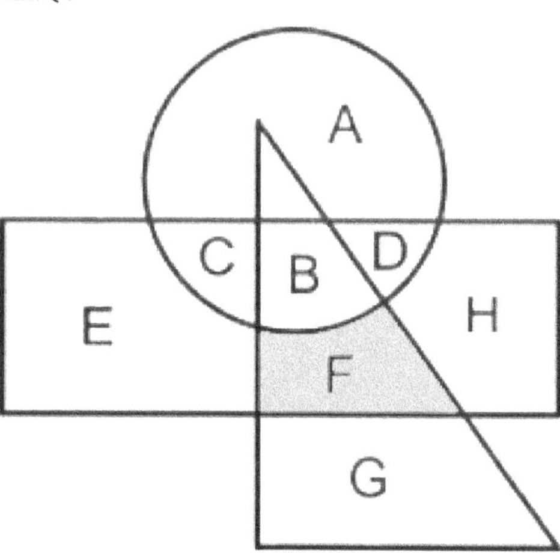

अतः विकल्प (C) सही है।

33. यहाँ तर्क निम्नानुसार है: -

दिए गए शब्दों से हम समझ सकते हैं कि एक स्थान से दूसरे स्थान की यात्रा करने की प्रक्रिया है।

बुकिंग → पैकिंग → आगमन → यात्रा → गंतव्य

इसलिए, तार्किक और सार्थक क्रम 4 - 1 - 3 - 2 - 5 है।

अतः विकल्प (C) सही है।

34. अक्षरों की वर्णमाला की स्थितियों के अनुसार,

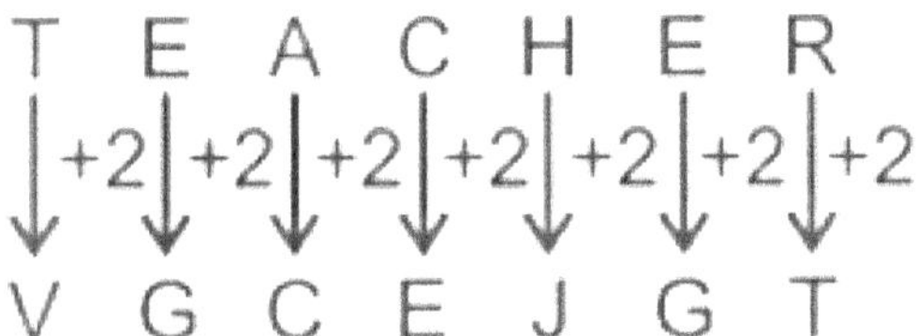

इसी प्रकार,

इसलिए, 'CHILDREN' को 'EJKNFTGP' के रूप में कोडित किया गया है।

अतः विकल्प (C) सही है।

35. निम्नलिखित प्रतीकों का उपयोग करके वंश वृक्ष का निर्माण करने पर:

आरेख में प्रतीक	अर्थ
○	महिला
□	पुरुष
═	विवाहित जोड़ा
—	भाई/बहन
│	पीढ़ी का अंतर

जय, ओम से कहता है कि, "तुम मेरे पिता की इकलौती संतान के पोते हो"।

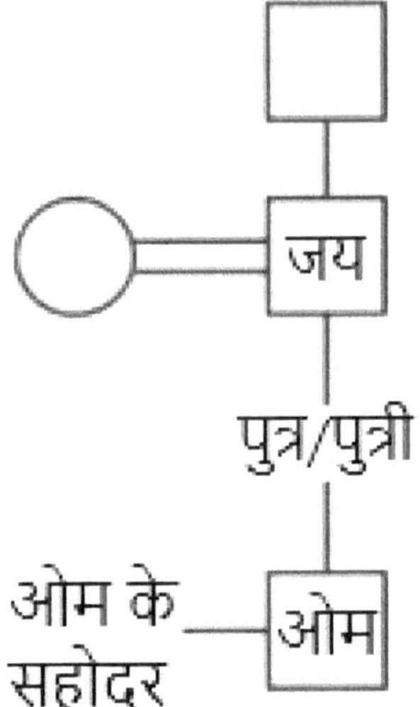

जैसा कि यह देखा जा सकता है कि, जय की पत्नी, ओम के सहोदर की माता है।

अत: विकल्प (A) सही है।

36. MS-Excel में, माउस या एरो कुंजी का उपयोग किए बिना, एक स्प्रेडशीट में, सेल A1 तक पहुँचने का सबसे तेज़ तरीका Ctrl + Home कुंजी को दबाना है।

अत: विकल्प (D) सही है।

37. एमएस एक्सेस में डेटाबेस चार ऑब्जेक्ट्स से बना होता है - टेबल, क्वेरी, फॉर्म और रिपोर्ट। साथ में, ये ऑब्जेक्ट आपको अपने डेटा को दर्ज करने, स्टोर करने, विश्लेषण और संकलन करने की अनुमति देते हैं जैसे आप चाहते हैं। MS एक्सेस में डेटाबेस ऑब्जेक्ट में क्वेरी डेटाबेस में डेटा के बारे में एक प्रश्न संग्रहीत करता है।

अत: विकल्प (C) सही है।

38. माइक्रोसॉफ्ट वर्ड 2007 फ़ाइल के लिए एक्सटेंशन .docx है।

- माइक्रोसॉफ्ट वर्ड माइक्रोसॉफ्ट द्वारा विकसित एक वर्ड प्रोसेसर है।
- यह ज़ेनिक्स सिस्टम के लिए मल्टी-टूल वर्ड के नाम से 25 अक्टूबर, 1983 को जारी किया गया था।
- वर्ड का व्यावसायिक संस्करण एक स्टैंडअलोन उत्पाद या माइक्रोसॉफ्ट ऑफिस या विंडोज RT के घटक के रूप में लाइसेंस प्राप्त है।

अत: विकल्प (C) सही है।

39. एक्सेल माइक्रोसॉफ्ट का स्प्रेडशीट प्रोग्राम है जिसका उपयोग डेटा को व्यवस्थित करने, प्रारूपित करने और गणना करने के लिए किया जा सकता है।

आप बड़ी मात्रा में डेटा, ग्राफ़ और चार्ट डेटा एकत्र करने, मैक्रोज़ बनाने और पिवट टेबल विकसित करने के लिए सूत्र बना सकते हैं। मूल रूप से लोटस 1-2-3 के साथ एक नज़दीक प्रतियोगी, एक्सेल अब स्प्रेडशीट है।

अत: विकल्प (B) सही है।

40. इनपुट उपकरण मानव के समझने योग्य डेटा और प्रोग्राम को उस रूप में परिवर्तित करता है जिसका कंप्यूटर प्रसंस्करण कर सकता है।

कंप्यूटर में, एक इनपुट डिवाइस (कंप्यूटर हार्डवेयर उपकरण का एक अंश) डेटा या नियंत्रण संकेतों को सूचना प्रसंस्करण प्रणाली जैसे कंप्यूटर या सूचना उपकरण प्रदान करने के लिए उपयोग किया जाता है। इनपुट डिवाइस के उदाहरण में कीबोर्ड, माउस, स्कैनर, डिजिटल कैमरा और जॉयस्टिक शामिल हैं।

अत: विकल्प (C) सही है।

41. "वृद्धि विकास का एक हिस्सा है।" किसी व्यक्ति की वृद्धि और विकास के संबंध में सही कथन है।

वृद्धि और विकास शब्द का प्रयोग अक्सर एक दूसरे के स्थान पर किया जाता है। दरअसल, वे वैचारिक रूप से अलग हैं। न तो वृद्धि अपने आप होता है एवं न ही विकास अपने आप होता है।

- वृद्धि से तात्पर्य आकार में मात्रात्मक परिवर्तनों से है जिसमें ऊंचाई, वजन, आकार, आंतरिक अंगों आदि में शारीरिक परिवर्तन शामिल हैं।
- विकास को एक व्यक्ति में समग्र परिवर्तनों की श्रृंखला के रूप में समझाया जा सकता है, जो कि संशोधित संरचनाओं और कार्यों के उद्भव के कारण जीव और उसके पर्यावरण के बीच अंतःक्रिया और आदान-प्रदान का परिणाम है।

अतः विकल्प (A) सही है।

42. अवस्थाएँ विकास का सिद्धांत नहीं है।

विकास के सिद्धांत निम्नलिखित हैं:

- विकास निरंतर है।
- विकास एक निश्चित स्वरूप/अनुक्रम का अनुसरण करता है: विकास के अनुक्रमिक स्वरूप को दो दिशाओं में देखा जा सकता है:
    - शीर्षाभिमुख अनुक्रम
    - समीपदूरस्थ अनुक्रम
- विकास विभिन्न दरों पर आगे बढ़ता है।
- विकास का पूर्वानुमान लगाया जा सकता है।
- विकास सहसंबद्ध है।
- विकास सामान्य से विशिष्ट की ओर बढ़ता है।
- विकास में परिवर्तन शामिल है।

अतः विकल्प (A) सही है।

43. मानव विकास से तात्पर्य मनुष्य के मनोसामाजिक, शारीरिक और संज्ञानात्मक विकास से है। यह मनुष्य के सम्पूर्ण जीवनकाल तक होता है। मनुष्य के शारीरिक विकास में मस्तिष्क और शरीर में वृद्धि और परिवर्तन शामिल हैं, जिसमें इंद्रिय अंग, गत्यात्मक कौशल, स्वास्थ्य आदि शामिल हैं। मनोसामाजिक विकास में व्यक्तित्व, सामाजिक संबंधों और भावनाओं में परिवर्तन शामिल हैं। संज्ञानात्मक विकास में स्मृति, भाषा, तर्क, रचनात्मकता आदि में परिवर्तन शामिल हैं।

मानव विकास का सिद्धांत:

- मानव विकास एक क्रमबद्ध क्रम में आगे बढ़ता है और एक समान स्वरूप, अनुक्रम और दिशा का अनुसरण करता है।
- विकास जो सिर से नीचे की ओर होता है उसे शीर्षाभिमुख सिद्धांत कहा जाता है।
- विकास जो शरीर के केंद्र से बाहर की ओर होता है उसे समीपोदूरस्थ विकास कहा जाता है।
- मानव विकास एक सतत प्रक्रिया है, विकास का एक चरण दूसरे चरण की नींव रखता है।
- मानव विकास एकीकृत या संबंधित अर्थात शारीरिक, मानसिक, सामाजिक और संवेग।।त्मक है।
- मानव विकास सरल से जटिल की ओर बढ़ता है, बच्चे जटिल कार्य करने से पहले सरल कार्य करते हैं।
- मानव विकास परिपक्वता और अधिगम दोनों से प्रभावित होता है।
- विकास की अलग-अलग व्यक्तिगत दरें हैं। उदाहरण के लिए, कोई बच्चा दस महीने की आयु में जबकि दूसरा चौदह महीने की आयु में चलना शुरू कर देता है।

अतः विकल्प (C) सही है।

44. विकास से तात्पर्य अंगों के बेहतर और संवर्धित कार्य के लिए संरचना में वृद्धि से है। इसमें सीखने और परिपक्वता की प्रक्रिया के दौरान एक व्यक्ति में सभी गुणात्मक परिवर्तन शामिल हैं।

- यह विभिन्न आयामों में एक व्यक्ति में समग्र परिवर्तनों जैसे शारीरिक, मानसिक, सामाजिक, भावनात्मक और इसी तरह अन्य को संदर्भित करता है। यह एक व्यापक और निरंतर प्रक्रिया है, इस प्रकार कुछ सिद्धांत हैं जिनका अवधारणा की बेहतर समझ के लिए पालन करने की आवश्यकता है।

विकास के सिद्धांतों में शामिल हैं:

- निरंतरता का सिद्धांत
- एकीकरण का सिद्धांत
- वैयक्तिक भिन्नता का सिद्धांत
- सामान्य से विशिष्ट प्रतिक्रियाओं तक विकास होता है
- परस्पर संबंध का सिद्धांत

इसलिए, यह निष्कर्ष निकाला जा सकता है कि उपरोक्त सभी वृद्धि एवं विकास के सिद्धान्त हैं।

अतः विकल्प (D) सही है।

45. अनुवांशिकता एक बच्चे के शारीरिक विकास को प्रभावित करने वाला कारक है।

- एक बच्चे का शारीरिक विकास मुख्य रूप से आनुवंशिकता से निर्धारित होता है।
- आनुवंशिकता का तात्पर्य जन्मजात लक्षणों और क्षमताओं से है।
- ये जन्मजात क्षमताएं माता-पिता से बच्चे में संचारित होती हैं।
- प्रत्येक बच्चे को 23 जोड़े गुणसूत्र प्राप्त होते हैं (आधे पिता से और आधे माता से)।
- इन गुणसूत्रों को माता-पिता से बच्चों में विशेषताओं का वाहक माना जाता है।
- अर्नोल्ड गेसेल का मानना है कि किसी व्यक्ति का व्यवहार पूरी तरह से वंशानुगत कारकों से निर्धारित होता है।
- आनुवंशिकता वृद्धि और शारीरिक विकास को प्रभावित करती है।

अतः विकल्प (A) सही है।

46. अवधारणाओं का विकास मुख्य रूप से भावनात्मक विकास का एक हिस्सा है।

- बाल विकास का अध्ययन एक आकर्षक क्षेत्र है। एक मनोवैज्ञानिक, विलियम जेम्स ने कहा कि जन्म के समय एक बच्चे का मस्तिष्क एक तबुला रस (खाली स्लेट) है, जो पर्यावरण में विकसित होता है। एक बच्चे का विकास मुख्य रूप से बौद्धिक विकास के साथ मुख्य रूप से संबंधित है।
- विकास कार्यात्मक या गैर जैविक परिवर्तनों को संदर्भित करता है और आमतौर पर प्रकृति में गुणात्मक होता है (जैसे, बुद्धि का विकास)।
- बौद्धिक विकास सामाजिक, भावनात्मक, शारीरिक जैसे अन्य विकास का नेतृत्व करता है।
- विकास एक व्यवस्थित और सकारात्मक परिवर्तन को भी संदर्भित करता है, लेकिन परिवर्तन भी गिरावट की दिशा में हो सकता है।

अतः विकल्प (D) सही है।

47. दृष्टि संज्ञानात्मक विकास का हिस्सा नहीं है।

संज्ञानात्मक विकास में ध्यान, भाषा, कार्यकारी कार्यों, बुद्धि, आनुवंशिकता और पर्यावरणीय प्रभावों के विकास पर अनुभवजन्य और सैद्धांतिक कार्य शामिल हैं। कार्यकारी प्रणाली मनोविज्ञान में एक सैद्धांतिक संज्ञानात्मक प्रणाली है जो अन्य संज्ञानात्मक प्रक्रियाओं को नियंत्रित और प्रबंधित करती है। इसे कार्यकारी प्रकार्य के रूप में भी जाना जाता है।

कार्यकारी कार्यों को पर्यवेक्षी ध्यान प्रणाली या संज्ञानात्मक नियंत्रण के रूप में भी जाना जाता है। इस अवधारणा का उपयोग मनोवैज्ञानिकों द्वारा मस्तिष्क प्रक्रियाओं के शिथिल परिभाषित संग्रह का वर्णन करने के लिए किया जाता है जो नियोजन, संज्ञानात्मक लचीलेपन, अमूर्त सोच, नियम अधिग्रहण के लिए जिम्मेदार होते हैं, उचित कार्यों की शुरूआत करते हैं और अनुचित कार्यों को रोकते हैं, और प्रासंगिक संवेदी जानकारी का चयन करते हैं।

अतः विकल्प (D) सही है।

48. सामाजिक विकास से तात्पर्य उस तरीके से है जिस तरह से एक बच्चा दूसरों के साथ अंत:क्रिया करना सीखता है और दूसरों के साथ सामाजिक संबंध विकसित करता है।

एक बच्चे के सामाजिक विकास की प्रक्रिया धीमी हो जाएगी यदि:

- बच्चे को अपने पड़ोस में जाने की अनुमति नहीं है क्योंकि वह वहां से बुराइयों को सीखेगा: बच्चे के लिए अपने पड़ोस में अच्छी तरह से अंत:क्रिया करना महत्वपूर्ण है ताकि वह कई चीजें सीख सके और सामाजिक रूप से विकसित हो सके। यदि बच्चे को जाने नहीं दिया जाएगा तो वह सामाजिक रूप से विकसित नहीं हो पाएगा।

- भाषा की बाधाओं के कारण, बच्चा दूसरों के साथ संवाद करने में असमर्थ है: यदि बच्चे के संचार में भाषा की बाधा है तो उसका सामाजिक विकास धीमा हो जाएगा क्योंकि वह दूसरों के साथ संवाद करने में सक्षम नहीं होगा।

- बच्चा विकलांग है और अन्य लोग उससे नफरत करते हैं: हर बच्चे के साथ ठीक से व्यवहार करना महत्वपूर्ण है, उसके विकलांग व्यक्तित्व के कारण बच्चे की उपेक्षा करना गलत है क्योंकि यह उनके सामाजिक विकास को धीमा कर देगा।

अतः विकल्प (D) सही है।

49. बाल्यावस्था के दौरान भावनात्मक विकास परिवार की तुलना में मित्र मंडली (मित्र समूह) के प्रभाव के प्रति अधिक संवेदनशील होता है।

भावनात्मक विकास:

- बाल्यावस्था के दौरान, बच्चे आमतौर पर शर्मनाक और अपराधबोध जैसी आत्म-जागरूक भावनाओं को विकसित करना शुरू कर देते हैं, क्योंकि वे केवल देखभाल करने वालों या अन्य वयस्कों के मूल्यांकन पर प्रतिक्रिया देने के बजाय खुद का मूल्यांकन शुरू करते हैं।

- माता-पिता और देखभालकर्ता न केवल सीधे भावनाओं को नियंत्रित करने के तरीके सिखाते हैं, बल्कि आदर्श के रूप में अभिनय करके बच्चों के व्यवहार को भी अप्रत्यक्ष रूप से प्रभावित करते हैं।

- अपनी उम्र के अन्य बच्चों (मित्र मंडली (मित्र समूह)) के साथ बातचीत करते समय, जैसे कि डेकेयर या पूर्वस्कूल में सहकर्मी, वे समानांतर खेल में संलग्न होते हैं जिसमें वे एक-दूसरे के साथ सही मायने में बातचीत किए बिना खेलते हैं।

- एक और भावनात्मक क्षमता जो बचपन के दौरान विकसित होती है, समानुभूति है, जो सकारात्मक सामाजिक व्यवहार का एक महत्वपूर्ण घटक है।

- क्रोध, आक्रामकता और भय के साथ उचित रूप से व्यक्त और व्यवहार करना सीखना एक मूल्यवान जीवन और सामाजिक कौशल है

- बच्चे अब गर्व और शर्म की भावनाओं को समझने में सक्षम हैं और किसी भी स्थिति में एक से अधिक भावनाओं का अनुभव कर सकते हैं। वे भावनाओं को अधिक प्रभावी ढंग से दबा सकते हैं या छुपा सकते हैं और सामना करने के लिए स्व-अधिग्रहित रणनीतियों का उपयोग कर सकते हैं।

अतः विकल्प (C) सही है।

50. किशोरावस्था में मार्गदर्शन की आवश्यकता होती है:

व्यक्तिगत मार्गदर्शन: व्यक्तिगत मार्गदर्शन छात्रों को उनकी भावनात्मक समस्याओं को हल करने और उनकी भावनाओं और संवेगों को नियंत्रित करने में मदद करने के लिए दी जाने वाली सहायता है। व्यक्तिगत मार्गदर्शन का उद्देश्य छात्रों की इस प्रकार सहायता करना है कि वे स्वयं को असामाजिक गतिविधियों में शामिल न करें। उन्हें पूर्वग्रहों और नकारात्मक दृष्टिकोणों को दूर करने में मदद दी जानी चाहिए।

समस्या का समाधान: व्यक्तिगत समस्याओं में आम तौर पर संवेग शामिल होते हैं और इसलिए इनका समाधान करना मुश्किल होता है। ऐसी समस्याओं को हल करने के लिए ज्यादातर मनोचिकित्सा दृष्टिकोणों के अनुप्रयोग की आवश्यकता होती है जिसे केवल मनोवैज्ञानिक और मनोचिकित्सक ही नियंत्रित कर सकते हैं।

पहलुओं का एकत्रीकरण: विभिन्न पहलुओं से संबंधित पहलुओं को एकत्र करने में मार्गदर्शन विशेष व्यवहार समस्या को हल करने में मदद करता है जो किशोरावस्था को अलग-अलग उपचारों के उपयोग से परेशान करता है।

अतः विकल्प (D) सही है।

51. शिक्षण का शिक्षार्थी-केंद्रित दृष्टिकोण शिक्षार्थियों को केंद्र में रखता है और बच्चों के अनुभवों और जरूरतों को प्राथमिकता देता है। यह दृढ़ता से मानता है कि जब बच्चों को अपनी गति से कार्य करने की स्वतंत्रता दी जाती है, तो वे अवधारणाओं को कुशलता से आत्मसात करने की क्षमता विकसित करते हैं।

शिक्षक एक निष्क्रिय भूमिका निभाता है जबकि शिक्षार्थी एक निष्क्रिय भागीदार नहीं होता। शिक्षार्थी अधिगम की प्रक्रिया में सक्रिय भूमिका निभाता है। यह दृष्टिकोण शिक्षार्थियों को सोचने, कार्य करने, निर्णय लेने, समस्याओं को हल करने, तर्कों का विश्लेषण करने और विचारों को उत्पन्न करने में मदद करता है।

इस प्रकार, यह निष्कर्ष निकाला जा सकता है कि, एक शिक्षार्थी-केंद्रित दृष्टिकोण में, शिक्षक एक निष्क्रिय भूमिका निभाता है।

अत: विकल्प (B) सही है।

52. कक्षा II का एक शिक्षक कक्षा में कहानी सत्र में शामिल होता है। कहानी समाप्त होने के बाद शिक्षक छात्रों से कहानी में प्रयुक्त कुछ शब्दों को दोहराने के लिए कहते हैं। बोलने और सुनने के कौशल शिक्षक शिक्षार्थियों में विकसित करने का प्रयास कर रहे हैं।

उम्मीदों को सूचीबद्ध करने वाले एंकर चार्ट को प्रदर्शित करके निरंतर समर्थन प्रदान करें, जैसे: आवाजें बंद, स्पीकर पर आंखें, स्पीकर पर केंद्रित ध्यान। अभ्यास करने के लिए कई अवसर प्रदान करें। स्पष्ट और समावेशी सकारात्मक प्रतिक्रिया दें। छात्रों को सुनने और बोलने के कौशल के साथ उनकी प्रगति पर विचार करने दें।

अतः विकल्प (C) सही है।

53. स्कूली शिक्षा के सभी स्तरों पर कलाओं के माध्यम से सीखना संभव है। कला एकीकृत शिक्षा प्रकृति में अनुभवात्मक है और सभी बच्चों को उनकी कल्पना और भावनात्मक शक्तियों के साथ प्रतिक्रिया करने के लिए प्रेरित करती है। बच्चों की जरूरतें उम्र, सामाजिक संदर्भों और क्षमता के साथ बदलती रहती हैं। कला एकीकृत शिक्षा के माध्यम से मूल्यांकन, मूल्यांकन की प्रक्रिया को लोकतांत्रिक बनाने में मदद करता है, जिसमें छात्रों को अपने सीखने को व्यक्त करने के लिए कई तरीके प्रदान किए जाते हैं। यह शिक्षकों को पारंपरिक पेपर-पेंसिल या मौखिक और स्मरण पद्धति से एक सतत और व्यापक मूल्यांकन पद्धति की ओर बढ़ने में मदद करता है जो विषय के सीखने के साथ-साथ छात्र के सामाजिक-भावनात्मक विकास दोनों का आकलन करने में मदद कर सकती है।

अतः विकल्प (C) सही है।

54. कक्षा प्रबंधन एक बहुआयामी अवधारणा है जिसमें भौतिक वातावरण का संगठन, नियमों और दिनचर्या की स्थापना, प्रभावी संबंधों का विकास और दुर्व्यवहार की रोकथाम शामिल है। ऐसी कक्षा में अनुशासन शिक्षकों की प्रमुख चिंता है।

- शिक्षक-केंद्रित दृष्टिकोण में, नियंत्रण प्राथमिक महत्व का है, और अधिकार शिक्षक द्वारा प्रेषित किया जाता है।

- शिक्षक छात्रों पर नियंत्रण रखता है, एक व्यवस्थित कक्षा के लिए आवश्यक नियमों की पहचान करता है और कक्षा में शिक्षण के दौरान इन नियमों को लागू करता है।

- मूल रूप से, शिक्षक पुरस्कार और दंड पर भरोसा करके शिक्षक-केंद्रित दृष्टिकोण में अनुशासन लागू करता है।
- शिक्षक ज्यादातर छात्रों के व्यवहार को प्रभावित करने के लिए बाहरी प्रेरणा पर भरोसा करते हैं और इसलिए अधिरोपित किया जाता है।
- उदाहरण के लिए, शिक्षक कक्षा में अनुशासित रहने वाले छात्रों को पुरस्कार और दंड देता है। तो सजा मिलने के डर से या इनाम पाने की चाहत के कारण विद्यार्थी अनुशासन में रहने लगते हैं।

इस प्रकार, हम यह निष्कर्ष निकाल सकते हैं कि शिक्षा के शिक्षक-केंद्रित दृष्टिकोण में अधिरोपित किया जाता है।

अतः विकल्प (B) सही है।

55. परीक्षण छात्रों के ज्ञान के स्तर को मापने के लिए एक उपकरण के रूप में कार्य करता है। यह सीखने की सामग्री को तदनुसार समायोजित करने में भी मदद करता है। वैधता, विश्वसनीयता और निष्पक्षता परीक्षणों की विशेषता है।

विश्वसनीयता:

- माप की गुणवत्ता के लिए सबसे महत्वपूर्ण मानदंडों में से एक माप उपकरण की विश्वसनीयता है।
- विश्वसनीयता का अर्थ है संगति जिसके साथ एक उपकरण समान परिणाम देता है।
- यह इस बात से संबंधित है कि किसी घटना का माप किस हद तक स्थिर और सटीक परिणाम प्रदान करता है। विश्वसनीयता समय के साथ निरंतरता और प्रतिकृति या दोहराव से संबंधित है।
- एक परीक्षण को विश्वसनीय माना जाता है जब इसका उपयोग कई अलग-अलग शोधकर्ताओं द्वारा स्थिर परिस्थितियों में किया जा सकता है, जिसमें लगातार परिणाम होते हैं और परिणाम अलग-अलग नहीं होते हैं। यह याद रखना महत्वपूर्ण है कि विश्वसनीयता को मापा नहीं जाता है, इसका अनुमान लगाया जाता है।
- उदाहरण के लिए, यदि किसी विशेष लक्षण जैसे कि विक्षिप्तता को मापने के लिए एक परीक्षण का निर्माण किया जाता है, तो हर बार जब इसे प्रशासित किया जाता है, तो उसे समान परिणाम प्राप्त करने चाहिए।

तो, यह निष्कर्ष निकाला जा सकता है कि उपर्युक्त स्थिति में, शिक्षक परीक्षण विश्वसनीयता की तलाश में है।

अतः विकल्प (B) सही है।

56. यह स्पष्ट है कि 21वीं सदी की कक्षा की आवश्यकताएं 20वीं सदी की आवश्यकताओं से बहुत भिन्न हैं। 21वीं शताब्दी की कक्षा में, शिक्षक छात्र अधिगम के उत्पादक होते हैं और उत्पादक कक्षा के वातावरण के निर्माता होते हैं, जिसमें छात्र उन कौशलों का विकास कर सकते हैं जिनकी उन्हें वर्तमान या भविष्य में आवश्यकता हो सकती है।

कक्षा शिक्षण को अधिक प्रभावी बनाने के लिए वर्तमान शिक्षकों द्वारा आवश्यक कौशल निम्नलिखित हैं:

1. कक्षा प्रबंधन में प्रौद्योगिकी का उपयोग
2. छात्रों की आवश्यकता के अनुसार ज्ञान
3. विषय का ज्ञान

इस प्रकार, उपरोक्त कौशल कक्षा शिक्षण को अधिक कुशल बनाने के लिए महत्वपूर्ण हैं।

अतः विकल्प (C) सही है।

57. सामाजिक विज्ञान पढ़ाने वाले शिक्षक पर कक्षा को रोचक बनाने की जिम्मेदारी होती है। यह तब संभव है जब शिक्षार्थी शिक्षण-अधिगम प्रक्रिया में सक्रिय रूप से भाग लें।

सामान्य विशेषताएं जो सामाजिक विज्ञान वर्ग में होने की उम्मीद है, नीचे चर्चा की गई है:

- सामाजिक मुद्दों में अन्वेषण के लिए जगह बनाना
- बहुभाषावाद का उपयोग
- एकाधिक विचारों का सम्मान
- शिक्षार्थियों के अनुभवों का उपयोग करना
- पाठ्यपुस्तक से अलग जाकर
- सामुदायिक संसाधनों का उपयोग करना
- मानवाधिकारों का जिक्र
- जीवन कौशल विकसित करने के लिए जगह बनाना
- दृश्य-श्रव्य सामग्रियों का उपयोग करना

अतः विकल्प (C) सही है।

58. एक शिक्षक अपनी पाठ योजना तैयार करता है और प्रभावी शिक्षण के लिए उपयुक्त गतिविधियों की योजना बनाता है, लेकिन छात्रों के ध्यान भंग होने के कारण, वह पाठ को प्रभावी ढंग से वितरित करने में विफल रहता है। शिक्षक कक्षा प्रबंधकीय कौशल के अभाव के कारण विफल रहता है।

कक्षा प्रबंधन की विशेषताएं इस प्रकार हैं :

- एक प्रभावी सीखने का वातावरण बनाएं और छात्रों पर सकारात्मक प्रभाव डालें।
- एक ऐसा वातावरण तैयार करें जो शैक्षणिक अधिगम और भावनात्मक सह-अस्तित्व का समर्थन और सुविधा प्रदान करे।
- न केवल व्यवस्थित रूप से बल्कि शिक्षार्थी के सीखने में भी सुधार करता है।
- छात्र उपलब्धि और नैतिकता को बढ़ावा देकर शिक्षार्थियों को बढ़ावा देना, स्थापित करना और अनुशासित करना।
- एक छात्र के दृष्टिकोण से, अच्छे कक्षा प्रबंधन में व्यवहार और सीखने की अपेक्षाओं और एक सहयोगी सीखने के माहौल के बीच संबंध शामिल होता है।

अतः विकल्प (A) सही है।

59. शिक्षण की गुणवत्ता को प्रभावित करने वाले कारक शिक्षण विधि, शिक्षक के संचार कौशल, शिक्षक का प्रशिक्षण हैं।

शिक्षण को प्रभावित करने वाले कारक हैं:

विषय ज्ञान: यदि किसी शिक्षक के पास किसी विषय में ज्ञान का अभाव है, तो छात्रों के पास बोध की कमी हो जाती है। एक शिक्षक जो अपने विषय को अच्छी तरह से जानता है, शिक्षण-अधिगम की प्रक्रिया की यात्रा का नेतृत्व करने में निर्णायक भूमिका निभा सकता है।

शिक्षण की विधि: एक शिक्षक अपने विषय को अच्छी तरह से जानता है, लेकिन विषय के शिक्षण से संबंधित विभिन्न अनुभवों को साझा करने, संवाद करने और बातचीत करने के लिए, उसे विशिष्ट शिक्षण कौशल की आतंशकता होती है। इस संबंध में शिक्षक की प्रवीणता या कमी शिक्षण-अधिगम की प्रक्रिया को एक बड़ी सफलता या असफलता के लिए जिम्मेदार ठहराती है।

शिक्षक प्रशिक्षण: शिक्षक अधिगम या प्रशिक्षण एक सतत कभी न खत्म होने वाली प्रक्रिया है जो शिक्षक के शिक्षण कौशल, नए ज्ञान में दक्षता; बेहतर या नई प्रवीणता विकसित करने को बढ़ावा देती है, जो बदले में छात्र की शिक्षा में सुधार करने में सहायता करते हैं।

शिक्षक के संचार कौशल: छात्रों के प्रभावी ढंग से अधिगम के लिए कक्षा के भीतर शिक्षक का संचार महत्वपूर्ण है और इसे अधिगम के प्रारंभिक चरण से ही रखा जाना चाहिए। संचार शिक्षण-अधिगम प्रक्रिया का एक अभिन्न अंग है। शिक्षक छात्रों को कक्षा में मौखिक रूप से अधिक निर्देशों का संचार करता है।

अतः विकल्प (B) सही है।

60. एनईपी, 2020 ने सिफारिश की है कि सीखने के संकट को दूर करने के लिए बुनियादी साक्षरता और संख्या ज्ञान पर और आम तौर पर पढ़ने, लिखने, बोलने, गिनने, अंकगणित और गणितीय सोच पर ध्यान केंद्रित किया जाएगा। पाठ्यक्रम,

ट्रैक करने के लिए निरंतर रचनात्मक/अनुकूली मूल्यांकन की एक मजबूत प्रणाली के साथ और इस प्रकार प्रत्येक छात्र की शिक्षा को व्यक्तिगत बनाना और सुनिश्चित करना।

- शिक्षा का उद्देश्य न केवल संज्ञानात्मक विकास होगा बल्कि चरित्र निर्माण और 21वीं सदी के प्रमुख कौशल से लैस समग्र और सर्वांगीण व्यक्तियों का निर्माण करना भी होगा।
- हमारी स्कूली शिक्षा प्रणाली में यह मूल्यांकन योगात्मक और मुख्य रूप से रटने के कौशल का परीक्षण करने वाले मूल्यांकन से अधिक नियमित और रचनात्मक मूल्यांकन में बदल जाएगा।
- प्रणाली योग्यता-आधारित होगी, बच्चों के सीखने और विकास को बढ़ावा देगी, और विश्लेषण, महत्वपूर्ण सोच और वैचारिक स्पष्टता जैसे उच्च स्तर के कौशल का परीक्षण करेगी।

इस प्रकार, यह निष्कर्ष निकाला गया है कि मूलभूत साक्षरता और संख्या ज्ञान पर अधिक ध्यान पढ़ना, लिखना, बोलना, गिनना, अंकगणित और गणितीय सोच पर होगा।

अतः विकल्प (D) सही है।

61. व्यवस्थित नियंत्रित अधिगम वातावरण 'टाइट-शिप' क्लासरूम हैं जहाँ शिक्षक उच्च स्तर की संरचना रखता है, नियमित रूप से दिनचर्या का प्रबंधन करता है और बहुत कम निर्देशात्मक रणनीतियों का उपयोग करता है।

कक्षा के वातावरण की चार श्रेणियाँ हैं जिनमें शिथिलता, पर्याप्त, व्यवस्थित रूप से प्रतिबंधात्मक और व्यवस्थित रूप से सक्षम/लचीला वातावरण शामिल है, जिसमें पर्याप्त कक्षा पर्यावरण सार्थक सीखने के लिए बुनियादी स्तर के आदेश को प्रदर्शित करता है, लेकिन शिक्षक अभी भी इसे बनाए रखने के लिए संघर्ष करता है।

कक्षा के वातावरण के 4 प्रकार:

- **दुष्क्रिया** – शिक्षक और छात्र नियंत्रण के लिए संघर्ष करते हैं। महसूस करना असहज है, शैक्षणिक कार्य को बनाए रखना मुश्किल है।
- **पर्याप्त** – कुछ शैक्षणिक कार्य को पूरा करने के लिए बुनियादी स्तर का क्रम। फिर भी तनाव, रुकावट आम।
- **व्यवस्थित नियंत्रित** – आसानी से चलाएँ, अत्यधिक प्रबंधित। दिनचर्या कड़ी होती है। निर्देशात्मक रणनीतियों की सीमित सीमा।
- **व्यवस्थित मित्रवत** – आसानी से चलाएँ, ढीले (ढीले नहीं) संरचनाओं द्वारा विशेषता। निर्देशात्मक रणनीतियों और कक्षा दिनचर्या की विस्तृत श्रृंखला।

अतः विकल्प (B) सही है।

62. उपर्युक्त स्थिति में, शिक्षक को उनकी कठिनाइयों के कारणों का पता लगाना चाहिए और इन कठिनाइयों को दूर करने के लिए उपचारात्मक उपायों का सुझाव देना चाहिए क्योंकि उपचारात्मक भाषा शिक्षण निम्नलिखित पर केंद्रित है:

- सीखने की धीमी गति के कारण कारकों की खोज।
- नियमित अध्यापन से छोड़े गए क्षेत्रों का विकास।
- छात्रों द्वारा गलत तरीके से सीखे गए कौशलों का पुन: शिक्षण।
- नियमित शिक्षण से छूटे विशेष कौशल का विकास।
- सीखने की कठिनाइयों का सामना करने वाले छात्रों की पहचान।
- शिक्षार्थियों को उनकी विविध आवश्यकताओं के अनुसार व्यावहारिक अनुभव प्रदान करना।

अतः विकल्प (C) सही है।

63. अपने छात्रों की घरेलू भाषाओं में उपयोगी शब्द और भाव पोस्ट करके (उदाहरण के लिए, 'हैलो', 'अलविदा', 'क्षमा करें', 'धन्यवाद')। यह कार्यनीति कक्षा में बहुभाषिकता को बढ़ावा देगी।

- बहुभाषिकता दो से अधिक भाषाओं के प्रयोग की क्षमता है।

- यह एक बच्चे की पहचान का संघटक है और भारतीय भाषाई परिदृश्य की एक विशिष्ट विशेषता को एक संसाधन, कक्षा रणनीति और एक रचनात्मक भाषा शिक्षक द्वारा एक लक्ष्य के रूप में उपयोग किया जाना चाहिए।

अतः विकल्प (B) सही है।

64. शिक्षण सहायक सामग्री का उपयोग छात्रों के सीखने के परिणामों का अनुकूलन के आधार पर उचित है।

शिक्षण सहायक सामग्री का मुख्य उद्देश्य छात्रों के सीखने के परिणामों का अनुकूलन करना है। शिक्षण परिणाम शिक्षण-शिक्षण सामग्री का उपयोग करके कक्षा में दिए गए सीखने के अनुभव पर अत्यधिक निर्भर हैं।

कक्षा में शिक्षण सहायक सामग्री का उपयोग करने के कुछ कारण विभिन्न प्रकार के हैं, जो नीचे वर्णित हैं:

- **शिक्षार्थियों को प्रेरित करें** - ध्यान आकर्षित करना किसी भी सीखने के लिए पहला कदम है और कक्षा में शिक्षार्थियों का ध्यान आकर्षित करने में टीएलएम मदद करता है। एक बार टीएलएम को देखने के लिए प्रेरित होने के बाद, बच्चे नई चीजें सीखने के लिए उत्सुक हैं।
- **सूचना के अधिक प्रतिधारण में मदद** - टीएलएम के साथ बातचीत करने में संवेदी चैनलों की संख्या जितनी अधिक होगी, सूचना की अवधारण उतनी ही लंबी होगी। इसलिए, सीखना प्रभावी होगा और लंबे समय तक चलेगा।
- **समग्र शिक्षण की सुविधा** - कक्षा शिक्षण के माध्यम से प्राप्त किए जाने वाले सीखने के उद्देश्य सभी डोमेन- संज्ञानात्मक, स्नेही और मनो-वैज्ञानिक हैं। इसलिए, विभिन्न उद्देश्यों को प्राप्त करने के लिए, विभिन्न सीखने के अनुभवों को प्रदान करने की आवश्यकता होती है, जिसे टीएलएम के उपयोग के माध्यम से किया जा सकता है।
- **कक्षा शिक्षण को व्यवस्थित करने में मदद करें** - एक शिक्षक को सीखने के अनुभवों को व्यवस्थित करने की आवश्यकता होती है, जिससे उन्हें यथासंभव यथार्थवादी बनाया जा सके।

अतः विकल्प (C) सही है।

65. पाठ्यक्रम प्रारूप समग्र पाठ्यक्रम संरचना के निर्माण पर ध्यान केंद्रित करता है, अधिगम के उद्देश्यों के लिए सामग्री का मानचित्रण, जिसमें पाठ्यक्रम की रूपरेखा विकसित करना और पाठ्यक्रम का निर्माण करना सम्मिलित है।

एक योग्यता-आधारित पाठ्यक्रम की व्याख्या एक पाठ्यक्रम अवधारणा के रूप में की जा सकती है, जो कुछ प्रदर्शन मानकों के साथ कार्य करने की क्षमता के विकास पर जोर देती है, ताकि छात्रों द्वारा विशेष योग्यता के सेट के रूप में परिणाम महसूस किया जा सके। सीबीसी को छात्रों के ज्ञान, समझ, मूल्यों, क्षमताओं, दृष्टिकोण और हितों को विकसित करने के लिए निर्देशित किया जाता है ताकि वे पूरी जिम्मेदारी के साथ कौशल, सटीकता और सफलता के रूप में कुछ कर सकें।

योग्यता-आधारित पाठ्यक्रम प्रारूप की प्रक्रिया आमतौर पर इसी तरह की प्रक्रिया का अनुसरण करती है:

1. दक्षताओं का विकास या पहचान
2. विषयों में दक्षताओं का आयोजन।
3. पाठ्यक्रमों में विषयों का आयोजन।
4. पाठ्यक्रम में कार्यप्रणाली का आयोजन।
5. पाठ्यक्रम की समीक्षा / मूल्यांकन।
6. कार्यक्रम निरंतर का मूल्यांकन

CBE में, छात्र की तत्परता का आकलन स्पष्ट प्रदर्शन के परिणामों से होता है जो सीधे छात्र क्षमता से संबंधित और छात्र की योग्यता मापते हैं। योग्यता-आधारित प्रारूप का उपयोग छात्रों को उन कौशलों को विकसित करने में मदद करने के लिए बनाये गए पाठ्यक्रम बनाने के लिए निकट और दूर के भविष्य के काम के लिए तैयार करने के लिए किया जाता है और इस कार्यक्रम में उनकी सफलता का आकलन करने के लिए किया जाता है कि वे अपनी क्षमता का आकलन करने के

लिए कैसे मूल्यांकन करते हैं। चूंकि यह छात्रों की रुचि और क्षमता के अनुसार कौशल विकास पर जोर देता है।

अतः विकल्प (C) सही है।

66. बधिर बच्चे भाषा द्वारा संचार में बाधाओं का प्रदर्शन करते हैं।

श्रवण दोष भाषा के सामान्य विकास में एक बड़ी बाधा है।ऐसी दुर्बलता वाला बच्चा भाषा के विकास के लगभग सभी पहलुओं में गंभीर नुकसान में है।

अतः विकल्प (A) सही है।

67. शैक्षिक रूप से, विकलांग, सीखने वाले मंदबुद्धि और पिछड़े बच्चों के समान दिखते हैं। सीखने की अक्षमता वाले बच्चों को कुछ कौशल जैसे पढ़ने, लिखने, सुनने आदि को सीखने और उपयोग करने में कठिनाई का अनुभव होता है।

पिछड़े बच्चे को धीमा सीखने वाला भी कहा जाता है। बच्चा अपने आयु वर्ग से सामान्य रूप से अपेक्षित नियमित कार्य का सामना करने में असमर्थ होता है। उसे अपने स्कूल के काम में सामान्य बच्चे के साथ तालमेल बिठाना मुश्किल लगता है। सुस्त लोग सोचने और समझने में धीमे होते हैं। ये औसत से कम क्षमता वाले शिक्षार्थी हैं। उन्हें संज्ञानात्मक समस्याएं, भाषा संबंधी समस्याएं, श्रवण अवधारणात्मक समस्याएं, दृश्य समस्याएं और सामाजिक-भावनात्मक समस्याएं हैं।

अतः विकल्प (D) सही है।

68. PECS (पिक्चर एक्सचेंज कम्युनिकेशन सिस्टम) ऑटिस्टिक बच्चों को पढ़ाने की एक विधि है। यह एक प्रकार की वृद्धिशील और वैकल्पिक संचार तकनीक है, जहां कम या बिना मौखिक क्षमता वाले व्यक्ति चित्र कार्ड का उपयोग करके संवाद करना सीखते हैं। बच्चे चित्रों का उपयोग इच्छा, अवलोकन या भावना को "मुखर" करने के लिए करते हैं।

ऑटिज्म से पीड़ित कई बच्चे नेत्रहीन सीखते हैं, और इसलिए, इस प्रकार की संचार तकनीक को स्वतंत्र संचार कौशल में सुधार करने में प्रभावी दिखाया गया है।

अतः विकल्प (A) सही है।

69. कक्षा में अनुकूल अधिगम माहौल निर्मित करने के लिएस भी शिक्षार्थियों को सहभागिता के समान अवसर देना मददगार रहेगा।

- सकारात्मक अधिगम का माहौल छात्र की उपलब्धि को बढढ़ाता है। यह अधिगम में भी योगदान देता है और शिक्षकों और शिक्षार्थियों के बीच मजबूत संबंध बनाने में मदद करता है।
- एक सकारात्मक अधिगम का माहौल शिक्षार्थियों, कर्मचारियों और आगंतुकों को सुरक्षा की भावना भी प्रदान करता है।
- विद्यालयों में अधिगम को प्रभावी बनाने के लिए अनुकूल अधिगम माहौल का विकास किया जाना चाहिए। यह शिक्षण-अधिगम की प्रक्रिया के दौरान शिक्षार्थियों को शिक्षक और साथियों के साथ अंत: क्रिया करने की अनुमति देता है।
- प्रभावी कक्षा संगठन के माध्यम से प्रेरक शिक्षण माहौल बनाना और बनाए रखना प्राप्त किया जा सकता है। इस तरह के अभ्यास से एक संवादात्मक माहौल को बढ़ावा मिलता है जिससे नवाचार होता है।
- शिक्षक सभी शिक्षार्थियों को सहभागिता के समान अवसर देते हैं।
- यह अधिगम के लिए शिक्षार्थियों के बीच एक स्वस्थ सकारात्मक दृष्टिकोण विकसित करते हैं और कक्षा में एक अनुकूल अधिगम माहौल बनाने में मदद करते हैं।
- शिक्षार्थी एक-दूसरे के विचारों की समझ के माध्यम से कक्षा में समाधान खोजना सीखते हैं।

अतः विकल्प (A) सही है।

70. छात्र-केंद्रित व्यक्तिगत अंतर को संबोधित करने कक्षा के लिए होती है।

शिक्षण-अधिगम की प्रक्रिया में छात्र-केंद्रित दृष्टिकोण:

- इस दृष्टिकोण में, 'शिक्षार्थी' या 'बच्चा' न कि 'शिक्षक' शैक्षिक कार्यक्रम का मुख्य केंद्र बिंदु है।
- यह 'शिक्षण' के बजाय 'अधिगम' पर जोर देता है।
- इस दृष्टिकोण के अनुसार शिक्षा का समग्र लक्ष्य बच्चे का सर्वांगीण विकास है, न कि केवल ज्ञान प्राप्त करना है।
- पाठ्यक्रम, इस दृष्टिकोण के अनुसार, विभिन्न स्तरों पर शिक्षार्थियों की आवश्यकताओं, रुचियों अभिरुचियों और क्षमताओं पर आधारित होना चाहिएए, ताकि यह उन्हें अपनी पूरी क्षमता का एहसास कराने के लिए आवश्यक कौशल, ज्ञान, दृष्टिकोण और मूल्यों को प्राप्त करने में सक्षम बनाए।

अतः विकल्प (A) सही है।

71. शिक्षण के एक मॉडल को शिक्षण और अधिगम के माहौल के चित्रण के रूप में परिभाषित किया जा सकता है, जिसमें शिक्षकों और छात्रों के व्यवहार शामिल हैं जबकि पाठ को इस मॉडल के माध्यम से प्रस्तुत किया गया है।

- शिक्षण के मॉडल छात्रों को मजबूत संज्ञानात्मक और सामाजिक कार्यों में संलग्न होने में सक्षम बनाते हैं और छात्रों को उत्पादक रूप से उनका उपयोग करने के तरीके सिखाते हैं।
- शिक्षण के मॉडल विशिष्ट निर्देशात्मक योजनाएँ हैं जो संबंधित शिक्षण सिद्धांतों के अनुसार डिजाइन की गई हैं।
- यह पाठ्यचर्या के लिए निर्देशात्मक सामग्री, नियोजन पाठ, शिक्षक-शिष्य भूमिकाएँ, सहायक सहायक सामग्री, और इसी तरह के पाठ्यक्रम के लिए एक व्यापक खाका प्रदान करता है।
- जॉयस एंड वील (2014) शिक्षण के एक मॉडल को सीखने के माहौल के विवरण के रूप में परिभाषित करता है, जिसमें उस मॉडल का उपयोग किए जाने पर शिक्षकों के रूप में हमारा व्यवहार भी शामिल है।
- एगेन (1979) परिभाषित करता है कि मॉडल निर्देशात्मक शिक्षण रणनीतियाँ हैं जो विशिष्ट निर्देशात्मक लक्ष्यों को महसूस करने में मदद करती हैं।

अतः विकल्प (B) सही है।

72. "संगठन, प्रक्रिया के बाद गुणवत्ता नियंत्रण की आवश्यकता को समाप्त करेगा" यह पोका योक ने प्रस्तावित किया है

पोका-योक विधि (जापानी में अर्थ: योकरु = रोक पोका = गलती) मानव त्रुटियों को विचलित करने और कार्यकर्ता की असावधानी का उपयोग करने से रोकने के लिए एक विधि है।

शब्द "पोह-कह योह-का" 1960 के दशक में टोयोटा के एक औद्योगिक इंजीनियर शिगियो शिंगो द्वारा लागू किया गया था, जिसे "शून्य गुणवत्ता नियंत्रण" के क्षेत्र में अग्रणी माना जाता है।

सबसे पहले, इस विधि का उपयोग करने से संगठन में नई प्रक्रियागएं और नए कार्यकर्ता सक्षम होंगे, पहले से ही पहले से ही सही ढंग से कार्य करेंगे। (इस प्रकार, गलतियों और प्रशिक्षण के घटते खर्च)

दूसरे, इस पद्धति का उपयोग निरंतर सुधार संस्कृति के साथ पूरी तरह से फिट बैठता है जो "दुबला प्रबंधन" शस्त्रागार का एक हिस्सा है।

इसके शीर्ष पर, इस विधि का उपयोग करने से उत्पाद की गुणवत्ता और विश्वसनीयता और विभिन्न प्रक्रियाओं में काफी सुधार हो सकता है।

अतः विकल्प (D) सही है।

73. नेतृत्व एक सहज स्वभाव है, एक परिस्थितिजन्य गुणवत्ता है और पर्यावरण से समृद्ध है।

नेतृत्व कौशल और विशेषताओं के समूह का प्रतिनिधित्व करता है, जो उन लोगों को अलग करता है जो दूसरों पर प्रभाव डालते हैं, न कि उन लोगों के मुकाबले जो प्रभावित नहीं करते हैं। नेतृत्व लोगों को प्रभावित करने की कला या प्रक्रिया है ताकि वे संगठनात्मक लक्ष्यों की प्राप्ति के लिए स्वेच्छा से प्रयास करें।

नेतृत्व में तीन बुनियादी घटक होते हैं:

- समझने की क्षमता
- प्रेरित करने की क्षमता
- कार्य करने की क्षमता

अत: विकल्प (D) सही है।

74. छात्रों के सर्वांगीण विकास में मदद करने के लिए शिक्षक नेतृत्व का लोकतांत्रिक अनुशासनात्मक गुण सबसे उपयुक्त है।

लोकतांत्रिक अनुशासनात्मक:

- यह अपने छात्रों को रचनात्मकता और महत्वपूर्ण सोच के रूप में अधिकतम अधिगम के अवसर प्रदान करती है।
- शिक्षक छात्रों को अपनी सोच को व्यक्त करने और अधिगम के हर पहलू पर प्रश्न पूछने की स्वतंत्रता देते है।
- शिक्षक छात्रों के सर्वांगीण विकास पर जोर देते हैं।
- यहाँ एक शिक्षक एक मार्गदर्शक के रूप में कार्य करता है न कि एक तानाशाह के रूप में।
- शिक्षक अपने छात्रों की सामाजिक-आर्थिक पृष्ठभूमि को समझने की कोशिश करता है।
- एक शिक्षक जिसकी लोकतांत्रिक शिक्षण शैली छात्रों के साथ विनम्रता से पेश आती है, लेकिन साथ ही साथ एक सकारात्मक तरीके से अनुशासन बनाए रखती है।
- वह छात्रों के निरर्थक प्रश्नों को सहन करता है।
- लोकतांत्रिक अनुशासनात्मक शैली स्वीकृति और उच्च उम्मीद का माहौल बनाती है, वे खराब प्रदर्शन करने वाले छात्रों के लिए भी स्नेही हैं।

अत: विकल्प (A) सही है।

75. एक शिक्षक के रूप में उन्हें वाद-विवाद के लिए तैयार करते समय छात्रों में यह विकसित करना बहुत कठिन होता है कि वाद-विवाद के दौरान भावनाओं पर कैसे नियंत्रण किया जाए क्योंकि वाद-विवाद गतिविधि के दौरान छात्र को विपरीत दृष्टिकोण पर बहस करनी पड़ती है और इस स्थिति में छात्र को अपने लिए सही साबित करने के लिए विषय की गहराई में जाना पड़ता है और कभी-कभी उस विषय से विचलित हो जाते हैं जो उस विषय पर बहस की ओर ले जाता है, इसलिए यह बहस का सबसे बड़ा दोष है कि छात्र वाद - विवाद के दौरान अपनी भावनाओं पर नियंत्रण खो देते है।

अत: विकल्प (B) सही है।

76. धारणा, ध्यान, सीखने, स्मृति, तर्क और समस्या-समाधान सहित मनुष्यों में संज्ञानात्मक प्रक्रियाओं पर भावना का पर्याप्त प्रभाव पड़ता है। भावना का ध्यान पर विशेष रूप से मजबूत प्रभाव पड़ता है, विशेष रूप से ध्यान की चयनात्मकता को संशोधित करने के साथ-साथ कार्रवाई और व्यवहार को प्रेरित करना। भावनात्मक अनुभव प्रकृति में सर्वव्यापी हैं और महत्वपूर्ण और शायद अकादमिक सेटिंग्स में भी महत्वपूर्ण हैं, क्योंकि भावना अनुभूति के लगभग हर पहलू को नियंत्रित करती है।

भावनात्मक रूप से संतुलित शिक्षक वह है जो अपनी भावनाओं को अच्छी तरह से संभाल सकता है, जानता है कि उन्हें कैसे नियंत्रित करना है, निर्णय लेना है, भावनाओं के प्रवाह में नहीं, बल्कि समस्या का आकलन करके, संभावनाओं का विश्लेषण करके और फिर निर्णय लेना।

दूसरों की भावनाओं को समझने के लिए भावनात्मक रूप से संतुलित व्यक्ति की आवश्यकता होती है। अगर कोई खुद भावनाओं में बह जाता है, तो शिक्षक को उसकी मदद करने की रणनीतियों को जानना चाहिए।

भावनात्मक संतुलन शिक्षक को न केवल विषय वस्तु या अपने पाठ की सामग्री पर विश्वास होना चाहिए और प्रतिक्रिया देने के लिए एक प्रकार का लचीलापन और तत्परता प्रदर्शित करता है बल्कि अपने शिक्षार्थियों की भावनात्मक अपेक्षाओं को पूरा करने और उनके आत्म-विकास को देखने की भी आवश्यकता होती है।

यह निष्कर्ष निकलता है कि भावनात्मक रूप से संतुलित शिक्षक में अपनी भावनाओं को जानने वाला और दूसरों की भावनाओं को समझने के तौर-तरीके देखे जा सकते हैं।

अत: विकल्प (B) सही है।

77. एक शिक्षक को अपने शिक्षण उद्देश्य को स्पष्ट करना चाहिए क्योंकि यह उसके अनुसार नियोजन और शिक्षण में सहायक होता है।

- एक शिक्षक को पता होना चाहिए कि क्या पढ़ाना है और कैसे पढ़ाना है।
- उसे पढ़ाने से पहले अवधारणाओं को जानना चाहिए।
- उसे शिक्षण का उद्देश्य पता होना चाहिए ताकि वह अधिक प्रभावी ढंग से पढ़ा सके।
- जो शिक्षक स्पष्ट प्रस्तुतिकरण और स्पष्टीकरण प्रदान करते हैं, उनमें ऐसे छात्र होते हैं जो अधिक सीखते हैं और अपने शिक्षकों को अधिक सकारात्मक रूप से रेट करते हैं। जो शिक्षक स्पष्ट हैं वे विशिष्ट और सटीक हैं और अस्पष्ट नहीं हैं। वे विचार की स्पष्टता और एक स्पष्ट दृष्टि पेश करते हैं जो उनके शिक्षण को और अधिक प्रभावी बनाता है।
- शिक्षक जो उद्देश्य निर्धारित नहीं करते हैं, उनका शिक्षण अस्पष्ट है और विशिष्ट नहीं है।

अत: उपरोक्त बिन्दुओं से हम यह निष्कर्ष निकाल सकते हैं कि एक शिक्षक को अपने शिक्षण उद्देश्य को स्पष्ट करना चाहिए, क्योंकि यह उसके अनुसार नियोजन और शिक्षण में सहायक होता है।

अत: विकल्प (D) सही है।

78. प्रारंभिक बाल्यावस्था सेवा एवं शिक्षा एक कार्यक्रम है जो बच्चे के समग्र विकास पर केंद्रित है।

- बाल विकास, अर्थात, पोषण, स्वास्थ्य और सामाजिक, मानसिक, शारीरिक, नैतिक और भावनात्मक विकास की समग्र प्रकृति को पहचानते हुए, प्रारंभिक बाल्यावस्था की शिक्षा को उच्च प्राथमिकता मिलेगी।
- ईसीसीई कार्यक्रम प्रकृति में समग्र होना चाहिए। इसके अतिरिक्त, इसकी व्यावहारिक जीवन योग्यता और सफलता को बढ़ाने के लिए, तार्किक, कार्यान्वयन योग्य संयोजनों की कोशिश की जा सकती है। उदाहरण के लिए, बच्चों की देखभाल को महिलाओं के लिए मौजूदा आय सृजन कार्यक्रमों की सेवा के रूप में जोड़ा जा सकता है।
- हमारे देश के अधिकांश ईसीसीई कार्यक्रमों में, शिक्षा घटक या तो बहुत कम है या 3 'R' (पढ़ना, लिखना और संख्यात्मकता) पर औपचारिक और केन्द्रित है। परिवारों और प्रारम्भिक बाल्यावस्था के श्रमिकों, खेल के मूल्य और छोटे बच्चों के लिए शिक्षा के अनौपचारिक तरीकों के उपयोग पर जोर देने के लिए अधिक प्रयास की आवश्यकता है।
- प्रारंभिक बाल्यावस्था की शिक्षा अनिवार्य रूप से पखेल विधि और गतिविधि-आधारित दृष्टिकोण के माध्यम से होनी चाहिए। बेहतर गुणवत्ता वाली शिक्षा और बेहतर अवधारण दर के लिए धीरे-धीरे समान प्राथमिक स्कूलों में कम से कम कुछ वर्षों के लिए एकीकृत किया जाना चाहिए।

प्रारम्भिक बाल्यावस्था की देखभाल और शिक्षा के कार्यक्रम को पोषण, स्वास्थ्य और शिक्षा सेवाएं प्रदान करने के बजाय प्रकृति में समग्र होना चाहिए। हमारे देश के साथ-साथ अन्य विकासशील देशों में भी कई कार्यक्रम चलाए जा रहे हैं। न केवल अपने अनुभव से, बल्कि दूसरों से भी सीखना महत्वपूर्ण है।

अत: विकल्प (D) सही है।

79. अक्षमता, आनुवांशिक या न्यूरोबायोलॉजिकल कारकों के कारण होती है जो मस्तिष्क के कामकाज को एक तरीके से बदल देती है जो अधिगम से संबंधित एक या अधिक संज्ञानात्मक प्रक्रियाओं को प्रभावित करती है।

- अधिगम अक्षमता बुद्धि या प्रेरणा के साथ कोई समस्या नहीं है।

- अक्षम बच्चों को पढ़ने, लिखने, सुनने और गणित की गणनाओं में कुछ कौशल सीखने और उपयोग करने में कठिनाई का अनुभव होता है।
- अक्षम बच्चों को शिक्षा प्राप्त करनी चाहिए क्योंकि यह एक बुनियादी संवैधानिक अधिकार है।

अतः विकल्प (D) सही है।

80. यूएनसीआरसी 1989 में बनाया गया था। 1989 में, विश्व के नेताओं ने बाल अधिकारों पर संयुक्त राष्ट्र सम्मेलन- बचपन पर एक अंतरराष्ट्रीय समझौते को अपनाकर दुनिया के बच्चों के लिए एक ऐतिहासिक प्रतिबद्धता बनाई। यह इतिहास में सबसे व्यापक रूप से स्वीकृत मानवाधिकार संधि बन गई है और इसने दुनिया भर में बच्चों के जीवन को बदलने में मदद की है। लेकिन फिर भी हर बच्चे को पूरा बचपन नहीं मिलता। फिर भी बहुत से बचपन कट जाते हैं।

अतः विकल्प (A) सही है।

General English

Q.1 Direction: Select the most appropriate antonym of the given word.

Empathy

A. Sympathy

B. Appreciation

C. Warmth

D. Apathy

Q.2 Direction: Select the answer choice that identifies the verb in the sentence.

The interior temperatures of even the coolest stars are measured in millions of degrees.

A. Coolest

B. Of even

C. Are measured

D. In millions

Q.3 Direction: Select the alternative that will improve the underlined part of the sentence in case there is no improvement select "No improvement".

The milk has boiled over and <u>falling onto the stove</u>.

A. falls into the stove

B. fallen onto the stove

C. No improvement

D. fall over in the stove

Ques (4-5):Directions: Given below idioms/phrases followed by four alternative meanings to each. Choose the response which is the most appropriate expression and mark your response.

Q.4 French leave

[Indian Military Academy (IMA), 2020], [Officers Training Academy (OTA), 2020]

A. Absent from work without asking for permission in French

B. Asking for permission before leaving work

C. Work for permission to get leave

D. Absent from work without asking for permission

Q.5 Take a stand

[Indian Military Academy (IMA), 2020], [Officers Training Academy (OTA), 2020]

A. To publicly express an opinion about something

B. To make a stand for one to sit

C. To be firm on your work

D. To be part of the work

Q.6 Direction: The question consist of four underlined parts labelled (a), (b), (c) and (d) Read each sentence to determine whether there is any error in any underlined part and indicate your response in the Answer Sheet against the corresponding letter, i.e., (a) or (b) or (c) or (d). If you find no error, your response should be indicated as (d).

<u>The Olympic Games reflects</u> (a) / <u>the highest spirit of</u> (b) / <u>human endeavour and achievement.</u> (c) / <u>No error</u> (d)

[UPSC NDA, 2022]

A. (a)

B. (b)

C. (c)

D. (d)

Q.7 Direction: Choose the appropriate word that can substitute the sentence or phrase given below.

Growth or increase by accumulation

A. Restoration

B. Deference

C. Detestation

D. Accretion

Ques (8-9):Directions: Read the passage given below and answer the questions that follow by choosing the correct/most appropriate options:

1. Uttarakhand, the birthplace of India's major rivers like the Ganga and the Yamuna and home to the Himalayan ranges, is rapidly losing its forest land to commercial activities. Data of over 70% forest land, has lost about 50000 hectares (ha) of its forest to various development activities in the past 20 years.

2. The top six activities for which around 21207 hectares of forest land in the state has been diverted are mining, water pipelines and irrigation. The highest amount of forest cover has been lost to mining (8760 ha) followed by road construction (7539 ha), power distribution lines (2332 ha) and hydropower plants (2295 ha). Other smaller activities together claimed 20,998 hectares of forest cover. The other activities comprise laying down of optical fibre, railways, defence work, construction of buildings etc.

3. A district-wise analysis (from November 2000 to March 2020) shows that Dehradun (21,303 ha) lost the maximum forest area, followed by Haridwar which lost 6826 hectares, Chamoli (3636 ha), Tehri(2457 ha) and Pithoraparh (2,451 ha). This diversion of forest land for commercial activities is alarming when seen in the backdrop of the latest report of the forest survey of India (2019).

4. Doon-based environmentalist Anil Joshi said, "How can we ask for green bonus from the centre when we are not sensitive about our green cover?" Uttarakhand's forest cover is spread over around 38000 sg km, which is 70% of the state's geographical area. It has 112 species of trees 73 species of shrubs and 94 species of herbs, all of which, scientist say, are facing the heat of development activities.

Q.8 The writer's main purpose in the report is to describe:

1. The scenic beauty of Uttarakhand.

2. Focus on the huge loss of forest cover.

3. Highlight the development activities in the state.

4. Draw attention to lack of employment in the state.

[CTET Paper - I, 2021]

A. 1

B. 2

C. 3

D. 4

Q.9 Which of the following words is most similar in meaning to the word 'various' in para 1?

1. Useful

2. Uniform

3. Different

4. Connected

[CTET Paper - I, 2021]

A. 1   **B.** 2   **C.** 3   **D.** 4

Q.10 Direction: Choose the most appropriate synonym of the underlined word in the given sentence:

The maid servant left the police station <u>contrite</u>.

A. Penitent   **B.** Sore

C. Angry   **D.** Remorseless

General Hindi

Q.11 इनमें से भाववाचक संज्ञा है:

A. सत्य   **B.** शेर   **C.** वाराणसी   **D.** पुस्तक

Q.12 दिए गए शब्द युग्म के लिए कौन सा अर्थ-युग्म उचित होगा ?
सर्ग - स्वर्ग

A. अध्याय - एक लोक   **B.** भगवान शिव - मिश्रित

C. एक धातु - दर्पण   **D.** सार - अधिकार

Q.13 वर्तमान हिन्दी किस लिपि में लिखी जाती है?

A. खरोष्ठी   **B.** मंडारिन   **C.** पालि   **D.** देवनागरी

Q.14 माखनलाल चतुर्वेदी की साहित्य अकादमी पुरस्कार से पुरस्कृत रचना है:

A. हिमकिरीटिनी   **B.** हिमतरंगिनी

C. वेणुलो गूँजे धरा   **D.** मरणज्वार

Ques (15-16):निर्देश: निम्नलिखित गद्यांश को पढ़िए तथा पूछे गए प्रश्नों के लिए उचित उत्तर का चयन कीजिए:

पिछले पाँच सालों में ठिगने, कमज़ोर और कुपोषित बच्चों की संख्या में बढ़ोतरी हुई है। यह स्थिति एक दशक के सुधार के एकदम उलट है. दुनियाभर में बच्चों के पोषण को मापने के चार पैमाने होते हैं-लंबाई के हिसाब से वज़न कम होना, लंबाई कम होना, सामान्य से कम वज़न होना और पोषक तत्वों की कमी होना। कुपोषण को उम्र के हिसाब से लंबाई कम होने का अहम कारण माना जाता है। शुरुआत में यदि बच्चे की लंबाई कम रह गई, तो बाद में उसकी वृद्धि की संभावना बहुत कम रह जाती है। बीते कुछ वर्षों में ग्रामीण क्षेत्रों में अति कुपोषित बच्चों की संख्या में कमी आयी थी।

खाद्य सुरक्षा और खाने में विविधता कुपोषण दूर करने के लिए ज़रूरी है। ये दोनों ही बातें सीधे आय से जुड़ी होती हैं। समुचित आय नहीं होगी तो बच्चे और परिवार के अन्य सदस्यों को पोषण मिलना मुमकिन नहीं है। ऐसा आकलन है कि देश में हर साल अकेले कुपोषण से 10 लाख से ज्यादा बच्चों की मौत हो जाती है। शहरी संपन्न वर्ग के बच्चों में चुनौती दूसरी है। यहाँ मोटापा बढ़ता जा रहा है। इसकी एक बड़ी वजह दौड़-भाग के खेलों में कम हिस्सा लेना है। बाहरी खेलों में हिस्सा लेना शहरी बच्चों ने पहले ही कम कर दिया था। कोरोना काल में तो यह एकदम बंद हो गया।

Q.15 विगत वर्षों में ग्रामीण क्षेत्र में किन बच्चों की संख्या में कमी आई थी।

A. कुपोषित बच्चे   **B.** मोटापे से ग्रस्त बच्चे

C. ज़्यादा वज़न वाले बच्चे   **D.** कम लंबाई वाले बच्चे

Q.16 शहरी बच्चों में मोटापे की समस्या को दूर करने का कारगर उपाय होगा कि बच्चों को:

A. कम खाने के लिए प्रेरित किया जाए

B. दौड़-भाग वाले खेलों में शामिल किया जाए

C. पोषक तत्व वाले भोजन करने के लिए कहना

D. उचित चिकित्सीय सुविधाएंँ उपलब्ध कराना

Q.17 निर्देश: पुरुषवाचक सर्वनाम चुनिए:-
तुम लोग एक कतार में खड़े हो जाओ।

[Allahabad High Court Clerk (Group C & D), 2017]

A. एक   **B.** कतार   **C.** खड़े   **D.** तुम लोग

Q.18 'अखरोट' शब्द का तत्सम शब्द क्या होता है?

A. अक्षोट   **B.** अख़्रोट   **C.** आखरोट   **D.** अकरोट

Q.19 महाप्राण व्यंजन हैं ______।

A. क्, ग्, च्   **B.** र, ल, व्   **C.** त, थ, द   **D.** छ, झ, ख

Q.20 "वसुंधरा" का पर्यायवाची शब्द है:

[UPPSC Staff Nurse, 2017]

A. क्षिति   **B.** रत्नाकर   **C.** कलाधर   **D.** दिनकर

General Awareness & Current Affairs

Q.21 निम्नलिखित में से किसे अक्टूबर 2022 में कुवैत में भारत का अगला राजदूत नियुक्त किया गया है?

A. रवि प्रकाश   **B.** सतीश सिंह

C. कुमार रंजन   **D.** आदर्श स्विका

Q.22 किस स्पेस-टेक स्टार्ट-अप ने नवंबर 2022 में सतीश धवन अंतरिक्ष केंद्र (SDSC), श्रीहरिकोटा में भारत के पहले लॉन्चपैड और मिशन कंट्रोल सेंटर का उद्घाटन किया है?

A. स्काईरूट एयरोस्पेस   **B.** बेलैट्रिक्स एयरोस्पेस

C. अग्रिकुल कॉसमॉस   **D.** ध्रुव स्पेस

Q.23 भारत में ईस्ट इंडिया कंपनी की सफलता का रहस्य क्या था?

A. भारत में राष्ट्रवाद की अनुपस्थिति

B. कंपनी के पास आधुनिक हथियारों के साथ सशस्त्र पश्चिमी प्रशिक्षित पैदल सेना थी

C. भारतीय सैनिकों में राष्ट्रीय भावना का अभाव था और किसी भी व्यक्ति द्वारा उन्हें अच्छी तनख्वाह पर किराए पर लिया जा सकता था

D. उपरोक्त सभी

Q.24 निम्नलिखित महानतम व्यक्तियों में से कौन 'भारतीय पुनर्जागरण का पिता' कहलाता है?

A. स्वामी विवेकानंद   **B.** राजा राम मोहन रॉय

C. रबींद्रनाथ टैगोर   **D.** दयानंद सरस्वती

Q.25 30 सितंबर 2022 को गुजरात के अहमदाबाद में 36वें राष्ट्रीय खेलों में पुरुषों की रैपिड फायर पिस्टल स्पर्धा में स्वर्ण पदक किसने जीता है?

A. अनीश भानवाला   **B.** अंकुर गोयल

C. गुरमीत   **D.** सतीश गुप्ता

Q.26 पहली बार 'दीनानाथ मंगेशकर पुरस्कार 2022' से किसे सम्मानित किया गया है?

A. नरेंद्र मोदी (प्रधानमंत्री)

B. रामनाथ कोविंद (पूर्व राष्ट्रपति)

C. एम वेंकैया नायडू (पूर्व उपराष्ट्रपति)

D. अमित शाह

Q.27 मानव की कौन-सी क्रिया। जलवायु से सर्वाधिक प्रभावित होती है?

[Jharkhand PSC (JPSC), 2014]

A. मत्स्य उद्योग   **B.** खनन

C. निर्माण   **D.** कृषि

Q.28 सबरीमाला मंदिर स्थित है:

A. केरल   **B.** कर्नाटक   **C.** तमिलनाडु   **D.** उड़ीसा

Q.29 निम्नलिखित में से तत्वों की सही जोड़ी की पहचान करें जो कमरे के तापमान और मानक दाब में तरल हैं।

[Indian Military Academy (IMA), 2020], [Officers Training Academy (OTA), 2020]

A. ब्रोमीन और फ्लोरीन
B. पारा और रुबिडियम
C. ब्रोमीन और थैलियम
D. ब्रोमीन और पारा

Q.30 किस राज्य से पीएम मोदी ने उज्ज्वला 2.0 योजना की शुरुआत की?
A. गुजरात
B. ओडिशा
C. उत्तराखंड
D. उत्तर प्रदेश

Reasoning Ability

Q.31 निर्देश: निम्नलिखित प्रश्न में, आकृतियों के चार जोड़ों में से तीन जोड़ों में आकृति I, आकृति II से समान रूप से संबंधित है। उस जोड़े को निर्दिष्ट कीजिए जिसमें आकृति I और II के मध्य यह संबंध मौजूद नहीं है।

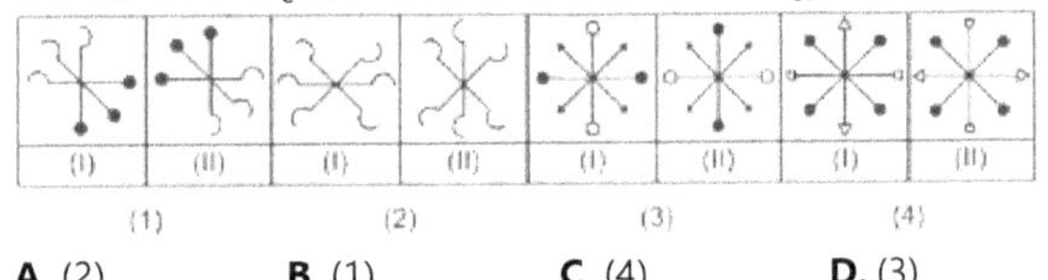

A. (2)
B. (1)
C. (4)
D. (3)

Q.32 निर्देश: निम्नलिखित शब्दों को शब्दकोश में दिए गए क्रम के अनुसार लिखें:

1. Recollect 2. Remember 3. Report 4. Repeat 5. Repeal

A. 2, 1, 3, 4, 5
B. 2, 1, 4, 3, 5
C. 1, 5, 2, 3, 4
D. 1, 2, 5, 4, 3

Q.33 निर्देश: निम्नलिखित प्रश्न में, दिए गए विकल्पों में से संबंधित संख्या को चुनिए।

ANT : 35 :: HEN : ?

A. 32
B. 27
C. 33
D. 29

Q.34 कौन-सी आकृति आकृति 3 से उसी प्रकार संबंधित है जिस प्रकार आकृति 2 आकृति 1 से संबंधित है?

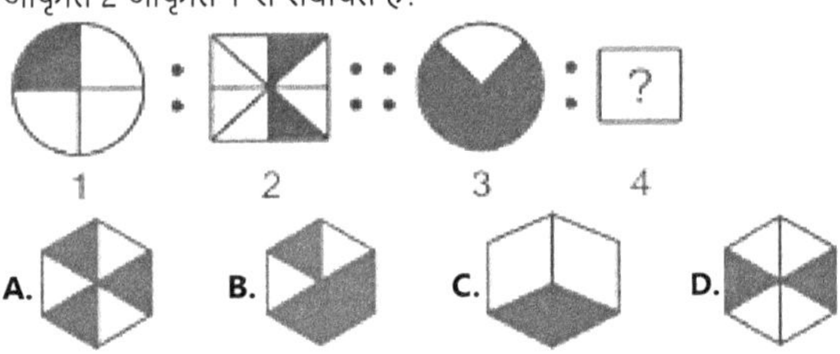

Q.35 निर्देश: आकृति का ध्यानपूर्वक अध्ययन करें और सही दर्पण प्रतिबिम्ब का चयन करें।

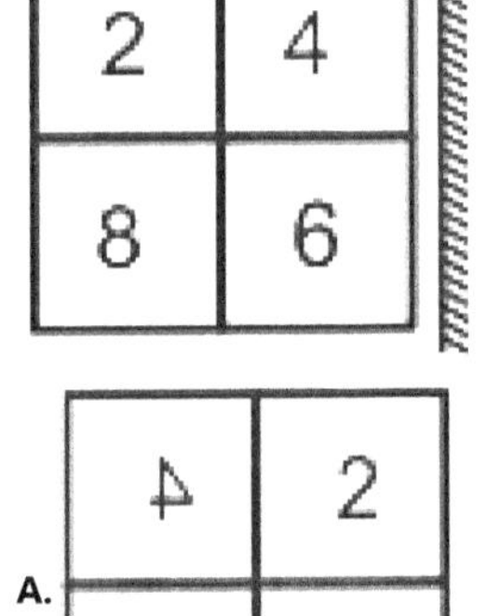

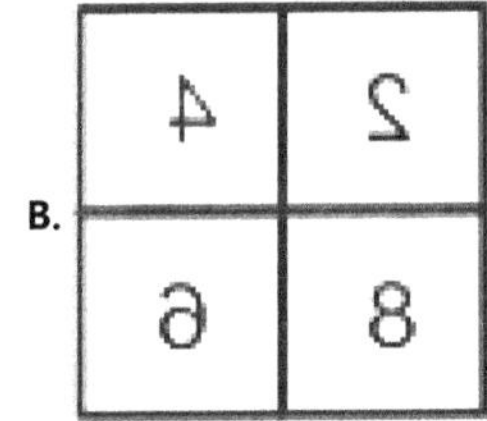

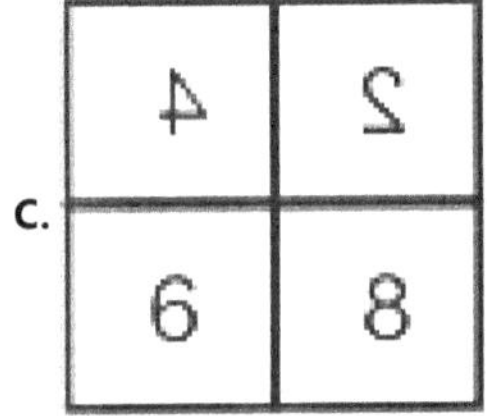

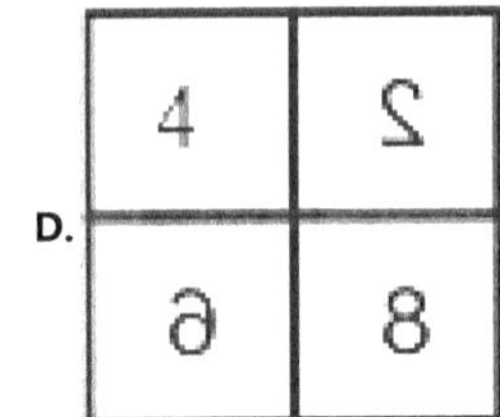

Computer Literacy

Q.36 निम्नलिखित में से कौन एक जीयूआई (GUI) - आधारित ऑपरेटिंग सिस्टम नहीं है?

[Rajasthan Police Constable, 2020]

A. Linux mint
B. Android
C. MS-DOS
D. MS- Windows

Q.37 वर्तमान में सीपीयू द्वारा निष्पादित प्रोग्राम और डेटा, निम्न में से कौन स्टोर करता है?
A. प्राथमिक मेमोरी
B. सहायक मेमोरी
C. सेकेण्डरी मेमोरी
D. तृतीयक मेमोरी

Q.38 _______ उत्पाद या सेवा को बढ़ावा देने के लिए सोशल मीडिया प्लेटफॉर्म और वेबसाइटों का उपयोग है।
A. सोशल मीडिया मार्केटिंग
B. सोशल मार्केट मीडिया
C. सोशल मीडिया विधि
D. इनमे से कोई भी नहीं

Q.39 निम्नलिखित में से कौन एक इनपुट डिवाइस है?
A. स्पीकर
B. प्रोजेक्टर
C. लाइट पेन
D. प्लॉटर

Q.40 पहली पीढ़ी के कंप्यूटरों में _______ इस्तेमाल किया जाता था।
A. ट्रांजिस्टर
B. माइक्रो प्रोसेसर
C. वैक्यूम ट्यूब प्रोसेसर
D. इंटीग्रेटेड सर्किट

Perspective on Education & Leadership

Q.41 निम्नलिखित में से कौन से प्रोत्साहन के युग्म किशोरों को दृढ़ता से प्रेरित करने की संभावना रखते हैं?
A. शिक्षक और माता-पिता की स्वीकृति
B. प्रमाण पत्र और शैक्षणिक सम्मान
C. सहकर्मी और तुलना अनुमोदन
D. प्राचार्य और शिक्षकों का प्रोत्साहन

Q.42 किशोरावस्था ग्रीक शब्द एडोलसेरे से ली गई है, जिसका सबसे उचित अर्थ _______ है।
A. परिपक्व विकास
B. शरीर की ऊंचाई में वृद्धि
C. शरीर के वजन में वृद्धि
D. इनमे से कोई नहीं

Q.43 प्रारंभिक बाल्यावस्था में संज्ञानात्मक विकास के संदर्भ में, थ्योरी ऑफ माइंड विकास क्या है?
I. यह मस्तिष्क की परिपक्वता और संज्ञान में सुधार को दर्शाता है।
II. वंशानुगत और पर्यावरणीय प्रभाव विकास में एक बड़ी भूमिका निभाते हैं।
A. केवल II
B. केवल I
C. ना ही I ना ही II
D. I तथा II दोनों

Q.44 प्रतिभावान बच्चे:
A. हमेशा शांत और सुखी रहते हैं
B. हमेशा असाधारण व्यवहार करते हैं
C. समस्या को जल्दी हल करते हैं

D. किसी भी कार्य को जल्दी से पूरा करते हैं

Q.45 प्रतिभाशाली बच्चों की पहचान की विधि है:

A. अवलोकन **B.** बुद्धि परीक्षण
C. व्यक्तित्व परीक्षण **D.** उपरोक्त सभी

Q.46 निम्नलिखित में से कौन-सा प्रतिभाशाली बालकों के लिए संवृद्धि कार्यक्रम नहीं है?

[Haryana Primary Teacher (PRT), 2019]

A. पाठ्यक्रम में समृद्धि
B. वर्ग उन्नति
C. विशिष्ट कक्षा का प्रबंध
D. विशिष्ट आवासीय विद्यालय

Q.47 व्यक्तिगत अंतर में हम पाते हैं:

A. भिन्नता **B.** सामान्यता
C. (A) और (B) दोनो **D.** इनमे से कोई नहीं

Q.48 "विकास कभी न समाप्त होने वाली प्रक्रिया है।" यह कथन विकास के किस सिद्धान्त से सम्बन्धित है ?

[UPTET Paper - I, 2019]

A. निरन्तरता का सिद्धान्त
B. एकीकरण का सिद्धान्त
C. अन्तःक्रिया का सिद्धान्त
D. अन्तः सम्बन्ध का सिद्धान्त

Q.49 विकास की किस अवस्था को कोल तथा ब्रूस ने "'संवेगात्मक विकास का अनोखा काल" कहा है ?

[UPTET Paper - I, 2019]

A. किशोरावस्था **B.** बाल्यावस्था
C. शैशवाबस्था **D.** प्रौढावस्था

Q.50 निम्न में से क्या समावेशी कक्षा में शिक्षक की भूमिका नहीं है?

A. शिक्षक को सीखने में अक्षम को अतिरिक्त समय देना चाहिए
B. शिक्षक को निःशक्त बच्चों पर ध्यान नहीं देना चाहिए
C. बच्चे की आवश्यकता के अनुरूप बैठने की पर्याप्त व्यवस्था करनी चाहिए
D. शिक्षक को बच्चों को प्रोत्साहित करना चाहिए

Q.51 निम्नलिखित में से किस कारक का अधिगम पर सबसे कम प्रभाव पड़ता है?

A. थकान **B.** आयु **C.** रोग **D.** लिंगभेद

Q.52 एक शिक्षक के लिए सुनना महत्वपूर्ण है क्योंकि:

A. शिक्षार्थी की आवश्यकता को संबोधित करें
B. ज्ञान प्राप्त करें
C. शिक्षार्थी को अच्छे हास्य में रखें
D. शिक्षार्थी द्वारा की गई प्रगति का मूल्यांकन करें

Q.53 निर्देश जो ऑनलाइन कक्षाओं के माध्यम से लाइव भागीदारी और बातचीत को प्रोत्साहित करते हैं उन्हें कहा जाता है?

A. अतुल्यकालिक निर्देश **B.** तुल्यकालिक निर्देश
C. पारंपरिक निर्देश **D.** सैद्धांतिक निर्देश

Q.54 निम्नलिखित कथनों में से कौन-सा/कौन-से कथन आई.सी.टी. के संबंध में सत्य है/हैं?

P: आई.सी.टी. एक परिवर्णी है जिसका अर्थ सूचना और प्रतिस्पर्धी प्रौद्योगिकी है।

Q: समावेशी शिक्षा में अधिगम समर्थन के लिए आई.सी.टी. का प्रभावी उपयोग सभी शिक्षार्थियों के लिए एक अच्छे शिक्षण का उदाहरण है।

A. केवल P **B.** केवल Q

C. P और Q दोनों **D.** ना तो P और ना ही Q

Q.55 शिक्षक शिक्षा में आलोचनात्मक शिक्षाशास्त्र इस पर जोर नहीं देता है:

A. छात्र और छात्र के परिवार के संबंध के साथ पाठ्यक्रम का निर्माण
B. समाज की संस्कृति पर चिंतन
C. दुनिया और समाज पर एक महत्वपूर्ण नज़र के माध्यम से आवाज का विकास करना
D. समाज को सभी के लिए समानता की ओर बदलना

Q.56 बाधाओं की पहचान और उन पर काबू पाने में योगदान:

A. स्कूल सुधार **B.** स्कूल का आकलन
C. स्कूल की पृष्ठभूमि **D.** स्कूल नेतृत्व

Q.57 ____________ ज्ञान संगठन के लिए उपयोग किया जाने वाला ग्राफिक ऑर्गनाइज़र या माइंड टूल का प्रकार है जो शिक्षार्थियों को दूसरों के सहयोग से ग्राफिक बनाकर जानकारी की व्याख्या, प्रतिनिधित्व और व्यवस्थित करने में मदद कर सकता है।

A. अवधारणा मानचित्रण **B.** हाइपर मीडिया
C. इशारों का संकेत **D.** भिन्न प्रश्न

Q.58 अधिगम सिद्धांतों के संदर्भ में मचान (स्कैफोल्डिंग) निम्न में से किसको संदर्भित करता है?

A. छात्रों द्वारा की गई गलतियों के कारणों का पता लगाना
B. अनुकरणीय शिक्षण
C. वयस्कों द्वारा अधिगम में अस्थायी समर्थन
D. पिछले शिक्षण की पुनरावृत्ति

Q.59 सीखना एक सतत प्रक्रिया है:

A. किशोरावस्था से मृत्यु तक
B. बचपन से बुढापा
C. शैशवावस्था से प्रौढ़ावस्था तक
D. कब्र को झूला

Q.60 निम्नलिखित में से कौन-सी शिक्षण स्थिति को छोटा कर दिया गया है?

A. टीम शिक्षण **B.** सहकारी शिक्षण
C. मैक्रो शिक्षण **D.** सूक्ष्म शिक्षण

Q.61 कक्षा में शिक्षक की भूमिका ________ के रूप में होनी चाहिए।

A. एक लोकतांत्रिक नेता **B.** एक निर्देशक
C. एक तानाशाह **D.** इनमे से कोई भी नहीं

Q.62 बच्चों के अधिगम की सुविधा के लिए शिक्षकों को एक अच्छा कक्षा वातावरण बनाने की आवश्यकता है। ऐसा अधिगम वातावरण बनाने के लिए, दिए गए कथनों में से कौन सा सत्य नहीं है?

A. शिक्षकों के साथ अनुपालन
B. बच्चे की स्वीकृति
C. शिक्षक का। सकारात्मक स्वर
D. बच्चे के प्रयासों की स्वीकृत

Q.63 दंड और पुरस्कार ________ के घटक हैं।

A. व्यवहारवाद सिद्धांत
B. डिजाइन-आधारित अनुसंधान के तरीके
C. मानवतावाद सिद्धांत
D. संयोजकता सिद्धांत

Q.64 एक सामाजिक-रचनात्मक ढांचे में, अधिगम और ज्ञान होता है:

A. शिक्षक द्वारा शिक्षार्थियों को प्रेषित
B. शिक्षार्थियों द्वारा स्वतंत्र रूप से खोजा गया
C. शिक्षकों के समर्थन से शिक्षार्थियों द्वारा सह-निर्मित
D. केवल पाठ्य पुस्तकों द्वारा निर्देशित और निर्धारित

Q.65 अधिगम के रचनावादी दृष्टिकोण से निम्नलिखित में से किसे बढ़ावा मिलता है?

A. प्रतिपादक शिक्षण

B. पूछताछ आधारित शिक्षा

C. शिक्षण की व्याख्यान विधि

D. रट कर याद करना

Q.66 राजन अपनी ही दुनिया में खोया हुआ प्रतीत होता है, वह दूसरे लोगों से नेत्र-संपर्क नहीं करता और सारा दिन एक पंख के साथ अकेले खेलता रहा है। राजन का यह व्यवहार निम्न में से किस विकार की ओर संकेत करता है?

[CTET Paper - I, 2021]

A. मांसपेशीय दुर्विकार

B. ऑटिज्म स्पेक्ट्रम डिस्ऑर्डर

C. गुणज वैकल्य

D. गति समन्वय वैकल्य

Q.67 निम्न में से कौन एक कोच के रूप में एक प्रधान की भूमिका नहीं है?

A. उम्मीदों और भूमिकाओं को स्पष्ट करना

B. शिक्षण और समर्थन की पेशकश

C. बदलाव के लिए कार्य योजना तैयार करना

D. चुनौतीपूर्ण कार्य प्राप्त करने में सहायता करना

Q.68 समुदाय निम्नलिखित में से किस पर एक वॉचडॉग है?

A. सरकार पर

B. लोगों पर

C. समाज पर

D. स्कूल पर

Q.69 मानकीकृत पाठ्यचर्या को हटाने के लिए शिक्षक को क्या नहीं करना चाहिए?

(a) किताबी ज्ञान को प्रोत्साहित करना।

(b) बच्चों के मध्य अंतर को पहचानना।

(c) पारंपरिक तरीके से व्याख्यान देना।

(d) छात्रों के सीखने के लिए एक सख्त माहौल बनाना।

A. (a), (b) और (c)

B. (b), (c) और (d)

C. (a), (c) और (d)

D. (a), (b), (c) और (d)

Q.70 विद्यालय का यह कर्तव्य है कि वह:

A. घर और धर्म के शिक्षाप्रद कार्यों को संभालें।

B. रेडियो, टीवी, फिल्मों और थिएटर कार्यक्रमों का नियंत्रण करें।

C. परिस्थितियों में सुधार के लिए समुदाय की अपनी स्वतंत्रता का दावा करें।

D. विद्यार्थियों में मनोरंजन और पठन में वांछनीय रुचियों का विकास करें।

Q.71 विद्यालय संशोधन योजना के लिए क्या आवश्यक है?

A. उद्देश्य, लक्ष्य, संशोधन क्षेत्र, रणनीतियाँ, प्रतिक्रिया

B. उद्देश्य, लक्ष्य, कार्यान्वयन रणनीति, समय रेखा, रणनीतियों को लागू करने की जिम्मेदारी, संशोधन के अवसर

C. उद्देश्य, संशोधन क्षेत्र, रणनीतियाँ, प्रतिक्रिया, कार्यान्वयन

D. उद्देश्य, परिणाम, लक्ष्य

Q.72 एक सफल दल प्रमुख (टीम लीडर) अपने टीम के सदस्यों से __________ श्रोता होने की उम्मीद करता है।

A. प्रशंसात्मक

B. निष्क्रिय

C. सक्रिय

D. सीमांत

Q.73 प्रत्येक विद्यालय अपने छात्रों को नेतृत्व की कला में प्रशिक्षित करने के लिए कठिन परिश्रम करता है क्योंकि _____।

A. सभी छात्र नेता बन जाते हैं और इस प्रकार बेरोजगारी की समस्या का समाधान करते हैं

B. सभी छात्र अपने संवैधानिक अधिकारों के प्रति काफी जागरूक हो

जाते हैं

C. सभी छात्र अपने संवैधानिक अधिकारों और कर्तव्यों के बारे में जानेंगे

D. वे भविष्य में लोकतंत्र और राष्ट्रीयता की भावनाओं को बढ़ाते हैं

Q.74 लक्ष्यों की जाँच और समायोजन विद्यालय प्रबंधन के __________ चरण के अंतर्गत आता है।

A. मूल्यांकन　　**B.** क्रियान्वित　　**C.** निगरानी　　**D.** योजना

Q.75 __________ चक्र किसी भी प्रक्रिया उन्मुख कार्य के लिए एक रूपरेखा है, जो प्रकृति में भी चक्रीय है, जो कि विद्यालय प्रबंधन में सहायता करता है।

A. कार्यान्वयन

B. प्रबंधन

C. योजना

D. इनमें से कोई नहीं

Q.76 स्कूल शिक्षा के पेशेवर लोग माता-पिता को निम्न सभी तरीकों से उनकी बदलती भूमिकाओं के बारे में मदद कर सकते हैं, सिवाए:

A. विशेषज्ञता प्रदान करने के

B. परामर्श प्रदान करने के

C. शैक्षणिक समर्थन प्रदान करने के

D. भोजन और दवाएं प्रदान करने के

Q.77 एक लोकतांत्रिक पाठ्यक्रम:

A. में विविधता और लचीलापन है

B. अकेला विषय पाठ्यक्रम है

C. व्यक्तिगत अभिरुचियों और क्षमताओं को पूरा नहीं करता है

D. शिक्षाप्रद प्रभाव, गतिविधि और अनुभव को शामिल नहीं करता है

Q.78 राष्ट्रीय शिक्षा नीति 2020 किसकी सिफारिश करती है?

[CTET Paper - I, 2022]

A. बहुभाषावाद

B. एकभाषावाद

C. पाठ्यक्रम का मानकीकरण

D. आकलन का मानकीकरण

Q.79 विद्यालय पुस्तकालय __________ शैक्षिक उद्देश्यों की उपलब्धि सुनिश्चित करता है।

A. शिक्षक के बीच स्व-शिक्षण कौशल की आदत विकसित करके

B. विद्यालय के सदस्यों के लिए सूचना के न्यायसंगत उपयोग को बढ़ावा देकर

C. छात्रों को व्यस्त रखकर एवं उनका मनोरंजन करके

D. योजना बनाने के लिए शिक्षकों को खाली समय देकर

Q.80 निम्नलिखित में से कौन पाठ्यचर्या के मनोवैज्ञानिक आधारों के अंतर्गत आता है?

A. पाठ्यचर्या का समाज की जरूरतों और आवश्यकताओं के साथ सकारात्मक संबंध होता है।

B. दर्शन साध्य है और शिक्षा उस लक्ष्य को प्राप्त करने का साधन है।

C. शिक्षा के माध्यम से शिक्षार्थियों के व्यवहार में वांछनीय परिवर्तन लाने के प्रयास किए जाते हैं।

D. समाज स्कूली पाठ्यचर्या को प्रभावित करता है।

// स्मार्ट उत्तर पुस्तिका //

सही उत्तर — उन छात्रों का प्रतिशत जिन्होंने प्रश्नों का सही उत्तर दिया था।
छोड़ दिया — उन छात्रों का प्रतिशत जिन्होंने प्रश्नों को छोड़ दिया था।

प्रश्न संख्या	उत्तर	सही उत्तर / छोड़ दिया	प्रश्न संख्या	उत्तर	सही उत्तर / छोड़ दिया	प्रश्न संख्या	उत्तर	सही उत्तर / छोड़ दिया	प्रश्न संख्या	उत्तर	सही उत्तर / छोड़ दिया	प्रश्न संख्या	उत्तर	सही उत्तर / छोड़ दिया	प्रश्न संख्या	उत्तर	सही उत्तर / छोड़ दिया
1	D	43.07 % / 1.01 %	15	A	76.83 % / 0.0 %	29	D	86.71 % / 0.0 %	43	D	59.8 % / 1.27 %	57	A	59.48 % / 1.98 %	71	B	62.76 % / 1.4 %
2	C	42.92 % / 1.85 %	16	B	42.97 % / 1.29 %	30	D	52.16 % / 1.16 %	44	C	69.36 % / 1.33 %	58	C	76.23 % / 0.0 %	72	C	54.93 % / 1.03 %
3	B	45.01 % / 1.78 %	17	D	78.33 % / 0.0 %	31	B	41.18 % / 1.1 %	45	D	66.82 % / 1.14 %	59	D	60.85 % / 1.19 %	73	C	68.95 % / 1.52 %
4	D	54.24 % / 1.73 %	18	A	55.33 % / 1.19 %	32	D	49.34 % / 1.31 %	46	D	65.15 % / 1.34 %	60	D	52.14 % / 1.77 %	74	C	57.45 % / 1.67 %
5	A	84.99 % / 0.0 %	19	D	50.81 % / 1.32 %	33	B	28.31 % / 4.19 %	47	C	45.05 % / 1.11 %	61	A	65.97 % / 1.53 %	75	B	66.94 % / 1.26 %
6	A	67.97 % / 1.1 %	20	A	68.48 % / 1.01 %	34	B	64.7 % / 1.5 %	48	A	62.76 % / 1.37 %	62	A	54.4 % / 1.19 %	76	D	66.51 % / 1.12 %
7	D	57.34 % / 1.73 %	21	D	67.19 % / 1.31 %	35	B	77.18 % / 0.0 %	49	B	84.25 % / 0.0 %	63	A	49.47 % / 1.1 %	77	A	46.56 % / 1.58 %
8	B	46.77 % / 1.88 %	22	C	61.02 % / 1.21 %	36	C	89.92 % / 0.0 %	50	B	59.58 % / 1.66 %	64	C	66.39 % / 1.66 %	78	A	65.49 % / 1.1 %
9	C	76.03 % / 0.0 %	23	D	54.77 % / 1.48 %	37	A	81.37 % / 0.0 %	51	D	62.46 % / 1.28 %	65	B	29.82 % / 3.35 %	79	B	45.96 % / 1.27 %
10	A	89.1 % / 0.0 %	24	B	88.53 % / 0.0 %	38	A	41.72 % / 1.6 %	52	A	67.38 % / 1.66 %	66	B	69.27 % / 1.29 %	80	C	62.39 % / 1.25 %
11	A	68.28 % / 1.9 %	25	A	77.07 % / 0.0 %	39	C	56.11 % / 1.91 %	53	B	44.7 % / 1.12 %	67	D	87.32 % / 0.0 %			
12	A	80.55 % / 0.0 %	26	A	69.52 % / 1.79 %	40	C	67.89 % / 1.86 %	54	B	88.63 % / 0.0 %	68	D	60.78 % / 1.31 %			
13	D	53.41 % / 1.12 %	27	D	67.7 % / 1.17 %	41	C	26.23 % / 4.71 %	55	B	62.22 % / 1.69 %	69	C	41.04 % / 1.65 %			
14	B	78.13 % / 0.0 %	28	A	24.53 % / 3.98 %	42	A	51.41 % / 1.71 %	56	A	66.07 % / 1.79 %	70	C	42.26 % / 1.54 %			

//संकेत और समाधान//

1. Empathy means the ability to understand another person's feelings, experience, etc.

Apathy means the feeling of not being interested or lack of emotion.

So, from the above meanings, we find that both words are opposite in meaning.

Hence, the correct option is (D).

2. "Are" is the auxiliary verb for passive voice and "measured" is the past participle of the verb "to measure."

"Coolest" (A) is the superlative form of the adjective "cool," modifying "temperatures."

"Of even" (B) and "in millions" (D) are prepositional phrases

Hence, the correct option is (C).

3. The milk has boiled over and fallen onto the stove.

The sentence is in the present perfect tense as indicated by the words 'has boiled'. So, we will use the past participle form of verb i.e., fallen.

Onto means moving to a location on the surface.

'Into' means expressing movement or action with the result that someone or something becomes enclosed or surrounded by something else.

Over means extending directly upwards from.

Hence, the correct option is (B).

4. Let's look at the meaning of the given idiom:

French leave- without permission; go away without telling anyone

Example:

I think I might take French leave this afternoon and go to the cinema.

Thus, from the explanation given above, we find that the fourth option is the correct choice.

Hence, the correct option is (D).

5. Let's look at the meaning of the given idiom:

Take a stand- to publicly assert one's unyielding support of, defense of, or opposition to something

Example:

She was more than willing to take a stand on abortion rights.

Thus, from the explanation given above, we find that the first option is the correct choice.

Hence, the correct option is (A).

6. The error lies in part 'a' of the sentence.

As the subject 'Olympic Games' is a plural subject, we need a plural verb 'reflect.'

Correct sentence: The Olympic Games reflect the highest spirit of human endeavour and achievement.

Hence, the correct option is (A).

7. Accretion means a thing formed or added by gradual growth or increase.

Other words:

Restoration means bringing back something to a former position or condition.

Deference means to give respect and esteem due a superior or an elder.

Detestation means intense dislike.

Hence, the correct option is (D).

8. By taking reference from some of the lines of the passage like:-

- Uttarakhand, the birthplace of India's major rivers like the Ganga and the Yamuna and home to the Himalayan ranges, is rapidly losing its forest land to commercial activities.

- The highest amount of forest cover has been lost to mining (8760 ha) followed by road construction (7539 ha), power distribution lines (2332 ha) and hydropower plants (2295 ha).

- A district-wise analysis (from November 2000 to March 2020) shows that Dehradun (21,303 ha) lost the maximum forest area, followed by Haridwar which lost 6826 hectares, Chamoll (3636 ha), Tehri(2457 ha) and Pithoraparh (2,451 ha).

It can be inferred that the writer's main purpose in the report is to describe focus on the huge loss of forest cover.

Hence, the correct option is (B).

9. Various means more than one, several.

- For example:- She said nothing, barely nodding in response to the various greetings.

Different means not the same as another or each other; unlike in nature, form, or quality.

- For example:- The room looks different without the furniture.

So, different is similar in meaning to the word various.

Hence, the correct option is (C).

10. The correct answer is 'penitent.'

Contrite means 'ashamed about something wrong that you have said or done; remorseful.'

- Example: Shilpa seemed genuinely contrite when she apologized.

Marked option 'Penitent' means 'sorry for having done something wrong.'

- Example: It was difficult for Deepak to be angry with Sunil when he looked so penitent.

It is clear that 'Contrite' and 'Penitent' are similar in meaning.

Hence, the correct option is (A).

11. सत्य भाववाचक संज्ञा है,

जो शब्द किसी चीज़ या पदार्थ की अवस्था, दशा या भाव का बोध कराते हैं, उन शब्दों को भाववाचक संज्ञा कहते हैं।

अत: विकल्प (A) सही है।

12. दिए गए विकल्पों में "अध्याय - एक लोक" सही विकल्प है अन्य विकल्प असंगत है।

अध्याय - एक लोक होगा।

शब्द –युग्म	अर्थ
शंकर - संकर	भगवान शिव - मिश्रित
सीसा - शीशा	एक धातु - दर्पण
सत्त्व - स्वत्त्व	सार - अधिकार

अतः विकल्प (A) सही है।

13. वर्तमान हिन्दी देवनागरी लिपि में लिखी जाती है।

अन्य विकल्प:

खरोष्ठी	यह दाएँ से बाएँ को लिखी जाती थी। सम्राट अशोक ने शाहबाजगढ़ी और मनसेहरा के अभिलेख खरोष्ठी लिपि में ही लिखवाए हैं।
मंडारिन	चीनी असल में एक 'मन्दारिन' नामक भाषा है इसमें एकाक्षरी शब्द या शब्द भाग ही होते हैं और ये चीनी भावचित्र में लिखी जाती है।
पालि	पालि का शाब्दिक अर्थ, पवित्र रचना है। इसको बौद्ध त्रिपिटक की भाषा के रूप में भी जाना जाता है।

अतः विकल्प (D) सही है।

14. माखनलाल चतुर्वेदी जी की रचना 'हिमतरंगिनी' को साहित्य अकादमी पुरुस्कार से सम्मानित किया गया। माखन जी को 'हिमतरंगिनी' (1949) के लिए 1955 में यह पुरस्कार मिला था।

अन्य विकल्प:

- हिमकिरीटनी - 1943, देव पुरस्कार
- वेणुलो गूँजे धरा - 1969ई.
- मरण ज्वार - 1963ई.

अत: विकल्प (B) सही है।

15. कुपोषित बच्चे सही उत्तर है।

उपयुक्त गद्यांश के अनुसार बीते कुछ वर्षों में ग्रामीण क्षेत्रों में अति कुपोषित बच्चों की संख्या में कमी आयी थी।

इसलिए, स्पष्ट है कि कुपोषित बच्चे सही उत्तर है।

अत: विकल्प (A) सही है।

16. दौड़-भाग वाले खेलों में शामिल किया जाए सही उत्तर है।

- उपयुक्त गद्यांश के अनुसार शहरी संपन्न वर्ग के बच्चों में चुनौती दूसरी है। यहाँ मोटापा बढ़ता जा रहा है। इसकी एक बड़ी वजह दौड़-भाग के खेलों में कम हिस्सा लेना। बाहरी खेलों में हिस्सा लेना शहरी बच्चों ने पहले ही कम कर दिया था।
- अतः स्पष्ट है कि दौड़-भाग वाले खेलों में शामिल किया जाए सही उत्तर है।
- दौड़-भाग में तत्पुरुष समास है।
- जिस समास में उत्तरपद प्रधान हो तथा समास करने के उपरांत विभक्ति चिन्ह का लोप हो।

अत: विकल्प (B) सही है।

17. दिए गए वाक्य में 'तुम लोग' पुरुषवाचक सर्वनाम है।

किसी वाक्य में जिन सर्वनाम शब्दों का प्रयोग बोलने वाले, सुनने वाले अथवा अन्य किसी व्यक्ति के स्थान पर किया जाता है, उन्हें पुरुषवाचक सर्वनाम कहते हैं। पुरुषवाचक सर्वनाम के अंतर्गत मैं, आप, तू, तुम, वह, वे आदि सर्वनाम शब्द आते हैं।

अतः विकल्प (D) सही है।

18. अखरोट शब्द का तत्सम शब्द अक्षोट होता है। ऐसे शब्द जिसे हम संस्कृत से बिना कोई बदलाव करे उपयोग में लाते है, तत्सम शब्द कहलाते हैं। अखरोट शब्द अक्षोट का तद्भव रूप होता है।

अत: विकल्प (A) सही है।

19. महाप्राण व्यंजनों में अधिक श्वास तथा उर्जा लगती है। सामान्यतः वर्णमाला में व्यंजन वर्ग के दूसरे तथा चौथे व्यंजन महाप्राण व्यंजन होते है। इनकी संख्या 15 होती है। अत: छ, झ, ख सही उत्तर होगा।

अल्पप्राण व्यंजन: ऐसे व्यंजन जिनको बोलने में कम समय लगता है और बोलते समय मुख से कम वायु निकलती है उन्हें अल्पप्राण व्यंजन (Alppran) कहते हैं। इनकी संख्या 20 होती है।

जैसे: क ग ङ

अत: विकल्प (D) सही है।

20. "वसुंधरा" का पर्यायवाची शब्द क्षिति है।

क्षिति का पर्यायवाची शब्द: उर्वी, भूमि, धरती, पृथ्वी, भू धरणी, वसुंधरा, अचला, धरा, जमीन, रत्नगर्भा, मही, वसुधा, धरित्री आदि।

पर्यायवाची शब्द उन्हें कहते हैं, जब भिन्न-भिन्न शब्दों का अर्थ समान हो, अर्थात एक ही शब्द के स्थान पर समान अर्थ वाले अलग अलग शब्द प्रयोग किये जा सके।

अत: विकल्प (A) सही है।

21. विदेश मंत्रालय में संयुक्त सचिव डॉ आदर्श स्विका को कुवैत में भारत का अगला राजदूत नियुक्त किया गया है। स्विका ने कुवैत में भारतीय दूत के रूप में सिबी जॉर्ज का स्थान लिया है। साथ ही, विदेश मंत्रालय में निदेशक अवतार सिंह को गिनी गणराज्य में भारत का अगला राजदूत नियुक्त किया गया है।

अत: विकल्प (D) सही है।

22. अग्निकुल कॉस्मॉस प्राइवेट लिमिटेड, चेन्नई स्थित एक अंतरिक्ष-तकनीक स्टार्ट-अप ने 28 नवंबर 2022 को भारत के पहले लॉन्चपैड का उद्घाटन किया, जिसे श्रीहरिकोटा के सतीश धवन अंतरिक्ष केंद्र (एसडीएससी) में डिज़ाइन और संचालित किया गया है।

इसमें अग्निकुल लॉन्चपैड (एएलपी) और अग्निकुल मिशन कंट्रोल सेंटर (एएमसीसी) सहित दो खंड हैं। इस सुविधा का उद्घाटन भारतीय अंतरिक्ष अनुसंधान संगठन (ISRO) के अध्यक्ष एस. सोमनाथ द्वारा किया गया था और अग्निकुल द्वारा डिजाइन किया गया था और इसरो और भारतीय राष्ट्रीय अंतरिक्ष संवर्धन और प्राधिकरण केंद्र (IN-SPACe) के समर्थन में निष्पादित किया गया था।

अत: विकल्प (C) सही है।

23. इंग्लिश ईस्ट इंडिया कंपनी भारत में व्यापार का संचालन करने वाली एकमात्र कंपनी नहीं थी। वास्तव में, यह एक बहुत शक्तिशाली प्रतिद्वंद्वी थी जिसे डच ईस्ट इंडिया कंपनी कहा जाता था। वीओसी की सफलता का रहस्य यह था कि इसमें संगठन और वित्तपोषण की उन्नत प्रणाली थी।

अतः विकल्प (D) सही है।

24. 22 मई, 1772 को एक बंगाली-ब्राह्मण परिवार में जन्मे, समाज सुधारक राजा राम मोहन रॉय को 'आधुनिक भारत का निर्माता' और 'भारतीय पुनर्जागरण के पिता' के रूप में जाना जाता है। उन्होंने सती प्रथा और जाति प्रथा के उन्मूलन के लिए अभियान चलाया और महिलाओं के लिए संपत्ति के अधिकार की मांग की।

अतः विकल्प (B) सही है।

25. 30 सितंबर, 2022 को हरियाणा के करनाल ज़िले के शूटर अनीश भानवाला ने गुजरात के अहमदाबाद में आयोजित हो रहे 36वें राष्ट्रीय खेलों में शूटिंग में गोल्ड मेडल हासिल किया।

अनीश भानवाला एक भारतीय निशानेबाज हैं। वे करनाल, हरियाणा से हैं। वे 25 मीटर रैपिड फायर पिस्टल, 25 मीटर पिस्टल तथा 25 मीटर स्टैंडर्ड पिस्टल स्पर्धाओं में भाग लेते हैं। अनीश 2017 से भारतीय निशानेबाजी टीम का हिस्सा हैं।

अतः विकल्प (A) सही है।

26. नरेंद्र मोदी को पहली बार 'दीनानाथ मंगेशकर पुरस्कार 2022' से सम्मानित किया गया है जो दिग्गज गायिका लता मंगेशकर की स्मृति में स्थापित किया गया है। पुरस्कार समारोह मुंबई में आयोजित किया गया था जो स्वर्गीय मास्टर दीनानाथ मंगेशकर की 80वीं पुण्यतिथि पर आयोजित किया गया था।

अत: विकल्प (A) सही है।

27. मानव की कृषि क्रिया जलवायु से सर्वाधिक प्रभावित होती है।

बदलती जलवायु का कृषि उत्पादन पर दूरगामी प्रभाव पड़ रहा है। जलवायु परिवर्तन कई तरह से कृषि को प्रभावित करता है, जिसमें औसत तापमान में परिवर्तन, वर्षा और जलवायु चरम (जैसे गर्मी की लहरें) कीटों और बीमारियों में परिवर्तन, वायुमंडलीय कार्बन डाइऑक्साइड में परिवर्तन और जमीनी स्तर पर ओजोन सांद्रता शामिल हैं। कई खरपतवार, कीट और कवक गर्म तापमान के तहत पनपते हैं, गीले मौसम में बढ़ते हैं और CO_2 स्तर में वृद्धि करते हैं।

अत: विकल्प (D) सही है।

28. सबरीमाला, केरल के पेरियार टाइगर अभयारण्य में स्थित एक प्रसिद्ध हिन्दू मन्दिर है। यहाँ विश्व की सबसे बड़ा वार्षिक तीर्थयात्रा होती है जिसमें प्रति वर्ष लगभग 2 करोड़ श्रद्धालु सम्मिलित होते हैं। सबरीमाला शैव और वैष्णवों के बीच की अद्भुत कड़ी है। मलयालम में सबरीमाला का अर्थ होता है, पर्वत। सबरीमला में भगवान अयप्पन का मंदिर है।

अतः विकल्प (A) सही है।

29. ब्रोमीन और पारा दो तत्व हैं जो कमरे के तापमान और मानक दाब में तरल रहते हैं।

- पारा की परमाणु संख्या 80 है और इसका प्रतीक Hg है जबकि ब्रोमीन की परमाणु संख्या 35 है और इसका प्रतीक Br है। ब्रोमीन एक लाल-भूरे रंग का तरल है जबकि पारा एक चमकदार चांदी-जैसी धातु है।

- पारा का एक इलेक्ट्रॉनिक विन्यास है जिसमें इसके परमाणुओं के बीच के बंध अन्य धातुओं की तुलना में बहुत कमजोर होते हैं इसलिए यह कमरे के तापमान पर तरल रहता है।

- पारा दुनिया भर में ज्यादातर सिनेबार (मक्यूरिक सल्फाइड) के रूप में जमा होता है। लाल वर्णक सिंदूर प्राकृतिक सिनेबार या सिंथेटिक मक्यूरिक सल्फाइड को पीसकर प्राप्त किया जाता है।

- पारा थर्मामीटर, फ्लोट वाल्व, पारा स्विच, पारा रिले, प्रदीप्त बत्ती, बैरोमीटर, मैनोमीटर, और रक्तचापमापी में उपयोग किया जाता है।

- एक भारी, चांदी-जैसा डी-ब्लॉक तत्व, पारा एकमात्र धातु तत्व है जो तापमान और दबाव के लिए मानक परिस्थितियों में तरल है; इन शर्तों के तहत एकमात्र दूसरा तत्व हलोजन ब्रोमीन है जो तरल है , हालांकि सीज़ियम, गैलियम और रुबिडियम जैसी धातुएं कमरे के तापमान से ऊपर पिघल जाती हैं।

अतः विकल्प (D) सही है।

30. प्रधान मंत्री नरेंद्र मोदी ने 10 अगस्त 2021 को वीडियो कॉन्फ्रेंसिंग के माध्यम से महोबा, उत्तर प्रदेश में एलपीजी कनेक्शन सौंपकर उज्ज्वला 2.0 (प्रधान मंत्री उज्ज्वला योजना - पीएमयूवाई) का शुभारंभ किया।

कार्यक्रम के दौरान प्रधानमंत्री ने उज्ज्वला के लाभार्थियों से बातचीत की। कार्यक्रम को संबोधित करते हुए प्रधानमंत्री ने कहा कि उज्ज्वला योजना से जिन लोगों का जीवन रोशन हुआ है, विशेषकर महिलाओं की संख्या अभूतपूर्व है। यह योजना 2016 में यूपी के बलिया से शुरू की गई थी।

अतः विकल्प (D) सही है।

31. आकृति (1) और (2) की प्रत्येक जोड़ी में, आकृति 90° दक्षिणावर्त / वामावर्त में घुमाई जाती है। नीचे दी गई आकृति में, आकृति (2), आकृति (1) का घुमाया हुआ रूप नहीं है, बल्कि यह विपरीत है।

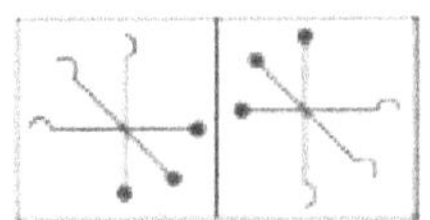

अतः विकल्प (B) सही है।

32. दिया गया शब्द: 1. Recollect 2. Remember 3. Report 4. Repeat 5. Repeal

शब्दकोश के अनुसार सही क्रम: 1. Recollect 2. Remember 5. Repeal 4. Repeat 3. Report

अतः विकल्प (D) सही है।

33. यहाँ, संख्या अंग्रेजी वर्णमाला श्रृंखला में अक्षर के संख्यात्मक मान का योग दर्शाती है (A के रूप में 1, B के रूप में 2 और इसी तरह)।

इसलिए, 35, A = 1, N = 14 और T = 20 का योग है।

इसी तरह,

27, H = 8, E = 5 और N = 14 का योग होगा।

अतः विकल्प (B) सही है।

34. तर्क है:

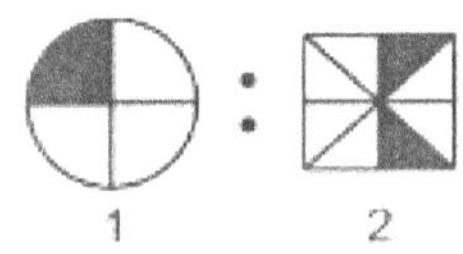

→ चित्र 2 में भाग और छायांकित भाग की संख्या, चित्र 1 में भाग और छायांकित भाग की संख्या से दोगुनी है।

इसी तरह,

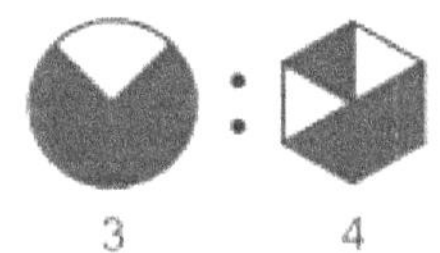

→ इसलिए, चित्र 4 में छह भाग और चार छायांकित भाग होने चाहिए, जैसा कि विकल्प 2 में दिखाया गया है।

अत: विकल्प (B) सही है।

35. दर्पण प्रतिबिम्ब होगा:

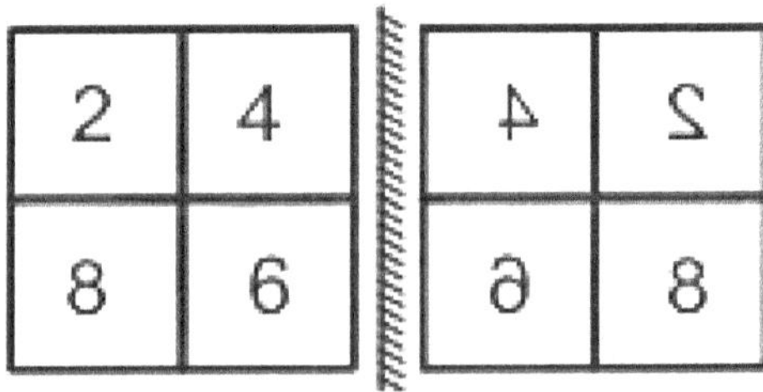

अत: विकल्प (B) सही है।

36. MS-DOS एक जीयूआई (GUI)-आधारित ऑपरेटिंग सिस्टम नहीं है।

MS-DOS एक टेक्स्ट-आधारित ऑपरेटिंग सिस्टम है, जिसका अर्थ है कि उपयोगकर्ता डेटा इनपुट करने के लिए कीबोर्ड के साथ काम करता है और प्लेन टेक्स्ट में आउटपुट प्राप्त करता है। बाद में, MS-DOS में अक्सर काम को अधिक

सरल और त्वरित बनाने के लिए माउस और ग्राफिक्स का उपयोग करने वाले प्रोग्राम होते थे। MS-DOS 86-DOS से प्राप्त एक गैर-ग्राफ़िकल कमांड लाइन ऑपरेटिंग सिस्टम है जो IBM-संगत कंप्यूटरों के लिए बनाया गया था। MS-DOS उपयोगकर्ता को विंडोज़ जैसे GUI के बजाय कमांड लाइन से अपने कंप्यूटर पर फ़ाइलों को नेविगेट करने, खोलने और अन्यथा हेरफेर करने की अनुमति देता है।

अतः विकल्प (C) सही है।

37. प्राथमिक मेमोरी को मुख्य मेमोरी के रूप में भी जाना जाता है। यह मेमोरी डेटा को अस्थायी रूप से संग्रहीत करती है। यह सीधे सीपीयू से जुड़ा होता है। इसमें सीमित भंडारण क्षमता होती है।

अतः विकल्प (A) सही है।

38. सोशल मीडिया मार्केटिंग किसी उत्पाद या सेवा को बढ़ावा देने के लिए सोशल मीडिया प्लेटफॉर्म और वेबसाइटों का उपयोग है। कंपनियां सोशल मीडिया मार्केटिंग के माध्यम से कई हितधारकों को संबोधित करती हैं, जिनमें वर्तमान और संभावित ग्राहक, वर्तमान और संभावित कर्मचारी, पत्रकार, ब्लॉगर और आम जनता शामिल हैं।

अतः विकल्प (A) सही है।

39. कंप्यूटिंग में एक इनपुट डिवाइस एक कंप्यूटर हार्डवेयर उपकरण है जिसका उपयोग नियंत्रण और डेटा संकेतों के साथ कंप्यूटर या सूचना उपकरण सहित डेटा प्रोसेसिंग सिस्टम की आपूर्ति के लिए किया जाता है।

कीबोर्ड, स्कैनर, माउज़, जॉयस्टिक, लाइट पेन, स्कैनर और डिजिटल कैमरा इनपुट डिवाइस के उदाहरण हैं।

एक लाइट पेन एक कंप्यूटर इनपुट डिवाइस है जो कंप्यूटर के कैथोड-रे ट्यूब (CRT) डिस्प्ले के साथ संयोजन में उपयोग की जाने वाली प्रकाश-संवेदनशील छड़ी के रूप में है।

अतः विकल्प (C) सही है।

40. पहली पीढ़ी के कंप्यूटरों में वैक्यूम ट्यूब प्रोसेसर का इस्तेमाल किया जाता था।

वैक्यूम ट्यूब कंप्यूटर, जिसे अब पहली पीढ़ी का कंप्यूटर कहा जाता है, एक ऐसा कंप्यूटर है जो लॉजिक सर्किट्री के लिए वैक्यूम ट्यूब का उपयोग करता है। ENIAC (द इलेक्ट्रॉनिक न्यूमेरिकल इंटीग्रेटर एंड कंप्यूटर) पहला कंप्यूटर था जो वैक्यूम ट्यूब का उपयोग करता था।

अतः विकल्प (C) सही है।

41. सहकर्मी और तुलना अनुमोदन प्रोत्साहन के युग्म किशोरों को दृढ़ता से प्रेरित करने की संभावना रखते हैं।

किशोरावस्था के दौरान, किशोर ठोस सोच से आगे बढ़ने में सक्षम होते हैं और अमूर्त सोच में सक्षम होते हैं। उन्हें कई दृष्टिकोणों पर विचार करने, विचारों पर बहस करने और अपने व्यक्तिगत विचारों के आधार पर नई राय बनाने की उनकी क्षमता की विशेषता है।

किशोर अपने माता-पिता के विरोध में पहचान विकसित करते हैं और एक सहकर्मी समूह के साथ संरेखित होते हैं। ऐसा इसलिए होता है क्योंकि किशोर जीवन में सहकर्मी संबंध एक केंद्रीय फोकस बन जाता है।

अपनी पहचान बनाने की चाह में किशोर अपने माता-पिता से दूर हो जाते हैं और उनके सहकर्मी समूह बहुत महत्वपूर्ण हो जाते हैं।

अतः विकल्प (C) सही है।

42. किशोरावस्था ग्रीक शब्द एडोलसेरे से ली गई है, इसका सबसे उपयुक्त अर्थ परिपक्व विकास है।

'किशोरावस्था' लैटिन शब्द 'एडोलसेरे' से बना है जिसका अर्थ है 'बढ़ना और परिपक्व होना'। यह एक ऐसी अवस्था है जो '12 से 19 वर्ष की आयु के बीच होती है।

43. संज्ञानात्मक विकास का अर्थ है कि बच्चे कैसे सोचते हैं, चीजों का पता लगाते हैं और उनका अन्वेषण करते हैं। यह ज्ञान, कौशल, समस्या समाधान और स्वभाव का विकास है, जो बच्चों को उनके आसपास की दुनिया के बारे में सोचने और समझने में मदद करता है। मस्तिष्क का विकास संज्ञानात्मक विकास का हिस्सा है।

प्रारंभिक बाल्यावस्था में संज्ञानात्मक विकास के सन्दर्भ में मन के विकास के सिद्धांत (थ्योरी ऑफ माइंड विकास) के संबंध में मुख्य बिंदु यह बच्चों को विचारों के बीच संबंधों को समझने, कारण और प्रभाव की प्रक्रिया को समझने और उनके विश्लेषणात्मक कौशल में सुधार करने की अनुमति देता है। बच्चों में इस कौशल विकास में सीखने के कौशल, जैसे ध्यान, स्मृति और सोच का प्रगतिशील निर्माण शामिल है। यह मस्तिष्क की परिपक्कता और संज्ञान में सुधार को दर्शाता है। आनुवंशिकता और पर्यावरण बच्चों के विकास को प्रभावित करते हैं। माता-पिता से विरासत में मिली आनुवंशिक संरचना शरीर और मस्तिष्क की परिपक्कता से जुड़ी हुई लगती है जो विकास और वृद्धि के विकासात्मक आधार को प्रभावित करती है। ये महत्वपूर्ण कौशल बच्चों को संवेदी सूचनाओं को संसाधित करने में सक्षम बनाते हैं और अंततः मूल्यांकन, विश्लेषण, स्मरण, तुलना करना और कारण और प्रभाव को समझना सीखते हैं। इसलिए, हम यह निष्कर्ष निकाल सकते हैं कि मन के सिद्धांत (थ्योरी ऑफ माइंड) के संदर्भ में I और II दोनों कथन सत्य हैं।

अत: विकल्प (D) सही है।

44. प्रतिभावान बच्चे वे हैं जो शैक्षिक प्रयासों में लगातार उल्लेखनीय प्रदर्शन करते हैं। उनकी बौद्धिक क्षमता ऊपरी श्रेणी के दो से तीन फीसदी आबादी के अंतर्गत आती है। प्रतिभावान बच्चों के लक्षण:

- पुराने छात्रों की अपेक्षा के अनुरूप सीखना, अक्सर औसत उम्र से पहले पढ़ना।
- प्रतिभावान बच्चे समस्या को जल्दी हल करते हैं।
- उन चीजों के बारे में जानना, जिनसे अन्य छात्र अनजान होते हैं।
- उनमें अमूर्त और प्रतीकात्मक सोच के लिए एक उच्च क्षमता है।
- गंभीर सवाल पूछकर जिज्ञासा जाहिर करते हैं।
- उनके पास एक बड़ी शब्दावली और परिपक्व, अभिव्यंजक क्षमता है।
- उन्हें सीखने के लिए सीमित जोखिम और कम पुनरावृत्ति की आवश्यकता होती है। उनके पास असाधारण स्मृति होती है।
- वे अपरिचित स्थितियों में ज्ञान लागू कर सकते हैं।

इसलिए, उपर्युक्त स्पष्टीकरण से, यह निष्कर्ष निकाला जा सकता है कि प्रतिभावान बच्चे समस्या को जल्दी से हल करते हैं।

अत: विकल्प (C) सही है।

45. प्रतिभाशाली बच्चा वह बच्चा होता है जो विभिन्न भौतिक या संज्ञानात्मक पहलुओं में लगातार उल्लेखनीय प्रदर्शन करता है और सामान्य बुद्धि स्तरों में श्रेष्ठता प्रदर्शित करता है। प्रतिभाशाली बच्चे की पहचान करने के लिए विभिन्न प्रकार की विधि हैं जिनमें से कुछ में शामिल हैं:

- अवलोकन: अवलोकन का तात्पर्य किसी वस्तु का ध्यान से अवलोकन करने के कार्य से है। यह व्यक्तिगत रूप से और साथ ही समूहों में पूछते, बनाते, चर्चा और व्यवहार करते समय छात्रों का निरीक्षण कर प्रतिभाशाली बच्चों कि पहचान करता हैं।
- बुद्धि परीक्षण: बुद्धि परीक्षण एक परीक्षण है जिसे किसी व्यक्ति की सापेक्ष मानसिक क्षमता को निर्धारित करने के लिए तैयार किया गया है। यह प्रतिभाशाली बच्चों की बुद्धि को माप कर उनकी पहचान करता है।
- व्यक्तित्व परीक्षण: ये परीक्षण प्रतिभाशाली बच्चों के व्यक्तित्व के उन केंद्रीय पहलुओं को प्रकट करते हैं जो किसी व्यक्ति के अचेतन मन में निहित हैं।

अत: विकल्प (D) सही है।

46. 'विशिष्ट आवासीय विद्यालय' प्रतिभाशाली बालकों के लिए एक संवृद्धि कार्यक्रम नहीं है।

असाधारण बच्चे वे बच्चे होते हैं जो सामान्य आबादी से अलग होते हैं और उनकी आवश्यकताओं को पूरा करने के लिए विशिष्ट शिक्षा सेवाओं की आवश्यकता होती है। इसमें वे बच्चे शामिल हैं जो प्रतिभाशाली, मंद, रचनात्मक, सीखने में अक्षम, आदि हैं। विशिष्ट आवासीय विद्यालय उस विद्यालय को संदर्भित करता है जो समाज के सबसे कमजोर बालकों की देखभाल करता है। यह जटिल विशेष शिक्षा की आवश्यकता या विकलांग बच्चों की सुविधा प्रदान करता है।

प्रतिभाशाली बच्चा वह बच्चा होता है जो विभिन्न भौतिक या संज्ञानात्मक पहलुओं में लगातार उल्लेखनीय प्रदर्शन करता है और सामान्य बुद्धि स्तरों में श्रेष्ठता प्रदर्शित करता है। प्रतिभाशाली बालकों के लिए संवृद्धि कार्यक्रमों में शामिल है:

- वर्ग उन्नति: यह प्रतिभाशाली छात्रों को सामान्य से कम समय में अधिक चुनौतीपूर्ण और उच्च-स्तरीय कक्षाओं को आगे बढ़ाने के लिए संदर्भित करता है।

- पाठ्यक्रम में समृद्धि: इसमें उन कार्यक्रमों को शामिल करना शामिल है जो छात्रों को नई चीजों को आज़माने और वर्ग के बाहर हितों का पता लगाने और विकसित करने का अवसर प्रदान करने के लिए डिजाइन किए गए हैं।

- विशिष्ट कक्षा का प्रबंध: यह "प्रतिभाशाली वर्गों को' को संदर्भित करता है, जो छात्रों को विशिष्ट निर्देश और प्रशिक्षण प्राप्त करने के लिए एक साथ उपहार में दिया जाता है।

अतः विकल्प (D) सही है।

47. निम्नलिखित विशेषताएँ हैं:

- भिन्नता और सामान्यता: व्यक्तिगत अंतर में व्यक्तियों के बीच भिन्नता और समानता दोनों शामिल हैं क्योंकि प्रत्येक व्यक्ति महत्वपूर्ण मनोवैज्ञानिक पहलुओं जैसे बुद्धि, व्यक्तित्व, रुचि आदि पर दूसरों से भिन्न होता है।

- वृद्धि और सीखने की दर में अंतर: प्रत्येक मनुष्य वृद्धि के समय एक ही प्रक्रिया का पालन करता है, हालांकि, प्रत्येक व्यक्ति में वृद्धि की दर अलग-अलग होती है।

- लक्षणों का परस्पर संबंध: हमें एक ही ऊंचाई या एक ही रंग के आंखों वाले कई लोग मिल सकते हैं, यह लक्षणों के परस्पर संबंध जैसा प्रतीत होता है।

- यह स्पष्ट हो जाता है कि व्यक्तिगत अंतर में, हम भिन्नता और सामान्यता पाते हैं।

अतः विकल्प (C) सही है।

48. विकास से तात्पर्य अंगों के बेहतर और संवर्धित कार्य के लिए संरचना में वृद्धि से है।

- यह एक व्यापक और निरंतर प्रक्रिया है, इस प्रकार कुछ सिद्धांत हैं जिनका अवधारणा की बेहतर समझ के लिए पालन करने की आवश्यकता है।

- उपर्युक्त विचार "निरंतरता के सिद्धांत" से जुड़ा हुआ है।

- यह सिद्धांत परिभाषित करता है कि गर्भ से कब्र तक विकास एक निरंतर प्रक्रिया है और यह अधिकतम विकास तक पहुंचने तक धीरे-धीरे जारी रहता है।

- विकास के अन्य सिद्धांतों में शामिल हैं:

1. विकास संचयी है।
2. विकास अंतःक्रिया की प्रक्रिया है।
3. विकास समरूपता स्वरूप का अनुसरण करता है।
4. विकास अनुमानित और अनुक्रमिक है।
5. विकास दर एक व्यक्ति से दूसरे व्यक्ति में भिन्न होती है।
6. विकास सामान्य से विशिष्ट की ओर बढ़ता है।

इसलिये यह निष्कर्ष निकाला जा सकता है कि उपर्युक्त वर्णित कथन विकास के निरन्तरता के सिद्धान्त से सम्बन्धित है।

अतः विकल्प (A) सही है।

49. विकास: यह एक व्यापक शब्द है जिसमें कई गुणात्मक और प्रगतिशील परिवर्तन शामिल हैं। ये गुणात्मक परिवर्तन विभिन्न क्षमताओं को बढ़ाते हैं और एक को प्रभावी ढंग से कार्य करने में सक्षम बनाते हैं।

- भावनाएँ: ये भावनाओं को अनुभवों के प्रभाव के रूप में उत्पन्न होती हैं, या दूसरों के साथ किसी व्यक्ति के रिश्ते। वे सहज प्रतिक्रियाएं हैं जो स्वाभाविक रूप से सभी के लिए आती हैं और किसी व्यक्ति के व्यक्तिगत और सामाजिक समायोजन में योगदान करती हैं।

कोल और ब्रूस के अनुसार, बचपन भावनात्मक विकास का एक अनूठा चरण है।

- भावनात्मक विकास समाजीकरण की प्रक्रिया पर बहुत हद तक निर्भर करता है और चरणबद्ध तरीके से आगे बढ़ता है।

- डर, घृणा, खुशी, उदासी, आश्चर्य, क्रोध और रुचि जैसी बुनियादी भावनाएं जन्म के बाद से मौजूद हैं।

- बचपन के दौरान, मूड नखरे बहुत आम हैं।

- टॉडलर्स में तेज स्वभाव वाले झूलों की प्रवृत्ति होती है। जबकि उनकी भावनाएं बहुत तीव्र हो सकती हैं, इन भावनाओं के अतिरिक्त बहुत कम समय तक रहने की प्रवृत्ति होती है।

- कोई यह देख कर दंग रह सकता है कि एक शिशु जो एक खिलौने के लिए पागलों की तरह चिल्लाते हुए एक सेकंड में टीवी के सामने कैसे चुपचाप एक पसंदीदा शो देख सकता है।

- इस उम्र में बच्चे बहुत ही योग्य होते हैं और उन्हें साझा करने में कठिनाई होती है।

इसलिए, यह निष्कर्ष निकाला जा सकता है कि कोल और ब्रूस द्वारा 'बाल्यावस्था' को संवेगात्मक विकास का अनोखा काल कहा जाता है।

अतः विकल्प (B) सही है।

50. समावेशी शिक्षा का अर्थ शिक्षा प्रणाली में सभी बच्चों को शामिल करना है, भले ही उनके मतभेद और अक्षमताएं हों।

यह विविधता को महत्व देता है, प्रत्येक बच्चा कक्षा में लाता है और सभी को सीखने और बढ़ने के समान अवसर प्रदान करता है।

शिक्षक शिक्षा के कार्यान्वयनकर्ता हैं और शैक्षिक समायोजन में सबसे महत्वपूर्ण संसाधन हैं। वे भी एक समावेशी कक्षा में एक महत्वपूर्ण भूमिका निभाते हैं:

- बच्चों को सीखने के लिए प्रोत्साहित करना।
- अक्षम सीखने को सिखाने के लिए अतिरिक्त समय देना।
- अलग-अलग विकलांग बच्चों पर ध्यान देना।
- हर बच्चे को बढ़ने और उभरने की क्षमता को बढ़ावा देना।
- हर छात्र की विविध शिक्षण आवश्यकताओं को संबोधित करना।
- बच्ची की आवश्यकता के अनुसार बैठने की पर्याप्त व्यवस्था करना।

इसलिए, यह निष्कर्ष निकाला जा सकता है कि 'शिक्षक को निःशक्त बच्चों पर ध्यान नहीं देना चाहिए' एक समावेशी कक्षा में शिक्षक की भूमिका नहीं है।

अतः विकल्प (B) सही है।

51. लिंगभेद कारक का अधिगम पर सबसे कम प्रभाव पड़ता है।

अधिगम एक व्यापक प्रक्रिया है जो अभ्यास और अनुभव के परिणामस्वरूप व्यवहार, ज्ञान और कौशल में परिवर्तन को संदर्भित करता है।

अधिगम को प्रभावित करने वाले कई कारक हैं और भार्तिक कारक उनमें से एक है। यह किसी व्यक्ति के भौतिक शरीर का तत्व है जो किसी व्यक्ति के सीखने और सोचने के तरीके को सीमित करता है या बढ़ाता है।

अतः विकल्प (D) सही है।

52. शिक्षार्थी की आवश्यकता को पूरा करने के लिए एक शिक्षक के लिए सुनना महत्वपूर्ण है।

शिक्षकों में सुनने के कौशल का महत्व: यदि शिक्षक सुनता नहीं है और प्रतिक्रिया को ध्यान में नहीं रखता है तो छात्रों के साथ संचार प्रभावी नहीं होता है।

- यह पहचानने और पहचानने में मदद करता है कि छात्रों द्वारा संदेश ठीक से प्राप्त किया गया है या नहीं। उदाहरण के लिए, प्रश्न पूछे जाने पर छात्र की हक्की-बक्की नज़र।
- यह पता लगाने में मदद करता है कि आपके छात्रों के साथ क्या हो रहा है और शिक्षार्थी की उनकी विभिन्न आवश्यकताओं को पूरा करने में मदद करता है।
- यह शिक्षक को आवश्यक इनपुट देता है कि उपयोग की गई रणनीति या विधि दिलचस्प है या नहीं।

अत: विकल्प (A) सही है।

53. निर्देश जो ऑनलाइन कक्षाओं के माध्यम से लाइव भागीदारी और बातचीत को प्रोत्साहित करते हैं उन्हें तुल्यकालिक निर्देश कहा जाता है।

- तुल्यकालिक निर्देश वास्तविक समय का शिक्षण और सीखना है जो सहयोगी रूप से और एक ही समय में ऑनलाइन शिक्षार्थियों के समूह या यहां तक कि व्यक्तिगत रूप से, और आमतौर पर एक शिक्षक, या तत्काल प्रतिक्रिया की किसी विधि के साथ हो सकता है;
- सिंक्रोनस लर्निंग के उदाहरण वीडियो कॉन्फ्रेंस (टू-वे वीडियो, वन-वे वीडियो, टू-वे ऑडियो), और ऑडियो कॉन्फ्रेंस (टू-वे ऑडियो) के माध्यम से उपग्रह या दूरसंचार सुविधाओं का उपयोग करके ऑनलाइन शिक्षण हैं।
- स्वयं सीखने के बजाय, समकालिक शिक्षण पाठ्यक्रमों में भाग लेने वाले छात्र पाठ के दौरान अन्य छात्रों और उनके शिक्षकों के साथ बातचीत करने में सक्षम होते हैं।

अत: विकल्प (B) सही है।

54. शिक्षा, प्रशिक्षण और रोजगार सहित समाज के कई पहलुओं को प्रभावित करते हुए, आई.सी.टी. कई लोगों के लिए रोजमर्रा की जिंदगी का हिस्सा बन गया है। विशेष रूप से विकलांग और विशेष आवश्यकता वाले लोगों के लिए, आई.सी.टी. एक सक्षम उपकरण है।

सूचना और संचार प्रौद्योगिकी (आई.सी.टी.):

- उपयुक्त तुकीक का उपयोग करके सूचना को प्रभावी ढंग से संप्रेषित करना आई.सी.टी. कहलाता है।
- इसे तकनीकी उपकरणों और संसाधनों के एक विविध सेट के रूप में परिभाषित किया गया है, जिसका उपयोग सूचनाओं को संप्रेषित करने, बनाने, प्रसारित करने और संग्रहीत करने के लिए किया जाता है।
- इन तकनीकों में कंप्यूटर, इंटरनेट, प्रसारण तकनीक (रेडियो और टेलीविजन), और टेलीफोनी, आदि शामिल हैं।

अत: विकल्प (B) सही है।

55. शिक्षक शिक्षा में आलोचनात्मक शिक्षणशास्त्र समाज की संस्कृति को प्रतिबिंबित करने पर जोर नहीं देता है।

- आलोचनात्मक शिक्षाशास्त्र एक शिक्षण दर्शन है जो शिक्षकों को शक्ति और उत्पीड़न की आलोचनात्मक संरचनाओं के लिए छात्रों को प्रोत्साहित करने के लिए आमंत्रित करता है।
- आलोचनात्मक शिक्षाशास्त्र में, एक शिक्षक अपने ज्ञान का उपयोग छात्रों को परिवारों, स्कूलों और समाजों में मौजूद असमानताओं पर सवाल उठाने और उन्हें चुनौती देने के लिए प्रोत्साहित करने के लिए करता है।
- आलोचनात्मक शिक्षाशास्त्र शिक्षा और सामाजिक आंदोलन का एक दर्शन है जो महत्वपूर्ण सिद्धांत और संबंधित परंपराओं से लेकर शिक्षा के क्षेत्र और संस्कृति के अध्ययन तक अवधारणाओं को विकसित और लागू करता है।

- यह जोर देकर कहता है कि सामाजिक न्याय और लोकतंत्र के मुद्दे शिक्षण और सीखने के कार्यों से अलग नहीं हैं।
- आलोचनात्मक शिक्षाशास्त्र एक प्रगतिशील शिक्षण दर्शन है जो छात्रों को यथास्थिति के भीतर शक्ति संरचनाओं और असमानता के पैटर्न की जांच करने की चुनौती देता है।
- प्राधिकरण से पूछताछ करके, छात्र अपने स्वयं के सीखने पर नियंत्रण कर सकते हैं और उन विचारों का गंभीर रूप से मूल्यांकन कर सकते हैं जो उन्हें सिखाए गए हैं।

अत: विकल्प (B) सही है।

56. बाधाओं की पहचान करना और उन पर काबू पाना, विद्यालय के सुधार में योगदान देना।

विद्यालय में निरंतर सुधार के लिए कई गतिविधियाँ एक उपयुक्त 'जलवायु' में योगदान करती हैं। इनमें से महत्वपूर्ण हैं:

- प्रमुख प्राथमिकताओं और उद्देश्य की पहचान, छात्रों और सीखने पर केंद्रित दृष्टि
- बाधाओं की पहचान और उन्हें कैसे दूर किया जा सकता है
- प्रमुख लोगों की पहचान - स्कूल के विकास के रूप में प्रबंधन और विकास के निहितार्थ
- सीखने, विकास को बढ़ावा देना और ज्ञान को साझा करना रचनात्मकता और नवाचार को बढ़ावा देना
- कर्मचारियों, निर्वाचित सदस्यों और व्यापक समुदाय को यह सुनिश्चित करना कि विद्यालय को क्यों विकसित होना चाहिए और वे कैसे योगदान दे सकते हैं
- स्कूल के भीतर और हितधारकों (समुदाय, माता-पिता, उद्योग) के साथ सभी स्तरों पर प्रतिक्रिया देने/प्राप्त क

अत: विकल्प (A) सही है।

57. अवधारणा मानचित्रण ज्ञान संगठन के लिए उपयोग किया जाने वाला ग्राफिक आयोजक या मस्तिष्क उपकरण का प्रकार है जो शिक्षार्थियों को दूसरों के सहयोग से ग्राफिक बनाकर जानकारी की व्याख्या, प्रतिनिधित्व और व्यवस्थित करने में मदद कर सकता है।

- संकल्पना मानचित्र वे दृश्य निरूपण हैं जिन्हें छात्र विचारों, अवधारणाओं और शब्दों को जोड़ने के लिए बनाते हैं।
- छात्र उनका उपयोग उन सूचनाओं को व्यवस्थित करने के लिए कर सकते हैं जो वे पहले से जानते हैं और इस पूर्व ज्ञान के साथ नई शिक्षा को शामिल करने के लिए।
- अवधारणा मानचित्र शिक्षक को यह देखने में मदद करते हैं कि छात्र सामग्री को कैसे समझते हैं। यह छात्रों को मुख्य विचार और अन्य जानकारी के बीच सार्थक संबंध बनाने में मदद करता है।
- उनका निर्माण करना आसान है और किसी भी साामग्री क्षेत्र में उपयोग किया जा सकता है।

अत: विकल्प (A) सही है।

58. अधिगम सिद्धांतों के संदर्भ में मचान (स्कैफोल्डिंग) वयस्कों द्वारा अधिगम में अस्थायी समर्थन को संदर्भित करता है।

मचान प्रक्रिया में छात्रों को कुछ नया सीखते समय आवश्यक समर्थन प्रदान किया जाता है। इस प्रकार उन्हें उस ज्ञान का स्वतंत्र रूप से प्रयोग करने के बेहतर मौके मिलते हैं। मनोवैज्ञानिक और निर्देशक डिजाइनर जेरोम ब्रूनर ने सबसे पहले 'मचान' शब्द का प्रयोग किया था। सिद्धांत यह है कि जब छात्रों को कुछ नया सीखने के दौरान समर्थन प्रदान किया जाता है तो वे स्वतंत्र रूप से उस ज्ञान का प्रयोग करने का एक बेहतर मौका प्राप्त करते हैं।

अत: विकल्प (C) सही है।

59. सीखना पालने से लेकर कब्र तक एक सतत प्रक्रिया है।

कभी-कभी पालने से कब्र तक के बजाय, आप विकल्पों में गर्भ से कब्र तक देख सकते हैं। सीखना मातृभूमि की कोख से शुरू होता है और मृत्यु तक अनवरत चलता रहता है। यह केवल एक चरण में पूरा नहीं होता है बल्कि यह जीवन भर पालने से लेकर कब्र तक जीवन भर चलने वाली प्रक्रिया है। रॉबर ई. ली ने कहा था: 'मनुष्य की शिक्षा तब तक पूरी नहीं होती जब तक वह मर नहीं जाता'।

अतः विकल्प (D) सही है।

60. सूक्ष्म शिक्षण निम्न में से एक शिक्षण स्थिति को छोटा करना है।

शिक्षण अधिगम प्रक्रिया में सूक्ष्म शिक्षण। शिक्षण इकाइयाँ छोटे-छोटे भागों में विभाजित हो जाती हैं। यह एक शिक्षक के शिक्षण कौशल को विकसित करने की एक तकनीक है। शिक्षक एक समय में 5 से 10 मिनट की अवधि के लिए केवल 5 से 10 छात्रों को पढ़ाता है। इसीलिए इसे स्केल डाउन स्थिति कहा जाता है। माइक्रो-टीचिंग जानने के लिए कृपया विजिट करें।

अतः विकल्प (D) सही है।

61. कक्षा में शिक्षक की भूमिका एक लोकतांत्रिक नेता के रूप में होनी चाहिए।

लोकतांत्रिक कक्षा-कक्ष में, शिक्षक निर्णय लेने में अपनी जिम्मेदारी साझा करते हैं, समानता और शिक्षार्थी केंद्रित शिक्षा प्रदान करते हैं, प्रभावी संचार के लिए वातावरण बनाते हैं, सभी छात्रों को महत्व देते हैं, उनके साथ समान व्यवहार करते हैं और सभी छात्रों को उचित अवसर प्रदान करते हैं। अपने विचारों को स्वतंत्र रूप से व्यक्त करें, छात्रों के साथ नियम और विनियमन स्थापित करें, शिक्षार्थी को भाग लेने के लिए प्रोत्साहित करें, और व्यक्तियों के लिए प्यार और सम्मान दिखाते है।

अत: विकल्प (A) सही है।

62. अधिगम वातावरण बनाने के लिए 'शिक्षकों के साथ अनुपालन' सही नहीं है।

सीखने का माहौल उस परिवेश का कुल योग है जिसमें व्यक्ति अनुभवों को समृद्ध करने के लिए अंत:क्रिया करते हैं और इस प्रकार सीखने की ओर अग्रसर होते हैं।

कक्षा में अच्छा वातावरण बनाने के लिए:

- बच्चे के पास जो कुछ भी है उसकी स्वीकृति शिक्षक द्वारा की जानी चाहिए।
- कक्षा में अच्छा वातावरण बनाने के लिए शिक्षक का सकारात्मक स्वर जरूरी है।
- बच्चे के प्रयासों को मंजूरी दी जानी चाहिए और स्वीकार किया जाना चाहिए।

अतः विकल्प (A) सही है।

63. दंड और पुरस्कार व्यवहारवाद सिद्धांत के घटक हैं।

व्यवहारवाद इस विचार पर केंद्रित है कि सभी व्यवहार पर्यावरण के साथ अंत:क्रिया के माध्यम से सीखे जाते हैं। यह सीखने का सिद्धांत बताता है कि व्यवहार पर्यावरण से सीखे जाते हैं, और कहते हैं कि जन्मजात या विरासत में मिले कारकों का व्यवहार पर बहुत कम प्रभाव पड़ता है।

अतः विकल्प (A) सही है।

64. एक सामाजिक-रचनात्मक ढांचे में, शिक्षार्थियों द्वारा शिक्षकों के समर्थन से अधिगम और ज्ञान का सह-निर्माण किया जाता है।

एक बच्चे को समीपस्थ विकास में मदद करना ताकि वह वास्तविक विकास क्षेत्र से संभावित विकास क्षेत्र तक पहुंच सके, इसे मचान कहा जाता है। यह सहायता अस्थायी है, और बच्चे को मचान तब दी जानी चाहिए जब वह स्वयं काम करना शुरू कर दे, लेकिन काम खत्म करने में सक्षम न हो। सामाजिक-रचनात्मक ढांचे में, शिक्षक द्वारा अपने छात्र को मचान प्रदान किया जाता है।

अतः विकल्प (C) सही है।

65. अधिगम के रचनावादी दृष्टिकोण से पूछताछ आधारित शिक्षा को बढ़ावा मिलता है।

पूछताछ आधारित शिक्षा एक ऐसी सीख है जो छात्रों से अपने स्वयं के ज्ञान और समझ के स्तर का आकलन करने के लिए प्रश्न पूछती है।पूछताछ-आधारित अधिगम में छात्र स्वयं को एक जटिल समस्या से जोड़ते हैं जो विभिन्न प्रतिक्रियाओं की अनुमति देता है।

- पूछताछ-आधारित अधिगम में छात्र स्वयं पूछताछ की पंक्तियों और उनके द्वारा नियोजित विधियों का चयन करते हैं।
- इस अधिगम में छात्र अपने मौजूदा ज्ञान को प्राप्त करते हैं और अपनी अधिगम आवश्यकताओं की पहचान करते हैं।
- यहां के छात्र नए प्रमाण तलाशने और खोजने के लिए सक्रिय रूप से भाग लेते हैं।

अतः विकल्प (B) सही है।

66. अक्षमता एक छत्र शब्द है, जिसमें हानि, गतिविधि सीमाएं और भागीदारी प्रतिबंध शामिल हैं। अक्षम लोगों द्वारा सामना की जाने वाली कठिनाइयों पर काबू पाने के लिए पर्यावरणीय और सामाजिक बाधाओं को दूर करने के लिए हस्तक्षेप की आवश्यकता होती है।

यहां, राजन अपनी ही दुनिया में खोया हुआ प्रतीत होता है, वह दूसरे लोगों से नेत्र - संपर्क नहीं करता और सारा दिन एक पंख के साथ अकेले खेलता रहा है। राजन का यह व्यवहार स्वलीन क्रम विकार की ओर संकेत करता है।

- ऑटिज्म स्पेक्ट्रम डिसऑर्डर वाले बच्चे अन्य लोगों से संबंधित होने में गहन कठिनाइयों का अनुभव करते हैं।
- वे सामाजिक व्यवहार शुरू करने में असमर्थ हैं और अन्य लोगों की भावनाओं के प्रति अनुत्तरदायी लगते हैं। वे दूसरों के साथ अनुभव या भावनाओं को साझा करने में असमर्थ हैं।
- यह सामाजिक संपर्क और संचार कौशल, और व्यवहार, रुचियों और गतिविधियों के रूढ़िबद्ध पैटर्न में व्यापक हानि की विशेषता है।
- ऑटिज्म स्पेक्ट्रम डिसऑर्डर एक प्रकार की बौद्धिक अक्षमता है, जिसका अर्थ है कि एक न्यूरो-डेवलपमेंटल स्थिति जो आमतौर पर जीवन के पहले तीन वर्षों में दिखाई देती है, जो किसी व्यक्ति की संवाद करने, संबंधों को समझने और दूसरों से संबंधित होने की क्षमता को महत्वपूर्ण रूप से प्रभावित करती है, और अक्सर असामान्य या रूढ़िवादी अनुष्ठान या व्यवहार।

इसलिए, यह निष्कर्ष निकाला जाता है कि राजन का व्यवहार ऑटिज्म स्पेक्ट्रम डिसऑर्डर की ओर संकेत करता है।

अतः विकल्प (B) सही है।

67. एक कोच के रूप में प्रधान:

- कई संगठन आज पूरे संगठन में परिवर्तन लाने के लिए अपने वरिष्ठ और उच्च-क्षमता वाले अधिकारियों के लिए विकासात्मक हस्तक्षेप के रूप में कोचिंग का चयन कर रहे हैं।
- कोचिंग की प्रक्रिया में आमतौर पर कोच और व्यक्ति के बीच आमने-सामने बैठकें शामिल होती हैं, 360-डिग्री और व्यक्ति की ताकत और कमजोरी पर अन्य प्रतिक्रिया पद्धतियां, और परिवर्तन के लिए एक कार्य योजना का विकास भी शामिल है।
- एक कोच के रूप में प्रधान, उम्मीदों और भूमिकाओं को स्पष्ट करता है, सिखाता है, समर्थन प्रदान करता है, चीयरलीड करता है, और टीम के सदस्यों को उनके प्रदर्शन को बेहतर बनाने में मदद करने के लिए आवश्यक साडी चीजें करता है।

इसलिए, यह स्पष्ट है कि चुनौतीपूर्ण कार्य प्राप्त करने में मदद करना एक कोच के रूप में एक प्रधान की भूमिका नहीं है।

अत: विकल्प (D) सही है।

68. समुदाय स्कूल पर एक वॉचडॉग है।

स्कूलों के विकास में समुदाय की भूमिका इस प्रकार है:

- एक समुदाय के योगदान को स्पष्ट रूप से देखा जा सकता है जब स्कूल अधिक नामांकन के लिए ड्रॉप-आउट मामलों को नहीं संभाल सकते हैं। ऐसे मामलों में ये समितियां ऐसे छात्रों को उनके ही मोहल्ले से ढूंढती हैं और उन्हें स्कूल आने के लिए मनाती हैं।
- वे कक्षा का निरीक्षण कर सकते हैं और कुछ सकारात्मक आपत्तियों के साथ प्रतिक्रिया भी दे सकते हैं।
- वे खुद को एक दबाव समूह के रूप में मानते हैं ताकि कुछ सकारात्मक योजनाओं को लागू किया जा सके और कुछ नकारात्मक प्रथाओं को छोड़ा जा सके।

इस प्रकार, यह निष्कर्ष निकाला जा सकता है कि समुदाय पर एक वॉचडॉग है।

अत: विकल्प (D) सही है।

69. पाठ्यचर्या को विषयवस्तु या निर्देश की विशिष्ट सामग्री की एक सामान्य समग्र योजना के रूप में परिभाषित किया जाता है, जिसे स्कूल को छात्र को प्रमाणन के लिए अर्हता प्राप्त करने के रूप में प्रदान करना चाहिए।

एक मानकीकृत पाठ्यचर्या को हटाने और पाठ्यचर्या की आधुनिक परिभाषा को स्वीकार करने के लिए शिक्षक को निम्न नहीं करने चाहिए -

- अनुभवात्मक और व्यावहारिक ज्ञान पर ध्यान केंद्रित करने के बजाय किताबी ज्ञान को प्रोत्साहित करना।
- पारंपरिक तरीके से व्याख्यान देना। शिक्षक-केंद्रित विधियों (व्याख्यान पद्धति) से छात्र-केंद्रित विधियों में बदलाव करना चाहिये।
- छात्रों के सीखने के लिए एक सख्त वातावरण बनाना के स्थान पर छात्रों को सीखने के लिए एक अनुकूल और लचीला वातावरण प्रदान करना।

अत: विकल्प (C) सही है।

70. विद्यालय का यह कर्तव्य है कि वह परिस्थितियों में सुधार के लिए समुदाय की अपनी स्वतंत्रता का दावा करें।

विद्यालय की जिम्मेदारियां:

- विद्यालय स्टाफ के परामर्श से विद्यालय के लिए लक्ष्य और दिशा-निर्देश स्थापित करता है और इन लक्ष्यों और निर्देशों की उपलब्धि के लिए कर्मचारियों को सहयोगात्मक रूप से काम करने के लिए प्रेरित करता है।
- विद्यालय एक पेशेवर शिक्षण समुदाय को बढ़ावा देता है।
- विद्यालय समुदाय की भावना विकसित करता है।
- परिस्थितियों में सुधार के लिए विद्यालय समुदाय से अपनी स्वतंत्रता का दावा करता है।
- विद्यालय यह सुनिश्चित करता है कि विद्यालय की शैक्षिक दिशा संभागीय लक्ष्यों और निर्देशों के अनुरूप हो।
- विद्यालय सभी कर्मचारियों को शामिल करते हुए सहभागी निर्णय लेने की दिशा में काम करता है।
- विद्यालय एक ऐसे वातावरण और जलवायु को विकसित करने का प्रयास करता है जो छात्र विकास और शैक्षणिक उत्कृष्टता को बढ़ावा देता है।

अत: विकल्प (C) सही है।

71. विद्यालय संशोधन योजना में निम्नलिखित कारकों पर ध्यान देने की आवश्यकता है:

1. उद्देश्य: उद्देश्य अंतिम लक्ष्य है जिसे गतिविधि के माध्यम से प्राप्त करने की आवश्यकता होती है।
2. लक्ष्य: लक्ष्य छोटी -छोटी योजनाएं हैं जिन्हें लक्ष्य प्राप्त करने के लिए नियोजित करने की आवश्यकता होती है।
3. कार्यन्वयन रणनीतियाँ: रणनीतियाँ जो रूपरेखा या आगे का मार्ग बनाती हैं जिन्हें लक्ष्यों को प्राप्त करने के लिए निष्पादित करने की

आवश्यकता होती है, उन्हें कार्यान्वयन रणनीति के रूप में जाना जाता है।

4. समयरेखा: संशोधन योजना को पूरा करने के लिए या विद्यालय संशोधन योजना की प्रतियोगिता तिथि तय करने के लिए, समय तय करने के लिए एक समयरेखा बनाई जानी है।
5. कार्यन्वयन रणनीतियों के लिए जिम्मेदारियों को परिभाषित करने की आवश्यकता है ताकि प्रत्येक व्यक्ति को उस कार्य के बारे में पता होना चाहिए जो उन्हें करने की आवश्यकता है। यहां अस्पष्टता की कोई गुंजाइश नहीं है।
6. संशोधन के अवसर: संशोधन एक सतत प्रक्रिया है। लक्ष्य प्राप्त करने के बाद भी संशोधन की गुंजाइश हमेशा बनी रहती है। लक्ष्य इस तरह से निर्धारित किए जाने चाहिए कि भविष्य में संशोधन मौजूदा प्रक्रिया से बाधित न हो।

इसलिए, यह निष्कर्ष निकाला गया है कि विद्यालय संशोधन योजना के लिए उद्देश्य, लक्ष्य, कार्यन्वयन रणनीतियों, समयरेखा, रणनीतियों को लागू करने की जिम्मेदारी, संशोधन के अवसर आवश्यक हैं।

अत: विकल्प (B) सही है।

72. एक सफल टीम लीडर अपने टीम के सदस्यों से सक्रिय श्रोता होने की उम्मीद करता है।

- एक लीडर कड़ी मेहनत का श्रेय देता है, उसकी सराहना करता है और उसे स्वीकार करता है।
- वे सक्रिय श्रोता होते हैं, और अपने श्रोतागण से भी सक्रिय श्रोता होने की उम्मीद करते हैं।
- वे अपनी टीम के सदस्यों का विश्वास प्राप्त करने के लिए प्रतिबद्धता दिखाते हैं।
- एक टीम लीडर के पास एक स्पष्ट दृष्टि होती है और वह प्रभावी निर्णय लेने के माध्यम से विश्वास व्यक्त करता है।
- वे टीम के भविष्य में निवेश करते हैं और उनके पास एक स्पष्ट आजीविका प्रगति योजना होती है।
- टीम के लीडर हमेशा ईमानदारी के साथ कार्य करते हैं और निष्पक्ष रूप से कार्य करते हैं।
- वे हमेशा दूसरों को प्रेरित करते हैं और अपनी टीम के सदस्यों को उत्साहयुक्त महसूस कराते हैं।
- वे असफलता से नहीं डरते हैं, जो सफलता का एक अनिवार्य हिस्सा है।
- टीम लीडर वह होता है जो कठोर निर्णय लेता है, लेकिन साथ ही लोगों को सशक्त बनाता है।
- महान लीडर एक उदाहरण स्थापित करते हैं और अपनी टीम के सदस्यों को एक सामान्य लक्ष्य तक पहुँचने के लिए प्रेरित करते हैं।

अतः विकल्प (C) सही है।

73. संस्थागत स्तर पर नेतृत्व प्रशिक्षण संबंधित गतिविधियों का एक समूह है, जो सीमित समय की एक निश्चित अवधि के लिए शैक्षिक विकास के विशिष्ट लक्ष्य निर्धारित करता है।

- संस्थागत स्तर पर नेतृत्व प्रशिक्षण अतीत और वर्तमान प्रवृत्तियों के संबंध में किसी देश की शैक्षिक प्रणाली के भविष्य का सामना करने के लिए निर्धारित किया जाता है। इस प्रकार, यह शिक्षा से संबंधित मुद्दों पर भविष्य के निर्णयों और कार्यों के लिए या तो प्रावधान करता है या आधार बन जाता है।
- संस्थागत स्तर पर नेतृत्व प्रशिक्षण का अत्यधिक महत्व है क्योंकि यह शिक्षा के विकास से संबंधित सभी परियोजनाओं, अर्थात शिक्षा में मात्रात्मक और गुणात्मक संशोधन का आधार है।
- संस्थागत स्तर पर नेतृत्व प्रशिक्षण देश की शिक्षा और प्रशिक्षण कार्यक्रमों की अतीत और वर्तमान वास्तविकताओं को ध्यान में रखता

है। यह आमतौर पर शैक्षिक स्थिति और आवश्यकताओं के सर्वेक्षण से पहले होता है।

अतः विकल्प (C) सही है।

74. निगरानी विद्यालय प्रबंधन का पहलू है, जिसमें विद्यालय प्रबंधन के अंतर्गत आने वाले लक्ष्यों की जाँच और समायोजन शामिल है।

- लक्ष्य विद्यालय के पाठ्यक्रम, शिक्षा, वित्त पोषण, शिक्षा के निष्पादन आदि से संबंधित हो सकते हैं।
- विद्यालय कमेटी उक्त लक्ष्यों की निगरानी के लिए जिम्मेदार है।
- विद्यालय प्रबंधन में छात्रों, शिक्षकों आदि के व्यवहार के संबंध में चीजों का प्रबंधन भी शामिल है।
- निगरानी पहलू आवश्यक है क्योंकि यह इस बात का अंदाजा देता है कि क्या चल रहा है और कहां सुधार की आवश्यकता है या चीजों की कमी है।
- निगरानी भविष्य के लक्ष्यों की बेहतर योजना बनाने में मदद करती है।

अतः विकल्प (C) सही है।

75. प्रबंधन चक्र किसी भी प्रक्रिया उन्मुख कार्य के लिए एक रूपरेखा है, जो प्रकृति में भी चक्रीय है, जो कि विद्यालय प्रबंधन में सहायता करता है।

- प्रबंधन चक्र विद्यालय प्रबंधन प्रक्रिया के लिए रूपरेखा है, जिसकी प्रकृति रुखी है।
- प्रभावी परिणामों के लिए नियोजित लक्ष्यों का प्रबंधन और उनका निष्पादन आवश्यक है।
- किसी भी प्रक्रिया-उन्मुख कार्य जैसे विद्यालय प्रबंधन के लिए उचित प्रबंधन की आवश्यकता होती है।
- प्रबंधन में विद्यालय प्रबंधन के हर पहलू का प्रबंधन करना और सर्वोत्तम परिणाम प्रदान करना शामिल है।

अतः विकल्प (B) सही है।

76. विद्यालय शिक्षा पेशेवर माता-पिता को उनकी बदलती भूमिकाओं में भोजन और दवाएं प्रदान करने के अलावा, निम्नलिखित सभी तरीकों से मदद कर सकते हैं।

- माता-पिता की भागीदारी को सबसे महत्वपूर्ण शैक्षिक लक्ष्यों में से एक माना जाता है।
- प्रत्येक विद्यालय को ऐसी भागीदारी को बढ़ावा देना चाहिए जो बच्चों के सामाजिक, भावनात्मक और शैक्षणिक विकास को बढ़ावा देने में माता-पिता की भागीदारी को बढ़ाए।

विद्यालय शिक्षा पेशेवर माता-पिता को उनकी बदलती भूमिकाओं में निम्नलिखित सभी तरीकों से मदद कर सकते हैं: -

- विशेषज्ञता प्रदान करना।
- सलाह देना।
- शैक्षिक सहायता प्रदान करना।

अतः विकल्प (D) सही है।

77. एक लोकतांत्रिक पाठ्यक्रम में विविधता और लचीलापन होता है।

स्कूल में एक लोकतांत्रिक पर्यावरण को बढ़ावा देना: स्कूल को एक लोकतांत्रिक स्कूल वातावरण स्थापित करने की आवश्यकता पर जोर देना चाहिए। इसमें कहा गया है कि बच्चों को अपने विचार व्यक्त करने का अवसर होना चाहिए और उन्हें उचित महत्त्व दिया जाना चाहिए।

अतः विकल्प (A) सही है।

78. राष्ट्रीय शिक्षा नीति 2020, 21वीं सदी की पहली शिक्षा नीति है और इसका उद्देश्य हमारे देश की कई बढ़ती विकासात्मक अनिवार्यताओं को संबोधित करना है। इस नीति ने 34 वर्षीय राष्ट्रीय शिक्षा नीति (एनपीई), 1986 का स्थान लिया है।

राष्ट्रीय शिक्षा नीति 2020 की महत्वपूर्ण विशेषताएं:

- नई नीति का उद्देश्य 2030 तक विद्यालयी शिक्षा में 100% सकल नामांकन अनुपात के साथ पूर्व-विद्यालय से माध्यमिक स्तर तक शिक्षा का सार्वभौमिकरण करना है।
- वर्तमान 10+2 प्रणाली को क्रमशः 3-8, 8-11, 11-14 और 14-18 वर्ष की आयु के अनुरूप एक नई 5+3+3+4 पाठ्यचर्या संरचना द्वारा प्रतिस्थापित किया जाना है। नई प्रणाली में तीन वर्ष की आंगनवाड़ी / पूर्व विद्यालयी के साथ 12 वर्ष की विद्यालयी शिक्षा होगी।
- नई नीति विद्यालयों और उच्च शिक्षा दोनों में बहुभाषावाद को बढ़ावा देती है क्योंकि बहुभाषी शिक्षा छात्रों को पढ़ाने के लिए छात्र की मातृभाषा या मूल भाषा का उपयोग करने पर जोर देती है क्योंकि यह अधिगम को प्रभावी बनाती है।
- बहुसांस्कृतिक शिक्षा का उपयोग करने वाली कक्षाएँ छात्रों को उनकी मूल भाषाओं में सीखने में मदद करने के लिए विभिन्न रणनीतियों का उपयोग करती हैं। NEP, 2020 नियमित, रचनात्मक और योग्यता-आधारित की सिफारिश करता है और 'अधिगम के लिए आकलन' पर केंद्रित है।

इसलिए, हम यह निष्कर्ष निकाल सकते हैं कि राष्ट्रीय शिक्षा नीति 2020 बहुभाषावाद की सिफारिश करती है।

अतः विकल्प (A) सही है।

79. विद्यालय पुस्तकालय विद्यालय के सदस्यों के लिए सूचना के न्यायसंगत उपयोग को बढ़ावा देकर शैक्षिक उद्देश्यों की उपलब्धि सुनिश्चित करता है।

विद्यालय का पुस्तकालय काफी महत्व वाला एक शैक्षिक उपकरण है। यह निम्न प्रकार से शैक्षिक उद्देश्यों की उपलब्धि सुनिश्चित करता है:

- विद्यालय के सदस्यों के लिए सूचना के न्यायसंगत उपयोग को बढ़ावा देकर।
- विद्यालय के सदस्यों को अधिगम के व्यापक अवसर प्रदान करके।
- शिक्षार्थियों के बीच पढ़ने या स्वः-अधिगम के कौशल को विकसित करके।
- शिक्षार्थियों और विद्यालय सुविधाओं के अवकाश अवधि का इष्टतम उपयोग सुनिश्चित करके।

अतः विकल्प (B) सही है।

80. "शिक्षा के माध्यम से, शिक्षार्थियों के व्यवहार में वांछनीय परिवर्तन लाने के प्रयास किए जाते हैं" पाठ्यचर्या के मनोवैज्ञानिक आधारों के अंतर्गत आता है।

पाठ्यचर्या के मनोवैज्ञानिक आधार:

- शिक्षा बच्चे के लिए है। शैक्षिक प्रक्रिया में, बच्चा केंद्र होता है।
- शिक्षा के माध्यम से शिक्षार्थियों के व्यवहार में वांछनीय परिवर्तन लाने के प्रयास किए जाते हैं।
- व्यवहार के विज्ञान के रूप में मनोविज्ञान शिक्षा प्रदान करने की प्रक्रिया से जुड़ा हुआ है।
- पाठ्यचर्या सकारात्मक रूप से बच्चे की आवश्यकताओं और आवश्यकताओं के साथ सहसंबद्ध होती है।
- यह उन विषयों और शिक्षण गतिविधियों के चयन में मदद करता है जिन्हें पाठ्यक्रम में शामिल किया जाना चाहिए।
- यह पाठ्यचर्या विकास के लिए आवश्यक आधार प्रदान करता है ताकि किसी दिए गए ग्रेड में छात्रों की आवश्यकताओं के अनुसार इसे अनुकूलित किया जा सके।
- पाठ्यक्रम का डिजाइन और निर्माण व्यक्तिगत भिन्नताओं के मनोविज्ञान से प्रभावित होता है। व्यक्तिगत भिन्नताओं, आवश्यकताओं और रुचियों को समायोजित करने के लिए पाठ्यचर्या पर्याप्त रूप से लचीली और विविध होनी चाहिए।

अतः विकल्प (C) सही है।

General English

Q.1 Direction: Select the most appropriate synonyms of the given word.

The poems of Kabir are <u>ecstatic</u> in nature.

A. Efficacious   **B.** Eerie
C. Rapturous   **D.** Reverential

Q.2 Direction: Select the most appropriate antonym of the given word.

Flaw

A. Feature   **B.** Perfection
C. Defect   **D.** Weakness

Q.3 Direction: Choose the correct option to replace the word(s) given in brackets.

He is reported (be) dead.

A. be to   **B.** to be   **C.** to being   **D.** to been

Q.4 Direction: Improve the underlined part of the sentence.

Please report to me when <u>you return back from</u> Delhi.

A. You have returned back from
B. You return from
C. You returned back from
D. No improvement

Ques (5-6):Directions: Given below are some idioms/phrases followed by four alterative meanings to each. Choose the most appropriate answer from among the options (A), (B), (C) and (D).

Q.5 A stitch in time

[UPSC NDA, 2022]

A. tailoring one's efforts efficiently
B. making an effort to succeed
C. inability to take timely decision
D. timely action that prevents negative outcome

Q.6 Talking twenty to the dozen

[UPSC NDA, 2022]

A. talking hurriedly and rapidly
B. talking too much
C. talking without making sense
D. talking out of turn

Q.7 Direction: This question has a sentence with three parts labeled (a), (b), and (c). Read each sentence to find out whether there is any error in the given parts and indicate your response corresponding letter i.e., (a) or (b), or (c). if you find no error, your response should be indicated as (d).

I go up in (a) / a balloon, usually, to draw (b) / the crowds for the circus. (c) / No error (d)

A. a   **B.** b   **C.** c   **D.** d

Q.8 Direction: Select the option that can be used as a one-word substitute for the given group ofwords.

The branch of biology that deals with the relations of organisms to one another and totheir physical surroundings.

[SSC Constable (GD), 2021]

A. Anthropology   **B.** Ecology
C. Gerontology   **D.** Morphology

Ques (9-10):Direction Read the passage given below and answer the question/complete the statements that follow by choosing the best options from the given ones.

By absolute standards, people are slow readers. Yet, they differ widely in reading rates. Some gulp books by taking in a hundred words or more within a minute; others plod along through weeks or more. However, there is nothing to prove that slow readers retain and comprehend the reading matter better.

Now, it is a fast that the reading rate can be improved by exercise. Many techniques to teach people to read faster were undertaken, for the first time at Harvard University in the United States after the Second World War, and classes were organised for businessmen wishing to learn fast reading.

A widely held opinion is that when a person reads, his eyes sweep smoothly across the page. Actually during an hour of continuous reading, his eyes remain fixed for an average of 57 minutes, and only move in the remaining three minutes. The greater the number of words the reader can cover during a stop and the better he comprehends them, the faster the reading. Precisely this goal is sought in training people to read fast.

It appears that fast reading should be started at school when children have not yet picked up bad reading habits (especially subvocalising), that is the tendency to form words with their vocal chords. It is a well known fact that a drawing, a diagram or a photograph will usually carry more information than a printed text taking up the same area. A person grasps this graphic information all at a time. This ability is usually utilized in technical publications, but not to the full extent yet. Coupled with fast reading, this may raise the rate of information input tens or even hundreds of times.

Q.9 Which of the following countries initiated the efforts to make businessmen learn fast reading?

A. Germany
B. The United Kingdom
C. The United States
D. France

Q.10 In one hour of continuous reading for how long do a person's eyes remain static?

A. 1 minute   **B.** 3 minutes
C. 57 minutes   **D.** All the time

General Hindi

Q.11 निर्देश: व्यक्तिवाचक संज्ञा चुनिए:

गंगा नदी कई हजारों मील की यात्रा समाप्त करके समुद्र में मिलती है।

[Allahabad High Court Clerk (Group C & D), 2017]

A. मील B. यात्रा C. समुद्र D. गंगा

Q.12 निर्देश: दिए गए शब्द युग्म का सही शब्द युग्म ज्ञात कीजिए।

अनु : अणु

A. कठिन : हाथ B. एक उपसर्ग : सूक्ष्म कण

C. सूक्ष्म : कण D. सूक्ष्म कण : एक उपसर्ग

Q.13 हिंदी भाषा का जन्म हुआ है:

A. अपभ्रंश से B. लौकिक संस्कृत से

C. पालि-प्राकृत से D. वैदिक संस्कृत से

Q.14 'सत्याग्रह' का समास-विग्रह क्या होगा?

A. सत्या से ग्रह B. सत्य में ग्रह

C. सत्य के लिए आग्रह D. सत्य पर आग्रह

Q.15 निर्देश: निम्नलिखित मुहावरों और लोकोक्तियों के लिए उपयुक्त विकल्प चुनिए:

आँख का पानी ढल जाना

[UPSSSC Forest Guard, 2015]

A. बुढ़ाना आ जाना

B. प्रिय व्यक्ति का बिछुड़ जाना

C. निर्लज्ज हो जाना

D. देखने की ताकत कमजोर पड़ना

Q.16 लेखक और उसकी रचना का कौन-सा जोड़ा गलत है?

[UPTET Paper - I, 2018]

A. संस्कृति के चार अध्याय - रामधारी सिंह 'दिनकर'

B. रसज्ञ-रंजन - आचार्य महावीर प्रसाद द्विवेदी

C. स्कन्दगुप्त - लक्ष्मीनारायण मिश्र

D. अशोक के फूल - आचार्य हजारी प्रसाद द्विवेदी

Q.17 'भय' किस रस का स्थायी भाव है?

A. अद्भुत रस B. वीभत्स रस

C. रौद्र रस D. भयानक रस

Q.18 'खंड' का संधि-विच्छेद है:

A. खन + ड B. खण + ड

C. खम् + ड D. इनमें से कोई नहीं

Ques (19-20):निर्देश: दिए गए गद्यांश को ध्यानपूर्वक पढ़िए तथा पूछे गए प्रश्नों के उत्तर के लिए सही विकल्प का चयन कीजिए।

सूक्ष्म पोषक तत्वों की कमी दुनियाभर में कुपोषण का एक महत्वपूर्ण घटक है। यह स्थिति भारत जैसे विकासशील देशों में अधिक है। हमारे शरीर में आमतौर पर जिन सूक्ष्म पोषक तत्वों की कमी होती है, उनमें आयोडीन, आयरन, फोलिक एसिड, विटामिन ए तथा जिंक प्रमुख हैं। बर्फबारी, बाढ़, नदियों का मार्ग बदलना, वनों की कटाई जैसी स्थितियाँ लगातार मिट्टी की ऊपरी परत पर मौजूद आयोडीन को बहा देती है जिससे ऐसी मिट्टी में उगायी जाने वाली फसलों में आयोडीन की मात्रा कम हो जाती है। परिणाम स्वरूप, मवेशियों और मनुष्यों के आहार में भी आयोडीन की कमी हो जाती है। पहले माना जाता था कि आयोडीन की कमी से केवल घेंघा और बौनापन ही होता है। लेकिन यह स्पष्ट हो गया है कि इसकी कमी से भ्रूण से लेकर शैशवावस्था और फिर वयस्क होने पर गंभीर स्वास्थ्य और सामाजिक समस्याएँ होती हैं। इनमें से अधिकतर स्थितियाँ अदृश्य और अपरिवर्तनीय हैं, पर इन्हें रोका जा सकता है।

Q.19 गद्यांश के अनुसार कुपोषण का मुख्य कारण क्या है?

A. सूक्ष्म पोषक तत्वों की कमी।

B. पोषक तत्वों का असंतुलन।

C. पोषक तत्वों की अनुपलब्धता।

D. सूक्ष्म पोषक तत्वों के बारे में अज्ञानता।

Q.20 कुपोषण की समस्या किन देशों में अधिक है?

A. विश्व के प्रत्येक देश में।

B. विश्व के विकसित देशों में।

C. विश्व के विकासशील देशों में।

D. विश्व में सिर्फ भारत में।

General Awareness & Current Affairs

Q.21 2022 में भारत की G20 अध्यक्षता का विषय क्या था?

A. जन भागीदारी B. वसुधैव कुटुम्बकम

C. भारत माता D. इनमें से कोई नहीं

Q.22 किस देश द्वारा लॉन्च किए गए मून रॉकेट का नाम 'आर्टेमिस' है?

A. इजराइल B. यूएई C. यूएसए D. चीन

Q.23 अक्टूबर 2022 में मेलबर्न में T20 विश्व कप में पाकिस्तान के खिलाफ मैच जीतने के बाद ICC की T20I बल्लेबाजों की रैंकिंग में विराट कोहली की कौन सी रैंक है?

A. 5 B. 7 C. 9 D. 11

Q.24 स्वास्थ्य सुविधा रजिस्टर में विभिन्न स्वास्थ्य सुविधाओं को जोड़ने के लिए किस राज्य को आयुष्मान उत्कृष्ट पुरस्कार 2022 से सम्मानित किया गया है?

A. मध्य प्रदेश B. उत्तर प्रदेश

C. राजस्थान D. इनमें से कोई भी नहीं

Q.25 सोपान (सीढ़ी) की तरह की खड़ी ढाल वाली गहरी घाटी को किस नाम से जाना जाता है?

A. U - आकार की घाटी

B. अंध घाटी (ब्लाइंड वैली)

C. गॉर्ज

D. कैनियन

Q.26 आत्मीय सभा के संस्थापक कौन थे?

A. राजा राममोहन राय B. केशव चंद्र सेन

C. देबेंद्र नाथ टैगोर D. राजा राधाकांत देव

Q.27 अलाउद्दीन के निम्नलिखित में से किस सेनापति ने दक्षिण भारत में खिलजी वंश के आक्रमणों का नेतृत्व किया?

A. उलुग खान B. मलिक काफूर

C. नुसरत खान D. उपरोक्त में से कोई नहीं

Q.28 किसने समूहों को 'डायड' और 'ट्रायड' में वर्गीकृत किया है?

A. पिटिरिम सोरोकिन B. विलियम ग्राहम समनर

C. जॉर्ज सिमेल D. फ्रेंकलिन हेनरी गिडिंग्स

Q.29 निम्नलिखित में से भारतीय संविधान का कौन-सा अनुच्छेद, राज्य की विधायिका के कार्यकाल से संबंधित है?

[Rajasthan Police Constable, 2020]

A. 172 B. 151 C. 124 D. 113

Q.30 जब कई दल चुनाव लड़ने और सत्ता जीतने के उद्देश्य से हाथ मिलाते हैं तो इसे _______ कहा जाता है।

A. गठबंधन B. द्विदलीय प्रणाली

C. बहुदलीय प्रणाली D. राष्ट्रीय दल

Reasoning Ability

Q.31 निर्देश: निम्नलिखित प्रश्न में एक वर्णमाला श्रृंखला दी गयी है। श्रृंखला का अनुसरण करने वाला लुप्त अक्षर ज्ञात कीजिये।

K, I, E, ?, G

A. X   B. W   C. H   D. Z

Q.32 एक निश्चित कूट भाषा में, ELEPHANTS को DMFOIBMUT के रूप में लिखा जाता है। उसी कूट भाषा में CROCODILE को किस प्रकार लिखा जाएगा?

A. BQPBNEHKF   B. CSSDDPEJLF

C. BSPBPEHMF   D. DSPDPEJMF

Q.33 एक व्यक्ति का परिचय देते हुए, अमन कहता है, 'उसकी पत्नी मेरे ग्रैंडफादर की एकमात्र पुत्री है'। वह व्यक्ति अमन से किस प्रकार से संबंधित है?

A. ग्रैंडफादर   B. पिता   C. पुत्र   D. ग्रैंडसन

Q.34 लड़कियों की एक कतार में, यदि शिल्पा जो कि बाईं ओर से 8 वें स्थान पर है और रीना जो कि दाईं ओर से 17 वें स्थान पर है आपस में अपना स्थान अदल-बदल कर लेती हैं, तो शिल्पा बाई ओर से 14वें स्थान पर हो जाती है। बताएँ कि इस कतार में कुल कितनी लड़कियाँ हैं?

A. 38   B. 28   C. 30   D. 25

Q.35 निम्नलिखित प्रश्न में दिए गए विकल्पों में से विषम अक्षरों को चुनिए।

A. HKN   B. RUX   C. GJN   D. ADG

Computer Literacy

Q.36 BIOS का प्रयोग किसके द्वारा किया जाता है?

A. कम्पाइलर   B. इंटरप्रेटर

C. ऑपरेटिंग सिस्टम   D. एप्लीकेशन सॉफ्टवेर

Q.37 चार्ट बनाने के लिए आप क्या उपयोग करते हैं?

A. पाई विज़ार्ड   B. एक्सेल विज़ार्ड

C. डेटा विज़ार्ड   D. चार्ट विज़ार्ड

Q.38 एमएस वर्ड की टेक्स्ट-स्टाइलिंग विशेषता _______ है।

A. वर्ड कलर   B. वर्डफोंट   C. वर्ड आर्ट   D. वर्डफिल

Q.39 एक फाइल या फोल्डर को कंप्यूटर से स्थायी रूप से Delete करने के लिए, हम प्रयोग करते हैं:

A. Ctrl + Delete   B. Alt + Delete

C. Shift + Delete   D. Enter + Delete

Q.40 गलत कथन का पता लगाएं:

A. नॉन-रिलेशनल डेटाबेस के लिए आवश्यक है कि डेटा जोड़ने से पहले स्कीमा को परिभाषित किया जाए।

B. NoSQL डेटाबेस को पूर्वनिर्धारित स्कीमा के बिना डेटा सम्मिलित करने की अनुमति देने के लिए बनाया गया है।

C. NewSQL डेटाबेस को पूर्वनिर्धारित स्कीमा के बिना डेटा सम्मिलित करने की अनुमति देने के लिए बनाया गया है।

D. उल्लिखित सभी

Perspective on Education & Leadership

Q.41 किसने कहा है कि "किशोरावस्था तनाव और तनावपूर्ण तूफान और संघर्ष की अवधि है"?

A. एलिजाबेथ हरलॉक   B. एरिक्सन

C. पियाजे   D. स्टेनली हॉल

Q.42 संज्ञानात्मक विकास सिद्धांतकारों के अनुसार, बच्चा कार्य-कारण चिंतन और वैज्ञानिक प्रयोग के मूल सिद्धांतों को किस अवधि में समझ सकता है?

A. बचपन   B. प्रारंभिक किशोरावस्था

C. यथार्थपूर्ण संचालन   D. बाद की किशोरावस्था

Q.43 समसामयिक परिप्रेक्ष्य के अनुसार, बाल विकास की प्रक्रिया है:

A. सभी बच्चों के लिए समानता और विशिष्ट उपलब्धि निश्चित रूप से सभी बच्चों द्वारा प्राप्त की जाती हैं क्योंकि वे एक निश्चित आयु तक पहुंचते हैं।

B. बहु-दिशात्मक क्योंकि बच्चे अलग-अलग संदर्भों में बड़े होते हैं।

C. पूरी तरह से अप्रत्याशित होते हुए भी विकास सभी के लिए एक-दिशा में है।

D. केवल माता-पिता से प्राप्त वंशानुगत जानकारी द्वारा निर्धारित किया जाता है।

Q.44 किसी व्यक्ति के अंतर्निहित लक्षणों को प्रकट करना_______ के रूप में जाना जाता है।

A. विकास   B. परिपक्वता

C. वृद्धि   D. कार्य करना

Q.45 बाल्यावस्था के दौरान, विकास:

[CTET Paper-II (Social Science), 2021], [CTET Paper-II (Science & Mathematics), 2021]

A. केवल मात्रात्मक परिवर्तन होते हैं

B. अव्यवस्थित और असंतुष्ट होता है

C. धीमा होता है और मापा नहीं जा सकता

D. बहुस्तरीय और जटिल होता है

Q.46 _______ बच्चों के समाजीकरण का प्राथमिक कारक है।

A. पुस्तकें और पत्रिकाएँ

B. निकटस्थ परिवार

C. माता-पिता का कार्यस्थल

D. अस्पताल के कर्मचारी

Q.47 जब एक विद्यार्थी किसी क्रियाकलाप के नकारात्मक परिणाम मूल्य और नियंत्रण की कमी पर केन्द्रित रहता है, तब उसे किस भाव का अहसास होगा?

A. गर्व   B. आशा   C. आनन्द   D. दुश्चिन्ता

Q.48 निम्नलिखित में से कौन सी प्रमुख समाजीकरण एजेंसियां हैं?

A. समुदाय

B. परिवार

C. औपचारिक शिक्षण संस्थान

D. इनमें से सभी

Q.49 मानव विकास और विकास को समझना एक शिक्षक को सक्षम बनाता है:

A. शिक्षण के दौरान शिक्षार्थियों की भावनाओं पर नियंत्रण प्राप्त करना

B. विविध शिक्षार्थियों को पढ़ाने के बारे में स्पष्ट रहें

C. छात्रों को बताएं कि वे अपने जीवन को कैसे बेहतर बना सकते हैं

D. उसके शिक्षण का निष्पक्ष तरीके से अभ्यास करें

Q.50 सेफेलोकॉडल सिद्धांत के अनुसार, एक बच्चा पहले अपने सिर का _______ नियंत्रण प्राप्त करेगा।

A. भौतिक   B. मानसिक

C. (A) और (B) दोनों   D. इनमें से कोई नहीं

Q.51 _______ एक डिजिटल कक्षा में एक शिक्षक की सबसे महत्वपूर्ण भूमिका है।

A. दूरस्थ अधिगम प्रकार में क्रियात्मक तकनीक

B. एक सुविधादाता होना

C. कक्षा की निगरानी करना

D. गहन चिंतन को बढ़ावा देना

Q.52 प्राथमिक स्तर पर बाल साहित्य की मुख्य भूमिका है:

A. यह सरल और आसान है

B. इसकी रंगीन तस्वीर से भरा हुआ

C. यह भाषाओं की विविधता प्रदान करता है

D. इसकी पढ़ाई स्कूल में होती है

Q.53 निम्नलिखित में से कौन से कारक शिक्षण-अधिगम के दौरान आपके विषय-वस्तु वितरण को प्रभावित करते हैं?

A. शब्दों की शुद्धता और सटीकता

B. विषय-वस्तु की स्पष्टता

C. संगति

D. तीव्र वितरण

Q.54 _______ पाठ्यचर्या में पाठ्यक्रम, पाठ और अधिगम गतिविधियाँ शामिल हैं जिनमें छात्र भाग लेते हैं।

A. अदृश्य

B. औपचारिक

C. व्यर्थ

D. लिखित

Q.55 शिक्षण को प्रभावित करने वाले निम्नलिखित संभावित कारकों में से कौन-सी अनुदेशात्मक सुविधाओं और अधिगम के वातावरण से संबंधित हैं?

A. संवादात्मक प्रक्रियाओं में सक्रिय चाल

B. अधिगम सहायक सामग्री

C. अवसंरचनात्मक सुविधा

D. शिक्षकों द्वारा प्रशंसा और प्रोत्साहन

Q.56 शिक्षक शिक्षण को _______ बनाने के लिए दृश्य सहायक सामग्री का उपयोग करता है।

A. रुचिकर   **B.** आकर्षक   **C.** अरुचिकर   **D.** बहुमूल्य

Q.57 कक्षा की अंतःक्रियाओं का उचित मूल्यांकन _______ द्वारा किया जा सकता है।

A. प्रश्नावली

B. अवलोकन अनुसूची

C. साक्षात्कार

D. परीक्षण

Q.58 "बच्चों को स्वयं सीखने के लिए अधिक जिम्मेदार बनने के लिए प्रोत्साहित करना" किस भूमिका का एक हिस्सा है?

A. असरदार भूमिका

B. इंटरएक्टिव भूमिका

C. प्रक्रियात्मक भूमिका

D. व्यवहार भूमिका

Q.59 निम्नलिखित में से कौन एक सहकारी अधिगम रणनीति है?

[CTET Paper - I, 2021]

A. आकार देना

B. श्रृंखला

C. सामाजिक अलगाव

D. पारस्परिक पूछताछ

Q.60 एक सामाजिक-रचनात्मक कक्षा में मूल्यांकन की कौन-सी विधि को प्राथमिकता दी जाएगी?

[CTET Paper - I, 2021]

A. सहयोगात्मक परियोजनाएं

B. एक शब्द-उत्तर वाले वस्तुनिष्ठ प्रश्न

C. मानकीकृत परीक्षण

D. केवल स्मरण क्षमता पर आधारित परीक्षण

Q.61 शिक्षक अपनी कक्षा में रचनात्मकता को कैसे बढ़ावा दे सकता है?

A. व्याख्यान विधि

B. बुद्धिशीलता

C. श्रवण दृश्य सहायक

D. इनमें से सभी

Q.62 शिक्षकों को छात्रों द्वारा की गई त्रुटियों का अध्ययन करने की आवश्यकता है। क्योंकि यह इंगित करता है:

A. उपचारात्मक प्रगति की जरूरत है

B. अलग पाठ्यक्रम की आवश्यकता

C. क्षमता समूहन के लिए मार्ग

D. ज्ञान की सीमा

Q.63 भूगोल का एक शिक्षक भारत की नदियों के बारे में शिक्षण प्रदान करना चाहता है, इस विषय को पढ़ाने के लिए कौन सा सहायक साधन उपयुक्त है?

A. ग्लोब

B. चार्ट

C. पाठ्यपुस्तक

D. मानचित्र

Q.64 निम्नलिखित में से कौन स्कूल मार्गदर्शन कार्यक्रम में शिक्षक की भूमिका नहीं है?

A. छात्रों की आवश्यकताओं और समस्याओं की पहचान

B. छात्रों के लिए एक सामंजस्यपूर्ण और बेहतर कक्षा वातावरण बनाना

C. स्कूल मार्गदर्शन कार्यक्रम के प्रति छात्रों, अभिभावकों और अन्य सभी के बीच सकारात्मक दृष्टिकोण बनाना

D. करियर के साथ अकादमिक विषय से संबंध

Q.65 शिक्षण की प्रदर्शन विधि में पहला उपाय क्या है?

A. परिचय

B. ब्लैकबोर्ड का उपयोग

C. संकल्पना संकलन

D. योजना

Q.66 विकलांग शिक्षार्थियों को पढ़ाने के लिए किस प्रकार के शिक्षक की नियुक्ति की जाती है?

A. संसाधन शिक्षक

B. कुशल शिक्षक

C. अनुभवी शिक्षक

D. विषय शिक्षक

Q.67 सीखने की अक्षमता वाले बच्चे मानसिक रूप से मंद बच्चों से भिन्न होते हैं:

A. उनके पास आमतौर पर औसत बुद्धि होती है

B. वे अधिकांश क्षेत्रों में सीखने में सक्षम हैं

C. उन्हें एक क्षेत्र में सीखने में कठिनाई होती है

D. उपरोक्त सभी

Q.68 मानसिक रूप से मंद बच्चों की बुद्धि लब्धि निम्न के बीच होती है:

A. 30-75   **B.** 55-75   **C.** 75-85   **D.** 30-55

Q.69 समावेशी कार्यक्रमों को चार प्रकारों में वर्गीकृत किया गया है। निम्नलिखित में से कौन सा समावेशी कार्यक्रम का विवरण नहीं होगा?

A. अलग-अलग कक्षाओं में बच्चों के साथ सामाजिक समावेश, जिनका गैर-पृथक कक्षाओं में बच्चों के साथ संपर्क है

B. विपरीत समावेशन जहां विकलांग बच्चों को बिना विकलांग बच्चों के साथ शामिल किया जाता है

C. विकलांग बच्चे केंद्रीय स्थान पर विशेष शिक्षा कर्मचारियों के साथ हैं

D. क्लस्टर समावेशन जहां विकलांग बच्चों को विशेष शिक्षा कर्मचारियों से सामान्य शिक्षा कक्षा में सहायता प्राप्त होती है

Q.70 कक्षा में अनुकूल अधिगम माहौल निर्मित करने के लिए निम्न में से क्या मददगार रहेगा?

[CTET Paper - I, 2021]

A. सभी शिक्षार्थियों को सहभागिता के समान अवसर देना

B. योग्यता - आधारित अटल समूह बनाना

C. कक्षा में केवल उच्च उपलब्धि हासिल करने वाले बच्चों पर ध्यान देना

D. शिक्षार्थियों को किसी भी तरीके से उच्च अंक प्राप्त करने के लिए प्रेरित करना

Q.71 सामाजिक अध्ययन शिक्षण में निम्नलिखित में से कौन सा समुदाय का स्रोत नहीं है?

A. स्थानीय पंचायत

B. शिक्षक-अभिभावक संघ

C. छात्र संघ　　　　　　**D.** व्यापार संघ

Q.72 निम्नलिखित में से कौन एक प्रभावी विद्यालय नेता के रूप में शिक्षक की विशेषता है?

A. वे सहयोगी, समावेशी सीखने के वातावरण का निर्माण करते हैं।

B. वे अपने काम के प्रति लापरवाह हैं।

C. वे सामान्य मूल्यों पर जोर नहीं देते हैं।

D. इनमें से कोई भी नहीं

Q.73 _________ प्रत्येक अवधि के लिए शिक्षकों के साथ-साथ प्रत्येक कक्षा में विषयों के वितरण को दर्शाती है।

A. समेकित समय सारिणी　　　**B.** कक्षा समय सारिणी

C. शिक्षक समय सारिणी　　　**D.** खेलों की समय सारिणी

Q.74 ब्लैकबोर्ड पर लिखते समय शिक्षक को किस कोण पर खड़ा होना चाहिए?

A. 55°　　　**B.** 65°　　　**C.** 45°　　　**D.** 35°

Q.75 निम्नलिखित में से कौन सा कथन पाठ्यचर्या और पाठ्यक्रम के सन्दर्भ में सही नहीं है?

A. पाठ्यचर्या में पाठ्यक्रम विषयवस्तु, उद्देश्य, कार्यप्रणाली आदि जैसी जानकारी होती है।

B. पाठ्यक्रम में शामिल किए जाने वाले विषयों की सूची, दत्त कार्य, मूल्यांकन आदि के बारे में विवरण शामिल हैं।

C. पाठ्यक्रम एक शैक्षिक संस्थान में प्रस्तुत किए जाने वाले पाठ्यक्रमों, शोध कार्यों और उनकी विषयवस्तु का एक समूह है।

D. जब तक विशेष रूप से नहीं पूछा जाता तब तक पाठ्यक्रम छात्रों को उपलब्ध नहीं कराया जाता है।

Q.76 एक छात्र की विशेष शैक्षणिक क्षमता के अवलोकन में शामिल हैं:

A. अपनी रुचि के क्षेत्रों पर अधिक ध्यान देना

B. उचित शारीरिक उच्चता

C. दूसरों की क्षमताओं और कौशल को स्वीकार करना

D. अप्रत्याशित और अतार्किक उत्तर देना

Q.77 हाई स्कूल के छात्रों के बीच सेक्स के प्रति स्वस्थ दृष्टिकोण को बढ़ावा देने के लिए सबसे अनुकूल कक्षा संगठन शायद _____ है।

A. शैक्षणिक विषयों में सह-शैक्षिक कक्षाएं

B. होम रूम प्रोग्राम में रहने वाले जिम्मेदार परिवार के विषय पर जोर देने के साथ सह-शैक्षिक कक्षाएं

C. पूरे हाई स्कूल में लड़कों और लड़कियों के लिए अलग-अलग कक्षाएं

D. अपराध के विषय पर धार्मिक शिक्षा

Q.78 समावेश का अर्थ है _______ की प्रक्रिया।

A. मुख्य धारा के स्कूलों में अपने साथियों के साथ SEN के साथ बच्चों को शिक्षित करना

B. मुख्यधारा के स्कूलों में लेकिन विभिन्न कक्षाओं में SEN के साथ बच्चों को शिक्षित करना

C. SEN वाले बच्चों को विशेष स्कूलों में समान पाठ्यक्रम के साथ शिक्षित करना

D. अलग-अलग पाठ्यक्रम वाले विशेष स्कूलों में SEN के साथ बच्चों को शिक्षित करना

Q.79 विशेष आवश्यकताओं वाले बच्चों को पढ़ाने के लिए निम्नलिखित में से कौन सी बेहतर रणनीति है?

[KVS TGT, 2018]

A. छात्रों की अधिकतम संख्या को शामिल करते हुए कक्षा में चर्चा करना

B. छात्रों को शामिल करते हुए शिक्षक द्वारा प्रदर्शन

C. सहकारी शिक्षण और सहकर्मी ट्यूशन

D. शिक्षण के लिए योग्यता समूह

Q.80 इनमें से कौन यूएनसीआरसी के तहत अधिकार नहीं है?

A. सुरक्षित रहने का अधिकार

B. अपनी बात कहने और सुने जाने का अधिकार

C. खाने और पानी का अधिकार

D. सेना में शामिल होने का अधिकार, भले ही आपकी उम्र 15 से कम हो

// स्मार्ट उत्तर पुस्तिका //

सही उत्तर	उन छात्रों का प्रतिशत जिन्होंने प्रश्नों का सही उत्तर दिया था।	छोड़ दिया	उन छात्रों का प्रतिशत जिन्होंने प्रश्नों को छोड़ दिया था।

प्रश्न संख्या	उत्तर	सही उत्तर / छोड़ दिया	प्रश्न संख्या	उत्तर	सही उत्तर / छोड़ दिया	प्रश्न संख्या	उत्तर	सही उत्तर / छोड़ दिया	प्रश्न संख्या	उत्तर	सही उत्तर / छोड़ दिया	प्रश्न संख्या	उत्तर	सही उत्तर / छोड़ दिया	प्रश्न संख्या	उत्तर	सही उत्तर / छोड़ दिया
1	C	42.64 % / 1.12 %	15	C	43.89 % / 1.37 %	29	A	48.15 % / 1.73 %	43	B	43.51 % / 1.4 %	57	B	43.37 % / 1.55 %	71	D	85.08 % / 0.0 %
2	B	62.19 % / 1.58 %	16	C	57.38 % / 1.73 %	30	A	40.31 % / 1.68 %	44	B	89.43 % / 0.0 %	58	B	60.15 % / 1.63 %	72	A	46.27 % / 1.86 %
3	B	69.13 % / 1.02 %	17	D	64.79 % / 1.4 %	31	B	82.28 % / 0.0 %	45	D	46.11 % / 1.35 %	59	D	64.55 % / 1.3 %	73	B	60.81 % / 1.82 %
4	B	68.34 % / 1.77 %	18	C	51.43 % / 1.06 %	32	C	84.62 % / 0.0 %	46	B	66.26 % / 1.15 %	60	A	62.22 % / 1.94 %	74	C	46.95 % / 1.25 %
5	D	41.03 % / 1.41 %	19	A	81.35 % / 0.0 %	33	B	42.06 % / 1.16 %	47	D	32.39 % / 4.91 %	61	B	56.34 % / 1.36 %	75	C	12.34 % / 3.87 %
6	A	12.12 % / 3.02 %	20	C	58.89 % / 1.12 %	34	C	11.35 % / 3.45 %	48	D	69.47 % / 1.74 %	62	A	55.33 % / 1.35 %	76	A	64.98 % / 1.04 %
7	C	61.23 % / 1.11 %	21	B	50.54 % / 1.56 %	35	C	43.81 % / 1.46 %	49	B	60.34 % / 1.63 %	63	D	82.86 % / 0.0 %	77	A	11.12 % / 3.47 %
8	B	81.13 % / 0.0 %	22	C	58.95 % / 1.45 %	36	C	68.56 % / 1.48 %	50	A	87.08 % / 0.0 %	64	D	47.73 % / 1.2 %	78	A	64.18 % / 1.19 %
9	C	77.6 % / 0.0 %	23	C	68.04 % / 1.54 %	37	D	84.34 % / 0.0 %	51	B	78.62 % / 0.0 %	65	D	65.65 % / 1.33 %	79	C	53.85 % / 1.13 %
10	C	56.05 % / 1.52 %	24	B	46.55 % / 1.51 %	38	C	78.07 % / 0.0 %	52	C	89.12 % / 0.0 %	66	A	42.29 % / 1.48 %	80	D	50.94 % / 1.2 %
11	D	82.08 % / 0.0 %	25	D	79.6 % / 0.0 %	39	C	57.06 % / 1.94 %	53	B	47.4 % / 1.09 %	67	D	66.47 % / 1.6 %			
12	B	52.04 % / 1.9 %	26	A	49.33 % / 1.82 %	40	A	10.78 % / 3.14 %	54	B	52.43 % / 1.01 %	68	A	84.03 % / 0.0 %			
13	A	45.95 % / 1.77 %	27	B	59.98 % / 1.54 %	41	D	56.34 % / 1.04 %	55	A	62.57 % / 1.96 %	69	C	67.94 % / 1.67 %			
14	C	62.37 % / 1.72 %	28	C	50.57 % / 1.34 %	42	B	41.37 % / 1.16 %	56	A	83.82 % / 0.0 %	70	A	86.28 % / 0.0 %			

//संकेत और समाधान//

1. Ecstatic means feeling or expressing overwhelming happiness or joyful excitement.

Rapturous means characterized by, feeling, or expressing great pleasure or enthusiasm.

The option that is nearest in meaning to the underlined word ' ecstatic' is 'rapturous'.

Hence, the correct option is (C).

2. The word 'Flaw' means a mark, blemish, or other imperfection that mars a substance or object.

The antonyms of the word 'Flaw' are "perfection, strength".

From the antonym of the given word, we can say that the word 'perfection' is opposite in meaning.

The word 'perfection' means the state or quality of being perfect.

Let's see the meaning of other given options:

Feature: a distinctive attribute or aspect of something

Defect: a shortcoming, imperfection, or lack

Weakness: the state or condition of being weak

Hence, the correct option is (B).

3. He is reported **to be** dead.

The infinitive verb is a verb with the word 'to' in front of it. This verb is always just a verb. There is no - ed, no - ing, no - s at the end of the verb. Thus, options (A), (C), and (D) are wrong according to the rule. The correct option is (B) since 'to' is in front of the verb 'be'.

So, the sentence would become: He is reported to be dead.

Hence, the correct option is (B).

4. Use 'you return from' as we never use it back after the return.

Thus, the correct sentence is, "Please report to me when you return from Delhi".

Hence, the correct option is (B).

5. let's look at the meaning of the given idiom

A stitch in time: is said to mean that it is better to deal with a problem in its early stages, in order to prevent it from getting worse.

Example: It seems that something is wrong with my car, it's better to get its check-up as a stitch in time saves nine.

When she points it out to Robert, he encourages her to inflate the tire now because a stitch in time saves nine.

From the above lines, we can say that 'timely action that prevents negative outcomes' is the correct meaning of the given idiom.

Hence, the correct option is (D).

6. Let's look at the meaning of the given idiom

Talking twenty to the dozen: to speak rapidly and without stopping.

Example: He showed us around the house while talking nineteen to the dozen.

My aunt can get talking twenty to the dozen if you get her on a topic she's passionate about.

From the above lines, we can say that 'talking hurriedly and rapidly' is the correct meaning of the given idiom.

Hence, the correct option is (A).

7. The error lies in the part "c" of the sentence.

We use for to talk about a purpose or a reason for something.

Example: I'm going for some breakfast. I'm really hungry.

We can use to as a preposition to indicate a destination or direction.

Example: We're going to Liverpool next week.

Therefore, we need to replace "for" with "to" to make the sentence grammatically correct.

Correct sentence: I go up in a balloon, usually, to draw the crowds to the circus.

Hence, the correct option is (C).

8. Ecology: the branch of biology that deals with the relations of organisms to one another and to their physical surroundings.

Anthropology: the study of human societies and cultures and their development.

Gerontology: the scientific study of old age, the process of aging, and the particular problems of old people.

Morphology: the study of the forms of things.

Hence, the correct option is (B).

9. As we can see in the second paragraph of the passage, it is clearly mentioned that "Many techniques to teach people to read faster were undertaken, for the first time at Harvard University in the United States after the Second World War, and classes were organized for businessmen wishing to learn fast reading".

Thus, it can be concluded that the United States initiated efforts to make businessmen learn fast reading.

Hence, the correct option is (C).

10. As we can see in the third paragraph of the passage, it is clearly mentioned that "Actually during an hour of continuous reading, his eyes remain fixed for an average of 57 minutes, and only move in the remaining three minutes".

Thus, it can be concluded that in one hour of continuous reading a person's eyes remain static for 57 minutes.

Hence, the correct option is (C).

11. दिए गए वाक्य में गंगा व्यक्तिवाचक संज्ञा है।

जिन शब्दों से किसी विशेष व्यक्ति, स्थान अथवा वस्तु के नाम का बोध हो, उसे व्यक्तिवाचक संज्ञा कहते हैं।

जैसे- जयपुर, दिल्ली, भारत, रामायण, अमेरिका, राम इत्यादि।

अतः विकल्प (D) सही है।

12. अनु : अणु का सही शब्द युग्म 'एक उपसर्ग : सूक्ष्म कण' होगा।

'अनु' का अर्थ 'एक उपसर्ग', तथा 'अणु' का अर्थ 'सूक्ष्म कण' है। शेष सभी विकल्पों में दिए गए अर्थ या उनके क्रम गलत हैं।

श्रुतिसम भिन्नार्थक शब्द (परिभाषा): जिन शब्दों का उच्चारण समान तथा अर्थ भिन्न हो उन्हें 'श्रुतिसम भिन्नार्थ', 'समध्वनि भिन्नार्थक' या समोच्चारित भिन्नार्थक' कहते हैं।

अत: विकल्प (B) सही है।

13. हिंदी भाषा का जन्म अपभ्रंश से हुआ है।

प्राकृत की अन्तिम अपभ्रंश अवस्था से ही हिन्दी साहित्य का आविर्भाव स्वीकार किया जाता है। उस समय अपभ्रंश के कई रूप थे और उनमें सातवीं-आठवीं शताब्दी से ही 'पद्य' रचना प्रारम्भ हो गयी थी। हिन्दी भाषा व साहित्य के जानकार अपभ्रंश की अंतिम अवस्था 'अवहट्ट' से हिन्दी का उद्भव स्वीकार करते हैं।

अतः विकल्प (A) सही है।

14. 'सत्याग्रह' का समास-विग्रह 'सत्य के लिए आग्रह' होगा।

- 'सत्याग्रह' शब्द में तत्पुरुष समास है।
- इसमें 'के लिए' सम्प्रदान कारक का प्रयोग हुआ है। इसलिए, इसमें 'तत्पुरुष समास' है।
- जिस समास में उत्तरपद प्रधान हो तथा समास करने के उपरांत विभक्ति (कारक चिन्ह) का लोप हो, वहाँ तत्पुरुष समास होता है।

अत: विकल्प (C) सही है।

15. मुहावरा: आँख का पानी ढल जाना, अर्थ- निर्लज्ज हो जाना

वाक्य: सीता सच्ची बात सीधे तौर पर बोल देती है, चाहे किसी को बुरा लगे, उसकी आँख का पानी ढल गया है।

अतः विकल्प (C) सही है।

16. 'स्कन्दगुप्त - लक्ष्मीनारायण मिश्र' का जोड़ा गलत है क्योंकि 'स्कंदगुप्त' जयशंकर प्रसाद का प्रसिद्ध नाटक है।

स्कन्दगुप्त नाटक भारत के प्रसिद्ध साहित्यकार जयशंकर प्रसाद की प्रमुख रचनाओं में से एक है। इस नाटक में इतिहास प्रसिद्ध स्कन्दगुप्त को नायक बनाया गया है।

इसलिए, सही विकल्प 'स्कन्दगुप्त - लक्ष्मीनारायण मिश्र' है।

अत: विकल्प (C) सही है।

17. भयानक रस 'भय' नामक स्थायी भाव 'भयानक रस' का है।

जब किसी भयानक व्यक्ति या वस्तु को देखने, उससे संबन्धित वर्णन सुनने या किसी दुखद घटना का स्मरण करने से मन में जो व्याकुलता उत्पन्न होती है उसे भयानक रस कहते हैं।

अत: विकल्प (D) सही है।

18. 'खंड' का संधि-विच्छेद है - खम् + ड।

खंड में व्यंजन संधि है।

जब संधि करते समय व्यंजन के साथ स्वर या कोई व्यंजन के मिलने से जो रूप में परिवर्तन होता है, उसे ही व्यंजन संधि कहते हैं। यानी जब दो वर्णों में संधि होती है तो उनमे से पहला यदि व्यंजन होता है और दूसरा स्वर या व्यंजन होता है तो उसे हम व्यंजन संधि कहते हैं। जैसे- अहम् + कार = अहंकार, उत् + लास = उल्लास आदि।

अतः विकल्प (C) सही है।

19. उपर्युक्त गद्यांश के अनुसार कुपोषण का मुख्य कारण 'सूक्ष्म पोषक तत्वों की कमी' हैं। सूक्ष्म पोषक तत्वों की कमी दुनियाभर में कुपोषण का एक महत्वपूर्ण घटक है। यह स्थिति भारत जैसे विकासशील देशों में अधिक है। हमारे शरीर में आमतौर पर जिन सूक्ष्म पोषक तत्वों की कमी होती है, उनमें आयोडीन, आयरन, फोलिक एसिड, विटामिन ए तथा जिंक प्रमुख हैं।

अतः विकल्प (A) सही है।

20. कुपोषण की समस्या विश्व के विकासशील देशों में अधिक है। "शरीर के लिए आवश्यक संतुलित आहार लम्बे समय तक नहीं मिलना ही कुपोषण है"।

सूक्ष्म पोषक तत्वों की कमी दुनियाभर में कुपोषण का एक महत्वपूर्ण घटक है। यह स्थिति भारत जैसे विकासशील देशों में अधिक है।

अतः विकल्प (C) सही है।

21. G20 बाली शिखर सम्मेलन की सत्रहवीं बैठक थी, जो 15-16 नवंबर 2022 को नुसा दुआ, बाली, इंडोनेशिया में आयोजित की गई थी। G20 लोगो भारत के राष्ट्रीय ध्वज के रंगों से प्रेरणा लेता है। पृथ्वी जीवन के प्रति भारत के ग्रह-समर्थक दृष्टिकोण को दर्शाती है और G20 लोगो के नीचे 'भारत' है। लोगो में myGov पोर्टल के माध्यम से आयोजित एक खुली प्रतियोगिता के विभिन्न घटक हैं।

अतः विकल्प (B) सही है।

22. यूएसए द्वारा लॉन्च किए गए मून रॉकेट का नाम 'आर्टेमिस' है।

अमेरिकी अंतरिक्ष एजेंसी नासा ने चंद्रमा पर अपना सबसे शक्तिशाली रॉकेट 'आर्टेमिस' लॉन्च किया है।

100 मीटर लंबे आर्टेमिस वाहन का उद्देश्य चंद्रमा की दिशा में एक अंतरिक्ष यात्री कैप्सूल भेजना है। अंतरिक्ष यान में स्पेस लॉन्च सिस्टम (SLS) रॉकेट और ओरियन कैप्सूल शामिल हैं।

अतः विकल्प (C) सही है।

23. भारत के पूर्व कप्तान विराट कोहली, मेलबर्न में T20 विश्व कप में पाकिस्तान के खिलाफ मैच जीतने के बाद ICC की T20I बल्लेबाजों की रैंकिंग में शीर्ष-10 में फिरसे शामिल हो गए हैं।

वह 6 पायदान ऊपर आकर बल्लेबाजी चार्ट में 9वें स्थान पर पहुंच गए हैं। विराट कोहली T20 विश्व कप के बाद, नवंबर 2021 में कई महीनों बाद पहली बार शीर्ष 10 से बाहर हो गए थे।

अत: विकल्प (C) सही है।

24. स्वास्थ्य सुविधा रजिस्टर में विभिन्न स्वास्थ्य सुविधाओं को जोड़ने के लिए उत्तर प्रदेश को आयुष्मान उत्कृष्ट पुरस्कार 2022 से सम्मानित किया गया है। राष्ट्रीय स्वास्थ्य सुविधा रजिस्टर में 28728 स्वास्थ्य सुविधाओं को जोड़कर उत्तर प्रदेश देश में सबसे अच्छा प्रदर्शन करने वाला राज्य है। इसके अलावा राज्य लगभग 2 करोड़ एबीएच खातों के साथ आयुष्मान भारत स्वास्थ्य खाता (एबीएचए) बनाने में दूसरा सबसे अच्छा राज्य है।

अत: विकल्प (B) सही है।

25. सोपान (सीढ़ी) की तरह की खड़ी ढाल वाली गहरी घाटी को कैनियन नाम से जाना जाता है।

- उच्च ऊंचाई पर ग्लेशियरों के मजबूत पार्श्व क्षरण से एक U- आकार की घाटी का निर्माण होता है।
- ब्लाइंड घाटी एक संकरी, गहरी और सपाट तराई वाली घाटी है जिसका अचानक अंत होता है।
- गॉर्ज खड़ी पहाड़ियों या पहाड़ियों के बीच एक संकीर्ण घाटी है।

अत: विकल्प (D) सही है।

26. राजा राममोहन राय आत्मीय सभा के संस्थापक थे।

- उन्हें 'आधुनिक भारत के पिता' या 'बंगाल पुनर्जागरण के पिता' के रूप में जाना जाता है।
- उनका जन्म 22 मई 1772 को बंगाल के राधानगर में एक ब्राह्मण परिवार में हुआ था।
- वे एक धार्मिक और समाज सुधारक थे।
- उन्हें सती प्रथा को समाप्त करने में उनकी भूमिका के लिए व्यापक रूप से जाना जाता था।

- उन्हें दिल्ली के नाममात्र मुगल सम्राट, अकबर द्वितीय द्वारा 'राजा' की उपाधि दी गई थी।
- वे विद्वान थे और संस्कृत, फारसी, हिंदी, बंगाली, अंग्रेजी और अरबी जानते थे।
- 1814 में, उन्होंने मूर्तिपूजा, जातिगत कठोरता, अर्थहीन कर्मकांडों और अन्य सामाजिक बुराइयों के खिलाफ अभियान चलाने के लिए कलकत्ता में आत्मीय सभा की स्थापना की।

अतः विकल्प (A) सही है।

27. अलाउद्दीन ने कमला बाई से शादी की, जो गुजरात के शासक राय करण की पत्नी थी और मलिक काफूर का अधिग्रहण किया, जो एक हिजड़ा था, जिसने बाद में दक्षिण भारत में खिलजी वंश के आक्रमणों का नेतृत्व किया। मलिक काफूर भी अलाउद्दीन की मौत का कारण बना।

अतः विकल्प (B) सही है।

28. उन्नीसवीं सदी के अंत में जर्मन समाजशास्त्री जॉर्ज सिमेल द्वारा डायड और ट्रायड के अध्ययन का नेतृत्व किया गया था। सबसे बुनियादी, मौलिक प्रकार का सामाजिक समूह जिसमें केवल दो लोग होते हैं, को डायड कहा जाता है। ट्रायड को तीन लोगों के समूह के रूप में देखा जा सकता है जो विभिन्न समूह बातचीत बना सकते हैं। यह विशिष्ट समूहीकरण कई कारणों से समाज में अभी तक अनदेखी है।

अतः विकल्प (C) सही है।

29. भारतीय संविधान का अनुच्छेद 172 राज्य विधायिका के कार्यकाल से संबंधित है।

अनुच्छेद 172 राज्य विधानमंडलों की अवधि से संबंधित है। अनुच्छेद 172 राज्यों की विधान सभाओं और विधान परिषदों के लिए शब्द निर्धारित करता है। विधान सभा का कार्यकाल पांच वर्ष का होगा। परिषद एक सतत सदन होगी जो विघटन के अधीन नहीं होगी लेकिन इसके एक तिहाई सदस्य हर दो साल में सेवानिवृत्त हो जाएंगे।

अतः विकल्प (A) सही है।

30. जब कई दल चुनाव लड़ने और सत्ता जीतने के लिए हाथ मिलाते हैं तो इसे गठबंधन कहा जाता है।

- गठबंधन को कभी-कभी मोर्चा भी कहा जाता है।
- गठबंधन या मोर्चा आमतौर पर बहुदलीय प्रणाली में होता है।
- भारत में 2004 में ऐसे तीन प्रमुख गठबंधन थे- राष्ट्रीय जनतांत्रिक गठबंधन, संयुक्त प्रगतिशील गठबंधन और वाम मोर्चा।

इस प्रकार, हम कह सकते हैं कि जब कई दल चुनाव लड़ने और सत्ता जीतने के लिए एक साथ आते हैं, तो इसे गठबंधन या मोर्चा कहा जाता है।

अतः विकल्प (A) सही है।

31. दी गयी श्रृंखला: K, I, E, ?, G

इसलिए, W लुप्त पद है।

अतः विकल्प (B) सही है।

32. यहाँ अनुसरित तर्क है:

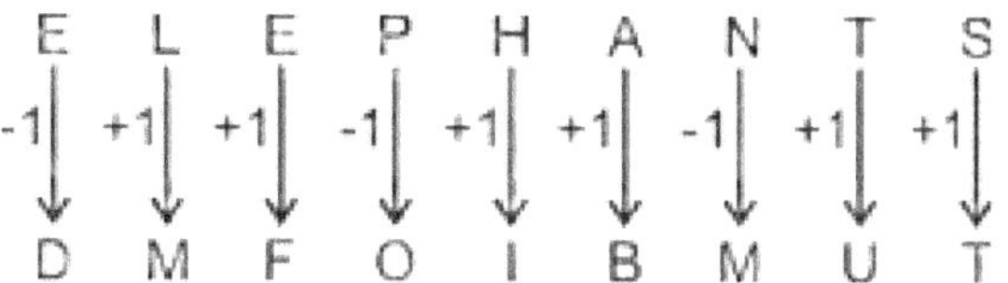

इसी प्रकार,

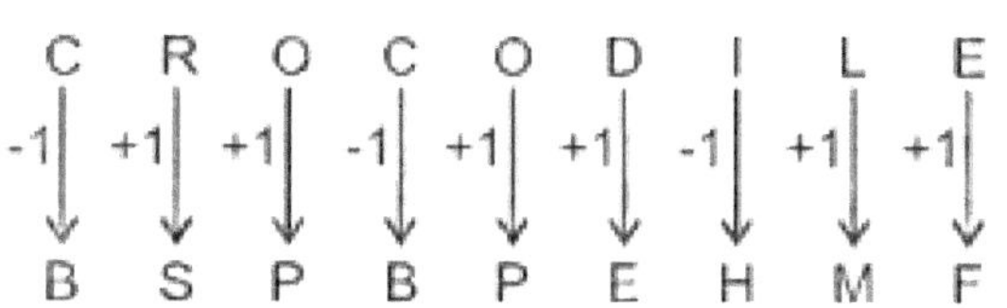

अतः विकल्प (C) सही है।

33. निम्नलिखित प्रतीकों का उपयोग करके पारिवारिक वृक्ष तैयार करना:

चित्र में प्रतीक	अर्थ
○	स्त्री
□	पुरुष
=	विवाहित जोड़ा
—	भाई/बहन
|	पीढ़ी का अंतर

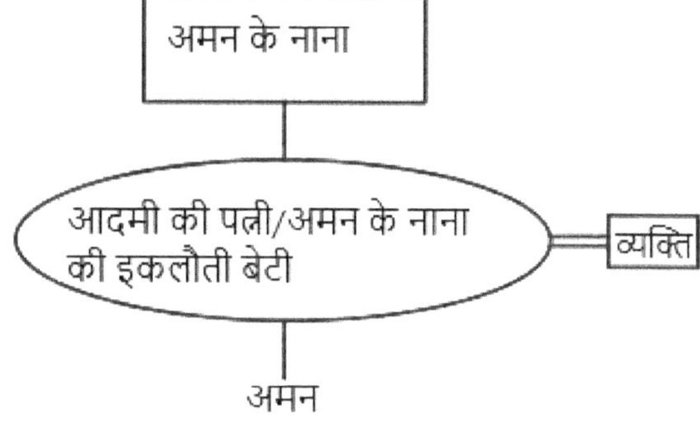

इसलिए, वह व्यक्ति अमन का पिता है।

अतः विकल्प (B) सही है।

34. दिया गया है,

लड़कियों की एक कतार में, यदि शिल्पा जो कि बाई ओर से 8 वें स्थान पर है और रीना जो कि दाई ओर से 17 वें स्थान पर है आपस में अपना स्थान अदल-बदल कर लेती हैं, तो शिल्पा बाई ओर से 14वें स्थान पर हो जाती है।

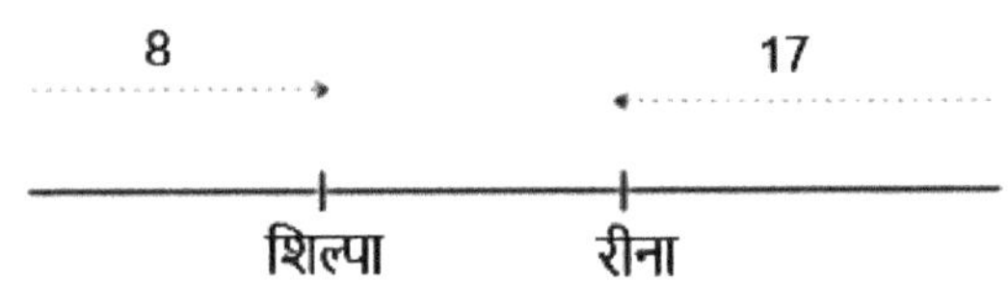

स्थानांतरण करने पर,

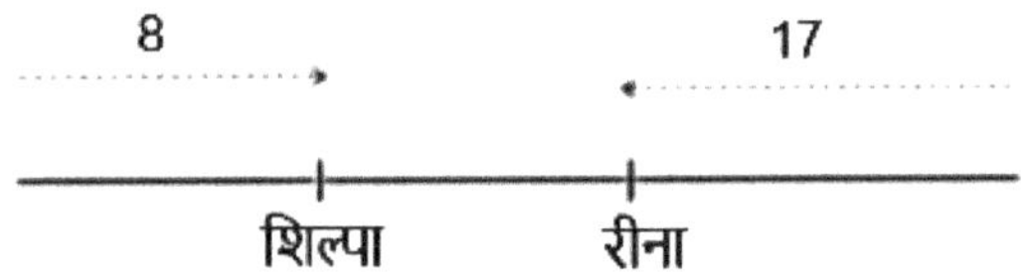

फिर,

शिल्पा की वर्तमान स्थिति = 14

रीना की पूर्व स्थिति = 17

कुल लड़कियों की संख्या = (शिल्पा की वर्तमान स्थिति + रीना की पूर्व स्थिति) -1

$= (14 + 17) - 1 = 30$

अतः विकल्प (C) सही है।

35. यहां, यह लगातार वर्णों के बीच + 3 के स्वरूप का अनुसरण करता है जैसा कि नीचे दर्शाया गया है:

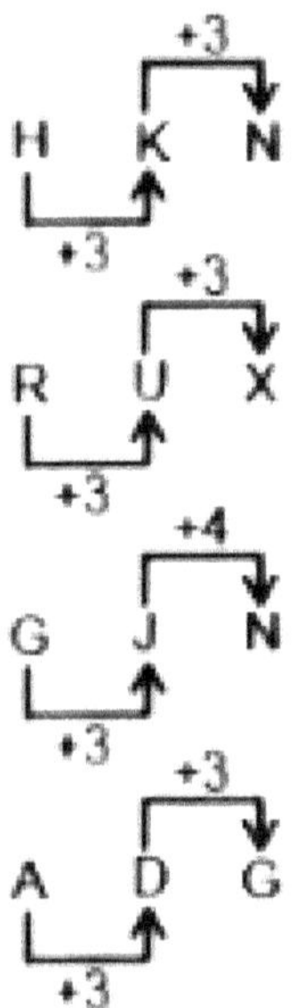

इसलिए, GJN विषम है।

अतः विकल्प (C) सही है।

36. BIOS एक निम्न-स्तरीय कोड का एक महत्वपूर्ण बिट है जो एक नॉन-वोलाटाइल मेमोरी में संग्रहीत होता है। इसका उपयोग कंप्यूटर सिस्टम द्वारा हार्डवेयर के प्रबंधन और किसी अन्य ऑपरेटिंग सिस्टम पर विशेष ऑपरेटिंग सिस्टम को लोड करने के लिए किया जाता है।

अतः विकल्प (C) सही है।

37. Microsoft Excel प्रोग्राम में एक विज़ार्ड है जो Microsoft Excel में चार्ट बनाने की प्रक्रिया के माध्यम से उपयोगकर्ताओं को चरण-दर-चरण उपलब्ध है। चार्ट विज़ार्ड "इन्सर्ट मेनू" पर उपलब्ध है, फिर आप "चार्ट" चुनें। विज़ार्ड भी देखें डेटा की एक श्रेणी का चयन करें, बटन पर क्लिक करें और एक्सेल एक एम्बेडेड चार्ट का उत्पादन करता है।

अतः विकल्प (D) सही है।

38. एमएस वर्ड की टेक्स्ट-स्टाइलिंग विशेषता वर्डआर्ट है। माइक्रोसॉफ्ट वर्ड में स्टाइल्स फीचर कुछ ऐसे टूल्स में से एक है जो मुझे फ्री लिब्रे ऑफिस सूट में जाने से रोकता है।

अतः विकल्प (C) सही है।

39. एक फाइल या फोल्डर को कंप्यूटर से स्थायी रूप से Delete करने के लिए, हम Shift + Delete का उपयोग करते हैं।

Shift कुंजी को दबाकर रखें और फिर अपने कीबोर्ड पर Delete कुंजी दबाएं चूंकि आप इसे पूर्ववत नहीं कर सकते, इसलिए आपसे यह पुष्टि करने के लिए कहा जाएगा कि आप फाइल या फोल्डर को हटाना चाहते हैं।

अतः विकल्प (C) सही है।

40. एक रिलेशनल डेटाबेस का उपयोग करने का कोई तरीका नहीं है, जो पहले से पूरी तरह से असंरचित या अज्ञात डेटा को प्रभावी ढंग से संबोधित कर सकता है। नॉन-रिलेशनल डेटाबेस (जिन्हें अक्सर NoSQL डेटाबेस कहा जाता है) ट्रेडिशनल रिलेशनल डेटाबेस से भिन्न होते हैं, जिसमें वे अपने डेटा को नॉन-टेबुलर रूप में स्टोर करते हैं। इसके बजाय, नॉन-रिलेशनल डेटाबेस डाक्यूमेंट जैसे डेटा स्ट्रक्चर पर आधारित हो सकते हैं। विभिन्न फॉर्मेट में विभिन्न प्रकार की सूचनाओं की एक श्रृंखला को समाहित करते हुए एक डाक्यूमेंट को अत्यधिक विस्तृत किया जा सकता है। विभिन्न प्रकार की सूचनाओं को साथ-साथ डाइजेस्ट और ऑर्गनाइज़ करने की यह क्षमता नॉन-रिलेशनल डेटाबेस को रिलेशनल डेटाबेस की तुलना में अधिक फ्लेक्सिबल बनाती है।

अतः विकल्प (A) सही है।

41. किशोरावस्था में वैज्ञानिक अनुसंधान के जनक स्टेनली हॉल ने कहा है, "किशोरावस्था तनाव और तनाव के तूफान और संघर्ष की अवधि है।" उन्होंने किशोरावस्था के संदर्भ में 1904 में 'तूफान और तनाव' शब्द का परिचय दिया। स्टेनली हॉल के अनुसार: किशोरावस्था एक अशांत समय है, जो संघर्ष और मिजाज से जुड़ा है। बचपन और किशोरावस्था से संक्रमण का समय बहुत तनाव का होता है। किशोरावस्था स्पष्ट रूप से सोचने में विफल हो जाती है और यह उनके जीवन में बहुत निराशा और तनाव पैदा करता है।

अतः विकल्प (D) सही है।

42. संज्ञानात्मक विकास सिद्धांतकारों के अनुसार, प्रारंभिक किशोरावस्था की अवधि में बच्चा कारण सोच और वैज्ञानिक प्रयोग के मूल सिद्धांतों को समझ सकता है।

प्रारंभिक किशोरावस्था एक विशेष रूप से संवेदनशील विकासात्मक अवधि है। कुछ छात्र दूसरों की तुलना में तेजी से परिपक्व होते हैं। विकास की दृष्टि से पीछे रहने वाले छात्र आमतौर पर अपने समकक्षों की तुलना में अधिक तनाव का अनुभव करते हैं। नतीजतन, वे निम्न ग्रेड अर्जित कर सकते हैं और शैक्षणिक प्रेरणा में कमी का प्रदर्शन कर सकते हैं, जिससे स्कूल छोड़ने की दर में वृद्धि हो सकती है।

अतः विकल्प (B) सही है।

43. समकालीन दृष्टिकोण के अनुसार, बाल विकास पाठ्यक्रम बहु-दिशात्मक है क्योंकि बच्चे अलग-अलग संदर्भों में बड़े होते हैं। बाल विकास को शारीरिक, संज्ञानात्मक, मोटर और सामाजिक डोमेन में विभाजित किया गया है।

भौतिक क्षेत्र में शरीर के आकार और आकृति, स्वरूप, पेशीय विकास, मस्तिष्क विकास, धारणा क्षमता और शारीरिक स्वास्थ्य में परिवर्तन शामिल हैं।

संज्ञानात्मक क्षेत्र में स्मृति, ध्यान, समस्या-समाधान, कल्पना और स्वभाव सहित विचार प्रक्रियाएं तथा बौद्धिक क्षमताएं शामिल हैं।

सामाजिक क्षेत्र में नैतिक तर्क, आत्म-ज्ञान और पहचान, पारस्परिक कौशल एवं मित्रता शामिल हैं।

उत्कृष्ट पेशीय कौशल विकास हमारे हाथ और कलाई में छोटी मांसपेशियों का उपयोग करके गति करने की क्षमता है, जैसे उंगलियों की मांसपेशियों का उत्कृष्ट पेशीय विकास होता है। जैसे, स्केचिंग, ड्राइंग आदि।

सकल पेशीय कौशल विकास में मांसपेशियों की गतिविधि जैसे बैठना, चलना, दौड़ना और रेंगना शामिल है।

अतः विकल्प (B) सही है।

44. किसी व्यक्ति के अंतर्निहित लक्षणों को प्रकट करना परिपक्वता के रूप में जाना जाता है। यह जीव में वृद्धि और विकास है जो एक बच्चे को केवल तभी लिखने की अनुमति देता है जब उसकी उंगलियां परिपक्व हो जाती हैं। एक बच्चे के अंगों को समय की एक निश्चित अवधि में परिपक्व होना चाहिए। अधिकांश अंग जन्म से ही काम करने में सक्षम होते हैं।

अतः विकल्प (B) सही है।

45. बचपन की अवधि के दौरान, विकास बहुस्तरीय और जटिल होता है।

विकास का तात्पर्य गुणात्मक परिवर्तनों से है। इसे व्यवस्थित और सुसंगत परिवर्तनों की एक प्रगतिशील श्रृंखला के रूप में परिभाषित किया गया है। वे यूनिडायरेक्शनल हैं और उनके पूर्ववर्ती परिवर्तनों के बाद एक निश्चित संबंध साझा करते हैं। जीव के अपने पर्यावरण के साथ अंतःक्रिया के कारण विकासात्मक परिवर्तन होते हैं।

अतः विकल्प (D) सही है।

46. समाजीकरण उस प्रक्रिया को संदर्भित करता है जिसके द्वारा एक बच्चा अपने आसपास के अन्य लोगों के साथ अंतःक्रिया करना सीखता है। वे दूसरों के साथ संवाद करने का कौशल प्राप्त करते हैं और परिपक्व होने पर इसमें संशोधन करते हैं और अपने समूह के भीतर अपनी पहचान बनाते हैं।

समाजीकरण के प्राथमिक कारक- किसी व्यक्ति के जीवन में सबसे महत्वपूर्ण समाजीकरण बल समाजीकरण के प्राथमिक कारक हैं। बाल्यावस्था के दौरान उनका सबसे बड़ा प्रभाव पड़ता है जब बच्चे अभी भी सीख रहे होते हैं कि कैसे वातावरण के साथ अंतःक्रिया करें। यह निकटस्थ परिवार और मित्रों से सबसे अधिक प्रभावित होते हैं।

अतः विकल्प (B) सही है।

47. दुश्चिन्ता एक भावना है जिसे एक विद्यार्थी द्वारा अनुभव किया जाएगा जब वह किसी गतिविधि के नियंत्रणीयता की कमी और नकारात्मक परिणाम मूल्य पर ध्यान केंद्रित करता है।

चिंता तनाव की भावना है, चिंतित विचार, और उच्च रक्तचाप जैसे शारीरिक परिवर्तन चिंता के लक्षण हैं।

आमतौर पर, चिंता विकार वाले लोगों के जीवन में दखल देने वाले विचार या चिंताएं आती हैं। वे डर के मारे विशिष्ट परिस्थितियों से दूर रह सकते हैं।

अतः विकल्प (D) सही है।

48. समाजीकरण को अधिक व्यापक रूप से जीवन भर चलने वाली प्रक्रिया के रूप में परिभाषित किया जा सकता है जिससे एक व्यक्ति उस सामाजिक प्रणाली के सिद्धांतों, मूल्यों और प्रतीकों को सीखता है जिसमें वह भाग लेता है और उन भूमिकाओं में उन मूल्यों और मानदंडों की अभिव्यक्ति करता है जो वह अधिनियमित करता है। समाजीकरण की एजेंसियां:

माइक्रो-लेवल सोशलाइजेशन: यह परिवार, सहकर्मी समूह और पड़ोस द्वारा निभाई गई भूमिका से संबंधित है।

मेसो-स्तरीय समाजीकरण: यह स्कूलों, शैक्षणिक संस्थानों, राजनीतिक समूहों, धर्म, सामाजिक वर्ग से संबंधित है।

मैक्रो-लेवल सोशलाइजेशन: इसमें वैश्विक समुदाय, इलेक्ट्रॉनिक मीडिया, सोशल नेटवर्किंग, राष्ट्रीय और अंतरराष्ट्रीय इकाइयों जैसी बड़ी इकाइयां शामिल हैं।

अतः विकल्प (D) सही है।

49. विकास और वृद्धि मानव जीवन की एक व्यापक, जटिल और सतत प्रक्रिया है।

- **विकास**: यह एक गुणात्मक परिवर्तन को संदर्भित करता है जिसके परिणामस्वरूप अंगों के बेहतर और बेहतर कामकाज के लिए संरचना में वृद्धि होती है।

- **वृद्धि**: यह एक मात्रात्मक परिवर्तन को संदर्भित करता है जिसके परिणामस्वरूप बच्चे की ऊंचाई, वजन और लंबाई में वृद्धि होती है।

मनुष्य की वृद्धि और विकास की समझ एक शिक्षक को सक्षम बनाती है:

- सीखने के समाजशास्त्र को समझें।

- विविध शिक्षार्थियों को पढ़ाने के बारे में स्पष्ट रहें।

- बाल मनोविज्ञान के सिद्धांतों से अवगत रहें।

- शिक्षार्थी की सीखने की जरूरतों को पूरा करने के लिए विशिष्ट शिक्षाशास्त्र का उपयोग करें।

- व्यक्तिगत मतभेदों के महत्व के प्रति सचेत रहें।

अतः विकल्प (B) सही है।

50. सेफेलोकॉडल सिद्धांत कहता है कि विकास ऊपर से नीचे की ओर बढ़ता है। इस सिद्धांत के अनुसार, एक बच्चा सबसे पहले अपने सिर पर शारीरिक नियंत्रण हासिल करेगा। इसके बाद, शारीरिक नियंत्रण बाजुओं पर और अंत में पैरों पर चला जाएगा।

अतः विकल्प (A) सही है।

51. शिक्षक शिक्षण-अधिगम की प्रक्रिया का एक बहुत ही महत्वपूर्ण घटक है। विषयवस्तु को वितरित करने के लिए न केवल शिक्षक को विभिन्न भूमिकाएँ निभानी पड़ती हैं, बल्कि अच्छे सुविधादाता के रूप में भी कार्य करना पड़ता है, जो शिक्षार्थियों के अनुभव के एक महत्वपूर्ण घटक के रूप में प्रौद्योगिकी को भी ध्यान में रखते हैं और अगले स्तर तक प्रशिक्षण लेने के लिए इसका लाभ उठाते हैं। इसका अर्थ है कि शिक्षक शिक्षार्थी के लिए इलेक्ट्रॉनिक विषयवस्तु की योजना बनाने और प्रदान करने और उनके बीच अच्छे संबंध बनाने के लिए सुविधादाता की भूमिका निभाते हैं।

- शिक्षक एक सुविधादाता है, क्योंकि उसकी भूमिका अधिगम का ऐसा परिवेश बनाना है जहाँ बच्चे स्वयं अपनी वास्तविक क्षमता का एहसास कर सकें और ज्ञान का अर्थ निकाल सकें।

- एक शिक्षक वह होता है जो एक नवोन्मेषक, कार्य शोधकर्ता, योजनाकार, प्रबंधक, विषयवस्तु प्रदाता, सुविधादाता, नेता, सह-निर्माता, आदि जैसी विविध भूमिकाएँ निभाता है।

- बच्चों को स्वयं को अभिव्यक्त करने के लिए एक सुरक्षित स्थान प्रदान करना, और साथ ही साथ कुछ निश्चित प्रकार के अंतःक्रियाओं का निर्माण करना होता है।

इस प्रकार, यह निष्कर्ष निकाला जा सकता है कि एक डिजिटल कक्षा में शिक्षक की सबसे महत्वपूर्ण भूमिका एक सुविधादाता होना है।

अतः विकल्प (B) सही है।

52. साहित्य लिखित या कभी-कभी बोले जाने वाले शब्दों से बने कला के कार्यों का एक समूह माना जाता है। यात्रा वृत्तांत, एक-अभिनय नाटक, संस्मरण, कविता, नाटक और उपन्यास साहित्य के रूप हैं।

- बाल साहित्य या बच्चों के लिए साहित्य को पढ़ने का एक प्रामाणिक स्रोत माना जाता है क्योंकि यह विभिन्न शैलियों और विभिन्न भाषाओं को कवर करने वाली एक वास्तविक सामग्री है।

- बाल साहित्य का मुख्य उद्देश्य बच्चों की कल्पनाशक्ति का विकास करना है। यह उन्हें कल्पना और फंतासी की अपनी दुनिया बनाने का मौका देता है।

- यह उन्हें चित्रों और लिखित शब्दों को विचारों से जोड़ने में सक्षम बनाता है। यह बच्चों के महत्वपूर्ण सोच कौशल और विभिन्न मामलों में उनकी अंतर्दृष्टि को बढ़ाता है।

- बाल साहित्य उनके मानसिक क्षितिज को विस्तृत करता है और पढ़ने की प्रवीणता बढ़ाने में मदद करता है। यह सामग्री के बारे में उनके व्यक्तिगत दृष्टिकोण और अनुभवों का पोषण और विस्तार करता है।

इस प्रकार, हम इस निष्कर्ष पर पहुंचते हैं कि प्राथमिक स्तर पर बाल साहित्य की मुख्य भूमिका विभिन्न भाषाओं को उपलब्ध कराना है।

अतः विकल्प (C) सही है।

53. शिक्षण-अधिगम प्रक्रिया में विषयवस्तु वितरण एक महत्वपूर्ण प्रक्रिया है। एक शिक्षक जो तैयार होता है वह एक सफल शिक्षण अनुभव की ओर अग्रसर होता है। दिलचस्प पाठों के विकास में बहुत समय और प्रयास लगता है।

- हाल के अध्ययन संगठन और स्पष्टता के महत्व की पुष्टि करते हैं।
- इसमें शब्दों की सटीकता और शुद्धता, उपयुक्तता शामिल है।
- संगठन छात्रों को बेहतर ढंग से समझने में सक्षम बनाने के लिए एक व्यवस्थित और व्यवस्थित तरीके से पढ़ाए जाने वाले अवधारणाओं और सामग्री को व्यवस्थित करने में परिलक्षित होता है।
- अवधारणा पदानुक्रम तैयार किया जाए जो सीखने को बढ़ावा दे।
- स्पष्ट प्रस्तुतियाँ और स्पष्टीकरण प्रदान करने वाले शिक्षकों में ऐसे छात्र होते हैं जो अधिक सीखते हैं और अपने शिक्षकों को अधिक सकारात्मक रूप से आंकते हैं।

अतः विकल्प (B) सही है।

54. औपचारिक पाठ्यचर्या में वे पाठ्यक्रम, पाठ और सीखने की गतिविधियाँ शामिल हैं जिनमें छात्र भाग लेते हैं।

औपचारिक पाठ्यचर्या से तात्पर्य अलिखित, अनौपचारिक, और अक्सर अवांछित पाठों, मूल्यों और दृष्टिकोणों से है जो छात्र स्कूल में सीखते हैं। जबकि "औपचारिक" पाठ्यक्रम में पाठ्यक्रम, पाठ और सीखने की गतिविधियाँ शामिल होती हैं, जिसमें छात्र भाग लेते हैं, साथ ही ज्ञान और कौशल शिक्षक जानबूझकर छात्रों को पढ़ाते हैं, छिपे हुए पाठ्यक्रम में अनकहे या अंतर्निहित शैक्षणिक, सामाजिक और सांस्कृतिक संदेश होते हैं जो छात्रों को स्कूल में रहने के दौरान सूचित किया जाता है।

अतः विकल्प (B) सही है।

55. एक अधिगमकर्ता की गुणवत्ता और प्रकृति अधिगम के साथ-साथ अधिगम के वातावरण पर प्रभावी हो जाती है और शिक्षण सामग्री भी अधिगम प्रक्रिया को प्रभावित करती है।

- **अधिगम विधि:** संवादात्मक प्रक्रियाओं में सक्रिय चाल, करके सीखना, प्रत्यक्ष अंत:क्रिया, आदि।
- **सीखने की प्रणाली:** ऑनलाइन या ऑफलाइन प्रणाली
- अधिगम सहायक सामग्री: उपयोग के लिए पाठ्य पुस्तकों / पठन सामग्रियों की उपलब्धता या अनुपलब्धता
- **प्रतिपुष्टि प्रणाली:** शिक्षार्थी या शिक्षक को सीखने के लक्ष्यों या परिणामों के सापेक्ष शिक्षार्थी के प्रदर्शन के बारे में दी गई जानकारी।
- **अवसंरचनात्मक सुविधा:** महत्वपूर्ण उपकरणों और सुविधाओं की उपलब्धता भी स्मार्ट कक्षाओं की उपलब्धता है।
- **संस्था का वातावरण:** शोर-रहित और शिक्षा के लिए उपयुक्त

अतः विकल्प (A) सही है।

56. शिक्षक शिक्षण को रुचिकर बनाने के लिए दृश्य सहायक सामग्री का उपयोग करता है।

शिक्षण सहायक सामग्री (जैसे कि एक पुस्तक, चित्र, या नक्शा) या उपकरण (जैसे एक डीवीडी या कंप्यूटर) एक शिक्षक द्वारा कक्षा निर्देश को बढ़ाने या जीवंत करने के लिए उपयोग किया जाता है। तालिका, चार्ट और ग्राफ़ जिन्हें सामूहिक रूप से दृश्य सहायक सामग्री कहा जाता है, अक्सर शब्दों से बेहतर एक संदेश या जानकारी के खंड को व्यक्त करते हैं।

रुचिकर यह सबसे उपयुक्त विकल्प है। दृश्य सहायक सामग्री का उपयोग कक्षा शिक्षण और अधिगम को रुचिकर और प्रभावी बनाने के लिए किया जाता है। यह शिक्षार्थियों का ध्यान आकर्षित करता है।

अतः विकल्प (A) सही है।

57. अवलोकन अनुसूची द्वारा कक्षा की बातचीत का उचित मूल्यांकन किया जा सकता है।

- सहकर्मी अवलोकन एक शिक्षक या अन्य पर्यवेक्षक को शिक्षण, सीखने, या कक्षा की बातचीत के कुछ पहलू की समझ हासिल करने के लिए किसी भाषा के पाठ या पाठ के हिस्से को बारीकी से देखने और निगरानी करने के लिए संदर्भित करता है।
- शिक्षण में, अवलोकन नौसिखिए शिक्षकों को यह देखने का अवसर प्रदान करता है कि अधिक अनुभवी शिक्षक जब कोई पाठ पढ़ाते हैं तो क्या करते हैं और कैसे करते हैं। लेकिन अनुभवी शिक्षक भी सहकर्मी अवलोकन से लाभान्वित हो सकते हैं। यह शिक्षक को यह देखने का अवसर प्रदान करता है कि कोई और उन समस्याओं से कैसे निपटता है जिनका शिक्षक दैनिक आधार पर सामना करते हैं।
- एक शिक्षक को पता चल सकता है कि एक सहकर्मी के पास प्रभावी शिक्षण रणनीतियाँ हैं जिन्हें पर्यवेक्षक ने कभी नहीं आजमाया है। किसी अन्य शिक्षक का अवलोकन करने से स्वयं के शिक्षण के बारे में भी विचार उत्पन्न हो सकते हैं।
- अवलोकन किए जा रहे शिक्षक के लिए, पर्यवेक्षक पाठ का "उद्देश्य" दृश्य प्रदान कर सकता है और पाठ के बारे में जानकारी एकत्र कर सकता है, जो शिक्षक जो पाठ पढ़ा रहा है, वह अन्यथा एकत्र करने में सक्षम नहीं हो सकता है।

अतः विकल्प (B) सही है।

58. एक सफल शिक्षा का सृजन करने के लिए, अच्छे कक्षा प्रबंधन की बहुत आवश्यकता होगी, क्योंकि इसे लागू करने से, एक शिक्षक कक्षा को अच्छी तरह से नियंत्रित, व्यवस्थित, मूल्यांकित और प्रेरित कर सकता है। इस तथ्य के आधार पर कि शिक्षकों द्वारा प्रबंधन कक्षा में एक शिक्षक की भूमिका की आवश्यकता है।

- एक शिक्षक को बच्चों को नकल करने और उनका अनुसरण करने के लिए एक आदर्श बनना होगा। उनका व्यक्तित्व एक मानवतावादी व्यवहार (व्यवहारिक भूमिका) को प्राप्त करने के लिए विकसित होता है।
- छात्रों का मार्गदर्शन करने और उन्हें सीखने (प्रभावी भूमिका) में प्रभाव डालने के लिए प्रश्न करने के लिए।
- एक शिक्षक को अपने छात्रों के साथ बातचीत करनी चाहिए ताकि वे प्रेरित रहें और अपनी जिम्मेदारी को समझें।
- एक शिक्षक को बच्चों को स्वयं सीखने के लिए अधिक जिम्मेदार बनने के लिए प्रोत्साहित करना चाहिए।

अतः विकल्प (B) सही है।

59. पारस्परिक प्रश्न एक ऐसी रणनीति है जो पारस्परिक शिक्षण के समान है। पठन चयन के बारे में प्रश्नों की अपनी सूची बनाकर छात्र इस गतिविधि में शिक्षक की भूमिका निभाते हैं। शिक्षक तब छात्रों की पूछताछ का जवाब देता है। यह गतिविधि दो स्तरों पर पढ़ने की समझ में सुधार करती है। छात्र अपने "शिक्षक" प्रश्नों को जानने के लिए पठन चयन की अच्छी तरह से जांच करते हैं। बदले में, शिक्षक प्रश्नों के उत्तर देकर और यदि आवश्यक हो, छात्रों को उनके काम को अधिक केंद्रित प्रश्नों में परिशोधित करने में सहायता करके सीखने को सुदृढ़ करता है।

अतः विकल्प (D) सही है।

60. सामाजिक रचनावाद रूसी मनोवैज्ञानिक लेव वायगोत्स्की द्वारा विकसित एक सामाजिक शिक्षण सिद्धांत यह मानता है कि व्यक्ति अपने स्वयं के ज्ञान के निर्माण में सक्रिय भागीदार हैं वायगोत्स्की का मानना था कि सीखना मुख्य रूप से सामाजिक और सांस्कृतिक व्यवस्था में होता है न कि केवल व्यक्ति के भीतर। सामाजिक रचनावाद सिद्धांत रंगों और छोटे समूहों पर बहुत अधिक ध्यान केंद्रित करता है। उदाहरण के लिए छात्र मुख्य रूप से अपने साथियों शिक्षकों और माता-

पिता के साथ बातचीत के माध्यम से सीखते हैं जबकि शिक्षक कक्षा में बातचीत के प्राकृतिक प्रवाह का उपयोग करके बातचीत को प्रोत्साहित और सुविधाजनक बनाते हैं। सामाजिक रचनावाद से पता चलता है कि सफल शिक्षण और अधिगम पारस्परिक बातचीत और चर्चा पर बहुत अधिक निर्भर करता है जिसमें छात्रों की चर्चा की समझ पर प्राथमिक ध्यान दिया जाता है।

अतः विकल्प (A) सही है।

61. बुद्धिशीलता को बढ़ावा देने के लिए, शिक्षिका बुद्धिशीलता का उपयोग कर सकती है जहां वह एक समूह को कार्य सौंपती है और समूह को समाधान का पता लगाने देती है। छात्र चर्चा करेंगे और विश्लेषण करेंगे और कुछ भिन्न और रचनात्मक सोचेंगे। यह कैसे बुद्धिशीलता रचनात्मकता को बढ़ावा देता है।

अतः विकल्प (B) सही है।

62. जब कोई शिक्षक छात्रों द्वारा की गई त्रुटि का अध्ययन करता है तो वह छात्रों के कमजोर क्षेत्रों की पहचान करता है और उसके अनुसार अपनी शिक्षण रणनीतियों की योजना बनाता है। छात्रों द्वारा की गई त्रुटि छात्रों को बेहतर तरीके से सीखने और छात्रों द्वारा की गई त्रुटियों को सुधारने में मदद करने के लिए उपचारात्मक शिक्षण योजना बनाने में शिक्षक की मदद करती है।

अतः विकल्प (A) सही है।

63. ग्लोब और मैप्स का उपयोग ज्यादातर भूगोल और सामाजिक अध्ययन विषयों में किया जाता है। इसका उपयोग विभिन्न महाद्वीपों, भूमि, समुद्र, सुविधाओं आदि की भौगोलिक स्थिति को दिखाने के लिए किया जाता है और छात्रों को भौगोलिक विशेषताओं के बारे में आसानी से जानने में मदद करता है। इसमें एक शिक्षक मानचित्र के माध्यम से समझा सकता है क्योंकि ग्लोब में नदियाँ स्पष्ट रूप से दिखाई नहीं देती हैं।

अतः विकल्प (D) सही है।

64. स्कूल के मार्गदर्शन कार्यक्रम में एक शिक्षक की भूमिका छात्रों की आवश्यकताओं और समस्याओं की पहचान करना, छात्रों के लिए एक सामंजस्यपूर्ण और बेहतर कक्षा का माहौल बनाना और छात्रों, अभिभावकों एवं स्कूल मार्गदर्शन कार्यक्रम के प्रति चिंतित अन्य सभी लोगों के बीच सकारात्मक दृष्टिकोण बनाना है।

अतः विकल्प (D) सही है।

65. प्रदर्शन विधि एक शिक्षण-केंद्रित विधि है क्योंकि शिक्षक चित्रों या मॉडलों को प्रदर्शित करता है और इन प्रदर्शन सामग्री में शामिल सिद्धांतों, अवधारणाओं को समझाता है। शिक्षण के प्रदर्शन विधि में शामिल उपाय योजना, परिचय, प्रदर्शन, ब्लैकबोर्ड उपयोग और अवधारणा संकलन हैं।

अतः विकल्प (D) सही है।

66. एक संसाधन शिक्षक एक विशेष शिक्षक होता है जो शारीरिक या शैक्षिक सीखने की कठिनाइयों वाले बच्चों को उनके पढ़ने और लिखने के कौशल को विकसित करने में मदद करने पर ध्यान केंद्रित करता है।

एक संसाधन शिक्षक एक शिक्षा पेशेवर है जो विशेष आवश्यकता वाले छात्रों के लिए छोटे सागूह निर्देश प्रदान करता। आमतौर पर, संसाधन शिक्षक छात्रों को उनकी नियमित कक्षाओं से संसाधन कक्ष में छोटे समूह निर्देश प्रदान करने के लिए ले जाते हैं।

अतः विकल्प (A) सही है।

67. सीखने की अक्षमता वाले बच्चे मानसिक रूप से मंद बच्चों से भिन्न होते हैं, जिनमें आमतौर पर औसत बुद्धि होती है, एक क्षेत्र में सीखने में कठिनाई होती है और अधिकांश क्षेत्रों में सीखने में सक्षम होते हैं।

अतः विकल्प (D) सही है।

68. मानसिक रूप से मंद बच्चों की बुद्धि लब्धि 30-75 के बीच होती है।

अतः विकल्प (A) सही है।

69. 'विकलांग बच्चे केंद्रीय स्थान पर विशेष शिक्षा कर्मचारियों के साथ हैं' समावेशी कार्यक्रम का विवरण नहीं होगा।

अतः विकल्प (C) सही है।

70. प्रभावी कक्षा संगठन के माध्यम से प्रेरक शिक्षण माहौल बनाना और बनाए रखना प्राप्त किया जा सकता है। इस तरह के अभ्यास से एक संवादात्मक माहौल को बढ़ावा मिलता है जिससे नवाचार होता है। शिक्षक सभी शिक्षार्थियों को सूहभागिता के समान अवसर देते हैं।

अधिगम एक सतत प्रक्रिया है, जो अक्सर विद्यालय से जुड़ी होती है। लेकिन यह व्यक्तियों और पर्यावरण के बीच परस्पर क्रिया का भी परिणाम है। अतः यह एक गतिशील प्रक्रिया है, जो जीवन भर चलती रहती है। अधिगम माहौल उस परिवेश का कुल योग है जिसमें व्यक्ति अनुभवों को समृद्ध करने के लिए अंतःक्रिया करते हैं और इस प्रकार अधिगम की ओर ले जाते हैं।

अतः विकल्प (A) सही है।

71. सामाजिक अध्ययन शिक्षण में व्यापार संघ समुदाय का स्रोत नहीं है।

स्कूलों, अभिभावकों और समुदाय को स्कूल के विकास और स्कूली शिक्षा प्रक्रिया के लिए मिलकर काम करना चाहिए। सामाजिक अध्ययन में, समुदाय सभी छात्रों के स्वास्थ्य, भलाई और सीखने को बढ़ावा देगा। सामाजिक अध्ययन में, समुदाय बच्चों को स्वस्थ व्यवहार और दूसरों के साथ संबंध विकसित करने में मदद करता है।

सामाजिक अध्ययन में, समुदाय का स्रोत:

- स्थानीय पंचायत
- शिक्षक-अभिभावक संघ
- छात्र संघ
- ऐतिहासिक स्रोत
- सामाजिक और सांस्कृतिक स्रोत
- सरकारी इमारतें
- सीमा शुल्क

अतः विकल्प (D) सही है।

72. समावेशी शिक्षण सभी छात्रों को आसानी से सीखने के विकल्पों तक पहुंच प्रदान करती है। और उन स्थानों पर शैक्षिक लक्ष्यों को प्राप्त करने के लिए प्रभावी मार्ग प्रदान करती है जहां वे अपनेपन की भावना का अनुभव करते हैं। एक नेता के रूप में शिक्षक इसे जानते हैं और समावेशिता को प्राथमिकता देते हैं, सुरक्षित शिक्षण वातावरण बनाते हैं जो प्रत्येक छात्र का उत्साह बढ़ाते हैं। समावेशी शिक्षा को प्राथमिकता देने वाले नेता भी आम तौर पर मानते हैं कि प्रत्येक व्यक्ति अधिक से अधिक सीखने वाले समुदाय में योगदान दे सकता है और इसलिए वे संकाय के साथ-साथ छात्रों के बीच सहयोग को प्रोत्साहित करते हैं।

अतः विकल्प (A) सही है।

73. कक्षा समय सारिणी प्रत्येक अवधि के लिए शिक्षकों के साथ-साथ प्रत्येक कक्षा में विषयों के वितरण को दर्शाती है।

यह सारी जानक।री एक समय सारिणी में समाहित हो सकती है। लेकिन गतिविधियों की संख्या और विविधता जितनी अधिक होगी, समय सारिणी के प्रकार भी उतने ही अधिक होंगे। सभी प्रकार की सूचनाओं के साथ केवल एक समय सारिणी उद्देश्य की पूर्ति नहीं करती है। इसलिए, स्कूल कार्यक्रम के कुशल संचालन के लिए निम्नलिखित प्रकार की सगय सारिणी होना वांछनीय है:

- पूरे विद्यालय के लिए समेकित समय सारिणी: इसे सामान्य समय सारिणी के रूप में भी जाना जाता है। यह समय सारिणी प्रति दिन पूरे स्कूल के कार्यक्रम की पूरी तस्वीर होती है।

- कक्षा समय सारिणी: यह प्रत्येक कक्षा और उसके वर्गों की समय सारिणी होती है। यह प्रत्येक अवधि के लिए शिक्षकों के साथ-साथ प्रत्येक कक्षा में विषयों के वितरण को दर्शाती है। यह अवकाश के साथ-साथ शिक्षण अवधि के बीच के अंतराल और खेल तथा अन्य सह-पाठ्यचर्या संबंधी गतिविधियों के लिए अवधि को भी इंगित करता है।

- शिक्षक की समय सारिणी: प्रत्येक शिक्षक के पास अपने स्वयं के कार्यक्रम की एक प्रति होती है, जिसमें उनके शैक्षणिक और गैर-शैक्षणिक कार्यों का विवरण होता है।
- खेलों की समय सारिणी: यह समय सारिणी बताती है कि कौन सा समूह किसी विशेष समय में किसी विशेष खेल में लगा हुआ है।

अत: विकल्प (B) सही है।

74. शिक्षक को ब्लैकबोर्ड पर लिखते समय 45° के कोण पर खड़ा होना चाहिए।

- शिक्षक को ब्लैकबोर्ड पर लिखते समय 45° के कोण पर खड़ा होना चाहिए क्योंकि इस कोण पर खड़े होकर वह छात्रों पर नज़र रख सकेगा और छात्रों की शारीरिक भाषा और चेहरे के भावों को तुरंत संबोधित कर सकता है जो विषयवस्तु के बारे में भ्रम का सुझाव देते हैं।
- चॉकबोर्ड एक महत्वपूर्ण शिक्षण सहायक सामग्री है क्योंकि यह वह दर्पण है जिसके माध्यम से छात्र शिक्षक के दिमाग की कल्पना करते हैं।
- जैसे संपूर्ण रूप से समझाने, चित्रण और शिक्षण का तरीका। इस प्रकार, यह शिक्षक के कार्य और अभिव्यक्ति के दृश्य प्रमाण के रूप में है।

अत: विकल्प (C) सही है।

75. पाठ्यचर्या एक विद्यालय या किसी अन्य शैक्षणिक संस्थान में प्रस्तुत किए जाने वाले पाठ्यक्रमों, शोध और विषयवस्तु का समूह है।

शिक्षा में, एक पाठ्यक्रम को मोटे तौर पर शैक्षिक प्रक्रिया में होने वाले छात्र अनुभवों की समग्रता के रूप में परिभाषित किया जाता है। यह शब्द अक्सर विशेष रूप से निर्देश के एक नियोजित अनुक्रम, या शिक्षक या विद्यालय के निर्देशात्मक लक्ष्यों के संदर्भ में छात्र के अनुभवों को देखने के लिए संदर्भित है। एक पाठ्यक्रम या विनिर्देश एक दस्तावेज है जो एक विशिष्ट शैक्षणिक पाठ्यक्रम या कक्षा के बारे में जानकारी का संचार करता है और अपेक्षाओं और जिम्मेदारियों को परिभाषित करता है। यह आम तौर पर पाठ्यक्रम का एक अवलोकन या सारांश है।

अत: विकल्प (C) सही है।

76. एक छात्र की विशेष शैक्षणिक क्षमता के अवलोकन में उसके रुचि के क्षेत्रों पर अधिक ध्यान देना शामिल है।

अवलोकन एक ऐसी तकनीक है जो नियंत्रित या अनियंत्रित स्थितियों में बाहरी व्यवहार से संबंधित है। यह किसी घटना के घटने की प्रक्रिया अर्थात, व्यक्ति, घटना या वस्तु के दौरान होने वाले परिवर्तनों को रिकॉर्ड करने से संबंधित है।

- अवलोकन विवरण का प्राथमिक उद्देश्य मूल्यांकन रिपोर्ट के पाठक को उस प्रोग्राम-व्यवस्था में ले जाना है जिसे देखा गया था। इसका मतलब है कि अवलोकन डेटा में गहराई और विस्तार होना चाहिए।
- शिक्षक शैक्षणिक क्षमता का आकलन करने के लिए अवलोकन तकनीकों का उपयोग करता है ताकि छात्र अधिगम के दौरान अधिक चौकस रहें।
- इससे शिक्षक को अधिक ध्यान देने या शिक्षार्थी के रुचि वाले क्षेत्रों की देखभाल करने में भी मदद मिलेगी ताकि वह बच्ची की जरूरत और रुचि के अनुसार अधिगम के कार्यों की योजना बना सके या उन्हें व्यवस्थित कर सके।

अत: विकल्प (A) सही है।

77. हाई स्कूल के छात्रों के बीच सेक्स के प्रति स्वस्थ दृष्टिकोण को बढ़ावा देने के लिए सबसे अनुकूल कक्षा संगठन शायद अकादमिक विषयों में सह-शैक्षणिक कक्षाएं हैं।

किशोर छात्रों के बीच अस्वास्थ्यकर यौन व्यवहारों में वृद्धि ने चिंता पैदा कर दी है और वैश्विक सार्वजनिक स्वास्थ्य शोधकर्ताओं के लिए रुचि का क्षेत्र बन गया है, जो बेहतर स्वस्थ यौन परिणामों को बढ़ावा देने के लिए नवीन दृष्टिकोण खोजने का लक्ष्य रखते हैं।

अत: विकल्प (A) सही है।

78. विशेष शैक्षिक आवश्यकताओं (SEN) वाले शिक्षार्थी: भारत में, SEN के साथ एक शिक्षार्थी को विभिन्न दस्तावेजों में विभिन्न तरीकों से परिभाषित किया जाता है। उदाहरण के लिए, डिस्ट्रिक्ट प्राइमरी एजुकेशन प्रोग्राम (DPEP) दस्तावेज में SEN के साथ एक बच्चे को विकलांगता वाले बच्चे के रूप में परिभाषित किया गया है, जैसे दृश्य, श्रवण, लोकोमोटर और बौद्धिक।

समावेश एक शब्द है जिसमें प्रत्येक बच्चों के वर्ग को उनके मतभेदों और अपंगताओं की परवाह किए बिना शामिल करना है। प्रत्येक बच्चा अपनी विशेषताओं, शक्तियों और सीमाओं के साथ आता है, इसलिए समावेश को सफल बनाने के लिए अपनी व्यक्तिगत जरूरतों के बारे में संवेदनशीलता की आवश्यकता होती है।

इसलिए, हम कह सकते हैं कि समावेश का मतलब है कि SEN वाले बच्चों को मुख्यधारा के स्कूलों में उनके साथियों के साथ शिक्षित करने की प्रक्रिया।

अत: विकल्प (A) सही है।

79. एक विशेष आवश्यकता वाले बच्चे को पढ़ाने के लिए कई रणनीतियों को अपनाया जाता है, जिनमें से दो का उल्लेख नीचे किया गया है:

सहकारी शिक्षण: यह एक विषम समूह को संदर्भित करता है जहां छात्र शिक्षा से संबंधित चीजों को प्राप्त करने के लिए सहयोगी रूप से काम करते हैं। यह महत्वपूर्ण सोच, बुद्धिशीलता, संचार और जीवन भर सीखने के कौशल को विकसित करता है।

सहकर्मी ट्यूशन: यह सीखने की प्रक्रिया को संदर्भित करता है जहां साथी छात्र एक दूसरे को पढ़ाते हैं। इस रणनीति में, उच्च प्रदर्शन करने वाले छात्र को विशिष्ट कौशल सिखाने के लिए कम प्रदर्शन करने वाले छात्र के साथ जोड़ा जाता है।

इसलिए, हम यह निष्कर्ष निकालते हैं कि विशेष आवश्यकताओं वाले बच्चों को पढ़ाने के लिए सहकारी शिक्षण और सहकर्मी ट्यूशन एक बेहतर रणनीति है।

अतः विकल्प (C) सही है।

80. यूएनसीआरसी एक मानवाधिकार संधि है जो बच्चों के राजनीतिक, नागरिक, आर्थिक, सामाजिक, स्वास्थ्य और सांस्कृतिक अधिकारों को निर्धारित करती है। यह एक अंतरराष्ट्रीय समझौता है जो सदस्यों पर कानूनी रूप से बाध्यकारी है।

अत: विकल्प (D) सही है।

General English

Ques (1-2):Directions: The question consist of an underlined word followed by four words (A), (B), (C) and (D). Select the option that nearest in meaning to the underlined word and mark your response in your Answer Sheet accordingly.

Q.1 After a good meal, it is important to pay a <u>compliment</u> to the chef.

[UPSC NDA, 2022]

A. Tip   **B.** Praise
C. Admonish   **D.** Revile

Q.2 His work is <u>laudable</u>.

[UPSC NDA, 2022]

A. Praiseworthy   **B.** Laughable
C. Bold   **D.** Loud

Q.3 Fill in the blanks with the appropriate verb.

Last night while I _____ a walk in the park, I met Mrs. Murthy.

A. have taken   **B.** took
C. take   **D.** was taking

Q.4 Direction: Select the alternative that will improve the underlined part of the sentence in case there is no improvement select "No improvement".

Our cook <u>puts too many</u> salt in the food.

A. No improvement   **B.** Putting too much
C. Puts too much   **D.** Puts very much

Ques (5-6):Direction: Select the most appropriate meaning of the given idiom/phrase.

Q.5 Left-handed compliment
A. An insult disguised as a compliment
B. Compliment for left handed people
C. To complete task with left hand
D. To work with left hand

Q.6 A grey area
A. An unusual spot
B. A special part of the brain
C. An unclear situation
D. An unspoken truth

Q.7 Direction: Select the segment of the sentence that contains a grammatical error. If there is no error mark 'No error' as your answer.

Scarcely I had reached (A) /the school when (B)/it started raining (C)/. No error (D)

A. (A)   **B.** (B)   **C.** (C)   **D.** (D)

Q.8 Direction: Select the most appropriate one-word substitution for the given group of words.
A person of evil reputation

[SSC Sub Inspector (CPO), 2020]

A. Icon   **B.** Notorious
C. Famous   **D.** Renowned

Ques (9-10):Direction : Read the following passage and answer the questions that follow the passage. Your answers to these items should be based on the passage only.

In the history of Britain, the period from 1837 to 1901 is known as the Victorian Age.

The period saw the long and prosperous reign of Queen Victoria in England. Charles Dickens was the most popular novelist of this period. He became famous for his depiction of the life of the working class, intricate plots and sense of humour. However, it was the vast galaxy of unusual characters created by him that made him more popular than any of his contemporaries. Drawn from everyday life and the world around him, these characters were such that readers could relate to them. Beginning with The Pickwick Papers in 1836, Dickens wrote numerous novels, each uniquely filled with believable personalities and vivid physical descriptions. According to Dickens\' friend and biographer, John Forster, Dickens made "characters real existences, not by describing them but letting them describe themselves."

Q.9 Dickens' characters were drawn from:
A. everyday life and the world around him.
B. unbelievable personalities.
C. royal families.
D. everyday life and the world beyond him.

Q.10 The word 'popular' in the passage means:
A. propelling   **B.** problematic
C. admired   **D.** poor

General Hindi

Q.11 मुंबई कौन सी संज्ञा है?
A. जातिवाचक   **B.** भाववाचक
C. व्यक्तिवाचक   **D.** द्रव्यवाचक

Q.12 निम्नलिखित में से कौन-सा युग्म असंगत है?

[KVS PRT, 2018], [KVS TGT, 2018]

A. अन्न - जल   **B.** आचार - विचार
C. पीना - खाना   **D.** नोन - तेल

Q.13 हिंदी भाषा किस लिपि में लिखी जाती है?
A. गुरुमुखी   **B.** ब्राम्ही   **C.** देवनागरी   **D.** सौराष्ट्री

Q.14 'जुही की कली' किसकी रचना है?
A. जयशंकर प्रसाद
B. सूर्यकांत त्रिपाठी निराला
C. महादेवी वर्मा
D. सुमित्रानंदन पंत

Ques (15-16):निर्देश: निम्नलिखित गद्यांश को पढ़कर नीचे दिए गए प्रश्नों के लिए सबसे उचित विकल्प का चयन करें।

हमारी हीनता और श्रेष्ठता का सम्बन्ध देश की हीनता और श्रेष्ठता से जुड़ा हुआ है। जब हम कोई हीन या बुरा काम करते हैं तो हमारे माथे पर ही कलंक का टीका नहीं लगता, बल्कि देश का भी सिर नीचा होता है और उसकी प्रतिष्ठा गिरती है। जब हम कोई श्रेष्ठ कार्य करते हैं तो उससे हमारा ही सिर नहीं ऊँचा होता, बल्कि देश का भी सिर ऊँचा होता है और उसका गौरव बढ़ता है। इसलिए हमें कोई ऐसा कार्य नहीं करना चाहिए जिससे देश की प्रतिष्ठा पर आँच आए।

क्या आप चलती रेलों में, क्लबों में, चौपालों पर और मोटरबसों में कभी ऐसी चर्चा करते हैं कि हमारे देश में यह नहीं हो रहा, वह नहीं हो रहा है और यह गड़बड़ है, यह परेशानी है? साथ ही, क्या आप अपने देश की तुलना किसी और देश से करते हैं कि कौन-सा देश श्रेष्ठ और कौन-सा देश हीन है? यदि हाँ, तब आप को चिंता होगी कि देश की प्रतिष्ठा को बनाए रखने के लिए हमें क्या करना चहिए।

क्या आप कभी केला खाकर छिलका रास्ते में फेंकते हैं? अपने घर का कूड़ा बाहर फेंकते हैं? अपशब्दों का प्रयोग करते हैं? इधर की उधर, उधर की इधर लगाते हैं? अपने घर, दफ्तर, गली को गन्दा रखते हैं? होटलों, धर्मशालाओं में या दूसरे ऐसे ही स्थानों में, जीनों में, कोनों में पीक थूकते हैं? उत्सवों, मेलों, रेलों और खेलों में ठेलम-ठेल करते हैं, निमंत्रित होने पर विलम्ब से पहुँचते हैं या वचन देकर भी घर आने वालों को समय पर नहीं मिलते और इसी तरह शिष्ट व्यवहार के विपरीत आचरण करते हैं?

यदि आपका उत्तर 'हाँ' है, तो आप के द्वारा देश के सम्मान को भयंकर आघात लग रहा है और राष्ट्रीय संस्कृति को गहरी चोट पहुँच रही है।

यदि आपका उत्तर 'नहीं, तो आपके द्वारा देश का सम्मान बढ़ेगा और संस्कृति भी सुरक्षित रहेगी।

Q.15 गद्यांश के अनुसार असल गड़बड़ है:

A. कमियों को उजागर करना

B. शिष्ट आचरण करना

C. दूसरे देशों की जानकारी रखना

D. केवल निंदा करना, सही व्यवहार न करना

Q.16 लेखक की दृष्टि में सर्वाधिक महत्वपूर्ण है:

A. देश की श्रेष्ठता एवं प्रतिष्ठा

B. अपने देश की दूसरे देश से तुलना करना

C. शिष्ट व्यवहार की अनदेखी करना

D. राष्ट्रीय संस्कृति की उपेक्षा करना

Q.17 अंतिकाटू वचन कहति कैकेई। मानहु लोनजरे पर देई। इस पंक्ति में कौन-सा अलंकार है?

[UP Police Sub Inspector, 2017]

A. श्लेष   **B.** विभावना   **C.** यमक   **D.** उत्प्रेक्षा

Q.18 'पसीना' शब्द का तत्सम क्या होता है?

A. पशीना   **B.** प्रस्विन्न   **C.** पश्मीना   **D.** पषीना

Q.19 इनमें से कौन से वर्ण उच्चारण के आधार पर संघर्षी व्यंजन हैं?

A. ज, झ   **B.** य, व   **C.** श, ख़   **D.** द, न

Q.20 'उग्र' शब्द का विलोम है:

A. उत्तम   **B.** सौम्य   **C.** उदय   **D.** निम्न

General Awareness & Current Affairs

Q.21 नवंबर 2022 में, कौन से भारतीय शहर ने 'ग्लोबल फिनटेक सम्मेलन' की मेजबानी की?

A. मुंबई

B. नई दिल्ली

C. अहमदाबाद

D. बेंगलुरु

Q.22 अगस्त 2022 में प्रधान मंत्री कार्यालय (PMO) में निदेशक के रूप में किसे नियुक्त किया गया है?

A. श्वेता सिंह

B. रवि कुमार

C. रुचि मिश्रा

D. अनूप कुमार पाठक

Q.23 निम्नलिखित में से तुगलक वंश के किस सुल्तान ने चाँदी के सिक्कों के स्थान पर तांबे के सिक्के जारी किए?

[Territorial Army Officer, 2017]

A. गयासुद्दीन तुगलक

B. मुहम्मद बिन तुगलक

C. फिरोज शाह तुगलक

D. महमूद तुगलक

Q.24 होयसल राजवंश के संबंध में निम्नलिखित कथनों पर विचार कीजिए :

1. होयसल राजवंश का शासन 7 वीं शताब्दी ईस्वी से 10 वीं शताब्दी ईस्वी तक फैला था।

2. उन्होंने आधुनिक कर्नाटक के बड़े हिस्से और आंध्र प्रदेश के कुछ हिस्सों पर शासन किया।

ऊपर दिए गए कथनों में से कौन सा/से सही है/हैं?

A. केवल 1

B. केवल 2

C. 1 और 2 दोनों

D. न तो 1 और न ही 2

Q.25 _____ ने ऑस्ट्रेलियन ओपन 2022 में महिला एकल चैंपियनशिप का खिताब ने जीता है।

A. एश्ले बार्टी

B. जेसिका पेगुला

C. बारबोरा क्रेजसिकोवा

D. इनमें से कोई भी नहीं

Q.26 निम्नलिखित में से किसने डिजिटल इंडिया अवार्ड्स 2022 में प्लेटिनम आइकन का पुरस्कार जीता है?

A. स्किल इंडिया मिशन

B. अमृत मिशन

C. स्मार्ट सिटीज मिशन

D. उदय योजना

Q.27 वायुमंडल की सबसे उपरी परत कौन सी है जिस में पृथ्वी के वायुमंडल में प्रवेश करने के बाद उल्कापिंड जल जाते हैं?

A. क्षोभ मंडल

B. समताप मंडल

C. मध्यमंडल

D. बाह्यमंडल

Q.28 कठपुतली किस राज्य से सम्बन्धित है?

A. राजस्थान   **B.** कर्नाटक   **C.** मध्य प्रदेश   **D.** उत्तराखंड

Q.29 न्यूट्रॉन के गुणों के बारे में निम्नलिखित में से कौन सा कथन सही नहीं है ?

[Indian Military Academy (IMA), 2020], [Officers Training Academy (OTA), 2020]

A. न्यूट्रॉन द्रव्यमान लगभग प्रोटॉन द्रव्यमान के बराबर है।

B. न्यूट्रॉन में शून्य आवेश होता है।

C. न्यूट्रॉन परमाणु नाभिक के अंदर स्थित हैं।

D. न्यूट्रॉन परमाणु नाभिक के चारों ओर घूमते हैं

Q.30 रुकी हुई आवास परियोजनाओं को पूरा करने के लिए भारत सरकार द्वारा गठित कोष का नाम क्या है?

A. SWAYAM

B. SVAGRUH

C. SWAMIH

D. AHAM

Reasoning Ability

Q.31 निर्देश: निम्नलिखित प्रश्न में, आकृतियों के चार जोड़ों में से तीन जोड़ों में आकृति I, आकृति II से समान रूप से संबंधित है। उस जोड़े को निर्दिष्ट कीजिए जिसमें आकृति I और II के मध्य यह संबंध मौजूद नहीं है।

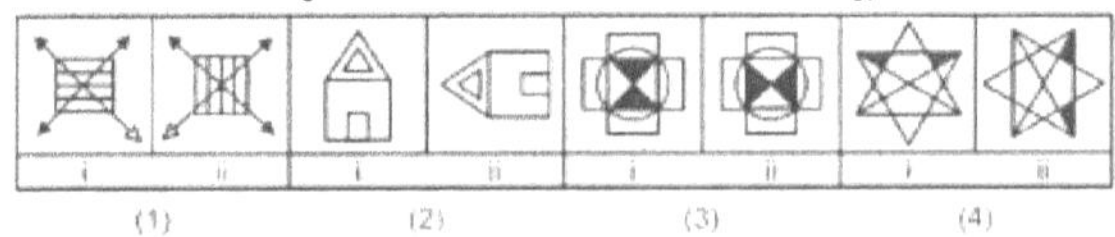

A. (1)　　　B. (2)　　　C. (3)　　　D. (4)

Q.32 रोहन हर्षदा का बड़ा भाई है। रसिका पूजा की पोती/नातिन है। रसिका और कविता कजिन बहनें हैं। रोहन अविवाहित है। रोहन कविता का एकमात्र एक चाचा/मामा हैं। रिंकी कविता की माँ हैं। राज रोहन का पिता हैं। रिंकी किसकी बेटी है?

A. पूजा　　　B. रोहन　　　C. कविता　　　D. हर्षदा

Q.33 निम्नलिखित चार विकल्पों में से एक का चयन कीजिये जो दूसरी जोड़ी को दी गई पहली जोड़ी के समरूप बनाएगी:

SEDATE : ETADES :: BRIM : ?

[UP Police ASI, 2018]

A. MBIR　　　B. IRMB　　　C. MIRB　　　D. BIMR

Q.34 निर्देश: उस विकल्प का चयन करें जो चित्र C से उसी प्रकार संबंधित है जैसे चित्र B, चित्र A से संबंधित है।

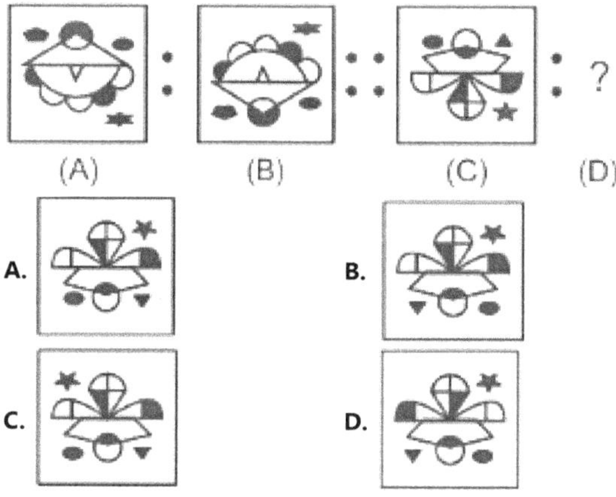

(A)　　　(B)　　　(C)　　　(D)

A.　　　B.

C.　　　D.

Q.35 विकल्पों में दी गई कौन सी आकृति दी गई प्रश्न आकृति का सही दर्पण प्रतिबिम्ब है?

प्रश्न आकृति:

CHILDE

उत्तर आकृति:

(A)　　　(B)　　　(C)　　　(D)

A. (A)　　　B. (B)　　　C. (C)　　　D. (D)

Computer Literacy

Q.36 एक पार्टिसनड डेटा सेट का उपयोग _________ के लिए सबसे अधिक किया जाता है।

A. एक प्रोग्राम या सोर्स लाइब्रेरी

B. प्रोग्राम डेटा स्टोर

C. बैकअप इनफार्मेशन स्टोर

D. आईएसएएम फाइलों को स्टोर

Q.37 निम्न में से कौन सा एक स्टोरेज डिवाइस का प्रकार है?

A. ब्लैक-रे डिस्क　　　B. व्हाइट-रे डिस्क

C. ब्लू-रे डिस्क　　　D. उपरोक्त में से कोई नहीं

Q.38 निम्नलिखित में से कौन सोशल मीडिया मार्केटिंग का प्रकार है?

A. सोशल नेटवर्क

B. बुकमार्क करने वाली साइटें

C. माइक्रोब्लॉगिंग

D. ये सभी

Q.39 निम्नलिखित में से कौन एक आउटपुट डिवाइस है?

[Rajasthan Police Constable, 2020]

A. ओसीआर　　　B. प्रोजेक्टर　　　C. माउस　　　D. वेब कैमरा

Q.40 _________ प्रथम पीढ़ी के कम्प्यूटर का उदाहरण है

A. EDVAC　　　　　　B. EDSAC

C. ENIAC　　　　　　D. UNIVAC

Perspective on Education & Leadership

Q.41 एक छात्रा विज्ञान में प्रतिभा और रुचि दिखाती है लेकिन उसके माता-पिता उसे मानविकी की धारा लेने के लिए प्रेरित कर रहे हैं। एक शिक्षक लड़की को क्या सलाह देगा?

A. अपने माता-पिता को सुनने के लिए

B. अपने पसंदीदा विषयों पर ध्यान केंद्रित करने के लिए

C. उसके माता-पिता से बात करें और उसकी प्रतिभा को बताएं

D. उसे छात्रवृत्ति के लिए प्रयास करने के लिए प्रोत्साहित करें, ताकि वह अपनी रुचि के विषय का अध्ययन कर सके

Q.42 स्व-शिक्षण के अनुकूलन के लिए निम्नलिखित में से कौन सा प्रेरक सिद्धांत सबसे अधिक सहायक होगा?

A. पुरस्कार और सजा का उपयोग करना

B. संबंधित आवश्यकता को पूरा करने की गुंजाइश बनाना

C. योग्यता की आवश्यकता को पूरा करने की गुंजाइश प्रदान करने के लिए

D. स्थिति की जरूरतों को पूरा करने के लिए चिंताओं को बढ़ावा देना

Q.43 निम्नलिखित में से कौन सा बाल विकास के सिद्धांतों में से एक है?

A. विकास सुदृढ़ीकरण और दंड द्वारा निर्धारित किया जाता है

B. विकास परिपक्वता और अनुभव के बीच की परस्पर क्रिया है

C. विकास पूर्ण रूप से अनुभव के बारे में है

D. विकास प्रत्येक बच्चे की गति की भविष्यवाणी करना है

Q.44 निम्न में से कौन ग्रेड ।।। के छात्रों के लिए उत्कृष्ट पेशीय कौशल का एक उदाहरण है?

A. मित्रों के साथ दौड़ लगाना

B. मोतियों को धागे में बांधना

C. इमारत में सीढ़ियां चढ़ना

D. खरगोश की तरह उछलना

Q.45 निम्नलिखित में से कौन सा कारक बच्चों में अभिवृति के विकास को प्रभावित नहीं करता है?

A. समान समूह　　　　　B. घर

C. राष्ट्रीय संस्थान　　　D. विधालय

Q.46 विकास के किस युग से प्राथमिक समाजीकरण की प्रक्रिया शुरू होती है?

A. शैशवावस्था　　　　　B. बाल्यावस्था

C. किशोरावस्था　　　　D. प्रौढ़ावस्था

Q.47 इनमें से कौन सा समाजीकरण का प्राथमिक एजेंट नहीं है?

A. परिवार　　　B. पड़ोस　　　C. सहकर्मी　　　D. सरकार

Q.48 व्यक्तिगत मार्गदर्शन का उद्देश्य निम्नलिखित में से व्यक्ति की किस प्रकार की सहायता करना है?

।) शारीरिक विकास

।।) भावनात्मक विकास

।।।) सामाजिक विकास

A. दोनों I और II
B. दोनों II और III
C. दोनों I और III
D. I, II और III

Q.49 कृष्णन निर्विवाद रूप से अपने माता-पिता का पालन करता है क्योंकि वह सजा से बचना चाहता है। कोलबर्ग के अनुसार वह नैतिक विकास की किस अवस्था में फिट बैठता है?

A. पूर्व परिचालन
B. पूर्व पारंपरिक
C. पारंपरिक
D. औपचारिक संचालन

Q.50 शैशवावस्था के किस विकास में बच्चा स्पर्श के प्रति प्रतिक्रिया करता है और दर्द महसूस करता है?

A. ज्ञान संबंधी विकास
B. संवेदी विकास
C. पेशी विकास
D. सामाजिक-भावनात्मक विकास

Q.51 एक चिन्तनशील शिक्षक कक्षा-कक्ष में ऐसी परिस्थिति उत्पन्न करता है कि छात्र:

A. भाषण सुन सके
B. कक्षा-कक्ष में शिक्षक के भाषण के नोट्स ले सके
C. कक्षा-कक्ष में अनुशासन बनाये रखे
D. छात्रों और शिक्षक में पारस्परिक अन्त:क्रिया को प्रोत्साहन मिले

Q.52 कक्षा प्रबंधन के लिए मुख्य रूप से कौन जिम्मेदार होता है?

A. प्रधान अध्यापक
B. कक्षा शिक्षक
C. छात्र
D. निरीक्षक-पर्यवेक्षक

Q.53 एनसीएफ-2005 के अनुसार, _________ एक सामान्य पहलू है जो बच्चों के लिए शारीरिक असुविधा है।

A. विद्यालय स्टाफ की देखभाल
B. विद्यालय की उपलब्धता में निकटता
C. अच्छी तरह से सुसज्जित शौचालय
D. अत्यधिक भार युक्त स्कूल बैग

Q.54 _________ एक अवधि अंत/पाठ्यक्रम अंत मूल्यांकन है जो प्रवृत्ति से आलोचनात्मक है।

A. रचनात्मक मूल्यांकन
B. योगात्मक मूल्यांकन
C. उपचारात्मक मूल्यांकन
D. (A) और (B) दोनों

Q.55 निम्नलिखित कारकों में से कौन-सा सीखने को प्रभावित करता है?
(i) छात्र की रुचि
(ii) छात्र का मानसिक स्वास्थ्य
(iii) शैक्षणिक रणनीतियाँ
(iv) छात्र का सामाजिक और सांस्कृतिक संदर्भ
[CTET Paper-II (Science & Mathematics), 2019], [CTET Paper-II (Social Science), 2019]

A. (i), (ii)
B. (ii), (iii)
C. (i), (ii), (iii)
D. (i), (ii), (iii), (iv)

Q.56 सूक्ष्म-शिक्षण है:
[UPTET Social Studies, 2019], [UPTET Science and Maths, 2019]

A. अवश्रेणीयन शिक्षण
B. प्रभावशाली शिक्षण
C. मूल्यांकन शिक्षण
D. वास्तविक शिक्षण

Q.57 निम्नलिखित में से किसका उपयोग टेलीफ़ोन लाइनों पर कंप्यूटर फ़ाइलों को प्राप्त करने और भेजने के लिए किया जाता है, जिनका उपयोग सूचनाओं जैसे प्रोजेक्ट दस्तावेज़, फोटो, विषयों की जानकारी को संग्रहीत करने के लिए किया जाता है?

A. फ्लॉपी डिस्क
B. लाइट पेन
C. मॉडेम
D. MICR डिवाइस

Q.58 शिक्षण प्रक्रिया में _______ शिक्षण-अधिगम की प्रक्रिया को अधिक प्रेरक, अधिक प्रेरणादायक और अधिक प्रभावी बनाती है जिसका उपयोग छात्रों को प्रत्यक्ष और व्यावहारिक अधिगम के अनुभव प्रदान करने के लिए किया जाता है।

A. अधिगम की सम्पूर्ण विधि
B. शिक्षण-अधिगम सामग्री
C. शिक्षण-अधिगम मॉडल
D. शिक्षण विधि

Q.59 निम्नलिखित में से कौन सी योजना कम से कम शिक्षार्थी केंद्रित हो सकती है?

A. निर्देशात्मक योजना
B. इकाई योजना
C. पाठ योजना
D. गतिविधि योजना

Q.60 कक्षा में, कौन-सी निर्देशात्मक प्रथाएँ सबसे अच्छा सुनिश्चित करती हैं, कि एक शिक्षक विविध छात्रों की आवश्यकताओं को पूरा करने के लिए सीखने के माहौल की संरचना करता है?

A. विभेदीकरण
B. उपचार
C. समृद्धि
D. प्रतिरूपण

Q.61 एक शिक्षिका आठवीं कक्षा के अपने शिक्षार्थियों को एक भारतीय लेखक का उपन्यास पढ़ने के लिए कहती है और उनसे उपन्यास पर अपने विचार देते हुए एक निबंध लिखने को कहती है। इसे पठन गतिविधि के रूप में क्या जाना जाता है?
[CTET Paper-II (Social Science), 2021], [CTET Paper-II (Science & Mathematics), 2021]

A. जानकारी के लिए पढ़ना
B. स्कैनिंग
C. गहन पठन
D. अतिशय अभ्यास

Q.62 निम्नलिखित में से कौन-सा बाल मूल्यांकन का उपकरण नहीं है?

A. उपाख्यानमूलक अभिलेख बनाए रखना
B. बाल अवलोकन
C. जांच सूची और निर्धारण मापनी
D. स्कूल पूर्व कार्यक्रम योजना

Q.63 प्रशासन में लोगों की भागीदारी सुनिश्चित करने के लिए सरकार द्वारा सूचना और संचार प्रौद्योगिकी के उपयोग को कहा गया है:
[RSMSSB Computor, 2021]

A. ज्ञानसुधा
B. ज्ञानदूत
C. ई-गवर्नेंस
D. ई-चौपाल

Q.64 छात्रों के ज्ञान के निर्माण में शिक्षक की भूमिकाओं के संबंध में निम्नलिखित में से कौन-सा कथन गलत है?

A. शिक्षक अपनी अधिगम की प्रगति के आत्म-विश्लेषण एवं आत्म-मूल्यांकन को प्रोत्साहित करता है
B. कक्षा में सहकारी और सहयोगी शिक्षण का समर्थन करता है
C. स्कूल के बाहर के लोगों के साथ ज्ञान जोड़ता है
D. पुस्तकों में दिए गए तथ्यों का स्मरण

Q.65 पाठ योजना में शामिल विद्यार्थियों की समझ की जाँच करने का अभ्यास कौन सा है?

A. पुनर्कथन
B. सामान्यीकरण
C. श्यामपट्ट कार्य
D. प्रस्तुति

Q.66 कौन सा मूक और बधिर (गूंगे और बहरे) की शिक्षा से संबंधित है?

A. सांकेतिक भाषा
B. ब्रेलर
C. (A) और (B) दोनों
D. इनमें से कोई नहीं

Q.67 निम्नलिखित सभी में मंदबुद्धियों की विशेषता है सिवाय:

A. वे अकुशल या अर्ध कुशल व्यवसायों तक ही सीमित हैं
B. उनका अधिक आसानी से अपराधी बनने की संभावना है
C. वे संवाद में अच्छे हैं

D. वे धीमी गति से सामान्य स्तर तक शिक्षित होते हैं

Q.68 "एक स्वस्थ शरीर में एक स्वस्थ दिमाग" किसका उद्धरण है?

A. कोलबर्ग   **B.** डेवी   **C.** थेल्स   **D.** फ्रायड

Q.69 चॉम्स्की (1965: 31) ने भाषा सीखने वाले बच्चे को _____ के रूप में वर्णित किया।

A. 'गुणवत्ता में काफी गिरावट'

B. 'जेनेरिक व्याकरण में कमी '

C. 'गुणवत्ता में 'लिंग-पक्षपाती'

D. 'जर्मन व्याकरण में कमी'

Q.70 भाषण को समझना किसके लिए ज़िम्मेदार है?

A. वर्निक का क्षेत्र

B. व्याख्यान को समझना

C. कौशल को समझना

D. विकल्प (A) और (B) दोनों

Q.71 यदि कोई अच्छा छात्र अनुशासनहीन तरीके से व्यवहार करना शुरू कर दे, तो आप:

A. उसके माता-पिता से शिकायत करेंगे

B. प्रधानाध्यापक को रिपोर्ट करेंगे

C. उसकी समस्या जानने की कोशिश करेंगे और उसकी मदद करेंगे

D. उसे सुधारने के लिए उसे कठोर दंड देंगे

Q.72 दूरदर्शी नेता कौन होता है?

A. वह जिसके पास मध्यम अवधि का दृष्टिकोण होता है।

B. वह जिसके पास अल्पकालिक दृष्टिकोण होता है।

C. वह जिसके पास दीर्घकालिक दृष्टिकोण होता है।

D. वह जो आवश्यकता की संतुष्टि के लिए पहल करता है।

Q.73 छात्रों का नेतृत्व करते समय, एक शिक्षक द्वारा आत्म-मूल्यांकन एक _____ के रूप में उनकी भूमिका दर्शाता है।

A. कक्षा शोधकर्ता   **B.** चिंतनशील चिकित्सक

C. सह- शिक्षार्थी   **D.** सूत्रधार

Q.74 नेतृत्व _____ के बारे में दृष्टि बनाने और प्राप्त करने के लिए है।

A. व्यक्तियों को अभिप्रेरित और प्रेरणा देने

B. व्यक्तियों को प्रभावित करने, अभिप्रेरित करने और प्रेरण देने

C. व्यक्तियों को प्रभावित करने और नियंत्रित करने

D. व्यक्तियों को नियंत्रित और शासित करने

Q.75 शिक्षण-अधिगम में सुधार के लिए उपलब्धि डेटा का सर्वोत्तम संभव उपयोग क्या होगा?

A. आँकड़ों को निर्देशात्मक सुधार की चल रही प्रक्रिया का हिस्सा बनाएं।

B. छात्रों को अपने स्वयं के आँकड़ों की जांच करना और सीखने के लक्ष्य निर्धारित करना सिखाएं।

C. (A) और (B) दोनों

D. इनमे से कोई नहीं

Q.76 निम्नलिखित में से कौन सा विद्यालय रव मूल्यांकन और सुधार से संबंधित नहीं है?

A. यह गतिशील वातावरण में विद्यालय की सहायता करता है।

B. यह विद्यालय प्रणालियों के प्रभावी निदान और प्रबंधन को सुनिश्चित करता है।

C. यह विद्यालयों को उद्देश्यपूर्ण और योजनाबद्ध कदम उठाने में मदद करता है।

D. यह विद्यालयों में आर्थिक रूप से कमजोर शिक्षकों की मदद करता है।

Q.77 निम्नलिखित में से कौन-सा कथन सामुदायिक भागीदारी के संदर्भ में सही है?

I. अभिभावक-शिक्षक संघ औपचारिक सामुदायिक भागीदारी है।

II. स्वयं सहायता समूह अनौपचारिक सामुदायिक भागीदारी है।

A. केवल I   **B.** केवल II

C. I तथा II दोनों   **D.** ना ही I ना ही II

Q.78 नई शिक्षा नीति 2020 के संबंध में निम्नलिखित में से कौन सा कथन सही है / हैं?

a. प्री-प्राइमरी स्कूल से ग्रेड 12 तक स्कूलिंग के सभी स्तरों पर यूनिवर्सल एक्सेस सुनिश्चित करना।

b. प्रारंभिक बाल्यावस्था देखभाल और शिक्षा (ECCE) 3 वर्ष की उम्र से होनी चाहिए।

c. मानव संसाधन विकास मंत्रालय शिक्षा मंत्रालय (MoE) के रूप में फिर से तैयार किया गया है।

A. केवल a   **B.** केवल b

C. केवल a और b   **D.** a, b और c

Q.79 समावेशी शिक्षा के पीछे तर्क यह है कि:

A. समाज विषम है और विषम समाज को पूरा करने के लिए स्कूलों को समावेशी बनाने की आवश्यकता है

B. हमें विशेष बच्चों पर दया करने और उन्हें सुविधाओं तक पहुंच प्रदान करने की आवश्यकता है

C. विशेष बच्चों के लिए अलग स्कूल प्रदान करने के लिए यह लागत प्रभावी नहीं है

D. प्रत्येक बच्चे के प्रदर्शन के लिए मानक एक समान और मानकीकृत होने चाहिए

Q.80 प्रधानाध्यापक का प्रशासनिक गुण _____ है।

A. कुशल योजनाकार   **B.** कुशल प्रबंधक

C. कुशल आयोजक   **D.** निष्ठा

// स्मार्ट उत्तर पुस्तिका //

सही उत्तर — उन छात्रों का प्रतिशत जिन्होंने प्रश्नों का सही उत्तर दिया था। **छोड़ दिया** — उन छात्रों का प्रतिशत जिन्होंने प्रश्नों को छोड़ दिया था।

प्रश्न संख्या	उत्तर	सही उत्तर / छोड़ दिया	प्रश्न संख्या	उत्तर	सही उत्तर / छोड़ दिया	प्रश्न संख्या	उत्तर	सही उत्तर / छोड़ दिया	प्रश्न संख्या	उत्तर	सही उत्तर / छोड़ दिया	प्रश्न संख्या	उत्तर	सही उत्तर / छोड़ दिया	प्रश्न संख्या	उत्तर	सही उत्तर / छोड़ दिया
1	B	58.16 % / 1.03 %	15	D	65.28 % / 1.66 %	29	D	67.19 % / 1.09 %	43	B	63.11 % / 1.06 %	57	C	78.03 % / 0.0 %	71	C	60.47 % / 1.99 %
2	A	79.44 % / 0.0 %	16	A	82.85 % / 0.0 %	30	C	77.28 % / 0.0 %	44	B	46.24 % / 1.48 %	58	B	48.53 % / 1.64 %	72	C	67.02 % / 1.88 %
3	D	66.0 % / 1.99 %	17	D	42.1 % / 1.5 %	31	B	68.76 % / 1.08 %	45	C	85.98 % / 0.0 %	59	A	49.13 % / 1.71 %	73	B	61.23 % / 1.04 %
4	C	57.97 % / 1.42 %	18	B	78.85 % / 0.0 %	32	A	83.04 % / 0.0 %	46	A	52.49 % / 1.67 %	60	A	64.33 % / 1.93 %	74	B	62.08 % / 1.85 %
5	A	55.7 % / 1.11 %	19	C	58.64 % / 1.95 %	33	C	25.2 % / 3.1 %	47	D	81.53 % / 0.0 %	61	C	26.69 % / 4.3 %	75	C	43.61 % / 1.42 %
6	C	50.86 % / 1.08 %	20	B	53.39 % / 1.55 %	34	A	17.17 % / 3.43 %	48	D	50.41 % / 1.04 %	62	D	50.19 % / 1.46 %	76	D	69.61 % / 1.59 %
7	A	27.26 % / 4.49 %	21	A	44.23 % / 1.17 %	35	A	58.54 % / 1.54 %	49	B	27.51 % / 3.83 %	63	C	58.57 % / 1.42 %	77	A	67.79 % / 1.6 %
8	B	88.88 % / 0.0 %	22	A	69.49 % / 1.4 %	36	A	77.81 % / 0.0 %	50	B	52.17 % / 1.01 %	64	D	14.99 % / 4.15 %	78	D	31.47 % / 3.1 %
9	A	56.87 % / 1.2 %	23	B	77.42 % / 0.0 %	37	C	56.56 % / 1.44 %	51	D	86.8 % / 0.0 %	65	A	41.09 % / 1.38 %	79	A	56.04 % / 1.62 %
10	C	85.41 % / 0.0 %	24	B	63.88 % / 1.03 %	38	D	46.93 % / 1.06 %	52	B	59.02 % / 1.83 %	66	A	60.29 % / 1.65 %	80	B	21.42 % / 4.63 %
11	C	62.42 % / 1.22 %	25	A	56.72 % / 1.92 %	39	B	77.04 % / 0.0 %	53	D	57.91 % / 1.1 %	67	C	69.94 % / 1.72 %			
12	C	79.69 % / 0.0 %	26	C	40.12 % / 1.73 %	40	C	64.9 % / 1.4 %	54	B	59.64 % / 1.48 %	68	C	43.48 % / 1.15 %			
13	C	83.17 % / 0.0 %	27	C	66.03 % / 1.93 %	41	C	45.98 % / 1.2 %	55	D	25.8 % / 3.01 %	69	A	43.47 % / 1.04 %			
14	B	44.77 % / 1.15 %	28	A	76.82 % / 0.0 %	42	C	32.87 % / 3.4 %	56	A	82.01 % / 0.0 %	70	A	44.89 % / 1.88 %			

//संकेत और समाधान//

1. Let's look at the meaning of the given word and the correct answer.

Compliment(noun): a remark that expresses approval, admiration, or respect.

Example: He complained that his husband never paid him any compliments anymore.

Praise(verb): to express admiration or approval of the achievements or characteristics of a person or thing.

Example: He should be praised for his honesty.

Hence, the correct option is (B).

2. Let's look at the meaning of the given word and the correct answer.

laudable(adjective): (of actions and behaviour) deserving praise, even if there is little or no success.

Example: The recycling programme is laudable, but does it save much money?

Praiseworthy(adjective): deserving approval and admiration.

Example: the government's praiseworthy efforts.

Hence, the correct option is (A).

3. The past continuous tense is used for an ongoing past action or two actions happening simultaneously.

- 1st action- Past continuous tense i.e. Sub + was/were + V1 + -ing + Obj.
- 2nd action- Simple past tense i.e. Sub+ V2 + Obj.

According to the rule and the example is given above, 'was taking' will be used in the blank part of the sentence.

The sentence is,

Last night while I was taking a walk in the park, I met Mrs. Murthy.

Hence, the correct option is (D).

4. The subject of the sentence 'our cook' is a singular subject.

- So, it will take a singular verb i.e., puts.
- 'Puts' is used with third person singular noun.
- So, it is correctly used.

'Many' is used with countable nouns and 'much' is used with uncountable nouns.

For Examples:

- How much petrol is in the car?
- How many people were at the meeting?
- Here 'salt' is uncountable, so we will use 'much'.

Therefore, the correct sentence is "Our cook puts too much salt in the food".

Hence, the correct option is (C).

5. The correct meaning of the given idiom is- An insult disguised as a compliment.

Let's look at the meaning of the given idiom:

Left-handed compliment: A remark that seems to say something pleasant about a person but could also be an insult.

Example: She said my new pants really make my legs look much slimmer. What a left-handed compliment!

Hence, the correct option is (A).

6. The correct answer is 'An unclear situation'.

Grey area means a situation that is not clear or where the rules are unknown.

A lawyer tried his best to highlight many grey areas related to the case.

Hence, the correct option is (C).

7. In the given sentence part (A) is erroneous.

The sentence structure should be in inversion if the sentence begins with no sooner, scarcely, hardly and neither etc.

So, 'I had reached' should be replaced with 'had I reached'.

The correct sentence is: Scarcely had I reached the school when it started raining.

Hence, the correct option is (A).

8. The meaning of the given words:

- Notorious: famous or well known, typically for some bad quality or deed.
- Icon: a person or thing regarded as a representative symbol or as worthy of veneration.
- Famous: someone or something that is very well known by a lot of people.
- Renowned: known or talked about by many people, famous.

From the meanings, it is clear that 'Notorious' is the one word that can substitute the given group of words.

Hence, the correct option is (B).

9. From the passage "Drawn from everyday life and the world around him, these characters were such that readers could relate to them."

Hence, the correct option is (A).

10. Popular: Liked or admired by many people or by a particular person or group.

propelling - drive or push something forwards.

problematic - constituting or presenting a problem.

Hence, the correct option is (C).

11. मुंबई व्यक्तिवाचक संज्ञा है।

किसी भी विशेष व्यक्ति, वस्तु या स्थान के नाम का बोध कराने वाली संज्ञा ही व्यक्तिवाचक संज्ञा कहलाती हैं। यानी, व्यक्तिवाचक संज्ञा सभी व्यक्ति, वस्तु या स्थान की संपूर्ण जाति में से ख़ास का नाम बताती हैं।

जैसे:

व्यक्ति- महात्मा गाँधी, भगत सिंह, रमेश, पवन, सीमा, विकास आदि।

वस्तु- कुरान, बाइबल, रामायण आदि।

स्थान- बैंगलोर, दिल्ली, मुंबई, लखनऊ आदि।

अतः विकल्प (C) सही है।

12. दिए गये युग्मों में अन्न-जल, आचार-विचार, नोन-तेल तीनों युग्म सही हैं। इसके अतिरिक्त शेष पीना-खाना युग्म सही नहीं है। इस आधार पर सही विकल्प पीना-खाना है।

स्पष्टीकरण:

सामान वर्ग युग्म - ये वो शब्द होते हैं जिनका अपना तो अर्थ होता है पर एक साथ आने पर ये एक विशेष अर्थ बना देते हैं।

जैसे - तितर - बितर , खाना - पीना , सोना - पड़ना

अतः विकल्प (C) सही है।

13. हिंदी भाषा देवनागरी लिपि में लिखी जाती है। इसमें ध्वनि एवं अक्षरों का उत्कृष्ट समन्वय होता है। भारत के संविधान में देवनागरी लिपि को मान्यता प्रदान की गई है। देवनागरी लिपि, जिसमें 14 स्वर और 33 व्यञ्जन सहित 47 प्राथमिक वर्ण हैं, दुनिया में चौथी सबसे व्यापक रूप से अपनाई जाने वाली लेखन प्रणाली है, जिसका उपयोग 120 से अधिक भाषाओं के लिए किया जाता है।

अतः विकल्प (C) सही है।

14. उपरोक्त सभी विकल्पों में से 'जूही की कली' सूर्यकांत त्रिपाठी निराला की रचना है।

यह कविता निराला की प्रथम कविता मानी जाती है जिसका लेखन 1916 में हुआ था।

निराला को हिंदी साहित्य में मुक्त छंद का प्रवर्तक कवि भी माना जाता है।

अतः विकल्प (B) सही है।

15. गद्यांश के अनुसार, "क्या आप चलती रेलों में, क्लबों में, चौपालों पर और मोटरबसों में कभी ऐसी चर्चा करते हैं कि हमारे देश में यह नहीं हो रहा, वह नहीं हो रहा है और यह गड़बड़ है, यह परेशानी है? साथ ही, क्या आप अपने देश की तुलना किसी और देश से करते हैं कि कौन-सा देश श्रेष्ठ और कौन-सा देश हीन है? यदि हाँ, तब आप को चिंता होगी कि देश की प्रतिष्ठा को बनाए रखने के लिए हमें क्या करना चहिए।"

इसीलिए गद्यांश के अनुसार असल गड़बड़ केवल निंदा करना, सही व्यवहार न करना है।

अतः विकल्प (D) सही है।

16. प्रथम पैराग्राफ के अनुसार, हमारी हीनता और श्रेष्ठता का सम्बन्ध देश की हीनता और श्रेष्ठता से जुड़ा हुआ है..........इसलिए हमें कोई ऐसा कार्य नहीं करना चाहिए जिससे देश की प्रतिष्ठा पर आँच आए।

इसलिए, हम कह सकते हैं कि देश की श्रेष्ठता एवं प्रतिष्ठा लेखक की दृष्टि में सर्वाधिक महत्वपूर्ण है।

अतः विकल्प (A) सही है।

17. 'अंतिकाटू वचन कहति कैकेई। मानहु लोनजरे पर देई।' पंक्ति में उत्प्रेक्षा अलंकार होगा।

जब समानता होने के कारण उपमेय में उपमान के होने कि कल्पना की जाए या संभावना हो तब वहां उत्प्रेक्षा अलंकार होता है। यदि पंक्ति में -मनु, जनु, जनहु, जानो, मानहु मानो, निश्चय, ईव, ज्यों आदि आता है वहां उत्प्रेक्षा अलंकार होता है।

जैसे : ले चला साथ मैं तुझे कनक। ज्यों भिक्षुक लेकर स्वर्ण।।

अतः विकल्प (D) सही है।

18. पसीना शब्द का तत्सम 'प्रस्विन्न' होता है। ऐसे शब्द जिसे हम संस्कृत से बिना कोई बदलाव करे उपयोग में लाते हैं, तत्सम शब्द कहलाते हैं। पसीना शब्द प्रस्विन्न का तद्भव रूप होता है।

अतः विकल्प (B) सही है।

19. 'श, ख़' संघर्षी व्यंजन हैं।

स्पष्टीकरण:

ज, झ स्पर्श-संघर्षी वर्ण, य, व अंतःस्थ व्यंजन, श, ख़ संघर्षी व्यंजन और द, न स्पर्श व्यंजन हैं।

विशेष:

उच्चारण के आधार पर व्यंजनों का वर्गीकरण	
स्पर्शी व्यंजन	क, ख, ग, घ, ङ; ट ठ, ड, ढ ण, त, थ, द, ध, न, प, फ, ब, भ, म
संघर्षी व्यंजन	श, ष, स, ह, ख़, फ़, ज़
स्पर्श-संघर्षी व्यंजन	च, छ, ज, झ
नासिक्य व्यंजन	ङ; ञ, ण, न्, म्
पार्श्विक व्यंजन	ल्
प्रकंपी व्यंजन	र
उत्क्षिप्त व्यंजन	ड़, ढ़
अर्धस्वर व्यंजन	य, व

अतः विकल्प (C) सही है।

20. सौम्य, यहाँ सही विकल्प है। अन्य विकल्प असंगत है।

उग्र का अर्थ अशांत है जबकि सौम्य का अर्थ शांतिपूर्ण है।

अन्य विशेष-

शब्द	विलोम
उत्तम	अधम
उदय	अस्त
निम्न	उच्च

अतः विकल्प (B) सही है।

21. वर्ष 2022 में, भारतीय शहर मुंबई ने 'ग्लोबल फिनटेक सम्मेलन' की मेजबानी की।

ग्लोबल फिनटेक फेस्ट का आयोजन नेशनल पेमेंट्स कॉरपोरेशन ऑफ इंडिया (एनपीसीआई), पेमेंट्स काउंसिल ऑफ इंडिया (पीसीआई) और फिनटेक कन्वर्जेंस काउंसिल (एफसीसी) द्वारा किया गया था।

इसमें केंद्रीय वित्त मंत्री निर्मला सीतारमण और आरबीआई गवर्नर शक्तिकांत दास ने भाग लिया। वित्त मंत्री ने फिनटेक उद्योग से एक स्थायी वित्तीय वातावरण के निर्माण के लिए हरित वित्त में अवसरों का लाभ उठाने का आह्वान किया।

अतः विकल्प (A) सही है।

22. भारतीय विदेश सेवा (IFS) अधिकारी श्वेता सिंह को 2 अगस्त 2022 को प्रधान मंत्री कार्यालय (PMO) में निदेशक के रूप में नियुक्त किया गया था। सिंह 2008-बैच की IFS अधिकारी हैं। कैबिनेट की नियुक्ति समिति (एसीसी) ने सिंह की नियुक्ति की तारीख से तीन साल की अवधि के लिए उनकी नियुक्ति को मंजूरी दी।

अतः विकल्प (A) सही है।

23. मुहम्मद बिन तुगलक ने चाँदी के स्थान पर तांबे के सिक्के जारी किए।

भारत में सांकेतिक मुद्रा पहली बार मुहम्मद बिन तुगलक द्वारा शुरू की गई थी। मुहम्मद बिन तुगलक ने 1330 में देवगिरि के असफल अभियान के बाद सांकेतिक धन जारी किया; अर्थात् पीतल और तांबे के सिक्के ढाले जाते थे जिनका मूल्य सोने और चाँदी के सिक्कों के बराबर होता था। उसने दुनिया के उन सभी आबादी वाले हिस्सों पर कब्जा करने का फैसला किया जिसके लिए सेना को भुगतान करने के लिए खजाने की जरूरत थी। बरनी ने यह भी लिखा था कि सोने में पुरस्कार और उपहार देने के उनके कार्य ने सुल्तान के खजाने को खाली कर दिया था। मुकद्दम जैसे अधिकारियों ने ग्रामीण क्षेत्रों में पीतल और तांबे के सिक्कों में आय का भुगतान किया और हथियारों और घोड़ों को खरीदने के लिए भी उन्हीं सिक्कों का इस्तेमाल किया।

अतः विकल्प (B) सही है।

24. होयसल वंश का शासन लगभग 1006 से 1346 शताब्दी तक फैला था। इसलिये, कथन 1 गलत है।

होयसल ने आधुनिक कर्नाटक के बड़े हिस्से और आंध्र प्रदेश और तमिलनाडु के कुछ हिस्सों पर शासन किया। इसलिये, कथन 2 सही है।

होयसल साम्राज्य की स्थापना राजा नृप काम द्वितीय ने की थी। इसके बाद इसका पुत्र विनयादित्य सिंहासन पर बैठा था उसके बाद उसका बेटा बैठा और उसका बेटा जब तक कि वीरा बल्लाला प्रथम की मृत्यु नहीं हुई जो बिना वारिस के मर गया था और उसके बाद उसका छोटा भाई विष्णुवर्धन राय सिंहासन पर बैठा। यह राजा विष्णुवर्धन राय के अधीन था कि राज्य ने राजनीतिक प्रमुखता हासिल की। वीरा बल्लाला III को होयसल वंश का अंतिम शासक माना जाता है।

अतः विकल्प (B) सही है।

25. ऑस्ट्रेलियाई टेनिस खिलाड़ी एशले बार्टी ने 'ऑस्ट्रेलियन ओपन' के महिला एकल फाइनल में अमेरिका की डेनियल कोलिन्स को हराकर खिताब जीता है। एशले बार्टी 1980 में वेंडी टर्नबुल के बाद ऑस्ट्रेलियन ओपन के एकल फाइनल में पहुंचने वाली पहली ऑस्ट्रेलियाई महिला थीं और अब 1978 में क्रिस ओ'नील के बाद पहली ऑस्ट्रेलियाई चैंपियन बन गई हैं।

अतः विकल्प (A) सही है।

26. आवास और शहरी मामलों के मंत्रालय के स्मार्ट सिटीज मिशन ने डिजिटल इंडिया अवार्ड्स 2022 में प्लेटिनम आइकन का पुरस्कार जीता। उन्हें उनकी पहल "डेटास्मार्ट सिटीज: एम्पावरिंग सिटीज थ्रू डेटा" के लिए सम्मानित किया गया। 'डेटा शेयरिंग एंड यूज़ फॉर सोशियो-इकोनॉमिक डेवलपमेंट' श्रेणी के तहत पुरस्कार की घोषणा की गई।

अतः विकल्प (C) सही है।

27. वायुमंडल की सबसे उपरी परत मध्यमंडल है जिस में पृथ्वी के वायुमंडल में प्रवेश करने के बाद उल्कापिंड जल जाते हैं।

मध्यमंडल:

- यह वायुमंडल की सबसे ऊपरी परत है जिसमें गैसों को उनके द्रव्यमान द्वारा स्तरित होने के बजाय मिश्रित किया जाता है।
- पृथ्वी के वायुमंडल में प्रवेश करने और पृथ्वी की सतह पर पहुंचने से पहले उल्काएं इस परत में जल जाती हैं।
- बिना कठिनाई के यहाँ उल्काएं बाह्यांड और तापमंडल के माध्यम से आती हैं क्योंकि इन परतों में अधिक हवा नहीं मौजूद होती है।
- लेकिन जब वे मध्यमंडल से टकराते हैं तब घर्षण पैदा करने और गर्मी पैदा करने के लिए यहाँ पर्याप्त गैसें होते हैं।

अतः विकल्प (C) सही है।

28. कठपुतली, स्ट्रिंग कठपुतली राजस्थान से संबंधित है।

कठपुतली विश्व के प्राचीनतम रंगमंच पर खेला जाने वाले मनोरंजक कार्यक्रम में से एक है कठपुतलियों को विभिन्न प्रकार की गुड्डे गुड़ियों, जोकर आदि पात्रों के रूप में बनाया जाता है इसका नाम कठपुतली इस कारण पड़ा क्योंकि पूर्व में भी लकड़ी अर्थात काष्ठ से बनाया जाता था इस प्रकार काष्ठ से बनी पुतली का नाम कठपुतली पड़ा। प्रत्येक वर्ष 21 मार्च को विश्व कठपुतली दिवस भी मनाया जाता है।

अतः विकल्प (A) सही है।

29. न्यूट्रॉन परमाणु नाभिक के चारों ओर घूमते हैं, न्यूट्रॉन के गुणों के बारे में यह कथन सही नहीं है।

न्यूट्रॉन इलेक्ट्रॉनों और प्रोटॉनों के साथ परमाणु नाभिक के प्राथमिक घटकों में से है।

- इसे प्रतीक 'n' द्वारा दर्शाया गया है।

- न्यूट्रॉन इलेक्ट्रॉनों जो ऋणात्मक हैं और प्रोटॉनों जो धनात्मक हैं के विपरीत उदासीन है।
- प्रोटॉन और न्यूट्रॉन एक साथ परमाणुओं के नाभिक का निर्माण करते हैं और इलेक्ट्रॉन इसकी कक्षाओं में घूमते हैं।
- न्यूट्रॉन का द्रव्यमान प्रोटॉन की तुलना में थोड़ा अधिक है।
- न्यूट्रॉन का द्रव्यमान लगभग 1 परमाणु द्रव्यमान इकाई के बराबर है।
- विज्ञान की वह शाखा जो न्यूट्रॉन के गुणों का अध्ययन करती है और दूसरों के साथ परस्पर प्रभाव डालती है, नाभिकीय भौतिकी कहलाती है।

अतः विकल्प (D) सही है।

30. सस्ती और मध्य-आय आवास परियोजनाओं के निर्माण को पूरा करने के लिए विशेष विंडो (SWAMIH) कोष भारत सरकार द्वारा 250 अरब रुपये के कोष के साथ स्थापित किया गया था। इस कोष की स्थापना भारत में रुकी हुई आवास परियोजनाओं को पूरा करने के लिए की गई थी। SBICAP वेंचर्स लिमिटेड फंड मैनेजर है। यह फंड जल्द ही अपना पहला तैयार अपार्टमेंट देने के लिए तैयार है। चालू वित्त वर्ष में 16 परियोजनाओं को हैंडओवर करने का प्रस्ताव है।

अतः विकल्प (C) सही है।

31. आकृति (i) और (ii) के प्रत्येक जोड़े में संबंध इस प्रकार हैं जिससे आकृति (i) को आकृति (ii) बनाने के लिए 90 डिग्री दक्षिणावर्त दिशा में घुमाया गया है। विकल्प (B) में जब आकृति (i) को 90 डिग्री दक्षिणावर्त में घुमाया जाता है, तो यह आकृति (ii) का निर्माण नहीं करती है।

इसलिए विकल्प आकृति (2) विषम है।

अतः विकल्प (B) सही है।

32. निम्नलिखित प्रतीकों का प्रयोग करके वंश-वृक्ष तैयार करते हैं:

आरेख में प्रतीक	अर्थ
◯	महिला
▢	पुरुष
══	विवाहित जोड़ा
───	भाई/बहन
│	पीढ़ी का अंतर

संभावित वृक्ष आरेख होगा,

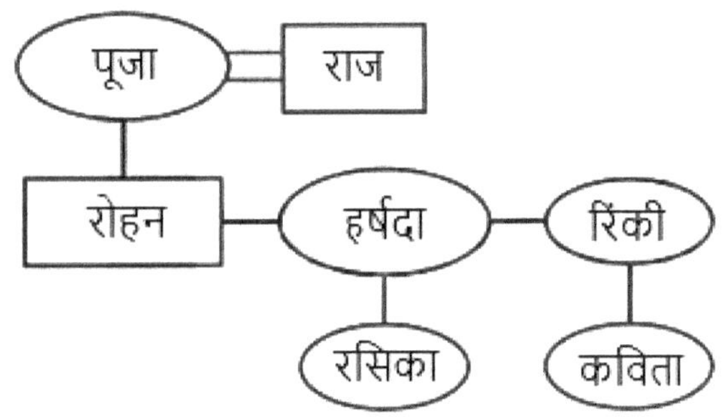

इसलिए, रिंकी, पूजा की बेटी है।

अतः विकल्प (A) सही है।

33. तर्क इस प्रकार है:

SEDATE : ETADES → पहले शब्द में अक्षरों को जब दाएं छोर से बाएं छोर की ओर लिखा जाता है, तो हमें अक्षरों की व्यवस्था मिलती है जैसा कि दूसरे शब्द में दिखाया गया है।

इसी प्रकार,

BRIM : ? → BRIM जब दाएं से बाएं लिखा जाता है, तो हम MIRB प्राप्त करते हैं।

अतः विकल्प (C) सही है।

34. यहाँ अनुसरण किया गया पैटर्न है:

- प्रतिबिम्ब B, प्रतिबिम्ब A का जल प्रतिबिम्ब है।

इसी तरह,

- प्रतिबिम्ब D, प्रतिबिम्ब C का जल प्रतिबिम्ब होगा।

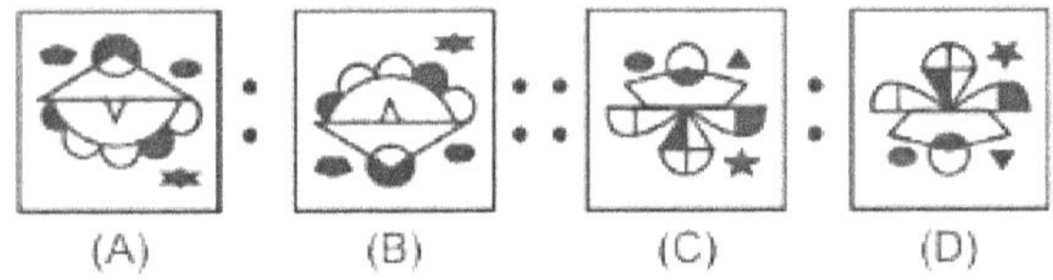

(A)   (B)   (C)   (D)

अतः विकल्प (A) सही है।

35. दर्पण प्रतिबिम्ब है:

CHILD

(A)

अतः विकल्प (A) सही है।

36. एक पार्टिसनड डेटा सेट एक प्रोग्राम या सोर्स लाइब्रेरी के लिए सबसे अधिक उपयोग किया जाता है।

एक पार्टिसनड डेटा सेट (पीडीएस) एक डेटा सेट होता है जिसमें कई मेम्बर होते हैं जिनमें से प्रत्येक में अन्य प्रकार के फाइल सिस्टम में डायरेक्टरी के समान एक अलग सब-डेटा सेट होता है। एक पार्टिसनड डेटा सेट या पीडीएस में एक डायरेक्टरी और मेम्बर्स होते हैं। डायरेक्टरी में प्रत्येक मेम्बर का एड्रेस होता है और इस प्रकार प्रोग्राम या ऑपरेटिंग सिस्टम के लिए प्रत्येक मेम्बर को सीधे एक्सेस करना संभव बनाता है। हालाँकि, प्रत्येक मेम्बर में क्रमिक रूप से संग्रहीत रिकॉर्ड होते हैं।

अतः विकल्प (A) सही है।

37. ब्लू-रे डिस्क एक डिजिटल ऑप्टिकल डिस्क डेटा स्टोरेज फॉर्मेट है। यह डीवीडी प्रारूप की जगह लेने के लिए तैयार किया गया था। यह डिवाइस हाई डेफिनिशन विडियो रेजोल्यूशन (1080पी) के स्टोरेज के लिए सक्षम है।

अतः विकल्प (C) सही है।

38. सोशल नेटवर्क, बुकमार्किंग साइट्स और माइक्रोब्लॉगिंग सभी सोशल मीडिया मार्केटिंग के प्रकार हैं।

सोशल मीडिया मार्केटिंग आपके ब्रांड बनाने, बिक्री बढ़ाने और वेबसाइट ट्रैफ़िक बढ़ाने के लिए अपने दर्शकों से जुड़ने के लिए सोशल मीडिया प्लेटफॉर्म का उपयोग है। प्रमुख सोशल मीडिया प्लेटफॉर्म (फिलहाल) फेसबुक, इंस्टाग्राम, ट्विटर, लिंक्डइन, पिंटरेस्ट, यूट्यूब और स्नैपचैट हैं।

अतः विकल्प (D) सही है।

39. प्रोजेक्टर एक आउटपुट डिवाइस है।

प्रोजेक्टर एक ऑप्टिकल डिवाइस है जो प्रोजेक्शन स्क्रीन पर एक छवि (या घूमने वाली छवि) को दिखलाता है। इसमें चार मुख्य प्रकार शामिल हैं;

1. डिजिटल लाइट प्रोसेसिंग (DLP)
2. लिक्विड क्रिस्टल डिस्प्ले (LCD)
3. लिक्विड क्रिस्टल ऑन सिलिकन (LCOS)
4. लेजर प्रोजेक्टर

अतः विकल्प (B) सही है।

40. इलेक्ट्रॉनिक न्यूमेरिकल इंटीग्रेटर और कैलकुलेटर पहले इलेक्ट्रॉनिक कंप्यूटर ENIAC का पूर्ण रूप है।

ENIAC (इलेक्ट्रॉनिक न्यूमेरिकल इंटीग्रेटर एंड कंप्यूटर) पहली पीढ़ी का और पहला प्रोग्रामेबल, इलेक्ट्रॉनिक, सामान्य-उद्देश्य वाला डिजिटल कंप्यूटर था। ENIAC को 1945 में पूरा किया गया था और पहली बार 10 दिसंबर, 1945 को व्यावहारिक उद्देश्यों के लिए काम पर लगाया गया था।

अतः विकल्प (C) सही है।

41. यदि वह विज्ञान में प्रतिभा और रुचि दिखाती है, लेकिन उसके माता-पिता उसे मानविकी की धारा लेने के लिए प्रेरित कर रहे हैं, तो एक शिक्षक को उसके माता-पिता से बात करनी चाहिए और उसकी प्रतिभा को इंगित करना चाहिए।

छात्रों में वास्तविक क्षमता की पहचान करने के लिए एक स्ट्रीम चुनना एक आवश्यक कारक है। कुछ ऐसे कदम हैं जो शिक्षक यह सुनिश्चित करने के लिए उठा सकते हैं कि छात्र सही चुनाव करे:

- यह सुनिश्चित करना कि छात्र के हित और झुकाव उनके भविष्य के करियर के लिए लिए गए निर्णयों के अनुरूप हों। चूंकि, इस मामले में,

छात्र में विज्ञान के प्रति अभिरुचि है, इसलिए शिक्षक को उसकी रुचि के अनुकूल विज्ञान विषय चुनने में उसकी मदद करनी चाहिए।

- अपने माता-पिता को छात्र की स्वाभाविक रुचि की ओर इशारा करना और उन्हें किसी विशेष धारा को चुनने के लिए बच्चे को मजबूर करने के हानिकारक प्रभावों से अवगत कराना।

अतः विकल्प (C) सही है।

42. स्व-शिक्षण के अनुकूलन के लिए योग्यता की आवश्यकता को पूरा करने के लिए गुंजाइश प्रदान करने वाला सिद्धांत सहायक होगा।

प्रेरणा की अवधारणा लोगों को कार्य करने, सोचने और विकसित करने के लिए प्रेरित करती है। आत्मनिर्णय और प्रेरणा निकटता से जुड़े हुए हैं। आत्मनिर्णय सिद्धांत (एसडीटी) एक लोकप्रिय सिद्धांत है जो सीखने में छात्रों की रुचि और शिक्षा पर उनके द्वारा रखे गए मूल्य पर केंद्रित है। आत्मनिर्णय का अर्थ है व्यक्ति, "इच्छा, चयन और व्यक्तिगत समर्थन की पूरी भावना के साथ एक गतिविधि में संलग्न होना"।

अतः विकल्प (C) सही है।

43. विकास परिपक्वता और अनुभव के बीच की परस्पर क्रिया है जो बाल विकास के सिद्धांतों में से एक है। एक बच्चा अपने पिछले अनुभवों के साथ और अपने दम पर चीजों का अनुभव करके सीखता है। विकास भौतिक और सामाजिक दोनों है। विकास जन्म से सही होता है और मृत्यु तक जारी रहता है और हर छोटे से छोटे अनुभव के साथ, एक बच्चा परिपक्वता प्राप्त करता है, और इस प्रकार विकास होता है।

अतः विकल्प (B) सही है।

44. मोतियों को धागे में बांधना ग्रेड III के छात्रों के लिए उत्कृष्ट पेशीय कौशल का एक उदाहरण है।

आंखों, हाथों और उंगलियों के साथ चलने में छोटी मांसपेशियों के समन्वय को उत्कृष्ट पेशीय कौशल कहा जाता है। मनुष्य की शारीरिक निपुणता के जटिल स्तरों को तंत्रिका तंत्र से जोड़ा जा सकता है। उत्कृष्ट पेशीय कौशल बुद्धि के विकास में सहायता करते हैं तथा मानव विकास के सभी चरणों में विकसित होते रहते हैं। क्षमता की परवाह किए बिना, उत्कृष्ट पेशीय कौशल अभ्यास सभी छात्रों के लिए लाभदायक है। उत्कृष्ट पेशीय कौशल विकास छात्रों को मूलभूत मांसपेशियों की क्षमता विकसित करने में सहायता करता है जो महत्वपूर्ण जीवन कार्यों जैसे कि लेखन में योगदान देता है। तो, 'मोतियों को धागे में डालना' कक्षा III के छात्रों के लिए उत्कृष्ट पेशीय कौशल का एक उदाहरण है।

अतः विकल्प (B) सही है।

45. राष्ट्रीय संस्थाएँ बच्चों में अभिवृत्ति के विकास को प्रभावित नहीं करती हैं।

बच्चों में दृष्टिकोण का विकास इस बात पर निर्भर करता है कि वे किस तरह के लोगों से दैनिक आधार पर वार्तालाप करते हैं। सहकर्मी समूह, घर और स्कूल जैसे विभिन्न कारक बच्चे में दृष्टिकोण के विकास को प्रभावित करने वाले मुख्य कारक हैं।

अतः विकल्प (C) सही है।

46. प्राथमिक समाजीकरण की प्रक्रिया शैशवावस्था से शुरू हो जाती है। एक व्यक्ति समाजीकरण की चल रही प्रक्रिया के माध्यम से अपने व्यवहार में सामाजिक मूल्यों और मानदंडों को शामिल करना सीखता है। यह शैशवावस्था से शुरू होकर व्यक्ति के संपूर्ण जीवन तक चलता है। प्राथमिक समाजीकरण सबसे आवश्यक और बुनियादी प्रकार का समाजीकरण है। यह नवजात व्यक्ति के जीवन के प्रारंभिक वर्षों में होता है।

अतः विकल्प (A) सही है।

47. सरकार समाजीकरण की प्राथमिक एजेंट नहीं है।

समाजीकरण का एक प्रमुख घटक एक व्यक्ति, स्थान या वस्तु है जो बच्चे के प्रारंभिक वर्षों में समाजीकरण के लिए उत्तरदायी होता है। समाजीकरण का एक घटक एक ऐसी इकाई है जो समाजीकरण की प्रक्रिया के दौरान किसी व्यक्ति के साथ बातचीत करता है और उसे प्रभावित करता है। समाजीकरण के प्रारंभिक अनुभव अक्सर सामाजिक समूहों के माध्यम से प्रदान किए जाते हैं। परिवारों और

बाद में सहकर्मी समूहों द्वारा अपेक्षाओं को संप्रेषित और प्रबलित किया जाता है। इन वातावरणों में, लोग भौतिक संस्कृति की मूर्त कलाकृतियों का उपयोग करना सीखते हैं, जबकि उन्हें समाज की मान्यताओं और मूल्यों से परिचित कराया जाता है। अन्य सभी दिए गए विकल्प समाजीकरण के प्राथमिक घटक हैं। सही उत्तर होगा : सरकार समाजीकरण का प्राथमिक घटक नहीं है।

अतः विकल्प (D) सही है।

48. व्यक्तिगत मार्गदर्शन का उद्देश्य व्यक्ति को शारीरिक विकास, भावनात्मक विकास और सामाजिक विकास में मदद करना है।

व्यक्तिगत मार्गदर्शन, मार्गदर्शन के प्रभुत्व के साथ-साथ किसी व्यक्ति के जीवन में भी एक महत्वपूर्ण स्थान रखता है। जीवन के प्रत्येक क्षण व्यक्ति को जीवन की शैक्षिक और व्यावसायिक समस्याओं के अलावा हजारों समस्याओं का सामना करना पड़ता है। हालांकि व्यक्तिगत मार्गदर्शन स्वास्थ्य, भावनात्मक समायोजन और मनोरंजन और अवकाश के समय की गतिविधियों आदि सहित सामाजिक समायोजन की समस्याओं से संबंधित है।विशेष रूप से व्यक्तिगत मार्गदर्शन एक प्रकार की सहायता है जो किसी व्यक्ति को उसकी भावनात्मक समस्याओं को दूर करने और व्यक्ति के जीवन में होने वाली भावनाओं को नियंत्रित करने में मदद करने के लिए दी जाती है।

अतः विकल्प (D) सही है।

49. कृष्णा निर्विवाद रूप से अपने माता-पिता का पालन करता है क्योंकि वह सजा से बचना चाहता है। कोहलबर्ग के अनुसार, वह नैतिक विकास के पूर्व-पारंपरिक चरण में फिट बैठता है।

पूर्व-परंपरागत/पूर्व-नैतिक स्तर: इस स्तर पर, बच्चा सांस्कृतिक नियमों और अच्छे और बुरे, सही या गलत के लेबल के प्रति उत्तरदायी नहीं होता है, लेकिन इन लेबलों को क्रियाओं के भौतिक या सुखवादी परिणामों के संदर्भ में या शारीरिक शक्तियों के संदर्भ में व्याख्या करता है। उन लोगों की जो नियमों और लेबलों को संप्रेषित करते हैं।

अतः विकल्प (B) सही है।

50. शैशवावस्था के संवेदी विकास में, बच्चा स्पर्श के प्रति प्रतिक्रिया करता है और दर्द महसूस करता है।

संवेदी और मोटर विकास एक क्रमिक प्रक्रिया है जिसके द्वारा एक बच्चा पैरों, धड़ और बाहों की बड़ी मांसपेशियों और हाथों की छोटी मांसपेशियों का उपयोग और समन्वय प्राप्त करता है। एक बच्चा दृष्टि, स्पर्श, दर्द, स्वाद, गंध और श्रवण के माध्यम से नई जागरूकता का अनुभव करना शुरू कर देता है।

अतः विकल्प (B) सही है।

51. सीखने का अर्थ तब स्पष्ट हो जाता है जब एक शिक्षक नई शिक्षा प्राप्त करता है। शिक्षण की प्रक्रिया शिक्षक और शिक्षार्थी दोनों के लिए खोज में से एक है और शिक्षक के लिए यह परिवर्तन के लिए प्रतिबिंब और नियोजन की प्रक्रिया भी है।

एक चिंतनशील शिक्षक छात्रों और शिक्षक में पारस्परिक अन्तःक्रिया जो प्रोत्साहन मिले इसीलिए कक्षा-कक्ष में ऐसी परिस्थिति उत्पन्न करता है क्योंकि यह सार्थक सीखने की सुविधा के उपर महत्व देता है:

- साथियों और शिक्षकों के साथ विचारों और अनुभवों को साझा करना।
- समूह व्यवस्था में सार्थक बातचीत के माध्यम से सीखना।
- किसी भी मुद्दे को विभिन्न कोणों और दृष्टिकोणों से देखना।
- सोच का एक लोकतांत्रिक तरीका और सहिष्णुता की भावना का विकास करना।
- सीखने की प्रक्रिया में छात्रों की अधिकतम भागीदारी बढ़ाना।

इसलिए, यह निष्कर्ष निकाला जा सकता है कि एक चिंतनशील शिक्षक छात्रों और शिक्षक में पारस्परिक अन्तःक्रिया को प्रोत्साहन मिले कक्षा-कक्ष में ऐसी परिस्थिति उत्पन्न करता है।

अतः विकल्प (D) सही है।

52. कक्षा शिक्षक मुख्य रूप से कक्षा के प्रबंधन के लिए जिम्मेदार होता है।

वह शिक्षक जो किसी कक्षा के कुशल कामकाज पर पूर्ण नियंत्रण रखता है, उसे कक्षा-शिक्षक कहा जाता है। कक्षा-शिक्षक की प्राथमिक जिम्मेदारी में कक्षा को सबसे प्रभावी तरीके से प्रबंधित करना शामिल है।

अत: विकल्प (B) सही है।

53. एनसीएफ-2005 के अनुसार, अत्यधिक भार युक्त स्कूल बैग एक सामान्य पहलू है जो बच्चों के लिए शारीरिक असुविधा है।

जैसे एनसीएफ:

- सामग्री-आधारित परीक्षण से योग्यता-आधारित परीक्षण में परिवर्तन पर ध्यान केंद्रित करता है।
- शिक्षा प्रणाली को बोझ के बजाय आनंदपूर्ण बनाने के लिए शिक्षा व्यवस्था में प्रमुख बदलाव की सिफारिश की।
- बच्चों को ज्ञान के अपने संस्करण बनाने में सक्षम बनाने के लिए सीखने की प्रक्रिया में शामिल करने पर जोर देता है।

अत: विकल्प (D) सही है।

54. योगात्मक मूल्यांकन एक अवधि अंत/पाठ्यक्रम अंत मूल्यांकन है जो प्रवृत्ति में आलोचनात्मक है।

योगात्मक मूल्यांकन - निर्देश के बाद मूल्यांकन। उदाहरण के लिए, एक कक्षा में सिखाने के बाद, शिक्षक छात्रों से उनके शिक्षण का आकलन करने के लिए प्रश्न पूछते हैं, छात्र कक्षा के बाद प्रतिक्रिया देते हैं। इस बात पर ध्यान दिया जाना चाहिए कि:

- योगात्मक मूल्यांकन सत्र के अंत में होता है, यह संपूर्ण क्षेत्रों को कवर करता है। यह सत्र के अंत में पूर्ण शिक्षार्थी के प्रदर्शन का आकलन करता है।
- योगात्मक मूल्यांकन व्यक्ति के संपूर्ण प्रदर्शन के बारे में बताता है।

अत: विकल्प (B) सही है।

55. सभी दिए गए कारक सीखने को प्रभावित करते है।

छात्र की रुचि - प्रतीकात्मक अभियान और इनाम की प्रकृति में दिलचस्पी का कारक बहुत निकटता से संबंधित है। एक अनुकूल मानसिक दृष्टिकोण सीखने की सुविधा देता है।

छात्र का मानसिक स्वास्थ्य - एकाग्रता को भावनात्मक और मानसिक रूप से तैयार करने और मानसिक संघर्ष या जटिल होने की आवश्यकता है। कुछ बच्चों को परीक्षा के लिए तैयारी करना मुश्किल लगता है, बस परीक्षा के डर और न्यूरोसिस के कारण। एक शांत, निर्मल और संतुलित दिमाग में ध्यान केंद्रित करने और बेहतर सीखने की शक्ति होती है।

शैक्षणिक रणनीतियाँ - कक्षा के वातावरण को परस्पर संवादात्मक बनाने के लिए शिक्षक द्वारा जो रणनीति या कदम उठाए गए हैं और जो विषय के बारे में छात्रों के बीच रुचि पैदा करते हैं।

छात्र का सामाजिक और सांस्कृतिक संदर्भ - मतभेदों के बावजूद, अधिकांश छात्र सबसे अच्छा तब सीखते हैं जब वे एक ऐसी संस्कृति में रहते हैं जो न केवल शिक्षा बल्कि सामग्री को अच्छी तरह से समझते हैं। इसलिए छात्रों को प्रश्न करने और अवधारणाओं का परीक्षण करने के लिए प्रोत्साहित किया जाना चाहिए जब वे सीख रहे हों और सांस्कृतिक भूमिका में नहीं हों।

अत: विकल्प (D) सही है।

56. सूक्ष्म-शिक्षण-

- शिक्षकों में शिक्षण कौशल के विकास के लिए सूक्ष्म शिक्षण को एक प्रभावी तकनीक माना गया है।
- सूक्ष्म शिक्षण शिक्षण कौशल विकसित करने के लिए अनुकरण तकनीक की तरह है।
- इस उपागम का उपयोग प्रभावी प्रतिक्रिया तंत्र के आधार पर शिक्षक के व्यवहार को आकार देने के लिए किया जाता है।

- कक्षा के आकार, पाठ की लंबाई, शिक्षण अवधि और शिक्षण जटिलता के संदर्भ में और उसी पर प्रभावी प्रतिक्रिया प्राप्त करने का समय मामले में यह एक अवश्रेणीयन प्रक्रिया है, जिसका अर्थ किसी चीज़ को तोड़कर छोटा करना है, क्योंकि यह वास्तविक शिक्षण की जटिलताओं को तोड़ता है|

अत: विकल्प (A) सही है।

57. एक मॉडेम (मॉड्युलेटर-डेमोडुलेटर) एक हार्डवेयर घटक है जो कंप्यूटर या किसी अन्य डिवाइस, जैसे राउटर या स्विच को इंटरनेट से संबद्ध करने की अनुमति देता है। यह डिजिटल जानकारी को एन्कोड करने के लिए संकेतों (सिग्नल) को मॉड्युलेट करता है और संचारित जानकारी को डिकोड करने के लिए संकेत को डिमॉड्युलेट करता है। यह एक कंप्यूटर या अन्य डिवाइस से डिजिटल डेटा को एक एनालॉग सिग्नल में भी परिवर्तित कर सकता है जिसे मानक टेलीफोन लाइनों पर भेजा जा सकता है जो सूचनाओं जैसे प्रोजेक्ट दस्तावेज़, फोटो, विषय की जानकारी को संग्रहीत करने के लिए उपयोग किया जाता है।

अत: विकल्प (C) सही है।

58. अधिगम की प्रक्रिया का उद्देश्य व्यक्ति के व्यवहार में स्थायी वांछनीय परिवर्तन लाना है। शिक्षण-अधिगम प्रक्रिया छात्रों के बीच विविधता का सम्मान करती है और शिक्षक अधिगम के लक्ष्यों को प्राप्त करने के लिए विभिन्न मार्गों का अनुसरण करते हैं।

- शिक्षण-अधिगम सामग्री शिक्षार्थियों को प्रत्यक्ष से अप्रत्यक्ष रूप में अधिगम के अनुभवों की एक श्रृंखला प्रदान करती है।
- TLM में आम तौर पर चीजों और वस्तुओं के सभी संग्रह शामिल होते हैं जो शिक्षक और छात्र को अधिगम की प्रक्रिया में मदद करते हैं।
- शिक्षण प्रक्रिया में TLM का उपयोग शिक्षण-अधिगम प्रक्रिया को अधिक प्रेरक, अधिक प्रेरणादायक और अधिक प्रभावी बनाता है।

अत: विकल्प (B) सही है।

59. निर्देशात्मक योजना: निर्देशात्मक योजना का उद्देश्य निर्देशात्मक गतिविधियों को प्रभावी ढंग से व्यवस्थित करना है। इसमें शिक्षार्थियों की विविध आवश्यकताओं को पूरा करने के लिए नियोजन प्रक्रिया के दौरान उपयुक्त पाठ्यक्रम, अनुदेशात्मक रणनीतियों और संसाधनों का उपयोग करने की प्रक्रिया शामिल है।

- यह शिक्षक-केंद्रित दृष्टिकोण पर आधारित है, लेकिन कम से कम शिक्षार्थी-केंद्रित है क्योंकि शिक्षण के तरीकों का मूल्यांकन करने के लिए शिक्षकों द्वारा निर्देशों का आयोजन किया जाता है।
- निर्देशात्मक योजना पर विचार करते समय, यह पहचानना महत्वपूर्ण है कि स्कूलों में शिक्षार्थी बड़े पैमाने पर विविध समूह बनाते हैं।
- दोनों औपचारिक रूप और अनौपचारिक रूप से शिक्षक और संरचित या असंरचित समय के दौरान स्कूल के माहौल के साथ लगातार बातचीत करना सिखाते हैं। निर्देशात्मक योजना कई कारकों पर निर्भर करती है।

अत: विकल्प (A) सही है।

60. विभेदीकरण निर्देशात्मक प्रथा हैं जो यह सुनिश्चित करती हैं कि एक शिक्षक विविध छात्रों की जरूरतों को पूरा करने के लिए अधिगम के परिवेश की संरचना बनाता है।

- विभेदीकरण शिक्षण के लिए एक दृष्टिकोण है जिसका उद्देश्य विविध क्षमताओं वाले बच्चों की सीखने की जरूरतों को पूरा करना है।
- इससे शिक्षकों को कक्षा में बच्चों की विभिन्न क्षमताओं और कमजोरियों के आधार पर योजना बनाने और निर्देश देने में मदद मिलती है।
- निर्देश विविध होते हैं ताकि बच्चे विभिन्न रूपों से जानकारी ले सकें, जानकारी के प्रमुख पहलुओं को समझने के लिए विभिन्न विधियों का उपयोग कर सकें, और अपने व्यक्तिगत कौशल और क्षमताओं के अनुसार उन्होंने जो सीखा है उसे व्यक्त या प्रदर्शित कर सकें।

- शिक्षकों के लिए आवश्यक घटकों या विषयवस्तु के सबसे प्रभावशाली विचारों की योजना बनाना महत्वपूर्ण है क्योंकि बच्चे विषयवस्तु को विभिन्न गहनता में सीखेंगे।

- वांछित परिणामों को प्राप्त करने के लिए, विभेदीकरण लचीले समूहीकरण स्वरूप का उपयोग करता है; जैसे कभी-कभी पूरी कक्षा को निर्देश दिया जाता है, और कभी-कभी बच्चे छोटे समूहों में कार्य करते हैं।

अतः विकल्प (A) सही है।

61. इसे एक गहन पठन गतिविधि के रूप में जाना जाता है।

गहन पठन में शिक्षक के मार्गदर्शन में अपेक्षाकृत छोटे मार्ग के माध्यम से काम करने वाले शिक्षार्थी शामिल होते हैं और इसकी बारीकी से और विस्तार से जांच करते हैं।

स्किमिंग-

- इसका अर्थ है लेखन के एक टुकड़े की सतह पर स्किमिंग, या एक पाठ के माध्यम से तेजी से नज़र डालना, इसकी सामान्य सामग्री, केंद्रीय विचार (ओं), या सार का पता लगाने के लिए।

स्कैनिंग-

- इसका अर्थ है किसी विशिष्ट वस्तु या जानकारी के टुकड़े को खोजने के लिए बहुत सारे टेक्स्ट पर डार्ट करना, जिसे हम खोजना चाहते हैं।

- इस कौशल में अप्रासंगिक जानकारी को अस्वीकार करने या आगे बढ़ाने की क्षमता भी शामिल है।

अतिशय अभ्यास-

- इसमें हर अज्ञात शब्द या संरचना की जांच करने की चिंता किए बिना मात्रा में पढ़ना शामिल है।

अतः विकल्प (C) सही है।

62. स्कूल पूर्व कार्यक्रम योजना बाल मूल्यांकन का उपकरण नहीं है।

बच्चों का मूल्यांकन करने के लिए सबसे आसान तरीकों में से एक उन्हें निरीक्षण करना है। अन्य तरीकों में बच्चों के काम के रिकॉर्ड का मूल्यांकन करना, बच्चों से सवाल पूछना और बच्चों के विकास के बारे में माता-पिता का साक्षात्कार करना शामिल है।

अतः विकल्प (D) सही है।

63. प्रशासन में लोगों की भागीदारी सुनिश्चित करने के लिए सरकार द्वारा सूचना और संचार प्रौद्योगिकी के उपयोग को ई-गवर्नेंस कहा जाता है।

ई-गवर्नेंस आम तौर पर नागरिकों को सेवाएं प्रदान करने, व्यावसायिक उद्यमों के साथ बातचीत करने और तेज, सुविधाजनक और पारदर्शी तरीके से सरकार की विभिन्न एजेंसियों के बीच संचार और आदान-प्रदान की सुविधा के लिए सरकार के सभी स्तरों पर सूचना और संचार प्रौद्योगिकी के उपयोग को संदर्भित करता है।

अतः विकल्प (C) सही है।

64. शिक्षक अपने सीखने की प्रगति के आत्म-विश्लेषण एवं आत्म-मूल्यांकन को प्रोत्साहित करता है, कक्षा में सहायक सहकारी और सहयोगी शिक्षण प्रदान करता है, और स्कूल के बाहर के लोगों के साथ ज्ञान को जोड़ता है जिसके परिणामस्वरूप प्रभावी शिक्षा प्राप्त होती है।

अतः विकल्प (D) सही है।

65. कक्षा के अंत तक छात्रों की समझ की जांच करने के लिए किए जाने वाले छोटे अभ्यासों का पुनर्पूंजीकरण सेट। शिक्षक को पाठ योजना की सफलता या असफलता के बारे में पता चल जाता है। सामान्यीकरण यह है कि छात्रों द्वारा सीखी गई इकाई/कौशल का उनके वातावरण में उपयोग कैसे किया जा सकता है। ब्लैकबोर्ड कार्य उन महत्वपूर्ण खोजशब्दों या पंक्तियों को दर्शाता है जो प्रासंगिक हैं। प्रस्तुतीकरण में विषय को रोचक तरीके से छात्रों के सामने प्रस्तुत करना शामिल है।

अतः विकल्प (A) सही है।

66. सांकेतिक भाषा का संबंध मूक-बधिरों की शिक्षा से है। विशेष शिक्षा में शिक्षक अक्षम बच्चों के लिए अधिगम को सुगम बनाने के लिए विभिन्न प्रकार की विधियों, संसाधनों और तकनीकों जैसे सांकेतिक भाषा या ब्रेल लिपि का उपयोग करते हैं।

सांकेतिक भाषा उस प्रकार की भाषा है जो गूंगे और बहरे अर्थात जो सुन नहीं सकते और जो बोल नहीं सकते, को शिक्षित करने में मदद करती है।

संबंधित भाषा के अक्षरों या वर्णों को विशेष संकेत या प्रतीक द्वारा निर्दिष्ट किया जाता हैं जिनका उपयोग शिक्षक शिक्षार्थी को संदेश भेजने या संदेश देने के लिए करते हैं।

अतः विकल्प (A) सही है।

67. दिए गए विकल्पों में सभी मंदबुद्धियों की विशेषताएं हैं, सिवाय इसके कि वे संवाद में अच्छे होते हैं। मंदबुद्धि हल्के बौद्धिक विकलांगता वाले बच्चे होते हैं। वे मानसिक रूप से मंद शिक्षित व्यक्ति होते हैं क्योंकि वे उचित सहायता और मार्गदर्शन के साथ सीखने में सक्षम होते हैं।

अतः विकल्प (C) सही है।

68. थेल्स ने अध्यापन के क्षेत्र में यह प्यारा कथन कहा कि "एक स्वस्थ शरीर में स्वस्थ दिमाग "। मिलेटस के थेल्स एक ग्रीक गणितज्ञ, खगोलशास्त्री, राजनेता और इओनिया, एशिया माइनर में मिलिटस के पूर्व-सुकराती दाशिनिक थे।

अतः विकल्प (C) सही है।

69. चॉम्स्की (1965: 31) ने भाषा सीखने वाले बच्चे के इनपुट को 'गुणवत्ता में काफी गिरावट' के रूप में वर्णित किया।

अतः विकल्प (A) सही है।

70. यह मस्तिष्क के बाईं ओर टेम्पोरल लोब में स्थित होता है और भाषण की समझ के लिए ज़िम्मेदार होता है, जबकि ब्रोका का क्षेत्र भाषण के उत्पादन से संबंधित है। मस्तिष्क के वर्निक के क्षेत्र की क्षति के द्वारा भाषा विकास या उपयोग गंभीर रूप से प्रभावित हो सकता है।

अतः विकल्प (A) सही है।

71. शिक्षक शिक्षा के कार्यान्वयनकर्ता हैं जो युवा छात्रों को बढ़ने और पोषण की क्षमता को बढ़ावा देते हैं। वे छात्रों के भविष्य को आकार देने और ढालने के लिए एक बड़ी जिम्मेदारी निभाते हैं।

यदि एक अच्छा छात्र अनुशासनहीन तरीके से व्यवहार करना शुरू कर देता है, तो शिक्षक को उसकी समस्या जानने की कोशिश करनी चाहिए और उसकी मदद करनी चाहिए क्योंकि इससे शिक्षक को मदद मिलेगी:

- बच्चे की समस्या की जड़ को पहचानने में।

- बेहतर बच्चे के अस्वीकार्य व्यवहार से संबंध में।

- सही तरीके से सही मार्गदर्शन के साथ बच्चे की सहायता करने में।

- बच्चे के प्रति और अधिक सतर्क बनने और उसे समझने में।

इसलिए, यह निष्कर्ष निकाला जा सकता है कि उपर्युक्त मामले में शिक्षक को उसकी समस्या जानने और उसकी मदद करने की कोशिश करनी चाहिए।

अतः विकल्प (C) सही है।

72. नेतृत्व को लोगों को किसी ऐसे लक्ष्य की दिशा में सहयोग करने के लिए प्रभावित करने की गतिविधि के रूप में परिभाषित किया जाता है जिसे वे वांछनीय पाते हैं। एक अच्छा नेता अनुयायियों के व्यवहार, दृष्टिकोण और प्रदर्शन को महत्वपूर्ण रूप से प्रभावित कर सकता है।

- एक दूरदर्शी नेता वह व्यक्ति होता है जिसके पास स्पष्ट विचार होता है कि भविष्य कैसा दिखना चाहिए।

- दूरदर्शी नेता वह होता है जिसके पास दीर्घकालिक दृष्टिकोण होता है।

- दूरदर्शी नेता अपनी दृष्टि की दिशा में कार्य करने के लिए समूहों या अनुयायियों को एकत्र करते हैं और उन्हें मार्गदर्शन करने के लिए संरचना और संगठन की आवश्यकता होती है।

- वे उद्देश्य और उत्साह के साथ नेतृत्व करते हैं जिससे उनके समर्थकों को खुशी मिलती है।

इस प्रकार, यह निष्कर्ष निकाला जाता है कि वह जिसके पास दीर्घकालिक दृष्टिकोण होता है, एक दूरदर्शी नेता होता है।

अतः विकल्प (C) सही है।

73. आत्म-मूल्यांकन आंतरिक विद्यालय समीक्षा की एक सहयोगात्मक, चिंतनशील प्रक्रिया है। यह शिक्षकों को व्यवस्थित तरीके से यह देखने का साधन प्रदान करती है कि वे कैसे पढ़ाते हैं और कैसे छात्र सीखते हैं और स्कूलों और शिक्षकों को शिक्षार्थियों के लिए परिणामों में सुधार करने में मदद करते हैं।

शिक्षक शिक्षा के कार्यान्वयनकर्ता हैं। उनका धैर्य और दृढ़ता कक्षा में एक छात्र की सफलता को महत्वपूर्ण रूप से प्रभावित करता है। शिक्षक भविष्य की पीढ़ियों को आकार देने और ढालने के लिए एक बड़ी जिम्मेदारी निभाते हैं और अपने छात्र की सफलताओं में योगदान देते हैं।

अतः विकल्प (B) सही है।

74. नेतृत्व को कुछ लक्ष्यों की प्राप्ति की दिशा में समूह गतिविधियों को प्रभावित करने की प्रक्रिया के रूप में परिभाषित किया जा सकता है।

- नेतृत्व व्यक्तियों को प्रभावित करने, अभिप्रेरित करने और प्रेरण देने के बारे में दृष्टि बनाने और प्राप्त करने के लिए है।
- नेतृत्व एक सतत प्रक्रिया है जिससे नेता अधीनस्थों के व्यवहार को प्रभावित करता है, मार्गदर्शन करता है और निर्देशित करता है।
- एक नेता के रूप में अपने व्यवहार की गुणवत्ता के कारण नेता अपने अधीनस्थों के व्यवहार को प्रभावित कर सकता है।
- नेतृत्व का उद्देश्य निर्दिष्ट लक्ष्यों की प्राप्ति में कार्यसमूह का स्वेच्छा से सहयोग प्राप्त करना है।
- एक नेता की सफलता अधीनस्थों द्वारा उसके नेतृत्व की स्वीकृति पर निर्भर करती है।
- नेतृत्व के लिए आवश्यक है कि जब समूह के लक्ष्यों का पीछा किया जाए, तो व्यक्तिगत लक्ष्यों को भी प्राप्त किया जाना चाहिए।

इसलिए, हम यह निष्कर्ष निकाल सकते हैं कि नेतृत्व व्यक्तियों को प्रभावित करने, अभिप्रेरित करने और प्रेरण देने के बारे में दृष्टि बनाने और प्राप्त करने के लिए है।

अतः विकल्प (B) सही है।

75. शिक्षा के बारे में अच्छे निर्णय लेने के लिए छात्र उपलब्धि डेटा अमूल्य समर्थन प्रदान करता है। लेकिन उस डेटा का उपयोग कैसे किया जाता है यह महत्वपूर्ण है।

ये पांच अनुशंसाएँ छात्रों के उपलब्धि आँकड़ों को सर्वोत्तम संभव उपयोग में लाने में शिक्षकों की मदद करेंगी:

- आँकड़ों को निर्देशात्मक सुधार की चल रही प्रक्रिया का हिस्सा बनाएं: डेटा का उपयोग कई डेटा स्रोतों को एकत्र करने, छात्रों की उपलब्धि बढ़ाने के लिए रणनीतियों के बारे में परिकल्पना तैयार करने और परीक्षण परिकल्पनाओं के लिए निर्देशात्मक परिवर्तनों को लागू करने के लिए आँकड़ों की व्याख्या करने की एक सतत प्रक्रिया है।
- छात्रों को अपने स्वयं के डेटा की जांच करना और सीखने के लक्ष्यों को निर्धारित करना सिखाएं: शिक्षकों को प्राथमिक और माध्यमिक छात्रों को नियमित रूप से उपलब्धि आँकड़ों का उपयोग करके अपने स्वयं के प्रदर्शन की निगरानी करने और सीखने के लक्ष्यों को स्थापित करने के लिए स्पष्ट निर्देश देना चाहिए।
- विद्यालयव्यापी आँकड़े उपयोग के लिए एक स्पष्ट दृष्टिकोण स्थापित करें।
- समर्थन प्रदान करें जो विद्यालय के भीतर आँकड़ा संचालित संस्कृति को बढ़ावा देता है।
- एक जिलाव्यापी डेटा प्रणाली का विकास और रखरखाव करें।

इसलिए, यह स्पष्ट है कि उपरोक्त दोनों कथन प्रश्न के संदर्भ में सही हैं।

अतः विकल्प (C) सही है।

76. विद्यालयों सुधार योजनागत विकास और विद्यालयों रणनीतियों, संरचनाओं और इसकी प्रभावशीलता में सुधार और प्रक्रियाओं के पुनर्बलन के लिए व्यवहार विज्ञान ज्ञान का एक प्रणाली-व्यापी अनुप्रयोग है।

- विद्यालयों सुधार में योजनागत परिवर्तन और सुधार की एक समग्र प्रक्रिया शामिल है, ताकि इसकी संरचना, प्रणालियों और संस्कृति के प्रभावी निदान और प्रबंधन के माध्यम से गतिशील वातावरण में एक संगठन के रूप में विद्यालय की सहायता की जा सके।
- विद्यालय सुधार नीतियों और रणनीतियों के सार्थक और प्रभावी कार्यान्वयन के लिए परिवर्तन के विभिन्न मानदंडों के संदर्भ में विद्यालय की प्रभावशीलता को इंगित करता है।
- विद्यालयों की प्रभावशीलता और परिवर्तन एक ऐसा वातावरण बनाने के लिए उद्देश्यपूर्ण, नियोजित कदम उठाकर संगठन को आगे बढ़ाने के बारे में है जो आपको संगठन के उद्देश्य को समझने और वितरित करने के लिए एक प्रमुख और आपके कर्मचारियों के रूप में सक्षम करेगा।
- यह माता-पिता और समुदाय की जरूरतों को ध्यान में रखते हुए लागत प्रभावी सेवाओं को विकसित करने और वितरित करने के लिए विद्यालयों को महत्वपूर्ण परिवर्तन से गुजरने में मदद करता है।

इसलिए. यह स्पष्ट है कि ' यह विद्यालयों में आर्थिक रूप से कमजोर शिक्षकों की सहायता करता है' विद्यालय स्व-मूल्यांकन एवं सुधार से संबंधित नहीं है।

अतः विकल्प (D) सही है।

77. "अभिभावक-शिक्षक संघ एक औपचारिक सामुदायिक साझेदारी है।" सामुदायिक भागीदारी के संबंध में सही है। अभिभावक-शिक्षक संघ की भूमिका है:

- बच्चों के सामंजस्यपूर्ण विकास के अवसरों को बढ़ावा देना, बनाए रखना और विकसित करना
- बच्चों की शिक्षा और विकास से जुड़े विषयों पर छात्रों के लिए कार्यशालाओं और समूह चर्चाओं का आयोजन करना
- विभिन्न कार्यक्रमों के आयोजन में स्कूल और उसके कर्मचारियों की सहायता करना

अतः विकल्प (A) सही है।

78. नई शिक्षा नीति भारत सरकार के मानव संसाधन विकास मंत्रालय (MHRD) द्वारा 30 जुलाई 2020 को जारी की गई थी। एजुकेट एनलाइटेन के आदर्श वाक्य के साथ, यह भारत में पिछले 34 वर्षों में जारी होने वाली पहली शिक्षा नीति है। नीति का उद्देश्य भारत के बच्चों को 21वीं सदी के कौशल से तैयार करना है। भारत को एक ज्ञान महाशक्ति के रूप में विकसित करने के उद्देश्य से, नीति अनुसंधान, नवाचार और गुणवत्ता के तीन स्तंभों पर स्थापित की गई है।

यह नीति भारत की परंपराओं और मूल्य प्रणालियों पर निर्माण करते हुए, SDG 4 सहित 21वीं सदी की शिक्षा के आकांक्षात्मक लक्ष्यों के साथ संरेखित एक नई प्रणाली बनाने के लिए, इसके नियमन और शासन सहित शिक्षा संरचना के सभी पहलुओं में पुनर्निमाण और संशोधन का प्रस्ताव करती है।

नए 5+3+3+4 संरचना में, 3 वर्ष की आयु से प्रारंभिक बाल्यावस्था देखभाल और शिक्षा (ECCE) का एक मजबूत आधार भी शामिल है, जिसका उद्देश्य बेहतर समग्र शिक्षा, विकास और कल्याण को बढ़ावा देना है।

NEP 2020 की विशेष सुविधाओं में शामिल हैं:

- प्री-प्राइमरी स्कूल से ग्रेड 12 तक स्कूलिंग के सभी स्तरों पर यूनिवर्सल एक्सेस सुनिश्चित करना।
- बुनियादी साक्षरता और संख्यात्मक ज्ञान पर राष्ट्रीय मिशन की स्थापना।
- बहुभाषावाद और भारतीय भाषाओं को बढ़ावा देने पर जोर।
- राज्य स्कूल मानक प्राधिकरण (SSSA) की स्थापना।

- वंचित क्षेत्रों और समूहों के लिए एक अलग लिंग समावेश निधि और विशेष शिक्षा क्षेत्र।
- कई प्रविष्टि/निकास विकल्पों के साथ समग्र बहुविषयक शिक्षा।
- नेशनल रिसर्च फाउंडेशन (NRF) की स्थापना।
- शिक्षा का अंतर्राष्ट्रीयकरण।

केंद्रीय मंत्रिपरिषद द्वारा 29 जुलाई 2020 को नई राष्ट्रीय शिक्षा नीति 2020 पारित की गई। NEP 2020 ने 1986 में शिक्षा पर मौजूदा राष्ट्रीय नीति को बदल दिया। NEP 2020 के तहत, मानव संसाधन और विकास मंत्रालय (MHRD) का नाम बदलकर शिक्षा मंत्रालय (MoE) कर दिया गया। एनईपी 2020 के तहत कई नए शैक्षणिक संस्थान, निकाय और अवधारणाएं बनाई गई हैं।

अत: विकल्प (D) सही है।

79. समावेशी शिक्षा के पीछे तर्क यह है कि समाज विषम है और विषम समाज को पूरा करने के लिए स्कूलों को समावेशी बनाने की आवश्यकता है। समावेशी शिक्षा: यह शिक्षा बच्चों को शिक्षा प्रणाली में शामिल करने के लिए संदर्भित करता है, भले ही उनके मतभेद और अक्षमताएं हों। समावेशी शिक्षा विविधता को स्वीकारती है और प्रचार करती है।

एक विषम समाज: यह एक ऐसे समाज को संदर्भित करता है जिसमें विभिन्न क्षमताओं, रुचियों, शैक्षिक स्तर, कौशल, सांस्कृतिक पृष्ठभूमि, विश्वास, मूल्य, लिंग, आयु, जातीयता आदि के साथ सभी व्यक्ति शामिल होते हैं।

अत: विकल्प (A) सही है।

80. प्रधानाध्यापक का प्रशासनिक गुण कुशल प्रबंधक होता है।

विद्यालय शानदार इमारतों के कारण नहीं बल्कि प्रभावी और कुशल प्रधानाध्यापकों के कारण महान बनते हैं। विद्यालय में प्रधानाध्यापक घड़ी में लगे झरने, मशीन के पहिये और स्टीमर में इंजन के समान होते हैं।

एक प्रधानाध्यापक विद्यालय कार्यक्रमों का एक आयोजक, नेता, नियंत्रक, निदेशक, मार्गदर्शक और समन्वयक होता है।

प्रधानाध्यापक का प्रशासनिक गुण कुशल प्रशासक होता है। विद्यालय में प्रधानाध्यापक विद्यालय प्रशासन के लिए महत्वपूर्ण होता है। वह प्रशासनिक और निर्देशात्मक दोनों प्रक्रियाओं के लिए अग्रणी है।

एक विद्यालय का प्रधानाध्यापक एक अच्छे नैतिक चरित्र का व्यक्ति, एक सक्षम प्रशासक, एक कुशल आयोजक, एक सक्षम प्रबंधक और अपने छात्रों और समाज के लिए एक प्रेरणा स्रोत होना चाहिए।

अत: विकल्प (B) सही है।

General English

Q.1 Direction: Question consists of a sentence with an underlined word followed by four words. Select the option that is nearest in meaning to the underlined word and mark your answer.

The <u>sardonic</u> nature of her stories made her stand out among the contemporary writers.

A. Compassionate

B. Insightful

C. Mocking

D. Comic

Q.2 Direction: A sentence with an underlined word is given below. Find the word which is opposite to the highlighted word from the given options.

All your ideas must be presented in a <u>coherent</u> manner to the manager.

A. Illogical

B. Rational

C. Concise

D. Cohesive

Q.3 Direction: Complete the sentence given below by choosing the correct form of verb from options that follow.

Jorge didn't play well. He _____ feeling tired.

A. Shall have been

B. Might have been

C. Cannot have been

D. Can have been

Q.4 Select the alternative that will improve the underlined part of the sentence in case there is no improvement select "No improvement".

The floods this year <u>cause a lot of</u> damage to the crops.

[SSC Sub Inspector (CPO), 2019]

A. causing a lot of

B. cause lots of

C. have caused a lot of

D. No improvement

Q.5 Direction: Select the most appropriate meaning of the given idiom.

Add insult to injury

A. To be mistaken, to be looking for solutions in the wrong place

B. Better to show than tell

C. To make a bad situation worse

D. Take on a project that you cannot finish

Q.6 Direction: Choose the alternative which best expresses the meaning of the given idiom / phrase.

At an early age my colleague <u>made his mark</u> as a chemist.

A. Was destined to be

B. Secured good marks

C. Distinguished himself

D. Created a vacancy

Q.7 Direction: This question has a sentence with three parts labeled (a), (b), and (c). Read each sentence to find out whether there is any error in the given parts and indicate your response corresponding letter i.e., (a) or (b), or (c). if you find no error, your response should be indicated as (d).

He was very tired (a) / because he did not sleep (b) / well that night. (c) / No error (d)

A. a

B. b

C. c

D. d

Q.8 Direction: Choose from the four options, the word that best defines/substitutes the given phrase.

"A person or animal that eats all kinds of food"

[SSC Sub Inspector (CPO), 2018], [SSC Sub Inspector (CPO), 2017]

A. Omnivorous

B. Herbivorous

C. Insectivorous

D. Carnivorous

Ques (9-10):Direction: Read the following passage carefully and answer the questions that follow.

The morning of June 27th was clear and sunny, with the fresh warmth of a full-summer day; the flowers were blossoming profusely, and the grass was richly green. The people of the village began to gather in the square, between the post office and the bank, around ten o'clock; in some towns, there were so many people that the lottery took two days and had to be started on June 20th, but in this village, where there were only about three hundred people, the whole lottery took less than two hours so that it could begin at ten o'clock in the morning and still be through in time to allow the villagers to get home for noon dinner.

The children assembled first, of course. The school was recently over for the summer, and the feeling of liberty sat uneasily on most of them; they tended to gather together quietly for a while before they broke into boisterous play, and their talk was still of the classroom and the teacher, of books and reprimands. Bobby Martin had already stuffed his pockets full of stones, and the other boys soon followed his example, selecting the smoothest and roundest stones; Bobby and Harry Jones and Dickie Delacroix—the villagers pronounced this name "Dellacroy"—eventually made a great pile of stones in one corner of the square and guarded it against the raids of the other boys. The girls stood aside, talking among themselves, looking over their shoulders at the boys, and the tiny children rolled in the dust or clung to the hands of their older brothers or sisters.

Soon the men began to gather, surveying their own children, speaking of planting and rain, tractors and taxes. They stood together, away from the pile of stones in the corner, and their jokes were quiet, and they smiled rather than laughed. The women, wearing faded house dresses and sweaters, came shortly after their menfolk. They greeted one another and exchanged bits of gossip as they went to join their husbands. Soon the women, standing by their husbands, began to call to their children, and the children came reluctantly, having to be called four or five times. Bobby Martin ducked under his mother's grasping hand and ran, laughing, back to the pile of stones. His father spoke up sharply, and Bobby came quickly and took his place between his father and his oldest brother.

Q.9 Which one of the following words is the most opposite in the meaning to the word "together" as used in the passage (Para 3)?

A. Unitedly
B. Concertedly
C. Solely
D. Conjointly

Q.10 Which one of the following words is the most similar in the meaning to the word "tiny" as used in the passage (Para 2)?

A. Colossal
B. Prodigious
C. Titanic
D. Bitsy

General Hindi

Q.11 निम्नलिखित में से कौन सी भाववाचक संज्ञा है?

[UPSSSC Forest Guard, 2015]

A. भारत   **B.** लड़का   **C.** मित्रता   **D.** पेड़

Q.12 क्रिया के संबंध में कौन-सा युग्म अनुचित है?

A. भिखारी सड़क पर चिल्ला रहे थे। - अकर्मक क्रिया
B. राधा श्याम को पत्र लिखती है। - द्विकर्मक क्रिया
C. बगीचे में मोर नाच रहा है। - सकर्मक क्रिया
D. वह विद्यालय से आकर खाना खाएगा। - पूर्वकालिक क्रिया

Q.13 'टीकाकार' का पर्यायवाची शब्द ______नहीं है।

A. समालोचक
B. व्याख्याता
C. आनाकानी
D. भाष्यकार

Q.14 'दशानन' में कौन-सा समास है?

A. तत्पुरुष   **B.** कर्मधारय   **C.** बहुव्रीहि   **D.** द्विगु

Q.15 'अपना नुकसान खुद करना' अर्थ के लिए कौन-सा मुहावरा सही है?

A. घर फूँककर तमाशा देखना
B. घर में आग लगाना
C. घाव पर मरहम लगाना
D. घर का नाम डुबोना

Q.16 निम्नलिखित में से कौन सी उपन्यास धर्मवीर भारती द्वारा लिखित है?

A. ग्यारह सपनों का देश
B. चारु चंद्रलेख
C. ठेले पर हिमालय
D. नीली झील

Q.17 रस के कितने अंग हैं:

A. पांच   **B.** नौ   **C.** चार   **D.** तीन

Q.18 निम्न में से किसमें व्यंजन संधि है:

A. सप्तर्षि   **B.** निराधार   **C.** सत्कार   **D.** हिमालय

Ques (19-20):निर्देश: नीचे दिए गए गद्यांश को ध्यानपूर्वक पढ़िए तथा पूछे गए प्रश्नों के सबसे उपयुक्त उत्तर वाले विकल्प को चुनिए:

अभी तक मैंने उन्हें दूर से देखा था। बड़ी गंभीर, शांत, अपने आप में खोई हुई लगती थीं। संभ्रांत महिला की भांति वे प्रतीत होती थीं। उनके प्रति मेरे दिल में आदर और श्रद्धा के भाव थे। परन्तु इस बार जब मैं हिमालय के कंधे पर चढ़ा तो वे कुछ और रूप में सामने थीं। मैं हैरान था कि यही दुबली-पतली गंगा, यही यमुना, यही सतलुज समतल मैदानों में उतरकर विशाल कैसे हो जाती हैं! इनका उछलना और कूदना, खिलखिलाकर लगातार हँसते जाना, इनकी यह भाव-भंगिमा, इनका यह उल्लास कहाँ गायब हो जाता है मैदान में जाकर? किसी लड़की को जब मैं देखता हूँ, किसी कली पर जब मेरा ध्यान अटक जाता है, तब भी इतना कौतूहल और विस्मय नहीं होता, जितना कि इन बेटियों की बाललीला देखकर।

कहाँ ये भागी जा रही हैं? वह कौन लक्ष्य है जिसने इन्हें बेचैन कर रखा है? अपने महान पिता का विराट प्रेम पाकर भी अगर इनका हृदय अतृप्त ही है तो वह कौन होगा जो इनकी प्यास मिटा सकेगा। बरफ जली नंगी पहाड़ियाँ,

छोटे-छोटे पौधों से भरी घाटियाँ, बंधुर अधित्यकाएँ, सरसब्ज उपत्यकाएँ- ऐसा है इनका लीला निकेतन। खेलते-खेलते जब जरा दूर निकल जाती हैं तो देवदार, चीड़, सरो, चिनार, सफेदा, कैल के जंगलों से पहुँचकर शायद इन्हें बीती बातें याद करने का मौका मिल जाता होगा। कौन जाने, बुड्ढा हिमालय अपनी इन नटखट बेटियों के लिए कितना सिर धुनता होगा।

Q.19 गद्यांश में लेखक ने किन्हें दूर से देखने की बात की है?

[CTET Paper - I, 2021]

A. संभ्रांत महिलाओं को
B. हँसती बेटियों को
C. बहती नदियों को
D. खुले मैदानों को

Q.20 लेखक के आश्चर्य का कारण क्या है?

A. हिमालय में गंगा और यमुना का संकुचित विस्तार
B. मैदान और पहाड़ी में अंतर
C. मैदानी फैलाव का कौतूहल
D. गंगा-यमुना के विशालता और सूक्ष्मता का रूप

General Awareness & Current Affairs

Q.21 __________ को अगस्त 2022 में प्रधान मंत्री कार्यालय (पीएमओ) में निदेशक के रूप में नियुक्त किया गया था।

A. श्वेता सिंह
B. रवि कुमार
C. रुचि मिश्रा
D. अनूप कुमार पाठक

Q.22 COP-27 के दौरान किस संस्थान ने 'सभी के लिए प्रारंभिक चेतावनी की कार्यकारी कार्य योजना' शुरू की?

A. अंतर्राष्ट्रीय मुद्रा कोष
B. विश्व आर्थिक मंच
C. विश्व मौसम विज्ञान संगठन
D. संयुक्त राष्ट्र पर्यावरण कार्यक्रम

Q.23 निम्नलिखित में से कौन भारत में उपनिवेशवाद के आर्थिक आलोचक थे?

A. दादाभाई नौरोजी
B. जी. सुब्रमनिया अय्यर
C. आर. सी. दत्त
D. इनमें से सभी

Q.24 1909 के मॉर्ले मिंटो सुधार के संबंध में निम्नलिखित कथनों पर विचार कीजिये।

1. इसने इम्पीरियल लेजिस्लेटिव काउंसिल और प्रांतीय परिषदों दोनों में निर्वाचित सदस्यों की संख्या में वृद्धि की।

2. इसने मुसलमानों, सिखों और ईसाइयों के लिए एक अलग निर्वाचक मंडल पेश किया।

ऊपर दिए गए कथनों में से कौन सा सही है/हैं?

A. केवल 1
B. केवल 2
C. दोनों 1 और 2
D. न तो 1 और न ही 2

Q.25 निम्नलिखित में से किसने ऑस्ट्रेलियन ओपन 2022 पुरुष एकल फाइनल जीता था?

A. डेनियल मेदवेदेव
B. राफेल नडाल
C. रोजर फ़ेडरर
D. नोवाक जोकोविच

Q.26 __________ द्रविड़ शैली में शिखर से बना है।

A. भीतरगांव मंदिर
B. ग्वालियर का तेली मंदिर
C. कंदरिया महादेव मंदिर
D. ओसिया मंदिर

Q.27 नागार्जुन सागर बहुउद्देशीय परियोजना किस नदी पर है?

A. ताप्ती   **B.** कोसी   **C.** गोदावरी   **D.** कृष्णा

Q.28 किस संवैधानिक संशोधन द्वारा शहरी स्थानीय शासन को संवैधानिक दर्जा दिया गया?

[Uttarakhand Public Service Commission (UKPSC), 2014]

A. 72वां   **B.** 73वां   **C.** 74वां   **D.** 71वां

Q.29 लोकसभा में कितने सदस्यों द्वारा अविश्वास प्रस्ताव समर्थित होना चाहिए?

A. 50 सदस्य

B. 100 सदस्य

C. 40 सदस्य

D. लोकसभा के कुल निर्वाचित सदस्यों में से 15%

Q.30 "रैपिड फाइनेंसिंग इंस्ट्रूमेंट" और "रैपिड क्रेडिट फैसिलिटी" निम्नलिखित में से किसके द्वारा उधार देने के प्रावधानों से संबंधित हैं?

[UPSC Prelims, 2022]

A. एशियाई विकास बैंक

B. अंतर्राष्ट्रीय मुद्रा कोष

C. संयुक्त राष्ट्र पर्यावरण कार्यक्रम वित्त पहल

D. विश्व बैंक

Reasoning Ability

Q.31 निर्देश: निम्नलिखित जानकारी पर आधारित प्रश्नों को ध्यान से देखें और चार विकल्पों में से सही विकल्प का चयन कीजिए।

यहाँ पांच लोग P, Q, R, S और T हैं। एक फुटबॉल खिलाड़ी है। एक शतरंज खिलाड़ी है और एक हॉकी खिलाड़ी है। P और S अविवाहित महिला है और वे किसी भी खेल में प्रतिभाग नहीं ले रहे हैं। कोई भी महिलाएं शतरंज और फुटबॉल नहीं खेल रही हैं। यहाँ एक विवाहित जोड़ा है जिसमें T पति है। Q, R का भाई है और वो न ही शतरंज खिलाड़ी है ना ही हॉकी खिलाड़ी है-

कौन हॉकी खिलाड़ी है-

[NCERT National Talent Search Exam, 2018]

A. P   **B.** Q   **C.** R   **D.** T

Q.32 निर्देश: कौन सा अक्षर समूह निम्न श्रृंखला में प्रश्न चिह्न (?) को प्रतिस्थापित करेगा?

TAP, VZT, XYX, ZXB, BWF,?

A. EHW   **B.** EVH   **C.** DVJ   **D.** DJV

Q.33 एक निश्चित कूट भाषा में, यदि '$PRICK$' को '$QTLGP$' और '$DOUBLE$' को '$EQXFQK$' लिखा जाता है, तो उसी कूट भाषा में '$ACEGARD$' को क्या लिखा जाएगा?

[SSC MTS, 2021]

A. $BEHKFXK$ **B.** $BDFHBSE$

C. $BEGKFYL$ **D.** $BEHLGZK$

Q.34 नीचे दिए गए प्रश्न का उत्तर देने के लिए निम्नलिखित जानकारी को ध्यान से पढ़िए।

I. 'A + B' का अर्थ है 'A, B का पिता है'

II. 'A - B' का अर्थ है 'A, B की पत्नी है'

III. 'A × B' का अर्थ है 'A, B का भाई है'

IV. 'A ÷ B' का अर्थ है 'A, B की पुत्री है'

यदि P ÷ R + S + Q है, तो निम्नलिखित में से कौन-सा सत्य है?

[UP Police Sub Inspector, 2017]

A. P, Q की माता है।   **B.** Q, P की आंटी है।

C. P, Q की पुत्री है।   **D.** P, Q की आंटी है।

Q.35 एक कक्षा में अनिल शीर्ष से 7वें स्थान पर है, रोहित, सुमित से 7 स्थान आगे है और अनिल से 3 स्थान पीछे है। विजय, जो नीचे से चौथे स्थान पर है, सुमित से 32 स्थान पीछे है। कक्षा में कितने छात्र हैं?

A. 39   **B.** 49   **C.** 52   **D.** 62

Computer Literacy

Q.36 सबसे धीमी इंटरनेट कनेक्शन सेवा कौन सी है?

A. लैंडलाइन

B. डाइल अप सर्विस

C. डिजिटल सक्राइबर लाइन

D. केबल मॉडम

Q.37 सांख्यिकीय गणना और तालिकाओं और रेखांकन की तैयारी का उपयोग किया जा सकता है:

A. एडोब फोटोशॉप   **B.** एक्सेल

C. नोटपैड   **D.** पावर प्वाइंट

Q.38 निम्नलिखित में से किस प्रिंट कमांड को पूरे डोकुमेंट को देखने के लिए चुना जाना चाहिए?

A. प्रिंट प्रीव्यू   **B.** प्रिंट ऑल   **C.** प्रिंट 1-5   **D.** प्रिंट नल

Q.39 "Ctrl + Up Arrow" का उपयोग __________ किया जाता है।

A. कर्सर को एक पेज ऊपर ले जाने के लिए

B. कर्सर को एक लाइन ऊपर ले जाने के लिए

C. कर्सर को स्क्रीन पर ले जाने के लिए

D. कर्सर को एक पैराग्राफ ऊपर ले जाने के लिए

Q.40 एक रिलेशन डेटाबेस में, फ़ील्ड में विभाजित प्रत्येक टुपल्स को ________ के रूप में जाना जाता है।

A. केरीज   **B.** डोमेन   **C.** रिलेशन्स   **D.** कमिट

Perspective on Education & Leadership

Q.41 श्री अरबिंदो के अतिमानस के विचार का तात्पर्य है कि:

A. डार्विन का सिद्धांत प्रासंगिक है, इसलिए शिक्षा बहुत कुछ नहीं कर सकती।

B. शिक्षक का कार्य मनुष्य की जागृत चेतना का उत्थान करना है।

C. एक शिक्षक को अपनी शिक्षण तकनीकों में मनोविज्ञान, जीव विज्ञान और शिक्षा को एकीकृत करना होता है।

D. ध्यान के माध्यम से शिक्षा अपने दिव्य उद्देश्य को प्राप्त कर सकती है।

Q.42 असमान विकास दर के सिद्धांत के अनुसार निम्नलिखित में से कौन सा कथन सत्य है?

A. अलग-अलग व्यक्तियों का विकास अलग-अलग तरीकों से होता है।

B. बच्चा पहले सिर पर नियंत्रण प्राप्त करता है, फिर हाथों और पैरों पर नियंत्रण प्राप्त करता है।

C. पहले धड़ विकसित होता है, फिर हाथ, सिर और पैर विकसित होते हैं।

D. विकास दस से पन्द्रह वर्ष की आयु में उसी दर से नहीं होता, जिस गति से पाँच से दस वर्ष की आयु में होता है।

Q.43 निम्न में से कौन-सा विस्मृति का कारण नहीं है?

[UPTET Social Studies, 2022], [UPTET Science and Maths, 2022]

A. अधिगम में कमी

B. स्मरण करने की इच्छा

C. मानसिक द्वन्द

D. अधिगम की दोषपूर्ण विधियाँ

Q.44 निम्नलिखित में से कौन सा स्कूल में समाजीकरण की अनूठी आयु को संदर्भित करता है?

A. वयस्कता   **B.** बचपन

C. बाल्यावस्था   **D.** किशोरावस्था

Q.45 निम्नलिखित में से कौन शारीरिक विकास के पहलुओं के अंतर्गत आता है?

A. ऊंचाई और वजन
B. शारीरिक अनुपात
C. मांसपेशियों का विकास
D. उपरोक्त सभी

Q.46 _________चरण बच्चों के अपने समकक्ष समूहों में शामिल होने को दर्शाता है।

A. वयस्कता
B. बचपन
C. किशोरावस्था
D. इनमें से कोई नहीं

Q.47 एक बच्चा जो 'टॉप' को 'पॉट' पढ़ता है, अधिगम अक्षमता की किस श्रेणी में आता है?

A. डिसकैल्कुलिया
B. डिस्प्रैक्सिया
C. डिस्लेक्सिया
D. डिसग्राफिया

Q.48 करण एक किशोर है, जो विद्रोही व्यवहार कर रहा है और हमेशा अपने दोस्तों से अलग रहता है। यह परिदृश्य किस समस्या का भयावह संकेत है?

A. चिंता
B. निराशा
C. मानसिक बीमारी
D. तनाव

Q.49 वृद्धि के दौरान, इशिता को अपनी ऊंचाई में अचानक बदलाव, जननांग के बालों में वृद्धि, आवाज में बदलाव और गंभीर मुंहासों की समस्या महसूस होती है। इशिता _________ से गुजर रही है।

A. प्रसव पूर्व अवस्था
B. प्रसवोत्तर अवस्था
C. किशोरावस्था या वृद्धि के आवेग
D. माहवारी

Q.50 निम्नलिखित में से कौन-सी किशोरावस्था की विशेषता नहीं है?

A. शारीरिक परिवर्तन
B. व्यवहार में स्थिरता
C. अस्थिरता की समस्या
D. संवेगात्मक समस्याएँ

Q.51 विद्यार्थी अर्थपूर्ण और प्रभावीशाली ढंग से सीखते हैं, अगर शिक्षिका शिक्षण-अधिगम के लिए _____ दृष्टिकोण का उपयोग करती है।

A. व्यवहारवादी
B. रचनात्मक
C. गैर-संदर्भित
D. यांत्रिक

Q.52 निम्न में से कौन अच्छी कक्षा प्रबंधन तकनीकें हैं?

i) शारीरिक दंड।
ii) सख्त शिक्षक-छात्र संबंध।
iii) सांस्कृतिक रूप से उत्तरदायी कक्षा प्रबंधन।
iv) तनाव, दंड या पुरस्कार के बिना अनुशासन।

A. i, ii
B. iii, iv
C. i, ii, iii
D. i, iii, iv

Q.53 उगचारात्मक शिक्षण किस प्रकार के बालकों के लिये प्रयुक्त होता है?

A. तेज शिक्षार्थी
B. मंद शिक्षार्थी
C. प्रतिभाशाली बच्चे
D. रचनात्मकता शिक्षार्थी

Q.54 प्रतिभाशाली छात्रों के लिए शिक्षण विधियां प्रोत्साहित करती हैं:

A. अमूर्त चिंतन
B. अभिसारी चिंतन
C. रचनात्मकता
D. अमूर्त और रचनात्मक चिंतन दोनों

Q.55 निम्नलिखित में से कौन सा "निगमनात्मक विधि" का एक गुण है?

A. इसमें तर्क, चिंतन और अन्वेषण जैसी शक्तियों को विकसित करने का अवसर नहीं मिलता है।
B. इसमें बच्चे यंत्रवत काम करते हैं क्योंकि उन्हें नहीं पता कि वे ऐसा क्यों कर रहे हैं।
C. इस विधि से कक्षा के सभी बच्चों को एक ही समय में पढ़ाया जा सकता है।

D. उपरोक्त सभी

Q.56 जब कक्षा का वातावरण सकारात्मक होता है, तब अधिगमकर्त्ताओं को ज्ञात होता है कि _________

A. वे अपनी दिखावट, व्यक्तित्त्व या सफलता से परे होकर एक व्यक्ति के तौर पर समादृत हैं।
B. उन्हें केवल तभी समादृत समझा जाएगा जब वे कक्षा मानकों को साबित करते हैं।
C. सिर्फ़ तभी समादृत समझा जाएगा जब वे परीक्षा में बेहतर प्रदर्शन करें।
D. उन्हें सिर्फ़ तभी समादृत समझा जाएगा जब वे अपनी जगह पर बैठें और सिर्फ़ तभी बोलें जब पूछा जाए।

Q.57 किसी विद्यालय की समय-सारणी तैयार करते समय एक शिक्षक के मन में कौन से बिंदु और तथ्य होंगे?

A. मैं अपने लिए सबसे उपयुक्त अवधियों को स्वेच्छन्दता से रखूंगा।
B. मेरे मन में सभी शिक्षकों की सुविधा का विचार होगा।
C. मैं बिना किसी पक्षपात के समय-सारणी तैयार करूंगा।
D. मैं हर शिक्षक पर कार्य का बोझ लगभग बराबर रखूंगा।

Q.58 मूल्यांकन के वस्तुनिष्ठ प्रकार के परीक्षण पदों के गुणों को निम्नलिखित में से कौन सा सही रूप प्रदर्शित करता है?

A. वैधता एवं विश्वसनीयता
B. वस्तुनिष्ठता
C. विश्वसनीयता, वैधता और तटस्थता
D. सुविधाजनक और निर्माण में आसान

Q.59 शिक्षण के विषय में निम्नलिखित में से कौन सा कथन सही नहीं है?

[Super TET Paper - I, 2019]

A. शिक्षण एक परस्पर अन्तः क्रिया है।
B. शिक्षण एक त्रिआयामी प्रक्रिया है।
C. शिक्षण एक प्रभाव - निर्देशित प्रक्रिया है।
D. शिक्षण प्रक्रिया केवल कक्षाओं तक ही सीमित है।

Q.60 शिक्षकों को अपने छात्रों के अधिगम के लिए अभिप्रेरणा को कैसे बढ़ावा देना चाहिए?

A. छात्रों को अधिगम में मदद करने के लिए प्रोत्साहन का प्रयोग करना।
B. छात्रों को उन चीजों को पढ़ने देना जिनका परीक्षण किया जाएगा, बजाय उन चीजों के जिनका परीक्षण नहीं किया जाएगा।
C. आसान परीक्षण देना।
D. छात्रों को परीक्षण को बनाने देना।

Q.61 शिक्षक "समर्थन" अखंड नहीं है, बल्कि __________ जैसी विभिन्न प्रकार की सहायता की एक बहुस्तरीय सरणी है।

A. प्रति समर्थन, और पर्यवेक्षी समर्थन
B. निर्देशात्मक, प्रशासनिक और प्रबंधन
C. प्रशासनिक और निर्देशात्मकसंसाधन
D. एक 'दूसरों से अधिक जानकार (MKO)' से निर्देशात्मक समर्थन

Q.62 एक शिक्षक को विद्यार्थियों की तत्परता स्तर को बढ़ाना है। ऐसा करने के लिए सबसे अच्छा तरीका कौन-सा होगा?

A. विशेष प्रकरण से सम्बन्धित सृजनात्मक क्रियाकलाप को कक्षा में संगठित करवाकर
B. कक्षा में एक इनडोर गेम आयोजित करवाकर
C. कहानी कथन विधि द्वारा
D. कक्षा के किसी एक विद्यार्थी द्वारा नियंत्रण करवाकर

Q.63 निम्नलिखित में से कौन सा अधिगम का अंतिम चरण है?

A. अधिग्रहण
B. अनुकूलन
C. प्रवाह
D. रखरखाव

Q.64 शिक्षक दिवस पर भाषण देने से पहले, रमन दर्पण के सामने भाषण देकर अभ्यास करता है। वायगोत्स्की ने इस गतिविधि को _______ के रूप में वर्णित किया।

A. निजी भाषण

B. विकृत भाषण

C. मेक-बिलीव प्ले

D. ईगो-सेंट्रिक स्पीच

Q.65 अभिप्रेरणा के मूल-प्रवृत्ति सिद्धान्त के प्रतिपादक थे:

[UPTET Paper - I, 2019]

A. विलियम जेम्स

B. अब्राहम मैस्लो

C. मैकडॉगल

D. सिम्पसन

Q.66 निम्नलिखित में से कौन-सा शिक्षार्थियों का सही सुमेलित युग्म और उनकी प्राथमिक विशेषताएँ हैं?

A. श्रवण बाधित शिक्षार्थी - दृश्य जानकारी को समझ नहीं सकते

B. 'डिस्लेक्सिक' शिक्षार्थी - पढ़ने और लिखने के प्रवाह में कमी

C. रचनात्मक शिक्षार्थी - अतिसक्रिय; काम पूरा करने में धीमा

D. अटेंशन डेफिसिट लर्नर्स - हाई मोटिवेशन; लंबे समय तक ध्यान बनाए रख सकते हैं

Q.67 निम्नलिखित में से कौन सा व्यवहार सीखने की अक्षमता वाले बच्चे की पहचानकर्ता है?

A. बार-बार मूड स्विंग होना

B. अपमानजनक व्यवहार

C. 'b' को 'd', 'was' को 'saw', '21' को '12' के रूप में लिखना

D. कम ध्यान अवधि और उच्च शारीरिक गतिविधि

Q.68 "मानसिक स्वास्थ्य संपूर्ण व्यक्तित्व का पूर्ण और एकसमान कार्य है।" यह परिभाषा किसने दी?

A. लडल　**B.** हैडफील्ड　**C.** कुप्पुस्वामी　**D.** स्किनर

Q.69 विद्यालय को बच्चे के विकास से संबंधित होना चाहिए, जिसमें _________ सम्मिलित होना चाहिए।

A. बच्चे द्वारा ज्ञान का अर्जन

B. बच्चे द्वारा जीवन-कौशल का अर्जन

C. बच्चे द्वारा आवश्यक प्रबंधन कौशल का अर्जन

D. एक स्वस्थ व्यक्ति के लिए आवश्यक कौशलों का अर्जन

Q.70 सामुदायिक विकास कार्यक्रम का उद्देश्य क्या है?

A. ग्रामीण समुदायों पर ध्यान केंद्रित करना

B. अल्पसंख्यकों पर ध्यान केंद्रित करना

C. बेरोजगारी की समस्या का समाधान करना

D. शहरी क्षेत्रों की समस्या का समाधान करना

Q.71 _______ एक क्षमता निर्माण प्रक्रिया है जिसके माध्यम से समुदाय व्यक्ति समूह या संगठन अपने विकास के लिए भाग लेते हैं।

A. तत्व भौतिकीकरण

B. समुदायिक भिन्नता

C. सामुदायिक संगठन

D. व्यक्तिगत आधुनिकीकरण

Q.72 निम्नलिखित में से कौन नेतृत्व के सहभागी कार्य हैं?

I. सहयोगी समुदायों का निर्माण शिक्षकों में वृद्धि को बढ़ाता है।

II. शिक्षक नेता शिक्षकों के परिवर्तन एजेंट होने के विचार को व्यवहार में प्रदर्शित करने का बीड़ा उठा सकता है।

A. केवल II

B. I तथा II दोनों

C. केवल I

D. ना ही I ना ही II

Q.73 प्रत्येक विद्यालय अपने छात्रों को नेतृत्व की कला में प्रशिक्षित करने के लिए कठिन परिश्रम करता है क्योंकि _____

A. सभी छात्र नेता बन जाते हैं और इस प्रकार बेरोजगारी की समस्या का समाधान करते हैं।

B. सभी छात्र अपने संवैधानिक अधिकारों के प्रति काफी जागरूक हो जाते हैं।

C. सभी छात्र अपने संवैधानिक अधिकारों और कर्तव्यों के बारे में जानेंगे।

D. वे भविष्य में लोकतंत्र और राष्ट्रीयता की भावनाओं को बढ़ाते हैं।

Q.74 शिक्षा के लक्ष्यों को प्राप्त करने में स्कूल की भूमिका के बारे में निम्नलिखित में से कौन सा गलत है?

A. विद्यालय हमारी सांस्कृतिक विरासत को संरक्षित व प्रेषित करते हैं।

B. विद्यालय सांस्कृतिक परिवर्तन के लिए यन्त्र का कार्य करते हैं।

C. विद्यालय 'सम्पूर्ण बालक' को उसके उच्चतम स्तर तक विकसित करते हैं।

D. विद्यालय जातिवाद के कारण विद्यार्थियों में बुरी भावना का विकास करते हैं।

Q.75 एक शिक्षक विद्यार्थियों को समझाते हैं कि उन्हें दूसरों के दृष्टिकोण से उत्तेजित नहीं होना चाहिए भले ही उनके दृष्टिकोण स्वयं से विपरीत क्यों न हों। वह विद्यार्थियों के किस पक्ष पर ध्यान दे रहा है?

A. संज्ञानात्मक विकास

B. संवेगात्मक विकास

C. शारीरिक विकास

D. सामाजिक विकास

Q.76 मानव ज्ञान के विकास के आधार पर अनुमानित चरणों की एक श्रृंखला के माध्यम से समाज की प्रगति _______ के रूप में जानी जाती है।

A. सामाजिक मुद्दे

B. सामाजिक परिवर्तन

C. सामाजिक प्रगति

D. सामाजिक विकास

Q.77 शिक्षण से पहले, शिक्षक के प्रशिक्षण में _______ शामिल है:

A. उद्देश्यों को पहचानना

B. छात्रों की रूचि को जानना

C. छात्रों के हितों को जानना

D. उपरोक्त सभी

Q.78 निम्नलिखित में से कौन भारतीय भाषाओं, कला और संस्कृति के संवर्धन की दिशा में एक महत्वपूर्ण कदम नहीं है?

A. भारतीय अनुवाद और व्याख्या संस्थान की स्थापना

B. साहित्य और शास्त्रीय भाषाओं पर ध्यान केंद्रित करने वाले विश्वविद्यालयों की संख्या में संकुचन

C. भाषा और साहित्य का अध्ययन करने के लिए सभी उम्र के लोगों को छात्रवृत्ति

D. रोजगार के अवसर के रूप में भारतीय भाषाओं में दक्षता को बढ़ावा देना

Q.79 राष्ट्रीय शिक्षा नीति 2020 किस पर केन्द्रित है:

[CTET Paper - I, 2022]

A. सख्त पाठ्यक्रम, शिक्षाशास्त्र और मूल्यांकन

B. बहुआयामी और समग्र शिक्षा

C. परीक्षा की दिशा में और परीक्षा के लिए अधिगम

D. मूल्यांकन के योगात्मक तरीकों को अपनाना

Q.80 राष्ट्रीय पाठ्यचर्या रूपरेखा-2005 का मुख्य दर्शन क्या है?

A. व्यावसायिक कुशलतायें सीखना

B. बिना बोझ के सीखना

C. सह-शैक्षणिक गतिविधियों को सीखना

D. सतत एवम् व्यापक मूल्यांकन

// स्मार्ट उत्तर पुस्तिका //

सही उत्तर — उन छात्रों का प्रतिशत जिन्होंने प्रश्नों का सही उत्तर दिया था।　　**छोड़ दिया** — उन छात्रों का प्रतिशत जिन्होंने प्रश्नों को छोड़ दिया था।

प्रश्न संख्या	उत्तर	सही उत्तर / छोड़ दिया	प्रश्न संख्या	उत्तर	सही उत्तर / छोड़ दिया	प्रश्न संख्या	उत्तर	सही उत्तर / छोड़ दिया	प्रश्न संख्या	उत्तर	सही उत्तर / छोड़ दिया	प्रश्न संख्या	उत्तर	सही उत्तर / छोड़ दिया	प्रश्न संख्या	उत्तर	सही उत्तर / छोड़ दिया
1	C	61.33 % / 1.5 %	15	A	68.76 % / 1.86 %	29	A	68.11 % / 1.07 %	43	B	59.87 % / 1.7 %	57	C	50.59 % / 1.78 %	71	C	45.66 % / 1.92 %
2	A	64.46 % / 1.84 %	16	A	66.89 % / 1.85 %	30	B	51.29 % / 1.23 %	44	D	61.62 % / 1.69 %	58	A	52.05 % / 1.44 %	72	B	76.04 % / 0.0 %
3	B	54.18 % / 1.27 %	17	C	57.74 % / 1.99 %	31	C	42.02 % / 1.77 %	45	D	49.91 % / 1.0 %	59	D	53.88 % / 1.01 %	73	C	40.76 % / 1.72 %
4	C	50.31 % / 1.26 %	18	C	65.76 % / 1.04 %	32	C	58.17 % / 1.57 %	46	C	80.93 % / 0.0 %	60	A	89.05 % / 0.0 %	74	D	86.15 % / 0.0 %
5	C	59.36 % / 1.79 %	19	C	53.84 % / 1.16 %	33	A	14.0 % / 3.58 %	47	C	63.5 % / 1.21 %	61	B	88.7 % / 0.0 %	75	B	85.73 % / 0.0 %
6	C	62.84 % / 1.14 %	20	B	58.94 % / 1.7 %	34	D	55.44 % / 1.39 %	48	D	61.9 % / 1.46 %	62	A	66.67 % / 1.12 %	76	B	76.73 % / 0.0 %
7	B	43.29 % / 1.75 %	21	A	64.54 % / 1.9 %	35	C	29.59 % / 4.0 %	49	C	69.82 % / 1.42 %	63	B	44.2 % / 1.2 %	77	D	62.78 % / 1.43 %
8	A	78.12 % / 0.0 %	22	C	27.68 % / 3.22 %	36	B	67.72 % / 1.48 %	50	B	20.23 % / 3.77 %	64	A	49.28 % / 1.05 %	78	B	28.87 % / 3.26 %
9	C	51.39 % / 1.95 %	23	D	44.25 % / 1.55 %	37	B	54.59 % / 1.11 %	51	B	14.84 % / 4.11 %	65	C	68.71 % / 1.41 %	79	B	47.3 % / 1.17 %
10	D	83.05 % / 0.0 %	24	A	12.53 % / 3.63 %	38	A	80.53 % / 0.0 %	52	B	67.63 % / 1.15 %	66	B	27.75 % / 3.22 %	80	B	57.98 % / 1.06 %
11	C	82.09 % / 0.0 %	25	B	48.58 % / 1.17 %	39	D	60.8 % / 1.51 %	53	B	41.29 % / 1.36 %	67	C	65.6 % / 1.26 %			
12	C	51.74 % / 1.48 %	26	B	54.24 % / 1.55 %	40	B	53.38 % / 1.53 %	54	D	17.71 % / 4.45 %	68	B	53.27 % / 1.96 %			
13	C	42.12 % / 1.5 %	27	D	67.6 % / 1.4 %	41	B	68.29 % / 1.46 %	55	D	52.58 % / 1.32 %	69	B	65.49 % / 1.54 %			
14	C	88.16 % / 0.0 %	28	C	56.7 % / 1.05 %	42	D	47.09 % / 1.42 %	56	A	53.12 % / 1.35 %	70	A	47.8 % / 1.92 %			

//संकेत और समाधान//

1. The meaning of the given words:

- Sardonic: grimly mocking or cynical.
- Mocking: making fun of someone or something in a cruel way, derisive.
- Compassionate: feeling or showing sympathy and concern for others.
- Insightful: having or showing an accurate and deep understanding, perceptive.
- Comic: causing or meant to cause laughter.

From the meanings of the given words, we can say that the word 'mocking' is nearest in meaning to the underlined word 'sardonic'.

Hence, the correct option is (C).

2. The word 'coherent' means (ideas, thoughts, etc.) clear and easy to understand; logical.

Example: The president has not presented a coherent plan for dealing with it.

Let us see the meanings of the given options:

- Illogical: not sensible or reasonable.
- Rational: (used about a person) able to use logical thought rather than emotions to make decisions.
- Concise: giving a lot of information in a few words; brief.
- Cohesive: united and working together effectively.

From the meanings of the given words, the most appropriate antonym of the underlined word 'coherent' is "illogical."

Hence, the correct option is (A).

3. Complete sentence: Jorge didn't play well. He might have been feeling tired.

In the above-given sentence, 'might have been' will be used.

It is so because 'might' is a modal verb used to express possibility or permission.

In the given sentence, there was a possibility that Jorge did not play well because he was feeling tired. So, George feeling tired was a possibility which will be expressed by the modal verb 'might'.

Hence, the correct option is (B).

4. The tense of the verb in the given sentence is incorrect.

We are talking about an event that happened in the current year. Thus, we have to use the present perfect form of the verb 'cause'.

So, the correct sentence is:

The floods this year have caused a lot of damage to the crops.

Hence, the correct option is (C).

5. The idiom 'Add insult to injury' is said when you feel that someone has made a bad situation worse by doing something else to upset you.

- Example: They told me I was too old for the job, and then to add insult to injury, they refused to pay my expenses!

Hence, the correct option is (C).

6. The correct meaning is "distinguished himself".

The idiom denotes to change something, or to do something important, so that people notice and remember you.

Example: Steven made his mark by inventing a special kind of holder for a cell phone.

Hence, the correct option is (C).

7. The error is in the part '(b)' as it is grammatically incorrect.

The past perfect refers to a time earlier than before now. It is used to make it clear that one event happened before another in the past. There will be two events A, B in this type of sentence.

Event A is the event that happened first and Event B is the second or more recent event. Event A (Past Perfect Tense), Event B (Simple Past Tense)

Example: When I arrived at the office John had gone out.

Therefore, the use of 'did not sleep' in the sentence should be replaced with 'had not slept' to make it grammatically correct.

The correct sentence: He was very tired because he had not slept well that night.

Hence, the correct option is (B).

8. One word for the given phrase is '**Omnivorous**'.

Omnivorous: person or animal eats all kinds of food, including both meat and plants.

Herbivorous: an animal that eats only plants.

Insectivorous: an animal or plant that feeds mainly on insects.

Carnivorous: an animal that eats the meat of other animals, or a plant that traps and digests insects or other small animals.

Hence, the correct option is (A).

9. Together: in or into one place, mass, collection, or group

Example: Our students study together, share ideas, and seed new opportunities for future collaboration.

Solely: without another

Example: You will be held solely responsible for any damage.

Thus, "solely" is the most opposite in meaning to "together".

Hence, the correct option is (C).

10. Tiny: very small or diminutive, minute.

Example: He's from a tiny town that you've probably never heard of.

Bitsy: very small in size.

Example: It's just a bitsy blister, but it's right on my heel so that I feel it every time I take a step.

Thus, "bitsy" is the most similar in meaning to "tiny".

Hence, the correct option is (D).

11. मित्र जातिवाचक संज्ञा है जिसका भाववाचक संज्ञा मित्रता होता है।

भाववाचक संज्ञा: वे संज्ञा शब्द जिनसे प्राणी या वस्तु के गुण, दोष, अवस्था, दशा आदि का ज्ञान होता है, वे भाववाचक संज्ञा कहलाते हैं; जैसे-मिठास, बुढ़ापा, थकान आदि।

अतः विकल्प (C) सही है।

12. बगीचे में मोर नाच रहा है - सकर्मक क्रिया, क्रिया के संबंध में युग्म अनुचित है।

बगीचे में मोर नाच रहा है अकर्मक क्रिया का उदाहरण है।

अकर्मक क्रिया- जिस क्रिया का कर्म न होकर कर्ता तक ही सीमित होती है अकर्मक क्रिया कहलाती है।

उदाहरण - भिखारी सड़क पर चिल्ला रहे थे।

अत: विकल्प (C) सही है।

13. दिए गए विकल्पों में आनाकानी 'टीकाकार' शब्द का पर्यायवाची शब्द नहीं है।

टीकाकार के पर्यायवाची शब्द हैं - कुंजीकार, वृत्तिकार, वृत्तकार, व्याख्याकार।

अतः विकल्प (C) सही है।

14. 'दशानन' में बहुव्रीहि समास है।

बहुव्रीहि समास - जिस समास में कोई पद प्रधान न होकर (दिए गए पदों में) किसी अन्य पद की प्रधानता होती है। यह अपने पदों से भिन्न किसी विशेष संज्ञा का विशेषण है।

अतः विकल्प (C) सही है।

15. 'अपना नुकसान खुद करना' अर्थ के लिए 'घर फूँककर तमाशा देखना' मुहावरा सही है।

- मुहावरा - घर फूँककर तमाशा देखना
- अर्थ – अपना नुकसान खुद करना
- वाक्य – लगी-लगाई नौकरी छोड़कर रमेश अब घर फूँक कर तमाशा देख रहा है।

अन्य विकल्प:

मुहावरा	अर्थ
घर में आग लगाना	परिवार में झगड़ा करवाना
घाव पर मरहम लगाना	तसल्ली देना
घर का नाम डुबोना	कुल को कलंकित करना

अतः विकल्प (A) सही है।

16. धर्मवीर भारती द्वारा लिखित उपन्यास 'ग्यारह सपनों का देश' है।

धर्मवीर भारती की अन्य प्रमुख कृतियां निम्नलिखित हैं:

उपन्यास: गुनाहों का देवता, सूरज का सातवां घोड़ा, ग्यारह सपनों का देश, प्रारंभ व समापन

कहानी संग्रह : मुर्दों का गाँव, स्वर्ग और पृथ्वी, चाँद और टूटे हुए लोग, बंद गली का आखिरी मकान, साँस की कलम से आदि।

निबंध : ठेले पर हिमालय, पश्यंती

एकांकी व नाटक : नदी प्यासी थी, नीली झील, आवाज़ का नीलाम आदि।

अतः विकल्प (A) सही है।

17. रस के चार अंग हैं।

स्थाई भाव	स्थाई भाव रस का पहला एवं सर्वप्रमुख अंग है। भाव शब्द की उत्पत्ति ' भृ' धातु से हुई है। जिसका अर्थ है संपन्न होना या विद्यमान होना। आचार्य भरतमुनि ने स्थाई भाव आठ ही माने हैं – रति, हास्य, शोक, क्रोध, उत्साह, भय, जुगुप्सा और विस्मय। वर्तमान समय में इसकी संख्या 9 कर दी गई है तथा निर्वेद नामक स्थाई भाव की परिकल्पना की गई है।
विभाव	रस का दूसरा अनिवार्य एवं महत्वपूर्ण अंग है। भावों का विभाव करने वाले अथवा उन्हें आस्वाद योग्य बनाने वाले कारण विभाव कहलाते हैं। विभाव कारण हेतु निर्मित आदि से सभी पर्यायवाची शब्द हैं। विभाव का मूल कार्य सामाजिक हृदय में विद्यमान भावों की महत्वपूर्ण भूमिका मानी गई है। विभाव के अंग – १ आलंबन विभाव और २ उद्दीपन विभाव
अनुभाव	रस योजना का तीसरा महत्वपूर्ण अंग है। आलंबन और उद्दीपन के कारण जो कार्य होता है उसे अनुभव कहते हैं। शास्त्र के अनुसार आश्रय के मनोगत भावों को व्यक्त करने वाली शारीरिक चेष्टाएं अनुभव कहलाती है। भावों के पश्चात उत्पन्न होने के कारण इन्हें अनुभव कहा जाता है। अनुभवों की संख्या 4 कही गई है – सात्विक, कायिक, मानसिक और आहार्य। इनकी संख्या 8 मानी गई है – स्तंभ, स्वेद, रोमांच, स्वरभंग, कंपन, विवरण, अश्रु, प्रलय
संचारी भाव	मानव रक्त संचरण करने वाले भाव ही संचारी भाव कहलाते हैं यह तत्काल बनते हैं एवं मिटते हैं संचारी भावों की संख्या 33 मानी गई है - निर्वेद, स्तब्ध, गिलानी, शंका या भ्रम, आलस्य, दैन्य, चिंता, स्वप्न, उन्माद, बीड़ा, सफलता, हर्ष, आवेद, जड़ता, गर्व, विषाद, निद्रा, स्वप्न, उन्माद, त्रास, धृति, समर्थ, उग्रता, व्याधि, मरण, वितर्क आदि।

अतः विकल्प (C) सही है।

18. सत्कार में व्यंजन संधि है।

'सत्कार' का संधि-विच्छेद है = सत् + कार।

जब संधि करते समय व्यंजन के साथ स्वर या कोई व्यंजन के मिलने से जो रूप में परिवर्तन होता है, उसे व्यंजन संधि कहते हैं। यानी जब दो वर्णों में संधि होती है तो उनमें से पहला यदि व्यंजन होता है और दूसरा स्वर या व्यंजन होता है तो उसे हम व्यंजन संधि कहते हैं। जैसे- अहम् + कार = अहंकार, उत् + लास = उल्लास आदि।

अतः विकल्प (C) सही है।

19. गद्यांश में लेखक ने बहती नदियों को दूर से देखने की बात की है।

गद्यांश के अनुसार:

- अभी तक मैंने उन्हें दूर से देखा था। बड़ी गंभीर, शांत, अपने आप में खोई हुई लगती थीं। संभ्रांत महिला की भांति वे प्रतीत होती थीं। उनके प्रति मेरे दिल में आदर और श्रद्धा के भाव थे। परन्तु इस बार जब मैं हिमालय के कंधे पर चढ़ा तो वे कुछ और रूप में सामने थीं। मैं हैरान था कि यही दुबली-पतली गंगा, यही यमुना, यही सतलुज समतल मैदानों में उतरकर विशाल कैसे हो जाती हैं!......
- अर्थत लेखक ने हिमालय से निकलने वाली नदियों (गंगा, यमुना, सतलुज) के स्वभाव का वर्णन किया है।

अतः विकल्प (C) सही है।

20. लेखक के आश्चर्य का कारण है- गंगा-यमुना के विशालता और सूक्ष्मता का रूप

गद्यांश के अनुसार:

मैं हैरान था कि यही दुबली-पतली गंगा, यही यमुना, यही सतलुज समतल मैदानों में उतरकर विशाल कैसे हो जाती हैं। अर्थत लेखक के आश्चर्य का कारण नदियों का विस्तार और संकुचन है।

अतः विकल्प (D) सही है।

21. भारतीय विदेश सेवा (IFS) अधिकारी श्वेता सिंह को 2 अगस्त 2022 को प्रधान मंत्री कार्यालय (PMO) में निदेशक के रूप में नियुक्त किया गया था। सिंह 2008-बैच के IFS अधिकारी हैं। कैबिनेट की नियुक्ति समिति (एसीसी) ने सिंह की नियुक्ति की तारीख से तीन साल की अवधि के लिए उनकी नियुक्ति को मंजूरी दी।

अतः विकल्प (A) सही है।

22. विश्व मौसम विज्ञान संगठन (WMO) ने जलवायु परिवर्तन पर संयुक्त राष्ट्र फ्रेमवर्क कन्वेंशन के लिए पार्टियों के 27वें सम्मेलन (COP-27) में एक गोलमेज

बैठक के दौरान 'सभी के लिए प्रारंभिक चेतावनियों की कार्यकारी कार्य योजना' जारी की।

WMO के अनुसार, 2027 तक सभी के लिए प्रारंभिक चेतावनी प्रणाली देने के लिए प्रारंभिक निवेश लगभग 3.1 बिलियन अमरीकी डॉलर होगा।

अतः विकल्प (C) सही है।

23. दादाभाई नौरोजी, जी. सुब्रमण्यम गीतकार, आर.सी. दत्त प्रसिद्ध आर्थिक समालोचक थे।

- प्रसिद्ध आर्थिक समालोचक दादाभाई नौरोजी, जी. सुब्रमण्यम अय्यर, आर.सी. दत्त जिन्होंने ब्रिटिश साम्राज्य और भारत के बीच आर्थिक संबंधों का अध्ययन किया, उनमें दादाभाई नौरोजी सबसे प्रमुख थे।
- उन्होंने अपनी पुस्तक "पॉवर्टी एंड अन-ब्रिटिश रूल इन इंडिया" में ड्रेन थ्योरी को लोकप्रिय बनाया।
- उन्होंने व्यापार, उद्योग और वित्त के माध्यम से प्रभुत्व के अपने तीनों पहलुओं में औपनिवेशिक संरचना की व्याख्या की।

अतः विकल्प (D) सही है।

24. इस सुधार से इम्पीरियल लेजिस्लेटिव काउंसिल और प्रांतीय परिषदों दोनों में निर्वाचित सदस्यों की संख्या में वृद्धि हुई। लेकिन ज्यादातर निर्वाचित सदस्यों को अप्रत्यक्ष रूप से चुना गया था। कथन 1 सही है।

मॉर्ले मिंटो सुधार ने मुसलमानों के लिए एक अलग निर्वाचक मंडल पेश किया, न कि सिखों और ईसाइयों के लिए। कथन 2 गलत है।

अतः विकल्प (A) सही है।

25. स्पेन के राफेल नडाल ने ऑस्ट्रेलियन ओपन पुरुष एकल फाइनल में रूस के डेनियल मेदवेदेव को हराया और 30 जनवरी 2022 को रिकॉर्ड 21वां ग्रैंड स्लैम खिताब जीता। यह मैच मेलबर्न के रॉड लेवर एरिना में आयोजित किया गया था। इस जीत के साथ राफेल 21 ग्रैंड स्लैम खिताब जीतने वाले पहले व्यक्ति बन गए हैं। उन्होंने यह खिताब जीतकर रोजर फेडरर और नोवाक जोकोविच को पीछे छोड़ दिया।

अतः विकल्प (B) सही है।

26. ग्वालियर के तेली मंदिर का शिखर द्रविड़ शैली में बना है, जबकि नक्काशियां एवं मूर्तियां उत्तर भारतीय शैली में बनी हैं। इसकी वास्तु शैली में हिंदू और बौद्ध वास्तूकला का मिश्रण है।

अतः विकल्प (B) सही है।

27. नागार्जुन सागर बहुउद्देशीय परियोजना कृष्णा नदी पर है।

यह बांध दुनिया के सबसे बड़े और ऊंचे चिनाई बांधों में से एक है। यह तेलंगाना राज्य के नलगोंडा जिले और आंध्र प्रदेश राज्य के गुंटूर जिले के बीच की सीमा पर फैला हुआ है। इसका निर्माण 1955 और 1967 के बीच किया गया था। इस बांध ने एक बड़े जल भंडार का निर्माण किया। इसकी कुल भंडारण क्षमता 11.472 अरब घन मीटर है।

अतः विकल्प (D) सही है।

28. 74वें संविधान संशोधन द्वारा शहरी स्थानीय सरकार को संवैधानिक दर्जा दिया गया।

74वें संविधान संशोधन अधिनियम ने शहरों और कस्बों में शासन की सबसे निचली इकाई के रूप में शहरी स्थानीय निकायों या शहर की सरकारों को शक्तियों की स्थापना और हस्तांतरण को अनिवार्य किया।

नगर पालिकाओं (शहरी स्थानीय सरकार) से संबंधित संविधान 74 वां संशोधन अधिनियम 1992, 1992 में संसद द्वारा पारित किया गया था। इसे 20 अप्रैल 1993 को भारत के राष्ट्रपति की सहमति प्राप्त हुई।

अतः विकल्प (C) सही है।

29. लोकसभा में 50 सदस्यों द्वारा अविश्वास प्रस्ताव समर्थित होना चाहिए।

अविश्वास प्रस्ताव एक समर्थन या वोट है जो कि एक व्यक्ति या समूह जिम्मेदारी (सरकार या प्रबंधकीय) की स्थिति को धारण करने में सक्षम नहीं है, संभवतः इसलिए कि वे कुछ मामलों में अपर्याप्त हैं। अविश्वास प्रस्ताव को केवल लोकसभा (भारत की संसद के निचले सदन) में पेश किया जा सकता है।

अतः विकल्प (A) सही है।

30. "त्वरित वित्तीयन प्रपत्र (रैपिड फाइनेंसिंग इंस्ट्रूमेंट)" और "त्वरित ऋण सुविधा (रैपिड क्रेडिट फैसिलिटी)", अंतर्राष्ट्रीय मुद्रा कोष एक के द्वारा उधार दिए जाने के उपबंधों से संबंधित हैं।

रैपिड फाइनेंसिंग इंस्ट्रूमेंट (RFI) तेजी से वित्तीय सहायता प्रदान करता है, जो IMF के सभी सदस्य देशों को तत्काल भुगतान संतुलन की आवश्यकता का सामना करने के लिए उपलब्ध है। RFI अंतर्राष्ट्रीय मुद्रा कोष (IMF) द्वारा बनाया गया था।

रैपिड क्रेडिट सुविधा (RCF) कम आय वाले देशों (LIC) को भुगतान संतुलन (BoP) की तत्काल आवश्यकता का सामना करने के लिए तेजी से रियायती वित्तीय सहायता प्रदान करती है। RCF को IMF के पॉवर्टी रिडक्शन एंड ग्रोथ ट्रस्ट (PRGT) के तहत बनाया गया था।

अतः विकल्प (B) सही है।

Q.31 अविवाहित महिला = P और S

फुटबॉल खेलने वाले = Q (पुरुष) = R का भाई

हॉकी खेलने वाले = R (महिला) = T की पत्नी

शतरंज = T (पुरुष)

व्यक्ति	खेल	लिंग
P		महिला
Q	फुटबॉल	पुरुष
R	हॉकी	महिला
S		महिला
T	शतरंज	पुरुष

R हॉकी खिलाड़ी है।

अतः विकल्प (C) सही है।

32. यहाँ अनुसरण किया गया तर्क निम्न प्रकार है:

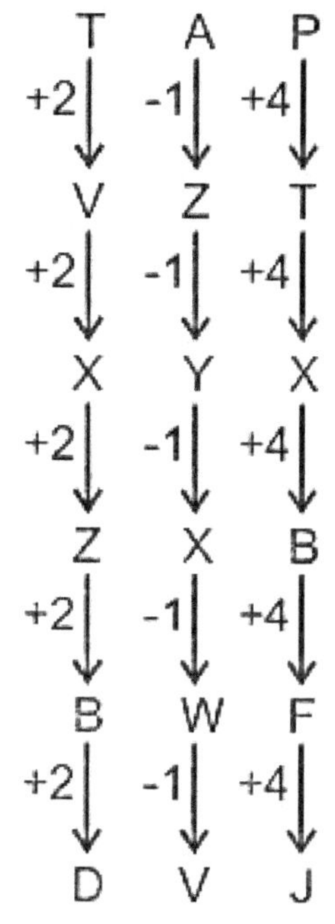

इसलिए, "DVJ" सही उत्तर है।

अत: विकल्प (C) सही है।

33. यहाँ अनुसरण किया गया तर्क है:

अक्षर $+1, +2, +3, +4, +5, +6$ के क्रम में स्थानांतरित हो रहे हैं।

' *PRICK* ' को ' *QTLGP* ' लिखा जाता है।

```
16     18     9      3      11
P      R      I      C      K
+1|    +2|    +3|    +4|    +5|
↓      ↓      ↓      ↓      ↓
Q      T      L      G      P
17     20     12     7      16
```

और,

' *DOUBLE* ' को ' *EQXFQK* ' लिखा जाता है।

```
4      15     21     2      12     5
D      O      U      B      L      E
+1|    +2|    +3|    +4|    +5|    +6|
↓      ↓      ↓      ↓      ↓      ↓
E      Q      X      F      Q      K
5      17     24     6      17     11
```

इसी प्रकार,

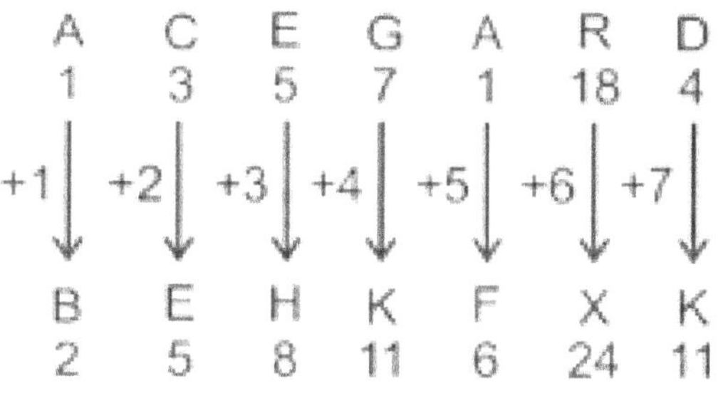

अतः विकल्प (A) सही है।

34. दी गयी जानकारी से हम निम्न वंश वृक्ष बना सकते हैं:

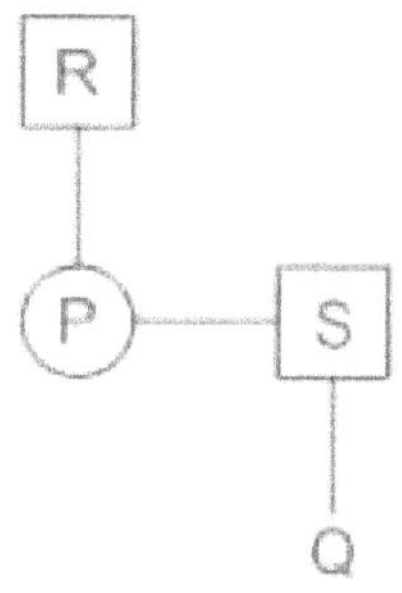

विकल्पों का अवलोकन करने पर:

(A) P, Q की माता है→ असत्य

(B) Q, P की आंटी है → असत्य

(C) P, Q की पुत्री है → असत्य

(D) P, Q की आंटी है → सत्य

इसलिए , सही उत्तर है P, Q की आंटी है।

अतः विकल्प (D) सही है।

35. अनिल शीर्ष से 7वें स्थान पर है।

रोहित, अनिल से 3 स्थान पीछे है, या रोहित ऊपर से 10वें (7 + 3) स्थान पर है।

रोहित, सुमित से 7 स्थान आगे है, यानि सुमित का स्थान ऊपर से 17वां (10 + 7) है।

विजय, सुमित से 32 स्थान पीछे है, यानि विजय का स्थान ऊपर से 49वां (17+32)है।

ऊपर से		नीचे से
1		52
2		51
3		50
4		49
5		48
6		47
7	अनिल	46
8		45
9		44
10	रोहित	43
16		37
17	सुमित	36
18		35
19		34
48		5
49	विजय	4
50		3
51		2
52		1

विजय का स्थान ऊपर से 49वां और नीचे से चौथा है, यानि छात्रों की कुल संख्या = 49 + 4 -1 = 52

अतः विकल्प (C) सही है।

36. डायल-अप अब तक उपलब्ध सभी इंटरनेट कनेक्शनों में सबसे धीमा है। डायल-अप के उपयोग के लिए एक अलग फोन लाइन की आवश्यकता होती है, क्योंकि उपयोगकर्ताओं को टेलीफोन के माध्यम से अपने इंटरनेट सेवा प्रदाता से कनेक्ट होना चाहिए। स्पीड लगभग 56Kbps है, जो कि सबसे धीमी ब्रॉडबैंड कनेक्शन की गति का दसवां हिस्सा है।

अत: विकल्प (B) सही है।

37. पावर प्वाइंट नोटपैड एडोब फोटोशॉप एक्सेल का उपयोग करके टेबल और ग्राफ की सांख्यिकीय गणना और तैयार की जा सकती है।

अत: विकल्प (B) सही है।

38. प्रिंट प्रीव्यू एक सुविधा है जो स्क्रीन पर प्रदर्शित होती है जो मुद्रित होने पर एक हार्ड कॉपी दिखती है। प्रिंट प्रीव्यू का उपयोग करके, आप मुद्रण से पहले किसी भी त्रुटि को पा सकते हैं या लेआउट को ठीक कर सकते हैं, जो एक से अधिक बार प्रिंट नहीं होने से स्याही या टोनर और पेपर को बचा सकता है।

अतः विकल्प (A) सही है।

39. "Ctrl + Up Arrow" का उपयोग कर्सर को एक पैराग्राफ ऊपर ले जाने के लिए किया जाता है।

"Ctrl + Up Arrow" का प्रयोग कर्सर को एक पैराग्राफ को ऊपर ले जाने के लिए किया जाता है। दूसरी ओर, Ctrl + Down Arrow कुंजी आपको स्प्रेडशीट की अंतिम पंक्ति में ले जाएगा या कर्सर को एक पैराग्राफ नीचे ले जाएगा।

अतः विकल्प (D) सही है।

40. एक रिलेशन डेटाबेस में, एक टेबल के अंदर पंक्तियों की संख्या को टुपल्स के रूप में जाना जाता है और अगर हम उन टुपल्स (या पंक्तियों) को उन क्षेत्रों में विभाजित करते हैं तो वे डोमेन बन जाते हैं। एक डोमेन एक या अधिक विशेषताओं के लिए स्वीकार्य मानों का एक समूह है। विशेषता डोमेन ऐसे नियम हैं जो किसी फ़ील्ड प्रकार के कानूनी मानों का वर्णन करते हैं। उनका उपयोग किसी तालिका या फीचर वर्ग के लिए किसी विशेष विशेषता में अनुमत मूल्यों को सीमित करने के लिए किया जाता है।

अतः विकल्प (B) सही है।

41. श्री अरबिंदो एक भारतीय दार्शनिक, कवि, योगी और राष्ट्रवादी थे। उन्होंने अपनी पुस्तकों, योग के संश्लेषण और द लाइफ डिवाइन में आंतरिक योग प्रणाली की अवधारणा का वर्णन किया था।

श्री अरबिंदो का दर्शनः

- उन्होंने आंतरिक योग और 'सुपरमाइंड' के विकास में योगदान दिया।
- अतिमानस एक 'वास्तविक-विचार', 'सत्य-चेतना' है।
- उन्होंने कहा कि सुपरमाइंड पूर्ण ज्ञान और शक्ति है, सुपरमाइंड के माध्यम से कि परमात्मा स्वयं को इस दुनिया के रूप में प्रकट करता है।
- ब्रह्म में अतिमानस के माध्यम से आत्म-सीमा और आत्म-व्यक्तित्व की प्रक्रिया शुरू होती है। इससे मनुष्य की चेतना जागृत होती है।

श्री अरबिंदो के दर्शन से, हम कह सकते हैं कि अतिमानस का तात्पर्य है कि एक शिक्षक का कार्य मानव की जागृत चेतना के उत्थान के लिए एक अतिमानस की तरह कार्य करना चाहिए।

अतः विकल्प (B) सही है।

42. 'दस से पंद्रह वर्ष की आयु के दौरान विकास उसी दर से नहीं होता है जैसा कि पांच से दस वर्ष की आयु में होता है', विकास की असमान दर के सिद्धांत के अनुसार एक सही कथन है।

विकास शरीर के विभिन्न अंगों के लिए अलग-अलग दरों पर होता है या विकास की दर असमान होती है:

- विभिन्न शारीरिक और मानसिक लक्षणों का विकास निरंतर होता है लेकिन शरीर के सभी अंग एक ही दर से नहीं बढ़ते हैं।

- शरीर के कुछ क्षेत्रों में, विकास तेजी से हो सकता है जबकि अन्य में विकास धीमा हो सकता है।
- दस से पन्द्रह वर्ष की आयु में विकास उतनी गति से नहीं होता जितना पाँच से दस वर्ष की आयु में होता है।
- उदाहरण के लिए, मस्तिष्क 6 से 8 वर्ष की आयु के आसपास अपनी पूर्ण परिपक्वता प्राप्त कर लेता है, प्रारंभिक किशोरावस्था में पैर, हाथ और नाक अपने अधिकतम आकार तक पहुंच जाते हैं, जबकि किशोरावस्था के दौरान भी हृदय, यकृत और पाचन तंत्र विकसित होते हैं।

अत: विकल्प (D) सही है।

43. स्मरण करने की इच्छा विस्मृति का कारण नहीं है।

विस्मरण: लंबे समय तक स्मृति भंडार से जानकारी प्राप्त करना एक विफलता है। बहुत सी जानकारी लुप्त हो गई है लेकिन पर्याप्त बनी हुई है ताकि हमारे पास हमारे जीवन का अंशपूर्ण रिकॉर्ड हो। कभी-कभी जो हम सोचते हैं वह वास्तविक अर्थों में भुला दिया जाता है, क्योंकि इसे कभी भी कूट लेखन और पहली जगह में संग्रहीत नहीं किया जाता है।

विस्मरण का कारण: कई छात्रों की शिकायत होती है कि वे कक्षा में उपस्थित होने के बाद सामग्री को याद नहीं रखते हैं या पाठ के बाद भूल जाते हैं। इस कारण होता है:

- मानसिक द्वन्द: कई बार हम भूल जाते हैं कि स्मृति उन घटनाओं से मेल नहीं करती है जो घटित हुई थीं। यह रचनात्मक प्रक्रियाओं के कारण होता है यानी कूट लेखन के दौरान, याद रखने वाली जानकारी, समान सामग्री के कारण हस्तक्षेप।
- अधिगम में कमी, कुछ जानकारी संवेदी रजिस्टर से अल्पकालिक स्मृति तक नहीं पहुंचती है।
- अधिगम की दोषपूर्ण विधियाँ: अपर्याप्त कूट लेखन और पूर्वाभ्यास, जानकारी को अल्पावधि से दीर्घकालिक स्मृति में स्थानांतरित नहीं किया जा सकता है।

अत: विकल्प (B) सही है।

44. किशोरावस्था स्कूल में समाजीकरण की अनूठी आयु को संदर्भित करता है।

बचपन स्कूल में समाजीकरण की अनूठी आयु है क्योंकि इस स्तर पर बच्चा अपने जीवन में सीखों को सीखता है और उन्हें लागू करता है तथा स्कूल में सीखी गई चीजों या कार्य से वास्तविक जीवन की घटनाओं को संबंधित करता है।

अत: विकल्प (D) सही है।

45. शारीरिक विकास के पहलू:

- ऊंचाई और वजन: पूर्वस्कूली वर्षों के दौरान बच्चे तेजी से बढ़ते हैं, औसतन लगभग 6.35 सेमी ऊंचाई और हर साल 2.27 से 3.18 किलोग्राम वजन के बीच बढ़ते हैं। जैसे-जैसे पूर्वस्कूली बच्चा बड़ा होता है, प्रत्येक अतिरिक्त वर्ष के साथ ऊंचाई और वजन में वृद्धि का प्रतिशत घटता जाता है।
- शारीरिक अनुपात: बचपन में 'बेबी लुक' गायब हो जाता है। चेहरे की विशेषताएं छोटी रहती हैं। शरीर शंकु के आकार का हो जाता है। कंधे चौड़े होने लगते हैं। हाथ और पैर लंबे हो जाते हैं और हाथ और पैर बड़े हो जाते हैं। बचपन में पहली बार शरीर निर्माण में अंतर स्पष्ट होता है।
- मांसपेशियों का विकास: बच्चों की मांसपेशियां बड़ी, मजबूत और भारी हो जाती हैं। बड़ी और छोटी मांसपेशियां तेजी से विकसित होने लगती हैं। बच्चे चलने और कूदने, चढ़ाई और संतुलन जैसे सकल (बड़े) मोटर कौशल का प्रदर्शन करना सीखते हैं। वे ठीक (छोटे) मोटर कौशल जैसे ड्राइंग, स्ट्रिंग बीड्स या रंग करना भी सीखते हैं।

अत: विकल्प (D) सही है।

46. मानव जीवन में, किशोरावस्था का चरण बच्चों के अपने समकक्ष समूहों में शामिल होने का प्रतीक है।

किशोरावस्था बचपन और वयस्कता के बीच 10 से 19 वर्ष की आयु के बीच जीवन का चरण है। किशोरावस्था के दौरान, सहकर्मी समूहों को विभिन्न परिवर्तनों का सामना करना पड़ता है। किशोर अपने साथियों के साथ अधिक समय बिताते हैं और कम वयस्क पर्यवेक्षण चाहते हैं। इस समय के दौरान किशोरों का संचार भी बदल जाता है। वे अपने माता-पिता के साथ स्कूल और अपने करियर के बारे में बात करना पसंद करते हैं।

अत: विकल्प (C) सही है।

47. एक बच्चा जो 'टॉप' को 'पॉट' पढ़ता है, उसे डिस्लेक्सिया के रूप में जाना जाता है।

अधिगम अक्षमता को सुनने, बोलने, पढ़ने, लिखने, या गणितीय गणना करने की अपूर्ण क्षमता के रूप में परिभाषित किया जा सकता है। जब बुद्धि आधारित अपेक्षित और वास्तविक प्रदर्शन के बीच पर्याप्त अंतर होता है, तो अधिगम अक्षमता को मौजूद माना जाता है।

अत: विकल्प (C) सही है।

48. करण एक किशोर है, जो विद्रोही व्यवहार कर रहा है और हमेशा अपने दोस्तों से अलग रहता है। यह परिदृश्य आत्मघात का भयावह संकेत है।

आत्मघात के भयावह संकेत:

- अन्यथा उदास बच्चे में स्नेह का असामान्य प्रदर्शन
- दोस्तों से अलग-थलग अलगाव या संबंध-विच्छेद
- बहुत करीबी दोस्त के साथ प्यार की विफलता
- सहपाठियों और विद्रोही व्यवहार के साथ होने में कठिनाई
- घर से भागना, ड्रग या शराब का नशा
- हिंसात्मक व्यवहार और हिंसा के साथ स्थिर विचार (हिंसक दृश्यों को देखना चलचित्र)

अत: विकल्प (D) सही है।

49. मानव शरीर किशोरावस्था के दौरान कई बदलावों से गुजरता है। किशोरावस्था को यौवनावस्था भी कहा जाता है। यह वृद्धि की गति और किशोरावस्था परिवर्तन का समय है। ये परिवर्तन "यौवन" की शुरुआत को चिह्नित करते हैं।

लड़की के यौवन तक पहुंचने के निम्नलिखित लक्षण हैं:-

- वृद्धि तेज़ी से होती है।
- स्तन विकसित होते हैं।
- त्वचा तैलीय हो जाती है।
- कूल्हे चौड़े हो जाते हैं।
- कमर संकरी हो जाती है।
- बगल और जननांग या जघन बालों में वृद्धि होती है।
- बाहरी जननांग बढ़ जाते हैं।
- गर्भाशय और अंडाशय बढ़ जाते हैं।
- आवाज में बदलाव आता है।
- हार्मोनल परिवर्तन जो मुँहासे पैदा कर सकते हैं।
- डिंबोत्सर्जन होता है और मासिक धर्म शुरू होते है।

अत: विकल्प (C) सही है।

50. व्यवहार में स्थिरता किशोरावस्था की विशेषता नहीं है।

उच्च मानसिक विकारों वाले किशोर उच्च स्तर की अस्थिरता वाले घरों से आते हैं। सामाजिक अलगाव या सामाजिक तंत्र में नियंत्रित करने की अस्थिरता कई अलग-अलग प्रकार की समस्याओं और विकारों से जुड़ी हुई है, कई प्रकार की समस्याएं और विकार, अपराध और पीने की समस्या से लेकर अवसाद तक हैं।

अत: विकल्प (B) सही है।

51. जब शिक्षक शिक्षण शिक्षण के लिए रचनात्मक दृष्टिकोण का उपयोग करता है तो छात्र सार्थक और प्रभावी ढंग से सीखते हैं।

हालांकि, एक रचनावादी कक्षा में, छात्रों द्वारा संसाधनों का उपयोग एक उपकरण के रूप में किया जाएगा ताकि उन्हें दुनिया का पता लगाने और उन संदर्भों में अवधारणाओं के बारे में जानने में मदद मिल सके जिन्हें वे पहचान सकते हैं। सीखने के रचनावादी सिद्धांत को विकल्प के रूप में रखा गया था। बच्चे की सक्रिय भागीदारी और शिक्षक का एक सुविधा और प्रोत्साहन के रूप में कार्य इस सीखने के प्रतिमान के दो घटक हैं जो महत्वपूर्ण हैं।

एक रचनावादी कक्षा में समूह परियोजनाओं, सहयोगात्मक शिक्षण और सहकारी शिक्षण को हमेशा प्रोत्साहित किया जाता है। छात्र एक रचनावादी कक्षा में अवधारणाओं की एक मानसिक छवि बनाकर सीख सकते हैं, जहाँ सीखने को सार्थक और प्रभावी तरीके से किया जाता है। रचनावादी कक्षा में शामिल किए गए मामूली चुनौतीपूर्ण कार्यों को पूरा करने के लिए सभी छात्रों की भागीदारी आवश्यक है।

अतः विकल्प (B) सही है।

52. अच्छे कक्षा प्रबंधन की निम्नलिखित तकनीके हैं:

- रोकथामकारी तकनीकें
- शिक्षक-छात्र के बीच बेहतर संबंध
- रटन अनुशासन
- मुखर अनुशासन
- रचनावादी अनुशासन
- सांस्कृतिक रूप से प्रतिक्रियाशील कक्षा प्रबंधन
- तनाव, दंड अथवा ईनाम के बिना अनुशासन

अतः विकल्प (B) सही है।

53. उपचारात्मक शिक्षण का उपयोग धीमी गति से सीखने वालों के लिए किया जाता है। उपचारात्मक शिक्षण से तात्पर्य शिक्षण या निर्देशात्मक कार्य से है जो छात्रों (या व्यक्तिगत छात्र) को उनकी सामान्य या विशिष्ट कमजोरियों या नैदानिक परीक्षण या इस तरह के निदान के लिए किए गए कुछ अन्य उपायों के माध्यम से निदान अधिगम कठिनाइयों से छुटकारा पाने में मदद करने के लिए उपचारात्मक उपाय प्रदान करने के लिए किया जाता है।

अतः विकल्प (B) सही है।

54. प्रतिभाशाली छात्रों के लिए शिक्षण विधियां अमूर्त और रचनात्मक चिंतन दोनों प्रोत्साहित करती हैं।

अमूर्त चिंतन उन अवधारणाओं को समझने की क्षमता है जो वास्तविक हैं, लेकिन शारीरिक रूप से हमारे सामने मौजूद नहीं हैं जैसे कि स्वतंत्रता। रचनात्मकता एक घटना या एक प्रक्रिया है जिसमें एक व्यक्ति कुछ अभिनव और नए का निर्माण करता है जो अपरंपरागत चिंतन को बढ़ावा देता है।

अतः विकल्प (D) सही है।

55. निगमनात्मक अधिगम शिक्षा के प्रति शिक्षक-केंद्रित दृष्टिकोण का अधिक है। सामान्यीकरण और अवधारणाओं का परिचय सबसे पहले शिक्षार्थियों को दिया जाता है, और अधिगम के उदाहरणों और गतिविधियों का समर्थन करने के लिए सुझाव दिया जाता है। शिक्षक और छात्र के बीच न्यूनतम अन्तः क्रिया होती है, और आमतौर पर प्रयोग की जाने वाली शिक्षण विधि व्याख्यान विधि है।

निगमनात्मक विधि की विशेषताएं हैं:

- सामान्य से विशेष या अमूर्त से मूर्त की ओर।
- बच्चे को तथ्य दिए जाते हैं और विकास के सिद्धांत पर विचार नहीं किया जाता है।
- सूत्र तय किया जाता है और बच्चों को बिना तर्क के इसे याद करने के लिए कहा जाता है।
- बच्चों को अधिगम के लिए बनाया गया है और रटने की प्रक्रिया पर बहुत जोर दिया जाता है।

- यह एक नियम से शुरू होता है और इसमें अनुप्रयोग भाग अधिक होता है, करके सीखने के सिद्धांत की सराहना या पालन नहीं करता है।
- इसके लिए व्यक्तिगत शिक्षा की आवश्यकता होती है और इस प्रक्रिया में बच्चा निष्क्रिय होता है और एकतरफा प्रक्रिया होती है।
- शिक्षक और छात्र के बीच कम अन्तः क्रिया, छात्र केवल सुनता है लेकिन यह नहीं जानता कि हम ऐसा क्यों कर रहे हैं या इसका पालन कर रहे हैं।

उपरोक्त बिंदुओं से, हम यह निष्कर्ष निकाल सकते हैं कि उपरोक्त सभी गुण निगमनात्मक विधि के हैं।

अत: विकल्प (D) सही है।

56. कक्षा का वातावरण उन महत्वपूर्ण कारकों में से एक है जो अर्थपूर्ण अधिगम के लिए उत्तरदायी है और अधिगम के लिए आधिपत्य के लिए भी उत्तरदायी है। कक्षा का वातावरण अधिगम और अवधारणा के प्रति छात्र की रुचि और जिज्ञासा को तय करता है।

कक्षा का वातावरण:

- उच्च छात्र सहभागिता और भागीदारी पर ध्यान केंद्रित करने वाला होना चाहिए।
- सहभागी एवं सहयोगी होना चाहिए।
- शिक्षार्थी यह भी जानते हैं कि कक्षा का वातावरण सकारात्मक होने पर उन्हें व्यक्तिगत रूप से महत्व दिया जाता है।
- छात्रों को अन्वेषण करने और सीखने के लिए पर्याप्त स्वतंत्रता प्रदान की जानी चाहिए।
- सभी व्यक्तियों को उनकी आवश्यकताओं के अनुसार महत्व दिया जाता है, न कि उनके रूप, व्यक्तित्व और उपलब्धियों के अनुसार महत्व दिया जाता है।
- केवल उत्पाद की तुलना में पूरी प्रक्रिया को अधिक महत्व देना चाहिए।
- सुगम एवं मुक्त होना चाहिए।
- इस प्रकार इन सभी संदर्भों से हम यह मान सकते हैं कि यदि कक्षा का वातावरण सकारात्मक है तो सभी शिक्षार्थियों को व्यक्तिगत आधार पर महत्त्व दिया जाता है।

अत: विकल्प (A) सही है।

57. एक समय सारिणी एक विस्तृत योजना है जो विभिन्न विषयों और गतिविधियों के लिए समय आवंटन की अनुसूची दिखाती है। आमतौर पर, समय सारिणी को एक सप्ताह के लिए पूर्वरूप से तैयार किया जाता है, जिसे दोहराया जाना है। विद्यालय में सभी कार्य समय सारिणी के अनुरूप व्यवस्थित रूप से होते हैं

- शिक्षक की समय सारिणी: प्रत्येक शिक्षक को अपने स्वयं के कार्यक्रम की एक प्रति मिली है, जिसमें उनके शैक्षणिक और गैर-शैक्षणिक कार्यों का विवरण दिखाया गया है। प्रधानाध्यापक के मार्गदर्शन एवं पर्यवेक्षण के लिए विद्यालय के समस्त शिक्षकों के कार्यक्रम से युक्त समेकित समय सारिणी भी तैयार की जाती है। इस समय सारिणी की एक प्रति स्टाफ रूम में और दूसरी प्रति प्रधान कार्यालय में रखी जाती है।

समय सारिणी तैयार करने की शिक्षक की जिम्मेदारी

- निर्देशों और नीतियों का पालन किया जाएं।
- प्रत्येक शिक्षक विद्यालय के संसाधनों का अधिकतम उपयोग करे।
- व्यक्तिगत शिक्षकों की समय सारिणी मांगों के बीच संघर्ष को सौहार्दपूर्ण और निष्पक्ष रूप से हल किया जाएं।
- किसी भी शिक्षक के प्रति पक्षपात किए बिना समय सारिणी बनाए रखें।
- विशेष शिक्षा शिक्षकों को उचित रूप से कक्षाएं आवंटित की जाएं।

इसलिए, हम यह निष्कर्ष निकाल सकते हैं कि शिक्षक को बिना किसी पक्षपात के समय सारिणी तैयार करनी चाहिए।

अत: विकल्प (C) सही है।

58. वैधता और विश्वसनीयता मूल्यांकन के वस्तुनिष्ठ प्रकार की परीक्षण वस्तुओं के गुणों का प्रतिनिधित्व करती है:

- वैधता: अनास्तासी (1988) के अनुसार एक परीक्षण की वैधता का संबंध इस बात से है कि परीक्षण क्या मापता है और यह कितना अच्छा करता है। मूल्यांकन के वस्तुनिष्ठ प्रकार के परीक्षण मदों के मुख्य गुण की वैधता होती है।

- वस्तुनिष्ठता: विश्वसनीयता माप की एकरूपता या वह डिग्री है जिस तक एक उपकरण उसी तरह से मापता है जिस तरह से हर बार एक ही स्थिति में उसी विषय के साथ प्रयोग किया जाता है। विश्वसनीयता प्राप्त परीक्षण स्कोर में सही भिन्नता का अनुपात है। विश्वसनीयता भी मूल्यांकन के वस्तुनिष्ठ प्रकार के परीक्षण मदों का एक प्रमुख गुण है।

इसलिए, हम यह निष्कर्ष निकाल सकते हैं कि वैधता और विश्वसनीयता मूल्यांकन के वस्तुनिष्ठ प्रकार की परीक्षण वस्तुओं के गुणों को सही रूप से प्रदर्शित करते हैं।

अत: विकल्प (A) सही है।

59. शिक्षण एक व्यक्ति में ज्ञान और कौशल के प्रभावी संचरण से संबंधित प्रक्रिया है। यह उन तरीकों को सीमित करता है या बढ़ाता है जो अधिगमकर्ता स्वयं सीख कर अवधारणाओं और विचारों को आत्मसात करते हैं।

- शिक्षण तब और अधिक प्रभावी हो जाता है जब 'शिक्षार्थी-केंद्रित निर्देश' और 'अन्तःक्रियात्मक विधियों' का उपयोग किया जाता है जो छात्रों को अपने कार्य को नियंत्रित करने की स्वायत्तता प्रदान करता है।

- इन दृष्टिकोणों में, छात्र समस्याओं को हल करने के लिए, सहकारी-लचीले समूहों में कार्य करते हैं और किसी कार्य की समझ प्रदर्शित करने के लिए ग्रंथों का विश्लेषण करते हैं।

शिक्षण की विशेषताएं:

- शिक्षण एक त्रिआयामी प्रक्रिया है । शिक्षा की इस प्रक्रिया का मानना है कि बच्चे का विकास समाज में और समाज के माध्यम से होता है, जिसमें शिक्षक और बच्चे एक साथ रहते हैं।

- सक्रिय सहभागिता और छात्र की भागीदारी को शिक्षकों द्वारा वाद विवाद, समूह कार्यों, परियोजनाओं आदि के रूप में अन्तः प्रक्रियाओं की एक श्रृंखला के माध्यम से बढ़ावा दिया जाता है।

- शिक्षण एक उद्देश्यपूर्ण और प्रभाव-निर्देशित प्रक्रिया है जो शिक्षार्थियों के व्यवहार के वांछित परिवर्तनों पर पूर्ण होता है। जब आवश्यकताओं और लक्ष्यों को पूरा किया जाता है तब शिक्षण प्रभावी होता है।

इसलिए, हम यह निष्कर्ष निकाल सकते हैं कि शिक्षण प्रक्रिया केवल कक्षाओं तक ही सीमित है जो शिक्षण के विषय में सही नहीं है।

अत: विकल्प (D) सही है।

60. अभिप्रेरणा को समझने के प्रमुख उपागमों में से एक व्यवहारात्मक उपागम है।

- व्यवहारात्मक उपागम कक्षा में अभिप्रेरणा में बाहरी पुरस्कारों और दंड की भूमिका पर विचार करता है। इस उपागम के अनुसार, किसी विशेष व्यवहार को प्रोत्साहित करने या हतोत्साहित करने में प्रोत्साहन के रूप में सकारात्मक और नकारात्मक उद्दीपनों की भूमिका बहुत महत्वपूर्ण है। शिक्षण और अधिगम में पुनर्बलन की भूमिका को भी महत्वपूर्ण माना जाता है। यह उपागम शिक्षार्थियों की अभिप्रेरणा को बढ़ाने के लिए ग्रेड, सितारे, पुरस्कार, प्रमाणन, प्रशंसा आदि के उपयोग को बढ़ावा देता है।

- प्रोत्साहन छात्रों को अधिक उत्पादक होने के लिए प्रेरित करते हैं, क्योंकि वे छात्रों में गर्व की भावना को जाग्रत करते हैं।

- प्रोत्साहन यह सुनिश्चित करने की एक अद्वितीय विधि है कि छात्र अपने कार्य और अधिगम के लिए प्रेरित रहें।

इस प्रकार उपर्युक्त बिंदुओं से यह स्पष्ट है कि शिक्षकों को छात्रों को अधिगम में मदद करने के लिए प्रोत्साहन का प्रयोग करके अपने छात्रों में अधिगम के लिए अभिप्रेरणा को बढ़ावा देना चाहिए।

अत: विकल्प (A) सही है।

61. शिक्षकों का व्यावसायिक विकास कोई घटना नहीं है, बल्कि यह एक सतत प्रक्रिया है। अध्यापन का पेशा बहुत बदल गया है। भारत में, एनसीएफ-2005 ने शिक्षण-अधिगम प्रक्रिया में महत्वपूर्ण परिवर्तन किए हैं।

इसमें निर्देशात्मक, प्रशासनिक और प्रबंधन जैसी सहायता शामिल हो सकती है। एक शिक्षक एक दार्शनिक, मित्र और मार्गदर्शक के रूप में कार्य करता है जब वह बच्चे को जटिल अवधारणाओं को कुशलता से समझने के लिए नवीन तरीके विकसित करने में सहायता करता है।

इस प्रकार, यह निष्कर्ष निकाला गया है कि शिक्षक "समर्थन" अखंड नहीं है, बल्कि निर्देशात्मक, प्रशासनिक और प्रबंधन जैसी विभिन्न प्रकार की सहायता की एक बहुस्तरीय सरणी है।

अत: विकल्प (B) सही है।

62. एक शिक्षक विद्यार्थियों की तत्परता स्तर को विशेष प्रकरण से सम्बन्धित सृजनात्मक क्रियाकलाप को कक्षा में संगठित करवाकर बढ़ा सकता है क्योंकि:

- उद्देश्यपूर्ण सृजनात्मक क्रियाकलाप का समावेश अधिगम सार्थक और फलदायी बनाता है। यह कक्षा तीन के विद्यार्थियों के लिए शिक्षण का सबसे अच्छा तरीका है।

- सीखने में सृजनात्मक अभिव्यक्ति बच्चे की सक्रिय भागीदारी सुनिश्चित करती है और रचनात्मक सोच कौशल का निर्माण करके अवधारणा को कुशलता से आत्मसात करने की क्षमता विकसित करती है।

शिक्षण-अधिगम में सृजनात्मक क्रियाकलाप का रूप:

- लेखन: कविता, गीत, नाटक आदि।

- ग्राफिक आर्ट्स: पोस्टर, बैनर आदि डिजाइन करना।

- संगीत: पर्यावरण संदेशों से संबंधित गीत।

- गति और नृत्य: गैर-मौखिक कला का प्रदर्शन।

- कठपुतली: पर्यावरण संदेश प्रसारित करना।

इसलिए, यह निष्कर्ष निकाला जा सकता है कि विशेष प्रकरण से सम्बन्धित सृजनात्मक क्रियाकलाप को कक्षा में संगठित करवाना विद्यार्थियों की तत्परता स्तर को बढ़ाने का सबसे अच्छा तरीका होगा।

अत: विकल्प (A) सही है।

63. 'अधिगम' का अर्थ व्यवहार में अपेक्षाकृत स्थायी परिवर्तन है जो पर्यावरण के साथ अनुभव के परिणामस्वरूप होता है।

सभी व्यक्तियों के मामले में सीखना, पांच चरणों के माध्यम से आगे बढ़ता है। ये इस प्रकार हैं:

- अधिग्रहण: इस चरण के दौरान, व्यक्ति एक नया कार्य सीखता है।

- प्रवाह / प्रवीणता: इस चरण के दौरान, व्यक्ति नए कार्य को उच्च स्तर की सटीकता के साथ करना सीखता है।

- रखरखाव: इस चरण के दौरान, शिक्षण समाप्त होने के बाद भी व्यक्ति स्वतंत्र रूप से कार्य करने में सक्षम होता है।

- सामान्यीकरण: इस चरण के दौरान, व्यक्ति सीखे हुए कौशल/कार्यों को अन्य स्थितियों या वातावरणों के लिए सामान्य बनाना सीखता है; दूसरे शब्दों में, वह उन परिस्थितियों के अलावा अन्य स्थितियों में कार्य करने में सक्षम है जिनमें उसने इसे सीखा था।

- अनुकूलन: इस चरण के दौरान, शिक्षार्थी सीधे निर्देश या मार्गदर्शन के बिना आवेदन के एक नए क्षेत्र में पहले से सीखे गए कौशल को लागू करता है।

इसलिए, हम यह निष्कर्ष निकाल सकते हैं कि पाँचवाँ और अंतिम चरण "अनुकूलन" है।

अत: विकल्प (B) सही है।

64. शिक्षक दिवस पर भाषण देने से पहले, रमन दर्पण के सामने भाषण देकर अभ्यास करता है। वायगोत्स्की ने इस गतिविधि को निजी भाषण के रूप में वर्णित किया।

सामाजिक-सांस्कृतिक विकास के वायगोत्स्की सिद्धांत में, उन्होंने कहा कि बच्चे जो कौशल पहले सीखते हैं, वे दूसरों के साथ परस्पर क्रिया से संबंधित होते हैं और वे फिर उस जानकारी को प्राप्त करते हैं और इसका उपयोग अपने भीतर करते हैं। अपने सिद्धांत में, वायगोत्स्की ने तीन प्रमुख क्षेत्रों का उल्लेख किया:

निजी भाषण: यह तब होता है जब बच्चे खुद से बात करते हैं। बच्चे कार्रवाई के माध्यम से खुद को निर्देशित करने के तरीके के रूप में खुद से बात करते हैं।

निकटवर्ती विकास का क्षेत्र: यह एक व्यक्ति के वास्तविक विकास के स्तर के बीच की खाई है जो स्वतंत्र समस्या को हल करने के द्वारा निर्धारित की जाती है, और संभावित विकास के स्तर को वयस्क के मार्गदर्शन में या अधिक सक्षम साथियों के साथ समस्या-समाधान के माध्यम से निर्धारित किया जाता है। इसमें ढांचा-निर्माण भी शामिल है।

अत: विकल्प (A) सही है।

65. इंस्टिंक्ट थ्योरी ऑफ़ मोटिवेशन का प्रतिपादन विलियम मैकडॉगल ने किया था। इस सिद्धांत के अनुसार, वृत्ति सभी व्यवहारों को चलाती है और मैकडॉगल ने वृत्ति को उद्देश्यपूर्ण और लक्ष्य-निर्देशित के रूप में देखा।

इस सिद्धांत में, मैकडॉगल ने सुझाव दिया कि:

- सभी जीव प्राकृतिक जैविक प्रवृत्ति के साथ पैदा होते हैं जो उन्हें जीवित रहने में सहायता करते हैं।

- प्रत्येक व्यक्ति में वृहत्तर या उससे कम डिग्री में वृत्ति होती है जो व्यवहार के प्रमुख निर्धारक होते हैं।

- जैसे: शिशुओं में एक जन्मजात रूटिंग रिफ्लेक्स होता है जो उन्हें नीपल की खोज करने और पोषण प्राप्त करने में मदद करता है।

इसलिए, यह निष्कर्ष निकाला जा सकता है कि 'इंस्टिंक्ट थ्योरी ऑफ़ मोटिवेशन' को मैकडॉगल द्वारा प्रस्तावित किया गया था।.

अत: विकल्प (C) सही है।

66. डिस्लेक्सिया, जिसे पठन विकार के रूप में भी जाना जाता है, एक विकार है जो अन्यथा अप्रभावित बुद्धि वाले व्यक्तियों में पढ़ने में कठिनाई की विशेषता है। अलग-अलग लोग अलग-अलग डिग्री से प्रभावित होते हैं। समस्याओं में शब्दों की वर्तनी में कठिनाइयाँ, जल्दी से पढ़ना, शब्दों को धाराप्रवाह लिखना, सिर में "साउंड आउट" शब्द, ज़ोर से पढ़ते समय शब्दों का उच्चारण करना और जो पढ़ता है उसे समझना शामिल हो सकता है।

श्रवण दोष का तात्पर्य सुनने की अक्षमता या सीमित क्षमता से है। कुछ श्रवण बाधित छात्रों में हल्की सुनवाई हानि होती है और वे ध्वनि को बढ़ाने के लिए श्रवण यंत्रों का उपयोग करने में सक्षम हो सकते हैं, जबकि अन्य को एक या दोनों कानों में कोई ध्वनि धारणा नहीं होती है।

रचनात्मक शिक्षार्थी आंतरिक रूप से प्रेरित और स्वतंत्र होते हैं; जब वे किसी कार्य या सृजन में रुचि रखते हैं, तो वे इसे वयस्कों से बहुत कम सहायता के साथ देखेंगे। वे जो कुछ भी काम कर रहे हैं उसके बारे में भी गहराई से सोचते हैं और पारंपरिक विषयों में गहराई के नए स्तरों के साथ आएंगे।

अटेंशन डेफिसिट एक सामान्य विकार है जिसके परिणामस्वरूप अक्सर सीखने में कठिनाई होती है। इस विकार वाले लोग आवेगपूर्ण कार्य करते हैं और आसानी से विचलित हो जाते हैं।

अत: विकल्प (B) सही है।

67. 'b' को 'd', 'was' को 'saw', '21' को '12' के रूप में लिखना सीखने की अक्षमता वाले बच्चे की पहचान है। सीखने की अक्षमता आनुवंशिक और/या न्यूरोबायोलॉजिकल कारकों के कारण होती है जो मस्तिष्क के कामकाज को इस

तरह से बदल देती है जो सीखने से संबंधित एक या एक से अधिक संज्ञानात्मक प्रक्रियाओं को प्रभावित करता है। ये प्रसंस्करण समस्याएं बुनियादी कौशल जैसे पढ़ना, लिखना और/या गणित सीखने में बाधा उत्पन्न कर सकती हैं। वे संगठन, समय नियोजन, अमूर्त तर्क, लंबी या अल्पकालिक स्मृति और ध्यान जैसे उच्च स्तर के कौशल में भी हस्तक्षेप कर सकते हैं।

अत: विकल्प (C) सही है।

68. मानसिक स्वास्थ्य एक गतिशील प्रक्रिया है जिसमें एक व्यक्ति के शारीरिक, संज्ञानात्मक, भावात्मक, व्यवहारिक और सामाजिक आयाम एक दूसरे और पर्यावरण के साथ कार्यात्मक रूप से परस्पर क्रिया करते हैं।

मानसिक स्वास्थ्य की परिभाषा मनोवैज्ञानिक, मनोवैज्ञानिक और मनोचिकित्सक ने मानसिक स्वास्थ्य को अलग-अलग तरह से परिभाषित किया है।

- एच.बी. अंग्रेजी, एक मनोवैज्ञानिक के रूप में परिभाषित किया गया है "मानसिक स्वास्थ्य एक अपेक्षाकृत स्थायी स्थिति है जिसमें व्यक्ति अच्छी तरह से समायोजित होता है, श्रमिकों के रहने के लिए एक उत्साह होता है, और आत्म-वास्तविकता या आत्म-साक्षात्कार प्राप्त कर रहा है; यह एक सकारात्मक स्थिति है और केवल मानसिक अनुपस्थिति नहीं है विकार"।

- जे.ए. हैडफील्ड (1952) : मानसिक स्वास्थ्य संपूर्ण व्यक्तित्व का पूर्ण और सामंजस्यपूर्ण कार्य है।

- कार्ल मेरिंगर, एक मनोचिकित्सक का कहना है कि "हम मानसिक स्वास्थ्य को दुनिया के लिए और एक दूसरे के लिए अधिकतम प्रभावशीलता और खुशी के साथ मनुष्य के समायोजन के रूप में परिभाषित करते हैं। न केवल दक्षता, या सिर्फ संतोष - या नियमों का पालन करने की कृपा खेल खुशी से, यह सब एक साथ। यह हमेशा गुस्सा, एक सतर्क बुद्धि, सामाजिक रूप से विचारशील व्यवहार, और एक खुश स्वभाव बनाए रखने की क्षमता। यह, मुझे लगता है, एक स्वस्थ दिमाग है"।

अतः विकल्प (B) सही है।

69. बच्चे द्वारा जीवन कौशल का अर्जन: यह सबसे महत्वपूर्ण विकल्प है। विद्यालयों को बच्चे के विकास से संबंधित होना चाहिए जिसमें शिक्षाविदों के अलावा जीवन कौशल शामिल हैं, विद्यालय ऐसे स्थान हैं जहां बच्चे एक दूसरे से जुड़ना सीखते हैं, सामाजिक कौशल विकसित करते हैं, और घर के बाहर अपना पहला संबंध बनाते हैं। जीवन कौशल उन्हें अपने समग्र विकास को विकसित करने और समाज का संचालन करने में मदद करते हैं।

अतः विकल्प (B) सही है।

70. सामुदायिक विकास के प्रयासों का एक लंबा इतिहास है जो स्वतंत्रता पूर्व के समय से संबंधित है। कुछ कार्यक्रम - बॉम्बे राज्य के सेवाग्राम और सर्वोदय ग्रामीण विकास के प्रयोग, इटावा और गोरखपुर की प्रायोगिक परियोजना जैसे थे। ये प्रयास नई तकनीकों की इच्छा, नए प्रोत्साहन और विकासात्मक कार्य करने के लिए आत्मविश्वास के कारण थे।

अतः विकल्प (A) सही है।

71. समुदाय एक ही समूह से संबंधित या समान हितों को साझा करने वाले लोगों के समूह को संदर्भित करता है।

क्षमता-निर्माण प्रक्रिया जिसके माध्यम से समुदाय के व्यक्ति, समूह या संगठन उनके विकास में भाग लेते हैं, सामुदायिक संघटन कहलाते हैं। यह सामुदायिक विकास के उद्देश्य से आम कार्रवाई के लिए सहयोगात्मक प्रयासों या गठबंधनों में व्यक्तियों और समूहों को एक साथ लाता है।

अतः विकल्प (C) सही है।

72. एक नेता के रूप में शिक्षक:

- नेतृत्व का एक महत्वपूर्ण पहलू कर्मचारियों के विकास का भी है। इस संबंध में यह उल्लेख करना महत्वपूर्ण है कि एक अच्छा नेता एक अच्छा शिक्षक भी हो सकता है।

- सहयोगी शिक्षण समुदाय बनाने के लिए अन्य शिक्षकों में निर्णय साझा करना और नेतृत्व विकसित करना हाल ही के दिनों में प्रधानाध्यापकों की महत्वपूर्ण भूमिकाओं में से एक के रूप में उभरा है।

- कई शोध अध्ययनों ने विद्यालय सुधार में सहयोगी समुदायों के निर्माण के महत्व की जांच की है और निष्कर्ष निकाला है कि सामुदायिक निर्माण पर ध्यान देने से शिक्षकों में वृद्धि होती है।

- प्रधानाध्यापक को व्यवहार में, परिवर्तन कारक के रूप में संकाय की धारणा को प्रदर्शित करने की आवश्यकता होती है अन्यथा उसके द्वारा परिवर्तन की दिशा में प्रयासों को विफल करने के लिए अपने स्थितिगत अधिकार का उपयोग करने की संभावना है।

- ऐसी स्थिति में जब नेता का सामना एक निश्चित व्यक्ति से हो समुदाय के सदस्य में तत्परता का स्तर, उसे जिम्मेदारियों को वितरित करने के कौशल को भी विकसित करने की आवश्यकता होगी ताकि समुदाय के सदस्य हमारे कार्यों को प्रभावी ढंग से कर सकें। कर्मचारियों के आकार के कारण माध्यमिक विद्यालयों में सहयोगात्मक समुदाय निर्माण विशेष रूप से उपयोगी है।

उपर्युक्त बिंदुओं से यह स्पष्ट है कि नेतृत्व के सहभागी कार्यों के संबंध में I तथा II दोनों सही है।

अत: विकल्प (B) सही है।

73. प्रत्येक विद्यालय अपने छात्रों को नेतृत्व की कला में प्रशिक्षित करने के लिए कठिन परिश्रम करता है क्योंकि सभी छात्र अपने संवैधानिक अधिकारों और कर्तव्यों के बारे में जानेंगे।

किसी संगठन में लोगों के समूह का नेतृत्व करने की गतिविधि या ऐसा करने की क्षमता को नेतृत्व कहा जाता है। नेतृत्व किसी भी समूह या संगठन के लिए आवश्यक है।

- नेतृत्व में एक दृष्टिकोण स्थापित करना और उसे कर्मचारियों या समूह के साथ साझा करना शामिल है ताकि वे नेता का अनुसरण करने और संगठन के दृष्टिकोण और लक्ष्यों को प्राप्त करने के लिए तैयार हों।

- नेतृत्व को सैद्धांतिक रूप से नहीं सिखाया जा सकता है। यह व्यावहारिक रूप से सीखा जाता है और अनुभव और उचित अनुशिक्षण के साथ बढ़ाया जाता है।

- बिना किसी दृष्टि और नवाचार के एक नेता कभी भी कर्मचारियों को उनकी अधिकतम क्षमता तक पहुंचने के लिए उचित रूप से प्रेरित और नेतृत्व करने में सक्षम नहीं होगा। संगठन आगे बढ़ने और अधिक ऊंचाइयों को प्राप्त करने में सक्षम नहीं होगा।

अत: विकल्प (C) सही है।

74. विद्यालय औपचारिक शिक्षा के लिए एक एजेंसी है जिसकी अपनी संरचना और संगठन है। यह राज्य द्वारा निर्धारित नियमों और विनियमों द्वारा शासित होता है।

- यह प्रभावी शिक्षण-अधिगम की प्रक्रिया के लिए पर्याप्त सीखने का माहौल प्रदान करने के लिए डिज़ाइन किया गया स्थान है। यह एक लघु समाज है जहाँ बच्चे अपने पर्यावरण के साथ अंत:क्रिया करके सीखते हैं।

शिक्षा के लक्ष्यों को प्राप्त करने में विद्यालय की भूमिका:

- ज्ञान, मूल्यों, रीति-रिवाजों आदि का संरक्षण करना।
- सांस्कृतिक परिवर्तन के लिए यन्त्र का कार्य करना।
- सामाजिक विकास के तरीके और साधन सुझाना।
- बच्चों को उनकी भविष्य की भूमिकाएं निभाने के लिए सामाजिक बनाना।
- हमारी सांस्कृतिक विरासत को संरक्षित व प्रेषित करना।
- 'सम्पूर्ण बालक' को उसके उच्चतम स्तर तक विकसित करना।
- बच्चों को साक्षर बनाना और मानव संसाधन विकसित करना।

- मूल्यों, मानदंडों, विश्वासों और परंपराओं को प्राप्त करने में शिक्षार्थियों की मदद करना।

- बातचीत के माध्यम से शिक्षार्थियों में सामाजिक भूमिकाओं के बारे में अनौपचारिक संकेत देना।

- विद्यार्थियों को अपनी सीखने की रणनीति को बढ़ावा देने के पर्याप्त अवसर प्रदान करना।

इसलिए, यह निष्कर्ष निकाला जा सकता है कि शिक्षा के लक्ष्यों को प्राप्त करने में विद्यालय की भूमिका के बारे में जातिवाद के कारण विद्यार्थी में बुरी भावना का विकास करना गलत है।

अत: विकल्प (D) सही है।

75. Aएक शिक्षक विद्यार्थियों को समझाते हैं कि उन्हें दूसरों के दृष्टिकोण से उत्तेजित नहीं होना चाहिए भले ही उनके दृष्टिकोण स्वयं से विपरीत क्यों न हों। वह विद्यार्थियों के संवेगात्मक विकास पक्ष पर ध्यान दे रहा है

- संवेगात्मक विकास: यह वह प्रक्रिया है जिसमें मनोभावों और भावनाओं को शामिल किया जाता है, तथा यह समझा जाता है कि ये प्रक्रिया कैसे होती है।

- संज्ञानात्मक विकास:- इसका अर्थ है कि बच्चे कैसे सोचते हैं, कैसे विश्लेषण करते हैं और कैसे चीजों का पता लगाते हैं।

- शारीरिक विकास:- यह मस्तिष्क के साथ-साथ शरीर की भी वृद्धि और विकास है।

- सामाजिक विकास:- यह वह प्रक्रिया है जिसके द्वारा बच्चे समाज के बारे में सीखते हैं और उसमें कार्य करने के उचित तरीके को प्राप्त करते हैं।

इसलिए, यह निष्कर्ष निकाला जाता है कि एक शिक्षक छात्रों को पढ़ा रहा है कि उन्हें दूसरों के दृष्टिकोणों से उत्तेजित नहीं होना चाहिए, भले ही वे दृष्टिकोण उनके दृष्टिकोणों के विरुद्ध हों। वह उनके संवेगात्मक विकास का ख्याल रख रहे हैं।

अत: विकल्प (B) सही है।

76. मानव ज्ञान के विकास के आधार पर अनुमानित चरणों की एक श्रृंखला के माध्यम से समाज की प्रगति सामाजिक परिवर्तन के रूप में जानी जाती है।

सामाजिक परिवर्तन की कुछ अक्सर उद्धृत परिभाषाएँ इस प्रकार हैं:

- अगस्टे कॉम्टे: समाज मानव ज्ञान के विकास के आधार पर पूर्वानुमानित चरणों की एक श्रृंखला के माध्यम से प्रगति करता है।

- एंडरसन और पार्कर: सामाजिक परिवर्तन में सामाजिक रूपों या प्रक्रियाओं की संरचना या कार्यप्रणाली में परिवर्तन शामिल हैं।

- डेविस: सामाजिक परिवर्तन से तात्पर्य केवल ऐसे परिवर्तनों से है जो सामाजिक संगठन अर्थात् समाज की संरचना और कार्यों में होते हैं।

- गिलिन और गिलिन: सामाजिक परिवर्तन जीवन के स्वीकृत तरीकों से भिन्न हैं; चाहे ये भौगोलिक परिस्थितियों में परिवर्तन के कारण हो या सांस्कृतिक उपकरणों में या जनसंख्या की संरचना आदि के कारण हों।

इसलिए, हम यह निष्कर्ष निकाल सकते हैं कि उपरोक्त कथन सामाजिक परिवर्तन को दर्शाता है।

अत: विकल्प (B) सही है।

77. एक प्रभावी शिक्षक होने के लिए, एक व्यक्ति को कई व्यक्तिगत गुणों और पेशेवर दक्षताओं को विकसित करना पड़ता है जो कि बहुत अधिक हैं और एक शिक्षक द्वारा अपने दम पर हासिल करने के लिए बहुत जटिल हैं।

- एक व्यक्ति जो शिक्षक बनना चाहता है उसे न केवल शुरुआत में बल्कि समय-समय पर प्रशिक्षित करने की आवश्यकता होती है ताकि वह स्वयं को सामयिक बना सके।

शिक्षण से पहले, शिक्षक के प्रशिक्षण में शामिल हैं:

- भावी शिक्षक को शिक्षा के उद्देश्यों और उद्देश्यों के बारे में उचित समझ प्रदान करना।

- उन्हें विषय वस्तु की योजना बनाने और प्रस्तुत करने में सक्षम बनाने के लिए जो रुचि, उद्देश्य की भावना और छात्र विकास की समझ को बढ़ावा देगा

- समझ, रुचि, दृष्टिकोण और कौशल विकसित करने के लिए, जिससे वह अपनी देखरेख में बच्चों के सर्वांगीण विकास को बढ़ावा दे सके।

उद्देश्य पूरे करने के लिए कदम हैं, पाठ योजनाएं बुनियादी मॉडल हैं जिनके अनुसार शिक्षण किया जाता है, और छात्र; रुचियां बता रही हैं कि शिक्षण को अधिक प्रभावी बनाने के लिए क्या उपाय अपनाए जा सकते हैं।

इसलिए, शिक्षक को उद्देश्यों की पहचान करनी चाहिए, अद्वितीय पाठ योजनाएँ तैयार करनी चाहिए और शिक्षण से पहले छात्र की रुचियों के बारे में जानकारी एकत्र करनी चाहिए।

अत: विकल्प (D) सही है।

78. साहित्य और शास्त्रीय भाषाओं पर ध्यान केंद्रित करने वाले विश्वविद्यालयों की संख्या में संकुचन भारतीय भाषाओं, कला और संस्कृति के प्रचार की दिशा में एक महत्वपूर्ण कदम नहीं है।

भारतीय भाषाओं, कलाओं और संस्कृति का संवर्धन:

- भारत संस्कृति का खजाना है, जो हजारों वर्षों से विकसित है और कला, साहित्य, रीति-रिवाजों, परंपराओं, भाषाई अभिव्यक्तियों आदि के रूप में प्रकट होती है।

- भारतीय कला और संस्कृति का प्रचार न केवल राष्ट्र के लिए बल्कि व्यक्ति के लिए भी महत्वपूर्ण है। भाषा कला और संस्कृति से अटूट रूप से जुड़ी हुई है।

भारतीय भाषाओं, कला और संस्कृति को बढ़ावा देने की दिशा में महत्वपूर्ण कदम हैं:

सभी उम्र के लोगों को छात्रवृत्ति:

- स्थानीय स्नातकोत्तर या उच्च शिक्षा प्रणाली के साथ भारतीय भाषाओं, कला और संस्कृति का अध्ययन करने के लिए सभी उम्र के लोगों के लिए छात्रवृत्ति की स्थापना की जाएगी।

- सभी भारतीय भाषाओं में जीवंत कविता, उपन्यास, गैर-किताबें, पाठ्यपुस्तक, पत्रकारिता और अन्य कार्यों को सुनिश्चित करने के लिए जैसे कि भारतीय भाषाओं में उत्कृष्ट कविता और गद्य आदि के लिए प्रोत्साहन पुरस्कार स्थापित किए जाएंगे।

IITI की स्थापना:

- विभिन्न भारतीय और विदेशी भाषाओं में जनता को उच्च गुणवत्ता वाली शिक्षण सामग्री और अन्य महत्वपूर्ण लिखित और बोली जाने वाली सामग्री उपलब्ध करने के लिए अनुवाद और व्याख्या के प्रयासों का तत्काल विस्तार करने के लिए भारतीय अनुवाद और व्याख्या संस्थान (IITI) की स्थापना की जाएगी।

- ऐसा संस्थान देश के लिए एक महत्वपूर्ण सेवा प्रदान करेगा, साथ ही साथ कई बहुभाषी भाषा और विषय विशेषज्ञों और अनुवाद और व्याख्या में विशेषज्ञों को नियुक्त करेगा, जो सभी भारतीय भाषाओं को बढ़ावा देने में मदद करेगा।

भारतीय भाषाओं में प्रवीणता:

- भारतीय भाषाओं को उनका उचित ध्यान और देखभाल नहीं मिली है। भारतीय भाषाओं का प्रचार तभी संभव है जब उनका उपयोग नियमित रूप से किया जाए और उनका उपयोग शिक्षण और सीखने के लिए किया जाए।

- भारतीय भाषाओं में दक्षता को रोजगार के अवसरों के लिए योग्य मापदंडों के हिस्से के रूप में शामिल किया जाएगा, ताकि भारतीय भाषा दैनिक जीवन का हिस्सा बन सके।

अत: विकल्प (B) सही है।

79. राष्ट्रीय शिक्षा नीति 2020 का केंद्रीय फोकस बहुआयामी और समग्र शिक्षा पर है। NEP 2020 प्राथमिक शिक्षा से उच्च शिक्षा के साथ-साथ ग्रामीण और शहरी भारत दोनों में व्यावसायिक प्रशिक्षण के लिए एक व्यापक रूपरेखा है। इसका उद्देश्य पाठ्यचर्या एकीकरण के तरीकों में है जो विविध दृष्टिकोणों को उजागर करता है जो विभिन्न विषयों को किसी विषय, विषय या मुद्दे को चित्रित करने के लिए ला सकते हैं।

NEP 2020 समग्र शिक्षा प्रदान करके विकासशील छात्रों के भविष्य के लक्ष्यों को प्राप्त करने, जिज्ञासा को बढ़ावा देने, मूल्य संवर्धन और कौशल विकास पर भी ध्यान केंद्रित करता है।

अत: विकल्प (B) सही है।

80. राष्ट्रीय पाठ्यचर्या रूपरेखा - 2005 का मुख्य दर्शन बिना बोझ के सीखना है। इसका उद्देश्य गतिविधियों को बढ़ावा देकर सीखने को एक आनंदमय अनुभव बनाना है न कि पाठ्यपुस्तकों पर निर्भर रहना।

एनसीएफ ने सिफारिश की कि बच्चों को प्रदर्शन और विफलता के किसी भी दबाव के बिना प्राकृतिक वातावरण में सीखना चाहिए। एनसीएफ आजीवन स्व-शिक्षा और कौशल विकास के अवसर सहित सीखने की गुणवत्ता को बढ़ावा देने पर भी ध्यान केंद्रित करता है।

अत: विकल्प (B) सही है।

General English

Ques (1-2):Directions: The question consist of an underlined word followed by four words (A), (B), (C), and (D). Select the option that is opposite in meaning to the underlined word and mark your response accordingly.

Q.1 He is essentially a <u>crude</u> person.

[UPSC NDA, 2022]

A. Coarse
B. Refined
C. Eager
D. Balanced

Q.2 His <u>confidence</u> is high.

[UPSC NDA, 2022]

A. Diffidence
B. Eagerness
C. Steadfastness
D. Endurance

Q.3 Direction: Identify the subject of the verb in the following sentence.

Every boy along with his parents is waiting in the next room.

[UPTET Social Studies, 2019], [UPTET Science and Maths, 2019]

A. Every boy along with his parents
B. His parents
C. Boy along with
D. Every

Q.4 Direction: Choose the correct alternative which will improve the part of the sentence given in quotes.

Sumithra 'would have missed' the cab if she had not hurried.

[SSC Sub Inspector (CPO), 2018], [SSC Sub Inspector (CPO), 2017]

A. Would have missing
B. Would has missing
C. Missed
D. No improvement

Ques (5-6):Direction: Select the most appropriate meaning of the given idiom.

Q.5 It's not rocket science
A. It's not complicated
B. It's very complicated
C. Don't give up
D. Tell something briefly

Q.6 Once in a blue moon
A. You have to work hard in order to see results
B. Not holding someone responsible for something
C. Something that doesn't happen very often
D. When the colour of moon changes to blue

Q.7 Directions: Each of the following items in this section has a sentence with three parts labelled as (a), (b) and (c). Read each sentence to find out whether there is any error in the given parts and indicate your response corresponding letter i.e., (a) or (b) or (c). if you find no error, your response should be indicated as (d).

a) I cannot
b) cope up
c) with the pressure
d) No error

[UPSC NDA, 2020]

A. (a)
B. (b)
C. (c)
D. (d)

Q.8 Direction: Choose the word that can substitute the given sentence.

A book of names and addresses

[SSC MTS, 2019]

A. Diary
B. Directory
C. Dictionary
D. Journal

Ques (9-10):Direction. Read the passage given below and answer the questions/complete the statements that follow by choosing the best options from the given ones.

1. Too many parents these days can't say no. As a result, they find themselves raising 'children, who respond greedily to the advertisements aimed right at them. Even after getting what they want they are not satisfied as they want more. Now, growing number of psychologists, educators and parents think it's time to stop the madness and start teaching kids about what is important e.g. values like hard work, contentment, honesty and compassion.

2. The struggle to set limits has never been tougher and the stakes have never been higher. One recent study of adults who were over indulged as children, paints a discouraging picture of their future: when given too much too soon, they grow up to be adult who have difficulty coping with life's disappointments. They also have a distorted sense of entitlement that gets in the way of success in the workplace and in relationships.

3. Psychologists say that parents who overindulge their kids, set them up to be more vulnerable to future anxiety and depression. Today's parents themselves raised on values of thrifty and self-sacrifice, grew up in a culture where 'no' was a household word. By every measure, parents are shelling out record amounts.

4. Today's parents want to have closer relationship with their own children. They work more hours and at the end of a long week, it's tempting to buy peace with 'yes' and not mar precious family time with conflict. Anxiety about future is another factor. How do well-intentioned parents say 'no' to sports gear and all such things which they believe will help their kids thrive in an increasingly competitive world? Experts agree: too much love won't spoil a child. Too few limits will.

Q.9 What does the author want the limits to be set for?
A. Hard work
B. Material benefits
C. Compassion
D. Competitive Spirit

Q.10 The focus of today's advertisement is mainly on:
A. Adults
B. Women
C. Children
D. Toddlers

General Hindi

Q.11 नदी _______ संज्ञा है।
A. व्यक्तिवाचक
B. जातिवाचक
C. भाववाचक
D. नामवाचक

Q.12 मरीची – मरिचि शब्द युग्म का अर्थ क्या है?
A. साँप – बैल
B. सूर्य – किरण
C. मस्तक – रहस्य
D. झगड़ा- विधवा

Q.13 निर्देश: सबसे उपयुक्त विकल्प का चयन करके निम्नलिखित प्रश्नों के उत्तर दें।
कक्षा IV के छात्र शिक्षक होने पर त्रुटिपूर्ण उपयोग या वाक्य निर्माण को पहचान सकते हैं:
A. उन्हें बताता है कि कुछ गलत है
B. संभव सुधार के रूप में विकल्प देता है
C. उन्हें सुधार खोजने दें
D. कुछ सतह त्रुटियों पर केंद्रित है

Q.14 इनमें से आलवार महिला संत का नाम क्या है?
[UP Police Sub Inspector, 2021]

A. गार्गी
B. अपाला
C. आण्डाल
D. राबिया

Ques (15-16):निर्देश - निम्नलिखित गद्यांश को ध्यानपूर्वक पढ़कर दिए गए प्रश्नों के सबसे उपयुक्त विकल्प को चुनकर उत्तर दीजिए।

नीलकंठ और राधा की सबसे प्रिय ऋतु तो वर्षा ही थी। मेघों के उमड़ आने से पहले ही वे हवा में उसकी सजल आहट पा लेते थे और तब उनकी मंद केका की गूंज-अनुगूँज तीव्र से तीव्रतर होती हुई मानो बूँदों के उतरने के लिए सोपान-पंक्ति बनने लगती थी। मेघ गर्जन के ताल पर ही उसके तन्मय नृत्य का आरम्भ होता और फिर मेघ जितना अधिक गरजता, बिजली जितनी अधिक चमकती, बूँदों की रिमझिमाहट जितनी तीव्र होती जाती, नीलकंठ के नृत्य का वेग उतना ही अधिक बढ़ता जाता और उसी केका का स्वर उतना ही मंद से मंदतर होता जाता। वर्षा के थम जाने पर वह दाहिने पंजे पर दाहिना पंख और बाएँ पर बायाँ पंख फैलाकर सुखाता। कभी-कभी वे दोनों एक-दूसरे के पंखों से टपकने वाली बूँदों को चोंच से पी-पीकर पंखों का गीलापन दूर करते रहते। इस आंदोन्सव की रागिनी में बेमेल स्वर कैसे बज उठा, यह भी एक करुण कथा है। एक दिन मुझे किसी कार्य से नखासकोने से निकलना पड़ा और बड़े मियाँ ने पहले के समान कार को रोक लिया। एक बार किसी पिंजड़े की ओर नहीं देखूँगी, यह संकल्प करके मैंने बड़े मियाँ की विरल दाढ़ी और सफ़ेद डोरे से कान में बँधी ऐनक को ही अपने ध्यान का केंद्र बनाया।

Q.15 गद्यांश में नीलकंठ शब्द किसके लिए प्रयुक्त हुआ है?
A. शुतुरमुर्ग के लिए
B. नीलकंठ के लिए
C. मोर के लिए
D. पपीहा के लिए

Q.16 'हवा में उसकी सजल आहट' का भाव है:
A. हवा में पानी की बूंदों का होना
B. हवा में नमी का अहसास
C. हवा में धूल का अहसास
D. खूब जोरदार बारिश का होना

Q.17 इनमें से मध्यम पुरुषवाचक सर्वनाम का उदाहरण कौन-सा है?
[UP Police Sub Inspector, 2021]

A. मैं
B. तू
C. वह
D. उपरोक्त सभी

Q.18 निम्नलिखित में से कौन सा शब्द तत्सम नहीं है?
[UPSSSC Junior Assistant, 2020]

A. परतीत
B. प्रतीत
C. प्रतिमान
D. प्रतिबिम्ब

Q.19 क्ष, त्र, ज़ किस वर्ग के वर्ण हैं?
A. स्पर्श व्यंजन
B. संयुक्त व्यंजन

C. अनुनासिक
D. स्वर

Q.20 'साकार' का विलोम शब्द दिए हुए विकल्पों में से कौन-सा है?
A. विकार
B. निराकार
C. आकार
D. प्रकार

General Awareness & Current Affairs

Q.21 निम्नलिखित में से किस राष्ट्रीय उद्यान में आठ अफ्रीकी चीतों को स्थानांतरित किया गया था?
A. कुनो पालपुर नेशनल पार्क
B. जिम कॉर्बेट नेशनल पार्क
C. रणथंभौर नेशनल पार्क
D. काजीरंगा नेशनल पार्क

Q.22 निम्नलिखित में से किस मंत्रालय के पवेलियन को 41वें भारत अंतर्राष्ट्रीय व्यापार मेला 2022 में "सार्वजनिक संचार और पहुंच में उत्कृष्ट योगदान" के लिए सम्मानित किया गया है?
A. गृह मंत्रालय
B. स्वास्थ्य एवं परिवार कल्याण मंत्रालय
C. वाणिज्य मंत्रालय
D. शिक्षा मंत्रालय

Q.23 निम्नलिखित में से कौन सा कथन उन्नीसवीं शताब्दी की पहली छमाही के दौरान भारत पर औद्योगिक क्रांति के प्रभाव को सही ढंग से बताता है?
[UPSC Prelims, 2020]

A. भारतीय हस्तशिल्प बर्बाद हो गए।
B. बड़ी संख्या में भारतीय कपड़ा उद्योग में मशीनें शुरू की गईं।
C. देश के कई हिस्सों में रेलवे लाइनें बिछाई गईं।
D. ब्रिटिश निर्माताओं के आयात पर भारी शुल्क लगाए गए थे।

Q.24 किस राज्य ने "रणजी ट्रॉफी 2022" का खिताब जीता है?
A. बिहार
B. मध्य प्रदेश
C. महाराष्ट्र
D. उड़ीसा

Q.25 फ़रवरी 2022 में केलिफोर्निया में आयोजित स्क्रीन एक्टर गिल्ड अवार्ड्स में किसने आउटस्टेंडिंग परफॉर्मेंस बाय अ फीमेल एक्टर इन अ लीडिंग रोल का पुरस्कार जीता?
A. जेसिका चैस्टेन
B. ब्राइस डलास हॉवर्ड
C. डायने क्रूगर
D. मैकेंजी फॉय

Q.26 निम्नलिखित में से कौन सा दर्रा पीर पंजाल सीमा से होकर गुजरता है और मनाली और लेह को सड़क मार्ग से जोड़ता है?
A. बनिहाल दर्रा
B. बारालाचा दर्रा
C. रोहतांग दर्रा
D. नाथुला दर्रा

Q.27 उड़ीसा के पट्टचित्र में किन प्रसिद्ध कविताओं की कहानियाँ हैं?
1. अग्निपथ
2. गीत गोविंद
3. परिचय
A. केवल 1
B. केवल 2
C. केवल 2 और 3
D. केवल 1 और 2

Q.28 निम्नलिखित में से कौन सा ऑक्साइड अम्लीय और छारीय दोनों व्यवहार को दर्शाता है?
[Indian Military Academy (IMA), 2020], [Officers Training Academy (OTA), 2020]

A. जिंक ऑक्साइड
B. कॉपर ऑक्साइड
C. मैग्नीशियम ऑक्साइड
D. कैल्शियम ऑक्साइड

Q.29 निम्नलिखित जैन आचार्यों में से कौन मौर्य साम्राज्य के संस्थापक चंद्रगुप्त मौर्य के आध्यात्मिक शिक्षक थे?

A. भद्रबाहु
B. हेमचन्द्र
C. सिद्धसेना दिवाकर
D. जिनसेन

Q.30 'प्रधानमंत्री श्रम योगी मान-धन' को किस लिए शुरू किया गया है?

A. असंगठित क्षेत्र के कर्मचारियों को सूक्ष्म वित्त ऋण प्रदान करना।
B. ग्रामीण युवाओं में उद्यमिता को बढ़ावा देना।
C. असंगठित श्रमिकों (UW) को वृद्धावस्था सुरक्षा और सामाजिक सुरक्षा प्रदान करना।
D. पिछड़े क्षेत्रों में महिला स्वयं सहायता समूहों को बढ़ावा देना।

Reasoning Ability

Q.31 'मेघालय', 'शिलांग' से उसी प्रकार संबंधित है जैसे 'नागालैंड', '_____' से संबंधित है।

[UP Police Constable, 2018]

A. दमन
B. ईटानगर
C. कोहिमा
D. दिसपुर

Q.32 उस विकल्प का चयन कीजिये जो तीसरे पद से उसी प्रकार संबंधित है जिस प्रकार दूसरा पद पहले पद से संबंधित है।

CROCIN : RCTXNI :: SIGNAL : ?

A. ISILAL
B. ISLLIA
C. ISLILA
D. IILLAS

Q.33 एक घन के दो पदों को नीचे दिखाया गया है। δ युक्त चेहरे के विपरीत क्या आएगा?

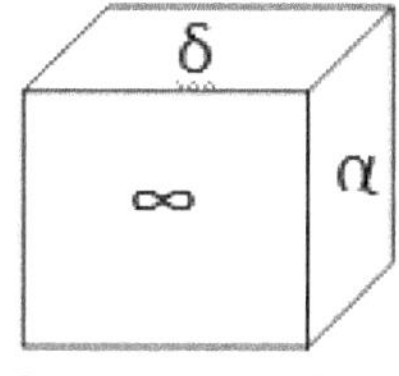

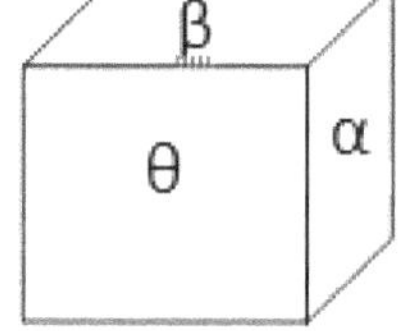

A. δ
B. θ
C. ∞
D. β

Q.34 निर्देश: निम्नलिखित प्रश्न में दिए गए विकल्पों में से विषम का चयन करें।

A. हीलियम
B. क्लोरीन
C. क्रिप्टोन
D. रेडोन

Q.35 निर्देश: छवि का ध्यानपूर्वक अध्ययन करें और सही दर्पण छवि चुनें।

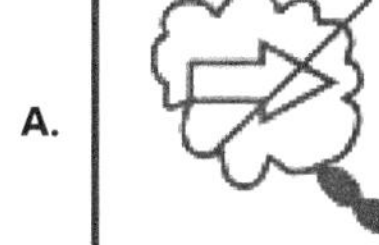

A.
B.

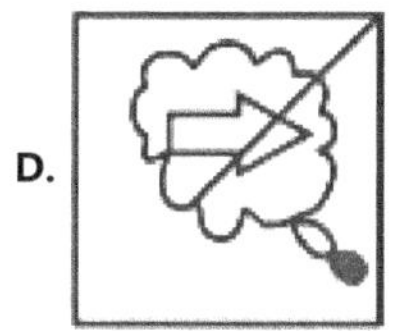

C.
D.

Computer Literacy

Q.36 पुअर रिस्पांस टाइम _____ के कारण होता है।

A. प्रोसेसर बिजी
B. हाई I/O रेट
C. हाई पेजिंग रेट
D. ये सभी

Q.37 निम्नलिखित में से कौन से कंप्यूटर के प्राथमिक स्टोरेज डिवाइस हैं?
(a) रैम
(b) कैश मेमोरी
(c) सीपीयू

A. केवल (a)
B. (a) और (c)
C. केवल (b)
D. (a) और (b)

Q.38 लिंक्डइन पे, अकाउंट्स के लिए कौन सी सुविधा प्रदान करता है?

A. लोगों से सीधे जुड़ने और संदेश भेजने की क्षमता में वृद्धि
B. तस्वीरें पोस्ट करने की क्षमता
C. समूह में पोस्ट करने और समूह बनाने की योग्यता
D. उपयोगकर्ताओं को ब्लॉक करने की क्षमता

Q.39 निम्नलिखित में से कौन एक इनपुट डिवाइस है?

[Rajasthan Police Constable, 2020]

A. डिजिटल कैमरा
B. प्रिंटर
C. प्रोजेक्टर
D. मॉनीटर

Q.40 अबेकस का प्रयोग सबसे पहले किस देश ने किया था ?

A. अमेरिका
B. इंगलैंड
C. चीन
D. इनमें से कोई नहीं

Perspective on Education & Leadership

Q.41 क्लास का मॉनिटर होना ___________ चाहिए।

A. क्लास का सबसे लोकप्रिय छात्र
B. शिक्षक का प्यारा छात्र
C. क्लास का सबसे शक्तिशाली छात्र
D. क्लास का बहिर्मुखी छात्र

Q.42 इस स्तर पर एक बच्चा अलग-अलग तरीकों से मूर्त अवधारणाओं के बारे में पूछताछ करके एक अन्वेषक की तरह व्यवहार करता है।

A. प्रारंभिक किशोरावस्था
B. उत्तर बाल्यावस्था
C. प्रारंभिक बाल्यावस्था
D. जनन परिपक्वता

Q.43 "प्रत्येक बच्चा अद्वितीय है" यह कथन किस सिद्धांत को संदर्भित करता है?

A. निरंतरता
B. निरंतरता
C. एकीकरण
D. वैयक्तिक विभिन्नता

Q.44 बच्चे का शारीरिक विकास किसके द्वारा प्रभावित होता है?

A. आनुवंशिक वंशानुक्रम
B. पोषण की स्थिति
C. गति और व्यायाम का अवसर
D. उपरोक्त सभी

Q.45 किशोर अवस्था में मानसिक या बौद्धिक विकास _________ होता है।
A. बहुत शीघ्रता से एवं बहुत अधिक मात्रा में
B. अधिक मात्रा में लेकिन धीरे-धीरे
C. बहुत कम मात्रा में लेकिन शीघ्रता से
D. अधिक तेजी से एवं कम मात्रा में

Q.46 एक शिक्षक और माता-पिता की भूमिका बहुत महत्वपूर्ण होती है। एक शिक्षक के रूप में आपका किस प्रकार हस्तक्षेप करना किसी किशोर को सामान्य अच्छे व्यक्ति के रूप में विकसित करने में मदद कर सकता है?
A. किसी किशोर को अंतर्वैयक्तिक समस्या को सुलझाने के कौशल को सिखाना
B. प्रत्येक व्यक्ति के बीच तुलना करने के लिए कहना
C. केवल पाठ्यक्रम की पाठ्यपुस्तक पर ध्यान देने के लिए कहना
D. उसके माता-पिता से मिलना

Q.47 उच्च सामाजिक आत्म सम्मान _________ में मदद करता है।
A. सहपाठियों के साथ अच्छे संबंध बनाए रखने
B. उच्च शैक्षणिक उपलब्धियां प्राप्त करने
C. एक अच्छा खिलाड़ी बनने
D. एक अच्छा शरीर बनाए रखने

Q.48 अधिगम की वह प्रक्रिया क्या कहलाती है जिसमें बच्चे स्कूल जैसी सामाजिक संस्थाओं में प्रवेश करके सीखते हैं।

[CTET Paper - I, 2021]

A. परिपक्वता
B. निष्क्रिय सामाजीकरण
C. प्राथमिक सामाजीकरण
D. द्वितीयक सामाजीकरण

Q.49 क्रीड़ा प्रणाली स्तर के विद्यालय में समाजीकरण की विधि क्या है?
A. शिक्षक सहकर्मी समूह के साथ आपसी समझ जैसे चर्चा और गतिविधियों का संचालन करके समाजीकरण में सुधार करने के अवसर प्रदान करता है।
B. सीखने के लिए कोई सख्त नियम/विधि नहीं है, लेकिन शिक्षा को खेल के तरीके से सीखा जाता है।
C. शिक्षक बच्चों को अच्छी आदतें, नागरिक जिम्मेदारी और समाज के साथ घुलने-मिलने की सीख देता है।
D. बच्चे कौशल सीखते हैं, जिसका उपयोग वे भविष्य में सह-पाठ्यक्रम गतिविधियों में सक्रिय रूप से भाग लेने के लिए कर सकते हैं।

Q.50 बाल्यावस्था के दौरान भावनात्मक विकास परिवार की तुलना में किस के प्रभाव के प्रति अधिक संवेदनशील होता है?
A. रिश्तेदारों
B. शिक्षकों के
C. मित्र मंडली (मित्र समूह)
D. समाज

Q.51 निम्न में से कौन-से कारकों द्वारा विद्यालयों में बच्चों का अधिगम से जुड़ाव प्रभावित होता है?
(i) पारिवारिक समाजीकरण
(ii) समकक्षी सम्बन्ध
(iii) सांस्कृतिक मूल्य
(iv) बच्चों का आत्म-सम्मान

[CTET Paper - I, 2021]

A. (iv)
B. (ii) and (iv)
C. (i), (ii), (iii), (iv)
D. (i), (iii)

Q.52 निम्नलिखित में से कौन सी अच्छे शिक्षण की विशेषता नहीं है?

[UPTET Paper - I, 2018]

A. लोकतंत्रवादी
B. सहानुभूतिपूर्ण
C. एकतंत्रीय
D. वांछनीय सूचना प्रदाता

Q.53 सीखने की वह अवधि, जब सीखने की प्रक्रिया में कोई उन्नति नहीं होती उसे क्या कहते हैं?
A. सीखने का वक्र
B. सीखने का पठार
C. स्मृति
D. अवधान

Q.54 निम्नलिखित में से किस प्रकार की अधिगम सामग्रियाँ वास्तविक वस्तुओं या आदर्शों के रूप में है जो अवधारणाओं को बहुत स्पष्ट करते हैं?
A. दृश्य सामग्री
B. आसपास का परिवेश
C. सूचना और संचार प्रौद्योगिकी
D. स्पर्श सामग्री

Q.55 _________ को छोड़कर पाठ योजना में सभी सिद्धांत शामिल हैं।
A. विद्यार्थियों का ज्ञान
B. योजना की कठोरता
C. शिक्षण का ज्ञान
D. उद्देश्यों की स्पष्टता

Q.56 सूचना संचार प्रौद्योगिकी (आईसीटी) का उपयोग निम्न के लिए किया जा सकता है:
A) कक्षा से शिक्षक को बदलने के लिए
B) शिक्षार्थियों को समृद्ध स्रोत सामग्री तक तत्काल पहुंच प्रदान करना
C) छात्रों को एक अलग तरीके से प्रेरित करना
A. दोनों A और B
B. दोनों B और C
C. दोनों A और C
D. A, B, और C

Q.57 अनेक घटनाओं के बारे में बच्चों के द्वारा बनाए गए 'सहजानुभूत सिद्धांतों' के सन्दर्भ में एक शिक्षिका को क्या करना चाहिए?
A. बच्चों के इन सिद्धांतों को अनदेखा करना चाहिए।
B. बच्चों को दंडित करना चाहिए।
C. दोहराए जाने वाले संस्मरण के माध्यम से सही को 'प्रतिस्थापित' किया जाना चाहिए।
D. प्रति-साक्ष्य और उदाहरण प्रस्तुत करके चुनौती दी जानी चाहिए।

Q.58 कक्षा III की एक पाठयपुस्तक में कार्टून और कहानियों का उपयोग किया जाता है। इससे होगा:
A. छात्रों के मन में अनावश्यक भ्रम पैदा करेगा
B. छात्रों में ऊब और अरुचि पैदा करता है
C. छात्रों में ऊब और अरुचि पैदा करता है
D. बच्चों के लिए सामग्री को रोचक और प्रासंगिक बनाएगा

Q.59 एक शिक्षक विभिन्न शिक्षण शैलियों के शिक्षार्थियों का आकलन कैसे कर सकता है?
A. कार्य की विविधता
B. सभी के लिए समान कार्य
C. निर्देश का एकसमान समुच्चय
D. निर्धारित समय

Q.60 रोहिणी, एक नव प्रवेशित छात्रा, कक्षा के साथ समायोजन करने में असमर्थ है, एक शिक्षक के रूप में आप:
A. उसे छोटे समूह कार्य देंगे और पर्यवेक्षण करेंगे।
B. कारण को ज्ञात करने की कोशिश करेंगे।
C. उसे समय पर छोड़ देंगे।
D. अभिभावकों को बुलाएंगे।

Q.61 _________ विद्यार्थियों की बोरियत महसूस करने की संभावना है।

[CTET Paper - I, 2022]

A. गतिविधि को महत्व न दिए जाने पर
B. गतिविधि को महत्व दिए जाने पर
C. सफलता मिलने पर
D. सफलता की अपेक्षा होने पर

Q.62 उद्देश्य आधारित शिक्षण और परीक्षण के उपयोग में शामिल नहीं है:
A. स्पष्ट अपेक्षित छात्रों के परिणाम

B. सुनिश्चित मूल्यांकन वैधता

C. पाठ्यक्रम में अस्पष्टता

D. स्पष्ट पाठ्यक्रम परिभाषा

Q.63 शिक्षण में पाठ्यक्रम गतिविधियों का उपयोग क्यों किया जाता है?

A. शिक्षण को सरल बनाने के लिए

B. शिक्षण को रोचक, समझने में आसान और प्रभावी बनाने के लिए

C. शिक्षण को आकर्षक बनाने के लिए

D. शिक्षक की सहायता के लिए

Q.64 निम्न में से कौन सी योजना सबसे कम शिक्षार्थी केंद्रित है?

A. निर्देशात्मक योजना

B. इकाई योजना

C. पाठ योजना

D. गतिविधि योजना

Q.65 निम्नलिखित में से कौन ।CT के सूचनात्मक उपकरणों के उदाहरण हैं?

A. वीडियो क्लिप

B. स्प्रेडशीट

C. वर्ल्ड वाइड वेब

D. चैट

Q.66 मंदबुद्धि _______ में धीमे होते हैं।

A. शारीरिक विकास

B. चिंतन और योजना

C. पहल करना

D. उपरोक्त सभी

Q.67 निम्नलिखित में से कौन सी एडीएचडी बच्चे की विशेषताएं नहीं हैं?

।. लंबे समय तक ध्यान देने में असमर्थ

।।. अक्षरों को उल्टा कर पढ़ना

।।।. निष्क्रिय बैठने में असमर्थ

।V. बड़ी लिखावट

A. (I) और (II) दोनों

B. (II) और (III) दोनों

C. (II) और (IV) दोनों

D. (I) और (IV) दोनों

Q.68 पीटीए किसी भी विद्यालय और संगठन के लिए क्यों उपयोगी है?

A. विद्यालय कार्य-पद्धति में सुधार के लिए अभिभावक शामिल होते हैं।

B. विद्यालय और छात्र से संबंधित सभी समस्याओं पर चर्चा करने के लिए।

C. अभिभावकों से कुछ वित्त एकत्रित करने के लिए।

D. विद्यार्थियों को नियंत्रण में रखने के लिए।

Q.69 _______, शिक्षा का एक क्षेत्र है जो अध्यापन और विज्ञान, प्रौद्योगिकी और निर्देशात्मक प्रणाली प्रारूप पर केंद्रित है जिसका उद्देश्य उन छात्रों को शिक्षा प्रदान करना है जो शारीरिक रूप से "उपस्थित" नहीं हैं।

A. दूरस्थ शिक्षा

B. मिश्रित शिक्षा

C. समावेशी शिक्षा

D. कार्य शिक्षा

Q.70 कौन सा अधिनियम शिक्षा, रोजगार, बाधा मुक्त वातावरण का निर्माण, विकलांग व्यक्तियों की सामाजिक सुरक्षा प्रदान करता है?

A. मानसिक स्वास्थ्य अधिनियम (1987)

B. भारतीय पुनर्वास परिषद (आरसीआई) अधिनियम (1992)

C. विकलांग व्यक्ति (समान अवसर, अधिकारों का संरक्षण और पूर्ण भागीदारी) अधिनियम

D. राष्ट्रीय न्यास अधिनियम-1999

Q.71 निम्नलिखित में से कौन सा/से मानसिक विकास का/के पहलू/ हैं?

A. भावनाएँ

B. बुद्धि

C. भाषा

D. उपरोक्त सभी

Q.72 गुरु के रूप में नेतृत्वकर्ता:

A. एक नए पेशेवर के विकास में महत्वपूर्ण योगदान देता है।

B. निर्देश की ऐसी शैली को अपनाता है जो शिक्षार्थी की मांगों को पूरा करने में मदद करता है।

C. (A) और (B) दोनों

D. इनमें से कोई नहीं

Q.73 _________ एक कोच के रूप में एक प्रधान की भूमिका नहीं है।

A. उम्मीदों और भूमिकाओं को स्पष्ट करना

B. शिक्षण और समर्थन की पेशकश

C. बदलाव के लिए कार्य योजना तैयार करना

D. चुनौतीपूर्ण कार्य प्राप्त करने में सहायता करना

Q.74 विद्यालय अनुशासन का मुख्य उद्देश्य है:

A. शिक्षण-अधिगम प्रक्रिया के लिए अनुकूल वातावरण प्रदान करना

B. छात्रों के लिए एक सुरक्षित वातावरण प्रदान करना

C. शिक्षकों की सुरक्षा सुनिश्चित करना

D. दोषी की पहचान करना ताकि उन्हें सुधारा जा सके

Q.75 निम्न में से कौन सा एक उत्तम परीक्षण की विशेषताओं से भिन्न है?

[UPTET Social Studies, 2022], [UPTET Science and Maths, 2022]

A. विश्वसनीयता

B. वैधता

C. वस्तुनिष्ठता

D. अभिक्षमता

Q.76 परिवर्तनकारी नेतृत्व शैली _________ पर आधारित है।

A. अत्यधिक नियंत्रित प्रशासन

B. विजन (दृष्टिगोचर) के आधार पर परिवर्तन

C. अच्छी भावनाएँ और इच्छाशक्ति

D. पदानुक्रम पर विश्वास

Q.77 अन्य पड़ोसी स्कूलों के साथ साझेदारी _________।

A. स्कूल के पाठ्यक्रम को व्यापक और समृद्ध करता है।

B. कर्मचारियों के लिए क्रॉस सेक्टर प्रोफेशनल लर्निंग को प्रोत्साहित करता है।

C. छात्र जुड़ाव और प्रतिधारण में सुधार करता है।

D. उपरोक्त सभी

Q.78 भारतीय पुनर्वास परिषद (RCI) अधिनियम (1992) _______ से संबंधित है।

A. एकीकृत शिक्षा

B. विशेष शिक्षा

C. समावेशी शिक्षा

D. दूरस्थ शिक्षा

Q.79 पूर्व प्राथमिक शिक्षा ग्रहण करने के लिए उपयुक्त आयु है:

A. 2 - 6 वर्ष

B. 6 - 12 वर्ष

C. 12 - 18 वर्ष

D. 18 - 25 वर्ष

Q.80 राष्ट्रीय शिक्षा नीति 2020 के अनुसार मूल्यांकन के लिए क्या अंतर्निहित सिद्धांत होना चाहिए?

A. मुख्य रूप से रटने के कौशल का परीक्षण

B. केवल विषय के अधिगम को प्रोत्साहित करना

C. सभी छात्रों के लिए अधिगम और विकास का अनुकूलन

D. केतल भौतिक क्षेत्र में छात्रों का आंकलन करना

// स्मार्ट उत्तर पुस्तिका //

सही उत्तर	उन छात्रों का प्रतिशत जिन्होंने प्रश्नों का सही उत्तर दिया था।	छोड़ दिया	उन छात्रों का प्रतिशत जिन्होंने प्रश्नों को छोड़ दिया था।

प्रश्न संख्या	उत्तर	सही उत्तर / छोड़ दिया	प्रश्न संख्या	उत्तर	सही उत्तर / छोड़ दिया	प्रश्न संख्या	उत्तर	सही उत्तर / छोड़ दिया	प्रश्न संख्या	उत्तर	सही उत्तर / छोड़ दिया	प्रश्न संख्या	उत्तर	सही उत्तर / छोड़ दिया	प्रश्न संख्या	उत्तर	सही उत्तर / छोड़ दिया
1	B	59.41 % / 1.33 %	15	C	53.28 % / 1.58 %	29	A	45.72 % / 1.07 %	43	D	55.0 % / 1.45 %	57	D	48.44 % / 1.56 %	71	D	84.03 % / 0.0 %
2	A	46.38 % / 1.93 %	16	B	76.83 % / 0.0 %	30	C	41.44 % / 1.39 %	44	D	69.46 % / 1.07 %	58	D	56.67 % / 1.67 %	72	A	78.11 % / 0.0 %
3	A	43.8 % / 1.9 %	17	B	67.76 % / 1.25 %	31	C	50.6 % / 1.4 %	45	A	57.94 % / 1.29 %	59	A	49.58 % / 1.26 %	73	D	53.78 % / 1.66 %
4	D	55.3 % / 1.71 %	18	A	86.31 % / 0.0 %	32	C	65.07 % / 1.46 %	46	A	47.9 % / 1.2 %	60	B	84.04 % / 0.0 %	74	A	68.29 % / 1.06 %
5	A	57.31 % / 1.78 %	19	B	79.49 % / 0.0 %	33	D	40.63 % / 1.82 %	47	A	65.12 % / 1.56 %	61	A	64.81 % / 1.82 %	75	D	45.23 % / 1.45 %
6	C	28.91 % / 4.43 %	20	B	45.77 % / 1.18 %	34	B	76.57 % / 0.0 %	48	D	52.79 % / 1.46 %	62	C	62.14 % / 1.99 %	76	B	65.45 % / 1.69 %
7	B	87.32 % / 0.0 %	21	A	79.97 % / 0.0 %	35	C	40.91 % / 1.29 %	49	B	63.4 % / 1.57 %	63	B	41.18 % / 1.96 %	77	D	66.43 % / 1.78 %
8	B	45.91 % / 1.63 %	22	B	78.93 % / 0.0 %	36	D	47.19 % / 1.05 %	50	C	54.75 % / 1.7 %	64	A	77.09 % / 0.0 %	78	B	55.94 % / 1.22 %
9	B	51.32 % / 1.28 %	23	A	63.55 % / 1.35 %	37	D	51.87 % / 1.44 %	51	C	53.5 % / 1.22 %	65	D	82.2 % / 0.0 %	79	A	62.48 % / 1.13 %
10	C	25.89 % / 3.02 %	24	B	87.0 % / 0.0 %	38	A	28.11 % / 4.55 %	52	C	42.55 % / 1.05 %	66	B	88.43 % / 0.0 %	80	C	40.62 % / 1.38 %
11	B	60.99 % / 1.67 %	25	A	40.24 % / 1.43 %	39	A	50.9 % / 1.58 %	53	B	69.07 % / 1.99 %	67	C	29.28 % / 4.62 %			
12	B	52.62 % / 1.78 %	26	C	83.08 % / 0.0 %	40	C	67.96 % / 1.03 %	54	D	52.69 % / 1.21 %	68	A	56.13 % / 1.12 %			
13	B	44.12 % / 1.09 %	27	B	31.21 % / 3.35 %	41	A	80.38 % / 0.0 %	55	B	57.73 % / 1.37 %	69	A	53.07 % / 1.7 %			
14	C	79.4 % / 0.0 %	28	A	65.36 % / 1.71 %	42	C	62.6 % / 1.88 %	56	B	31.81 % / 3.19 %	70	C	48.4 % / 1.39 %			

//संकेत और समाधान//

1. Let's look at the meaning of the given word and the correct answer.

Crude(adjective): Simple and not skillfully done or made.

Example: a crude device/weapon.

Refined (adjective): A refined substance has been made pure by removing other substances from it.

Example: refined foods such as white bread and white sugar.

Hence, the correct option is (B).

2. let's look at the meaning of the given word and the correct answer.

Confidence(noun): the quality of being certain of your abilities or of having trust in people, plans, or the future.

Example: She's completely lacking in confidence.

Diffidence(noun): the quality of being shy and not confident of your abilities.

Example: The biggest difficulty is overcoming natural British diffidence.

Hence, the correct option is (A).

3. A subject in a sentence is the person or thing or object that does something or is described as something. For example, "The flower is beautiful".

In the sentence, it is mentioned that every boy is waiting and they are accompanied by their parents. Therefore, it is 'every boy' and not the 'parents' which is the subject of the verb 'waiting'.

The correct answer is option (A), i.e. Every boy along with his parents.

Hence, the correct option is (A).

4. The given sentence is a type 3 conditional sentence which talks about an unreal past condition and its probable past result.

The formula is: if+ past perfect/main clause (would have) - perfect conditional.

The formula has been used correctly, so it does not need any improvement.

Hence, the correct option is (D).

5. The idiom 'It's not rocket science' is used to say that it is easy to understand or is not difficult to do/understand.

- Example: My coach always said, "Basketball is not rocket science. It's about putting the ball in the basket."

Hence, the correct option is (A).

6. The meaning of the underlined idiom/phrase 'Once in a blue moon' is you are emphasizing that it does not happen very often at all.

- Example: My sister lives in Alaska, so I only see her once in a blue moon.

Therefore, the correct answer is 'Something that doesn't happen very often'.

Hence, the correct option is (C).

7. The meaning of the verb cope is to manage.

"Cope" is an intransitive verb meaning to deal with something well, despite or in the face of some difficulty.

Correct sentence: I cannot cope with the pressure.

Hence, the correct option is (B).

8. The meaning of the given words:

- Directory is the book where names and addresses are present.
- Diary is a book in which events and activities and experiences are recorded.
- Dictionary is a book that lists words and meanings.
- Journal means a book referring to a particular subject.

So, a book of names and addresses means directory.

Hence, the correct option is (B).

9. The author wants the limits to be set for material benefits.

According to the passage, the author wants psychologists, educators, and parents to start teaching kids about the importance of hard work, and compassion and tells about how the well-intentioned parents will help their kids thrive in an increasingly competitive world.

So, with all the three points of hard work, compassion, and competitive spirit the author wants the kids to possess. The only thing which the author wants that kids possess less or want the limit to set is material benefits meaning money, gifts, etc.

Hence, the correct option is (B).

10. Refer to the lines from the passage:

- 'Too many parents these days can't say no. As a result, they find themselves raising children, who respond greedily to the advertisements aimed right at them.'
- 'One recent study of adults who were overindulged as children paints a discouraging picture of their future: when given too much too soon, they grow up to be adults who have difficulty coping with life's disappointments.'
- 'Today's parents want to have a closer relationship with their own children.'

Upon the perusal of the above lines, it can be concluded that the focus of today's advertisements is mainly on children as from point 1 of the above line it is described that parents find themselves raising children who respond greedily to the advertisements aimed. In point 2 of the above lines, it is described the adults who were overindulged as children. In point 3 of the above lines, it is described that the parents closer relationship with their children.

So, all three points are all about the children. So, all the options including adults and toddlers mean a young child is eliminated as adults and toddlers are used in just a few lines to describe the children.

Hence, the correct option is (C).

11. नदी जातिवाचक संज्ञा है।

जो शब्द किसी व्यक्ति, वस्तु या स्थान की संपूर्ण जाति का बोध कराते हैं, उन शब्दों को जातिवाचक संज्ञा कहते हैं। यानी, जातिवाचक संज्ञा शब्दों से एक जाति के अंतर्गत आने वाले सभी व्यक्तियों, वस्तुओं व स्थानों का बोध होता है।

जैसे-

वस्तु – मोबाइल, टीवी, कम्प्यूटर, पुस्तक, कार, ट्रक आदि।

स्थान – गाँव, स्कूल, शहर, बगीचा, नदी आदि।

प्राणी – आदमी, जानवर, पशु, पक्षी, गाय, लड़का आदि।

अत: विकल्प (B) सही है।

12. मरीची – मरीचि शब्द युग्म का अर्थ सूर्य – किरण है।

मरीची का तात्पर्य 'सूर्य या चन्द्र' से होता है जबकि मरीचि का अर्थ 'किरण' है।

साँप – बैल	सर्प- गौ जाति का नर।
मस्तक – रहस्य	माथा - भेद
झगड़ा- विधवा	लड़ाई- मृतभर्तृका।

अत: विकल्प (B) सही है।

13. बच्चे अपने पूरे स्कूली जीवन में अंग्रेजी भाषा सीखने के विभिन्न पाठ सीखते हैं। विभिन्न स्तरों/मानकों पर, बच्चे अंग्रेजी के विभिन्न कठिनाई स्तरों को सीखते हैं।

अत: विकल्प (B) सही है।

14. विष्णु या नारायण की उपासना करने वाले भक्त 'आलवार' कहलाते हैं। आलवार संतों की संख्या 12 मानी जाती है जिनमें मात्र एक महिला संत थी, जिन्हें 'आण्डाल' के नाम से जाना जाता है।

इनकी संख्या 12 हैं। उनके नाम इस प्रकार है -

- पोय्गै आलवार
- भूत्तालवार
- पेयालवार
- तिरुमलिसै आलवार
- नम्मालवार
- मधुरकवि आलवार
- कुलशेखरालवार
- पेरियालवार
- आण्डाल
- तोण्डरडिप्पोड़ियालवार
- तिरुप्पाणालवार
- तिरुमंगैयालवार

अतः विकल्प (C) सही है।

15. गद्यांश के अनुसार, मेघ गर्जन के ताल पर ही उसके तन्मय नृत्य का आरम्भ होता और फिर मेघ जितना अधिक गरजता, बिजली जितनी अधिक चमकती, बूँदों की रिमझिमाहट जितनी तीव्र होती जाती, नीलकंठ के नृत्य का वेग उतना ही अधिक बढ़ता जाता और उसी केका का स्वर उतना ही मंद से मंदतर होता जाता। वर्षा के थम जाने पर वह दाहिने पंजे पर दाहिना पंख और बाएँ पर बायाँ पंख फैलाकर सुखाता।

मोर वर्षा ऋतु में नृत्य करते है, उपर्युक्त गद्यांश की पंक्तियों से यह ज्ञात होता है की गद्यांश में नीलकंठ शब्द मोर के लिए प्रयुक्त किया गया है

अतः विकल्प (C) सही है।

16. हवा में उसकी सजल आहट का भाव हवा में उसकी नमी का एहसास है।

गद्यांश के अनुसार, मेघों के उमड़ आने से पहले ही वे हवा में उसकी सजल आहट पा लेते थे और तब उनकी मंद केका की गूंज-अनुगूँज तीव्र से तीव्रतर होती हुई मानो बूँदों के उतरने के लिए सोपान-पंक्ति बनने लगती थी।

अतः विकल्प (B) सही है।

17. दिये गये विकल्पों में 'तू' सार्वनामिक शब्द मध्यम पुरूषवाचक सर्वनाम है जबकि 'में' उत्तमपुरुष तथा 'वह' अन्य पुरुष सर्वनाम का उदाहरण है।

जिन सर्वनाम शब्दों का प्रयोग बोलने वाला व्यक्ति सुनने वाले व्यक्ति के लिए करता है उन सर्वनाम शब्दों को मध्यम पुरुषवाचक सर्वनाम कहते हैं। मध्यम पुरुषवाचक सर्वनाम में तू, तुम, तुझे, तुम्हें, तेरा, आप, आपका, आपके, आपको इत्यादि सर्वनाम शब्द आते हैं।

अतः विकल्प (B) सही है।

18. 'परतीत' शब्द तत्सम शब्द नहीं है।

- परतीत तद्भव शब्द है जिसका तत्सम रूप 'प्रतीत' होगा।
- अन्य सभी शब्द तत्सम हैं।

अतः विकल्प (A) सही है।

19. क्ष, त्र, ज्ञ संयुक्त व्यंजन के वर्ण हैं।

संयुक्त व्यंजन: जो व्यंजन दो या दो से अधिक व्यंजनों के मिलने से बनते हैं उन्हें संयुक्त व्यंजन कहा जाता है।

स्पर्श व्यंजन: ऐसे वर्ण जिन का उच्चारण करते समय या बोलते समय मुंह से किसी ना किसी अंग का स्पर्श हो, उन वर्णों को स्पर्श व्यंजन कहा जाता है। उदाहरण: च, छ, ज, ट, ठ आदि।

अनुनासिक: जिन स्वरों का उच्चारण मुख और नासिका दोनों से किया जाता है वे अनुनासिक कहलाते हैं। उदाहरण: ङ, ञ, ण, न, म ।

अतः विकल्प (B) सही है।

20. 'साकार' का विलोम शब्द 'निराकार' होगा।

विकार – अविकार

आकार – निराकार

प्रकार – एकाकार

अतः विकल्प (B) सही है।

21. दक्षिण अफ्रीका के नामीबिया के आठ अफ्रीकी चीतों को मध्य प्रदेश के कुनो पालपुर नेशनल पार्क में स्थानांतरित किया गया है।

चीतों के नेशनल पार्क में आने के बाद, वे बड़े बाड़ों में स्थानांतरित होने से पहले संगरोध चरण के दौरान छोटे बाड़ों में रहेंगे। 1952 के बाद से भारत में धीरे-धीरे चीते विलुप्त होने शुरू हो गए, उसके बाद तब 2009 में 'अफ्रीकी चीता इंट्रोडक्शन प्रोजेक्ट इन इंडिया' शुरू किया गया था।

अतः विकल्प (A) सही है।

22. स्वास्थ्य एवं परिवार कल्याण मंत्रालय के पवेलियन को 41वें भारत अंतर्राष्ट्रीय व्यापार मेले 2022 में "सार्वजनिक संचार और पहुंच में उत्कृष्ट योगदान" के लिए सम्मानित किया गया है। पवेलियन में 37,887 स्क्रीनिंग, जांच, परामर्श और प्रशिक्षण आयोजित किए गए। ब्लड प्रेशर और ब्लड शुगर की स्क्रीनिंग की संख्या सबसे अधिक क्रमशः 4990 और 4356 थी।

अतः विकल्प (B) सही है।

23. इंग्लैंड में औद्योगिक क्रांति ने भारत को कई तरह से प्रभावित किया:

- भारतीय वस्त्रों को अब यूरोपीय और अमेरिकी बाजारों में अंग्रेजी वस्त्रों से कड़ी प्रतिस्पर्धा का सामना करना पड़ा।
- ब्रिटेन में आयातित भारतीय वस्त्रों पर भारी शुल्क लगाया गया।
- किसानों को नकदी फसल उगाने के लिए मजबूर होना पड़ा।

- औद्योगिक क्रांति के बाद, ब्रिटेन ने मशीन-निर्मित वस्तुओं और वस्त्रों का उत्पादन शुरू किया जो भारतीय सामानों की तुलना में बहुत सस्ते थे।

- वे गुणवत्ता में भी अक्सर बेहतर होते थे। भारतीय हस्तशिल्प धीरे-धीरे ख़त्म हो गया क्योंकि वे ब्रिटेन के उन सस्ते उत्पादों का मुकाबला नहीं कर सके जो भारतीय बाजारों में भरे हुए थे।

अत: विकल्प (A) सही है।

24. मध्य प्रदेश ने बेंगलुरु के एम चिन्नास्वामी स्टेडियम में फाइनल में मुंबई को छह विकेट से हराकर "रणजी ट्रॉफी 2022" का खिताब जीत लिया है। मुंबई और उत्तर प्रदेश ने दूसरा सेमीफाइनल खेला जो एक ड्रॉ था और इसने अपनी पहली पारी की बढ़त के कारण फाइनल में मुंबई को आगे बढ़ाया।

अत: विकल्प (B) सही है।

25. फ़रवरी 2022 में केलिफोर्निया में आयोजित स्क्रीन एक्टर गिल्ड अवार्ड्स में जेसिका चैस्टेन आउटस्टेंडिंग परफॉर्मेंस बाय अ फीमेल एक्टर इन अ लीडिंग रोल का पुरस्कार जीता।

कैलिफोर्निया में स्क्रीन एक्टर गिल्ड अवार्ड्स का आयोजन किया गया। जेसिका चैस्टेन (द आइज़ ऑफ टैमी फेय) ने आउटस्टेंडिंग परफॉर्मेंस बाय अ फीमेल एक्टर इन अ लीडिंग रोल का पुरस्कार जीता। विल स्मिथ (किंग रिचर्ड) ने आउटस्टेंडिंग परफॉर्मेंस बाय अ मेल एक्टर इन अ लीडिंग रोल का पुरस्कार जीता। CODA ने आउटस्टैंडिंग परफॉर्मेंस बाय अ कास्ट इन अ मोशन पिक्चर का पुरस्कार जीता, जिसमें यूजेनियो डर्बेज, डैनियल दुराण्ट, एमिलिया जोन्स आदि शामिल थे।

अत: विकल्प (A) सही है।

26. रोहतांग दर्रा मनाली से लगभग 51 किमी दूर हिमालय के पीर पंजाल सीमा के पूर्वी छोर पर एक ऊंचा पहाड़ी दर्रा है। यह हिमाचल प्रदेश के लाहोल और स्पीति घाटियों के साथ कुल्लू घाटी को जोड़ता है। यह मनाली और लेह को सड़क मार्ग से जोड़ता है।

अत: विकल्प (C) सही है।

27. उड़ीसा के पट्टचित्र में प्राचीन कवियों, गायकों और लेखकों द्वारा प्रसिद्ध कविता गीत गोविंद और भक्ति छंदों की कहानियों को दर्शाया गया है। यह पारंपरिक, कपड़ा-आधारित स्क्रॉल चित्र के लिए एक सामान्य शब्द है। ये चित्र हिंदू पौराणिक कथाओं पर आधारित हैं और विशेष रूप से जगन्नाथ और वैष्णव संप्रदाय से प्रेरित हैं। कहानियों को ताड़ के पत्तों पर नक्काशी या कागज और रेशम पर चित्रों के रूप में चित्रित किया जाता है। इन चित्रों में गहरे लाल, गेरू, काले और खनिजों से समृद्ध नीले रंग, शैल, और कार्बनिक लाख का उपयोग किया जाता है। आधुनिक विकास ने उन्हें समकालीन उपयोग के लिए लकड़ी के बक्से, चित्र फ्रेम आदि पर पेंट करने के लिए प्रोत्साहित किया है।

अत: विकल्प (B) सही है।

28. जिंक ऑक्साइड अम्लीय और क्षारीय दोनों व्यवहार को दर्शाता है।

धातु ऑक्साइड जो अम्ल और क्षार दोनों के साथ क्रिया करके लवण और जल बनाते हैं, उभयधर्मी ऑक्साइड कहलाते हैं।

- टिन, जस्ता, एल्यूमीनियम, सीसा और बेरिलियम जैसी धातुएँ उभयधर्मी ऑक्साइड या हाइड्रॉक्साइड बनाती हैं।

- एम्फोटेरिक शब्द ग्रीक शब्द 'एम्फी' से लिया गया है जिसका अर्थ है दोनों।

- जिंक ऑक्साइड प्रतिक्रिया करता है अम्ल में: $ZnO + H_2SO_4 \rightarrow ZnSO_4 + H_2O$ और छार में: $ZnO + 2NaOH + H_2O \rightarrow Na[Zn(OH)_4]$।

- जिंक ऑक्साइड एक अकार्बनिक यौगिक, सफेद रंग का पाउडर है, और पानी में अघुलनशील है।

- जिंक ऑक्साइड एक अकार्बनिक यौगिक है जिसका सूत्र ZnO है। यह एक सफेद पाउडर है जो पानी में अघुलनशील है।

- ZnO पृथ्वी की भूपर्पटी में खनिज जस्ता के रूप में मौजूद है। कहा जा रहा है, व्यावसायिक रूप से उपयोग किए जाने वाले अधिकांश ZnO कृत्रिम हैं।

- जिंक ऑक्साइड आमतौर पर चिकित्सा मरहम में पाया जाता है जहां यह त्वचा की जलन का इलाज करता था।

- इसका उपयोग सूर्य रक्षक के रूप में किया जाता है और यह डायपर रैश क्रीम और मेकअप क्रीम जैसे उत्पादों में एक घटक है।

अतः विकल्प (A) सही है।

29. भद्रबाहु मौर्य साम्राज्य के संस्थापक चंद्रगुप्त मौर्य के आध्यात्मिक गुरु थे।

- वह जैन धर्म के दिगंबर संप्रदाय के अनुसार, जैन धर्म में अंतिम श्रुत केवलिन थे, लेकिन श्वेतांबर का मानना है कि अंतिम श्रुत केवलिन आचार्य शुलभद्र थे, लेकिन भद्रबाहु ने इसे प्रकट करने से मना किया था।

- ये अविभाजित जैन संघ के अंतिम आचार्य थे।

- वह मौर्य साम्राज्य के संस्थापक चंद्रगुप्त मौर्य के आध्यात्मिक शिक्षक थे।

- जैन धर्म के दिगंबर संप्रदाय के अनुसार, जैन धर्म में पांच श्रुत केवलिन थे - गोवर्धन महामुनि, विष्णु, नंदीमित्र, अपराजिता और भद्रबाहु।

अतः विकल्प (A) सही है।

30. प्रधान मंत्री श्रम योगी मान-धन एक केंद्र सरकार की योजना है जो असंगठित श्रमिकों (UW) के वृद्धावस्था संरक्षण और सामाजिक सुरक्षा के लिए है।

असंगठित श्रमिक (UW) ज्यादातर रिक्शा चलाने वाले, रेहड़ी-पटरी वाले, मध्याह्न भोजन कार्यकर्ता, हेड लोडर, ईंट भट्टा मजदूर, मोची, कूड़ा बीनने वाले, घरेलू श्रमिक, धोबी, घर पर काम करने वाले, स्वयं के खाते में काम करने वाले, कृषि श्रमिक के रूप में निर्माण श्रमिक, बीड़ी श्रमिक, हथकरघा श्रमिक, चमड़ा श्रमिक, दृश्य-श्रव्य श्रमिक या इसी तरह के अन्य व्यवसायों में लगे हुए हैं।

अतः विकल्प (C) सही है।

31. यहाँ अनुसरित तर्क इस प्रकार है:-

'शिलांग', 'मेघालय' की राजधानी है।

इसी तरह,

'कोहिमा', 'नागालैंड' की राजधानी है।

अतः विकल्प (C) सही है।

32. यहाँ अनुसरित तर्क इस प्रकार है:

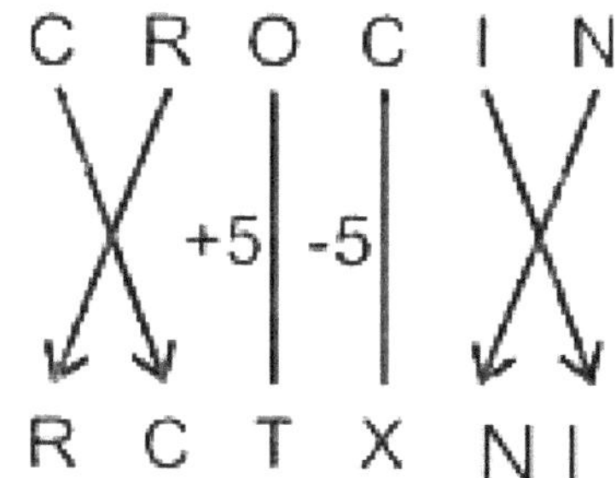

उसी तरह;

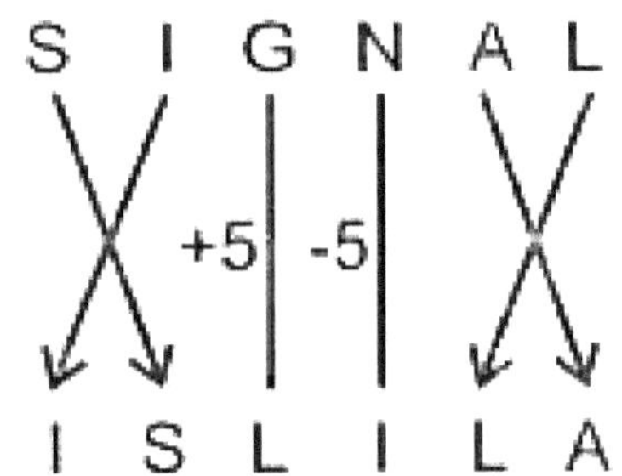

अत: विकल्प (C) सही है।

33. एक ही घन की दो स्थितियों से यह स्पष्ट है कि δ के विपरीत β आएगा।

अत: विकल्प (D) सही है।

34. यहाँ क्लोरीन विषम शब्द है।

हीलियम, क्रिप्टन और रेडॉन सभी महान गैसें हैं जबकि क्लोरीन एक क्रियाशील गैस है। नोबल गैसें वे गैसें हैं जो अक्रियाशील होती हैं।

अत: विकल्प (B) सही है।

35. सही दर्पण प्रतिबिम्ब है:

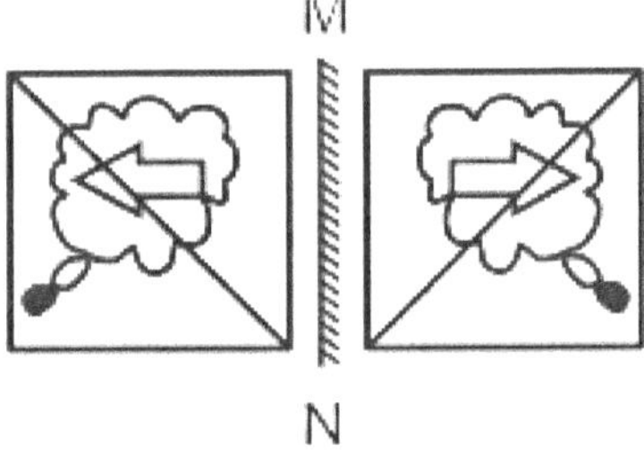

अत: विकल्प (C) सही है।

36. पुअर रिस्पांस टाइम आमतौर पर प्रोसेसर बिजी, हाई I/O रेट और हाई पेजिंग रेट के कारण होता है। हम अपने नए एपीआई के साथ इंटरमिटेंट परफॉर्मेंस कर रहे हैं, जहां प्रतिक्रिया समय 300 एमएस से 20 सेकंड तक हो सकता है।

अत: विकल्प (D) सही है।

37. रैम और कैश मेमोरी कंप्यूटर के प्राथमिक स्टोरेज डिवाइस हैं।

- एक प्राथमिक स्टोरेज डिवाइस कोई भी स्टोरेज डिवाइस या कंपोनेंट है जो कंप्यूटर, सर्वर और अन्य कंप्यूटिंग डिवाइस में गैर-वाष्पशील डेटा को स्टोर कर सकता है।
- इसका उपयोग अस्थायी रूप से या कम समय के लिए कंप्यूटर को चलाने के लिए डेटा और एप्लिकेशन को रखने / स्टोर करने के लिए किया जाता है।

अत: विकल्प (D) सही है।

38. लिंक्डइन लोगों को सीधे जुड़ने और संदेश भेजने की क्षमता बढ़ाने के लिए भुगतान खातों के लिए ऑफ़र करता है।

लिंक्डइन व्यापार समुदाय के लिए एक सामाजिक नेटवर्क है। 2002 में स्थापित, यह साइट पेशेवरों के लिए अतीत और वर्तमान सहयोगियों से जुड़ने, उनके व्यावसायिक कनेक्शनों की संख्या बढ़ाने, उनके उद्योग के भीतर नेटवर्क, व्यावसायिक विचारों पर चर्चा करने, नौकरियों की खोज करने और नए कर्मचारियों की तलाश करने का स्थान है। यह लोगों को उनके भुगतान खातों के लिए सीधे कनेक्ट करने और संदेश भेजने की क्षमता प्रदान करता है।

अत: विकल्प (A) सही है।

39. एक डिजिटल कैमरा एक इनपुट डिवाइस है जो छवियों (और कभी-कभी वीडियो) को डिजिटल रूप से कैप्चर करता है। एक इनपुट डिवाइस कोई भी हार्डवेयर डिवाइस है जो कंप्यूटर को डेटा भेजता है, जिससे हमें इसके साथ बातचीत करने और इसे नियंत्रित करने की अनुमति मिलती है। उदाहरण के लिए- कीबोर्ड, माउस, जॉय स्टिक, लाइट पेन, ट्रैक बॉल, स्कैनर, ग्राफिक टैबलेट, माइक्रोफोन। हालाँकि, इसे आउटपुट डिवाइस के रूप में भी इस्तेमाल किया जा सकता है। डिजिटल कैमरा हमारे कंप्यूटर पर तस्वीरें भेज सकता है।

अत: विकल्प (A) सही है।

40. चीन ने सबसे पहले अबेकस का इस्तेमाल किया।

चीनी में सुआन-पैन नामक अबेकस, जैसा कि आज भी प्रतीत होता है, चीन में पहली बार लगभग 1200 ईस्वी सन् में लिखा गया था। उपकरण धातु सुदृढीकरण के साथ लकड़ी से बना था। प्रत्येक छड़ पर, क्लासिक चीनी अबेकस में ऊपरी डेक पर 2 मोती और निचले डेक पर 5 मोती होते हैं; ऐसे अबेकस को 2/5 अबेकस भी कहा जाता है।

अत: विकल्प (C) सही है।

41. क्लास मॉनिटर क्लास का लीडर होता है। अनुयायियों के बिना नेता कुछ भी नहीं है। इस मामले में, अनुयायी कक्षा के अन्य छात्र हैं। तो, (वह) अधिक स्वीकार्यता के साथ कक्षा के बीच एक लोकप्रिय छात्र होना चाहिए।

आमतौर पर, एक क्लास टीचर क्लास मॉनिटर का चयन करता है। उन्हें बाकी छात्रों के लिए एक रोल मॉडल के रूप में कार्य करना चाहिए।

अच्छे व्यवहार वाले, जिम्मेदार, सक्रिय छात्र जो शिक्षाविदों में अच्छे हैं, सामान्य विकल्प हैं।

अत: विकल्प (A) सही है।

42. प्रारंभिक बाल्यावस्था: 2 से 6 वर्ष की अवधि को पूरा करता है। इसे प्रीस्कूल अवस्था के रूप में भी जाना जाता है। जो बच्चा गतिशील बन गया है वह अब अपने परिवार से परे गतिविधियों के क्षेत्र को विस्तृत करने में सक्षम हो जाता है। व्यापक समाज और पर्यावरण के साथ अंतःक्रिया के माध्यम से, बच्चा उचित सामाजिक व्यवहार के नियमों को सीखता है और मानसिक क्षमताओं को विकसित करता है जो उसे औपचारिक शिक्षा और स्कूली शिक्षा के लिए तैयार करता है।

बच्चे इस स्तर पर अन्वेषक होते हैं, वे जांच करते हैं और मूर्त अवधारणाओं को प्राप्त करने का प्रयास करते हैं।

अत: विकल्प (C) सही है।

43. वैयक्तिक विभिन्नता सभी जीवित जीवों की विशेषता है। सबसे सरल तरीके से देखे जाने वाली विभिन्नता शारीरिक और विकासात्मक हैं।

- "प्रत्येक बच्चा अद्वितीय है" यह कथन वैयक्तिक विभिन्नता के सिद्धांत को संदर्भित करता है।
- हम सभी न केवल ऊंचाई, भार, रंग, रूप, प्रतिक्रिया की गति, बल्कि व्यवहार में भी एक दूसरे से भिन्न होते हैं। इसे वैयक्तिक विभिन्नता कहा जाता है।
- वैयक्तिक विभिन्नता को अधिगम की शैली, योग्यता, व्यक्तित्व और संवेगात्मक बुद्धिमत्ता में वर्गीकृत किया जा सकता है।
- व्यक्तित्व स्वभाव में वैयक्तिक विभिन्नता बच्चे के जन्म के दिन से देखा जा सकता है।
- वैयक्तिक विभिन्नता को आम तौर पर मनोवैज्ञानिक परीक्षणों जैसे बुद्धि या व्यक्तित्व के माध्यम से मापा जाता है।
- वैयक्तिक विभिन्नता का ज्ञान नैदानिक कार्य के साथ-साथ शैक्षिक व्यवस्था में भी सहायक होता है।

अत: विकल्प (D) सही है।

44. विकास से तात्पर्य विकास में होने वाले परिवर्तनों के साथ-साथ होने वाले विभिन्न गुणात्मक और मात्रात्मक परिवर्तनों से है। इसे व्यवहार और सुसंगत परिवर्तनों की एक प्रगतिशील श्रृंखला के रूप में परिभाषित किया जा सकता है।

शारीरिक विकास - यह एक बच्चे के जीवन में सबसे अधिक स्वीकृत और देखने योग्य परिवर्तन है। इसमें सकल गत्यात्मक कौशल, जैसे चलना, कूदना, पकड़ना, आदि और पेंटिंग, लेखन ड्राइंग आदि के लिए सूक्ष्म गत्यात्मक कौशल शामिल हैं। यह विकास काफी हद तक बच्चे के स्वास्थ्य और पोषण की स्थिति पर निर्भर है।

आनुवंशिक वंशानुक्रम - आनुवंशिकता माता-पिता से बच्चों में उनके जीन के माध्यम से शारीरिक विशेषताओं का संचरण है। यह शारीरिक रचना के सभी पहलुओं जैसे ऊंचाई, भार, शरीर की संरचना, आंखों का रंग, बालों की बनावट और यहां तक कि बुद्धि और योग्यता को प्रभावित करता है।

पोषण विकास का एक महत्वपूर्ण कारक है क्योंकि शरीर को स्वयं को बनाने और ठीक करने के लिए जो कुछ भी चाहिए वह हमारे द्वारा खाए जाने वाले भोजन से आता है। कुपोषण कमी से होने वाली बीमारियों का कारण बन सकता है जो बच्चों की वृद्धि और विकास पर प्रतिकूल प्रभाव डालता है।

अतः विकल्प (D) सही है।

45. किशोर अमूर्त चिंतन के लिए एक कौशल विकसित करते हैं, संबंध के मुद्दों पर प्रतिबिंबित करना सीखते हैं, जानकारी को संसाधित करने के नई विधियों को पहचानते हैं, और सृजनात्मक और गंभीर रूप से सोचने को सुरक्षित करते हैं। किशोरावस्था के दौरान बौद्धिक विकास में उल्लेखनीय परिवर्तन होते हैं। किशोर विचारों की तीन मुख्य विशेषताएं इस प्रकार हैं:

- कई कारकों को संयोजित करने और किसी समस्या का समाधान खोजने की क्षमता।
- यह देखने की क्षमता कि एक कारक का दूसरे कारक पर क्या प्रभाव पड़ेगा।
- संभाव्य तरीके से कारकों को संयोजित और भिन्न करने की क्षमता।
- बहुत शीघ्रता से एवं बहुत अधिक मात्रा में विकास करने की क्षमता।

अतः विकल्प (A) सही है।

46. किशोरों की पारस्परिक समस्या को सुलझाने के कौशल, शारीरिक जागरूकता बढ़ाने के लिए रणनीति और समस्या की स्थितियों के दौरान आत्म-चर्चा और आत्म-नियंत्रण का उपयोग करना सीखना।

- क्रोध प्रबंधन प्रशिक्षण - उन्हें अपने कार्यों और भाषण को नियंत्रित करने के लिए सिखाना।
- पुरूस्कार प्रणाली के माध्यम से उचित कक्षा व्यवहार का विकास करना।
- उन्हें ऐसे माहौल में पहुँचाना जहाँ उनकी भावनाओं को समझा जाता है। उन्हें अधिगम के लिए कि कैसे अनुकूल होना चाहिए, दोस्तों से कैसे बात करनी चाहिए और स्वीकार किए गए व्यवहार को सकारात्मक रूप से सुदृढ़ करके स्कूल में कैसे सफल होना चाहिए।
- उन्हें यह सिखाना कि दूसरों पर उनके व्यवहार का क्या प्रभाव पड़ता है। इससे उन्हें विवेक बनाने में मदद मिलेगी।
- संबंध कौशल - प्राधिकरण के आंकड़ों और साथियों के साथ सफल संबंध बनाना।

अतः विकल्प (A) सही है।

47. आत्म-सम्मान: हम अपने स्वयं के मूल्य और उन निर्णयों से जुड़ी भावनाओं के बारे में निर्णय लेते हैं। उच्च आत्म-सम्मान का तात्पर्य आत्म-स्वीकृति और आत्म-सम्मान के दृष्टिकोण के साथ-साथ स्वयं की विशेषताओं और दक्षताओं का यथार्थवादी मूल्यांकन है।

- आत्म-सम्मान आत्म-विकास के सबसे महत्वपूर्ण पहलुओं में से एक है क्योंकि हमारी अपनी दक्षताओं का मूल्यांकन संवेगात्मक अनुभवों, भविष्य के व्यवहार और दीर्घकालिक मनोवैज्ञानिक समायोजन को प्रभावित करता है।
- जैसे ही सकारात्मक या नकारात्मक रूप से आकलन की जा सकने वाली विशेषताओं के साथ एक श्रेणीगत स्व उपस्थित होता है, बच्चे आत्म-मूल्यांकन करने वाले प्राणी बन जाते हैं।

- 2 वर्ष की आयु के आसपास, वे माता-पिता का ध्यान उपलब्धि की ओर आकर्षित करते हैं, जैसे कि "देखो, माँ!" कहते हुए एक पहेली को पूर्ण करना, इसके अलावा, 2 वर्ष के बच्चों के मुस्कुराने की संभावना तब होती है जब वे अपने लिए एक वयस्क द्वारा निर्धारित कार्य में सफल होते हैं और असफल होने पर दूर देखते हैं या व्यग्र रूप से देखते हैं।
- आत्मसम्मान की शुरुआत जल्दी होती है, और इसकी संरचना आयु के साथ तेजी से विस्तृत होती जाती है।

अतः विकल्प (A) सही है।

48. समाजीकरण वह प्रक्रिया है जिसके माध्यम से समुदाय सामाजिक रूप से स्वीकार्य होने के लिए समाज के मानदंडों और मूल्यों के बारे में अपने सदस्यों को ज्ञान देते हैं या शिक्षित करते हैं।

द्वितीयक समाजीकरण:

- यह तब होता है जब शिशु बाल्यावस्था से गुजर जाता है और परिपक्वता अवस्था में रहता है। यह उस प्रक्रिया को संदर्भित करता है जो बाद के वर्षों में कारकों के माध्यम से शुरू होती है जैसे कि पड़ोस, विद्यालय और सहपाठी समूह
- इस चरण के दौरान परिवार से अधिक, समाजीकरण के कुछ अन्य कारक जैसे पड़ोस, विद्यालय और साथियों का समूह बच्चे के सामाजिककरण में भूमिका निभाने लगते हैं।
- उदाहरण के लिए, विद्यालय बच्चों को सामाजिक एकता और एकजुटता के महत्व को सीखने और अंतःक्रिया के माध्यम से सामाजिक भूमिकाओं के बारे में अनौपचारिक संकेतों को विकसित करने में मदद करते हैं।

अतः विकल्प (D) सही है।

49. क्रीड़ा प्रणाली स्तर विद्यालय बच्चे को स्वस्थ रखने और बीमारियों से लड़ने के लिए वृद्धि और विकास के शारीरिक सिद्धांत पर आधारित है। इन विद्यालयों में, सीखने के लिए कोई सख्त नियम नहीं हैं, लेकिन शिक्षा को खेल के तरीके से सीखा जाता है।

क्रीड़ा प्रणाली निचले कक्षाओं के लिए शिक्षण की विधि है जो निम्न पर निर्भर करती है:

- बच्चों के समग्र विकास को सक्रीय करता है।
- बच्चों को समृद्ध, अर्थपूर्ण और संतुलित अधिगम प्रदान करता है।
- उपयुक्त खेल को शामिल करके नीरस कक्षा के वातावरण को दूर करना।
- बच्चे को तन्दुरुस्त रखने और बीमारियों से लड़ने के लिए विकास और वृद्धि के मनोवैज्ञानिक सिद्धांत को बढ़ावा देना।

अतः विकल्प (B) सही है।

50. बाल्यावर्था के दौरान भावनात्मक विकास परिवार की तुलना में मित्र मंडली (मित्र समूह) के प्रभाव के प्रति अधिक संवेदनशील होता है।

- बाल्यावस्था के दौरान, बच्चे आमतौर पर शर्मनाक और अपराधबोध जैसी आत्म-जागरूक भावनाओं को विकसित करना शुरू कर देते हैं, क्योंकि वे केवल देखभाल करने वालों या अन्य वयस्कों के मूल्यांकन पर प्रतिक्रिया देने के बजाय खुद का मूल्यांकन शुरू करते हैं।
- माता-पिता और देखभालकर्ता न केवल सीधे भावनाओं को नियंत्रित करने के तरीके सिखाते हैं, बल्कि आदर्श के रूप में अभिनय करके बच्चों के व्यवहार को भी अप्रत्यक्ष रूप से प्रभावित करते हैं।
- अपनी उम्र के अन्य बच्चों (मित्र मंडली (मित्र समूह)) के साथ बातचीत करते समय, जैसे कि डेकेयर या पूर्वस्कूल में सहकर्मी, वे समानांतर खेल में संलग्न होते हैं जिसमें वे एक-दूसरे के साथ सही मायने में बातचीत किए बिना खेलते हैं।

- एक और भावनात्मक क्षमता जो बचपन के दौरान विकसित होती है, समानुभूति है, जो सकारात्मक सामाजिक व्यवहार का एक महत्वपूर्ण घटक है।
- क्रोध, आक्रामकता और भय के साथ उचित रूप से व्यक्त और व्यवहार करना सीखना एक मूल्यवान जीवन और सामाजिक कौशल है।
- बच्चे अब गर्व और शर्म की भावनाओं को समझने में सक्षम हैं और किसी भी स्थिति में एक से अधिक भावनाओं का अनुभव कर सकते हैं। वे भावनाओं को अधिक प्रभावी ढंग से दबा सकते हैं या छुपा सकते हैं और सामना करने के लिए स्व-अधिग्रहित रणनीतियों का उपयोग कर सकते हैं।

अतः विकल्प (C) सही है।

51. बच्चों को हमेशा विद्यालयों में अधिगम पर ध्यान केंद्रित करने के लिए प्रोत्साहित किया जाता है। बच्चे को अधिगम की प्रक्रिया में सहायता करने के लिए शिक्षकों और माता-पिता द्वारा बहुत प्रयास किया जाता है।

- परिवार द्वारा समाजीकरण अधिगम में बच्चे की व्यस्तता को प्रभावित करता है क्योंकि यह बच्चे के मन में अधिगम और उसके लाभों के बारे में प्रेरणा जागृत करता है। बच्चा जितना अधिक सकारात्मक तरीके से अधिगम के बारे में परिवार के साथ अंत:क्रिया करेगा, अधिगम की प्रक्रिया में उतना ही अधिक जुड़ाव देखा जाएगा।
- समकक्षी संबंध ऐसे होते हैं जिन्हें एक बच्चा अपने परिवार के बाहर मित्रों और सहपाठियों के रूप में बनाता है। एक अच्छा सामाजिक दायरा हमेशा एक व्यक्ति को प्रोत्साहित करता है जबकि एक नकारात्मक संबंध प्रकृति में हानिकारक या निराशा पूर्ण होता है। यदि बच्चे का सहकर्मी समूह प्रेरित होता है, तो बच्चा भी सीखने में रुचि प्रदर्शित करेगा।
- अधिगम की प्रक्रिया में सांस्कृतिक मूल्य महत्वपूर्ण प्रभाव डालते हैं। एक बच्चा जो अपनी संस्कृति से अवगत होता है और समाज की सांस्कृतिक अखंडता को बनाए रखने के लिए प्रेरित होता है, वह समाज के बारे में अधिक जानने में रुचि विकसित करता है और समाज की बेहतरी के तरीकों के बारे में सोचता है।
- बच्चों का आत्म-सम्मान एक ऐसा संवेग है जहाँ बच्चा आत्म-प्रशंसित महसूस करता है और वह जो काम कर रहा है उस पर उसे गर्व होता है। आत्म-सम्मान अधिगम की प्रक्रिया को महत्वपूर्ण रूप से प्रभावित करता है क्योंकि यह शिक्षार्थी की आत्म-प्रेरणा को प्रभावित करता है।

अत: विकल्प (C) सही है।

52. 'एकतंत्रीय' अच्छे शिक्षण की विशेषता नहीं है।

एक अच्छा शिक्षक वह है जो अकादमिक क्षेत्र में सिर्फ एक विशेषज्ञता से अधिक है। अच्छा शिक्षण तब होता है जब एक शिक्षक विभिन्न प्रकार के सीखने के अनुभव प्रदान करके छात्रों को सक्रिय रूप से शामिल करने में सफल होता है।

- उच्चतम शिक्षण परिणाम का उत्पादन करने के लिए उन्हें विशेषताओं को पूरा करना होगा।
- अच्छे शिक्षण में, एक शिक्षक को कभी भी निरंकुश नहीं होना चाहिए क्योंकि निरंकुशता कक्षा में अनुशासनहीनता की ओर ले जाती है, जो शिक्षण का एक अच्छा गुण नहीं हैं।

अत: विकल्प (C) सही है।

53. सीखने की वह अवधि, जब सीखने की प्रक्रिया में कोई उन्नति नहीं होती उसे सीखने का पठार कहते हैं।

सीखने का पठार:

- यदि सीखने वाला अपनी सीखने की प्रक्रिया में एक पठार पर आता है, तो अनुभव, स्पष्टीकरण, या निर्देश के बावजूद, दूसरी भाषा सीखने वाले की सीखने की प्रणाली में अपेक्षाकृत भाषाई, नियम और उपतंत्र अपेक्षाकृत स्थायी रूप से शामिल हो जाएंगे।

- सीखने की वह अवधि है, जहाँ प्रदर्शन में कोई सुधार नहीं किया जाता है,
- एक सीखने का पठार तब बनता है जब आप जल्दी से सीखना बंद कर देते हैं। जल्दी प्रगति करना आसान है, तो स्वाभाविक रूप से धीमा हो जाते हैं। इस वजह से, सीखने का पठार अक्सर तब होता है जब शिक्षार्थी सीखने के एक मध्यवर्ती स्तर तक पहुँचते हैं।

अत: विकल्प (B) सही है।

54. स्पर्श सामग्री प्रकार की शिक्षण सामग्री वास्तविक वस्तुओं या आदर्शों के रूप में होती है जो अवधारणाओं को बहुत स्पष्ट करती है।

अधिगम सामग्री विभिन्न रूपों में हो सकती है जैसे दृश्य सामग्री, पुस्तकें, आसपास का वातावरण तथा सूचना एवं संचार प्रौद्योगिकी के रूप में। अधिगम सामग्री जो वास्तविक वस्तुओं के रूप में होती है, स्पर्श सामग्री कहलाती है। स्पर्श सामग्री अधिगम सामग्री है जिसमें कोई इसे महसूस कर सकता है, देख सकता है, छू सकता है तथा आसानी से समझ सकता है। कोई छात्र अवधारणा को अधिक आसानी से समझता है जब वह इसे महसूस करता है, न कि केवल इसे देखकर। स्पर्श सामग्री में व्यावहारिक शिक्षा शामिल है जिसमें छात्र स्वयं अवधारणाओं को सीखते हैं।

अत: विकल्प (D) सही है।

55. योजना की कठोरता को छोड़कर पाठ योजना में सभी सिद्धांत शामिल हैं। एक अच्छी पाठ योजना बनाने के लिए, शिक्षकों के पास छात्र के बारे में, पाठ्यक्रम, गतिविधियों, भाषा कौशल, भाषा के प्रकार, विषय और सामग्री और संस्थान एवं उसके प्रतिबंधों की स्पष्ट तस्वीर होनी चाहिए। ऐसा ज्ञान गारंटी देता है कि गतिविधियाँ और सामग्री पाठ उद्देश्यों के लिए और छात्रों के विशिष्ट समूह के लिए भी उपयुक्त हो सकता है।

अत: विकल्प (B) सही है।

56. सूचना संचार प्रौद्योगिकी (आईसीटी) का उपयोग शिक्षार्थियों को समृद्ध स्रोत सामग्री तक तत्काल पहुंच प्रदान करने और छात्रों को एक अलग तरीके से प्रेरित करने के लिए किया जा सकता है।

सूचना संचार प्रौद्योगिकी का उपयोग शिक्षण और सीखने के माहौल को बढ़ाने के लिए किया जाता है। यह असाइनमेंट, कंप्यूटर आदि जैसे विभिन्न उपकरणों के माध्यम से स्व-गति से सीखने में सक्षम बनाता है; सीखने के परिणामस्वरूप अधिक उत्पादक और सार्थक हो जाता है। इसका उपयोग छात्रों को विभिन्न तरीकों से सीखने के लिए प्रेरित करने के लिए एक उपकरण के रूप में किया जा सकता है। यदि प्रभावी और कुशल हो सकता है। यह शिक्षार्थियों को समृद्ध स्रोत सामग्री तक तत्काल पहुंच प्रदान करता है। यह गतिशील और संवादात्मक हो सकता है।

अतः विकल्प (B) सही है।

57. अनेक घटनाओं के बारे में बच्चों के द्वारा बनाए गए 'सहजानुभुत सिद्धांतों' के सन्दर्भ में एक शिक्षिका को प्रतिकूल प्रमाण एवं उदाहरणों को प्रस्तुत करके बच्चों के इन सिद्धांतों को चुनौती देनी चाहिए।

वयस्कों को 'सहज कुलक सिद्धांतों' को चुनौती देनी चाहिए कि बच्चे प्रति-साक्ष्य और उदाहरण प्रस्तुत करके विभिन्न घटनाओं के बारे में निर्माण करते हैं। यह शिक्षक और छात्र दोनों के लिए सहायक है क्योंकि यह शिक्षण-अधिगम प्रक्रिया को अधिक सार्थक बनाता है। अनुभवहीन सिद्धांत विचार के मॉडल हैं जो बच्चे घटनाओं या तथ्यों को समझाने के लिए व्यक्तिगत वैज्ञानिक या मानवतावादी अनुभवों के आधार पर बनाते हैं। अध्यापकों को चाहिए कि वे बच्चे की हर शंका को दूर करने के लिए उसे एक व्यावहारिक प्रदर्शन दें, जिससे वह सीखने को स्थायी बना सके।

अत: विकल्प (D) सही है।

58. कक्षा III की पाठ्यपुस्तक में कार्टून और कहानियों का उपयोग किया गया है। यह सामग्री को बच्चों के लिए रोचक और प्रासंगिक बना देगा।

कार्टून चित्र छात्रों को बड़े विचारों पर ध्यान केंद्रित करने और यह आकलन करने के लिए प्रोत्साहित करता है कि विशिष्ट विवरण बड़ी तस्वीर में कैसे योगदान करते हैं। स्टोरीबोर्डिंग, ड्राफ्टिंग, छवि, स्थान, व्यक्तित्व, रंग, और एक ही कहानी के कई

संस्करणों का निर्माण कविता को कार्टून में बदलने के परिणामस्वरूप हो सकता है। कार्टून रंगों का उपयोग करके संवाद करने के सबसे प्रभावी तरीकों में से एक है। वास्तव में, रंगीन चलती छवियां किसी भी संदेश को समझने से पहले बच्चों का ध्यान आकर्षित करती हैं, उन्हें प्रतीकों से भरी दुनिया के साथ प्रस्तुत करती हैं जो जटिल अवधारणाओं को दर्शाती हैं जिन्हें एक छोटे बच्चे को समझाना मुश्किल है। नैतिकता और मूल्यों के सूक्ष्म समावेश के साथ, कार्टून और एनिमेटेड फिल्मों का उपयोग अक्सर बच्चों को एक या दो पाठ सिखाने के लिए किया जाता है। एक बच्चे का मस्तिष्क एक छवि को पाठ के एक पृष्ठ से अधिक आसानी से और अधिक समय तक याद रखता है।

अतः विकल्प (D) सही है।

59. एक शिक्षक विभिन्न प्रकार के कार्यों के माध्यम से विभिन्न शिक्षण शैलियों के शिक्षार्थियों का आकलन करता है।

जैसा कि हम जानते हैं कि सभी छात्र एकसमान नहीं होते हैं। सभी के अलग-अलग गुण और दोष होते हैं। एक शिक्षक के रूप में, यह केवल एक शिक्षक का कर्तव्य नहीं है बल्कि एक उत्तरादायित है कि उसका शिक्षण उसकी कक्षा के अंतिम बच्चे तक पहुँचे। यह केवल तब हो सकता है जब शिक्षक अपने सभी शिक्षार्थियों की आवश्यकता पूरा करने के लिए कई उपकरणों का उपयोग करते हैं और विभिन्न शिक्षार्थियों का आकलन करने के लिए सबसे अच्छा तरीका यह है कि उन्हें सहपाठी उन्मुख कार्य, उनके स्तर या उनके हित के रूप में सौंपा जाए।

अतः विकल्प (A) सही है।

60. शिक्षक छात्रों के मित्र, दार्शनिक और मार्गदर्शक होते हैं।

- यदि कोई नया छात्र कक्षा में समायोजित करने में असमर्थ है, तो शिक्षक कक्षा के परिवेश को आरामदायक बना देंगे।
- शिक्षक उससे बात करके कारण जानने का प्रयास करेंगे और उसे हल करने का प्रयास करेंगे।
- शिक्षक नए छात्र को पुराने छात्रों से मिलवा सकते हैं ताकि वह सहज हो सके।
- शिक्षक अन्य छात्रों से कहते हैं कि वे सभी कार्यों में उसकी मदद करेंगे।

इस प्रकार, यह निष्कर्ष निकाला जाता है कि रोहिणी, एक नव प्रवेशित छात्रा, कक्षा में समायोजन करने में असमर्थ है, एक शिक्षक के रूप में, हम इसका कारण को ज्ञात करने की कोशिश करेंगे।

अत: विकल्प (B) सही है।

61. बोरियत रुचि की कमी के कारण थके हुए और बेचैन होने की स्थिति है। कभी-कभी, शिक्षण-अधिगम प्रक्रिया में, यदि कक्षा की गतिविधियां पर्याप्त रूप से चुनौतीपूर्ण नहीं होती हैं, तो छात्र ऊब जाते हैं। इस अवस्था में अधिगम पठार उत्पन्न होता है, अवधारणा पर महारत हासिल करने के बाद, शिक्षार्थी बोरियत महसूस करता है और नई चीजें सीखना चाहता है।

- गतिविधि को महत्व न दिए जाने पर विद्यार्थियों की बोरियत महसूस टोने की संभावना है। इसलिए शिक्षक को हमेशा बोरियत का दूर करने के लिए एक ही अवधारणा को नवीन तरीकों से पेश करना चाहिए।
- शिक्षक छात्रों को पढ़ाने के लिए जो भी गतिविधि कर रहे हैं, वह गतिविधि छात्रों के लिए गनोरंजक, रोचक या आकर्षक होनी चाहिए।
- वे इसमें सबसे अधिक रुचि लेते हैं और उस अवधारणा या विषय को प्रभावी ढंग से सीखते हैं।

इस प्रकार, यह निष्कर्ष निकाला जाता है कि गतिविधि को महत्व न दिए जाने पर विद्यार्थियों की बोरियत महसूस करने की संभावना है।

अत: विकल्प (A) सही है।

62. शिक्षण उद्देश्य व्यवहार में उन परिवर्तनों के कथन हैं जो विशिष्ट शिक्षार्थी और शिक्षक की गतिविधि के परिणामस्वरूप वांछित हैं जो दो-तरफा प्रक्रिया है।

उद्देश्य आधारित शिक्षण और परीक्षण के उपयोग में शामिल हैं:

- स्पष्ट अपेक्षित छात्रों के परिणाम शामिल है।
- महत्वपूर्ण और वांछनीय विषय वस्तु के चयन में एक मार्गदर्शक के रूप में कार्य करता है।
- सुनिश्चित मूल्यांकन वैधता शामिल है।
- छात्रों को गहन अध्ययन की दिशा देता है।
- स्पष्ट पाठ्यक्रम परिभाषा शामिल है।
- छात्रों को पाठ्यक्रम के अंत में अपेक्षित उपलब्धि का ज्ञान ज्ञात होता है।

इसलिए, हम यह निष्कर्ष निकाल सकते हैं कि उद्देश्य-आधारित शिक्षण और परीक्षण के उपयोग में पाठ्यक्रम में अस्पष्टता शामिल नहीं है।

अत: विकल्प (C) सही है।

63. एक विद्यालय पाठ्यक्रम विद्यालय में आयोजित अनुभवों का एक पूरा समुच्चय है। इसमें लक्ष्य, उद्देश्य, शिक्षण सामग्री, शिक्षण रणनीति और सभी शिक्षण अधिगम साधन शामिल हैं जो शिक्षण प्रक्रिया में घटित होने वाले छात्र के अनुभवों की समग्रता को पूरा करते हैं।

पाठ्यक्रम गतिविधियाँ:

- शिक्षण को रोचक, समझने में आसान और प्रभावी बनाने के लिए शिक्षण में पाठ्यक्रम गतिविधियों का उपयोग किया जाता है।
- यह लक्ष्यों, उद्देश्यों, अधिगम अनुभवों, अनुदेशात्मक संसाधनों और आकलन को रेखांकित करता है जो एक विशिष्ट शैक्षिक कार्यक्रम बनाता है।
- क्या करना है, कैसे करना है, कब करना है और कैसे हासिल किया गया है, यह जानने के लिए एक मूल रूपरेखा को रेखांकित करता है।

इस प्रकार, यह अनुमान लगाया जाता है कि शिक्षण में पाठ्यचर्या गतिविधियों का उपयोग शिक्षण को रोचक, समझने में आसान और प्रभावी बनाने के लिए किया जाता है।

अत: विकल्प (B) सही है।

64. शिक्षण और अधिगम उद्देश्यपूर्ण गतिविधियाँ हैं। शिक्षण को उनकी क्षमता को अनलॉक करने के लिए शिक्षार्थियों में कुछ वांछित अधिगम की ओर निर्देशित किया जाता है। शिक्षण-अधिगम की उचित योजना यह सुनिश्चित करने के लिए आवश्यक है कि सभी शिक्षार्थी सार्थक शिक्षण में संलग्न हों। नियोजन शिक्षण-अधिगम प्रक्रिया का एक महत्वपूर्ण घटक है जो शैक्षिक लक्ष्यों को पूरा करने के लिए शिक्षकों और शिक्षार्थियों दोनों के लिए एक पूर्ण संरचना और संदर्भ प्रदान करता है।

- निर्देशात्मक योजना: निर्देशात्मक योजना का उद्देश्य निर्देशात्मक गतिविधियों को प्रभावी ढंग से व्यवस्थित करना है। इसमें शिक्षार्थियों की विविध आवश्यकताओं को पूरा करने के लिए नियोजन प्रक्रिया के दौरान उपयुक्त पाठ्यक्रम, अनुदेशात्मक रणनीतियों और संसाधनों का उपयोग करने की प्रक्रिया शामिल है।
- इकाई योजना: किसी शिक्षक की उचित योजना उसके अध्यापन में उसकी सफलता के लिए बहुत महत्वपूर्ण है। यह शिक्षार्थी केंद्रित शिक्षा पर आधारित है।
- पाठ योजना: शिक्षण के लिए अनुदेशन की योजना शिक्षक की दिन-प्रतिदिन की गतिविधि का एक हिस्सा है। पाठ योजनाएं, प्रत्येक पाठ के लिए अधिगम के उद्देश्यों, सामग्री प्रकरण, विधियों, सामग्रियों/उपकरणों, आवेदन और मूल्यांकन को निर्दिष्ट करती हैं।
- गतिविधि योजना: शिक्षकों द्वारा नियोजित गतिविधियाँ और बच्चों द्वारा की जाने वाली गतिविधियाँ केवल पाठ्यपुस्तक की बजाय बच्चे के लिए अधिगम का माध्यम बन जाती हैं। गतिविधि योजना का मुख्य उद्देश्य शिक्षार्थियों के समग्र विकास के लिए है।

इसलिए, हम यह निष्कर्ष निकाल सकते हैं कि निर्देशात्मक योजनाएं कम से कम शिक्षार्थी-केंद्रित दृष्टिकोण का पालन करती हैं।

अत: विकल्प (A) सही है।

65. ICT के सूचनात्मक उपकरणों के उदाहरण वर्ल्ड वाइड वेब हैं।

सूचनात्मक उपकरण:

- ICT के ये उपकरण पाठ, ध्वनि, ग्राफिक्स या वीडियो जैसे विभिन्न स्वरूपों में विशाल जानकारी प्रदान करते हैं। सूचनात्मक उपकरणों के उदाहरणों में मल्टीमीडिया विश्वकोश या वर्ल्डवाइड वेब (www या वेब) पर उपलब्ध संसाधन सम्मिलित हैं।
- आप विशेष रूप से जानकारी एकत्र करने के लिए सूचनात्मक उपकरणों का उपयोग कर सकते हैं। हालांकि ये उपकरण वास्तविक जीवन के अनुभव प्राप्त करने में सहायता नहीं कर सकते हैं, यह अमूर्त जानकारी प्रस्तुत करते हैं। मान लीजिए आप सामाजिक विज्ञान में लोकतंत्र की अवधारणा सिखाने जा रहे हैं।
- आप छात्रों को विभिन्न देशों की शासन प्रणाली के बारे में जानकारी एकत्र करने के लिए नियुक्त कर सकते हैं। छात्र इंटरनेट जैसे ICT के सूचनात्मक उपकरणों की सहायता से शासन पर विभिन्न जानकारी एकत्र कर सकते हैं।

अत: विकल्प (C) सही है।

66. मंदबुद्धि चिंतन और योजना में धीमे होते हैं। मंदबुद्धि निम्न बौद्धिक विकलांगता वाले बच्चे हैं। मंदबुद्धि मानसिक रूप से मंद व्यक्तियों को शिक्षित करते हैं क्योंकि वे उचित सहायता और मार्गदर्शन के साथ सीखने में सक्षम होते हैं। मंदबुद्धि शिक्षार्थी सीखने में सक्षम होते हैं लेकिन धीरे-धीरे सीखते हैं, सोचने और योजना बनाने में धीमे होते हैं, उन्हें सीमित समर्थन की आवश्यकता होती है और उनका आसानी से निदान नहीं किया जा सकता है।

अतः विकल्प (B) सही है।

67. अक्षरों को उल्टा कर पढ़ना और अधिक बड़ी लिखावट एक एडीएचडी बच्चे की विशेषता नहीं है।

संक्षिप्त शब्द एडीएचडी अटेंशन डेफिसिट हाइपरएक्टिविटी डिसऑर्डर को दर्शाता है। यह एक जटिल न्यूरोडेवलपमेंटल विकार है जो एक बच्चे के व्यवहार में अति सक्रियता की ओर जाता है। अति सक्रियता में बच्चा अधिक समय तक ध्यान नहीं दे पाता और निष्क्रिय बैठने में भी असमर्थ होता है। वह बच्चा जो लगातार गति में रहता है, उंगलियां चटकाना, पैर हिलाना, आवेग नियंत्रण, बिना किसी स्पष्ट कारण के दूसरों को झकझोरना, बारी-बारी से बात करना और बेसब्री होने को अक्सर अतिसक्रिय कहा जाता है।

अतः विकल्प (C) सही है।

68. पीटीए किसी भी विद्यालय और संगठन के लिए उपयोगी है क्योंकि यह विद्यालय कार्य-पद्धति में सुधार के लिए अभिभावक को शामिल करता है।

- अभिभावक शिक्षक संघ माता-पिता और शिक्षकों का एक स्कूल-आधारित संघ है जो निकट संबंधों को बढ़ावा देता है, बच्चे को घर और स्कूल में निरंतर सहायता प्रदान करता है, और स्कूल में बच्चे के सीखने के माहौल में सुधार के लिए स्कूल को प्रतिक्रिया प्रदान करता है।
- अपने बच्चों की प्रगति जानने का अवसर मिलने के अलावा, पीटीए किसी भी विद्यालय और संगठन के लिए उपयोगी है क्योंकि यह विद्यालय कार्य-पद्धति में सुधार के लिए अभिभावक को शामिल करता है।
- पीटीए में, अभिभावकों और शिक्षकों का एक समूह छात्रों से जुड़े कई मामलों पर चर्चा करता है और विद्यालय के समग्र कामकाज में सुधार लाने के लिए रणनीतियों पर चर्चा करता है।

अत: विकल्प (A) सही है।

69. दूरस्थ शिक्षा शिक्षा का एक क्षेत्र है जो अध्यापन और विज्ञान, प्रौद्योगिकी, और निर्देशात्मक प्रणालियों के प्रारूप पर केंद्रित है जिसका उद्देश्य उन छात्रों को शिक्षा प्रदान करना है जो शारीरिक रूप से "उपस्थित" नहीं हैं।

- दूरस्थ शिक्षा इस अर्थ में नवीन है कि यह अपने स्वयं के मानदंड, दृष्टिकोण और शिक्षा पद्धति को स्थापित करती है जो शिक्षा की आमने-सामने की प्रणाली से भिन्न होती है।

- यह प्रकृति में गैर-अनुरूपतावादी और गैर-पारंपरिक हो सकती है। दूरस्थ शिक्षा शिक्षा की एक विधा, मुक्त शिक्षा को संभव बनाने के लिए अपनाई गई एक पद्धति है।
- दूरस्थ शिक्षा अप्रत्यक्ष शिक्षा का एक रूप है। यह पत्राचार, मुद्रित सामग्री, शिक्षण और शिक्षण सहायक सामग्री, दृश्य-श्रव्य सहायक सामग्री, रेडियो, टेलीविजन और कंप्यूटर जैसी मीडिया द्वारा प्रदान की जाती है।

अत: विकल्प (A) सही है।

70. विकलांग व्यक्ति (समान अवसर, अधिकारों का संरक्षण और पूर्ण भागीदारी) अधिनियम (पीडब्ल्यूडी अधिनियम- 1995) उन प्रमुख अधिनियमों में से एक है, जो विकलांग व्यक्तियों की शिक्षा, रोजगार, बाधा मुक्त वातावरण का निर्माण, सामाजिक सुरक्षा आदि प्रदान करता है। अधिनियम के अनुसार, प्रत्येक विकलांग बच्चे को अठारह वर्ष की आयु प्राप्त करने तक उचित वातावरण में मुफ्त शिक्षा प्राप्त करने की सुविधा है। इस अधिनियम को विकलांग व्यक्तियों के अधिकार अधिनियम (RPwD अधिनियम), 2016 द्वारा प्रतिस्थापित किया गया है।

विकलांगों के प्रकारों को बढ़ाकर 21 कर दिया गया है और केंद्र सरकार के पास अन्य प्रकार की अक्षमताओं को जोड़ने की शक्ति है। नया अधिनियम विकलांग व्यक्तियों के अधिकारों पर संयुक्त राष्ट्र सम्मेलन (यूएनसीआरपीडी) के अनुरूप है, जिसके लिए भारत न केवल एक हस्ताक्षरकर्ता है बल्कि अनुसमर्थन करने वाले शुरुआती देशों में से एक है।

अत: विकल्प (C) सही है।

71. मानसिक विकास एक बच्चे की विचार प्रक्रिया का विकास है, जिसमें भावनात्मक, बौद्धिक और भाषाई पहलुओं का विकास शामिल है।

मानसिक विकास सामाजिक-भावनात्मक कौशल जैसे सामाजिक व्यवहार, बौद्धिक कौशल जैसे समस्या-समाधान और नवाचार, भाषा कौशल जैसे पढ़ना, लिखना आदि के सुधार पर केंद्रित है। एक बच्चा इन सभी कौशलों को तभी सीखता है जब मस्तिष्क का उचित मानसिक विकास होता है। इसके लिए कक्षाओं में विभिन्न गतिविधियां की जाती हैं।

अत: विकल्प (D) सही है।

72. नौसिखिए शिक्षकों के लिए पथप्रदर्शक (मेंटर) के रूप में सेवा करना शिक्षक नेतृत्वकर्ता के लिए एक सामान्य भूमिका है। प्रेरणा के श्रोत के रूप में पथप्रदर्शक कार्य करते हैं; नए शिक्षकों को एक नए विद्यालय में अभ्यास करना; और नए शिक्षकों को निर्देश, पाठ्यक्रम, प्रक्रिया, प्रथाओं और राजनीति के बारे में सलाह देना। एक पथप्रदर्शक बनने में काफी समय और विशेषज्ञता लगती है और एक नए पेशेवर के विकास में महत्वपूर्ण योगदान देता है।

अत: विकल्प (A) सही है।

73. कई संगठन आज पूरे संगठन में परिवर्तन लाने के लिए अपने वरिष्ठ और उच्च-क्षमता वाले अधिकारियों के लिए विकासात्मक हस्तक्षेप के रूप में कोचिंग का चयन कर रहे हैं।

कोचिंग की प्रक्रिया में आमतौर पर कोच और व्यक्ति के बीच आमने-सामने बैठकें शामिल होती हैं, 360-डिग्री और व्यक्ति की ताकत और कमजोरी पर अन्य प्रतिक्रिया पद्धतियां, और परिवर्तन के लिए एक कार्य योजना का विकास भी शामिल है।

एक कोच के रूप में प्रधान, उम्मीदों और भूमिकाओं को स्पष्ट करता है, सिखाता है, समर्थन प्रदान करता है, चीयरलीड करता है, और टीम के सदस्यों को उनके प्रदर्शन को बेहतर बनाने में मदद करने के लिए आवश्यक सारी चीजें करता है।

अत: विकल्प (D) सही है।

74. विद्यालय अनुशासन के दो मुख्य उद्देश्य हैं। पहला कर्मचारी-वर्ग और छात्रों की सुरक्षा सुनिश्चित करना है और दूसरा शिक्षण-सीखने की प्रक्रिया के लिए अनुकूल वातावरण प्रदान करना है। स्कूली शिक्षा के प्रयोजनों और उद्देश्यों को प्रभावी ढंग से प्राप्त करने के लिए इन उद्देश्यों की महत्वपूर्ण भूमिका होती है।

अत: विकल्प (A) सही है।

75. एक उत्तम परीक्षण की विशेषताओं से भिन्न होती है। एक उत्तम परीक्षण की विशेषताओं में शामिल हैं:

वैधता: एक उत्तम परीक्षण की पहली महत्वपूर्ण विशेषता वैधता है। परीक्षण को मापना चाहिए कि इसने मापने के लिए क्या योजना बनाई गई है।

विश्वसनीयता: एक उत्तम परीक्षण अत्यधिक विश्वसनीय होना चाहिए। इसका अर्थ यह है कि परीक्षण को समान परिणाम देने चाहिए, यद्यपि अलग-अलग परीक्षक इसे प्रबंधित करते हों, परीक्षण के विभिन्न रूपों में अलग-अलग लोगों के अंक दिए गए हैं और एक ही व्यक्ति उस परीक्षा को दो या दो से अधिक बार लेता है।

वस्तुनिष्ठता: वस्तुनिष्ठता, वह कोटि है, जिस पर समान रूप से जानकार उपयोगकर्ताओं को समान परिणाम प्राप्त होते हैं। एक परीक्षण वस्तुनिष्ठ होता है, जब इसे गणक की राय पूर्वाग्रह निर्णय को विलोपित करने के लिए बनाया जाता है।

अतः विकल्प (D) सही है।

76. परिवर्तनकारी नेतृत्व शैली दृष्टि के आधार पर परिवर्तन पर आधारित है।

परिवर्तनकारी नेतृत्व को एक नेतृत्व दृष्टिकोण के रूप में परिभाषित किया गया है जो व्यक्तियों और सामाजिक प्रणालियों में परिवर्तन का कारण बनता है। अपने आदर्श रूप में, यह अनुयायियों को नेताओं में विकसित करने के अंतिम लक्ष्य के साथ अनुयायियों में मूल्यवान और सकारात्मक परिवर्तन पैदा करता है। अपने प्रामाणिक रूप में अधिनियमित, परिवर्तनकारी नेतृत्व विभिन्न तंत्रों के माध्यम से अनुयायियों की प्रेरणा, मनोबल और प्रदर्शन को बढ़ाता है।

अतः विकल्प (B) सही है।

77. आम तौर पर समुदाय और छात्रों के माता-पिता के अलावा, स्कूल कई एजेंसियों के साथ सहयोग चाहता है। ऐसे संयुक्त उद्यम परस्पर लाभकारी होते हैं।

- पड़ोसी स्कूल भी पार्टनरशिप कर सकते हैं। स्कूल उच्च शिक्षा प्रदान करने वाले संस्थानों के साथ सहयोग कर सकते हैं। हाई स्कूल कॉलेज का छात्र भी एक सामुदायिक कॉलेज में दाखिला लेता है जिसके साथ उसकी साझेदारी होती है।

- सभी स्कूलों का सामान्य लक्ष्य बच्चों और युवाओं के शैक्षिक अनुभवों को बढ़ावा देना है ताकि यह सुनिश्चित किया जा सके कि वे सभी अपनी क्षमता को हासिल कर सकें।

- सभी स्कूलों के बीच साझेदारी, चाहे वे सरकारी हों या गैर-सरकारी, इस लक्ष्य को प्राप्त करने में मदद के लिए इस्तेमाल किया जा सकता है क्योंकि अक्सर पड़ोसी स्कूलों को लगता है कि वे समान चुनौतियों का सामना कर रहे हैं।

अतः विकल्प (D) सही है।

78. विशेष शिक्षा के संदर्भ में भारतीय पुनर्वास परिषद के उद्देश्य:

- शिक्षार्थियों को यथासंभव स्वतंत्र रूप से कार्य करने में मदद करना।

- विकलांगता पुनर्वास के क्षेत्र में प्रशिक्षण नीतियों और कार्यक्रमों को विनियमित करना।

- विकलांग लोगों के साथ काम करने वाले पेशेवरों के लिए प्रशिक्षण पाठ्यक्रमों का मानकीकरण करना।

- व्यक्ति को व्यावसायिक विधि से प्रशिक्षित करना ताकि वे स्वतंत्र जीवन जी सकें।

अतः विकल्प (B) सही है।

79. पूर्व-प्राथमिक शिक्षा को संगठित निर्देश के प्रारंभिक चरण के रूप में परिभाषित किया गया है, जिसे प्राथमिक रूप से बहुत छोटे बच्चों को स्कूल-प्रकार के वातावरण से परिचित कराने के लिए रूप रेखित किया गया है, अर्थात यह और विद्यालय-आधारित वातावरण के बीच एक सेतु प्रदान करना है।

एक पूर्वविद्यालय, जिसे नर्सरी स्कूल, पूर्व-प्राथमिक विद्यालय या प्लेस्कूल के रूप में भी जाना जाता है, एक शैक्षिक प्रतिष्ठान या सीखने का स्थान है जो बच्चों को प्राथमिक विद्यालय में अनिवार्य शिक्षा शुरू करने से पहले पूर्व-प्राथमिक शिक्षा प्रदान करता है।

- आयु - कक्षा
- 3.5 वर्ष - नर्सरी
- 4 वर्ष - LKG
- 5 वर्ष - UKG
- 6 वर्ष - कक्षा 1
- विभिन्न प्रकार के पूर्व-प्राथमिक विद्यालय

अतः विकल्प (A) सही है।

80. राष्ट्रीय शैक्षिक नीति की परिकल्पना है कि हमारे संस्थानों के पाठ्यक्रम और शिक्षाशास्त्र को छात्रों के बीच मौलिक कर्तव्यों और संवैधानिक मूल्यों के प्रति सम्मान, अपने देश के साथ संबंध और बदलती दुनिया में अपनी भूमिकाओं और जिम्मेदारियों के प्रति सचेत जागरूकता की गहरी भावना विकसित करनी चाहिए। मूल्यांकन के लिए अंतर्निहित सिद्धांत हैं:

- NEP-2020 भारत में सभी मान्यता प्राप्त स्कूल बोर्डों के छात्र मूल्यांकन और मूल्यांकन के लिए मानदंड और मानक और दिशानिर्देश स्थापित करने के मूल उद्देश्यों के साथ राष्ट्रीय मूल्यांकन केंद्र स्थापित करने को प्रस्तावित करता है।

- यह सभी छात्रों के लिए अधिगम और विकास का अनुकूलित करता है।

- हमारी स्कूली शिक्षा प्रणाली की संस्कृति में मूल्यांकन का उद्देश्य रटकर याद करने के कौशल का परीक्षण करने वाले उद्देश्य से अधिक रचनात्मक, अधिक योग्यता-आधारित, हमारे छात्रों के लिए अधिगम और विकास को बढ़ावा देने और उच्च-क्रम के कौशल का विश्लेषण, महत्वपूर्ण सोच और वैचारिक स्पष्टता के रूप में परीक्षण करने के उद्देश्य से स्थानांतरित होगा।

- मूल्यांकन नियमित, रचनात्मक और योग्यता आधारित होना चाहिए।

- छात्रों के अधिगम और विकास को बढ़ावा देना और 'अधिगम के लिए आकलन' पर ध्यान केंद्रित करना।

- यह एक 360-डिग्री, समग्र, बहु-आयामी रिपोर्ट कार्ड की समीक्षा करता है जो प्रगति के साथ-साथ सभी क्षेत्रों में प्रत्येक शिक्षार्थी की विशिष्टता को विस्तार से दर्शाता है।

- इसमें शिक्षक मूल्यांकन के अलावा स्व-मूल्यांकन, सहकर्मी-मूल्यांकन शामिल होगा।

- इसने सार्वजनिक परीक्षा के लिए कई सिफारिशें प्रदान की हैं, जैसे छात्रों को अपने व्यक्तिगत हितों के आधार पर उन विषयों की एक श्रृंखला चुनने की स्वतंत्रता दी जाएगी जिनमें वे बोर्ड परीक्षा देते हैं।

इस प्रकार, यह निष्कर्ष निकाला गया है कि राष्ट्रीय शिक्षा नीति 2020 के अनुसार मूल्यांकन के लिए सभी छात्रों के लिए अधिगम और विकास का अनुकूलन अंतर्निहित सिद्धांत होना चाहिए।

अतः विकल्प (C) सही है।

General English

Q.1 Choose the description that best captures the meaning of the word INCORRIGIBLE:

A. having bad habits that cannot be changed or improved
B. showing extreme resistance to certain types of food
C. having resilience and tenacity not usually found in others
D. displaying signs of fatigue and infection in the body

Q.2 Direction: Choose the word/phrase that gives the best meaning of the word underlined in this sentence:

Your findings are original but you haven't familiarized yourself with the <u>nomenclature</u> of the specimens.

A. system of naming things
B. system of classifying things
C. uses of
D. value of

Q.3 Improve the underlined phrase in the following sentence with the help of given options:

Applications for this position should be filed by <u>next Saturday latest</u>.

A. next Saturday at the latest
B. latest next Saturday
C. latest by Saturday next
D. next Saturday at the latest

Q.4 Directions: Choose the one meaning which best expresses the idiom.

Hobson's choice.

A. a choice which is a win-win situation for parties involved in unlike business
B. a situation in which you have no choice because if you don't accept what is given, you get nothing at all
C. a situation in which you have all choice but if you accept the choice you forfeit the right to choice again
D. a choice where your fortunes have already been decided before you exercise the choice

Q.5 Directions: Improve the underlined phrase in the following sentence with the help of given options:

Raju seemed to be living <u>at some remove</u> from reality.

A. at certain remove
B. from some remove
C. in a remove
D. at one remove

Q.6 Directions: Identify the part of the following sentence that has/may have an error.

(1) Roses grow/(2) with abundance against this/(3) old wall/(4) in this season

A. 1
B. 2
C. 3
D. 4

Q.7 Directions: Choose the word nearly OPPOSITE in meaning to the given word.

DILATE

A. shrink
B. abduct
C. contract
D. expand

Q.8 Direction: Complete the following sentence by using the correct form of the verb. Use the options given below.

She was too nervous to speak before such a large audience and _____________.

A. had to be prompted
B. was prompted
C. will be prompted
D. has to be prompted

Q.9 Direction: Complete the following sentence by using the correct form of the verb. Use the options given below.

I didn't bring my wallet. Since you invited me to lunch I guessed you _____________.

A. might given some money
B. had given some money
C. will have some money on you
D. might have had some money on you

Q.10 Choose the right description that best captures the meaning of the word, MARGINALIA:

A. marked with pencil and drawn on the roofs of public buildings
B. members of a group who do not actually fight but observe combat from outside
C. notes written in the margins of a book or documents you have read
D. people who have had an experience of border countries and territories

General Hindi

Q.11 'कबीर' का संबंध किस काव्यधारा से है?

A. कृष्ण भक्तिधारा
B. ज्ञानमार्गी निर्गुण भक्तिधारा
C. राम भक्तिधारा
D. प्रेममार्गी सूफी काव्यधारा

Q.12 अनेकार्थक शब्द के रूप में 'गुरु' का कौन-सा अर्थ अनुपयुक्त है?

A. भारी
B. शिक्षक
C. एक नक्षत्र
D. पचाने में कठिन

Q.13 "टॉस युवा भारतीय टीम ने जीता और बल्लेबाज़ी प्रारंभ की "।
उपर्युक्त वाक्य के 'उद्देश्य' को किस विकल्प में सही प्रदर्शित किया गया है?

A. भारतीय टीम ने
B. युवा भारतीय टीम ने
C. बल्लेबाज़ी
D. टॉस

Q.14 "_____________ के कारण मैं रस्सी को साँप समझ बैठा।"
रिक्त स्थान के लिए उपयुक्त शब्द होगा:

A. जिज्ञासा
B. भय
C. भ्रम
D. संदेह

Q.15 जब अर्थ का ग्रहण अभिधा से न हो किंतु उससे संबद्ध हो तो अर्थग्रहण कराने वाली शब्द-शक्ति को कहेंगे:

A. लक्षणा
B. ध्वनि
C. अभिधा मूला
D. व्यंजना

Q.16 अर्थ व्यक्त करने वाली सबसे छोटी इकाई है:

A. वर्ण
B. शब्द
C. वाक्य
D. ध्वनि

Q.17 "_________ हो क्या? किसी बात पर तो दृढ़ रहो।"

रिक्त स्थान के लिए उपयुक्त मुहावरा होगा:

A. पत्थर की लकीर
B. सोने पे सुहागा
C. बेपेंदी का लोटा
D. मोटी अक्ल का

Q.18 'स्नेह' का शाब्दिक अर्थ नहीं है:

A. तेल
B. चिकनाई
C. गोद
D. प्रेम

Q.19 रामधारी सिंह 'दिनकर' की प्रसिद्ध रचना का नाम है:

A. कामायनी
B. उर्वशी
C. यशोधरा
D. चिदंबरा

Q.20 दूर से फेंककर चलाया जाने वाला हथियार कहलाता है:

A. शस्त्र
B. तलवार
C. आयुध
D. अस्त्र

General Knowledge and Current Affairs

Q.21 हड़प्पीय लिपि के विषय में निम्नलिखित में से एक सही है:

A. यह चित्रलेख लिपि है।
B. यह रोमन लिपि से तुलनीय है।
C. देवनागरी की भाँति यह बायें से दाहिनी ओर लिखी गई है।
D. यह वर्णमालात्मक लिपि है।

Q.22 संविधान सभा के उद्देश्यों का उल्लेख करने वाले उद्देश्य प्रस्तावना (ऑब्जेक्टिव्स रिज़ॉल्यूशन) किसने पेश किया?

A. जवाहरलाल नेहरू
B. बी.आर. अंबेडकर
C. राजेंद्र प्रसाद
D. बी.एन. राव

Q.23 पेरेस्त्रोइका की आर्थिक तथा राजनीतिक सुधार नीतियों का आरंभ निम्नलिखित में से किस राजनीतिक नेता के साय जुड़ा है?

A. ब्रादीमिर पूतिन
B. निकिता खुश्चेव
C. मिखाइल गोर्बाचेव
D. बोरिस येल्तिसन

Q.24 किन आबादियों की अन्योन्यक्रियाओं में दोनों ही प्रजातियों को लाभ होता है?

A. कॉमेन्सलिज़्म
B. अमेन्सलिज़्म
C. म्यूचुआलिज्म
D. कॉम्पिटिशन

Q.25 'ब्राउन एजेंडा' के बारे में निम्नलिखित में से कौन-सा कथन सत्य नहीं है?

A. 'ब्राउन एजेंडा' का सम्बन्ध प्रदूषण, कचरा-निष्पादन, शुद्ध पेयजल प्रबन्धन और आवास उपलब्धता जैसी समस्याओं से है

B. 'ब्राउन एजेंडा' अन्त: पीढ़ियों की समानता को महत्व देता है

C. 'ब्राउन एजेंडा' शहरी गरीबों की स्थानीय समस्याओं और वंचितों से जुड़ा है

D. 'ब्राउन एजेंडा' का सम्बन्ध शहरी और औद्योगिक क्षेत्रों की पर्यावरण रागरया रो है

Q.26 2018 के एशियाई खेलों में बैडमिंटन का रजत पदक निम्नलिखित में से किसने जीता?

A. ताइपीस ताई जूयिंग
B. साइना नेहवाल
C. सैयद मोदी
D. पी.वी. सिंधू

Q.27 निम्नलिखित में से किस स्थान पर हाल ही में विश्व सबसे बड़े सोलर पार्क का उद्घाटन किया गया है?

A. मुंबई
B. कर्नाटक
C. चेन्नई
D. दिल्ली

Q.28 निम्नलिखित में से किसने हाल में प्रतिष्ठित सम्मान 'मैन बुकर प्राइज़' की 50 वीं जयंती के उपलक्ष्य में 'विशिष्ट गोल्डन मैन बुकर प्राइज' जीता?

A. सलमान रुश्दी
B. मीशेल ओंडाज़े
C. किरन देसाई
D. वी.एस. नायपॉल

Q.29 धारणीय (सस्टेनेबल) विकास लक्ष्य कबसे प्रभाव में आए?

A. जुलाई 2015
B. जनवरी 2016
C. जुलाई 2016
D. जनवरी 2015

Q.30 निम्नलिखित में से कौन-सा बस्ती पैटर्न समतल उपजाऊ कृषि-क्षेत्र के रूप में विकसित हो सकता है?

A. ताराकृति
B. रेखाकार
C. वृत्ताकार
D. आयताकार

Reasoning Ability

Q.31 एक व्यक्ति पश्चिम दिशा के सम्मुख खड़ा है। वह 135° दक्षिणावर्त मुड़ता है और फिर वह 180° वामावर्त मुड़ता है। फिर वह 45° वामावर्त चलता है। उसकी अंतिम दिशा क्या थी?

A. पश्चिम
B. दक्षिण-पश्चिम
C. दक्षिण
D. उत्तर-पश्चिम

Q.32 नीचे दिये गये विकल्प से सही चित्र को चुनते हुए निम्नलिखित चित्र आव्यूह को पूरा कीजिये:

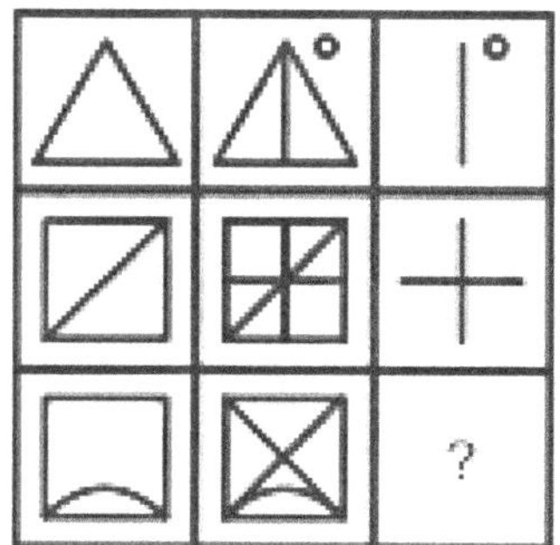

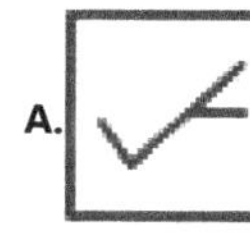
A.

B.

C.

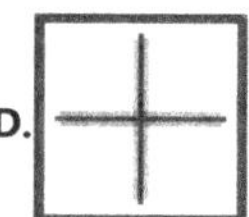
D.

Q.33 दिये गये चित्र में निहित किसी भी आकार वाले आयतों की संख्या बताइये तथा दिये गये विकल्प से सही उत्तर को चुनिये।

A. 27
B. 36
C. 48
D. 21

Q.34 विषम को चुनिये:

तिपहिगा, त्रिशूल, छोटी-सी बात, तिरंगा

A. त्रिशूल
B. तिपहिया
C. तिरंगा
D. ट्रिफल

Q.35 निर्देश: निम्नलिखित में से सही विकल्प को चुनिये जो संख्या श्रेणी को पूरा करता हो।

7, 14, 42, 168, ?

A. 1008
B. 840
C. 504
D. 672

Q.36 निर्देश: किसी परिवार में छह सदस्य हैं जिनमें से तीन पुरुष X , Y तथा Z तथा तीन स्त्रियाँ A, B तथा C हैं। इस परिवार में एक वास्तुकार, एक वकील, एक प्रोफेसर, एक चार्टर्ड एकाउंटन्ट, एक डॉक्टर तथा एक इंजीनियर हैं। परिवार का वर्णन इस प्रकार है।

- इसमें दो विवाहित दंपति और दो अविवाहित व्यक्ति हैं।
- डॉक्टर का विवाह वकील से हुआ है।
- X का विवाह चार्टर्ड एकाउंटन्ट से हुआ है।
- A का पिता प्रोफेसर है।
- वकील, C की पुत्रवधू है।
- Z , A का पति नहीं है।
- Y , X का पुत्र नहीं है। वह वास्तुकार तथा प्रोफेसर भी नहीं है।

वास्तुकार कौन है?

A. B   B. X   C. Z   D. A

Q.37 बच्चों की एक पंक्ति में, भावना बाईं ओर से नौवें और आशु दाईं ओर से तेरहवें स्थान पर हैं। वे एक-दूसरे से अपना स्थान बदलते हैं और तो भावना बाईं ओर से सत्रहवें स्थान पर हो जाती है। पंक्ति के दाईं ओर से आशु की नई स्थिति ज्ञात कीजिए।

A. 21 वां   B. 22 वां   C. 23 वां   D. 20 वां

Q.38 यदि SUPREME को DLDSRTO के रूप में कूट किया जाए, तो BROUGHT को किस रूप में कूट किया जा सकता है?

A. SGFVQAN   B. SGFNVAQ
C. SGFVAQN   D. SGFNQNA

Q.39 निर्देश: उस सही विकल्प का चयन कीजिये जो तीसरे पद से उसी प्रकार संबंधित है जिस प्रकार दूसरा पद पहले से संबंधित है।

NQSW : MPRV : : CFHL : ?

A. EBGM   B. BFJN   C. BEGK   D. DEGJ

Q.40 पांच मित्र A, B, C, D और E एक बेंच पर इस प्रकार बैठे हैं कि:
(a) C. A के निकटतम बायें बैठा है।
(b) B, A और D के दायें बैठा है।
(c) E.C तथा A के बायें बैठा है।
बीच में कौन बैठा है?

A. B   B. C   C. D   D. A

Computer Literacy

Q.41 पीडीएफ फाइल में _____ तथा _____ 'की' दबाने से शब्द खोजने के लिए डायलॉग बॉक्स खुलेगा।

A. Alt, S   B. Ctrl, F   C. Ctrl, S   D. Alt, F

Q.42 निम्नलिखित में से कौन सा प्रिंटर का प्रकार नहीं है?

A. इंकजेट   B. 3-डी   C. लैंडस्केप   D. लेजरजेट

Q.43 इंटरनेट कनेक्शन की गति _____ में मापी जाती है।

A. GHz   B. dpi   C. ppm   D. Gbps

Q.44 सर्वोत्तम विकल्प चुनिए :
किसी एंटीवायरस प्रोग्राम का डिजाइन क्या करने के लिए किया जाता है?

A. डिवाइस की पहचान करने तथा कंप्यूटर वायरस को हटाने
B. डिवाइस को स्कैन करने तथा कंप्यूटर वायरस की पहचान करने
C. डिवाइस को स्कैन करने तथा कंप्यूटर वायरस की पहचान व उसे हटाने
D. डिवाइस को स्कैन करने तथा कंप्यूटर वायरस को हटाने

Q.45 मानक कीबोई पर कीज़ की सबसे ऊपर वाली पंक्ति में _____ कीज़ होती है तथा कीबोई पर सबसे लंबी 'की' _____ है।

A. एल्फावेटिक, स्पेस बार   B. नंबर, एंटर 'की'
C. फंक्शन, एंटर 'की'   D. फंक्शन, स्पेस बार

Q.46 एफ.ए. क्यू का अर्थ है:

A. फ्रीक्वेंटली आस्क्ड क्वेश्चंस
B. फेवरिट आस्क्ड क्वेश्चंस
C. फेवरिट एंड आनसर्ड क्वेश्चंस
D. फ्रीक्वेंटली आनसर्ड क्वेश्चंस

Q.47 _____ फील्ड में ई-मेल एड्रेस सभी प्राप्त को प्रदर्शित होते है। _____ फील्ड में ई-मेल केवल प्राप्तकर्ता को प्रदर्शित होते हैं।

A. Cc और Bcc, To   B. To और Bcc, Cc
C. To और Cc, Bcc   D. Bcc, To

Q.48 निम्नलिखित में से कौन सी क्रिया से विंडोज डेस्कटॉप फाइल डिलीट नहीं होगी?

A. सिलेक्ट फाइल → राइट क्लिक → डिलीट
B. सिलेक्ट फाइल → Del 'की' दबाएं
C. फाइल पर डबल किलक करे, डिलीट 'की' दबाएं
D. डैग तथा रीसाइकिल बिन में ड्रॉप

Q.49 _____ एक्सटेंशन वाली फाइलों में _____ स्टोर होता है तथा _____ एक्सटेंशन वाली फाइलों में स्टोर होता हैं।

A. bmp, ध्वनि, mp3, चित्र
B. bmp, चित्र, mp3, ध्वनि
C. jpeg, चित्र, ध्वनि, mp3
D. bmp, ध्वनि, mp3, गाना

Q.50 सूचना प्रदान करने वाले कम्प्यूटर _____ कहलातें हैं तथा सूचना माँगने वाले कंप्यूटर _____ कहलातें हैं।

A. सर्वर, क्लाइंट
B. क्लाइंट, सर्वर
C. एप्लीकेशन, कॉम्प्लेक्स सॉफ्टवेयर
D. सिस्टम सॉफ्टवेयर, एप्लीकेशन सॉफ्टवेयर

Pedagogy

Q.51 निम्नलिखित में से कौन सी संप्रेषण की चारित्रिक विशेषताएं हैं?
(a) इसमें विचारों, तथ्यों तथा राय का आदान-प्रदान शामिल है।
(b) यह एक सतत प्रक्रिया है।
(c) यह शाब्दिक और गैर-शाब्दिक, दोनों प्रकार का होता है।
(d) यह प्रकृति में समकालिक होता है।

A. (a), (b) और (d)   B. (b), (c) और (d)
C. (a), (c) और (d)   D. (a), (b) और (c)

Q.52 निम्नलिखित में से कौन सी योजना सबसे कम शिक्षार्थी केन्द्रित है?

A. निर्देशात्मक योजना   B. इकाई योजना
C. पाठ योजना   D. क्रिया योजना

Q.53 पाठ्यचर्या के विकास की संकल्पना में क्या शामिल नहीं है?

A. अंतर्राष्ट्रीय विचार   B. परिवार की आकांक्षाएँ
C. सामाजिक लक्ष्य   D. राष्ट्रीय लक्ष्य

Q.54 भौतिकी का प्रयोग करने के लिए एक विज्ञान प्रयोगशाला में अनिवार्य रूप से क्या होना चाहिए?

A. गैस कनेक्शन
B. जल-निकासी प्रणाली
C. प्राकृतिक रोशनी और संवातन की उपलब्धता
D. प्रदर्शन सारणी

Q.55 विशेष आवश्यकता वाले बालकों के लिए 'प्लस' पाठ्यक्रम का क्या अर्थ है?

A. विशेष आवश्यकता वाले बच्चों के लिए अतिरिक्त पाठ्यक्रम।
B. ऐसे कौशल क्षेत्रों पर आधारित पाठ्यक्रम जो विशेष आवश्यकता वाले बालकों की विशेष कठिनाइयों के प्रति विशिष्ट हों।

C. विशेष आवश्यकता वाले बालकों के लिए एक रूपान्तरित पाठ्यक्रम।

D. विशेष आवश्यकता वाले बालकों के लिए पाठ अथवा शैक्षिक विषय-वस्तु।

Q.56 अनुपूरक शिक्षण सामग्री का उद्देश्य है :

A. कम महत्वपूर्ण क्षेत्रों में सामग्री उपलब्ध कराना

B. शिक्षार्थी की पुस्तक पढ़ने की रुचि को बढ़ाना

C. शिक्षार्थी की अनेक विषयों में रुचि को और बढ़ाना

D. अध्यापक द्वारा कवर न किए गए क्षेत्रों में सामग्री उपलब्ध कराना

Q.57 यह सुझाव दिया जाता है कि एक अध्यापक निम्नलिखित ______ C और ______ S द्वारा अपने संप्रेषण में सुधार कर सकता है। निम्नलिखित विकल्पों में से कौन सा विकल्प सही है?

A. छह C और तीन S   **B.** आठ C और चार S

C. सात C और चार S   **D.** सात C और तीन S

Q.58 एक विज्ञान के शिक्षक ने शैक्षणिक सत्र के आरंभ में एक ग्रामीण विद्यालय में कार्यभार संभाला। उन्हें निम्नलिखित में से कौन से परीक्षण का प्रयोग करना चाहिए ?

A. परिस्थितिजन्य परीक्षण   **B.** नैदानिक परीक्षण

C. उपलब्धि परीक्षण   **D.** इन बॉस्केट परीक्षण

Q.59 एक अच्छी शिक्षण सहायक सामग्री की अनिवार्य विशेषता क्या है?

A. कम लागत

B. लोकप्रिय

C. अधिकतम ज्ञानेन्द्रियों की भागीदारी

D. संभालने में आसान

Q.60 पाठयोजना का क्लासिक प्रारूप है :

A. हरबर्ट सोपान   **B.** हिला टाबा सोपान

C. हिलगार्डियन सोपान   **D.** हाबर का सोपान

Q.61 'ग्रेपवाइन संप्रेषण' पद का अर्थ है :

A. औपचारिक संप्रेषण   **B.** अनौपचारिक संप्रेषण

C. विज्ञापन और प्रचार   **D.** चर्यनित अवबोध

Q.62 दूरसंचार और मीडिया उद्योग में सेवाओं, विषय-वस्तु, पेशकश और संचार के माध्यमों को एक मुख्य प्रौद्योगिकी के अंतर्गत लाने की प्रक्रिया को क्या कहते हैं?

A. मल्टी-मीडिया

B. ऑन-लाइन कम्यूनिकेशन

C. अभिसारिता

D. इंटीग्रेटिड मीडिया

Q.63 एक बालक जो "dog" को "god" या "bat" को "tab" पढ़ता है, निम्नलिखित में से किस प्रकार की निःशक्तता से पीड़ित है?

A. गति - समन्वय वैकल्य (डिसप्रैक्सिया)

B. वाचन - वैकल्य (डिसलेक्सिया)

C. लेखन - वैकल्य (डिसग्राफिया)

D. भाषा - वैकल्य (डिसफेशिया)

Q.64 पाठ्यक्रम बनाने में, कक्षा स्तर के अनुसार विषय - वस्तु को विभाजित करने का काम किसके अंतर्गत आता है?

A. विषय - वस्तु का चुनाव

B. विषय - वस्तु का श्रेणीकरण

C. विषय - वस्तु का व्यवस्थापन

D. विषय - वस्तु का वर्गीकरण

Q.65 एक बहुस्तरीय अध्यापक वह होता है जो :

A. विभिन्न समावेशी/एकीकृत विद्यालयों में विशेष सेवाएं देने के लिए योग्यता प्राप्त हो।

B. अनेक पाठ्यक्रम संबंधी क्षेत्रों में निपुण हो।

C. एक विशेष समावेशी विद्यालय के लिए नियुक्त एक विशेष अध्यापक।

D. अस्थायी या तदर्थ आधार पर नियुक्त एक विशेष अध्यापक।

Q.66 श्रवण बाधित (बधिर) बालक प्रदर्शित करता है :

A. भाषा के द्वारा संप्रेषण में बाधा

B. घूमने - फिरने में बाधा

C. व्यक्ति की स्वयं की देखभाल करने संबंधी कौशलों में बाधा

D. स्पर्शनीय कौशालों में बाधा

Q.67 निम्नलिखित में से क्या उपलब्धि परीक्षा का उद्देश्य नहीं है ?

A. यह जानना कि छात्रों ने क्या सीखा है

B. यह जानना कि छात्र किन क्षेत्रों में कमजोर है

C. छात्रों को तेज, कमजोर और औसत वर्ग में बांटना

D. शैक्षिक लक्ष्यों की प्राप्ति का पता लगाना

Q.68 निःशक्तता के सामाजिक मॉडल के अनुरूप कथन को पहचानिए :

(a) क्षति को चिकित्सा या अन्य उपचारों से ठीक किया जाना चाहिए।

(b) निःशक्तता समाज के व्यवस्थित होने के तरीके से उत्पन्न होती है।

(c) क्षति ध्यान केन्द्रित होती है।

(d) बच्चे अपने आप में ही महत्वपूर्ण होते हैं।

A. (b) और (d)   **B.** (a) और (c)

C. (a) और (d)   **D.** (b), (c) और (d)

Q.69 मंद - बुद्धि बालकों के संबंध में इनमें से कौन सा कथन सही नहीं है?

A. उनमें सामान्यीकरण की योग्यता का अभाव होता है

B. उन्हें अमूर्तीकरण में कठिनाई आती है

C. उनकी संप्रेषण योग्यता खराब होती है

D. वे कारण - प्रभाव संबंध को समझ सकते हैं

Q.70 अच्छी परीक्षा में क्या नही होना चाहिए ?

A. व्यक्तिपरकता   **B.** वस्तुनिष्ठता

C. विश्वसनीयता   **D.** वैधता

// स्मार्ट उत्तर पुस्तिका //

सही उत्तर — उन छात्रों का प्रतिशत जिन्होंने प्रश्नों का सही उत्तर दिया था।

छोड़ दिया — उन छात्रों का प्रतिशत जिन्होंने प्रश्नों को छोड़ दिया था।

प्रश्न संख्या	उत्तर	सही उत्तर / छोड़ दिया	प्रश्न संख्या	उत्तर	सही उत्तर / छोड़ दिया	प्रश्न संख्या	उत्तर	सही उत्तर / छोड़ दिया	प्रश्न संख्या	उत्तर	सही उत्तर / छोड़ दिया	प्रश्न संख्या	उत्तर	सही उत्तर / छोड़ दिया	प्रश्न संख्या	उत्तर	सही उत्तर / छोड़ दिया	प्रश्न संख्या	उत्तर	सही उत्तर / छोड़ दिया
1	A	83.12 % / 0.0 %	13	B	88.83 % / 0.0 %	25	D	43.47 % / 1.45 %	37	A	67.03 % / 1.9 %	49	B	40.67 % / 1.77 %	61	B	79.8 % / 0.0 %
2	A	45.75 % / 1.27 %	14	C	76.67 % / 0.0 %	26	D	55.33 % / 1.55 %	38	C	65.65 % / 1.32 %	50	A	53.02 % / 1.63 %	62	A	41.64 % / 1.03 %
3	A	47.26 % / 1.43 %	15	A	15.97 % / 3.33 %	27	B	57.14 % / 1.15 %	39	C	41.56 % / 1.77 %	51	D	55.93 % / 1.67 %	63	B	54.42 % / 1.69 %
4	B	44.06 % / 1.99 %	16	B	87.73 % / 0.0 %	28	B	49.82 % / 1.44 %	40	D	56.13 % / 1.87 %	52	A	80.02 % / 0.0 %	64	B	41.34 % / 1.96 %
5	D	41.66 % / 1.17 %	17	C	82.71 % / 0.0 %	29	B	43.52 % / 1.69 %	41	B	42.65 % / 1.84 %	53	A	46.67 % / 1.45 %	65	A	49.98 % / 1.95 %
6	B	52.27 % / 1.68 %	18	C	50.16 % / 1.7 %	30	D	61.36 % / 1.28 %	42	C	78.69 % / 0.0 %	54	D	60.1 % / 1.03 %	66	A	51.33 % / 1.32 %
7	C	44.42 % / 1.42 %	19	B	53.87 % / 1.8 %	31	A	66.5 % / 1.93 %	43	D	88.68 % / 0.0 %	55	B	48.23 % / 1.6 %	67	C	56.52 % / 1.57 %
8	A	54.03 % / 1.72 %	20	D	62.26 % / 1.5 %	32	B	81.32 % / 0.0 %	44	C	49.37 % / 1.79 %	56	C	68.26 % / 1.49 %	68	D	58.89 % / 1.78 %
9	D	44.28 % / 1.72 %	21	C	44.69 % / 1.01 %	33	B	47.5 % / 1.98 %	45	D	76.25 % / 0.0 %	57	C	57.06 % / 1.73 %	69	D	53.34 % / 1.96 %
10	C	60.91 % / 1.4 %	22	A	40.7 % / 1.49 %	34	D	55.83 % / 1.43 %	46	A	82.66 % / 0.0 %	58	A	51.21 % / 1.56 %	70	A	85.44 % / 0.0 %
11	B	61.06 % / 1.63 %	23	A	14.16 % / 4.59 %	35	B	48.23 % / 1.17 %	47	C	45.41 % / 1.77 %	59	C	41.66 % / 1.58 %			
12	D	22.27 % / 3.15 %	24	C	56.13 % / 1.06 %	36	D	28.38 % / 3.05 %	48	C	86.5 % / 0.0 %	60	A	63.74 % / 1.62 %			

//संकेत और समाधान//

1. The meaning of the word INCORRIGIBLE is having bad habits that cannot be changed or improved.

The word 'Incorrigible' means (of a person or their behaviour) not able to be changed or reformed. example- He is always the class clown and his teachers say he is incorrigible.

Hence, the correct option is (A).

2. The word 'nomenclature' means a system of words used to name things in a particular discipline. The synonyms of the word 'nomenclature' are "classification, codification, glossary, terminology".

Hence, the correct option is (A).

3. The correct answer is "next Saturday at the latest".

'Latest' refers to the aspect of being "new" (i.e., of most recent date) and must be used for things for which there can be no end. "At the latest" should be used instead of 'latest' as per the context of the sentence. (should be). We use "at the latest" in order to indicate that something must happen at or before a particular time and not after that time.

Hence, the correct option is (A).

4. Hobson's choice means a situation in which you have no choice because if you don't accept what is given, you get nothing at all.

A situation in which it seems that you can choose between different things or actions, but there is really only one thing that you can take or do. example- It's a case of Hobson's choice, because if I don't agree to their terms, I'll lose my job.

Hence, the correct option is (B).

5. In the given sentence, the phrase "at some remove" should be replaced by "at one remove". The phrase "at one remove" is an idiom which means with a degree of separation; once removed; not being in direct contact with the person or event in question; indirectly related.

Hence, the correct option is (D).

6. The preposition 'with' used in the part 2 is incorrect. The preposition 'with' means having or possessing (something). Therefore, the preposition 'in' should be used instead of 'with'. The preposition 'in' is used for talking about numbers and amounts.

Hence, the correct option is (B).

7. The word nearly opposite in meaning to the word dilate is contract.

The word 'Dilate' means to enlarge or expand in bulk or extent. The antonyms of the word 'Dilate' are "compress, condense, curtail, shorten".

Hence, the correct option is (C).

8. The given sentence is in the past tense. Also, in the given options, the verb 'prompted' is a transitive verb.The given sentence is in the passive voice.The passive voice constructions always appear after the auxiliary verbs. (here, had). A passive voice construction contains a form of the verb "to be" plus the "past participle" of a transitive verb (here, prompted). It expresses an action carried out on the subject of the sentence.

Hence, the correct option is (A).

9. The given sentence is in the past tenses. The conjunction 'since' is used to indicate the reason why the person didn't bring the wallet. The third option "might have had" is used in the same way as the present perfect tense (Might + have + past participle; Has/have + past participle). The structure might + have + past participle is used to talk about past events or situations that were possible but did not happen (hence, the use of 'guessed').

Hence, the correct option is (D).

10. The meaning of the word, Marginalia is notes written in the margins of a book or documents you have read.

The word 'Marginalia' means notes written in the margins of a text. The synonyms of the word 'Marginalia' are "scholium, note, scholia".

Hence, the correct option is (C).

11. 'कबीर' का संबंध ज्ञानमार्गी निर्गुण भक्तिधारा से है।

कबीर की भक्ति अध्यात्मिक कोटि की थी, जहाँ ज्ञान और भक्ति अभिन्न बन जाते हैं । निर्गुण काव्यधारा में ब्रह्म के निराकार स्वरूप की उपासना की जाती है । कबीर के राम निर्गुण ब्रह्म है – वह कण-कण में रमने वाली वह शक्ति है, जो निर्गुण निराकार परम सत्ता के अर्थ में राम के अस्तित्व को स्वीकार किया है ।

अत: विकल्प (B) सही है।

12. अनेकार्थक शब्द के रूप में 'गुरु' का अर्थ 'पचाने में कठिन' अनुपयुक्त है।

पचाने में कठिन ''गरिष्ठ'' का अर्थ देता है। जबकि 'गुरु' के अनेकार्थी शब्द - ग्रहविशेष, श्रेष्ठ, बृहस्पति, बड़ा है।

अत: विकल्प (D) सही है।

13. "टॉस युवा भारतीय टीम ने जीता और बल्लेबाज़ी प्रारंभ की "उपर्युक्त वाक्य के 'उद्देश्य' को 'युवा भारतीय टीम ने' में सही प्रदर्शित किया गया है।

व्याकरण में 'उद्देश्य' वह होता है जिसके संबंध में कुछ कहा जाए। उपरोक्त वाक्य में युवा भारतीय टीम के बारे में बताया जा रहा है, अत: वाक्य में 'युवा भारतीय टीम' 'उद्देश्य' है।

अत: विकल्प (B) सही है।

14. "भ्रम के कारण मैं रस्सी को साँप समझ बैठा " में उपयुक्त शब्द भ्रम होगा।

जब एक जैसे दिखाई देने के कारण एक वस्तु को दूसरी वस्तु मान लिया जाता है या समानता के कारण किसी दूसरी वस्तु का भ्रम होता है तब इसे भ्रांतिमान अलंकार कहते हैं। "भ्रम के कारण मैं रस्सी को साँप सगझा बैठा।" उपरोक्त वाक्य में रस्सी को साँप समझने का भ्रम हो गया है।

अत: विकल्प (C) सही है।

15. जब अर्थ का ग्रहण अभिधा से न हो किंतु उससे संबंद्ध हो तो अर्थग्रहण कराने वाली शब्द-शक्ति को 'लक्षणा' कहेंगे।

जहाँ मुख्य अर्थ में बाधा उपस्थित होने पर रूढ़ि अथवा प्रयोजन के आधार पर मुख्य अर्थ से संबंधित अन्य अर्थ को लक्ष्य किया जाता है , वहाँ लक्षणा शब्द शक्ति होती है। जैसे - मोहन गधा है। यहाँ गधे का लक्ष्यार्थ है मूर्ख।

अत: विकल्प (A) सही है।

16. अर्थ व्यक्त करने वाली सबसे छोटी इकाई शब्द है।

शब्द बोलचाल की भाषा के उच्चरित रूप की वह न्यूनतम विशेषता है जिसके द्वारा किसी कही गयी बात का, कही जाने वाली किसी अन्य बात में अंतर स्पष्ट किया जाता है। दो या दो से अधिक शब्दों के सार्थक समूह को वाक्य कहते हैं।

अत: विकल्प (B) सही है।

17. उपरोक्त रिक्त स्थान के लिए उपयुक्त मुहावरा होगा : 'बेपेंदी का लोटा, है।

'बेपेंदी का लोटा' का अर्थ है- वह व्यक्ति जिसका अपना कोई सिद्धान्त न हो, पता नहीं कब किसके साथ हो जाय। बेपेंदी का लोटा मुहावरे का हिंदी में वाक्य प्रयोग – "बेपेंदी का लोटा हो क्या? किसी बात पर तो दृढ़ रहो।"

अत: विकल्प (C) सही है।

18. 'गोद' 'स्नेह' का शाब्दिक अर्थ नहीं है।

गोद का अर्थ-आँचल है। गोद के पर्यायवाची - अंक, क्रोड़, गोदी है।

स्नेह का अर्थ होता है लगाव। स्नेह के कुछ सामान्य पर्यायवाची हैं भावना, जुनून है।

अत: विकल्प (C) सही है।

19. रामधारी सिंह 'दिनकर' की प्रसिद्ध रचना का नाम उर्वशी है।

दिनकर का पहला काव्यसंग्रह 'विजय संदेश' वर्ष 1928 में प्रकाशित हुआ। इसके बाद उन्होंने कई रचनाएं की। उनकी कुछ प्रमुख रचनाएं 'परशुराम की प्रतीक्षा', 'हुंकार' और 'उर्वशी' हैं। उन्हें वर्ष 1959 में साहित्य अकादमी पुरस्कार से नवाजा गया।

अत: विकल्प (B) सही है।

20. दूर से फेंककर चलाया जाने वाला हथियार अस्त्र कहलाता है।

अस्त्र उसे कहते हैं, जिसे मन्त्रों के द्वारा दूरी से फेंकते हैं। वे अग्नि, गैस और विद्युत तथा यान्त्रिक उपायों से चलते हैं। ब्रह्मास्त्र, पाशुपतास्त्र, गरूड़ास्त्र, आग्नेयास्त्र वगैरह अस्त्रों की श्रेणी में आते हैं।

अत: विकल्प (D) सही है।

21. हड़प्पीय लिपि को चित्रात्मक माना जाता है क्योंकि इसके चिन्ह पक्षियों, मछलियों और मानव रूपों की सत्यता का प्रतिनिधित्व करते हैं। लिपि बूस्ट्रोफेडोन थी, जिसे एक पंक्ति में दाएँ से बाएँ और फिर अगली पंक्ति में बाएँ से दाएँ लिखा जाता था। हड़प्पा लिपि के चिह्नों की संख्या 400 से 600 के बीच मानी जाती है।

हड़प्पीय लिपि देवनागरी की भाँति दाएँ से बाएँ लिखी जाती है। एक गूढ़ लिपि हड़प्पा की मुहरों में आमतौर पर लिखने की एक पंक्ति होती है, जिसमें शायद मालिक का नाम और शीर्षक होता है।

अत: विकल्प (C) सही है।

22. जवाहरलाल नेहरू ने उद्देश्य प्रस्ताव पेश किया जिसमें संविधान सभा के उद्देश्य बताए गए थे।

13 दिसंबर, 1946 को पंडित जवाहरलाल नेहरू द्वारा वस्तुनिष्ठ प्रस्ताव पेश किया गया था, जिसने संविधान बनाने के लिए दर्शन और मार्गदर्शक सिद्धांत प्रदान किए और बाद में भारत के संविधान की प्रस्तावना का रूप ले लिया। इस संकल्प को 22 जनवरी 1947 को संविधान सभा द्वारा सर्वसम्मति से अपनाया गया था।

अत: विकल्प (A) सही है।

23. पेरेस्त्रोइका 1986 में मिखाइल गोर्बाचेव द्वारा सोवियत संघ में स्थापित एक कार्यक्रम है। इसका उद्देश्य सोवियत आर्थिक और राजनीतिक नीति का पुनर्गठन करना है। गोर्बाचेव ने आर्थिक नियंत्रणों का विकेंद्रीकरण किया और उद्यमों को स्व-वित्तपोषण बनने के लिए प्रोत्साहित किया। मिखाइल गोर्बाचेव सोवियत संघ के पहले राष्ट्रपति थे, जिन्होंने 1990 से 1991 तक सेवा की।

अत: विकल्प (A) सही है।

24. पारस्परिकता एक सहजीवी संपर्क है जहां दोनों या सभी व्यक्ति रिश्ते से लाभान्वित होते हैं। इसे बाध्यकारी या ऐच्छिक माना जा सकता है। यह दो अलग-अलग प्रजातियों के जीवों के बीच एक संबंध है जिसमें प्रत्येक को लाभ होता है। इसे अंतरजातीय सहयोग के रूप में भी जाना जाता है।

अत: विकल्प (C) सही है।

25. ब्राउन एजेंडा शहरी विकास, शहरी गरीबों, मानव स्वास्थ्य के लिए स्थानीय प्रत्यक्ष खतरों, शहरी क्षेत्रों में मानव आजीविका और स्थानीय भेद्यता के बारे में चिंताओं को दर्शाता है।

ब्राउन एजेंडा सुरक्षित जल प्रावधान, स्वच्छता और जल निकासी के मुद्दों को संदर्भित करता है; अपर्याप्त ठोस और खतरनाक अपशिष्ट प्रबंधन; मोटर वाहनों, कारखानों और निम्न श्रेणी के घरेलू ईंधन से अनियंत्रित उत्सर्जन सहित वायु प्रदूषण।

अत: विकल्प (D) सही है।

26. पी.वी. सिंधु ने एशियाई खेलों 2018 में रजत पदक जीता। एशियाई खेलों के बैडमिंटन फाइनल में ताई जू यिंग से हारने के बाद पी.वी. सिंधु को रजत पदक से संतोष करना पड़ा। 2018 एशियाई खेलों का आयोजन जकार्ता-पालेमबांग 2018 में हुआ था।

अत: विकल्प (D) सही है।

27. कर्नाटक में दुनिया का सबसे बड़ा सोलर पार्क शुरू किया गया। बेंगलुरु में, कर्नाटक के तुमकुरु जिले के पावागड़ा में 16,500 करोड़ रुपये के निवेश से स्थापित दुनिया का सबसे बड़ा सोलर पार्क मुख्यमंत्री सिद्धारमैया द्वारा लॉन्च किया गया था। अधिकारियों के अनुसार, 2,000 मेगावाट का पार्क, जिसका नाम 'शक्ति स्थल' है, 13,000 एकड़ में फैला हुआ है, जो पांच गांवों में फैला है और जमीन पर रखे गए बिजली मॉडल में अद्वितीय लोगों की भागीदारी का एक मानदंड है।

पार्क का विकास कर्नाटक सोलर पावर डेवलपमेंट कार्पोरेशन लिमिटेड (KSPDCL) द्वारा किया जाता है, जो मार्च 2015 में कर्नाटक रिन्यूएबल एनर्जी डेवलपमेंट लिमिटेड (KREDL) और सोलर एनर्जी कार्पोरेशन ऑफ इंडिया (SECI) के बीच एक संयुक्त उद्यम के रूप में गठित एक इकाई है।

अत: विकल्प (B) सही है।

28. मीशेल ऑडाल्जे की युद्धकालीन प्रेम कहानी "द इंग्लिश पेशेंट" ने गोल्डन मैन बुकर पुरस्कार जीता। पुस्तक द्वितीय विश्व युद्ध के इतालवी अभियान के दौरान एक इतालवी विला में एक साथ लाए गए चार भिन्न लोगों का अनुसरण करती है।

पांच उपन्यासों की शॉर्टलिस्ट का चयन मैन बुकर के पिछले 51 विजेताओं में से न्यायाधीशों के एक पैनल द्वारा किया गया था, जो अंग्रेजी में लिखे गए और ब्रिटेन या आयरलैंड में प्रकाशित सर्वश्रेष्ठ उपन्यासों का सम्मान करता है।

अत: विकल्प (B) सही है।

29. सितंबर 2015 में संयुक्त राष्ट्र महासभा शिखर सम्मेलन में 193 सदस्य देशों द्वारा अपनाए गए सतत विकास के लिए 17 सतत विकास लक्ष्य और 169 लक्ष्य 2030 एजेंडा का हिस्सा हैं, और जो 1 जनवरी 2016 को लागू हुआ।

ये लक्ष्य एक अभूतपूर्व परामर्श प्रक्रिया का परिणाम हैं जिसने अगले 15 वर्षों के लिए सतत विकास के लिए वैश्विक पथ पर बातचीत करने और अपनाने के लिए राष्ट्रीय सरकारों और दुनिया भर के लाखों नागरिकों को एक साथ लाया।

अत: विकल्प (B) सही है।

30. आयताकार अधिवास प्रतिरूप समतल उपजाऊ कृषि क्षेत्र में पाए जाते हैं।

आयताकार अधिवास पैटर्न सीधे तौर पर घरों और भवनों के निर्माण के तरीके को संदर्भित करता है। आयताकार अधिवास पैटर्न में, अधिकांश भवनों को एक आयत बनाने के क्रम में व्यवस्थित किया जाता है। आयताकार बस्तियों में गलियाँ लगभग सीधी होती हैं, जो एक दूसरे से समकोण पर मिलती हैं। यह पैटर्न ज्यादातर मैदानी उपजाऊ कृषि क्षेत्रों में पाया जा सकता है।

अत: विकल्प (D) सही है।

31. दिया गया है, वह व्यक्ति शुरू में पश्चिम दिशा की ओर उन्मुख है।

जब वह $135°$ दक्षिणावर्त चलता है, तो उसका मुख उत्तर-पूर्व दिशा की ओर होता है।

आगे $180°$ वामावर्त चलने पर, उसका मुख दक्षिण-पश्चिम दिशा की ओर है। फिर वह $45°$ दक्षिणावर्त चलता है और पश्चिम दिशा की ओर उन्मुख होता है।

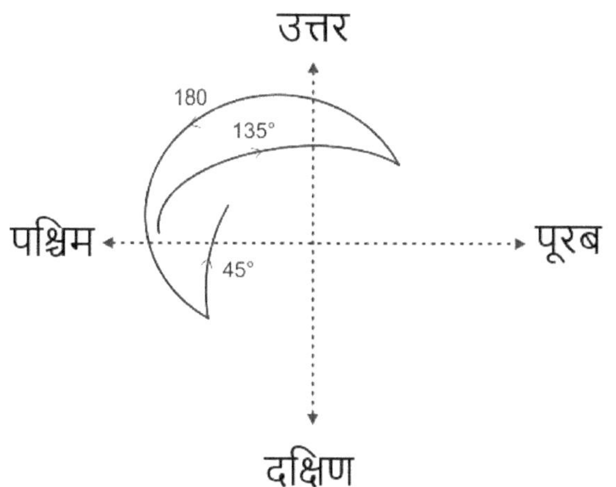

अत: विकल्प (A) सही है।

32. निम्नलिखित चित्र आव्यूह है:

प्रत्येक पंक्ति में तीसरी आकृति में ऐसे भाग शामिल हैं जो पहले दो अंकों में उभयनिष्ठ नहीं हैं।

पैटर्न में आगे जो आंकड़ा आएगा वह है:

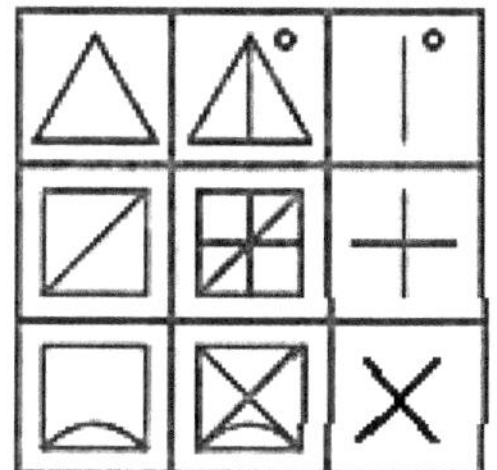

अत: विकल्प (B) सही है।

33. आयत $= (1 + 2 + 3 + \cdots + R) \times (1 + 2 + 3 + \cdots + C)$

जहां,

R = पंक्तियों की संख्या = 3

C = स्तंभों की संख्या = 3

आयत $= (1 + 2 + 3) \times (1 + 2 + 3) = 36$

अत: विकल्प (B) सही है।

34. तिपहिया साइकिल में त्रिशूल और तिरंगा 'त्रिक' तीन का प्रतिनिधित्व करता है।

लेकिन,

ट्रिफ़ल में 'ट्रि' का अर्थ तीन नहीं है।

इस प्रकार, "ट्रिफ़ल" विषम है।

ट्रिफ़ल का अर्थ है थोड़ा या कुछ ऐसा जो कम मूल्य या महत्व का हो।

अत: विकल्प (D) सही है।

35. निम्नलिखित प्रतिरूप है,

7, 7×2=14, 14×3=42, 42×4=168, 168×5=840

इस प्रकार, श्रृंखला बन जाती है:

7, 14, 42, 168, 840

अत: विकल्प (B) सही है।

36. चूंकि, A के पिता एक प्रोफेसर हैं, जिसका अर्थ है कि डॉक्टर और CA, A के दादा-दादी हैं।

और वकील C की बहू है अर्थात C CA है और B वकील है जो प्रोफेसर की पत्नी है।

Y, X का पुत्र नहीं है, न ही वह एक वास्तुकार या प्रोफेसर है, जिसका अर्थ है कि Z, X का पुत्र है, जो प्रोफेसर है और X डॉक्टर है।

केवल एक ही पेशा आर्किटेक्ट और इंजीनियर बचा है जो Y और A हो सकता है। चूंकि Y विकल्प में नहीं है, इसका मतलब है कि A एक आर्किटेक्ट है और Y इंजीनियर है।

दो विवाहित जोड़े हैं:

1. X, C का पति है

2. Z, B का पति है

पीढ़ी	पुरुष	पेशा	महिला	पेशा
1	X	प्रोफेसर	C	सी सीए
2	Z	डॉक्टर	B	वकील
3	Y	इंजीनियर	A	आर्किटेक्ट

अत: विकल्प (D) सही है।

37. दी गई जानकारी के अनुसार आरेख बनाने पर,

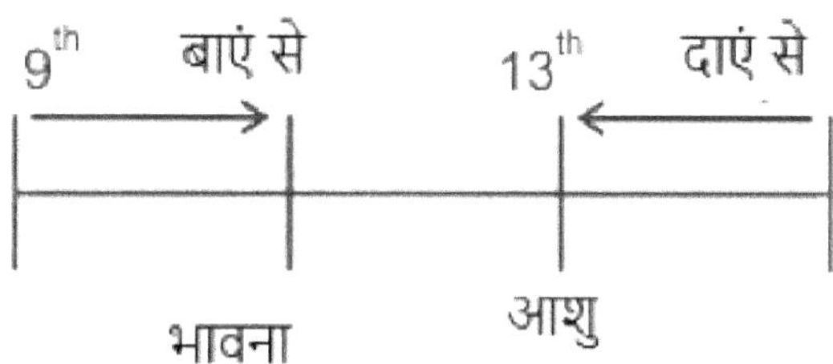

स्थान बदलने के बाद,

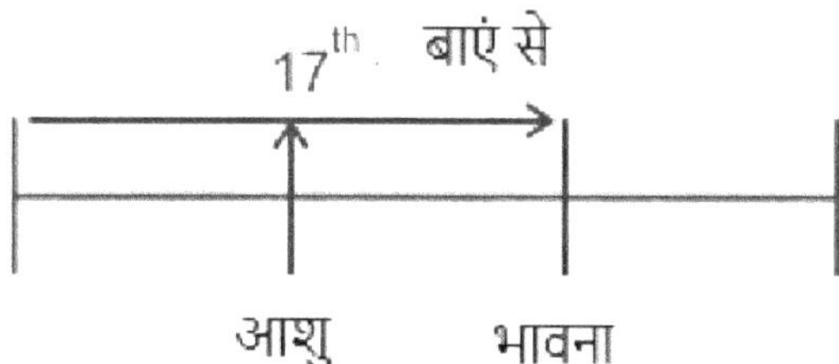

भावना का नया स्थान बाएं से 17वां और दाएं से 13वां है।

पंक्ति में बच्चों की संख्या = 13 + 17 - 1 = 29

अभी,

आशु का नया स्थान भावना का पुराना स्थान है, जो बायें से 9वां है।

आशु के दाईं ओर बच्चों की संख्या = 29 – 9 = 20

इसलिए,

आशु पंक्ति के दायें छोर से 21वें स्थान पर है।

अत: विकल्प (A) सही है।

38. निम्नलिखित प्रतिरूप है:

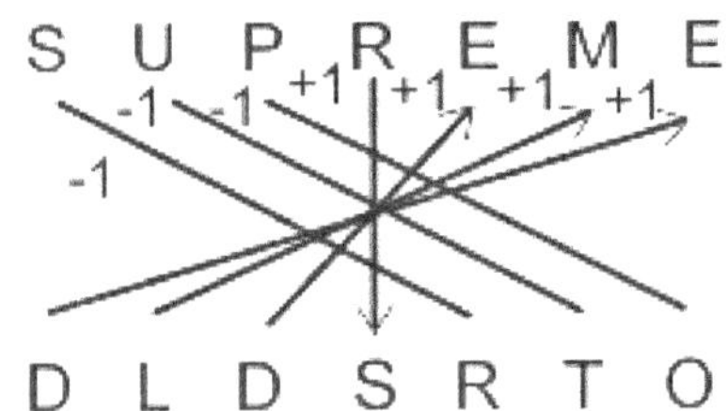

इसी प्रकार,

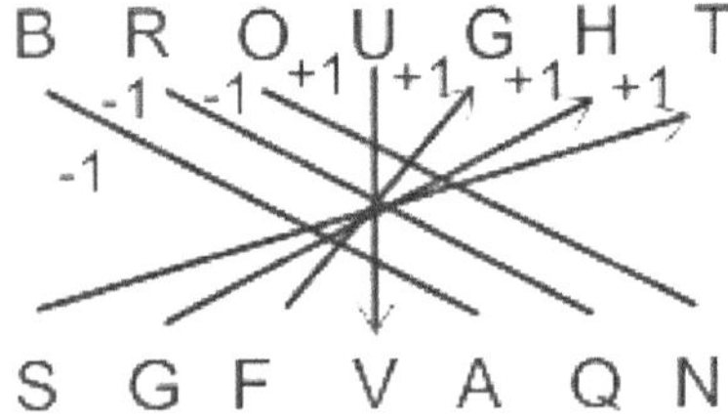

अक्षरों के कोड इस प्रकार हैं:

Alphabets	A	B	C	D	E	F	G	H	I	J	K	L	M
Positional value	1	2	3	4	5	6	7	8	9	10	11	12	13
Positional value	26	25	24	23	22	21	20	19	18	17	16	15	14
Alphabets	Z	Y	X	W	V	U	T	S	R	Q	P	O	N

अत: विकल्प (C) सही है।

39. अक्षरों का कोड इस प्रकार है:

Alphabets	A	B	C	D	E	F	G	H	I	J	K	L	M
Positional value	1	2	3	4	5	6	7	8	9	10	11	12	13
Positional value	26	25	24	23	22	21	20	19	18	17	16	15	14
Alphabets	Z	Y	X	W	V	U	T	S	R	Q	P	O	N

इस प्रकार, NQSW को MPRV के रूप में कोडित किया गया है।N(14)-1=M(13)

Q(17)-1=P(16)

S(19)-1=R(18)

W(23)-1=V(22)

इसी प्रकार,

C(3)-1=B(2)

F(6)-1=E(5)

H(8)-1=G(7)

L(12)-1=K(11)

इस प्रकार, CFHL को BEGK कोडित किया गया है।

अत: विकल्प (C) सही है।

40. दी गई जानकारी के अनुसार उन्हें व्यवस्थित करने पर,

C, A के ठीक बायें बैठा है।

B, A और D के दायें बैठा है।

E, C और A के बायें बैठा है।

D, E के निकट नहीं बैठा है।

केस 1: उत्तर की ओर मुख करके

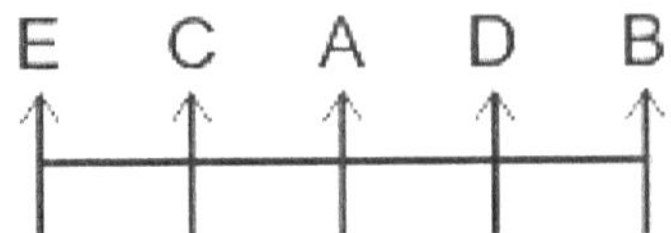

केस 2:

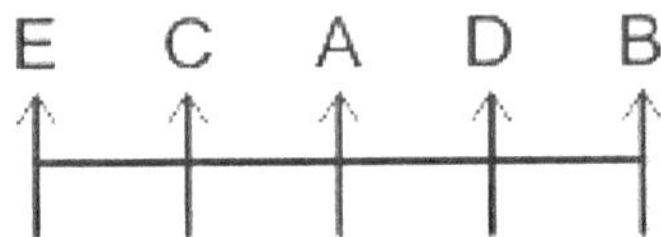

A बीच में बैठा है।

अत: विकल्प (D) सही है।

41. Ctrl+F ब्राउज़र या ऑपरेटिंग सिस्टम द्वारा उपयोग की जाने वाली शॉर्टकट की है जो आपको शब्दों या वाक्यांशों को जल्दी से खोजने की अनुमति देती है। इसका उपयोग किसी वेबसाइट को ब्राउज़ करने के लिए, Word या Google दस्तावेज़ में, यहां तक कि PDF में भी किया जाता है। यह आपके ब्राउज़र या ऐप के संपादन मेनू के अंतर्गत ढूँढें का चयन कर सकता है। स्प्रैडशीट के भीतर कोई भी पाठ खोजने के लिए Ctrl+F दबाने से खोज विंडो खुलती है।

इस प्रकार, पीडीएफ फाइल में एक शब्द खोजने के लिए Ctrl की और F हिट करने पर एक डायलॉग बॉक्स खुल जाएगा।

अत: विकल्प (B) सही है।

42. लैंडस्केप उस छवि को संदर्भित करता है जो ऊंचाई में छोटी और चौड़ाई में व्यापक होती है। यह एक छवि को क्षैतिज दिशा में प्रदर्शित करने में मदद करता है। यह पेज ओरिएंटेशन का एक टूल है। पेज ओरिएंटेशन एक उपकरण है जिसका उपयोग प्रदर्शित दस्तावेजों के ओरिएंटेशन का चयन करने के लिए किया जाता है। इस प्रकार, यह एक प्रकार का प्रिंटर नहीं है।

अत: विकल्प (C) सही है।

43. इंटरनेट कनेक्शन की गति Gbps में मापी जाती है।

Gbps गीगाबिट्स प्रति सेकंड के लिए है। इसका उपयोग डिजिटल डेटा ट्रांसमिशन माध्यम पर बैंडविड्थ को मापने के लिए किया जाता है। मीडिया और प्रोटोकॉल की बैंडविड्थ mbps(लाखों बिट्स या मेगाबिट्स प्रति सेकंड) या kbps(हजारों बिट्स या किलोबिट्स प्रति सेकंड) रेंज में हैं। यह गिगाबिट ईथरनेट जैसे हाई-स्पीड नेटवर्क के लिए डेटा ट्रांसफर स्पीड माप है।

अत: विकल्प (D) सही है।

44. किसी एंटीवायरस प्रोग्राम का डिजाइन डिवाइस को स्कैन करने तथा कंप्यूटर वायरस की पहचान व उसे हटाने के लिए किया जाता है।

एंटीवायरस सॉफ़्टवेयर एक प्रकार का प्रोग्राम है जिसे कंप्यूटर को मैलवेयर से बचाने के लिए डिज़ाइन और विकसित किया गया है। एंटीवायरस प्रोग्राम का मुख्य उद्देश्य कंप्यूटर की सुरक्षा करना और एक बार पता चलने पर वायरस को हटाना है। यह विंडोज, मैकिंटोश और यूनिक्स प्लेटफॉर्म के लिए सुलभ है। यह प्रोग्रामों का एक समूह है जो सॉफ्टवेयर वायरस को रोकने, खोजने, पता लगाने और हटाने के लिए डिज़ाइन किया गया है। यह एक कोड या प्रोग्राम है जिसे गुप्त रूप से किसी डिवाइस में प्रवेश करने के लिए डिज़ाइन किया गया है। एंटीवायरस सॉफ्टवेयर ने एंटी-मैलवेयर सॉफ़्टवेयर की तुलना में मैलवेयर हमलों की एक विस्तृत श्रृंखला को नियंत्रित किया।

अत: विकल्प (C) सही है।

45. मानक कीबोई पर कीज़ की सबसे ऊपर वाली पंक्ति में फंक्शन कीज़ होती है तथा कीबोई पर सबसे लंबी 'की' स्पेस बार है।

कीबोर्ड एक इनपुट डिवाइस है जिसका उपयोग कंप्यूटर के साथ किया जाता है। यह उन बटनों से बना है जो अक्षरों, संख्याओं और प्रतीकों और अन्य कार्यों को

बनाते हैं। फ़ंक्शन कीज़ लगभग सभी कंप्यूटर कीबोर्ड की शीर्ष पंक्ति में स्थित होती हैं। इनमें F1 से लेकर F12 तक कम से कम F1 होता है, लेकिन कुछ कीबोर्ड पर F16 में शामिल हो सकता है। शीर्ष पंक्ति कीज़ में बाएं हाथ के लिए Q, W, E, R, और T कीज़ और दाहिने हाथ के लिए Y, U, I, O और P कीज़ शामिल हैं। स्पेस की एक कंप्यूटर कीबोर्ड के सामने एक लंबी संकरी पट्टी होती है जिसे आप टाइप करते समय शब्दों के बीच जगह बनाने के लिए दबाते हैं।

अतः विकल्प (D) सही है।

46. एफ.ए. क्यू का अर्थ फ्रीकेंटली आस्क्ड केश्चंस है। यह सामान्य प्रश्नों के उत्तरों की सूची को संदर्भित करता है। यह आमतौर पर वेबसाइटों और निर्देश पुस्तिकाओं में दिखाई देता है। लाइव सलाह दिए बिना ग्राहक के सवालों के जवाब देने में मदद करने के लिए संक्षिप्तिकरण उपयोगी है। इसका उपयोग लेखों, वेबसाइटों, ईमेल सूचियों और ऑनलाइन मंचों में किया जाता है। ये सामान्य ज्ञान अंतराल से संबंधित नए उपयोगकर्ताओं द्वारा पोस्ट या प्रश्न हैं।

अतः विकल्प (A) सही है।

47. CC का मतलब कार्बन कॉपी है और BCC का मतलब ब्लाइंडिंग कार्बन कॉपी है। CC और BCC अतिरिक्त लोगों को ईमेल की प्रतियां भेजने के दोनों तरीके हैं। इसका उपयोग प्रति फ़ील्ड में एकाधिक पते निर्दिष्ट करके अतिरिक्त लोगों को ईमेल की प्रतियां भेजने के लिए किया जाता है।

किसी संदेश के BCC क्षेत्र में, वे पते ईमेल के प्राप्तकर्ताओं के लिए अदृश्य होते हैं। आपके द्वारा To फ़ील्ड या CC फ़ील्ड में डाला गया कोई भी ईमेल पता संदेश प्राप्त करने वाले सभी लोगों के लिए दृश्यमान होता है।

आप प्रति फ़ील्ड में चार ईमेल पते डालते हैं या एक ईमेल पता प्रति फ़ील्ड में और तीन CC फ़ील्ड में डालते हैं, चार लोगों को एक ही ईमेल प्राप्त होगा। वे To और CC फ़ील्ड में हर दूसरे प्राप्तकर्ता का ईमेल पता भी देख पाएंगे। To फ़ील्ड आमतौर पर आपके ईमेल के मुख्य प्राप्तकर्ताओं के लिए होता है।

अतः विकल्प (C) सही है।

48. फ़ाइल या फ़ोल्डर (या एकाधिक चयनित फ़ाइलें) को डिलीट करने के लिए, फ़ाइल पर राइट-क्लिक करें और हटाएं चुनें। आप फ़ाइल का चयन भी कर सकते हैं और कीबोर्ड पर डिलीट की दबा सकते हैं।

फ़ोल्डर में सभी फाइलों का चयन करने के लिए, अपने कीबोर्ड पर CTRL+A दबाएं और चयनित फाइलों को डिलीट करने के लिए, इसे (उन्हें) रीसायकल बिन में ले जाएं। आपको एक संवाद संकेत मिल सकता है जो पूछता है कि क्या आप फ़ाइल को पुनर्चक्रण बिन में ले जाना चाहते हैं, यदि आपको संवाद संकेत नहीं मिला, तो फ़ाइल अभी भी रीसायकल बिन में भेजी गई थी। हटाई गई फ़ाइलें हमेशा के लिए नहीं जाती हैं, उन्हें रीसायकल बिन में भेज दिया जाता है। आप बस फ़ाइल को रीसायकल बिन आइकन पर खींचें और छोड़ें, जब आपका माउस कर्सर रीसायकल बिन आइकन पर होगा, तो आइकन चिह्नित हो जाएगा, और जब आप बाईं माउस बटन को छोड़ते हैं, तो आपके द्वारा खींची गई फ़ाइल को छोड़ दिया जाएगा रीसायकल बिन में और डिलीट कर दिया गया।

इस प्रकार, फ़ाइल को डबल क्लिक करने और डिलीट की को हिट करने से फ़ाइल डिलीट नहीं होगी।

अतः विकल्प (C) सही है।

49. BMP का मतलब बिटमैप है। इमेज फ़ाइलों को सहेजने के लिए BMP प्रारूप एक प्रयुक्त ग्राफिक प्रारूप है। इसका उपयोग क्रिस्प, उच्च-गुणवत्ता वाले ग्राफिक्स की अनुमति देने वाली छवि जानकारी को संग्रहीत करने के लिए किया जाता है, लेकिन यह बड़े फ़ाइल आकार भी बनाता है। JPEG और GIF इमेज बिटमैप का हिस्सा हैं।

MP3 का मतलब MPEG-1 ऑडियो लेयर 3 है। यह साउंड और म्यूजिक को स्टोर करता है। यह डिजिटल ऑडियो को एन्कोडिंग के लिए एक डेटा संपीड़न प्रारूप है, सबसे आम तौर पर संगीत MP3 प्रारूप संगीत के लिए एक संपीड़न प्रणाली है। कुंजी बिट दर है - MP3 फ़ाइल में एन्कोडेड प्रति सेकंड बिट्स की संख्या।

अतः विकल्प (B) सही है।

50. सूचना प्रदान करने वाले कम्प्यूटर सर्वर कहलाते हैं और सूचना चाहने वाले कम्प्यूटर क्लाइंट कहलाते हैं।

जो कंप्यूटर सूचना प्रदान करते हैं उन्हें सर्वर कहा जाता है और जो कंप्यूटर सूचना मांगते हैं उन्हें क्लाइंट कहा जाता है। क्लाइंट-सर्वर नेटवर्क में, क्लाइंट और सर्वर विभेदित होते हैं, विशिष्ट सर्वर और क्लाइंट मौजूद होते हैं। डेटा को स्टोर करने के लिए एक केंद्रीकृत सर्वर का उपयोग किया जाता है क्योंकि इसका प्रबंधन केंद्रीकृत होता है, और सर्वर सेवाओं का जवाब देता है जो क्लाइंट द्वारा अनुरोध किया जाता है।

एक क्लाइंट एक कंप्यूटर है जो एक दूरस्थ कंप्यूटर के संसाधनों से जुड़ता है और उनका उपयोग करता है।

कई कॉर्पोरेट नेटवर्क में प्रत्येक कर्मचारी के लिए एक क्लाइंट कंप्यूटर शामिल होता है, जिनमें से प्रत्येक कॉर्पोरेट सर्वर से जुड़ता है।

अतः विकल्प (A) सही है।

51. संप्रेषण की विशेषताओं को निम्नानुसार रेखांकित किया जा सकता है:

- यह एक सहयोगी प्रक्रिया है जिसमें दो पक्ष शामिल होते हैं, एक वह जो संप्रेषित करता है और एक वह जो संदेश प्राप्त करता है।

- संप्रेषण न केवल दो-तरफा प्रक्रिया है बल्कि एक बहु-आयामी और बहु-चरणीय प्रक्रिया है।

- संप्रेषण में संदेश भेजने के साथ-साथ संदेश की प्रतिक्रिया या प्रतिक्रिया प्राप्त करना शामिल है और इसलिए यह दो तरफा यातायात है।

- इसमें सूचना, विचार या विचार, राय या दृष्टिकोण, भावना या भावनाओं के माध्यम से तथ्यों का आदान-प्रदान शामिल हो सकता है।

- यह उद्देश्य के आधार पर मौखिक या लिखित रूप में हो सकता है।

अतः विकल्प (D) सही है।

52. निर्देशात्मक योजना: निर्देशात्मक योजना का उद्देश्य निर्देशात्मक गतिविधियों को प्रभावी ढंग से व्यवस्थित करना है। यह शिक्षार्थियों की विविध आवश्यकताओं को पूरा करने के लिए नियोजन प्रक्रिया के दौरान उपयुक्त पाठ्यक्रम, निर्देशात्मक रणनीतियों और संसाधनों का उपयोग करने की प्रक्रिया को शामिल करता है। यह अधिक शिक्षक-केन्द्रित उपागम पर आधारित है, लेकिन कम से कम शिक्षार्थी-केन्द्रित है क्योंकि शिक्षण के तरीकों का मूल्यांकन करने के लिए ही शिक्षकों द्वारा निर्देशों का आयोजन किया जाता है।

निर्देशात्मक योजनाएँ न्यूनतम शिक्षार्थी-केंद्रित दृष्टिकोण का पालन करती हैं।

अतः विकल्प (A) सही है।

53. एक पाठ्यचर्या योजनाकार के रूप में, आपको पाठ्यचर्या नियोजन और विकास के कार्य के दौरान विभिन्न बातों को ध्यान में रखना होगा। आवश्यकता-आधारित पाठ्यचर्या की योजना और विकास के संबंध में ये विचार सामूहिक रूप से प्रत्येक पाठ्यचर्या नियोजन निर्णय को प्रभावित करते हैं। नीचे चर्चा की गई महत्वपूर्ण बातें:

- राष्ट्रीय स्तर के लक्ष्य और विचार
- सामाजिक लक्ष्य
- पारिवारिक आकांक्षाएँ

इस प्रकार, पाठ्यचर्या विकास की अवधारणा में अंतर्राष्ट्रीय विचार शामिल नहीं हैं।

अतः विकल्प (A) सही है।

54. विज्ञान प्रयोगशाला ज्ञान का पता लगाने के लिए वैज्ञानिक प्रयोगों से सुसज्जित भवन को संदर्भित करती है और प्रयोग और अनुसंधान करने में उपयोग किए जाने वाले उपकरणों को प्रयोगशाला उपकरण कहा जाता है।

भौतिकी के प्रयोग करने के लिए, एक विज्ञान प्रयोगशाला में आवश्यक रूप से होना चाहिए:

- वोल्टामीटर

- एम्मिटर
- बिजली की शक्ति नापने का यंत्र
- पोटेंशमीटर
- प्रदर्शन सारणी
- बैटरी एलिमिनेटर
- डेनियल सेल
- पेंसिल जॉकी के साथ मीटर ब्रिज

भौतिकी के प्रयोग करने के लिए, एक विज्ञान प्रयोगशाला में आवश्यक रूप से एक प्रदर्शन सारणी होनी चाहिए।

अतः विकल्प (D) सही है।

55. प्लस पाठ्यक्रम का अर्थ है दृष्टिहीनता के लिए विशिष्ट कौशल का विकास जैसे कि ब्रेल पढ़ना, ब्रेल लेखन, अभिविन्यास और गतिशीलता, दैनिक जीवन कौशल, संवेदी प्रशिक्षण और टेलर के फ्रेम और अबेकस जैसे गणितीय उपकरणों का उपयोग।

दृष्टिबाधित दृष्टिबाधित बच्चों के लिए समान रूप से अंकगणितीय क्षमता प्राप्त करने के लिए सामान्य लक्ष्यों पर आधारित प्लस पाठ्यक्रम की आवश्यकता है। CWSN की विशेष कठिनाइयों के लिए विशिष्ट कौशल क्षेत्रों पर पाठ्यक्रम।

अतः विकल्प (B) सही है।

56. अनुपूरक सामग्री वे निर्देशात्मक सामग्रियाँ हैं जो:

- शिक्षार्थियों को किसी दिए गए पाठ से जानकारी को समझने या आत्मसात करने में सक्षम बनाता है।
- अवधारणा से संबंधित अतिरिक्त जानकारी प्रदान करके सीखने को आसान बनाता है।
- विभिन्न विषयों में शिक्षार्थी की रुचि को बढ़ाता है।
- शिक्षा की प्रक्रिया को तेज करता है और विद्यार्थियों की प्रेरणा और गतिविधि को भी बढ़ाता है।

अनुपूरक शिक्षण सामग्री के पीछे का विचार विभिन्न विषयों में शिक्षार्थियों की रुचि को और बढ़ाना है।

अतः विकल्प (C) सही है।

57. एक प्रक्रिया जहां लोग एक दूसरे के साथ औपचारिक और अनौपचारिक विचारों और विचारों का आदान-प्रदान करते हैं, संप्रेषण के रूप में वर्णित है।

प्रभावी संप्रेषण के सात C:

- साख
- सोच-विचार
- स्पष्टता
- संक्षिप्ति
- जुटना
- यथार्थता
- आत्मविश्वास

प्रभावी संप्रेषण के चार S:

- तकलिफ
- सादगी
- ताकत
- सच्चाई

यह सुझाव दिया जाता है कि एक शिक्षक सात C और चार S का पालन करके अपने संचार में सुधार कर सकता है।

अतः विकल्प (C) सही है।

58. परिस्थितिजन्य परीक्षण: प्रयोगशाला या साक्षात्कार के कृत्रिम वातावरण के बिना दोस्तों और परिवारों के बीच लोग अपनी दिन-प्रतिदिन की स्थितियों पर कैसे प्रतिक्रिया देते हैं, इसका एक नमूना मिलता है।

परिस्थितिजन्य परीक्षण वास्तविक जीवन स्थितियों का प्रतिनिधित्व करते हैं और इसलिए, उनके निष्कर्षों को प्राकृतिक जीवन स्थितियों के लिए आसानी से सामान्यीकृत किया जा सकता है।

इस प्रकार, हम यह निष्कर्ष निकाल सकते हैं कि एक विज्ञान शिक्षक ने शैक्षणिक सत्र की शुरुआत में एक ग्रामीण विद्यालय में प्रवेश लिया। परिस्थितिजन्य परीक्षणों का उसे उपयोग करना चाहिए।

अतः विकल्प (A) सही है।

59. शिक्षण सहायता की सबसे आवश्यक विशेषता सभी छात्रों को शामिल करना है ताकि छात्रों के सीखने के परिणामों को अनुकूलित किया जा सके। सीखने के परिणाम शिक्षण-अधिगम सामग्री का उपयोग करके कक्षा में दिए गए सीखने के अनुभव पर अत्यधिक निर्भर हैं।

इस प्रकार, एक अच्छी शिक्षण सहायक सामग्री की अनिवार्य विशेषता अधिकतम ज्ञानेन्द्रियों की भागीदारी है।

अतः विकल्प (C) सही है।

60. हरबर्ट सोपान पाठयोजना का क्लासिक प्रारूप है।

हर्बर्टियन दृष्टिकोण: जे एफ हरबर्ट द्वारा पाठ योजना की पांच चरणबद्ध प्रणाली शुरू की गई थी। इसे हर्बर्टियन पाँच चरणों के रूप में भी जाना जाता है, इन चरणों का उपयोग छात्रों को शैक्षिक क्षेत्रों में नया ज्ञान प्राप्त करने के लिए किया जाता है। यह पाठ योजना का क्लासिक प्रारूप है। शिक्षाशास्त्र के हर्बर्टियन स्कूल के अनुसार, पाँच औपचारिक चरण इस प्रकार हैं:

- तैयारी
- प्रदर्शन
- तुलना
- सामान्यकरण
- आवेदन

अतः विकल्प (A) सही है।

61. संचार का अनौपचारिक चैनल, जिसे ग्रेपवाइन के रूप में भी जाना जाता है, कार्यस्थल पर सामाजिक कार्य बलों के संचालन का परिणाम है। ग्रेपवाइन कम्युनिकेशन अपने शुद्धतम रूप में अनौपचारिक कार्यस्थल संवाद है। यह कर्मचारियों और वरिष्ठों के बीच बातचीत की विशेषता है जो किसी निर्धारित संरचना या नियम-आधारित प्रणाली का पालन नहीं करते हैं। ग्रेपवाइन संप्रेषण तेजी से फैलता है और संभवतः पूरे संगठन में प्रत्येक व्यक्ति को छूता है।

इस प्रकार, 'ग्रेपवाइन संप्रेषण' पद का अर्थ अनौपचारिक संप्रेषण है।

अतः विकल्प (B) सही है।

62. सेवाओं, सामग्री को एकीकृत करने के लिए दूरसंचार और मीडिया उद्योग में घटना। पेशकश और संचार के साधन एक कोर प्रौद्योगिकी के अंतर्गत मल्टी-मीडिया कहलाते हैं। एक स्टैंडअलोन तकनीक के रूप में मल्टीमीडिया तकनीक काफी उपयोगी है, हालाँकि, मल्टीमीडिया सिस्टम का उपयोग केवल आंशिक होता है यदि हम इसे संचार तकनीक के साथ एकीकृत नहीं करते हैं।

अतः विकल्प (A) सही है।

63. डिसलेक्सिया 'रीडिंग डिसऑर्डर' से जुड़ा है क्योंकि यह पढ़ने, लिखने और स्पेलिंग में कठिनाई को संदर्भित करता है। डिसलेक्सिया सबसे आम सीखने की अक्षमता (रीडिंग डिसऑर्डर) है जो शिक्षार्थियों को बनाती है:

- वर्णमाला के समान आकार और ध्वनियों से भ्रमित करें।
- अक्षरों और शब्दों को पढ़ने, व्याख्या करने और समझने में असमर्थ।
- अक्षरों और शब्दों के साथ वाक् ध्वनियों को पहचानने और संबंधित करने में चकित होना।

इस प्रकार, हम यह निष्कर्ष निकाल सकते हैं कि एक बच्चा जो "dog" को "god" या "bat" को "tab" के रूप में पढ़ता है, वह डिस्लेक्सिया सीखने की निःशक्तता से ग्रस्त है।

अतः विकल्प (B) सही है।

64. विषय - वस्तु का श्रेणीकरण: विषय - वस्तु का ग्रेडिंग एक ऐसा कार्य है जिसमें विशेषज्ञ विषय - वस्तु को छात्रों के स्तर और आवश्यकताओं के अनुसार विभाजित करते हैं। इसमें विशेषज्ञ सचेत रूप से शिक्षण अधिगम के सिद्धांतों को प्रस्तुत करता है जिस पर विषय - वस्तु आधारित है।

इस प्रकार, पाठ्यचर्या निर्माण में, विषय - वस्तु को वर्ग स्तरों के अनुसार विभाजित करने का कार्य सामग्री के उन्नयन के अंतर्गत आएगा।

अतः विकल्प (B) सही है।

65. एक बहुस्तलीय शिक्षक जो एक संस्थान से दूसरे संस्थान में या संसाधन व्यक्ति द्वारा जाता है। एक बहुस्तलीय शिक्षक विभिन्न विद्यालयों में पढ़ने वाले बच्चों की आवश्यकताओं की पूर्ति करता है।

इस प्रकार, एक घुमंतू शिक्षक वह है जो विभिन्न समावेशी/एकीकृत विद्यालयों में विशेष सेवाएं प्रदान करने के लिए योग्य है।

अतः विकल्प (A) सही है।

66. श्रवण बाधित भाषा के सामान्य विकास में एक बड़ी बाधा है, इस तरह की अक्षमता वाला बच्चा भाषा के विकास के लगभग सभी पहलुओं में गंभीर नुकसान में है।

इस प्रकार, श्रवण बाधित बच्चे भाषा द्वारा संप्रेषण में बाधाएँ प्रदर्शित करते हैं।

अतः विकल्प (A) सही है।

67. उपलब्धि परीक्षणों का उपयोग निम्नलिखित उद्देश्यों के लिए किया जा सकता है:

- छात्रों की सीखने की प्रगति को जानने के लिए
- निर्देश में किसी भी कमजोरी की जाँच करने के लिए
- भविष्य की भविष्यवाणी करने के बजाय छात्रों द्वारा सीखी गई सामग्री को दिखाने के लिए सामग्री और शिक्षण के तरीकों की आलोचनात्मक परीक्षा का एक आसान साधन प्रदान करना
- प्रदर्शन
- व्यक्तिगत शिक्षार्थी की आवश्यकता के लिए निर्देश को अनुकूलित करने के लिए
- किसी भी शैक्षणिक कार्यक्रम की प्रभावशीलता को जानने के लिए
- छात्रों को उनके सीखने के परिणामों को मापने के लिए प्रशासित करने के लिए

इस प्रकार, उपलब्धि परीक्षणों का उद्देश्य शिक्षार्थियों को तीव्र, कमजोर और औसत के रूप में श्रेणीबद्ध करना नहीं है।

अतः विकल्प (C) सही है।

68. निःशक्तता का सामाजिक मॉडल: निःशक्तता का सामाजिक मॉडल निःशक्तता को सामाजिक रूप से निर्मित और समाज में उन लोगों के बारे में जागरूकता और चिंता की कमी का परिणाम मानता है जिन्हें पूर्ण, उत्पादक जीवन जीने के लिए अपने वातावरण में विशिष्ट संशोधनों की आवश्यकता होती है।

- मॉडल, जिसे कुछ लोग बाधा मॉडल के रूप में संदर्भित करते हैं, चिकित्सा निदान, बीमारी, या चोट को अक्षमता में कोई हिस्सा नहीं मानता है।
- विकलांगता किसी व्यक्ति की दुर्बलता या अंतर के कारण नहीं बल्कि समाज के संगठित होने के तरीके के कारण होती है।
- निःशक्तता को जीवन के एक सामान्य हिस्से के रूप में देखते हुए, और भेदभाव और बहिष्करण के परिणाम के रूप में अक्षमता को देखते हुए, सामाजिक मॉडल ने निःशक्तता को चिकित्सकीय, 'विशेष

आवश्यकताओं' से निकालने के प्रयासों को रेखांकित किया है और सभी विकास नीतियों में निःशक्तता की चिंताओं को मुख्यधारा में लाने के लिए जोर दिया है। और अभ्यास।

- सामाजिक मॉडल ने विकलांग लोगों को समानता और अधिकारों के लिए एक आम संघर्ष में एक साथ लाने के लिए एक शक्तिशाली ढांचा भी प्रदान किया है।
- सीखने की कठिनाइयों की उत्पत्ति काफी हद तक बच्चे के भीतर है, यह सोचने के लिए कि यह सामाजिक व्यवस्था है जो भेदभावपूर्ण और अक्षम है, समाज की सभी घटनाओं और विकासों में विकलांग लोगों की भागीदारी के लिए बाधाओं के उन्मूलन पर ध्यान देने की मांग करती है।

अतः विकल्प (D) सही है।

69. मंद - बुद्धि एक ऐसा शब्द है जिसका उपयोग तब किया जाता है जब किसी व्यक्ति की मानसिक कार्यप्रणाली और संचार जैसे कौशल, खुद की देखभाल करने और सामाजिक कौशल में कुछ सीमाएँ होती हैं। इन सीमाओं के कारण बच्चा सामान्य बच्चे की तुलना में धीरे-धीरे सीखता और विकसित होता है।

मंद - बुद्धि बच्चों में अमूर्त क्षमता और सामान्यीकरण नहीं होता है, इसलिए वे कारण और प्रभाव संबंध को नहीं समझते हैं।

अतः विकल्प (D) सही है।

70. अच्छी परीक्षा की विशेषताएं: एक अच्छे परीक्षण को हमें सटीकता और आर्थिक रूप से उपलब्धि या क्षमता के लिए सक्षम बनाना चाहिए। एक अच्छे परीक्षण में होना चाहिए:

- वैधता
- विश्वसनीयता
- प्रयोज्य
- वस्तुनिष्ठता

इस प्रकार, एक अच्छी परीक्षा में आत्मनिष्ठता नहीं होनी चाहिए।

अतः विकल्प (A) सही है।

General English

Ques (1-3):Direction: In the following sentence, out of the given alternatives choose the one which best expresses the meaning of the underlined word.

Q.1 Relations between the two states have become <u>glacial</u>.

A. friendly   **B.** confused   **C.** cool   **D.** warm

Q.2 People generally avoid the company of <u>garrulous</u> persons.

A. talkative   **B.** unkind
C. quarrelsome   **D.** arrogant

Q.3 I try to keep myself away from <u>mundane</u> matters.

A. foolish   **B.** legal
C. unexciting   **D.** mysterious

Ques (4-6):Direction: In the following sentence one part may have an error. Choose the one which has the error, if any.

Q.4 It is murder (1)/ trying to reach (2)/ one's office in such (3)/ an inclement weather.(4)

A. 1   **B.** 2   **C.** 3   **D.** 4

Q.5 This goes only (1)/ halfway (2)/ to explaining (3)/ what really happened. (4)

A. 1   **B.** 2   **C.** 3   **D.** 4

Q.6 I asked (1)/ where was Ram (2)/ and she nodded (3)/ in the direction of the kitchen. (4)

A. 1   **B.** 2   **C.** 3   **D.** 4

Ques (7-8):Direction: Word is followed by four explanatory expressions. Choose the expression which best describes the word.

Q.7 Amnesty
A. revolt against the established government
B. lawlessness
C. general pardon
D. exemption from taking an oath

Q.8 Kaleidoscope
A. a situation containing different parts that keep on chang
B. a weapon used by the army to fire many shells at the same time
C. a clock that gives time of various countries
D. a telescope with different lenses

Ques (9-11):Direction: Choose the word most nearly OPPOSITE in meaning to the given word.

Q.9 Absolve
A. Repeat   **B.** Repent   **C.** Blame   **D.** Bless

Q.10 Indolence
A. Dullness   **B.** Laziness
C. Diligence   **D.** Prevention

Q.11 Elaborate

A. Cold   **B.** Abridge   **C.** Illustrate   **D.** Inspire

Ques (12-14):Direction: Complete the following sentence by using the correct form of the verb with the help of options that follow.

Q.12 New members _______ temporary identity cards tomorrow.
A. have been issued
B. were issued
C. will be issued
D. were going to be issued

Q.13 When I went to Mumbai, I realized that I ______ there.
A. shall not have gone
B. needn't have gone
C. must not have gone
D. need not to have gone

Q.14 The sky is very cloudy it ____ soon.
A. is going to rain   **B.** is likely rain
C. would have rained   **D.** must have rained

Ques (15-17):Direction: In the following sentence improve the underlined part with the help of given options.

Q.15 Keep him <u>at an arm's length</u> lest you should suffer.
A. from an arm's length
B. at arm's length
C. at an arm long
D. from arms length

Q.16 Such a job <u>that you want</u> is not available now.
A. as you want   **B.** which you wanted
C. that you wanted   **D.** which you want

Q.17 If it did not rain, you <u>may reach</u> there in time.
A. might have reached   **B.** may have reached
C. might reach   **D.** might reached

Ques (18-20):Direction: The following idiom is followed by four meaning. Choose the one which best expresses its meaning.

Q.18 A lick and a promise
A. to do something quickly and carelessly
B. to do something neatly and on time
C. to do something quickly and carefully
D. to enjoy something wholeheartedly

Q.19 On cloud nine
A. to be very proud
B. to reach the end of one's career
C. to be very confused
D. to be very happy

Q.20 For the hell of it
A. to be very unpleasant
B. just for fun

C. with an evil design
D. for the suffering it caused

General Hindi

Q.21 'आँख दिखाना' मुहावरे का अर्थ क्या है?
सही विकल्प का चयन कीजिए:
A. इशारा करना
B. सलाह लेना
C. दवा पूछना
D. धमकी देना

Q.22 निम्नलिखित शब्दों में से किस शब्द में 'पन' प्रत्यय नहीं है? सही विकल्प चुनिए:
A. बालपन
B. भोलापन
C. धनवंत
D. मनमानापन

Q.23 'अवतरण' शब्द में कौन सा उपसर्ग है? नीचे दिए गए विकल्पों में से सही विकल्प का चयन कीजिए:
A. अवत
B. अ
C. अव
D. रण

Q.24 'मेरी लड़की कौन है?' - वाक्य में कौन सा कारक है? नीचे दिए गए विकल्पों में से सही विकल्प की पहचान कीजिए:
A. सम्बन्ध कारक
B. अधिकरण कारक
C. संप्रदान कारक
D. कर्ता कारक

Q.25 निम्नलिखित में से कौन सा शब्द तत्पुरुष समास का उदाहरण है? सही विकल्प का चयन कीजिए:
A. हरिशंकर
B. राजपुत्र
C. पीताम्बर
D. रात-दिन

Q.26 'ऊँट के मुँह में जीरा' - इस लोकोक्ति का सही अर्थ नीचे दिए गए विकल्पों में से चुनिए:
A. बीमारी की दवा
B. स्वाद बढ़ाने का उपाय
C. चाल बढ़ाने का संकेत
D. बहुत कम मात्रा में आपूर्ति

Q.27 निम्नलिखित शब्दों में से तत्सम शब्द कौन सा है?
A. दिवस
B. पहरा
C. आँसू
D. रेखां

Q.28 'प' किस तरह की ध्वनी है? नीचे दिए गए विकल्पों में से सही विकल्प का चयन कीजिए:
A. कंठ्य
B. मूर्धन्य
C. ओष्ठ्य
D. तालव्य

Q.29 'रहीम' किस तरह की संज्ञा है? नीचे दिए गए विकल्पों में से सही विकल्प का चयन कीजिए:
A. व्यक्तिवाचक
B. भाववाचक
C. जातिवाचक
D. समूहवाचक

Q.30 निम्नलिखित विकल्पों में से शुद्ध वर्तनी वाले शब्द का चुनाव कीजिए:
A. सरवन
B. सर्वण
C. श्रवण
D. शवर्ण

Q.31 किसी स्वर की सहायता से उच्चारित होने वाले वर्ण क्या कहलाते हैं? निम्नलिखित विकल्पों में से उपयुक्त विकल्प की पहचान कीजिए:
A. विसर्ग
B. व्यंजन
C. महाप्राण
D. अनुस्वार

Q.32 वर्तमान हिन्दी किस लिपि में लिखी जाती है?
A. खरोष्ठी
B. मंडारिन
C. पाली
D. देवनागरी

Q.33 निम्नलिखित विकल्पों में से शुद्ध वाक्य चुनिए:
A. मेरे को भूख है।
B. कल घर आऊँगा।
C. राजा जरुर मरेगी।
D. वह बोले।

Q.34 निम्नलिखित विकल्पों में से 'गायक' शब्द का स्त्रीलिंग छाँटिएं:
A. गायिका
B. वादिका
C. नर्तकी
D. संवादी

Q.35 'गाय चर रही है।' इस वाक्य का सही बहुवचन रूप है:
A. गावें चर रही हैं।
B. गायें चर रही है।
C. गायें चर रही हैं।
D. गउएँ चर रही हैं।

Q.36 निम्नलिखित विकल्पों में से 'दिन' का सही विलोम शब्द चुनिए:
A. दुर्दिन
B. सुदिन
C. रात
D. सुबह

Q.37 निम्नलिखित में से कौन सा शब्द 'समुद्र' का पर्यायवाची है?
A. सरिता
B. सागर
C. सरोवर
D. जलद

Q.38 निम्नलिखित वाक्यांश के लिए दिए गए विकल्पों में से सटीक शब्द का चयन कीजिए 'दूसरों का उपकार करने वाला':
A. विधर्मी
B. परोपकारी
C. दुभाषिया
D. परदेशी

Q.39 नीचे दिए गए वर्ण विच्छेद के लिए सही शब्द निम्नलिखित विकल्पों में से चुनिए:
क् + र् + इ + य + आ
A. क्रिया
B. किरिया
C. क्रीया
D. कृया

Q.40 'प्रति + एक' संधि से कौन सा शब्द बना?
A. प्रतिएक
B. प्रतीक
C. प्रत्येक
D. प्रातेक

Current Affairs

Q.41 निम्न में से कौन से विकल्प का तात्पर्य नेशनल ग्रीन ट्रिब्यूनल द्वारा घोषित 'नो डेवलपमेंट जोन' है?
A. हरिद्वार से उन्नाव के बीच गंगा नदी पर पुल बनाया जायेगा।
B. हरिद्वार से उन्नाव को जोड़ने के लिए सड़क का निर्माण होगा।
C. हरिद्वार से लेकर उत्राव तक के बीच बहती गंगा के 100 मीटर किनारे के क्षेत्र को ग्रीन बेल्ट में बदल दिया जयेगा।
D. हरिद्वार और उन्नाव का अधिक विकास होगा।

Q.42 दिये गये विकल्पों में से संविधान के किस अनुछेद में गोपनीयता के अधिकार को मौलिक अधिकारों में शामिल किया गया है?
A. अनुच्छेद 20
B. अनुच्छेद 22
C. अनुच्छेद 18
D. अनुच्छेद 21

Q.43 हाल ही में भारतीय चिकित्सा अनुसंधान परिषद ने वैक्सीन से संबंधित शोध तथा विकास के लिये निम्न में से किसके साथ समझौता किया है?
A. इंटरनेशनल वैक्सीन इंस्टीट्यूट
B. नेशनल बैक्सीन इंस्टीट्यूट
C. इंटरनेशनल इंस्टीट्यूट ऑफ वैक्सिनेशन
D. नेशनल इंस्टीट्यूट ऑफ वैक्सीन इम्यूनोलाँजी

Q.44 निम्नलिखित में से कौन सा विकल्प हाल ही मे हुए जी.ई.एफ. ग्रांट से संबंधित केन्द्र सरकार और विश्व बैंक के बीच हुए समझौते से जुड़ा है?
A. मॉनिटरी फंड रेगुलेशन प्रॉजेक्ट
B. इकोसिस्टम सर्विस इंप्रूवमेंट प्रॉजेक्ट
C. ट्रेड एण्ड टेरिफ्स प्रॉजेक्ट
D. एम्प्लायमेंट ऑपरट्यूनिटीज प्रॉजेक्ट

Q.45 2017 में भारत छोड़ो आंदोलन की कौन सी सालगिरह मनाई गई थी?
A. 73वीं सालगिरह
B. 76वीं सालगिरह
C. 75वीं सालगिरह
D. 74वीं सालगिरह

Q.46 निम्न में से नवीनतम ऐतिहासिक खोज कौन सी है?
A. सूरज की कोर और सतह एक ही गति से घूमती है।
B. सूरज की कोर उसकी सतह से चार गुना ज्यादा तेज घूमती है।
C. सूरज की सतह उसकी कोर से चार गुना ज्यादा तेज घूमती है।
D. सूरज की कोर घूमती ही नहीं है।

Q.47 निम्न में से किस संस्था ने हाल ही में भारत के सबसे भारी रांकेट के द्वारा जीसैट- 19 उपग्रह को अंतरिक्ष में लाँच किया?

A. आई एस एस
B. आई एस एस ओ
C. आई एस आर ओ
D. नासा

Q.48 दिव्यांगों को सुलभ सार्वजनिक स्थानों को ढूँढने में मदद करने के लिये निम्न में से कौन सा ऐप लाँच किया गया है?

A. बिलियन एबल्स
B. मिलियन एबल्स
C. ट्रिलियन एबल्स
D. टेट्रा एबल्स

Q.49 चीन की अगली पीढ़ी की बुलेट ट्रेन निम्न में से कौन सी है?

A. रुक्सिंग
B. बेक्सिंग
C. बॉक्सिंग
D. फ्यूक्सिंग

Q.50 निम्न में से किस सरकार ने वृक्षारोपण से संबंधित डेटाबेस को बनाने के लिये 'माई प्लांट' ऐप को लाँच करने की तैयारी की है?

A. महाराष्ट्र सरकार
B. केरल सरकार
C. कर्नाटक सरकार
D. उत्तर प्रदेश सरकार

Q.51 निम्नलिखित में से 2017 के विश्व एथलेटिक्स में 20 कि.मी. चलने की महिलाओं की दौड़ में स्वर्ण पंदक किसने जीता था?

A. यांग जीयायू
B. ल्यू जियूझी
C. मारिया ग्यूडालूप
D. खुशबीर कौर

Q.52 2017 में पुरुषों के वर्ग में सिनसिनाटी मास्टर चैम्पियनशिप का एकल खिताब निम्न में से किसने जीता है?

A. एन. किरगिओस
B. सिमोना हेलेप
C. जी. डीमिट्रोव
D. रॉफिल नडाल

Q.53 2017 में खेले गये ग्रीको-रोमन एवं फ्री स्टाईल कुश्ती विश्व कप का आयोजन निम्न में से किस देश में हुआ था?

A. भारत
B. ईरान
C. अमरीका
D. पाकिस्तान

Q.54 वरिष्ठ एशियाई कुश्ती चैपियनशिप- 2017 की मेज़बानी निम्न में से किस शहर ने की थी?

A. सारजेवो
B. बूडापेस्ट
C. बेलग्रेड
D. नई दिल्ली

Q.55 हाल ही में लाँच किये गये 'सागर वाणी' की निम्न में से कौन सी व्याख्या सही है?

A. शिक्षा से संबंधित एक एकीकृत सूचना प्रसार प्रणाली।
B. सागर अलर्ट से संबंधित एक एकीकृत सूचना प्रसार प्रणाली।
C. औद्योगिक संबंधित एक एकीकृत सूचना प्रसार प्रणाली।
D. व्यावसायिक कौशल विकास से संबंधित एकीकृत सूचना प्रसार प्रणाली।

Q.56 निम्न में से कौन सी सरकार एक सींग वाले गैण्डों की सुरक्षा के लिये विशेष गैण्डा सुरक्षा बल (एस आर पी एफ) की भर्ती कर रही है?

A. केरल सरकार
B. तमिलनाडु सरकार
C. असम सरकार
D. बंगाल सरकार

Q.57 2017 में निम्न में से कौन सा दिन "अंतर्राट्रीय बाय ड्रिस" के रूप में मनाया गया था?

A. सितंबर 29
B. जून 29
C. अगस्त 29
D. जुलाई 29

Q.58 हाल ही में केरल में लाँच किये गये 'सुचित्वा मिशन' की निम्न में से कौन सी व्याख्या है?

A. यह एक स्वच्छता की राज्य नोडल एजेंसी है और प्लास्टिक मुक्त शादी समारोहों को बढ़ावा दे रही है।
B. यह फसल उत्पादन को बढ़ावा देने का एक मिशन है।
C. यह जल संरक्षण की एक राज्य नोडल एजेंसी है।
D. यह गज संरक्षण की एक राज्य नोडल एजेंसी है।

Q.59 2017 में विश्व पर्यावरण दिवस का निम्न में से कौन सा मूल विषय था?

A. गो ग्रीन
B. प्रकृति से लोगों को जोड़ना
C. जैव विविधता
D. प्रदूषण रोको

Q.60 पर्यावरण की हानिकारक परिस्थितियों को घटाने के लिये पर्यावरण मंत्रालय ने हाल ही में निम्न में से कौन सा अभियान शुरू किया है?

A. हरित दिवाली, स्वस्थ दिवाली
B. स्वस्थ दिवाली, सब की दिवाली
C. इस दिवाली, हरित दिवाली
D. स्वस्थ दिवाली, मिठी दिवाली

Reasoning and Numerical Ability

Q.61 'A' और 'B' दो मित्रों के पास कुल धनराशि ₹ 1,200 है। यदि 'A' की धनराशि का $\frac{7}{12}$ वां भाग उतना ही है जितना 'B' की धनराशि का 25% तो 'B' के पास कितनी धनराशि है?

A. ₹ 360
B. ₹ 480
C. ₹ 840
D. ₹ 960

Q.62 एक नगर की जनसंख्या में 40% पुरुष और 35% महिलाएँ है। नगर में सभी बच्चों में 40% लड़कियाँ हैं। यदि लड़कियों की कुल संख्या 1200 है, तो नगर की कुल जनसंख्या कितनी है?

A. 15500
B. 14000
C. 12000
D. 11500

Q.63 'A' और B' दो विद्यार्थी एक परीक्षा में बैठे, जिसमें 'A' ने 'B' से 12 अंक अधिक प्राप्त किए। 'B' ने 'A' से कितने प्रतिशत कम अंक प्राप्त किए?

A. 20%
B. 16.67%
C. 12%
D. 10.7%

Q.64 दो संख्याओं का योग 33 है और उनका अन्तर 7 है। संख्याओं के वर्गों का योग ज्ञात कीजिए:

A. 829
B. 569
C. 469
D. 319

Q.65 यदि $\left(\frac{1}{5}\right)^{3y} = 0.008$, तो $(0.25)^y$ का मान ज्ञात कीजिए।

A. 1.00
B. 0.75
C. 0.50
D. 0.25

Q.66 यदि दो संख्याओं के अंतर का 50% उनके योग के 30% के बराबर है, तो संख्याओं के बीच क्या अनुपात है?

A. 2 : 1
B. 1 : 3
C. 4 : 1
D. 1 : 5

Q.67 यदि एक भिन्न का अंश 10% बढ़ा दिया जाय और हर 10% कम कर दिया जाय, तो भित्र के मान में कितने प्रतिशत कमी आएगी?

A. 10.5%
B. 19.3
C. 22.2%
D. 25.4%

Q.68 एक दुकानदार 20%, 10% और 5% उत्तरोत्तर (क्रमशः) छूट देता है। एक ग्राहक ने एक वस्तु ₹ 342 में खरीदी। वस्तु पर अंकित मूल्य कितना था?

A. ₹ 600
B. ₹ 500
C. ₹ 480
D. ₹ 400

Q.69 एक विद्याथी 5 किमी प्रति घंटा की गति से चलकर अपने पर से विद्यालय प्रातः 7.00 बजे पहुँचता है। वह जब 6 किमी प्रति घंटा की रप्तार से चलकर विद्यालय 15 मिनट पहले पहुँच जाता है। विद्यालय और घर के बीच की:

A. 4.5 किमी
B. 5.5 किमी
C. 6.5 किमी
D. 7.5 किमी

Q.70 120 मी. और 90 मी. दो लम्बी रेलगाड़िया क्रमशः 72 किमी प्रति घंटा और 64 किमी प्रति घंटा की गति से एक ही दिशा में जा रही हैं। लम्बी रेलगाड़ी छोटी रेलगाड़ी को पार करने में अनुमानतः कितना समय लेगी?

A. 42 सेकण्ड   **B.** 65 सेकण्ड
C. 95 सेकण्ड   **D.** 115 सेकण्ड

Q.71 निम्न दी हुई आकृति में त्रिभुजों की संख्या ज्ञात कीजिए:

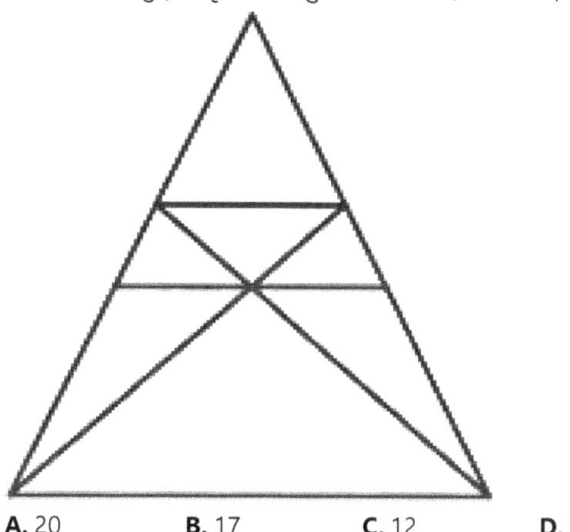

A. 20   **B.** 17   **C.** 12   **D.** 9

Q.72 दो पाइप, A और B एक टैंक को क्रमशः 15 मिनट और 30 मिनट में भरते हैं। एक तीसरा पाइप 'C' 20 मिनट में उसे खाली कर देता है। यदि तीनों पाइपों को एक साथ खोल दिया जाय, तो टैंक को भरने में कितना समय लगेगा?

A. 45 मिनट   **B.** 35 मिनट   **C.** 20 मिनट   **D.** 10 मिनट

Q.73 एक फल विक्रेता ₹ 8 प्रति 10 केले की दर से केले खरीदता है और उन्हें ₹ 10 के 8 केले की दर से बेच देता है। उसके लाभ का प्रतिशत ज्ञात कीजिए।

A. 20.75%   **B.** 28.25%   **C.** 38.75%   **D.** 56.25%

Q.74 निम्न दी गई आकृति में कितने त्रिभुज हैं?

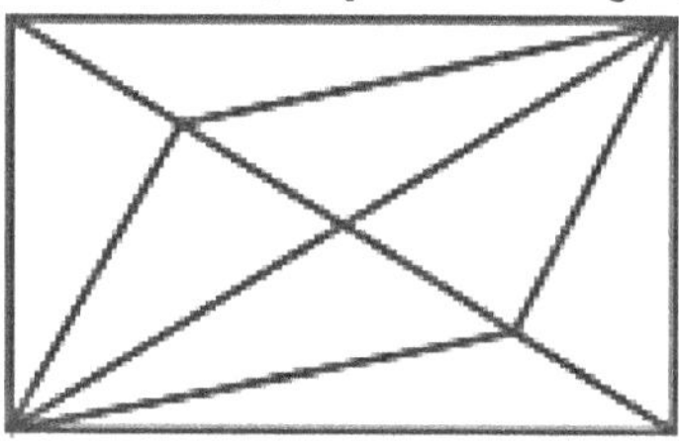

A. 8   **B.** 16   **C.** 20   **D.** 24

Q.75 नीचे दिए अनुक्रम में अगला पद ज्ञात कीजिए:

AMNZ, BLOY, CKPX, DJQW, ______?

A. FHSW   **B.** EIRV   **C.** ΓIQV   **D.** FGPT

Q.76 त्रिभुज की माध्यिकाएँ इसके अन्दर एक दूसरे को काटती हैं। इस प्रकार बनी आकृति में कुल कितने त्रिभुज होंगे?

A. 6   **B.** 12   **C.** 16   **D.** 18

Q.77 अंग्रेजी शब्दकोश में निम्नलिखित शब्दों का क्रम ज्ञात कीजिए:

a. Preparation

b. Preoccupation

c. Premeditation

d. Preservation

A. a, b, d, c   **B.** d, b, a, c   **C.** b, c, d, a   **D.** c, b, a, d

Q.78 यदि 'A' भाई है B का, 'C' माता है, 'A' की, 'B' पौत्री है 'D' की और 'F' पुत्र है 'A' का, तो 'F' किस प्रकार सम्बन्धित है 'D' से?

A. पौत्र   **B.** प्रपौत्र   **C.** परजामाता   **D.** जामाता

Q.79 एक व्यक्ति दक्षिण की और 8 किमी चलता है और बाएं ओर मुड़कर 6 किमी चलता है। फिर वह आंशिक रूप से बाएं और इस प्रकार मुड़ता है जिससे सीधे चलकर वह अपने आरम्भिक स्थान पर पहुँच जाता है। उसके द्वारा कुल तय की गई दूरी कितनी है?

A. 10 किमी   **B.** 19 किमी   **C.** 24 किमी   **D.** 30 किमी

Q.80 राकेश एक लड़की का परिचय यह कहते हुए कराता है कि "उसकी माँ मेरी सास की इकलौती पुत्री है।" लड़की राकेश से किस प्रकार सम्बन्धित है?

A. पुत्री   **B.** चचेरी बहिन
C. बहिन   **D.** पत्नी

Teaching Methodology

Q.81 एक सुस्त अध्येता वह है जिसकी कक्षा उपलब्धि:

A. कक्षा के औसत से काफी नीचे है।

B. उपचारात्मक शिक्षण से भी नहीं सुधरती।

C. समकक्ष बुद्धि लब्धि वाले शिक्षार्थियों से कम रहती है।

D. पास मार्क से कम है।

Q.82 विश्व साक्षरता दिवस होता है:

A. 8 मार्च की   **B.** 11 जुलाई को
C. 8 सितम्बर को   **D.** 8 सितम्बर को

Q.83 निम्नांकित में से कौन सा कथन विशेष शिक्षा के संप्रत्यय से मेल <u>नहीं</u> खाता है?

विशेष शिक्षा:

A. चरम मानव संसाधन विकास सुनिश्चित करने के लिए बहुत महत्त्वपूर्ण है।

B. एक ऐसा संपूर्ण कार्यक्रम है जो सामान्य बच्चों की शिक्षा के कार्यक्रम से पूर्णतः पृथक है।

C. में सभी बच्चों की शिक्षा के नियमित कार्यक्रमों के अतिरिक्त कुछ विशिष्ट पक्ष और सम्मिलित होते हैं।

D. में विशिष्ट शिक्षण विधियों की बहुत आवश्यकता होती है जिससे बच्चों की कमियों का निवारण किया जा सके।

Q.84 जब अधिकांश शिक्षार्थी उच्च अंक प्राप्त करते हैं तो वितरण को कहा जाता है:

A. सामान्य   **B.** धनात्मक वक्रीय
C. ऋणात्मक वक्रीय   **D.** ऋणात्मक वक्रीय

Q.85 निम्नांकित में से कौन सा निर्देशन का सिद्धान्त नहीं है?

A. व्यक्तिगत विभिन्नताओं का सिद्धान्त

B. विहितता का सिद्धान्त

C. सहभागिता का सिद्धान्त

D. व्यक्ति की समग्रता का सिद्धान्त

Q.86 व्याख्यान विधि अत्यन्त महत्त्वपूर्ण है:

A. शिक्षार्थियों की सहभागिता में वृद्धि के लिए

B. शिक्षार्थियों की समस्या समाधान हेतु

C. स्व-अध्ययन प्रोत्साहित करने के लिए

D. गहन ज्ञान प्रदान करने हेतु

Q.87 मानकीकृत परीक्षणों की मुख्य विशेषता है कि वे निम्नांकित त्रुटियों से मुक्त होते हैं:

A. अर्थापन त्रुटियाँ   **B.** व्यक्तिगत त्रुटियाँ
C. परिवर्तनीय त्रुटियाँ   **D.** स्थिर त्रुटियाँ

Q.88 स्किनर के सक्रिय अनुबंधन सिद्धान्त को निम्न प्रकार से दर्शाना उपयुक्त होगा:

A. $R - S$ **B.** $S - R$ **C.** $R \frac{O}{RN} S$ **D.** $S \frac{O}{NR} R$

Q.89 राष्ट्रीय स्तर पर किस संस्था को बच्चों के शिक्षा संबंधी अधिकार के अनुश्रवण का दायित्व सौपा गया है?

A. राष्ट्रीय शैक्षिक अनुसधान और प्रशिक्षण परिबद (NCERT)

B. राष्ट्रीय अध्यापक शिक्षा परिषद (NCTE)

C. केन्द्रीय माध्यमिक शिक्षा बोई (CBSE)

D. राष्ट्रीय बालक अधिकार संरक्षण आयोग (NCPCR)

Q.90 एक कक्षा 2 से विद्यालय छोडे हुए बच्चे की आयु 13 वर्ष है। उसे शिक्षा के अधिकार अधिनियम 2009 के अनुसार किस कक्षा में प्रवेश दिया जाएगा?

A. कक्षा III   B. कक्षा V   C. कक्षा VI   D. कक्षा VII

Q.91 रचनावाद का सिद्धान्त दिया गया था:

A. चौमस्की द्वारा   B. वायगोट्स्की द्वारा

C. पियाजे द्वारा   D. टर्मन द्वारा

Q.92 बहुउद्देश्यीय विद्यालयों का विचार किसने दिया था?

A. राधाकृष्णन कमीशन (1948-49)

B. मुदालियर कमीशन (1952-53)

C. कोठारी कमीशन (1964-66)

D. राष्ट्रीय शिक्षा नीति (1964-66)

Q.93 स्वातंत्रोत्तर युग में शिक्षा के व्यवसायीकरण पर विचार हेतु गठित समिति की अध्यक्षता किसने की थी?

A. ईश्वर भाई जे. पटेल   B. लक्ष्मीस्वामी मुदालियर

C. मेल्कम आदिशेशख्या   D. डी. एस. कोठारी

Q.94 शैरीफ और केन्ट्रिल द्वारा दिया गया अधिगम सिद्धान्त कहलाता है:

A. क्षेत्र सिद्धान्त   B. अन्तर्दृष्टि सिद्धान्त

C. अहम आवेष्न सिद्धान्त   D. अनुबंधन सिद्धान्त

Q.95 निम्नांकित में से किस मनोवैज्ञानिक ने सामान्य बुद्धि को परिभाषित किया था?

'एक ऐसी व्यापक क्षमता जिसके अनुसार व्यक्ति विवेक सम्मत सोचता है, सोद्देश कार्य करता है और अपने पर्यावरण से प्रभावी रूप से व्यवहार करता है।

A. स्पीयर मैन   B. थर्स्टन   C. थॉमसन   D. वैशलर

Q.96 परीक्षण की विश्वसनीयता का अर्थ होता है:

A. परीक्षण की वास्तविकता   B. परीक्षण की मौलिकता

C. मापन की शक्ति   D. मापन की स्थिरता

Q.97 निम्नांकित में से कौन सा राष्ट्रीय पाठ्यचर्या की रूपरेखा 2005 का दिशा निर्देशक सिद्धान्त नहीं है?

A. ज्ञान को कक्षा के बाहर के जीवन से सम्बद्ध करना।

B. सुनिश्चित करना कि अधिगम रटंत विधियों से परे हो जाए।

C. सुनिश्चित करना कि पाठ्यक्रम और पाठच पुस्तके पूर्णतः अनुरुपित हों।

D. परीक्षाओं को अधिक लचीला बनाकर कक्षा-कक्ष जीवन से समन्वित करना।

Q.98 समाजीकरण में बाधा के कारण होता है:

A. धर्म   B. समानता   C. राजनीति   D. पूर्वग्रह

Q.99 सतत् एवं व्यापक मूल्यांकन का मुख्य उद्देश्य होता है:

A. बच्चों में प्रतियोगिता बढ़ाना

B. शिक्षकों में प्रतियोगिता बढ़ाना

C. बच्चों में शैधिक श्रेष्ठता बढ़ाना

D. समावेशी शिक्षा

Q.100 यदि कुछ शिक्षार्थी आपकी कक्षा में विक्षोभ पैदा करते है तो आप:

A. उनके नामों की शिकायत प्रधानाचार्य से करेंगे

B. उनको कक्षा से बाहर जाने के लिए कहेंगे

C. उनकी अन्त: शक्ति को पहचानकर उन्हें उचित क्रियाकलापों में लगाएँगे

D. उन्हें भारी गृहकार्य देंगे

// स्मार्ट उत्तर पुस्तिका //

सही उत्तर — उन छात्रों का प्रतिशत जिन्होंने प्रश्नों का सही उत्तर दिया था। **छोड़ दिया** — उन छात्रों का प्रतिशत जिन्होंने प्रश्नों को छोड़ दिया था।

प्रश्न संख्या	उत्तर	सही उत्तर / छोड़ दिया	प्रश्न संख्या	उत्तर	सही उत्तर / छोड़ दिया	प्रश्न संख्या	उत्तर	सही उत्तर / छोड़ दिया	प्रश्न संख्या	उत्तर	सही उत्तर / छोड़ दिया	प्रश्न संख्या	उत्तर	सही उत्तर / छोड़ दिया	प्रश्न संख्या	उत्तर	सही उत्तर / छोड़ दिया
1	C	83.13 % / 0.0 %	18	A	13.46 % / 4.82 %	35	C	46.47 % / 1.9 %	52	C	78.37 % / 0.0 %	69	D	24.82 % / 4.31 %	86	D	10.56 % / 3.8 %
2	A	65.9 % / 1.51 %	19	D	85.32 % / 0.0 %	36	C	14.46 % / 3.25 %	53	B	56.13 % / 1.72 %	70	A	55.8 % / 1.21 %	87	B	32.65 % / 4.91 %
3	C	43.21 % / 1.89 %	20	B	65.99 % / 1.27 %	37	B	49.28 % / 1.65 %	54	D	47.89 % / 1.11 %	71	B	40.02 % / 1.18 %	88	A	88.69 % / 0.0 %
4	A	46.23 % / 1.31 %	21	D	81.62 % / 0.0 %	38	B	52.93 % / 1.27 %	55	B	61.95 % / 1.31 %	72	C	42.28 % / 1.65 %	89	D	44.54 % / 1.99 %
5	C	76.48 % / 0.0 %	22	C	16.06 % / 4.68 %	39	A	53.77 % / 1.4 %	56	C	46.89 % / 1.03 %	73	D	67.89 % / 1.75 %	90	D	59.52 % / 1.12 %
6	B	50.58 % / 1.94 %	23	C	45.92 % / 1.29 %	40	C	41.84 % / 1.46 %	57	D	57.22 % / 1.23 %	74	D	56.76 % / 1.46 %	91	C	67.04 % / 1.64 %
7	C	83.77 % / 0.0 %	24	A	45.79 % / 1.59 %	41	A	51.28 % / 1.78 %	58	A	49.03 % / 1.29 %	75	B	41.79 % / 1.88 %	92	B	49.06 % / 1.44 %
8	D	52.85 % / 1.25 %	25	B	68.15 % / 1.92 %	42	D	44.28 % / 1.95 %	59	B	58.46 % / 1.33 %	76	C	65.25 % / 1.67 %	93	C	66.85 % / 1.83 %
9	C	52.05 % / 1.88 %	26	D	63.42 % / 1.53 %	43	A	66.81 % / 1.31 %	60	A	43.14 % / 1.19 %	77	D	85.92 % / 0.0 %	94	C	68.92 % / 1.89 %
10	C	87.7 % / 0.0 %	27	A	28.36 % / 4.82 %	44	B	55.96 % / 1.95 %	61	C	88.24 % / 0.0 %	78	B	68.15 % / 1.1 %	95	D	45.91 % / 1.48 %
11	B	50.15 % / 1.67 %	28	C	40.09 % / 1.16 %	45	C	52.15 % / 1.5 %	62	C	20.47 % / 3.83 %	79	C	47.48 % / 1.34 %	96	D	59.64 % / 1.68 %
12	C	57.18 % / 1.28 %	29	A	63.94 % / 1.37 %	46	B	67.85 % / 1.46 %	63	D	47.82 % / 1.33 %	80	A	66.19 % / 1.44 %	97	C	61.55 % / 1.08 %
13	B	58.51 % / 1.79 %	30	C	12.9 % / 4.41 %	47	C	61.96 % / 1.24 %	64	B	63.26 % / 1.56 %	81	A	82.26 % / 0.0 %	98	D	45.6 % / 1.83 %
14	A	40.31 % / 1.36 %	31	B	62.07 % / 1.28 %	48	A	42.43 % / 1.66 %	65	C	15.0 % / 3.45 %	82	C	58.79 % / 1.28 %	99	D	63.12 % / 1.34 %
15	B	78.93 % / 0.0 %	32	D	49.09 % / 1.36 %	49	D	62.79 % / 1.78 %	66	C	58.72 % / 1.61 %	83	C	30.96 % / 4.61 %	100	C	86.18 % / 0.0 %
16	C	52.11 % / 1.77 %	33	B	67.32 % / 1.43 %	50	A	30.9 % / 3.74 %	67	C	13.15 % / 3.77 %	84	C	63.4 % / 1.82 %			
17	C	82.94 % / 0.0 %	34	A	42.3 % / 1.6 %	51	A	62.33 % / 1.93 %	68	B	49.47 % / 1.16 %	85	B	28.39 % / 4.84 %			

//संकेत और समाधान//

1. "cool" and glacial are synonyms.

- glacial- extremely cold.
- cool- slightly cold.

Mnemonic is a system such as a pattern of letters, ideas, or associations that assists in remembering something.

The mnemonic for the given word 'glacial' is 'glacier':

- The word 'glacial' is derived from the noun 'glacier'.

Hence, the correct option is (C).

2. "garrulous" and talkative are synonyms.

- garrulous- having the habit of talking a lot, especially about things that are not important.
- talkative- talking a lot.

Example: One drink and she became very talkative.

Hence, the correct option is (A).

3. "unexciting" and mundane are synonyms.

- mundane- Characterized by the practical, transitory, and ordinary: COMMONPLACE.
- unexciting- Not exciting: DULL, COMMONPLACE.

Hence, the correct option is (C).

4. Given sentence, we need an adjective to describe what the subject feels about reaching the office.

So the adjective 'murderous' will be the correct choice here.

Correct Sentence: It is murderous trying to reach one's office in such an inclement weather.

Hence, the correct option is (A).

5. According to the rule and the example given above, 'to explain' will be used in the 3rd part of the sentence.

Correct Sentence: This goes only halfway to explain what really happened.

Hence, the correct option is (C).

6. Given question, we have an inversion of subject and verb.

When we build in a question sentence into another sentence (dependent question clause), then we have normal sentence order.

We find that 'where Ram was' should be used instead of 'where was Ram' in the 2nd part.

Correct Sentence: I asked where Ram was and she nodded in the direction of the kitchen.

Hence, the correct option is (B).

7. Amnesty is the correct one-word substitute.

Amnesty- the act of an authority (such as a government) by which pardon is granted to a large group of individuals.

General pardon: General pardon refers to pardon granted by a government to a group or class of persons.

Example: The government granted amnesty to all political prisoners.

Hence, the correct option is (C).

8. Kaleidoscope is the correct one-word substitute.

Kaleidoscope- an instrument containing loose bits of colored material (such as glass or plastic) between two flat plates and two plane mirrors so placed that changes of the position of the bits of material are reflected in an endless variety of patterns.

Example: The landscape was a kaleidoscope of changing colors.

Hence, the correct option is (D).

9. "Blame" is the antonym for absolve.

Absolve- declare (someone) free from guilt, obligation, or punishment.

Blame- feel or declare that (someone or something) is responsible for a fault or wrong.

Hence, the correct option is (C).

10. Diligence is the antonym for Indolence.

Indolence- an inclination not to do work or engage in activities

Diligence- steady, earnest, and energetic effort

Hence, the correct option is (C).

11. Abridge is the antonym for Elaborate.

Elaborate- made or done with great care or with much detail

Abridge- shortened or condensed especially by the omission of words or passages

Hence, the correct option is (B).

12. Given sentence, the adverb 'tomorrow' indicates that the action will take place in the near future.

So in the given blank, simple future tense i.e. will be issued (passive form) will be the correct choice.

Correct sentence: New members will be issued temporary identity cards tomorrow.

Hence, the correct option is (C).

13. We use 'needn't + have + participle' in the same way as we use 'shouldn't/couldn't/wouldn't + have + participle'.

The difference lies in the use of the modal 'need'.

Correct sentence: When I went to Mumbai, I realized that I needn't have gone there.

Hence, the correct option is (B).

14. Given question, 'is going to rain' will be used as per the rule.

For events that will take place in the near future, Present Continuous Tense is used.

The structure is given below:

Subject + is/am/are + V1 + -ing + Object.

Correct Sentence: The sky is very cloudy it is going to rain soon.

Hence, the correct option is (A).

15. Correct Sentence: Keep him at arm's length lest you should suffer.

Keep (someone or something) at arm's length (idiom) : To avoid being very close to or friendly with someone or something.

- Since going to college, he has kept his old friends at arm's length.
- They no longer trust her and are keeping her at arm's length.

Hence, the correct option is (B).

16. Some conjunctions given below are used in a pair known as subordinating conjunctions:

- so...as, as...as, so...that, such...that, etc.

According to the rule and the example given above, 'such' must be followed by 'that'.

Correct Sentence: Such a job that you wanted is not available now.

Hence, the correct option is (C).

17. Given question, 'might' has been used instead of 'would' but it is the aptest choice of the given options.

In the underlined part of the given question, 'might reach' will be used as per the rule.

This particular type is followed when we talk about something in the past which is purely imaginary.

- If + Simple Past, Subject + Would + V1 + Object.

Correct Sentence: If it did not rain, you might reach there in time.

Hence, the correct option is (C).

18. Meaning of the given idiom: To do something quickly and carelessly.

A lick and a promise- an act of cleaning or washing something in a hasty manner.

Example: I haven't time to do a good job of vacuuming, just enough for a lick and a promise.

Hence, the correct option is (A).

19. Meaning of the given idiom:

On cloud nine: extremely happy.

Example: I've been on cloud nine ever since I landed my dream job.

Hence, the correct option is (D).

20. Meaning of the given idiom:

For the hell of it: do something without having any particular purpose or wish, but usually for enjoyment.

Example: I didn't know what I wanted to do, so I drove my van round Europe, just for the hell of it.

Hence, the correct option is (B).

21. 'आँख दिखाना' मुहावरे का अर्थ धमकी देना होता है।

वाक्य प्रयोग – राम से मैंने सच बातें कह दी, तो वह मुझे आँख दिखाने लगा।

अत: विकल्प (D) सही है।

22. जो शब्दांश, शब्दों के अंत में जुड़कर अर्थ में परिवर्तन लाते हैं वे प्रत्यय कहलाते है।

दिए गए शब्दों के प्रत्यय निम्नलिखित हैं:

- बालपन = बाल + पन
- भोलापन = भोला + पन
- मनमानापन = मनमाना + पन
- धनवंत = धन + वंत

धनवंत शब्द में 'पन' प्रत्यय नहीं है।

अत: विकल्प (C) सही है।

23. जो शब्दांश या अव्यय, जो किसी शब्द के आरंभ में जुड़कर मूल शब्द के अर्थ में विशेषता ला देते हैं वे उपसर्ग कहलाते हैं।

दिए गए शब्द, अवतरण में 'अव' उपसर्ग व 'तरण' मूल शब्द है।

अत: विकल्प (C) सही है।

24. वाक्य में प्रयुक्त वह शब्द जिसका संबंध क्रिया के साथ प्रत्यक्ष रूप से स्थापित होता है, उसे कारक कहते हैं।

दिए गए वाक्य 'मेरी लड़की कौन है?' में कर्ता का सम्बन्ध उसकी लड़की से दिखाया जा रहा है।

इसलिए 'मेरी लड़की कौन है?' - वाक्य में सम्बन्ध कारक है।

अत: विकल्प (A) सही है।

25. जिन समास पदों में कर्म कारक से अधिकरण कारक तक के चिह्नो का प्रयोग किया जाता है, उसे तत्पुरुष समास कहते हैं।

राजपुत्र का समास विग्रह है - राजा का पुत्र।

इस समास पद में सम्बन्ध करक के 'का' चिन्ह का प्रयोग हुआ है, इसलिए यह तत्पुरुष समास का उदाहरण है।

अत: विकल्प (B) सही है।

26. 'ऊँट के मुँह में जीरा' - इस लोकोक्ति का सही अर्थ - खुराक से बहुत कम खाना मिलना या बहुत कम मात्रा में आपूर्ति होता है।

वाक्य प्रयोग – संदीप पहलवानी करता है और उसको तुमने सौ ग्राम जलेबी खिलाई; हुई ना ऊँट के मुँह में जीरा वाली बात!

अत: विकल्प (D) सही है।

27. जिन शब्दों को हम संस्कृत भाषा से बिना कोई परिवर्तन किये उपयोग में लाते है वे तत्सम शब्द कहलाते हैं।

दिए गए विकल्पों में से 'दिवस' शब्द तत्सम है।

दिवस शब्द का अर्थ होता है 'दिन'। दिवस शब्द रूप अकारांत पुल्लिंग संज्ञावाचक होता है। बालक, मानव, राम, ब्राह्मण, वृक्ष, सूर्य, सुर, असुर, देव, अश्व, गज, क्षत्रिय, शूद्र, छात्र, शिष्य, लोक, ईश्वर, भक्त आदि के शब्द रूप भी दिवस शब्द रूप के अनुसार ही बनाए जाते है।

अत: विकल्प (A) सही है।

28. 'प' ओष्ठ्य ध्वनी है।

ओष्ठ्य ध्वनी: औष्ठ्य ध्वनियाँ वो ध्वनियाँ हैं जो दोनों होंठों के मिलने पर उच्चारित होती हैं। जैसे कि "प", "फ", "ब", "ब" "भ" और "म"।

अत: विकल्प (C) सही है।

29. 'रहीम' व्यक्तिवाचक संज्ञा है।

व्यक्तिवाचक संज्ञा – जो संज्ञा शब्द किसी विशेष व्यक्ति, स्थान या वस्तु के नाम का बोध कराते हैं। जैसे- राम, गंगा, पटना आदि।

अत: विकल्प (A) सही है।

30. विकल्पों में से शुद्ध वर्तनी वाला शब्द 'श्रवण' है।

अर्थ: अंधक मुनि के पुत्र जो अपने माता-पिता को काँवर में बिठाकर तीर्थ यात्रा कराने ले गए थे।

उदाहरण : श्रवण की मृत्यु राजा दशरथ द्वारा छोड़े गए शब्दभेदी बाण से हुई।

पर्यायवाची : श्रवण कुमार, सरवन

अत: विकल्प (C) सही है।

31. किसी स्वर की सहायता से उच्चारित होने वाले वर्ण व्यंजन कहलाते हैं।

दूसरे शब्दो में, व्यंजन उन वर्णों को कहाँ जाता हैं, जिनके उच्चारण में स्वर वर्णों की सहायता ली जाती हैं।

हिन्दी वर्णमाला में व्यंजनों की संख्या 41 होती हैं।

जैसे : क, ख, ग, घ, ङ, च, छ, ज, झ, ञ, ट, ठ, ड, ढ, ण, त, थ, द, ध, न, प, फ, ब, भ, म, य, र, ल, व, श, ष, स, ह, क्ष, त्र, ज्ञ, श्र

अत: विकल्प (B) सही है।

32. वर्तमान हिन्दी देवनागरी लिपि में लिखी जाती है।

देवनागरी भारतीय उपमहाद्वीप में प्रयुक्त प्राचीन ब्राह्मी लिपि पर आधारित बाएँ से दाएँ आबूगीदा। देवनागरी लिपि की जड़ें प्राचीन ब्राह्मी परिवार में हैं। गुजरात के कुछ शिलालेखों की लिपि नागरी लिपि से बहुत मेल खाती है। ये शिलालेख प्रथम शताब्दी से चौथी शताब्दी के बीच के हैं।

अत: विकल्प (D) सही है।

33. दिए गये विकल्पों में से "कल घर आऊँगा। " वाक्य शुद्ध है।

अत: विकल्प (B) सही है।

34. 'गायक' शब्द का स्त्रीलिंग 'गायिका' होता है।

गायक: वह जो गीत गाकर अपनी जीविका का निर्वाह करता हो।

गायिका शब्द आकारान्त स्त्रीलिंग संज्ञा शब्द। सभी आकारान्त स्त्रीलिंग संज्ञाओं के रूप इसी प्रकार बनते हैं, जैसे- रमा, निशा, जरा, अजा, बाला, राधा, सीता, लता, माला, नासिका, अवस्था (दशा), अध्यापिका, अम्बा, अयोध्या, अहिंसा, आज्ञा, इच्छा, उमा, कक्षा, कन्या, क्रीडा, कला, कविता, क्षमा, कोकिला (कोयल), कृपा आदि।

अत: विकल्प (A) सही है।

35. 'गाय चर रही है' इस वाक्य का सही बहुवचन रूप "गायें चर रही हैं" होगा।

अत: विकल्प (C) सही है।

36. 'दिन' का सही विलोम शब्द रात होता है।

अत: विकल्प (C) सही है।

37. 'समुद्र' का पर्यायवाची - सागर, पयोधि, उदधि, पारावार, नदीश, जलधि, वारिधि, नीरनिधि आदि होते है।

अत: विकल्प (B) सही है।

38. 'दूसरों का उपकार करने वाला' परोपकारी कहलाता है।

परोपकारी के समानार्थक शब्द:

परमार्थी, परहितैषी

अत: विकल्प (B) सही है।

39. किसी शब्द (वर्णों का समूह) को अलग-अलग करके लिखने की प्रक्रिया को वर्ण विच्छेद कहते हैं। दिए गए विकल्पों में से 'क् + र् + इ + य् + आ', 'क्रिया' शब्द का वर्ण विच्छेद है।

अत: विकल्प (A) सही है।

40. दो निकटवर्ती वर्णों के परस्पर मेल से जो विकार या परिवर्तन होता है वह संधि कहलाता है। 'प्रति + एक' संधि से 'प्रत्येक' शब्द बना है।

अत: विकल्प (C) सही है।

41. हरिद्वार और उन्नाव के बीच गंगा नदी पर एक पुल बनाया जाएगा, जिसे हाल ही में नेशनल ग्रीन ट्रिब्यूनल द्वारा घोषित 'नो डेवलपमेंट जोन' कहा गया है

- नेशनल ग्रीन ट्रिब्यूनल ने 13 जुलाई, 2017 को गंगा को फिर से जीवंत करने के लिए कई दिशा-निर्देश पारित किए।

- इसने हरिद्वार और उन्नाव के बीच नदी के किनारे से 100 मीटर के क्षेत्र को 'नो-डेवलपमेंट जोन' घोषित किया और नदी से 500 मीटर के भीतर कचरे के डंपिंग पर रोक लगा दी।

- एनजीटी ने उत्तर प्रदेश और उत्तराखंड की सरकारों को गंगा या उसकी सहायक नदियों के घाटों पर धार्मिक गतिविधियों के लिए दिशानिर्देश तैयार करने का निर्देश दिया।

अतः विकल्प (A) सही है।

42. अनुच्छेद 21 में गोपनीयता के अधिकार को मौलिक अधिकारों में शामिल किया गया है?

- निजता का अधिकार अनुच्छेद 21 (स्वतंत्रता का अधिकार) का एक आंतरिक हिस्सा है जो नागरिकों के जीवन और स्वतंत्रता की रक्षा करता है।

- भारत के संविधान में अनुच्छेद 21: (जीवन और व्यक्तिगत स्वतंत्रता का संरक्षण)

- कानून द्वारा स्थापित प्रक्रिया के अलावा किसी भी व्यक्ति को उसके जीवन या व्यक्तिगत स्वतंत्रता से वंचित नहीं किया जाएगा।

अतः विकल्प (D) सही है।

43. हाल ही में भारतीय चिकित्सा अनुसंधान परिषद ने वैक्सीन से संबंधित शोध तथा विकास के लिये इंटरनेशनल वैक्सीन इंस्टीट्यूट के साथ समझौता किया है।

- इंडियन काउंसिल ऑफ मेडिकल रिसर्च (ICMR) ने वैक्सीन अनुसंधान और विकास पर सहयोग करने के लिए अंतरराष्ट्रीय वैक्सीन संस्थान (IVI) के साथ एक समझौता ज्ञापन पर हस्ताक्षर किए हैं।

- भारत आईवीआई में हिस्सेदारी के लिए सालाना 5,00,000 डॉलर (₹3.20 करोड़) देगा - जनवरी में कैबिनेट की बैठक के दौरान स्वीकृत राशि।

अतः विकल्प (A) सही है।

44. इकोसिस्टम सर्विस इम्प्रूवमेंट प्रॉजेक्ट हाल ही मे हुए जी.ई.एफ. ग्रांट से संबंधित केन्द्र सरकार और विश्व बैंक के बीच हुए समझौते से जुड़ा है।

जीईएफ ग्रांट समझौता: इकोसिस्टम सर्विसेज इम्प्रूवमेंट प्रोजेक्ट भारत सरकार के ग्रीन इंडिया मिशन (जीआईएम) के भारत के वन क्षेत्र की रक्षा, बहाली और वृद्धि और जलवायु परिवर्तन का जवाब देने के लक्ष्य का समर्थन करेगा।

भारत सरकार, छत्तीसगढ़ और मध्य प्रदेश की सरकारें, भारतीय वानिकी अनुसंधान और शिक्षा परिषद और विश्व बैंक ने वन गुणवत्ता में सुधार, स्थायी भूमि प्रबंधन और वैश्विक पर्यावरण सुविधा (जीईएफ) से आज 24.64 मिलियन अमेरिकी डॉलर के अनुदान पर हस्ताक्षर किए और मध्य प्रदेश और छत्तीसगढ़ में वन पर निर्भर समुदायों के लिए गैर-इमारती वन उपज से लाभ है।

अतः विकल्प (B) सही है।

45. 2017 में भारत छोड़ो आंदोलन की 75वीं सालगिरह मनाई गई थी।

- भारत छोड़ो आंदोलन की 75वीं वर्षगांठ, जिसे अगस्त क्रांति आंदोलन के रूप में भी जाना जाता है, 2017 को भारत में मनाया गया।

- भारतीय स्वतंत्रता संग्राम में एक ऐतिहासिक मील का पत्थर, भारत को पूर्ण स्वतंत्रता प्राप्त करने में मदद करने के उद्देश्य से किया गया आंदोलन 9 अगस्त 1942 को महात्मा गांधी के नेतृत्व में शुरू हुआ था।

- आंदोलन के पांच साल बाद भारत को आजादी मिली।

अतः विकल्प (C) सही है।

46. नवीनतम ऐतिहासिक खोज सूरज की कोर उसकी सतह से चार गुना ज्यादा तेज़ घूमती है।

- खगोलविदों की एक अंतरराष्ट्रीय टीम के नए निष्कर्षों के अनुसार, सूरज की सतह की तुलना में सूरज की कोर लगभग चार गुना तेजी से घूमती है।
- शोधकर्ताओं ने सूर्य के वातावरण में सतह ध्वनिक तरंगों का अध्ययन किया, जिनमें से कुछ सूर्य के केंद्र में प्रवेश करती हैं, जहां वे गुरुत्वाकर्षण तरंगों के साथ बातचीत करती हैं, जिसमें धीमी गति होती है, जैसे पानी एक घुमावदार पहाड़ी सड़क पर चलने वाले आधे भरे टैंकर ट्रक में चलता है।
- उन प्रेक्षणों से, उन्होंने सौर कोर की स्लोशिंग गतियों का पता लगाया।

अतः विकल्प (B) सही है।

47. आई एस आर ओ संस्था ने हाल ही में भारत के सबसे भारी रांकेट के द्वारा जीसैट- 19 उपग्रह को अंतरिक्ष में लाँच किया।

जीसैट- 19 एक भारतीय संचार उपग्रह है जिसे भारतीय अंतरिक्ष अनुसंधान संगठन द्वारा 5 जून 2017 को जीएसएलवी मार्क ।।। पर लॉन्च किया गया था।

लॉन्च साइट: सतीश धवन अंतरिक्ष केंद्र दूसरा लॉन्चपैड

अतः विकल्प (C) सही है।

48. दिव्यांगों को सुलभ सार्वजनिक स्थानों को ढूँढने में मदद करने के लिये बिलियन एबल्सऐप लाँच किया गया है।

बिलियन एबल्स ने दिव्यांगों के लिए भारत भर में सुलभ स्थानों को खोजने के उद्देश्य से बिलियन एबल्स नामक एक नया ऐप लॉन्च करने की घोषणा की है। इसका उद्देश्य दिव्यांगों के लिए पूरे भारत में सुलभ स्थानों को खोजना था।

अतः विकल्प (A) सही है।

49. चीन की अगली पीढ़ी की बुलेट ट्रेन फ्यूक्सिंग है।

फ्यूक्सिंग चीन रेलवे हाई-स्पीड द्वारा संचालित और सीआरआरसी द्वारा विकसित हाई-स्पीड ट्रेनों की एक श्रृंखला है।

चीन की स्वदेशी अगली पीढ़ी की बुलेट ट्रेन, 400 किलोमीटर प्रति घंटे की अधिकतम गति के साथ, देश की सबसे व्यस्त बीजिंग-शंघाई लाइन पर अपनी शुरुआत की।

अतः विकल्प (D) सही है।

50. महाराष्ट्र सरकार ने वृक्षारोपण से संबंधित डेटाबेस को बनाने के लिये 'माई प्लांट' ऐप को लाँच करने की तैयारी की है।

- महाराष्ट्र के वन मंत्री ने घोषणा की कि 'माई प्लांट' नामक मोबाइल ऐप, जो राज्य में वृक्षारोपण के बारे में डेटा रिकॉर्ड करने में मदद करेगा, 1 जुलाई, 2017 को शुरू किया जाएगा।
- ऐप राज्य में वृक्षारोपण के संबंध में डेटा रिकार्ड करने में मदद करेगा।
- यह ऐप वृक्षारोपण कार्यक्रम में सरकारी विभागों को दिए गए सभी कार्याें की जानकारी अपलोड करना संभव बनाता हैं जिसमें पेड़ की प्रजातियों का नाम और स्थिति शामिल है।

अतः विकल्प (A) सही है।

51. 2017 के विश्व एथलेटिक्स में 20 कि.मी. चलने की महिलाओं की दौड़ में स्वर्ण पंदक यांग जीयायू ने जीता था।

यांग जियायू एक चीनी रेस वॉकर हैं, जो 10 किलोमीटर और 20 किलोमीटर रेस वॉक में माहिर हैं।

2019 में, उसने दोहा, कतर में आयोजित 2019 विश्व एथलेटिक्स चैंपियनशिप में महिलाओं की 20 किलोमीटर पैदल चाल स्पर्धा में भाग लिया। चौथे लाल कार्ड के बाद उसे अयोग्य घोषित कर दिया गया।

अत: विकल्प (A) सही है।

52. 2017 में पुरुषों के वर्ग में सिनसिनाटी मास्टर चैम्पियनशिप का एकल खिताब जी. डीमिट्रोव ने जीता।

ग्रिगोर डीमिट्रोव बल्गेरियाई पेशेवर टेनिस खिलाड़ी हैं। उनकी करियर-उच्च एटीपी एकल रैंकिंग विश्व नंबर 3 है, जिसे उन्होंने नवंबर 2017 में एटीपी फाइनल जीतने के बाद हासिल किया था।

अत: विकल्प (C) सही है।

53. 2017 में खेले गये ग्रीको-रोमन एवं फ्री स्टाईल कुश्ती विश्व कप का आयोजन ईरान में हुआ था।

रूस ने विश्व कप पर खिताब के तीन साल की अनुपस्थिति वाद टूर्नामेंट जीता।

कुश्ती विश्व कप संयुक्त विश्व कुश्ती (UWW) खेल की वैश्विक संचालन संस्था के सदस्य देशों का प्रतिनिधित्व करने वाली टीमों के बीच एक अंतरराष्ट्रीय कुश्ती प्रतियोगिता है। कप का आयोजन 1973 के टूर्नामेंट के बादद से हर साल FILA (UWW पूर्ववर्ती) द्वारा किया जाता है।

अत: विकल्प (B) सही है।

54. वरिष्ठ एशियाई कुश्ती चैंपियनशिप- 2017 की मेज़बानी नई दिल्ली ने की थी।

2017 एशियाई कुश्ती चैंपियनशिप भारत में केडी जाधव इंडोर स्टेडियम, इंदिरा गांधी एरिना, नई दिल्ली में आयोजित की गई थी। यह कार्यक्रम 10 मई से 14 मई, 2017 तक हुआ।

एशियाई कुश्ती चैंपियनशिप एशियाई एसोसिएटेड कुश्ती समिति द्वारा आयोजित कुश्ती एशियाई चैम्पियनशिप है। पुरुषों का टूर्नामेंट 1979 में शुरू हुआ और महिलाओं के टूर्नामेंट पहली बार 1996 में किया गया था, और यह हर साल आयोजित किया गया है। 2018 संस्करण बिश्केक, किर्गिस्तान में आयोजित किया गया था, और 2019 में, चीन के शीआन प्रांत में।

अत: विकल्प (D) सही है।

55. हाल ही में लाँच किये गये 'सागर वाणी' की सागर अलर्ट से संबंधित एक एकीकृत सूचना प्रसार प्रणाली, व्याख्या सही है।

भारत में पहली बार एकीकृत सूचना प्रसार प्रणाली (आईडीएस) 'सागर वाणी' का शुभारंभ किया गया, जिसके तहत यहां पृथ्वी विज्ञान मंत्रालय के 11 वें स्थापना दिवस का उद्घाटन किया गया।

सागर वाणी एक एकीकृत सूचना प्रसार प्रणाली है जो तटीय समुद्राय, विशेषकर मछुआरों के समुदाय को सलाह और उनकी आजीविका के साथ-साथ समुद्र में उनकी सुरक्षा के प्रति सचेत करने का काम करेगी।

अत: विकल्प (B) सही है।

56. असम सरकार एक सींग वाले गैंडों की सुरक्षा के लिये विशेष गैण्डा सुरक्षा बल (एस आर पी एफ) की भर्ती कर रही है?

असम सरकार ने जानवरों की सुक्षा के लिए एक विशेष राइनो संरक्षण बल तैयार किया, जो शिकारियों द्वारा अक्सर उनके सींगों के लिए उन्हें मार दिया जाता है।

मुख्यमंत्री सर्बानंद सोनोवाल ने कांस्टेबलों के रूप में 90 युवाओं को नियुक्ति पत्र दिए जो राज्य सरकार द्वारा उठाए गए विशेष राइनो प्रोटेक्शन फोर्स (एसआरपीएफ) के क्रूक्स_का निर्माण करेंगे।

राष्ट्रीय उद्यानों और वन्यजीव अभयारण्यों के पास अपने स्वयं के सशशस्त्र गार्ड हैं और यह नया बल, विशेष रूप से गैंडों की रक्षा के लिए है, जोकि शिकारियों द्वारा सबसे अधिक लक्षित होते हैं, यह एक बल गुणक के रूप में कार्य करेंगे।

अत: विकल्प (C) सही है।

57. 2017 में जुलाई 29 को दिन "अंतर्राट्रीय बाय द्विस' के रूप में मनाया गया था।

- बाघ संरक्षण के बारे में जागरूकता बढ़ाने के लिए हर साल 29 जुलाई को अंतर्राष्ट्रीय बाघ दिवस मनाया जाता है।
- यह 2010 में रूस में सेंट पीटर्सबर्ग टाइगर समिट में जंगली बाघों की संख्या में खतरनाक गिरावट के मद्देनजर शुरू किया गया था।
- कई कारकों के कारण उनकी संख्या में गिरावट आई है, जिनमें निवास स्थान की हानि, जलवायु परिवर्तन, शिकार और अवैध शिकार शामिल हैं।

अत: विकल्प (D) सही है।

58. हाल ही में केरल में लाँच किये गये 'सुचित्वा मिशन' की यह एक स्वच्छता की राज्य नोडल एजेंसी है और प्लास्टिक मुक्त शादी समारोहों को बढ़ावा दे रही है, व्याख्या है।

- सुचित्वा मिशन, स्थानीय स्व सरकारों विभाग, केरल सरकार के अंतर्गत अपशिष्ट प्रबंधन क्षेत्र में तकनीकी सहायता समूह (TSG) है।
- यह राज्य की स्थानीय स्व सरकारों के लिए तकनीकी और प्रबंधकीय सहायता प्रदान करने के लिए जिम्मेदार है।
- संकल्पना, कार्य योजना, रचनात्मक कार्यशालाओं का संचालन, प्रशिक्षण कार्यक्रमों का आयोजन, सेक्टर से संबंधित अध्ययनों की शुरुआत करने, सामयिक पत्रों को लाने, कार्य अनुसंधान शुरू करने, निगरानी और अपशिष्ट प्रबंधन क्षेत्र में ऐसी अन्य गतिविधियों के लिए भी जिम्मेदार है।
- यह मिशन राज्य में स्वच्छ भारत मिशन (शाहरी), स्वच्छ भारत मिशन (ग्रामीण) और संचार और क्षमता विकास इकाई (सीसीडीयू) को लागू करने के लिए नोडल एजेंसी भी है।

अत: विकल्प (A) सही है।

59. 2017 में विश्व पर्यावरण दिवस का प्रकृति से लोगों को जोड़ना सा मूल विषय था।

- विश्व पर्यावरण दिवस हमारे पर्यावरण और ग्रह पृथ्वी की सुरक्षा के लिए दुनिया भर में वैश्विक जागरूकता बढ़ाने हेतु हर साल 5 जून को मनाया जाता है।
- विश्व पर्यावरण दिवस 1972 में संयुक्त राष्ट्र महासभा द्वारा नामित किया गया था।
- इस वर्ष के मेजबान देश कनाडा ने विषय का चयन किया।

अत: विकल्प (B) सही है।

60. पर्यावरण की हानिकारक परिस्थितियों को घटाने के लिये पर्यावरण मंत्रालय ने हाल ही में हरित दिवाली, स्वस्थ दिवाली अभियान शुरू किया है।

- पर्यावरण मंत्रालय ने 22 अक्टूबर 2018 को 'हरित दीवाली-स्वस्थ दीवाली' अभियान शुरू किया है।
- यह अभियान 2017-18 में शुरू किया गया था, जिसमें बड़ी संख्या में स्कूली बच्चों ने भाग लिया और कम से कम पटाखे फोड़ने का संकल्प लिया।
- 2018 में, 'हरित दीवाली-स्वच्छ दीवाली' अभियान को "ग्रीन गुड डीड" आंदोलन के साथ मिला दिया गया है।

अत: विकल्प (A) सही है।

61. दिया गया है:

A और B के पास कुल राशि = ₹ 1200

A की राशि का $\dfrac{7}{12}$ = B की राशि का 25%

$$\dfrac{7A}{12} = \dfrac{B}{4}$$

$$\Rightarrow \dfrac{A}{B} = \dfrac{12}{28} = \dfrac{3}{7}$$

माना A $= 3x$ और B $= 7x$

$$3x + 7x = 1200$$

$$\Rightarrow 10x = 1200 \text{ या } x = 120$$

B की राशि $= 7x = 7 \times 120 = ₹\ 840$

अत: विकल्प (C) सही है।

62. दिया गया है:

पुरुष $= 40\%$

महिला $= 35\%$

बच्चे $= 100 - 75 = 25\%$

कस्बे के सभी बच्चों में से 40% लड़कियाँ हैं।

लड़कियों की कुल संख्या $= 1200$

माना कुल जनसंख्या x है।

x का 25% का 40% $= 1200$

$$\Rightarrow \left[\dfrac{1000}{(100 \times 100)}\right] \times x = 1200$$

$$\Rightarrow x = \dfrac{(1200 \times 100 \times 100)}{1000}$$

$$\Rightarrow x = 12000$$

$$\therefore \text{कुल जनसंख्या} = 12000$$

अत: विकल्प (C) सही है।

63. दिया गया है:

A ने B से 12% अधिक अंक प्राप्त किए हैं

माना B ने 100 अंक प्राप्त किए हैं।

A द्वारा प्राप्त अंक $= 100 + 100$ का 12% $= 112$

आवश्यक प्रतिशत $= \left[\dfrac{(112-100)}{112}\right] \times 100 = \left(\dfrac{12}{112}\right) \times 100$

$\therefore$ B ने A से 10.7% कम अंक प्राप्त किए हैं।

अत: विकल्प (D) सही है।

64. दिया गया है:

दो संख्याओं का योग $= 33$

दो संख्याओं का अंतर $= 7$

माना संख्याएं x और y हैं।

$$x + y = 33$$

$$x - y = 7$$

(i) और (ii) को जोड़ने पर

$$2x = 40 \text{ या } x = 20$$

$$\Rightarrow y = 13$$

20 और 13 के वर्गों का योग $= 20^2 + 13^2 = 569$

अत: विकल्प (B) सही है।

65. दिया गया है:

$$\left(\frac{1}{5}\right)^{3y} = 0.008$$

$$\left(\frac{1}{5}\right)^{3y} = (0.2)^{3y}$$

$$\Rightarrow (0.2^3)^y = 0.008$$

$$\Rightarrow (0.2^3)^y = (0.2^3)^1$$

तुलना करने पर, $y = 1$

$$(0.25)^y = 0.25^1 = 0.25$$

अत: विकल्प (D) सही है।

66. दिया गया है:

दो संख्याओं के बीच के अंतर का 50% उनके योग के 30% के बराबर है

माना दो संख्याएं x और y हैं।

$(x - y)$ का 50% $= (x + y)$ का 30%

$$\Rightarrow 5x - 5y = 3x + 3y$$

$$\Rightarrow 2x = 8y$$

$$\Rightarrow x:y = 8:2 = 4:1$$

अत: विकल्प (C) सही है।

67. दिया गया है:

भिन्न के अंश में 10% की वृद्धि की जाती है

हर में 10% की कमी की जाती है

माना भिन्न $\frac{x}{y} = 10$

अब,

$(x$ का $x + 10\%)/(y$ का $y - 10\%)$

$$= \frac{1.1x}{0.9y}$$

$$= \frac{x}{y} \times \frac{1.1}{0.9}$$

$$\Rightarrow 10 \times \frac{1.1}{0.9}$$

$$\Rightarrow \frac{11}{0.9} = 12.22$$

$\therefore$ प्रतिशत वृद्धि $= \left[\frac{(12.22-10)}{10}\right] \times 100 = 22.22\%$

अत: विकल्प (C) सही है।

68. दिया गया है:

विक्रय मूल्य $=$ ₹ 342

एक दुकानदार $20\%, 10\%$ और 5% की सतत छूट देता है

जैसा कि हम जानते है,

सतत छूट $= a + b - \frac{ab}{100}$

विक्रय मूल्य $=$ अंकित मूल्य $\times (100 - $ छूट $)\%$

20% और 10% की छूट $= 20 + 10 - \frac{200}{100} = 28\%$

28% और 5% की छूट $= 28 + 5 - \frac{(28 \times 5)}{100} = 31.6\%$

इसलिए कुल छूट $= 31.6\%$

$342 = $ अंकित मूल्य $\times \frac{68.4}{100}$

$\Rightarrow$ अंकित मूल्य $= \frac{342000}{684} = 500$

अत: विकल्प (B) सही है।

69. दिया गया है:

5 किमी/घंटे की गति से सुबह 7 बजे स्कूल पहुंचता है

6 किमी/घंटे की गति से वह 15 मिनट पहले पहुंचता है अर्थात् 6 घंटे 45 मिनट

जैसा कि हम जानते है,

दूरी $=$ [(गति $1 \times$ गति 2)/ गति में अंतर] $\times$ समय में अंतर

गति में अंतर $= 6 - 5$ किमी/घंटे $= 1$ किमी/घंटे

समय में अंतर 7 घंटे $- 6$ घंटे 45 मिनट $= 15$ मिनट $= \frac{1}{4}$ घंटे

दूरी $= \left[\frac{(5 \times 6)}{1}\right] \times \frac{1}{4} = 7.5$ किमी

$\therefore$ घर और विद्यालय के बीच की दूरी 7.5 किमी है।

अत: विकल्प (D) सही है।

70. दिया गया है:

120 मी. और 90 मी. दो लम्बी रेलगाड़िया क्रमशः 72 किमी प्रति घंटा और 64 किमी प्रति घंटा की गति से एक ही दिशा में जा रही हैं।

जैसा कि हम जानते है,

सापेक्ष गति $=$ गतियों में अंतर

लिया गया समय $=$ दूरी/गति

रेल 1 की गति $= 72 \times \frac{5}{18} = 20$ मीटर/सेकण्ड

रेल 2 की गति $= 54 \times \frac{5}{18} = 15$ मीटर/सेकण्ड

कुल दूरी $= 120 + 90 = 210$ मीटर

सापेक्ष गति $= 20 - 15 = 5$ मीटर/सेकण्ड

समय $= \frac{210}{5} = 42$ सेकण्ड

अत: विकल्प (A) सही है।

71. त्रिभुजों की कुल संख्या हैं:

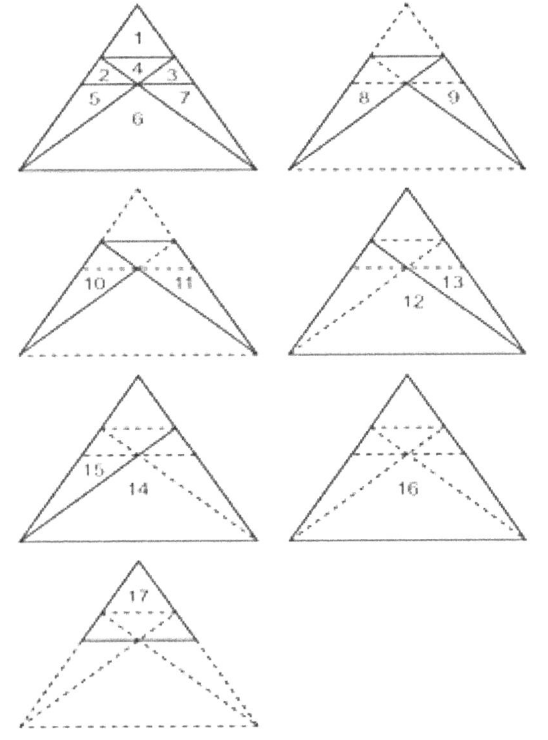

अत: विकल्प (B) सही है।

72. दिया गया है:

दो पाइप, A और B एक टैंक को क्रमशः 15 मिनट और 30 मिनट में भरते हैं।

एक तीसरा पाइप 'C' 20 मिनट में उसे खाली कर देता है।

A द्वारा 1 मिनट में भरी गई टैंक $= \dfrac{1}{15}$

B द्वारा 1 मिनट में भरी गई टैंक $= \dfrac{1}{30}$

C द्वारा 1 मिनट में खाली की गई टैंक $= \dfrac{1}{20}$

1 मिनट में टैंक की कुल क्षमता $= \dfrac{1}{15} + \dfrac{1}{30} - \dfrac{1}{20}$

$\Rightarrow$ 1 मिनट में टैंक की कुल क्षमता $= \dfrac{3}{60} = \dfrac{1}{20}$

$\therefore$ टैंक को भरने में लगा समय $= 20$ मिनट

अत: विकल्प (C) सही है।

73. दिया गया है:

एक फल विक्रेता ₹ 8 प्रति 10 केले की दर से केले खरीदता है और उन्हें ₹ 10 के 8 केले की दर से बेच देता है।

जैसा कि हम जानते है,

हानि % $=$ (हानि / क्रय मूल्य) $\times 100$

खरीदे गए केलों की संख्या $=$ (10 और 8) का लघुत्तम समापवर्त्य $= 40$

क्रय मूल्य $= \left(\dfrac{8}{10}\right) \times 40 = ₹\ 32$

विक्रय मूल्य $= \left(\dfrac{10}{8}\right) \times 40 = ₹\ 50$

लाभ $= 50 - 32 = ₹\ 18$

लाभ प्रतिशत $= \left(\dfrac{18}{32}\right) \times 100 = 56.25\%$

अत: विकल्प (D) सही है।

74. त्रिभुजों की कुल संख्या नीचे दर्शाई गई है:

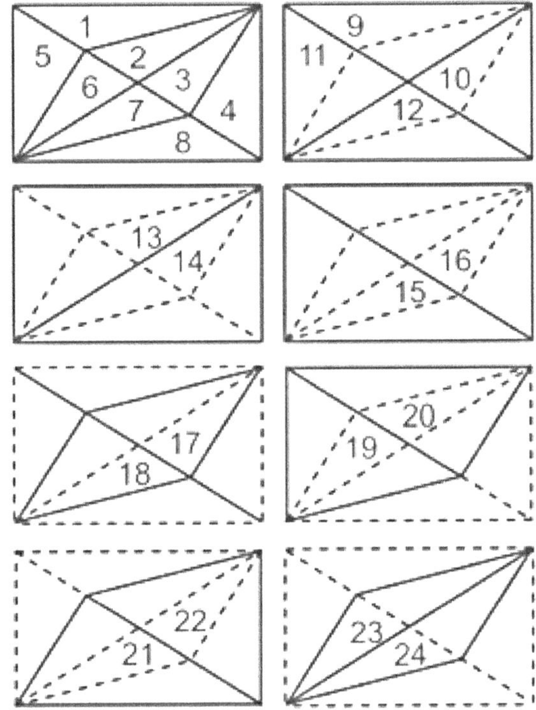

अत: विकल्प (D) सही है।

75. यहाँ तर्क है:

$$A \xrightarrow{+1} B \xrightarrow{+1} C \xrightarrow{+1} D \xrightarrow{+1} E$$

$$M \xrightarrow{-1} L \xrightarrow{-1} K \xrightarrow{-1} J \xrightarrow{-1} I$$

$$N \xrightarrow{+1} O \xrightarrow{+1} P \xrightarrow{+1} Q \xrightarrow{+1} R$$

$$Z \xrightarrow{-1} Y \xrightarrow{-1} X \xrightarrow{-1} W \xrightarrow{-1} V$$

इसलिए , 'EIRV' सही उत्तर है।

अत: विकल्प (B) सही है।

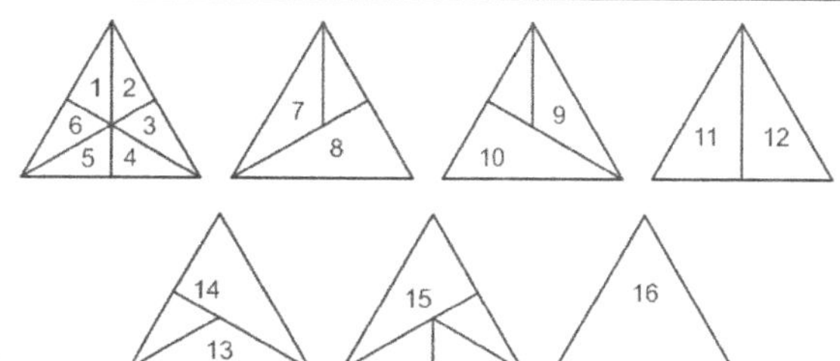

76.

त्रिभुजों की कुल संख्या =16 अर्थात् 6 बाह्य और 10 निहित।

अत: विकल्प (C) सही है।

77. अंग्रेजी शब्दकोश के अनुसार दिए गए शब्दों की उपस्थिति नीचे दर्शायी गई है:

c. Premeditation

b. Preoccupation

a. Preparation

d. Preservation

इसलिए, सही उत्तर 'c, b, a, d' है।

अत: विकल्प (D) सही है।

78. निम्नलिखित प्रतीकों का उपयोग करके वंश वृक्ष तैयार करना:

चित्र में प्रतीक	अर्थ
◯	महिला
☐	पुरुष
═══	शादीशुदा जोड़ा
───	भाई-बहन
│	एक पीढ़ी का प्रसार

वंशवृक्ष आरेख नीचे दर्शाया गया है:

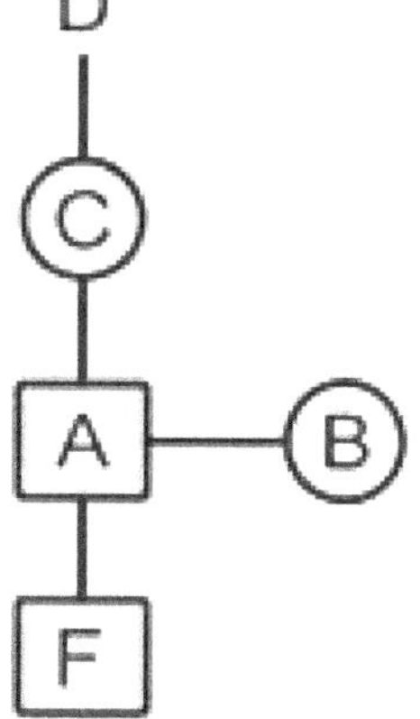

उपर दी गई आकृति से, 'F', 'D' का पर-पोता है।

इसलिए सही उत्तर 'पर-पोता' है।

अत: विकल्प (B) सही है।

79. दूरी और दिशा आरेख नीचे दर्शाया गया है:

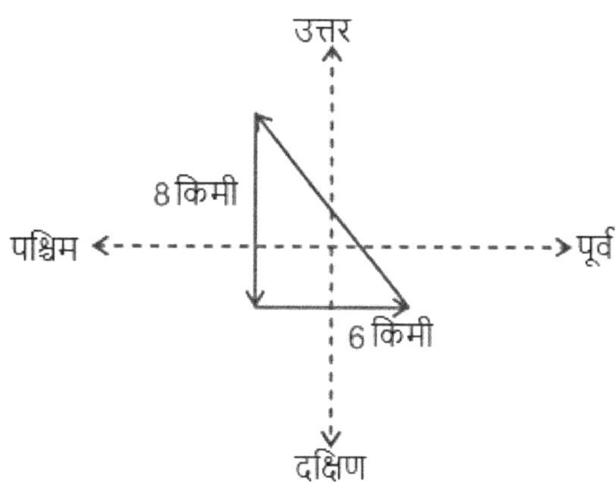

उपर दी गई आकृति से कुल दूरी ज्ञात करने के लिए त्रिभुज ABC पर विचार कीजिए:

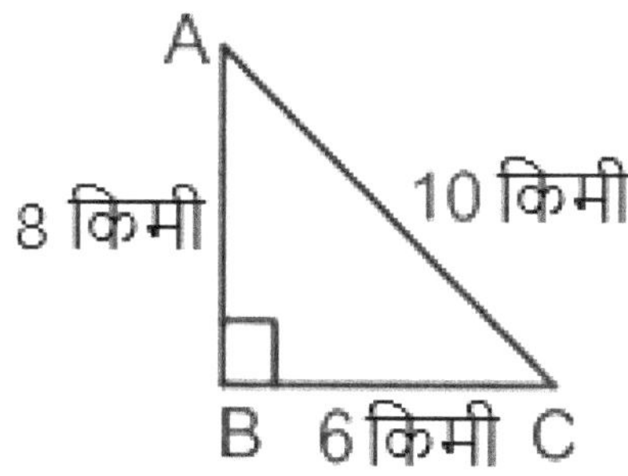

इसलिए, व्यक्ति द्वारा तय की गई कुल दूरी है: AB + BC + AC → समीकरण (i)

अब हमें उसके द्वारा तय की गई दूरी AC की गणना करनी है।

अब, त्रिभुज "ABC" एक समकोण त्रिभुज है, इसलिए पाइथागोरस प्रमेय का उपयोग करते हुए:

$$AC^2 = AB^2 + BC^2$$

$$AC^2 = (8)^2 + (6)^2$$

$$AC^2 = 64 + 36$$

$$AC^2 = 100$$

$$AC = \sqrt{100}$$

$$AC = 10 \text{ किमी}$$

AB, BC, और AC के मान को समीकरण (i) में रखने पर हमें प्राप्त होता है:

व्यक्ति द्वारा तय की गई कुल दूरी $= 8 + 6 + 10 = 24$ किमी

अत: विकल्प (C) सही है।

80. निम्नलिखित प्रतीकों का उपयोग करके वंश वृक्ष तैयार करना:

चित्र में प्रतीक	अर्थ
◯	महिला
▢	पुरुष
=	शादीशुदा जोड़ा
—	भाई-बहन
│	एक पीढ़ी का प्रसार

वंशवृक्ष आरेख नीचे दर्शाया गया है:

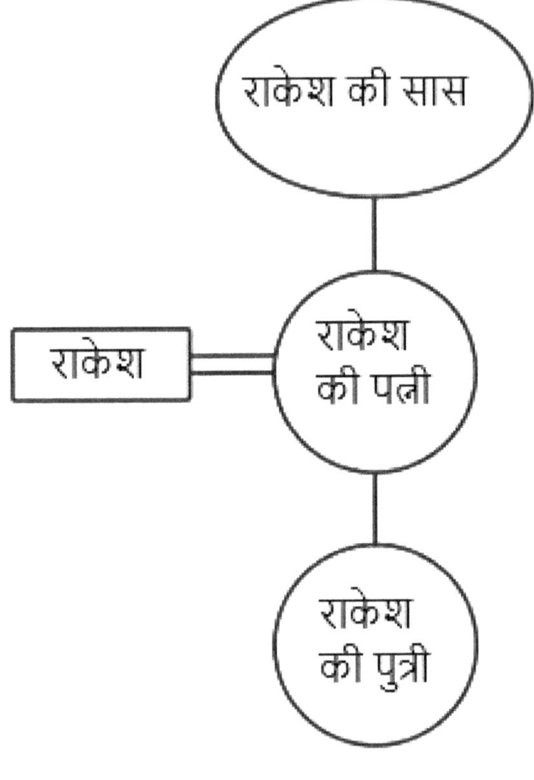

वह लड़की राकेश की पुत्री है।

इसलिए सही उत्तर 'पुत्री' है।

अत: विकल्प (A) सही है।

81. एक धीमा शिक्षार्थी वह है जिसकी कक्षा की उपलब्धि कक्षा के औसत से कम है।

धीमी गति से सीखने वाले वे बच्चे हैं जो शैक्षणिक कौशल प्राप्त करने में कम हैं और अक्सर दूसरों द्वारा सुस्त, आलसी, या स्कूल की सेटिंग के एक हिस्से के रूप में अयोग्य के रूप में अनदेखा किया जाता है। धीमी गति से सीखने वाले न केवल शिक्षा में बल्कि सामाजिक, भावनात्मक और मनोवैज्ञानिक कल्याण के क्षेत्रों में अन्य छात्रों से पीछे हैं।

अत: विकल्प (A) सही है।

82. विश्व साक्षरता दिवस 8 सितम्बर को होता है।

अंतर्राष्ट्रीय साक्षरता दिवस एक अंतरराष्ट्रीय उत्सव है, जिसे प्रत्येक वर्ष 8 सितंबर को मनाया जाता है, जिसे यूनेस्को द्वारा 26 अक्टूबर 1966 को यूनेस्को के सामान्य सम्मेलन के 14वें सत्र में घोषित किया गया था।

साक्षरता का मुद्दा संयुक्त राष्ट्र के सतत विकास लक्ष्यों और सतत विकास के लिए संयुक्त राष्ट्र के 2030 एजेंडा का एक प्रमुख घटक है।

अत: विकल्प (C) सही है।

83. विशेष शिक्षा वह है जिसमें सभी बच्चों की शिक्षा के नियमित कार्यक्रमों के अतिरिक्त कुछ विशिष्ट पक्ष और सम्मिलित होते हैं।

विशेष शिक्षा विकलांग या उपहार और प्रतिभा वाले छात्रों के लिए डिज़ाइन किया गया निर्देश है, जिनके पास सीखने की विशेष ज़रूरतें भी हैं।

- इनमें से कुछ छात्रों को औपचारिक संस्थानों में कठिनाइयों का सामना करना पड़ता है, इसलिए उन्हें अपनी कक्षाओं में कार्य करने के लिए विशेष शिक्षा प्रावधानों की आवश्यकता होती है।

- अन्य आम तौर पर नियमित कक्षाओं में अच्छा करते हैं। लेकिन उन्हें अपनी पूरी क्षमता का एहसास करने के लिए विशेष शैक्षिक प्रावधानों की भी आवश्यकता है।

अत: विकल्प (C) सही है।

84. जब अधिकांश छात्र उच्च अंक प्राप्त करते हैं, तो वितरण को नकारात्मक विषमता कहा जाता है।

नकारात्मक तिरछा:

- एक वितरण को नकारात्मक रूप से तिरछा कहा जाता है यदि स्कोर माप पैमाने के उच्च अंत पर केंद्रित होते हैं।

- उदाहरण के लिए, अधिकांश छात्र बहुत अच्छा करेंगे, लेकिन कुछ छात्र कभी भी कक्षा में नहीं आ सकते हैं और बहुत खराब स्कोर करेंगे, इसलिए टेस्ट स्कोर कई उच्च स्कोर और कुछ अपेक्षाकृत बहुत कम स्कोर से बने होंगे।

- इस मामले में, माध्य के बजाय माध्यिका का उपयोग किया जाना चाहिए, कुछ अपेक्षाकृत बहुत कम अंक प्रभावित नहीं होते हैं। माध्य माध्यिका से कम है क्योंकि माध्य कुछ अपेक्षाकृत बहुत कम अंकों से प्रभावित होता है।

अत: विकल्प (C) सही है।

85. निम्नांकित में से विहितता का सिद्धान्त निर्देशन का सिद्धान्त नहीं है।

निर्देशन के सिद्धांत: निर्देशन कुछ सिद्धांतों पर आधारित होता है। यह अनिवार्य है कि मानव जीवन में ज्ञान के अनुप्रयोग में शामिल विभिन्न कार्यों के ज्ञान को प्राप्त करने और उपयोग करने का प्रयास करने से पहले हमें किसी भी विषय के मूल सिद्धांतों को समझना चाहिए। मार्गदर्शन के सिद्धांत हैं:

- मार्गदर्शन एक जीवन भर चलने वाली प्रक्रिया है: मार्गदर्शन एक सतत प्रक्रिया है, जो बचपन से शुरू होती है और मृत्यु तक चलती रहती है। यह ऐसी सेवा नहीं है जो एक निर्दिष्ट समय या स्थान पर शुरू और समाप्त होती है।

- मार्गदर्शन वैयक्तिकरण पर जोर देता है: यह इस बात पर जोर देता है कि प्रत्येक व्यक्ति को अपने व्यक्तित्व को आकार देने की स्वतंत्रता दी जानी चाहिए और जब भी आवश्यकता हो तो उसे निर्देशित किया जाना चाहिए।

- मार्गदर्शन सहयोग पर आधारित है: मार्गदर्शन व्यक्तियों के आपसी सहयोग पर निर्भर करता है। व्यक्ति की स्वयं की सहमति के बिना किसी को भी मार्गदर्शन प्राप्त करने के लिए बाध्य नहीं किया जा सकता।

अत: विकल्प (B) सही है।

86. गहराई से ज्ञान प्रदान करने में व्याख्यान विधि अत्यन्त महत्त्वपूर्ण है।

व्याख्यान विधि शिक्षण की एक विधि है जिसके द्वारा शिक्षक छात्रों को समझने में मदद करने के लिए तथ्यों, सिद्धान्तों या संबंधों की व्याख्या करने का प्रयास करता है। यह एक निरंकुश पद्धति है जहां:

- शिक्षक एक सक्रिय भागीदार है, छात्र निष्क्रिय श्रोता हैं।

- शिक्षक कमोबेश लगातार कक्षा से बात करता है।

- कक्षा तथ्यों और विचारों को याद रखने और बाद में उन पर विचार करने के लिए सुनती है, लिखती है और नोट करती है।

- यह विषय या सामग्री का गहन ज्ञान प्रदान करने में मदद करता है।

- आमतौर पर, शिक्षक द्वारा व्याख्यान के दौरान छात्र शिक्षक के साथ बातचीत नहीं करते हैं।

- यह एकतरफा तरीका है।

- छात्रों द्वारा एक बिंदु को स्पष्ट करने के लिए कुछ प्रश्न पूछे जा सकते हैं लेकिन आमतौर पर कोई चर्चा नहीं की जाती है।

अत: विकल्प (D) सही है।

87. मानकीकृत परीक्षणों की मुख्य विशेषता यह है कि वे व्यक्तिगत त्रुटियों से मुक्त होते हैं।

मानकीकृत परीक्षणों में त्रुटियों के प्रकार:

- स्कोरिंग दिशाओं को समझने में विफलता के कारण "लगातार" त्रुटियां हो सकती हैं, परिणामी स्कोर जो लगातार बहुत कम या बहुत अधिक होते हैं।

- अंकों को चिह्नित करने, जोड़ने, गणना करने या लिप्यंतरण करने में लापरवाही के कारण "परिवर्तनीय" त्रुटियाँ हो सकती हैं।

- "व्याख्यात्मक" त्रुटि को एकत्रित डेटा की गलत व्याख्या के रूप में परिभाषित किया जा सकता है। एक सच्ची त्रुटि में, विसंगति किसी के साथियों की आम सहमति से काफी अलग होती है।

इसलिए, यह निष्कर्ष निकाला जा सकता है कि मानकीकृत परीक्षण व्यक्तिगत त्रुटि से मुक्त है यानी प्रेक्षक द्वारा अपनाई गई दोषपूर्ण प्रक्रिया के कारण त्रुटि सामने आती है।

अत: विकल्प (B) सही है।

88. स्किनर के सक्रिय अनुबंधन सिद्धान्त को $R - S$ प्रकार से दर्शाना उपयुक्त होगा।

कंडीशनिंग कुछ तैयारी या प्रशिक्षण की मदद से किसी के व्यवहार को संशोधित करने की प्रक्रिया है। व्यवहारवाद सिद्धांत एक विचार है जो बताता है कि कंडीशनिंग के कारण सीखना होता है।

बीएफ स्किनर, एक अमेरिकी मनोवैज्ञानिक, ने "ऑपरेंट कंडीशनिंग के सिद्धांत" को प्रतिपादित किया, जिसे "इंस्ट्रूमेंटल कंडीशनिंग थ्योरी" के रूप में भी जाना जाता है।

अत: विकल्प (A) सही है।

89. राष्ट्रीय स्तर पर राष्ट्रीय बालक अधिकार संरक्षण आयोग (NCPCR) संस्था को बच्चों के शिक्षा संबंधी अधिकार के अनुश्रवण का दायित्व सौंपा गया है।

राष्ट्रीय बाल अधिकार संरक्षण आयोग (NCPCR) का गठन मार्च 2007 में किया गया था। यह बाल अधिकार अधिनियम के संरक्षण के लिए आयोग के अंतर्गत आता है, जो दिसंबर 2005 में संसद का अधिनियम बन गया।

- आयोग का मुख्य उद्देश्य यह सुनिश्चित करना है कि भारत के संविधान में सूचीबद्ध बाल अधिकारों के साथ कानून, नीतियां, कार्यक्रम और प्रशासनिक रणनीति पूरी तरह से सहमत हैं। आयोग राज्य, जिला और अन्य छोटे स्तरों पर विभिन्न प्रतिक्रियाओं को राष्ट्रीय नीतियों और कार्यक्रमों में मिलाने की कोशिश करता है।

- इस प्रकार आयोग अपने बच्चों के कल्याण और भलाई के लिए राज्य, केंद्रीय और स्थानीय निकायों की गतिविधियों को विनियमित करने में एक सराहनीय भूमिका निभाता है।

- स्कूली बच्चों की समस्याओं के समाधान के लिए आयोग के पास एक विशेष प्रकोष्ठ भी है। यह सेल बच्चों के मानसिक, शारीरिक और भावनात्मक उत्पीड़न के खिलाफ काम करता है। प्रकोष्ठ द्वारा किसी भी प्रकार के दुर्व्यवहार की शिकायत तालुक/जिला विधिक सेवाओं को 48 घंटों के भीतर सूचित की जाएगी।

अत: विकल्प (D) सही है।

90. एक कक्षा II से विद्यालय छोड़े हुए बच्चे की आयु 13 वर्ष है। उसे शिक्षा के अधिकार अधिनियम 2009 के अनुसार कक्षा VII में प्रवेश दिया जाएगा।

मुफ्त और अनिवार्य शिक्षा का अधिकार अधिनियम या लोकप्रिय रूप से शिक्षा का अधिकार (आरटीई) अधिनियम कहा जाता है, भारतीय संविधान के अनुच्छेद 21ए के तहत भारत में 6 से 14 वर्ष की आयु के बच्चों के लिए मुफ्त और अनिवार्य शिक्षा के प्रावधान के तौर-तरीकों का वर्णन करता है। 1 अप्रैल 2010 को

अधिनियम के लागू होने पर भारत हर बच्चे के लिए शिक्षा को मौलिक अधिकार बनाने वाले 135 देशों में से एक बन गया।

अत: विकल्प (D) सही है।

91. रचनावाद का सिद्धान्त दिया गया था।

रचनावाद सिद्धान्त 1972 में जीन पियागेट द्वारा प्रतिपादित किया गया था। पियागेट के संज्ञानात्मक विकास के सिद्धांत के अनुसार, आत्मसात, आवास और संतुलन ऐसे तरीके हैं जिनके माध्यम से बच्चे पहले से मौजूद अनुभूति संरचनाओं (स्कीमा) में नए अनुभवों को एकीकृत करते हैं।

अत: विकल्प (C) सही है।

92. बहुउद्देश्यीय विद्यालयों का विचार मुदालियर कमीशन (1952-53) दिया था।

- डॉ ए लक्ष्मण स्वामी मुदलियर को 1952 में भारत सरकार द्वारा माध्यमिक शिक्षा आयोग के अध्यक्ष के रूप में नियुक्त किया गया था।

- इसका उद्देश्य देश में मौजूदा माध्यमिक शिक्षा प्रणाली की जांच करना और सुधार के उपाय सुझाना था।

- माध्यमिक शिक्षा के सभी पहलुओं पर अगस्त 1963 में रिपोर्ट प्रस्तुत की गई थी।

अत: विकल्प (B) सही है।

93. स्वातंत्रोत्तर युग में शिक्षा के व्यवसायीकरण पर विचार हेतु गठित समिति की अध्यक्षता मेल्कम आदिशेशख्खा की थी।

- स्कूल शिक्षा के प्लस टू पाठ्यचर्या के लिए राष्ट्रीय समीक्षा समिति (1978) के अध्यक्ष मेलकॉम एस. आदिशैय्याह थे।

- उन्होंने 'लर्निंग टू डू' शीर्षक के साथ रिपोर्ट प्रस्तुत की।

- समिति की केंद्रीय खोज ने सुझाव दिया कि सीखना सामान्य शिक्षा पाठ्यक्रम में एकीकृत कार्य या समिति द्वारा अनुशंसित व्यावसायिक पाठ्यक्रमों में आधारित होना चाहिए।

- मूल रूप से, यह उच्च माध्यमिक स्तर पर सामान्य शिक्षा और व्यावसायिक पाठ्यक्रमों को शामिल करने पर जोर देता है।

अत: विकल्प (C) सही है।

94. शैरीफ और केन्ट्रिल द्वारा दिया गया अधिगम सिद्धान्त अहम आवेष्न सिद्धान्त कहलाता है।

लंगर बिंदु आंतरिक संदर्भ बिंदु हैं जो हम में से प्रत्येक के अंदर हैं। जब निर्णय लेने की आवश्यकता का सामना करना पड़ता है, तो हम अपने आंतरिक संदर्भ बिंदुओं की ओर मुड़ते हैं और निर्णय से संबंधित जानकारी की तुलना उन एंकर बिंदुओं से करते हैं जो प्रासंगिक हैं। दूसरे शब्दों में, आप अपना निर्णय केवल अपने एंकरों के बारे में ही करते हैं।

अहम-भागीदारी या सामाजिक संबद्धता एक ऐसा दृष्टिकोण है जिसके बारे में प्राप्तकर्ता दृढ़ता से महसूस करते हैं और जिसे वे स्वयं के हिस्से के रूप में शामिल करते हैं।

अत: विकल्प (C) सही है।

95. वेचस्लर मनोवैज्ञानिकों ने सामान्य बुद्धि को 'तर्कसंगत रूप से सोचने, उद्देश्यपूर्ण ढंग से कार्य करने और पर्यावरण के साथ प्रभावी ढंग से निपटने की वैश्विक क्षमता' के रूप में परिभाषित किया है।

- वेचस्लर ने सामान्य बुद्धि को विभिन्न गतिविधियों जैसे सोच और उद्देश्यपूर्ण तरीके से कार्य करने के प्रभाव के रूप में देखा।

- उन्होंने यह भी कहा कि गैर-बौद्धिक कारक जैसे व्यक्तित्व आदि भी व्यक्ति में बुद्धि के विकास में योगदान करते हैं।

- उन्होंने स्पीयरमैन के सामान्य बुद्धि के सिद्धांत (जी) को बुद्धि की एक संकीर्ण अवधारणा के रूप में माना क्योंकि यह बुद्धि को विभिन्न गतिविधियों के कारण के रूप में देखता था।

अत: विकल्प (D) सही है।

96. परीक्षण की विश्वसनीयता का अर्थ मापन की स्थिरता होता है।

विश्वसनीयता: विश्वसनीयता के पीछे विचार यह है कि कोई भी महत्वपूर्ण परिणाम दोहराने योग्य होना चाहिए। अन्य शोधकर्ताओं को ठीक वैसा ही प्रयोग, समान परिस्थितियों में करने और समान परिणाम उत्पन्न करने में सक्षम होना चाहिए।

विश्वसनीयता आपके माप की निरंतरता या वह डिग्री है जिस तक एक उपकरण उसी तरह से मापता है जब हर बार उसी स्थिति में समान विषयों के साथ इसका उपयोग किया जाता है। संक्षेप में, यह माप की पुनरावृत्ति है। एक उपाय को विश्वसनीय माना जाता है यदि किसी व्यक्ति का एक ही परीक्षण पर दो बार दिया गया स्कोर समान हो।

अत: विकल्प (D) सही है।

97. सुनिश्चित करना कि पाठ्यक्रम और पाठच पुस्तके पूर्णतः अनुरूपित हों, राष्ट्रीय पाठ्यचर्या की रूपरेखा 2005 का दिशा निर्देशक सिद्धान्त नहीं है।

राष्ट्रीय पाठ्यचर्या की रूपरेखा, 2005, एनसीईआरटी द्वारा प्रकाशित, स्कूल और शिक्षक शिक्षा पाठ्यक्रम में समकालीन परिवर्तन लाने के लिए काफी महत्वपूर्ण है।

- दुनिया भर में स्कूली शिक्षा के बदलते दृष्टिकोण और संदर्भों को ध्यान में रखते हुए, NCF, 2005 में आवश्यक पाठ्यचर्या परिवर्तनों की सिफारिश की गई है।

- राष्ट्रीय पाठ्यचर्या की रूपरेखा, 2005, भारतीय स्कूल के साथ-साथ शिक्षक शिक्षा को फिर से जीवंत करने के लिए एक संपूर्ण दस्तावेज है।

अत: विकल्प (C) सही है।

98. सामाजीकरण में पूर्वग्रह बाधा के कारण होती है।

समाजीकरण में बाधा पूर्वग्रहों के कारण होती है:

- पूर्वग्रह एक विशिष्ट समूह के लोगों के लिए नकारात्मक दृष्टिकोण या अनुचित राय को दर्शाता है।

- यह एक पूर्वकल्पित राय है जो ठोस अनुभव या वास्तविकता पर आधारित नहीं है।

- पहले से ही मौजूद नकारात्मक दृष्टिकोण व्यक्ति को सामाजिक मानदंडों, मूल्यों और विश्वासों को समझने नहीं दे सकते हैं।

अत: विकल्प (D) सही है।

99. सतत् एवं व्यापक मूल्यांकन का मुख्य उद्देश्य समावेशी शिक्षा को बढ़ावा देना होता है।

सतत और व्यापक मूल्यांकन, जिसे आमतौर पर 'सीसीई' के रूप में जाना जाता है, को सीबीएसई द्वारा 2009 में शिक्षा का अधिकार अधिनियम के अधिनियमन के साथ मूल्यांकन की एक स्कूल-आधारित प्रणाली के रूप में पेश किया गया है।

- सतत और व्यापक मूल्यांकन का मुख्य उद्देश्य समावेशी शिक्षा को बढ़ावा देना है।

- विभिन्न गतिविधियों के माध्यम से शिक्षण में संलग्न रहते हुए सीसीई को समावेशी कक्षा में शामिल किया जा सकता है।

- कक्षाओं में विविध जरूरतों को पूरा करने के लिए रणनीतियों को शामिल करना कक्षा के लिए सीसीई प्रक्रियाओं को विकसित करने में विशेष रूप से उपयोगी होगा।

अत: विकल्प (D) सही है।

100. यदि कुछ शिक्षार्थी आपकी कक्षा में विक्षोभ पैदा करते है तो आप उनकी अन्त: शक्ति को पहचानकर उन्हें उचित क्रियाकलापों में लगाएँगे।

उन्हें विद्यार्थियों के सीखने, प्रगति, व्यवहार, क्षमताओं आदि से जुड़ी कई समस्याओं का सामना करना पड़ता है।

एक शिक्षक को चाहिए कि वह छात्रों के व्यक्तित्व तक पहुँचे और इस तरह के कदाचार के कारण का पता लगाने का प्रयास करे।

अत: विकल्प (C) सही है।

General English

Ques (1-3):Direction: A word has been written in four different ways out of which only one is correctly spelt.

Q.1 Choose the correctly spelt word.

A. Parralel   **B.** Paralel   **C.** Parralell   **D.** Parallel

Q.2 Choose the correctly spelt word:

A. Hypocresy   **B.** Hipocrisy
C. Hipocracy   **D.** Hypocrisy

Q.3 Choose the correctly spelt word:

A. Indigenius   **B.** Indigenous
C. Indeginus   **D.** Indigenus

Ques (4-6):Direction: In the following items a word is followed by four explanatory expressions. Choose the expression that explains the given word correctly.

Q.4 Wardrobe:

A. a place where planes are kept
B. a place where official records are kept
C. a place where clothes are kept
D. a place where horses are kept

Q.5 Philistine:

A. one who is a fine judge of literature or art.
B. one who is a novice as far as art and literature are concerned
C. one who is devoted to music
D. one who does not like or understand art, literature or music

Q.6 Iconoclast:

A. one who encourages idol worship
B. one who is specially sent by God to preach a particular religion
C. one who is against all forms of government
D. one who criticizes popular beliefs and established customs

Ques (7-9):Direction: Choose the word which best expresses the meaning of the underlined word in the sentence.

Q.7 The knowledge of nuclear power might lead to <u>annihilation</u>:

A. immortality
B. tremendous progress
C. full healthfulness
D. total destruction

Q.8 The Minister <u>condescended</u> to accept our invitation.

A. felt happy   **B.** declined
C. deigned   **D.** agreed

Q.9 I was stunned at the <u>unabashed</u> display of wealth in the wedding.

A. candid   **B.** impressive

C. accurate   **D.** shameless

Ques (10-13):Direction: Sentence given below has been divided into four parts. One of the parts contains an error. Choose the part which has the error.

Q.10 <u>Walking</u> / <u>across the street</u> / <u>a truck</u> / <u>knocked him down</u>

A. Walking   **B.** across the street
C. a truck   **D.** knocked him down

Q.11 <u>No sooner we entered</u> / <u>than he got up</u> / <u>and left</u> / <u>the room</u>

A. No sooner we entered
B. than he got up
C. and left
D. the room

Q.12 <u>This pond is flooded</u> / <u>with water because</u> / <u>it is raining continuously for the</u> / <u>last three days</u>

A. This pond is flooded
B. with water because
C. it is raining continuously for the
D. last three days

Q.13 <u>When I went</u> / <u>to his house</u> / <u>I found that</u> / <u>he had been died.</u>

A. When I went   **B.** to his house
C. I found that   **D.** he had been died

Ques (14-16):Direction: Choose the option which best expresses the meaning of the underlined idiom/phrase in each sentence.

Q.14 He had <u>second thoughts</u>:

A. planned very carefully
B. changed his mind
C. decided to go elsewhere
D. decided to take somebody with him

Q.15 He knows which <u>side his bread is buttered</u>:

A. knows where his advantage lies
B. knows the art of cooking
C. knows how to butter a slice
D. knows how to chatter

Q.16 You must <u>keep your head</u> whatever happens:

A. remain calm   **B.** be honest
C. concentrate   **D.** be self respecting

Ques (17-20):Direction: In the following sentence one part of the sentence is italicised. Four alternatives to the italicised part which may improve the sentence are given. Choose the appropriate alternative.

Q.17 Rohit has got many friends because he has got *much money.*

A. a lot of money   **B.** bags of money
C. tons of money   **D.** enough money

Q.18 The secret information was held *away* from me:

A. back **B.** out **C.** up **D.** off

Q.19 He spent much time and energy over it, and lost a lot of money *in the bargain.*

A. for the bargain **B.** into the bargain
C. with the bargain **D.** off the bargain

Q.20 The main business of the Parliament is to deal with matters *pertained* to the legislation.

A. pertained with **B.** pertaining to
C. pertain to **D.** pertaining with

General Hindi

Q.21 'यह' कौन-सा सर्वनाम है ? नीचे दिए गए विकल्पों में से सही विकल्प का चयन कीजिए:

A. सम्बन्धवाचक **B.** निजवाचक
C. पुरूषवाचक **D.** निश्चयवाचक

Q.22 'आहट' प्रत्यय से बने सही शब्द को नीचे दिए गए विभिन्न विकल्पों में से चुनिए:

A. गिरावट **B.** रहट **C.** थकावट **D.** कड़वाहट

Q.23 निम्नलिखित विकल्पों में से शब्द की शुद्धवर्तनी वाले शब्द का चुनाव कीजिए:

A. दपर्ण **B.** द्रपण **C.** दर्पण **D.** दरपण

Q.24 'एक अनार सौ बीमार' - इस लोकोक्ति का सही अर्थ नीचे दिए गए विकल्पों में से चुनिए:

A. वस्तु थोड़ी और चाहने वाले अधिक
B. माँग कम पूर्ति अधिक
C. अनार को चाहने वाले अनेक लोग
D. एक वस्तु के कम चाहने वाले

Q.25 निम्नलिखित विकल्पों में से शुद्ध वाक्य चुनिए:

A. चार आदमी के लिए खाना बना दो।
B. मैंने तीन कुर्सियाँ खरीदीं।
C. मेरे भाई के शादी के लिए अनेको प्रस्ताव आये।
D. दादी का प्राणी निकल गया।

Q.26 निम्नलिखित शब्दों में से संकर शब्द कौन-सा है?

A. कालीन **B.** सरासर **C.** रेलगाड़ी **D.** लिफ़ाफ़ा

Q.27 निम्नलिखित विकल्पों में से 'कवि' शब्द का स्त्रीलिंग छाँटिए:

A. गायिका **B.** कवयित्री **C.** काव्य **D.** कविता

Q.28 'भेड़ चर रही है।' इस वाक्य का सही बहुवचन रूप है:

A. भेड़ों चर रही है। **B.** भेड़ें चर रही हैं।
C. भेड़एँ चर रही हैं। **D.** भेड़ें चर रही है।

Q.29 बिना अवरोध के उच्चारित होने वाले वर्ण क्या कहलाते हैं? निम्नलिखित विकल्पों में से उपयुक्त विकल्प की पहचान कीजिए:

A. स्वर **B.** घोष **C.** व्यंजन **D.** स्पर्श

Q.30 वर्तमान हिन्दी का 'खड़ी बोली' नाम किस कारण पड़ा है?

A. इसमें खरी-खोटी कहने की क्षमता है।
B. इसमें खड़ी मात्रा का प्रयोग अधिक होता है।
C. इसका ध्वनि-विन्यास कर्कश है।
D. इसे खड़े-खड़े सीखा जा सकता है।

Q.31 निम्नलिखित वाक्यांश के लिए दिए गए विकल्पों में से सटीक शब्द का चयन कीजिए:

'सब कुछ जाननेवाला':

A. ज्ञानवान **B.** सर्वज्ञ **C.** सर्वत्र **D.** बुद्धिमान

Q.32 नीचे दिए गए वर्ण विच्छेद के लिए सही शब्द निम्नलिखित विकल्पों में से चुनिए:

आ+र्+थ्+इ+क्+अ

A. आरथिक **B.** आर्थिक **C.** आर्थिक **D.** आर्थिक

Q.33 'शब्द+अर्थ' संधि से कौन-सा शब्द बना:

A. शब्दार्थ **B.** शब्दअर्थ **C.** शब्दाअर्थ **D.** शब्दार्थ

Q.34 'यश' का सही विलोम शब्द निम्नलिखित विकल्पों में से चुनिए:

A. कुयश **B.** सुयश **C.** यशहीन **D.** अपयश

Q.35 निम्नलिखित विकल्पों में से एक विकल्प शेष का पर्यायवाची शब्द नहीं है, उसे छाँटिए:

A. मकर **B.** भुजंग **C.** विषधर **D.** अहि

Q.36 'आगमन' शब्द में कौन-सा उपसर्ग है ? नीचे दिए गए विकल्पों में से चयन कीजिए:

A. आ **B.** अव **C.** आग **D.** अ

Q.37 निम्नलिखित में से कौन-सा शब्द द्वन्द्व समास का उदाहरण नहीं है ? सही विकल्प का चयन कीजिए:

A. घर-बाहर **B.** हरिशंकर **C.** दिन-दिन **D.** धन-धान्य

Q.38 'वह पढ़ता तो पास होता' - इस वाक्य में कौन-सा काल है ? निम्नलिखित विकल्पों में से सही विकल्प का चयन कीजिए।

A. हेतुहेतुमद् भूत **B.** सामान्य भूत
C. पूर्णभूत **D.** अपूर्णभूत

Q.39 जब क्रिया का प्रधान विषय कर्त्ता होता है, तो कौन-सा वाच्य होता है ? नीचे दिए विकल्पों में से सही विकल्प को चुनिए:

A. कर्तृवाच्य **B.** भाववाच्य **C.** कोई नहीं **D.** कर्मवाच्य

Q.40 'उसने टेढ़ी चाल चली' - वाक्य में कौन-सा कारक है ? नीचे दिए गए विकल्पों में से सही विकल्प की पहचान कीजिए:

A. कर्ता कारक **B.** सम्बन्ध कारक
C. अधिकरण कारक **D.** कर्म कारक

Current Affairs

Q.41 कार्यक्रम 'NIDHI ' का उद्देश्य देश में युवाओं के विचारों तथा नवप्रवर्तन के भाव को पोषित करना था। इस कार्यक्रम को किसने शुरू किया था?

A. विश्वविद्यालय अनुदान आयोग
B. विज्ञान और प्रौद्योगिकी विभाग
C. वाणिज्य और उद्योग मंत्रालय
D. मानव संसाधन मंत्रालय

Q.42 मालदीव के राष्ट्रमंडल (कॉमनवेल्थ) से निकल जाने (2016) के बाद अब कितने देश इसके सदस्य रह गये हैं?

A. 51 **B.** 52 **C.** 53 **D.** 50

Q.43 वर्ष 2016 के ग्रीष्मकालीन ओलम्पिक खेलों के कुछ माह पूर्व मेजबान देश ब्राजील को _______ के प्रकोप संबंधी सुरक्षा चिंताओं का सामना करना पड़ा था।

A. चिकुनगुनिया **B.** डेंगू
C. हर्पीस सिम्पलेक्स **D.** जिका विषाणु

Q.44 हाल ही में की गई घोषणा के अनुसार, देश भर के केंद्रीय विद्यालय अब 'संवेदनशील नागरिक कार्यक्रम' के अंतर्गत अपने बच्चों को निम्न में से किसके प्रति दयालु होने की शिक्षा प्रदान करेंगे?

A. जानवर	B. मनुष्य	C. सरीसृप	D. पक्षी

C. तमिल नाडु	D. राजस्थान

Q.45 निम्नलिखित में से किसे विजडेंस इन्डियाज़ आल टाइम टेस्ट XI का कप्तान बनाया गया है?

A. एम एस धोनी
B. ईशान्त शर्मा
C. कपिल देव
D. विराट कोहली

Q.57 उच्चतम न्यायालय ने निम्नलिखित में से किसके कार्यों की जाँच के लिये न्यायमूर्ति लोढा पैनल का गठन किया था?

A. बी सी सी आई
B. आई सी सी
C. ए सी सी
D. ए आई सी सी

Q.46 'फार्च्यून' द्वारा जारी सूची के अनुसार, भारत की _________ व्यवसाय की दुनिया में शीर्ष दस सर्वाधिक शक्तिशाली महिलाओं में से हैं।

A. चन्दा कोछर
B. शिखा शर्मा
C. इन्दिरा नूई
D. अरुणधती भट्टाचार्य

Q.58 लिखित में से किस एअरलाइन्स ने एक दशक के बाद ₹ 105 करोड़ का मुनाफा दिखाया है?

A. एअर इंडिया
B. इन्डिगो
C. वायुदूत
D. इंडियन एअर लाइन्स

Q.47 रियो ओलम्पिक (2016) में महिला फुटबाल का फाइनल मैच किसने जीता?

A. इंग्लैंड
B. जर्मनी
C. यू.एस.ए
D. फ्रांस

Q.59 अठारह वर्ष से कम आयु वर्ग के लिये एशिया कप हॉकी 2016 का विजेता कौन है?

A. पाकिस्तान
B. बांग्लादेश
C. भारत
D. श्रीलंका

Q.48 हाल ही में हेग स्थित परमानेंट कोर्ट ऑफ आर्बिट्रेशन ने फैसला दिया कि:

A. दक्षिण चीन सागर के जल संसाधनों पर चीन का कोई ऐतिहासिक अधिकार नहीं है।

B. चीन और फिलीपीन्स ने अन्य देशों के सार्वभौम अधिकारों का हनन किया है।

C. चीन के संप्रभुता सम्पन्न भू-भाग को कभी परिभाषित नहीं किया गया है।

D. दक्षिण चीन सागर पर चीन के नियंत्रण का दावा सही है।

Q.60 भारतीय उपग्रह जी सैट-18 (G SAT - 18) किसके संबंध में है?

A. दूर संचार
B. तारों को निहारना
C. प्रदूषण की निगरानी
D. मौसम की निगरानी

Reasoning and Numerical Ability

Q.61 अक्षरों का कौन-सा समूह खाली स्थानों पर क्रमवार रखने से दी गई अक्षर शृंखला को पूरा करेगा ?

vl_klv_lkkl_v_kklv_

A. k v v l v
B. l k v k l
C. v l l k v
D. k l v k k

Q.49 डूरंड कप फुटबाल टुर्नामेंट (2016) किसने जीता?

A. आइजॉल फुटबाल क्लब
B. आर्मी ग्रीन
C. नेरोका फुटबाल क्लब
D. मोहन बागान कोलकाता

Q.62 एक रुपये का एक सिक्का कागज़ पर रखा हुआ है। उसके साथ उसी आकार के कितने और सिक्के इस प्रकार रखे जा सकते हैं कि प्रत्येक सिक्का मध्य में रखे सिक्के को और साथ के दो अन्य सिक्कों को छूता रहे ?

A. 5
B. 6
C. 7
D. 4

Q.50 हाल ही में आयोजित (2016) भारत - न्यूजीलैंड एक दिवसीय शृंखला में _________ को शृंखला का श्रेष्ठ खिलाड़ी घोषित किया गया।

A. रविन्द्र जडेजा
B. विराट कोहली
C. अमित मिश्रा
D. आर. अश्विन

Q.63 यदि 1 से 61 तक सारे ऐसे अंक जो 4 से विभाजित हो जाते हैं, बढ़ते हुए क्रम में क्रमबद्ध किये जायें तो प्रारम्भ से 8 वें स्थान पर कौन-सा अंक होगा?

A. 32
B. 36
C. 40
D. 28

Q.51 पाराओलम्पिक (2016) खेलों में दीपा मालिक पदक जीतने वाली पहली भारतीय महिला रही हैं। उसने किस खेल में भाग लिया था?

A. शॉट पुट
B. निशानेबाजी
C. तैराकी
D. जेवलिन थ्रो

Q.64 बसों की एक लाइन में बस नंबर 108 , आगे से 8 वें स्थान पर और बस नंबर 201 पीछे से 14 वें स्थान पर हैं। उन दोनों बसों के बीच 9 बसें हैं। लाइन में कुल कितनी बसें हैं ?

A. 26
B. 29
C. 31
D. 23

Q.52 निम्नलिखित में से किसे एकलव्य पुरस्कार 2016 के लिये चुना गया है?

A. पी वी सिन्धू
B. श्रावणी नन्दा
C. सुनील कांत
D. दुली चन्द

Q.65 'P', 'R' की इकलौती बेटी है। 'Q' की नानी 'R' है। 'Q' की बहन का नाम 'S' है। बताइए 'S', 'P' से किस तरह से संबंधित है?

A. बहन
B. माँ
C. मौसी
D. बेटी

Q.53 एवरेस्ट पर्वत की चोटी पर पहली अंगोच्छेदित महिला के तौर पर पहुँचने के लिए वर्ष 2015 में निम्नलिखित में से किसे पद्मश्री पुरस्कार प्रदान किया गया?

A. अश्विनी वास्कर
B. बचेन्द्री पाल
C. लक्ष्मी अग्रवाल
D. अरुणिमा सिन्हा

Q.66 एक व्यक्ति साइकिल से उत्तर की ओर चला, उसके बाद बागें मुड़कर 3 कि.मी. चला, फिर बायें मुड़ा और 2 कि.मी. चला। अब उसने अपने आप को अपने प्रारम्भिक स्थान से ठीक 3 कि.मी. पश्चिम में पाया। वह प्रारम्भ में उत्तर की ओर कितना चला था ?

A. 2 कि.मी.
B. 3 कि.मी.
C. 5 कि.मी.
D. 1 कि.मी.

Q.54 वर्ष 2016 के रियो ओलम्पिक में टेबल टेनिस में स्वर्ण पदक प्राप्त करने वाले मा लोंग किस देश के हैं?

A. जापान
B. चीन
C. विएतनाम
D. दक्षिण कोरिया

Q.67 नीचे दिए गए चित्र पर आधारित कुछ निष्कर्ष दिए गए है। सही निष्कर्ष पहचानिए।

Q.55 डोनाल्ड ट्रंप द्वारा शपथ लिये जाने के बाद निम्नलिखित में से कौन यू एस ए की प्रथम महिला होगी?

A. मेलानी ट्रंप
B. मारिया ट्रंप
C. मेलानिजा ट्रंप
D. मेलानिया ट्रंप

Q.56 राज्य _________ के माध्यमिक तथा उच्चतर माध्यमिक शिक्षा बोर्ड ने पाठ्य पुस्तक से मारिया शारापोवा संबंधी एक अध्याय को हटा दिया है।

A. गुजरात
B. गोवा

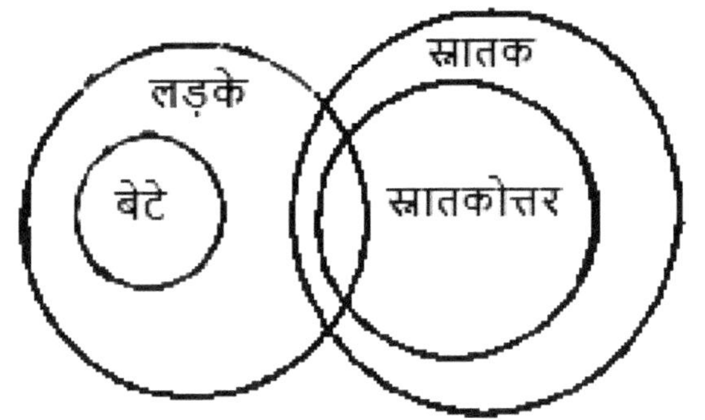

निष्कर्ष :

(I) सभी लड़के बेटे हैं।

(II) कुछ स्नातक स्नातकोत्तर हैं।

(III) कुछ लड़के स्नातक हैं।

(IV) कुछ स्नातकोत्तर लड़के हैं।

A. (II), (III) व (IV) सत्य हैं

B. (III) व (IV) सत्य हैं

C. (I) व (III) सत्य हैं

D. (I), (II) व (III) सत्य हैं

Q.68 किसी साफ्टवेयर कम्पनी में 30% B.Tech तथा 25% MBA डिग्री धारक कर्मचारी हैं। 20% ऐसे हैं जिनके पास ये दोनों डिग्रियाँ हैं। अगर 325 कर्मचारी बिना किसी व्यवसायिक डिग्री के हों तो, कम्पनी में कुल कितने कर्मचारी हैं?

A. 425　　**B.** 500　　**C.** 625　　**D.** 390

Q.69 निम्न में से कौन-सा संख्या-समूह अन्य तीन से भिन्न है ?

A. {7,31,21,37}　　**B.** {5,13,17,29}

C. {3,7,11,23}　　**D.** {11,31,13,43}

Q.70 यदि $+$ का अर्थ $\times$ ÷ का अर्थ $+$, $-$ का अर्थ ÷ तथा $\times$ का अर्थ $-$ हो तो $56 - 8 \times 5 \div 4 + 7$ का मान होगा :

A. 27　　**B.** 30　　**C.** 32　　**D.** 25

Q.71 निम्न श्रेणी का अगला पद होगा :

15, 10, 45, 20, 135, 30 ________ .

A. 205　　**B.** 305　　**C.** 405　　**D.** 40

Q.72 दिए गए विकल्पों में से उस शब्द को चुनिए जिसे दिए गए शब्द के अक्षरों के प्रयोग द्वारा बनाया जा सकता है।

INTELLIGENCE

A. ENGINE　　**B.** ENTRANCE

C. TEENAGE　　**D.** CANCEL

Q.73 एक व्यक्ति 3 कि.मी. उत्तर दिशा में चलकर पश्चिम की ओर मुड़ जाता है और फिर 2 कि.मी. चलता है। तत्पश्चात वह उत्तर की ओर मुड़कर 1 कि.मी. चलता है और फिर पूर्व की तरफ 5 कि.मी. चलता है। अब वह अपने आरम्भिक स्थान से कितनी दूर है ?

A. 10 कि.मी.　　**B.** 8 कि.मी.　　**C.** 5 कि.मी.　　**D.** 11 कि.मी.

Q.74 एक सांकेतिक भाषा में शब्द RESPONSE को लिखा जाता है ESNOPSER, तो शब्द SYMBOLIC को लिखा जायेगा :

A. CILYMBOS　　**B.** BOSLYCIS

C. CILOBMYS　　**D.** LYMBOCIS

Q.75 निम्न श्रेणी का अगला पद लिखिए।

15, 29, 56, 108, 208, 400 ________ .

A. 758　　**B.** 768　　**C.** 770　　**D.** 756

Q.76 वातानुकूलन, रेडियो और पावर विण्डो के चुनाव के लिए 50 कारों का सर्वेक्षण किया गया। निम्न सूचनायें प्राप्त हुई।

(a) 30 कारें वातानुकूलित

(b) 4 कारें वातानुकूलित तथा पावर विन्डो किन्तु रेडियो नहीं

(c) 21 कारें रेडियो के साथ

(d) 12 कारें रेडियो तथा वातानुकूलन के साथ किन्तु पावर विन्डो नहीं

(e) 20 कारें पावर विन्डो के साथ

(f) एक कार रेडियो तथा पावर विन्डो के साथ

(g) 6 कारें सारी सुविधाओं के साथ

प्रश्न :

कितनी कारों में कोई सुविधा नहीं थी ?

A. 6　　**B.** 8　　**C.** 10　　**D.** 4

Q.77 एक मनुष्य अपनी पत्नी से 4 वर्ष बड़ा है। पत्नी की आयु अपनी बेटी की आयु का तीन गुना है। बेटी की वर्तमान आयु 10 वर्ष है। अपनी बेटी के जन्म के समय पर मनुष्य की क्या आयु थी ?

A. 27 वर्ष　　**B.** 24 वर्ष　　**C.** 26 वर्ष　　**D.** 21 वर्ष

Q.78 यदि $+$ का अर्थ $\times$, $-$ का अर्थ ÷, $\times$ का अर्थ $-$ तथा ÷ का अर्थ $+$ हो, तो $16 \times 4 + 12 - 4 \div 18$ का मान होगा :

A. 20　　**B.** 22　　**C.** 24　　**D.** 18

Q.79 निम्न में से तीन का किसी गुण के आधार पर एक समूह बनता है। वह एक कौन-सा है जो समूह का सदस्य नहीं ?

A. ताँबा　　　　　　**B.** चाँदी

C. एल्यूमीनियम　　**D.** ब्रास

Q.80 दिए गए विकल्पों में से सम्बन्धित अक्षर समूह चुनिए।

A D G J : ? :: M P S V : N K H E

A. Z W T Q　　**B.** Z W Q T　　**C.** S U V Y　　**D.** Z X T S

Teaching Methodology

Q.81 आग्रह (A):

सामाजिक संरचनावादी उपागम, अधिगम होते समय विचार प्रक्रिया पर लक्ष्य करके अधिगम सिद्धान्त में योगदान करता है।

तर्क (R):

ऐसा माना जाता है कि शिक्षार्थी स्वयं, अधिगम की संरचना करते हैं और अधिगम को संरचना की सक्रिय प्रक्रिया और ज्ञानार्जन के रूप में देखा जाता है।

उपरोक्त कथनों के संदर्भ में एक सही उपक्रम चुनिए:

A. (A) सही है किन्तु (R) गलत है

B. दोनों (A) और (R) सही हैं और (R), (A) की व्याख्या है

C. (A) सत्य है किन्तु (R) का सत्य होना आवश्यक नहीं है

D. दोनों (A) और (R) सही है किन्तु (R), (A) की व्याख्या नहीं है

Q.82 कक्षा में एक अप्रिय घटना हो गई। अध्यापक को इसका हल निकालना चाहिए:

A. केवल कक्षा में ही मसले पर चर्चा द्वारा

B. प्रधानाचार्य से मसले पर चर्चा द्वारा

C. अपने सहकर्मियों से मसले पर चर्चा द्वारा

D. मसले को अपने परिवार में चर्चा द्वारा

Q.83 डेनियल गोलमैन के सांवेगिक बुद्धि के सिद्धान्त के अनुसार शिक्षकों को सांवेगिक मस्तिष्क पर ध्यान देना चाहिए जो व्यक्तिगत बुद्धि को नियंत्रित करता है। उसके द्वारा दिए गए सांवेगिक बुद्धि के क्षेत्रों के क्रम को पहचानिए:

A. आत्म नियमन, अभिप्रेरणा, सहानुभूति, आत्म सम्मान और सामाजिक कौशल

B. आत्म संप्रत्यय, आत्म सम्मान, आत्म नियमन, अभिप्रेरणा और परानुभूति

C. सामाजिक कौशल, आत्म जागरूकता, आत्म सम्मान, परानुभूति और अभिप्रेरणा

D. आत्म जागरूकता, अभिप्रेरणा, आत्म नियमन, परानुभूति और सामाजिक कौशल

Q.84 निम्नांकित में से कौन-सा श्रेष्ठ शिक्षण का महत्वपूर्ण संकेतक है?

A. परीक्षा उत्तीर्ण करने वाले शिक्षार्थियों की संख्या

B. कक्षा में पूर्ण शान्ति

C. कक्षा में शिक्षार्थियों की उपस्थिति

D. शिक्षार्थियों द्वारा पूछे गए सार्थक प्रश्न

Q.85 निम्नांकित में से कौन-सा सिद्धान्त दृश्य-श्रव्य सामग्री के प्रयोग पर लागू नहीं होता?

A. उद्देश्यों की प्रतिपूर्ति का सिद्धान्त

B. चयन का सिद्धान्त

C. प्रभावशालिता का सिद्धान्त

D. उपादेयता का सिद्धान्त

Q.86 राष्ट्रीय अध्यापक शिक्षा परिषद के द्वारा निर्मित शिक्षकों के व्यावसायिक नैतिकता नियमावली में निम्नांकित में से कौन-सा, शिक्षार्थियों के प्रति दायित्व में सम्मिलित नहीं है?

A. अपनी शिक्षण विधि को शिक्षार्थियों की आवश्यकताओं के अनुरूप ढाल लेता है

B. शिक्षार्थियों से संबंधित गोपनीय बातें उनके हित में माता-पिता को सूचित करता है

C. विद्यालयी जीवन के सभी पक्षों में बच्चों की मानवीय प्रतिष्ठा का सम्मान करता है

D. सभी शिक्षार्थियों को प्रेम और स्नेह से व्यवहार करता है

Q.87 निम्नांकित में से कौन-सी ई-अधिगम की सामान्य विशिष्टता है?

A. सदैव कक्षा में व्यक्तिगत उपस्थिति चाहिए

B. अति उच्च कीमत और समय वांछित है

C. दस्तावेजों को बाद में पढ़ने के लिए नहीं उतारा जा सकता है

D. अधिगम आत्म गति अनुरूप है

Q.88 जिस पाठ्यचर्या में एक पाठ के ज्ञान को अगले पाठ के ज्ञान से पूरे अध्ययन कार्यक्रम में संबद्ध किया जाता है, उसे कहते हैं __________।

A. उर्ध्वाधर पाठ्यचर्या

B. प्राकरणिक पाठ्यचर्या

C. कुण्डलित पाठ्यचर्या

D. क्षैतिज पाठ्यचर्या

Q.89 एक समय एक राज्य में, एक बी.ए. के छात्र को तीन वर्षों के अन्त में परीक्षा में बैठना पड़ता था। इससे पूर्व कोई भी परीक्षा या परीक्षण नहीं होता था। यह उदाहरण है:

A. योगात्मक मूल्यांकन का

B. निकष आधारित मूल्यांकन का

C. वार्षिक मूल्यांकन का

D. विकासात्मक मूल्यांकन का

Q.90 वर्तमान परिस्थितियों में अध्यापक की कौन-सी भूमिका अत्यन्त वांछनीय है?

A. अधिगम को सुलभ बनाने वाला अध्यापक

B. एक श्रेष्ठ अध्यापक और शिक्षण अधिगम प्रक्रिया के प्रबंधक के रूप में शिक्षक

C. एक शानदार अभिप्रेरक के रूप में अध्यापक

D. कक्षा में एक श्रेष्ठ अध्यापक के रूप में

Q.91 "__________ एक शिक्षण विधि है जो नए विचारों की खोज करके त्वरित उत्तरों की प्राप्ति में सहायक होती है। विचारों पर निर्णय न करते हुए अधिकाधिक विचारों के विकास पर जोर दिया जाता है; सभी विचारों को समान महत्व दिया जाता है।" इनमें से सही को चुनिए।

A. भूमिका-अभिनय

B. परिचर्चा विधि

C. विचारावेश

D. गुंजन-सत्र

Q.92 कक्षा के फर्नीचर को व्यवस्थित करने का सबसे अधिक सराहनीय तरीका है?

A. इसकी व्यवस्था हर दिन या साप्ताहिक आधार पर बदलनी चाहिए।

B. शिक्षण और अधिगम से कक्षा फर्नीचर का कोई लेना देना नहीं है। इसलिए एक शिक्षक को इसकी परवाह नहीं करनी चाहिए।

C. इसकी व्यवस्था समय-समय पर आवश्यकतानुसार बदलनी चाहिए।

D. एक बार तय होने के बाद उसे छेड़ना नहीं चाहिए।

Q.93 निम्नांकित में से किस पक्ष में अध्यापक निर्मित और प्रमापीकृत परीक्षण में अन्तर होता है?

A. परीक्षणों की विश्वसनीयता और वैधता

B. परीक्षणों के अंकन की विधि

C. परीक्षणों के अंकन की विधि

D. परीक्षणों को पूरा करने का समय

Q.94 परीक्षण के प्रश्नों के निर्माण के समय कौन-सी प्रकार के प्रश्न निर्माण में कठिन और अंकन में सरल माने जाते हैं?

A. वैकल्पिक उत्तर वाले प्रश्न

B. लघूत्तरीय प्रश्न

C. बहु विकल्पीय प्रश्न

D. निबन्धात्मक प्रश्न

Q.95 स्कूली स्तर पर एक अध्यापक की वेशभूषा कैसी होनी चाहिए?

A. आधुनिक और अद्यतन

B. जिस समाज से छात्र आते हैं, उस समाज की सामान्य वेशभूषा

C. सभी शिक्षकों हेतु एक सी होनी चाहिए

D. जितना संभव हो उतना सादा

Q.96 पाठ्यचर्या और पाठ्यक्रम में क्या अंतर है?

A. पाठ्यविवरण पाठ्यचर्या का भाग है

B. पाठ्यचर्या में पाठ्यपुस्तकें तथा पाठ्यविवरण शामिल हैं

C. पाठ्यचर्या और पाठ्यविवरण एक समान हैं

D. पाठ्यचर्या पाठ्यविवरण का भाग है

Q.97 निम्न में से कौन माध्यमिक स्कूली शिक्षकों के प्रशिक्षण से संबंधित राष्ट्रीय एजेन्सी है?

A. एन.सी.टी.ई.

B. एन.सी.ई.आर.टी.

C. आई.एन.एस.ए.

D. एन.यू.ई.पी.ए,

Q.98 भावात्मक क्षेत्र के उद्देश्यों का सही क्रम सबसे कम से सर्वाधिक जटिलता के अनुसार है:

A. प्रतिक्रिया करना, ग्रहण करना, मूल्यांकित करना, संगठित करना और चरित्रण

B. ग्रहण करना, प्रतिक्रिया करना, मूल्यांकित करना, संगठित करना और चरित्रण

C. प्रतिक्रिया करना, मूल्यांकित करना, संगठित करना, ग्रहण करना और चरित्रण

D. ग्रहण करना, प्रतिक्रिया करना, संगठित करना, मूल्यांकित करना तथा चरित्रण

Q.99 जीव विज्ञान के शिक्षण का सह संबंध किससे है?

(a) अर्थशास्त्र

(b) हिन्दी

(c) इतिहास

(d) कम्प्यूटर विज्ञान

(e) भौतिकी

A. (a), (b), (c), (d) और (e)

B. (a), (b), (c) और (d)

C. (a), (b), (c) और (e)

D. केवल (e)

Q.100 चने के पौधे के बारे में पढ़ाने हेतु किस शिक्षण-व्यूहरचना को वरीयता दी जानी चाहिए?

A. अक्तूबर के महीने में क्षेत्र-भ्रमण

B. एक चने के पौधे के जीवन पर फिल्म

C. चार्ट और मॉडलों का उपयोग

D. प्रदर्शन विधि

// स्मार्ट उत्तर पुस्तिका //

सही उत्तर — उन छात्रों का प्रतिशत जिन्होंने प्रश्नों का सही उत्तर दिया था। **छोड़ दिया** — उन छात्रों का प्रतिशत जिन्होंने प्रश्नों को छोड़ दिया था।

प्रश्न संख्या	उत्तर	सही उत्तर / छोड़ दिया	प्रश्न संख्या	उत्तर	सही उत्तर / छोड़ दिया	प्रश्न संख्या	उत्तर	सही उत्तर / छोड़ दिया	प्रश्न संख्या	उत्तर	सही उत्तर / छोड़ दिया	प्रश्न संख्या	उत्तर	सही उत्तर / छोड़ दिया	प्रश्न संख्या	उत्तर	सही उत्तर / छोड़ दिया
1	D	81.28 % / 0.0 %	18	A	79.95 % / 0.0 %	35	A	83.43 % / 0.0 %	52	D	83.19 % / 0.0 %	69	A	82.44 % / 0.0 %	86	B	85.12 % / 0.0 %
2	D	76.22 % / 0.0 %	19	A	85.83 % / 0.0 %	36	A	47.8 % / 1.32 %	53	D	79.09 % / 0.0 %	70	B	89.19 % / 0.0 %	87	D	81.81 % / 0.0 %
3	B	89.78 % / 0.0 %	20	B	77.77 % / 0.0 %	37	B	85.06 % / 0.0 %	54	B	83.83 % / 0.0 %	71	C	84.53 % / 0.0 %	88	C	79.3 % / 0.0 %
4	C	44.1 % / 1.25 %	21	D	86.07 % / 0.0 %	38	A	84.56 % / 0.0 %	55	D	89.79 % / 0.0 %	72	A	84.78 % / 0.0 %	89	B	79.56 % / 0.0 %
5	D	87.73 % / 0.0 %	22	D	81.97 % / 0.0 %	39	A	78.77 % / 0.0 %	56	B	86.55 % / 0.0 %	73	C	76.35 % / 0.0 %	90	B	76.11 % / 0.0 %
6	D	83.23 % / 0.0 %	23	C	77.16 % / 0.0 %	40	A	86.23 % / 0.0 %	57	A	79.66 % / 0.0 %	74	C	85.32 % / 0.0 %	91	C	64.98 % / 1.5 %
7	D	76.1 % / 0.0 %	24	B	53.17 % / 1.1 %	41	B	77.2 % / 0.0 %	58	A	80.82 % / 0.0 %	75	B	65.66 % / 1.08 %	92	C	77.5 % / 0.0 %
8	C	85.45 % / 0.0 %	25	B	66.69 % / 1.35 %	42	A	43.51 % / 1.23 %	59	C	78.88 % / 0.0 %	76	B	28.93 % / 4.79 %	93	B	85.77 % / 0.0 %
9	D	82.22 % / 0.0 %	26	C	82.56 % / 0.0 %	43	D	87.65 % / 0.0 %	60	A	77.14 % / 0.0 %	77	B	79.88 % / 0.0 %	94	A	87.43 % / 0.0 %
10	D	78.8 % / 0.0 %	27	B	87.8 % / 0.0 %	44	A	87.7 % / 0.0 %	61	A	88.67 % / 0.0 %	78	B	85.93 % / 0.0 %	95	C	80.75 % / 0.0 %
11	B	76.19 % / 0.0 %	28	B	89.46 % / 0.0 %	45	A	80.08 % / 0.0 %	62	B	82.12 % / 0.0 %	79	D	55.14 % / 1.48 %	96	B	30.5 % / 3.8 %
12	C	89.19 % / 0.0 %	29	A	77.2 % / 0.0 %	46	C	80.68 % / 0.0 %	63	A	85.69 % / 0.0 %	80	A	82.7 % / 0.0 %	97	B	81.73 % / 0.0 %
13	D	84.15 % / 0.0 %	30	C	76.97 % / 0.0 %	47	B	87.5 % / 0.0 %	64	C	77.59 % / 0.0 %	81	A	89.1 % / 0.0 %	98	B	48.79 % / 1.31 %
14	B	89.98 % / 0.0 %	31	B	88.77 % / 0.0 %	48	A	89.93 % / 0.0 %	65	D	49.37 % / 1.22 %	82	A	77.53 % / 0.0 %	99	D	78.22 % / 0.0 %
15	D	80.65 % / 0.0 %	32	B	83.81 % / 0.0 %	49	B	82.59 % / 0.0 %	66	A	85.03 % / 0.0 %	83	D	85.54 % / 0.0 %	100	D	85.53 % / 0.0 %
16	A	68.32 % / 1.21 %	33	A	81.92 % / 0.0 %	50	D	86.01 % / 0.0 %	67	A	76.78 % / 0.0 %	84	D	76.84 % / 0.0 %			
17	A	81.83 % / 0.0 %	34	D	77.63 % / 0.0 %	51	A	86.15 % / 0.0 %	68	B	84.89 % / 0.0 %	85	A	78.17 % / 0.0 %			

//संकेत और समाधान//

1. Parallel is spelt correctly. The meaning of 'Parallel' is similar and happening at the same time.

Hence, the correct option is (D).

2. Hypocrisy is spelt correctly. The meaning of 'Hypocrisy' is the practice of claiming to have higher standards or more noble beliefs than is the case.

Hence, the correct option is (D).

3. Indigenous is spelt correctly. The meaning of 'Indigenous' is originating or occurring naturally in a particular place.

Hence, the correct option is (B).

4. A place where clothes are kept is called Wardrobe.

For Example- He hung his suit in the wardrobe

Hence, the correct option is (C).

5. One who does not like or understand art, literature or music is called Philistine. The Meaning of Philistine is a person who refuses to see the beauty or the value of art or culture.

For example- I wouldn't have expected them to enjoy a film of that quality anyway - they're just a bunch of philistines! Art & culture.

Hence, the correct option is (D).

6. One who criticizes popular beliefs and established customs is called Iconoclast. The meaning of Iconoclast is a person who attacks settled beliefs or institutions.

For example- She is an iconoclast who became a grumpy conservative, rejecting the modern industrial world in a grand wholesale manner.

Hence, the correct option is (D).

7. The meaning of annihilation is total destruction. The meaning of annihilation is the state or fact of being completely destroyed or obliterated.

Hence, the correct option is (D).

8. The meaning of condescended is deigned. The meaning of condescended is do something in such a way as to emphasize that one clearly regards it as below one's dignity. The meaning of deigned is do something that one considers to be beneath one's dignity.

Hence, the correct option is (C).

9. The meaning of unabashed is shameless. The meaning of unabashed is they are not ashamed, embarrassed, or shy about something. The meaning of shameless is characterized by or showing a lack of shame.

Hence, the correct option is (D).

10. 'knocked him down' is incorrect as Sentence is in present tense and Knocked is in past tense. So we should replace knocked with knocks.

Correct sentence is: Walking across the street a truck knocks him down.

Hence, the correct option is (D).

11. No sooner is often used with the past perfect, and usually followed by than.

Hence 'than he got up' is incorrect.

Correct sentence is : No sooner we entered than he had got up and left the room.

Hence, the correct option is (B).

12. Use 'has been' in place of 'is'. Present Perfect Continuous tense is required here.

Correct sentence is: This pond is flooded with water because it has been raining continuously for the last three days.

Hence, the correct option is (C).

13. 'had been' is replace by 'had' As past indefinite is followed by past perfect.

Correct sentence is: When I went to his house I found that he had died.

Hence, the correct option is (D).

14. The meaning of Idiom 'second thoughts' is changed his mind.

Second thoughts- to change your opinion about something or start to doubt it.

For Example- After she agreed to lend him the money, she had second thoughts.

Hence, the correct option is (B).

15. The meaning of Idiom 'which side his bread is buttered' is 'knows how to chatter'.

which side his bread is buttered- to know how to act or how to treat others in order to get what one wants.

For Example- He pretends to be impartial, but believe me, he knows which side his bread is buttered on.

Hence, the correct option is (D).

16. The meaning of Idiom 'keep your head' is 'remain calm'.

keep your head- to stay calm despite great difficulties

For Example- you remain calm in a difficult situation.

Hence, the correct option is (A).

17. a lot of money is replace with much money.

Correct Sentence is: Rohit has got many friends because he has got a lot of money.

Hence, the correct option is (A).

18. The meaning of held back is Hide which is suitable according to the context of the sentence. Rest of the Options are not suitable according to the meaning of the sentence.

Correct sentence is: The secret information was held back from me.

Hence, the correct option is (A).

19. In the Sentence 'in the bargain' should be replace by 'for the bargain'. The meaning of for the bargain is negotiate the terms and conditions of a transaction.

Correct sentence is : He spent much time and energy over it, and lost a lot of money for the bargain.

Hence, the correct option is (A).

20. In the Sentence 'pertained to' should be replace by 'pertaining to'. Because sentence is in present continuous form.

Correct sentence is : The main business of the Parliament is to deal with matters pertaining to the legislation.

Hence, the correct option is (B).

21. 'यह' निश्चयवाचक सर्वनाम है।

वे सर्वनाम, जो किसी निश्चित व्यक्ति या वस्तु का बोध कराते हैं, उन्हें निश्चयवाचक सर्वनाम कहते हैं। जैसे-यह, वह, ये।

अत: विकल्प (D) सही है।

22. 'आहट' प्रत्यय से बना सही शब्द कड़वाहट है।

प्रत्यय अविकारी शब्दांश होते हैं जो शब्दों के बाद में जोड़े जाते है। जैसे बौखलाहट, घबराहट, हरबराहट आदि।

अत: विकल्प (D) सही है।

23. दर्पण शुद्धवर्तनी वाला शब्द है।

अत: विकल्प (C) सही है।

24. 'एक अनार सौ बीमार' लोकोक्ति का सही अर्थ वस्तु थोड़ी और चाहने वाले अधिक है।

उदाहरण- अभिषेक जहाँ कम्प्यूटर सीखता है वहाँ कम्प्यूटर एक है और सीखने वाले बीस हैं – ये तो वही बात हुई कि एक अनार सौ बीमार।

अत: विकल्प (B) सही है।

25. मैंने तीन कुर्सियाँ खरीदीं। शुद्ध वाक्य है।

अत: विकल्प (B) सही है।

26. रेलगाड़ी संकर शब्द है।

वे शब्द जो दो भाषाओं के शब्दों को मिलाकर बना लिए गए हो उन्हें संकर शब्द कहते है।

अत: विकल्प (C) सही है।

27. 'कवि' शब्द का स्त्रीलिंग कवयित्री है।

शब्द के जिस रूप से यह जाना जाय कि वर्णित वस्तु या व्यक्ति पुरूष जाति का है, या स्त्री जाति का,उसे लिंग कहते है।वे संज्ञा या सर्वनाम शब्द जो स्त्री जाति का बोध कराते हैं, उसे स्त्रीलिंग कहते हैं। जैसे-शिक्षिका, बालिका, अजा आदि।

अत: विकल्प (B) सही है।

28. 'भेड़ चर रही है।' वाक्य का सही बहुवचन रूप 'भेड़ें चर रही हैं।'

संज्ञा, क्रिया आदि का वह रूप जिससे एक से अधिक व्यक्तियों या वस्तुओं का बोध हो। उसे बहुवचन कहते है

अत: विकल्प (B) सही है।

29. बिना अवरोध के उच्चारित होने वाले वर्ण स्वर कहलाते हैं।

स्वरों के उच्चारण में किसी दूसरे वर्ण की सहायता नहीं ली जाती बल्कि यह व्यंजन वर्णों के उच्चारण में सहायक होते हैं।

अत: विकल्प (A) सही है।

30. वर्तमान हिन्दी का 'खड़ी बोली' नाम पड़ने का कारण है क्योंकि इसका ध्वनि-विन्यास कर्कश है।

अतः विकल्प (C) सही है।

31. 'सब कुछ जाननेवाला' का सटीक शब्द सर्वज्ञ है।

अतः विकल्प (B) सही है।

32. आ+र्+थ्+इ+क्+अ वर्ण विच्छेद के लिए सही शब्द आर्थिक है।

शब्द को रचना को समझने के लिए शब्द के वर्णों को अलग- अलग करके दिखाने की प्रक्रिया ही 'वर्ण विच्छेद' कहलाती है। जैसे- तुलसी =त्+ उ+ल्+ अ+ स्+ ई , किनारा= क्+इ+न्+आ+र्+आ आदि ।

अतः विकल्प (B) सही है।

33. 'शब्द+अर्थ' संधि से शब्दार्थ शब्द बना है।

सन्धि (सम् + धि) शब्द का अर्थ है 'मेल' या जोड़। दो निकटवर्ती वर्णों के परस्पर मेल से जो विकार (परिवर्तन) होता है वह संधि कहलाता है। जैसे - सम् + तोष = संतोष ; देव + इंद्र = देवेंद्र ; भानु + उदय = भानूदय।

अतः विकल्प (A) सही है।

34. 'यश' का सही विलोम शब्द अपयश है।

किसी शब्द का विलोम शब्द उस शब्द के अर्थ से उल्टा या विपरीत अर्थ वाला होता है।

अतः विकल्प (D) सही है।

35. मकर शब्द का पर्यायवाची मछली, मीन, मत्स्य, जलजीवन, शफरी है जबकि भुजंग, विषधर, अहि साँप के पर्यायवाची शब्द है।

अतः विकल्प (A) सही है।

36. 'आगमन' शब्द में 'आ' उपसर्ग है।

उपसर्ग ऐसे शब्दांश जो किसी शब्द के पूर्व जुड़ कर उसके अर्थ में परिवर्तन कर देते हैं या उसके अर्थ में विशेषता ला देते हैं।

अतः विकल्प (A) सही है।

37. हरिशंकर शब्द द्वन्द्व समास का उदाहरण नहीं है।

समास का वह रूप जिसमें प्रथम और द्वितीय दोनों पद प्रधान होते हैं उसे द्वन्द्व समास कहते हैं।

अतः विकल्प (B) सही है।

38. 'वह पढ़ता तो पास होता' - इस वाक्य में हेतुहेतुमद् भूत काल है।

क्रिया के जिस रूप से यह पता चलता हैं कि कार्य हो सकता था परन्तु दूसरे कार्य की वजह से नहीं हो पाया हैं ऐसे काल को हेतुहेतुमद् भूतकाल कहते हैं।

अतः विकल्प (A) सही है।

39. जब क्रिया का प्रधान विषय कर्ता होता है, तो कर्तृवाच्य होता है।

क्रिया के उस रूपान्तर को कर्तृवाच्य कहते हैं, जिससे वाक्य में कर्ता की प्रधानता का बोध हो। सरल शब्दों में- क्रिया के जिस रूप में कर्ता प्रधान हो, उसे कर्तृवाच्य कहते हैं।

अतः विकल्प (A) सही है।

40. 'उसने टेढ़ी चाल चली' - वाक्य में कर्ता कारक है।

संज्ञा या सर्वनाम के जिस रूप से क्रिया करने वाले का बोध होता है, उसे कर्ता कारक कहते हैं।

अतः विकल्प (A) सही है।

41. NIDHI (नेशनल इनिशिएटिव फॉर डेवलपमेंट एंड हार्नेसिंग इनोवेशन) भारत सरकार के विज्ञान और प्रौद्योगिकी विभाग (DST) द्वारा शुरू किया गया एक व्यापक कार्यक्रम है, जो ज्ञान-आधारित नवाचारों और प्रौद्योगिकी द्वारा संचालित विचारों को उपयोगी स्टार्ट-अप में विकसित करने के लिए शुरू किया गया है।

अतः विकल्प (B) सही है।

42. राष्ट्रमंडल सदस्यता से मालदीव (2016) के प्रस्थान के बाद 51 देश राष्ट्रमंडल के सदस्य हैं।। 2016 में मालदीव ने राष्ट्रमंडल छोड़ दिया। 1 फरवरी 2020 को, मालदीव राष्ट्रमंडल गणराज्य के रूप में अपनी स्थिति में वापस आ गया। राष्ट्रमंडल के 52 वर्तमान सदस्य लगभग 2.60 बिलियन की आबादी वाले सभी महाद्वीपों पर 31.51 मिलियन वर्ग किमी के क्षेत्र को कवर करते हैं।

अतः विकल्प (A) सही है।

43. वर्ष 2016 के ग्रीष्मकालीन ओलम्पिक खेलों के कुछ माह पूर्व मेजबान देश ब्राजील को जिका विषाणु के प्रकोप संबंधी सुरक्षा चिंताओं का सामना करना पड़ा था।

2016 के ओलंपिक के स्थान को रद्द करने या बदलने से ज़िका वायरस के अंतरराष्ट्रीय प्रसार में महत्वपूर्ण बदलाव नहीं आएगा। ब्राजील लगभग 60 देशों और क्षेत्रों में से एक है जो आज तक मच्छरों द्वारा ज़िका के संचरण को जारी रखने की रिपोर्ट करता है।

अतः विकल्प (D) सही है।

44. हाल ही में की गई घोषणा के अनुसार, देश भर के केंद्रीय विद्यालय अब 'संवेदनशील नागरिक कार्यक्रम' के अंतर्गत अपने बच्चों को जानवर के प्रति दयालु होने की शिक्षा प्रदान करेंगे।

अनुकंपा नागरिक को 8 से 12 साल के बच्चों को जानवरों के प्रति दयालु होने के लिए सिखाने के लिए डिज़ाइन किया गया है और भारतीय पशु कल्याण बोर्ड और केंद्रीय माध्यमिक शिक्षा बोर्ड (सीबीएसई) द्वारा इसका समर्थन किया गया है।

अतः विकल्प (A) सही है।

45. एम एस धोनी को विजडेंस इन्डियाज़ आल टाइम टेस्ट XI का कप्तान बनाया गया है।

महेंद्र सिंह धोनी को क्रिकेट पत्रिका विजडन द्वारा चुनी गई सर्वकालिक भारतीय टेस्ट XI का कप्तान नामित किया गया है। न्यूजीलैंड के खिलाफ गुरुवार से कानपुर में खेले जाने वाले भारत के 500वें टेस्ट से पहले इस प्रतिष्ठित टीम को चुना गया है।

अतः विकल्प (A) सही है।

46. 'फार्च्यून' द्वारा जारी सूची के अनुसार, भारत की इन्दिरा नूई व्यवसाय की दुनिया में शीर्ष दस सर्वाधिक शक्तिशाली महिलाओं में से हैं।

फॉर्च्यून ने 59 वर्षीय शीर्ष कार्यकारी के बारे में कहा, "नूई ने अपने नौवें साल में 66.6 बिलियन डॉलर के स्नैक-एंड-ड्रिंक बीहेमोथ की तुलना में मजबूत स्थिति में है।"

अतः विकल्प (C) सही है।

47. रियो ओलम्पिक (2016) में महिला फुटबाल का फाइनल मैच जर्मनी ने जीता

जर्मनी ने फाइनल में स्वीडन को 2-1 से हराकर अपना पहला स्वर्ण पदक जीता। कांस्य पदक के खेल में मेजबान ब्राजील को समान स्कोरलाइन से हराकर कनाडा ने कांस्य पदक जीता।

अतः विकल्प (B) सही है।

48. हाल ही में हेग स्थित परमानेंट कोर्ट ऑफ आर्बिट्रेशन ने फैसला दिया कि दक्षिण चीन सागर के जल संसाधनों पर चीन का कोई ऐतिहासिक अधिकार नहीं है।

एक अंतरराष्ट्रीय न्यायाधिकरण ने एक ऐतिहासिक फैसले में दक्षिण चीन सागर के अधिकांश हिस्से पर बीजिंग के दावे को खारिज कर दिया। द हेग में पंचाट के स्थायी न्यायालय ने 12 जुलाई 2016 को कहा कि इस बात का कोई सबूत नहीं है कि चीन ने प्रमुख जलमार्ग पर ऐतिहासिक रूप से अनन्य नियंत्रण का प्रयोग किया था।

अतः विकल्प (A) सही है।

49. डूरंड कप फुटबॉल टुर्नामेंट (2016) आर्मी ग्रीन ने जीता।

डूरंड कप फुटबॉल खिताब आर्मी ग्रीन ने जीता है, उन्होंने नेरोका एफसी को 6 — 5 पेनल्टी स्कोर से हराया है क्योंकि दोनों टीमें नई दिल्ली के अंबेडकर स्टेडियम में खेले गए फाइनल में गोल करने में असफल रही थीं।

अतः विकल्प (B) सही है।

50. हाल ही में आयोजित (2016) भारत - न्यूजीलैंड एक दिवसीय शृंखला में आर. अश्विन को शृंखला का श्रेष्ठ खिलाड़ी घोषित किया गया।

अतः विकल्प (D) सही है।

51. पाराओलम्पिक (2016) खेलों में दीपा मालिक पदक जीतने वाली पहली भारतीय महिला रही हैं। उसने 2016 पैरालंपिक खेलों में शॉट पुट में रजत पदक जीता था। उन्हें पहले 2012 में 42 साल की उम्र में अर्जुन पुरस्कार से सम्मानित किया गया था।

अतः विकल्प (A) सही है।

52. दुली चन्द को एकलव्य पुरस्कार 2016 के लिये चुना गया है। एकलव्य पुरस्कार कर्नाटक सरकार द्वारा खेलों में उत्कृष्ट प्रदर्शन के लिए दिया जाता है।

अतः विकल्प (D) सही है।

53. एवरेस्ट पर्वत की चोटी पर पहली अंगोच्छेदित महिला के तौर पर पहुँचने के लिए वर्ष 2015 में अरुणिमा सिन्हा को पद्मश्री पुरस्कार प्रदान किया गया।

अरुणिमा सिन्हा माउंट एवरेस्ट, माउंट किलिमंजारो, माउंट एल्ब्रस, माउंट कोसियुस्को, माउंट एकॉनकागुआ, कार्स्टेंस पिरामिड और माउंट विंसन को फतह करने वाली दुनिया की पहली विकलांग महिला थीं। अरुणिमा सिन्हा को 2015 में पद्म श्री पुरस्कार और 2015 में तेनजिंग नोर्गे राष्ट्रीय साहसिक पुरस्कार से सम्मानित किया गया।

अतः विकल्प (D) सही है।

54. वर्ष 2016 के रियो ओलम्पिक में टेबल टेनिस में स्वर्ण पदक प्राप्त करने वाले मा लोंग चीन के हैं।

मा लोंग (चीन) पांच स्वर्ण जीतकर सर्वकालिक ओलंपिक पदक विजेता हैं। दिमित्रिज ओवचारोव (जर्मनी) ने पुरुषों की प्रतियोगिताओं में छह पदक जीते हैं, जबकि मा लिन और झांग जाइक (चीन) तीन स्वर्ण पदक वाले पुरुष हैं।

अतः विकल्प (B) सही है।

55. मेलानिया ट्रंप ने न केवल मिशेल ओबामा को संयुक्त राज्य अमेरिका की पहली महिला के रूप में सफलता दिलाई। वह संयुक्त राज्य अमेरिका के बाहर पैदा हुई दूसरी प्रथम महिला हैं, और वह एक प्राकृतिक अमेरिकी नागरिक बनने वाली एकमात्र प्रथम महिला हैं।

अतः विकल्प (D) सही है।

56. राज्य गोवा के माध्यमिक तथा उच्चतर माध्यमिक शिक्षा बोर्ड ने पाठ्य पुस्तक से मारिया शारापोवा संबंधी एक अध्याय को हटा दिया है।

गोवा में, विभिन्न संघों और शिक्षाविदों ने शारापोवा पर अंग्रेजी अध्याय को छोड़ने के लिए गोवा बोर्ड ऑफ सेकेंडरी एंड हायर सेकेंडरी एजुकेशन (GBSHSE) को अभ्यावेदन दिया है, जिससे बोर्ड को एक सर्कुलर जारी करके कार्रवाई करने के लिए प्रेरित किया गया है जो उसे अगले साल बाहर करने का वादा करता है।

अतः विकल्प (B) सही है।

57. भारतीय क्रिकेट कंट्रोल बोर्ड (बीसीसीआई) में सुधार के लिए लागू करने योग्य कार्यों का विश्लेषण और सिफारिश करने के लिए 23 जनवरी 2015 को लोढा समिति को भारत के सर्वोच्च न्यायालय द्वारा नियुक्त किया गया था, इंडियन प्रीमियर लीग में गुरुनाथ मयप्पन और राज कुंद्रा के लिए सजा की मात्रा का आकलन किया गया था (आईपीएल सट्टेबाजी कांड, और सुंदर रमन की भूमिका का विश्लेषण करें।

अतः विकल्प (A) सही है।

58. एअर इंडिया ने पिछले वर्ष के दौरान सूचित ₹2,636 करोड़ के नुकसान की तुलना में वर्ष 2015-16 के लिए ₹105 करोड़ का परिचालन लाभ दर्ज किया है।

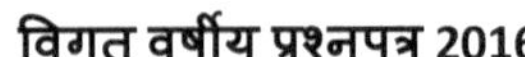

2015-16 के वित्तीय आंकड़ों को एयरलाइन के लेखा परीक्षकों ने मंजूरी दे दी और शुक्रवार को इसके बोर्ड ने इसे मंजूरी दे दी।

अतः विकल्प (A) सही है।

59. U18 एशिया कप 24 से 30 सितंबर 2016 तक बांग्लादेश के ढाका में मौलाना भशानी हॉकी स्टेडियम में हुआ था। एक रोमांचक टूर्नामेंट के अंत में, मेजबान बांग्लादेश को हराकर भारत ने गोल्ड जीता , जबकि पाकिस्तान ने चीनी ताइपे को कांस्य पदक के लिए हराया।

अतः विकल्प (C) सही है।

60. GSAT-18 भारत का नवीनतम संचार उपग्रह है, GSAT-18 को 06 अक्टूबर, 2016 को कौरौ, फ्रेंच गुयाना से एरियन-5 VA-231 द्वारा INSAT/GSAT सिस्टम में शामिल किया गया था।

अतः विकल्प (A) सही है।

61. यहां vlkklv सीरीज को पूरे क्रम में फॉलो किया जाता है।

सही उत्तर है vlkklvvlkklvvlkklvv

अतः विकल्प (A) सही है।

62.

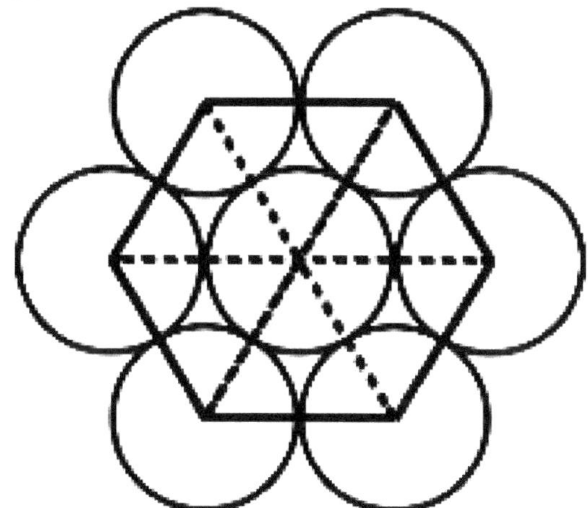

जब 3 सर्वांगसम वृत्त एक दूसरे को बाह्य रूप से स्पर्श करते हैं, तो उनके केंद्रों से बना त्रिभुज एक समबाहु त्रिभुज होता है। इसलिए जब एक वृत्त समान वृत्तों से घिरा होता है, तो दो क्रमिक वृत्तों के केंद्र केंद्रीय वृत्त के साथ 60° का कोण बनाते हैं। इस प्रकार, छह समान वृत्त एक समान त्रिज्या के वृत्त को घेरते हैं।

अतः विकल्प (B) सही है।

63. 1 से 61 तक की अंक जो 4 से पूर्णतः विभाज्य हैं, उन्हें आरोही क्रम में व्यवस्थित किया गया है;

4, 8, 12, 16, 20, 24, 28, 32, 36, 40, 44, 48, 52, 56, 60

यदि न्यूनतम अंक अर्थात 4 को शीर्ष पर माना जाता है, तो शीर्ष से 8वां स्थान 32 है।

अतः विकल्प (A) सही है।

64. लाइन में कुल बसें = आगे से बसों की संख्या + पीछे से बसों की संख्या + उनके बीच बसों की संख्या

लाइन में कुल बसें = 8+14+9

लाइन में कुल बसें = 31

अतः विकल्प (C) सही है।

65. प्रश्न के अनुसार, R, Q की नानी है, P, Q की माँ है और S, Q की बहन है, इसलिए, S, P की बेटी है।

अतः विकल्प (D) सही है।

66.

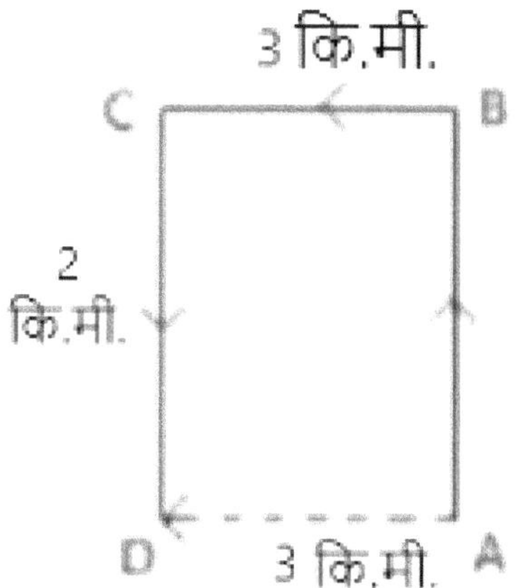

स्पष्ट रूप से, लड़का A से B तक, फिर C तक और अंत में D तक गया। चूंकि 2 किमी D, A के पश्चिम में स्थित है, इसलिए आवश्यक दूरी =AB =CD =2 कि.मी.।

अतः विकल्प (A) सही है।

67.

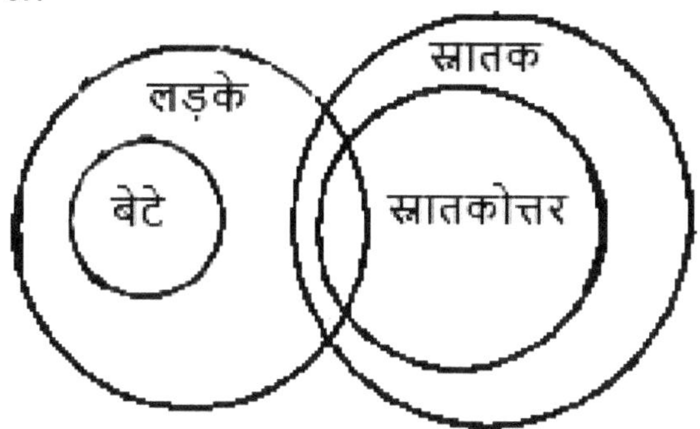

आकृति से:

सभी बेटे लड़के हो सकते हैं लेकिन सभी लड़के बेटे नहीं हो सकते। अतः कथन 1 असत्य है।

कुछ स्नातक स्नातकोत्तर हैं। अतः कथन 2 सत्य है।

कुछ लड़के स्नातक हैं। अतः कथन 3 सत्य है।

कुछ स्नातकोत्तर लड़के हैं। अतः कथन 4 सत्य है।

अतः विकल्प (A) सही है।

68. केवल B.Tech डिग्री धारक = 30-20 = 10%

केवल MBA डिग्री धारक = 25-20 = 5%

दोनों डिग्री धारक = 20%

बिना किसी व्यवसायिक डिग्री के =100-(10+5+20)=65%

प्रश्न के अनुसार

65% = 325

100% = 500

कुल कर्मचारी = 500

अतः विकल्प (B) सही है।

69. विकल्प A: 7 × 3 - 2 = 19

विकल्प B: 5 × 3 -2 = 13

विकल्प C: 3 × 3 -2 =7

विकल्प D: 11 × 3 - 2 = 31

विकल्प B, C और D के अंकों का मान समान पैटर्न का अनुसरण करता है लेकिन विकल्प A अनुसरण नहीं करता है।

अतः विकल्प (A) सही है।

70. दिया गया:

56 - 8 × 5 ÷ 4 +7

प्रश्न के अनुसार,

= 56 ÷ 8 - 5 + 4 × 7

= 7 - 5 + 28

= 30

अतः विकल्प (B) सही है।

71. यहाँ तर्क है:

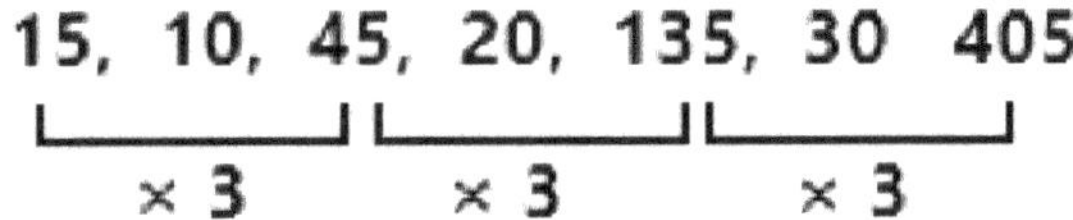

अतः विकल्प (C) सही है।

72. ENGINE में वे सभी अक्षर होते हैं जो INTELLIGENCE के पास होते हैं।

अतः विकल्प (A) सही है।

73. प्रश्न के अनुसार,

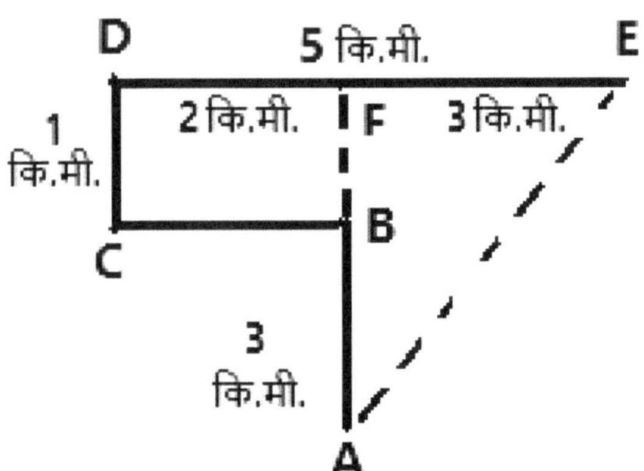

AE ^{2} = AF ^{2} + FE ^{2}

= 4 ^{2} + 3 ^{2}

= 16 + 9

AE ^{2} = 25

AE = 5 कि.मी.

अतः विकल्प (C) सही है।

74. ESNOPSER में अक्षर RESPONSE का प्रतिलोम है। तो SYMBOLIC का प्रतिलोम CILOBMYS है।

उसी प्रकार,

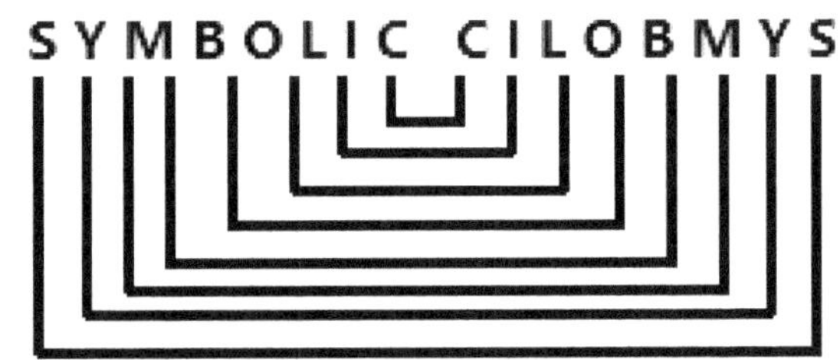

अतः विकल्प (C) सही है।

75. यहाँ तर्क है:

(15 × 2) - 1 = 29

(29 × 2) - 2 = 56

(56 × 2) - 4 = 108

(108 × 2) - 8 = 208

(208 × 2) - 16 = 400

(400 × 2) - 32 = 768

अतः विकल्प (B) सही है।

76. दिया गया:

वातानुकूलित कारें = 30

रेडियो वाली कारें = 21

पावर विन्डो वाली कारें = 20

वेन आरेख द्वारा,

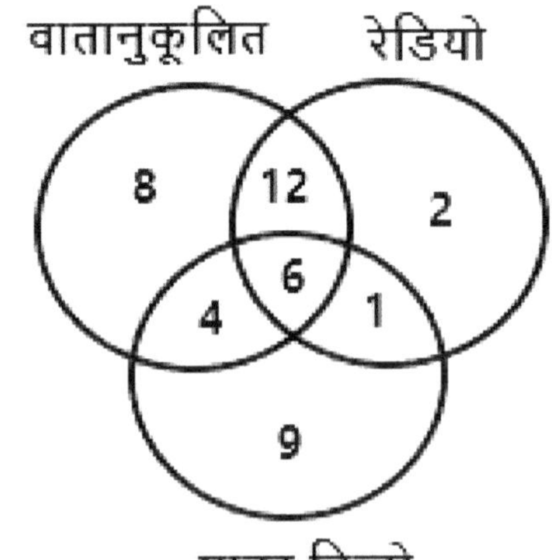

उन कारों की संख्या जिनके पास कोई विकल्प नहीं था = 50 - (8 + 12 + 2 + 4 + 6 + 1 + 9)

= 8

अतः विकल्प (B) सही है।

77. माना पत्नी की आयु = x

मनुष्य की आयु = 4+x

बेटी की उम्र = 10 [दिया गया]

प्रश्न के अनुसार,

x = 3 × 10

x = 30

तो, मनुष्य की उम्र = 4 + x

= 34

पुत्री के जन्म के समय मनुष्य की आयु = 34 - 10

= 24

अतः विकल्प (B) सही है।

78. दिया गया:

16 × 4 + 12 - 4 ÷ 18

प्रश्न के अनुसार,

= 16 - 4 × 12 ÷ 4 +18

= 16 - 12 + 18

= 22

अतः विकल्प (B) सही है।

79. ताँबा, चाँदी और एल्युमीनियम धातुएँ हैं लेकिन ब्रास मिश्रधातु है।

अतः विकल्प (D) सही है।

80.

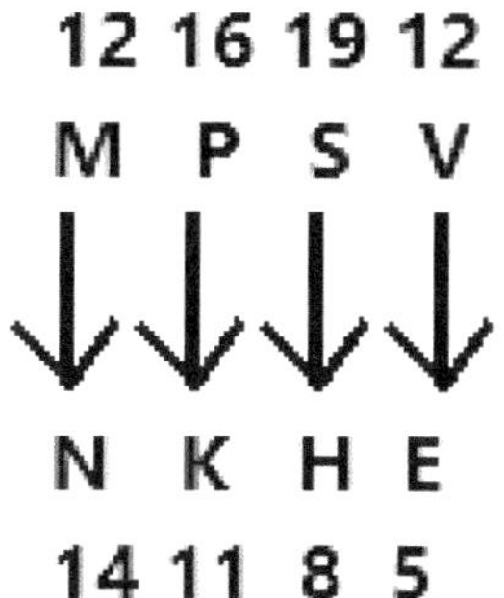

यहाँ MN, PK, SH, VE का योग क्रमशः 27 है।

इसी प्रकार,

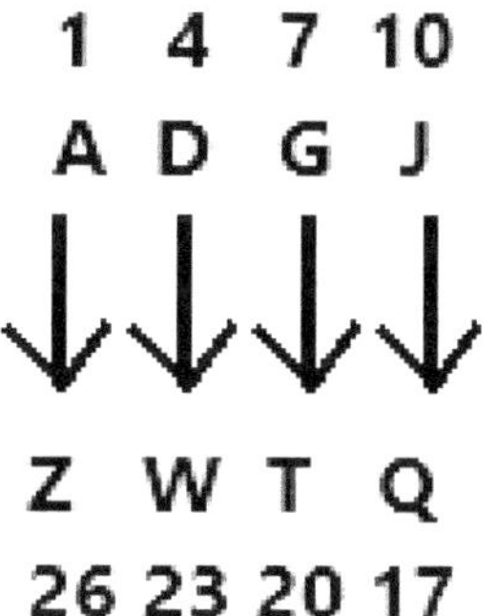

AZ, DW, GT, JQ का योग क्रमशः 27 है।

अतः विकल्प (A) सही है।

81. रचनावाद इस बात पर जोर देता है कि कैसे व्यक्ति सक्रिय रूप से ज्ञान और समझ का निर्माण करते हैं। सामाजिक रचनावादी दृष्टिकोण सीखने के सामाजिक संदर्भों पर जोर देते हैं, और यह ज्ञान परस्पर निर्मित और निर्मित होता है। सामाजिक और भौतिक संदर्भों में, किसी व्यक्ति के दिमाग में नहीं। अत: A सही है।

ज्ञान का निर्माण एक सक्रिय प्रक्रिया है जो व्यक्तिगत या सामाजिक जुड़ाव के माध्यम से होती है। अत: R गलत है।

अतः विकल्प (A) सही है।

82. कक्षा में एक अप्रिय घटना हो गई। अध्यापक को इसका हल केवल कक्षा में ही मसले पर चर्चा द्वारा निकालना चाहिए।

शिक्षण समस्या समाधान के सिद्धांत:

1. एक उपयोगी समस्या-समाधान विधि का प्रतिरूपण करें। समस्या को सुलझाना कठिन और कभी-कभी थकाऊ हो सकता है।

2. एक विशिष्ट संदर्भ में पढ़ाएं।

3. समस्या को समझने में विद्यार्थियों की मदद करें।

4. पर्याप्त समय लें।

5. प्रश्न पूछें और सुझाव दें।

अतः विकल्प (A) सही है।

83. डैनियल गोलेमैन का भावनात्मक खुफिया सिद्धांत EQ के पांच घटकों को रेखांकित करता है: आत्म-जागरूकता, आत्म-नियमन, अभिप्रेरणा, परानुभूति और सामाजिक कौशल। लक्ष्यों और लक्ष्यों को पूरा करने के साथ-साथ एक खुशहाल और स्वस्थ कार्य संस्कृति बनाने के लिए भावनात्मक बुद्धिमत्ता को लागू किया जा सकता है।

अतः विकल्प (D) सही है।

84. शिक्षक को सीखने को एक विकासात्मक गतिविधि बनाना चाहिए। वैचारिक समझ और अनुप्रयोग के विकास की प्रक्रिया को सुदृढ़ करने के लिए कक्षा में शिक्षण की पद्धति स्व-निर्देशित होनी चाहिए। ऐसे अवसर प्रदान करें जहाँ शिक्षार्थी नए अनुभव खोजें और आकर्षित करें। इसलिए, छात्रों द्वारा सीखने में संलग्रता प्रभावी शिक्षण में महत्वपूर्ण व्यवहार का सूचक है, जैसा कि शोधकर्ताओं से स्पष्ट है।

अतः विकल्प (D) सही है।

85. उद्देशयों की प्रतिपूर्ति का सिद्धान्त दृश्य-श्रव्य सामग्री के प्रयोग पर लागू नहीं होता।

दृश्य शिक्षण सहायक सामग्री- इस शिक्षण सहायता के माध्यम से हम छात्रों को पोस्टर और चार्ट दिखाना सिखाते हैं।

ऑडियो टीचिंग एड- इस टीचिंग एड के द्वारा हम छात्र को कुछ बोलकर पढ़ाते हैं।

अतः विकल्प (A) सही है।

86. राष्ट्रीय अध्यापक शिक्षा परिषद के द्वारा निर्मित शिक्षकों के व्यावसायिक नैतिकता नियमावली में शिक्षार्थियों से संबंधित गोपनीय बातें उनके हित में माता-पिता को सूचित करता है, शिक्षार्थियों के प्रति दायित्व में सम्मिलित नहीं है।

आचार संहिता के उद्देश्यों के साथ बनाया गया है:

1. शिक्षण की गुणवत्ता में सुधार

2. शिक्षकों में व्यावसायिकता की भावना पैदा करता है

3. शिक्षण पेशे के प्रति सकारात्मक दृष्टिकोण विकसित करें

4. शिक्षकों के अनैतिक आचरण के खिलाफ छात्रों की मदद करता है

5. शिक्षक कदाचार पर जाँच

6. आचार संहिता के उल्लंघन को रोकता है

7. चर्चा के लिए टेम्पलेट के रूप में कार्य करता है और शिक्षण पेशे की नैतिकता में सुधार करने में मदद करता है

8. जनता के विश्वास को बढ़ावा देता है।

अतः विकल्प (B) सही है।

87. अधिगम आत्म गति अनुरूप हो यह ई-अधिगम की सामान्य विशिष्टता है।

ई-अधिगम एक प्रकार का शिक्षण है जो सीखने के समय शिक्षार्थी के व्यवहार में स्पष्ट नहीं होता है, लेकिन जो बाद में एक उपयुक्त प्रेरणा और परिस्थितियों के प्रकट होने पर प्रकट होता है। इससे पता चलता है कि सीखना किसी व्यवहार के सुदृढ़ीकरण के बिना हो सकता है।

अतः विकल्प (D) सही है।

88. जिस पाठ्यचर्या में एक पाठ के ज्ञान को अगले पाठ के ज्ञान से पूरे अध्ययन कार्यक्रम में संबद्ध किया जाता है, उसे कुण्डलित पाठ्यचर्या कहते हैं।

एक कुण्डलित पाठ्यक्रम को अध्ययन के एक पाठ्यक्रम के रूप में परिभाषित किया जा सकता है जिसमें छात्र अपने पूरे स्कूल करियर में समान विषयों को देखेंगे, प्रत्येक मुठभेड़ जटिलता में वृद्धि और पिछले सीखने को मजबूत करेगी।

अतः विकल्प (C) सही है।

89. निकष आधारित मूल्यांकन में, शिक्षार्थी की प्रक्रिया या उपलब्धियों की तुलना अन्य छात्रों के प्रदर्शन के बजाय निपुणता के एक निश्चित मानक या मानदंड से की जाती है। बी.ए. छात्र के संदर्भ में, कॉलेज प्रवेश परीक्षा भविष्य के शैक्षणिक प्रदर्शन की भविष्यवाणी करने में सक्षम है।

अतः विकल्प (B) सही है।

90. शिक्षकों की भूमिका शिक्षण से परे हो गई है। उनकी भूमिका में अब छात्रों को परामर्श देना, छात्रों को सलाह देना और उन्हें अपने जीवन में ज्ञान का उपयोग और उपयोग करना सिखाना शामिल है। शिक्षक अब छात्रों को एक अलग स्तर पर प्रभावित करने के तरीकों की तलाश कर रहे हैं और यहाँ तक कि उन्हें और अधिक करने और अधिक करने के लिए प्रेरित भी कर रहे हैं।

अतः विकल्प (B) सही है।

91. "विचारावेश एक शिक्षण विधि है जो नए विचारों की खोज करके त्वरित उत्तरों की प्राप्ति में सहायक होती है। विचारों पर निर्णय न करते हुए अधिकाधिक विचारों के विकास पर जोर दिया जाता है; सभी विचारों को समान महत्व दिया जाता है।"

विचारावेश में, कई रचनात्मक दिमाग एक साथ काम करते हैं और सीखने के समान लक्ष्यों को प्राप्त करने के लिए अपने विविध सोच पैटर्न लागू करते हैं। शिक्षार्थियों द्वारा सहज रूप से विचार उत्पन्न किए जाते हैं। यह एक शिक्षण-अधिगम प्रक्रिया है जिसमें विद्यार्थी सक्रिय भूमिका निभाता है। शिक्षक पूरी कक्षा को एक समस्या या विषय देता है और समय आवंटित करता है।

अतः विकल्प (C) सही है।

92. कक्षा के फर्नीचर को व्यवस्थित करने का सबसे अधिक सराहनीय तरीका इसकी व्यवस्था समय-समय पर आवश्यकतानुसार बदलनी चाहिए।

वर्तमान शोध इस बात का समर्थन करता है कि छात्रों की व्यस्तता, स्वास्थ्य, फोकस और बातचीत में सुधार के लिए फर्नीचर कितना महत्वपूर्ण है। वास्तव में, जब कक्षाओं और अन्य सीखने के वातावरण को सोच-समझकर डिजाइन किया जाता है, तो उन्हें छात्र-केंद्रित सीखने की सुविधा के लिए दिखाया गया है, जिससे छात्रों की व्यस्तता में सुधार होता है।

अतः विकल्प (C) सही है।

93. परीक्षणों के अंकन की विधि में अध्यापक निर्मित और प्रमापीकृत परीक्षणों में अन्तर होता है।

प्रमापीकृत परीक्षण पूरे देश में कई स्कूलों के लिए सामान्य सामग्री और उद्देश्यों पर आधारित है, जबकि अध्यापक निर्मित परीक्षण को अपनी स्थिति के लिए विशिष्ट सामग्री और उद्देश्यों के लिए अनुकूलित किया जा सकता है।

अतः विकल्प (B) सही है।

94. जबकि बहुविकल्पीय परीक्षणों की तुलना में निबंध और लघु-उत्तरीय प्रश्नों को डिजाइन करना आसान होता है, वे स्कोर करने के लिए अधिक कठिन और समय लेने वाले होते हैं। लेकिन वैकल्पिक प्रतिक्रिया प्रकार के प्रश्नों को स्कोर करना आसान माना जाता है, लेकिन निर्माण करना कठिन होता है।

अतः विकल्प (A) सही है।

95. प्राथमिक विद्यालय से लेकर कॉलेज और कार्यस्थल तक एक ड्रेस कोड है। एक ड्रेस कोड या वर्दी आवश्यक है क्योंकि संबंधित साइट में एकरूपता और अनुशासन की आवश्यकता होती है। शिक्षक को अनुशासित दिखने के लिए तटस्थ और उज्ज्वल या पैटर्न वाले कपड़ों का संतुलन रखने का प्रयास करना चाहिए।

अतः विकल्प (C) सही है।

96. पाठ्यक्रम को किसी विशेष विषय में पढ़ाए जाने वाले विषयों या इकाइयों के सारांश के रूप में वर्णित किया गया है। पाठ्यचर्या एक शैक्षिक प्रणाली या एक पाठ्यक्रम में पढ़ाए जाने वाले समग्र सामग्री को संदर्भित करता है। पाठ्यक्रम शिक्षक से शिक्षक में भिन्न होता है जबकि पाठ्यक्रम सभी शिक्षकों के लिए समान होता है।

अतः विकल्प (B) सही है।

97. एन.सी.ई.आर.टी. माध्यमिक स्कूली शिक्षकों के प्रशिक्षण से संबंधित राष्ट्रीय एजेंसी है।

राष्ट्रीय शैक्षिक अनुसंधान और प्रशिक्षण परिषद (एनसीईआरटी) 1961 में भारत सरकार द्वारा स्कूली शिक्षा में गुणात्मक सुधार के लिए नीतियों और कार्यक्रमों पर केंद्र और राज्य सरकारों की सहायता और सलाह देने के लिए स्थापित एक स्वायत्त संगठन है।

अतः विकल्प (B) सही है।

98. भावात्मक क्षेत्र के उद्देश्यों का सही क्रम सबसे कम से सवाधिक जटिलता के अनुसार ग्रहण करना, प्रतिक्रिया करना, मूल्यांकित करना, संगठित करना और चरित्रण है।

प्रभावी डोमेन की वर्गीकरण में पांच स्तर होते हैं, निम्नतम से उच्चतम तक: ग्रहण करना, प्रतिक्रिया करना, मूल्यांकित करना, संगठित करना और चरित्रण इस वर्गीकरण को भावात्मक सीखने में परिवर्तन का आकलन करने के लिए लिखित स्व-मूल्यांकन पर लागू किया गया था।

अतः विकल्प (B) सही है।

99. जीव विज्ञान के शिक्षण का सह संबंध भौतिकी से है।

भौतिक विज्ञान जीव विज्ञान से जुड़ा है क्योंकि पृथ्वी पर प्रत्येक जीवित वस्तु भौतिकी के सिद्धांतों से प्रभावित है। उदाहरण के लिए, भौतिकी बताती है कि गुरुत्वाकर्षण के समान बल द्वारा कैसे सब कुछ पृथ्वी पर खींचा जाता है।

अतः विकल्प (D) सही है।

100. चने के पौधे के बारे में पढ़ाने हेतु प्रदर्शन विधि शिक्षण-व्यूहरचना को वरीयता दी जानी चाहिए।

प्रत्येक कक्षा में विभिन्न क्षमताओं और व्यक्तित्व वाले बच्चे होते हैं। जैसा कि प्रत्येक छात्र के पास विविध कौशल होते हैं, कुछ छात्र दूसरों की तुलना में अधिक तेज़ी से सीखते हैं। इस असमानता के कारण, शिक्षकों के लिए उन रणनीतियों को क्रियान्वित करना कठिन होता है जो पूरी कक्षा को लाभ पहुँचाती हैं। नतीजतन, एक शिक्षक को कक्षा में प्रत्येक छात्र की अनूठी जरूरतों को पूरा करने के लिए प्रभावी शिक्षण विधियों को तैयार करना चाहिए।

अतः विकल्प (D) सही है।

// टिप्पणियाँ //

// टिप्पणियाँ //